U0653370

总　序

2022年,我完成了《回到马克思》的第二卷[1]。会令读者吃惊的是,在这部接近百万字的第二卷中,我关于马克思历史文本的不少看法,竟然是异质于第一卷的,这直接造成了过去思想史常态中的一种巨大"逻辑矛盾"。同一个作者,对相同历史文本,居然会做出不完全一致的解读。这可能就是**新史学方法论**所依托的全新思想史本体个案。

记得2007年的某天,在上海,在《中国社会科学》杂志社举办的中国哲学家与历史学家对话的研讨会上,我所提出的历史研究建构论[2]遭到了历史学家们的批评。一位历史学教授在现场问我:"我是我爸爸生的是不是被建构的?"这真的很像当年杜林质问恩格斯:"2+2=4是不是绝对真理?"如果打趣式地硬抬杠,我也可以辨识说,在一个根本没有"父亲"的母系社会中,当然没有"你爸爸生你"的社会建构关系。而次年在台北举行的"两岸三地人文社会科学论坛"[3]上,台湾"中研院"的一位史学前辈在对我的学术报告现场提问时,有些伤感地说:"我不知道大陆的唯心主义已经如此严重。"令人哭笑不得。其实,当狄尔泰和福柯讨论历史文献

1　拙著《回到马克思——社会场境论中的市民社会与劳动异化批判》第二卷,将由江苏人民出版社出版。
2　发言提纲见拙文《历史构境:哲学与历史学的对话》,《历史研究》2008年第1期。
3　这是由南京大学、香港中文大学和台湾"中央大学"联合举办的系列学术研讨会议。

(档案)的"被建构"问题时,他们并非在涉及直接经验中的每个时代当下发生即消逝的生活场境,而是在追问史学研究的**方法论前提**。谁制定了历史记载和书写的规则?实际上,历史记载永远是历代统治者允许我们看到的东西,恐怕这是更需要史学家明白的**历史现象学**。

我曾经说过,任何一种历史研究对社会定在及其历史过程的绝对客观复现都是**不可能**的。这是因为,我们的历史研究永远都是在以当下社会生活生成的认识构架重构已经不在场的过去,思想重构并不等于曾有的历史在场。更重要的方面还在于,因为社会生活与个人存在之间始终存在一种无法打破的隔膜,所以社会生活情境不等于个体生活的总和,个人生存总有逃离社会的一面,其中,个人生存的处境、积极或消极行动的建构、情境、心境与思境都不是完全透明可见的,虽然人的生活构境有其特定的物性基础,但构境达及的生存体验是各异和隐秘的。我在上课的时候,有时也会以电影故事中内嵌的新史学观为例,比如根据英国作家拜雅特[1]

---

[1] 拜雅特(A. S. Byatt, 1936—),英国当代著名作家。1936 年 8 月 24 日出生于英国谢菲尔德,1957 年在剑桥大学获学士学位。曾在伦敦大学教授英美文学。1983年,拜雅特辞去高级教师职位,专心致力于文学创作,同年成为英国皇家文学协会会员。主要作品有:长篇小说《太阳的阴影》(1964)、《游戏》(1968)、《庭院少女》(1978)、《平静的生活》(1985)、《隐之书》(1990)、《传记作家的故事》(2000),以及中短篇小说集《夜莺之眼》等。1990 年,拜雅特因《隐之书》获得英国小说最高奖布克奖,同年获颁大英帝国司令勋章(CBE)。2010 年,74 岁的拜雅特又获得了不列颠最古老的文学奖——詹姆斯·泰特·布莱克纪念奖。

的著名小说《隐之书》（*Possession：A Romance*，1990）[1] 改编的电影《迷梦情缘》（*Possession*，2002）。故事虚构的情节是一个双层时空构境结构：今天（1986）的阅读者———一位年轻的文学研究助理罗兰，在研究过去 19 世纪维多利亚时代著名诗人艾许（他也被建构成一个复杂隐喻诗境的"腹语大师"）的过程中，偶然发现了夹于一部艾许最后借阅归还的维柯的《新科学》（*New Science*）中的两封写给无名女士的未完成的信件。经过细心的文献研究，他确认收信者竟然是艾许同时代著名的女诗人兰蒙特。由此，揭开了一桩隐匿了百年的秘密史实：有着正常家庭生活的艾许和孤守终生的兰蒙特在 1868 年发生了一段刻骨铭心的爱情，并且，兰蒙特背着艾许生下了他们的女儿。从小说中作为精彩艺术手段的细节中，我们可以看到，罗兰和兰蒙特的后代莫德小姐竟然通过兰蒙特诗歌中的暗示，在家族庄园中兰蒙特的住所里找到了她百年前隐藏在婴儿车中的秘密书信，甚至找到了诗歌隐喻的两位大诗人的疯狂秘恋之旅和情爱场境。由此，一直以来英国诗歌史中关于两位诗人那些早有定论的作品释义，瞬间化为文学思想史研究中的谬误。"有些事情发生了，却没有留下可以察觉到的痕迹。这些事情没有人说出口，也没有人提笔写下，如果说接下来的事件都与这些事情无关，仿佛从来没有发生过，那样的说法可就大错特错

1　其实，此书的英文原书名为 *Possession：A Romance*，直译应该是《占有：一段罗曼史》。但 Possession 一词也有被感情支配和着魔的意思，所以如果译作"着魔：一段罗曼史"更准确一些。当然，现在的中译名"隐之书"的意译更接近书的内容。拜雅特还有另外一部艺术构境手法相近的小说《传记作家的故事》（*The Biographer's Tale*，2000），说的是一个研究生菲尼亚斯（Phineas G. Nanson），决定研究一位非常晦涩的传记作家斯科尔斯（Scholes Destry-Scholes）。在研究的过程中，他并没有了解到很多关于这位作家本身的生平，而是发现了这位作家**未发表**的关于另外三位真实历史人物（Carl Linnaeus，Francis Galton and Henrik Ibsen）的研究。拜雅特在书中将事实与虚构相结合，再现了这三位被隐匿起来的历史人物的生活。

了。"[1]这是此书最后"后记"中开头的一段文字。我觉得,他(她)们不想让人知道的书信是另一种**遮蔽历史在场性性质的秘密文献**,这是一种逃避现实历史关系的另类黑暗历史记载。然而,这种黑暗考古学的发现,却会改变对允许被记载的历史"事实"的全部判断。虽然,这只是艺术虚构,但它从一个侧面直映了这样一种新史学观:正是个人生存中的这种可见和不可见的多样性生活努力,建构出一个社会内含着隐性灰色面的总体生活情境。在每一个历史断面上,总有来自个体生存情境隐秘和社会生活的意识形态遮蔽。这些非物性的生存构境因素和力量,从一开始就是**注定不入史**的。这样,"能够历经沧海桑田,保存下来的那些作为历史印记的文字记载和物性文物,只是一个时代人们愿意呈现和允许记载的部分,永远都不可能等于逝去的社会生活本身。与文本研究中的思想构境一样,这些记载与历史物都不过是某种今天我们在生活中重新建构历史之境的有限启动点"[2]。

摆在读者面前的这一套由南京大学出版社出版的《马克思主义思想史研究丛书》,是近年来这一研究领域中的最新成果。它的作者,主要是南京大学马克思主义哲学专业培养出来的一批青年学者。他们从不同的思想史侧面和角度,研究和思考了马克思主义思想史中发生的一个个深层次的问题。除去少数带有点论性质的文本以外,丛书中的大多数论著都是微观的、田野式的专业研究,比如马克思与费尔巴哈的关系、马克思与19世纪英国社会主义思潮的关系、马克思与尤尔机器研究的关系、马克思方法论的工艺学基础,以及马克思文本中的对象化概念考古等。或多或少,它

1　[英]拜雅特:《隐之书》,于冬梅等译,南海出版公司2010年版,第577页。

2　张一兵:《〈资本主义理解史〉丛书总序》,《资本主义理解史》六卷,江苏人民出版社2009年版。

们都从一个马克思主义思想史的断面,进入我们现代人观察马克思生活的那个远去的历史生活场境。虽然我们无法重现那些无比珍贵的伟大革命实践和思想变革的历史在场性,但多少表达了后人在马克思主义思想史探索中积极而有限的努力。

其实,在最近正在进行的《回到马克思》第二卷的写作中,我再一次认真通读了马克思与恩格斯长达 40 年的通信。阅读这些历史信件,也使那些灰色的思想文本背后的生活场境浮现在眼前。出身高级律师家庭的马克思和作为贵族女儿的燕妮、有着资本家父亲的恩格斯,没有躺在父辈留下的富裕的生活之中,而是选择了为全世界受苦受难的无产阶级获得解放寻求光明的艰难道路。在那些漫长而黑暗的岁月里,马克思被各国资产阶级政府驱逐,作为德国的思想家却不能返回自己的家乡,这么大的世界竟没有一个革命者安静的容身之处。常人真的不能想象,马克思在实现那些我们今天追溯的伟大的思想革命时,每天都处于怎样的生活窘迫之中。在很长一段时间里,马克思写给恩格斯的大量信件都是这样开头的:"请务必寄几个英镑来",因为房租、因为债主逼债、因为孩子生病,甚至因为第二天的面包……这种令人难以想象的生活惨状,一直持续到《资本论》出版后才略有好转。而恩格斯则更惨。我经常在课堂上说一个让人笑不出来的"笑话":"恩格斯自己当资本家养活马克思写《资本论》揭露资本家剥削工人的秘密。"这是令人潸然泪下的悲情故事。当你看到,有一天恩格斯兴奋地写信告诉马克思:"今天我不用去事务所了,终于自由了",你才会体验到,什么叫伟大的牺牲精神。恩格斯自己有太多的事情要做,有无数未完成的写作计划,可是,为了马克思的思想革命和人类解放的事业,他义无反顾地放下了一切。马克思去世之后,为了整理出版《资本论》第二、三卷,自比"第二小提琴手"的恩格斯毫不犹豫地表示:"我有责任为此献出自己的全部时间!"[1] 这才是人世间最伟大的友谊。这是我们在学术文本中看不到的历史真实。研究马克思主义思想史,对我们来说,不应该是谋生取利的工具,而是为了采撷那个伟大事业星丛的思想微粒,正是由于这些现实个人的微薄努力,光明才更加耀眼和夺目。

本丛书获得了 2022 年度国家出版基金的资助,感谢参加评审的各位专家,也感谢南京大学出版社的领导和诸位辛劳的编辑老师。我希望,我们的努力不会让你们和读者们失望。

张一兵

2022 年 4 月 5 日于南京

---

1 《马克思恩格斯全集》第 36 卷,人民出版社 1975 年版,第 92 页。

目　录

导　言

　　从文本解释学的角度来看,任何文本都不具有直接可读性,必须通过充分追溯作者的思想史背景和深层理论构架才有可能建构起合理的解读语境。在解读马克思的文本时同样如此。然而,面对马克思渊博的思想支援背景,我们不能囿于传统的解读视域,而必须在马克思的思想场域中不断开辟新的思想史解读视域。这一理论拓荒之旅并非盲目求新,而是为了在既已耕犁的理论地平上建构新的思想关联,从而在更广阔的思想坐标中勘定马克思哲学的真知灼见。正是在这个意义上,重新发掘马克思的工艺学支援背景及其在马克思思想发展史中的理论效应就成为一项至关重要的理论课题。

　　回顾我国马克思主义哲学发展史的研究历程,从德国古典哲学、古典政治经济学和空想社会主义等视角来探索马克思思想发展过程的研究已经得到深入讨论。特别是 20 世纪 90 年代末以来,基于古典政治经济学的思想史语境,沿着生产关系的线索来深入剖析马克思思想发展过程、深刻发掘历史唯物主义主体向度的研究范式已经取得丰硕的成果。然而,长期以来,由于受到文献资料的制约,马克思的工艺学研究及其对马克思思想发展的重要影响却被严重忽视了,这也导致马克思历史唯物主义的客体向度成为马克思思想发展史研究中的重要缺环。

按照德国工艺学家贝克曼和波佩的定义,工艺学(Technologie)既是关于手工业、工场手工业和工厂的知识,又是系统论述人类加工天然原料和已加工原料的操作方式与内在依据的科学。马克思在《资本论》第一卷中精辟地指出,工艺学展示了"社会人的生产器官的形成史",因而,工艺学揭示出人对自然的能动关系、人的生活的直接生产过程,以及人的社会生活关系和由此产生的精神观念的直接生产过程。[1] 由此可见,工艺学从独特的理论视域出发,展现了基于客观生产力发展的人类历史性生存境况,其中蕴含的生产力、生产关系、生产方式和思想观念及其内在关联构成了历史唯物主义的核心概念和基本构架,而人的解放与发展问题更是历史唯物主义的终极关怀和根本旨归。因此,工艺学在某种程度上折射出历史唯物主义的客体向度和主体向度在人类社会历史之最基础层面的辩证统一,即基于客观的物质生产运动对主体价值与人类解放的不懈追求和探索。当然,在整个马克思主义哲学发展史上,围绕生产力与人的发展问题而引发的关于历史唯物主义的阐释与争论已经不胜枚举。然而,无论是苏联教科书体系对历史唯物主义客体向度的教条主义解读,还是西方马克思主义的人本主义逻辑在拒斥历史唯物主义客体向度的同时对历史唯物主义主体向度的张扬,都没有认真发掘马克思的工艺学研究对于历史唯物主义建构和政治经济学批判的重要影响。正是在这个意义上,全面剖析马克思工艺学研究的思想史背景和理论建构历程,深刻发掘工艺学对历史唯物主义形成与深化的独特价值,便成为一个重要的理论问题。

1　《马克思恩格斯全集》第 44 卷,人民出版社 2001 年版,第 429 页注释 89。

在我看来，重新发掘马克思的工艺学研究的独特价值主要体现在三个方面：

第一，重新发掘马克思的"工艺学笔记"，有助于我们全面梳理马克思"工艺学笔记"的文本内容和思想渊源，有效填补国内学界对于这一重要理论资源的认知空白，为开拓马克思主义哲学史研究的解读视域提供新的理论地平。

第二，深入探究马克思哲学的工艺学来源，有助于我们突破传统的"一分为三"（哲学、政治经济学和空想社会主义）的解读模式，特别是突破在政治经济学语境中剖析历史唯物主义的生产关系线索与主体向度的解读路径，开辟一条在工艺学语境中重构历史唯物主义的生产力线索与客体向度的全新阐释路径。

第三，基于工艺学语境来重新发掘马克思哲学的原创价值和内在精髓，有助于我们重新反思20世纪西方马克思主义对历史唯物主义的种种曲解与误读（如技术决定论、经济决定论、生产力一元论等），同时，有力回应当代资本主义的最新变化和理论前沿问题，深入剖析当代西方激进左翼思潮（如自治主义马克思主义、认知资本主义、数字资本主义等）的理论特质和内在局限，真正彰显马克思主义哲学的理论魅力与当代意义。

总之，探究马克思的工艺学研究及其哲学效应对于我们重新激活马克思哲学的强大生命力具有重要意义。为此，我们必须立足于当代中国改革开放的伟大实践与时代语境，深度融合中国马克思主义哲学研究的理论精髓，重新发挥马克思"工艺学笔记"的理论效能，深入发掘工艺学语境中的历史唯物主义哲学意蕴及其当代价值，努力开辟21世纪中国马克思主义哲学研究的新视域。

一、国内外学界关于马克思工艺学思想研究的历史与现状

总体而言,由于马克思的"工艺学笔记"的出版工作严重滞后,因此长期以来,国内外学界对于马克思的"工艺学笔记"及其哲学效应的研究还主要停留于文献勘定、文本梳理和个案研究层面,尚未充分认识到这些笔记对于重新理解马克思哲学的形成过程与历史唯物主义的内在精髓所具有的独特价值。近年来,尽管国外学界在原始文献和语言环境上具有得天独厚的优势,但从马克思主义哲学发展史视域出发对马克思"工艺学笔记"的研究仍然处于踯躅前行的状态。相比之下,一部分中国学者已经充分认识到马克思的工艺学思想史资源对于深化马克思主义哲学研究的重要意义,并基于中国马克思主义哲学研究的理论创新与方法论精髓做出了开拓性的研究。这在一定程度上已经走在了国际马克思主义哲学研究的前沿。

1. 国外研究状况

在国外学界,学者们对马克思的工艺学研究的关注主要是以技术为切入点而展开的。国外学者对于马克思技术思想的探究可谓蔚为大观,尤其是在技术哲学的思想谱系中,马克思已然是不可或缺的重要环节,甚至很多思想家将马克思与海德格尔奉为技术哲学的先驱。譬如,法国著名技术哲学家让-伊夫·戈菲(Jean-Yves Goffi)在《技术哲学》(1988)一书中就将马克思置于当代技术哲学谱系中,并将马克思直接称为"工艺学家"[1]。对此,我国马克思技术哲学领域的学者在新世纪初就已经做过系统的梳理和介

1　[法]让-伊夫·戈菲:《技术哲学》,董茂永译,商务印书馆 2000 年版,第 86 页。

绍。我们从中可以看到,国外学者从技术本体论、技术决定论、技术价值论和技术异化批判等问题域出发对马克思的技术哲学思想展开了广泛的探讨。但值得注意的是,众多学者对马克思技术叙事的青睐在很大程度上并非出于对马克思思想发展本身的兴趣,而主要是基于具体的现实问题和某种理论范式对马克思思想的重新诠释。由于对于这些问题的研究已经超出了本书所关注的主题,因而在此不再赘述。笔者将着重沿着涉及马克思工艺学研究的文献编辑、文本梳理及其对马克思思想发展的理论效应这一线索,进行历史性的梳理与阐发。实际上,无论是在技术哲学领域还是在马克思主义哲学领域,这条线索往往都被严重忽视了。

(1) 20 世纪 80 年代以前马克思工艺学思想研究的两条路径

在 20 世纪 80 年代以前,国外学界对于马克思工艺学思想的研究主要表现为两种理论路径:一种是苏联学者的教条式的原理诠释,另一种是西方马克思主义的人本主义解读。但由于受文献资料和意识形态的制约,这两种努力都未能深入展开。

虽然苏联学者首先开启了对马克思工艺学思想的研究,但这个过程并非一帆风顺,而是从一开始就陷入了尴尬的境地。1920年代,苏联马克思主义文献专家达维德·梁赞诺夫(David Rjazanov)在列宁的支持下启动了 MEGA[1] 项目。但在编辑过程中,马克思的"工艺学笔记"和手稿被当作无用的、字迹潦草的资料剔除了。[1] 所幸的是,《1861—1863 年经济学手稿》中《机器。自然力和科学的应用》的部分内容被零星发表在当时的理论刊物上,并于 1968 年以俄文发表在《自然科学和技术史问题》第 25 期上。[2]

1　Amy E. Wendling, *Karl Marx on Technology and Alienation*, London：Palgrave Macmillan，2009，p. 181.
2　［苏］A. A. 库津:《马克思与技术问题》,《科学史译丛》1980 年第 1 期,第 87 页。

因此，这一时期苏联学者对马克思工艺学思想的研究主要是基于《资本论》及其部分手稿而展开的，其中代表性学者便是 C. M. 格里哥里扬和 A. A. 库津。

格里哥里扬在《马克思〈1861—1863 年经济学手稿〉中关于技术进步问题的论述》[1]一文中首先介绍了马克思在《布鲁塞尔笔记》《伦敦笔记》《资本论》手稿中对于工艺学著作的摘录情况，但并未详细展开。然后，他对当时尚未发表的《机器。自然力和科学的应用》中涉及的资本主义生产力和技术进步问题做了概述，主要包括资本主义制度下资本、科学和劳动的关系，生产力与生产关系的矛盾，机器与自动化生产对剩余价值剥削和工人生活状况的影响等方面。这篇论文尽管在思想上还不够深入，但是具有重要的史料价值。

库津在《马克思与技术问题》[2]这本小册子中围绕"马克思关于物质生产方式的学说""机器工厂中的资本主义生产""共产主义与技术""技术与社会意识""马克思论技术发展"五个专题对马克思的历史唯物主义技术观做了系统梳理。他的研究为我们从总体上把握马克思工艺学思想所蕴含的问题域提供了重要启示。时至今日，库津的这本著作仍具有很大影响，德国哲学家格尔诺特·伯梅（Gernot Böhme）就称赞库津的这本书给出了令人印象深刻的阐述。[3] 但总的来说，他们的研究主要是依据《资本论》及其手稿

1　[苏]C. M. 格里哥里扬：《马克思〈1861—1863 年经济学手稿〉中关于技术进步问题的论述》，《马克思主义研究资料（第 6 卷）：〈1861—1863 年经济学手稿〉研究》，中央编译出版社 2014 年版，第 410—424 页。

2　参见[苏]A. A. 库津：《马克思与技术问题》，《科学史译丛》1980 年第 1、2 期，1981 年第 1 期。

3　Gernot Böhme, *Invasive Technification：Critical Essays in the Philosophy of Technology*, London：Bloomsbury Academic, 2012, p. 244.

对马克思工艺学思想做出的原理式阐释,在根本上无助于激发马克思工艺学思想的内在活力。

与苏联学者的教条式解读模式不同,西方马克思主义特别是法兰克福学派沿着卢卡奇所开启的人本主义逻辑,对当时的资本主义生产方式展开了技术批判。在这一背景下,一批马克思主义学者开始转向对马克思思想的重新阐释,其中最具代表性的便是流亡法国的希腊哲学家科斯塔斯·阿克塞洛斯(Kostas Axelos)[1]。他在《卡尔·马克思思想中的异化、实践和技术》[2]中指出,以往的研究要么过于狭隘地局限于历史,要么过于教条或为马克思辩护,以致马克思思想的核心、起源和发展仍被遮蔽着。可见,阿克塞洛斯既反对苏联马克思主义的教条主义,也不满意卢卡奇等人拘泥于历史的解读。他强调,技术才是马克思全部思想的核心,马克思正是通过在实践与技术中对哲学的领悟而彻底扬弃和超越了哲学本身,从而完成对传统西方形而上学的颠覆。马克思对人的异化、劳动异化、经济异化、政治异化和思想异化的分析与批判,是为了在人类历史进程中实现人与自然、人与人的协调发展,即人借助技术力量的无限发展而实现对世界的征服,实现普遍富裕。[3] 可见,他试图将技术实践作为人类历史的根本动力来冲破现实的异化,以实现人类的美好未来。他关于技术实践促进人

---

1 科斯塔斯·阿克塞洛斯(Kostas Axelos, 1924—2010):希腊裔法国哲学家,西方马克思主义理论家,自称"开放的马克思主义者"。1941—1945 年间曾是希腊共产党员,后被驱逐出党,1945 年流亡法国。其代表作为《卡尔·马克思思想中的异化、实践和技术》(1961、1976)等。

2 Kostas Axelos, *Marx, penseur de la technique*:*De l'aliénation de l'homme à la conquête du monde*, Paris:Les Editions de Minuit, 1961/1969; Trans. by Ronald Bruzina as *Alienation, Praxis, and Technē in the thought of Karl Marx*, Austin & London:University of Texas Press, 1976.

3 Ibid. , p. 4.

的发展的观点的确触及了马克思工艺学思想的重要内容,但他的人本主义异化思路在很大程度上脱离了马克思思想发展的真实语境和深刻内涵。

总之,这一时期里,国外学者对于马克思工艺学思想的阐释都深深打上了那个时代的烙印。无论是苏联学者的教条式的原理阐释,还是西方马克思主义学者的人本主义解读,都由于意识形态的内在规制和文献资料的匮乏滞后而无法深入展开。

(2) 20 世纪八九十年代马克思工艺学文献的悄然出版与开拓性研究

20 世纪中叶以来,随着第三次科技革命浪潮席卷全球,欧美学界掀起了一股反思工业化和生产自动化的热潮。在这一背景下,一批马克思主义学者不满足于苏联学者的机械论阐释,独辟蹊径地转向对马克思工艺学思想的原始文献、理论来源和思想史谱系的探索,试图重新发掘马克思工艺学思想的时代价值。这是马克思工艺学思想研究史上的一个重要转折点。

首先是马克思工艺学文献的编辑出版与初步研究。1980 年代,在马克思主义文献史上发生了一个重要事件。那就是汉斯-彼得·米勒(Hans-Peter Müller)1981 年编辑出版了《卡尔·马克思:工艺学—历史摘录笔记(历史考证版)》[1](以下简称《工艺学—历史摘录笔记》),赖纳·温克尔曼(Rainer Winkelmann)1982 年编辑出版了《卡尔·马克思:关于分工、机器和工业的摘录笔记(历史考证版)》[2]。前者是对马克思《伦敦笔记》中关于波佩、贝克曼

1　Hans-Peter Müller（Hrsg.）, *Karl Marx: Die technologisch-historischen Exzerpte*, *Historisch-kritische Ausgabe*, Berlin: Ullstein, 1981.

2　Rainer Winkelmann（Hrsg.）, *Karl Marx: Exzerpte über Arbeitteilung, Maschinerie und Industrie*, *Historisch-kritische Ausgabe*, Berlin: Ullstein, 1982.

和尤尔等人的摘录笔记的首次公开出版,后者则是对马克思《布鲁塞尔笔记》中关于拜比吉、尤尔等人的摘录笔记的首次公开出版。[1] 严格地说,这两本著作既是对马克思"工艺学笔记"的文献编辑,也是对这些材料的解读。因此,日本学者吉田文和称之为"解读本"[2]。按照吉田文和的说法,当时这些材料的出版尚未得到阿姆斯特丹国际社会史研究所的同意,因而不具有权威性。不过,它们的出版已经具有重要的文献史意义,而且在 MEGA[2] 正式出版《伦敦笔记》中"工艺学摘录笔记"部分之前,这是我们目前可资利用的"唯一"[3]资料。因此,我们有必要对它们做个简要介绍。

米勒在"编者引言"中指出,这两本著作是作为"技术与新唯物主义(Technik und Materialismus)"系列著作的开端而问世的,其目的就是让未发表的马克思关于技术问题的研究公之于世,并为他们接下来的社会劳动理论研究提供坚实的基础。[4] 他的《工艺学—历史摘录笔记》是对马克思 1851 年作的笔记本 B56 和 1856 年作的笔记本 B79 中的工艺史内容的文献编辑与文本解读,其主

1　《布鲁塞尔笔记》中关于拜比吉、尤尔等人的工艺学摘录笔记已经收录在 1998 年出版的 MEGA[2] 第四部分第 3 卷中,参见 *Marx-Engels-Gesamtausgabe*,Bd. IV/3,Berlin:Akademie Verlag,1998。

2　[日]吉田文和:《约·亨·摩·波佩〈从科学复兴到十八世纪末的工艺学历史〉和马克思——马克思"机器理论"形成史研究(四)》,王克峻摘译,《马克思主义研究资料(第 10 卷):〈资本论〉基本理论问题研究》,中央编译出版社 2014 年版,第 356 页。

3　根据笔者目前掌握的材料,继米勒之后,1984 年,阿根廷—墨西哥哲学家恩里克·杜塞尔(Enrique Dussel)和墨西哥经济学家恩里克·杜塞尔·彼得斯(Enrique Dussel Peters)合作出版了《卡尔·马克思的工艺学—历史笔记:1851 年伦敦摘录笔记 B56》(西班牙文版),彼得斯翻译了笔记内容,杜塞尔对笔记做了 70 页的初步研究。但由于语言使用问题,这一文本的传播还仅限于西班牙语学界。参见 Enrique Dussel (ed.),*Carlos Marx:Cuaderno tecnológico-histórico (extractos de la lectura B 56,Londres 1851)*,traducción Enrique Dussel Peters,Puebla:Universidad Autónoma de Puebla,1984。

4　H. P. Müller (Hrsg.),*Karl Marx:Die technologisch-historischen Exzerpte,Historisch-kritische Ausgabe*,Berlin:Ullstein,1981,S. [XVII]。

体内容分为两部分:第一部分是"卡尔·马克思的唯物主义和工艺学",包括"历史考证编辑的疑难""马克思笔记原件的历史性编排""摘录笔记的内容与特征""摘录笔记的来源与利用""工艺学与唯物主义"五个方面的内容。第二部分是笔记本 B56、B79 的原文内容,编者保留了马克思在摘录过程中所做的标注、画线、画图等各种标记。主体内容之后是附录部分,包括异文注释、编辑原则、原始著作对照等内容,几乎占了全书的一半。

在第一部分中,除了文献编辑的内容之外,米勒对于工艺学与唯物史观的内在关系做了阐发,其中不乏启发性的观点:第一,马克思严格区分了考证性的工艺史和非考证性的工艺史。后者是一种个人主义的工艺史观,其核心特点就是将社会历史的动力或出发点归结为个人(个别发明家)。马克思则强调,"一部考证性的工艺史必须将个别发明家放入他所处的具体社会劳动组织中加以考察"[1],这既是在工艺学层面对个人与社会之辩证关系的深刻揭示,也是在方法论层面上对工艺学本身的哲学超越。第二,工艺学揭示了人与自然的本质关系。一方面,外部自然构成了人类存在的基础;另一方面,人类面对的不是直接的自然,而是经过社会历史实践改造了的自然,因此,"自然不仅是一个社会范畴,而且是一个历史范畴"[2]。第三,工艺学是"人类社会劳动的从属部分,从而展现了人类经济生活的一部分,因此它是经济学的一部分",但它又"以比较固定的形式保留了人类活动的结果,因而是关于人类生产方式发展史的无声记录"[3]。即使现在看来,这些观点也是值得

1　H. P. Müller(Hrsg.), *Karl Marx*: *Die technologisch-historischen Exzerpte*, *Historisch-kritische Ausgabe*, Berlin: Ullstein, 1981, S. CVII.

2　Ibid., S. CXII.

3　H. P. Müller(Hrsg.), *Karl Marx*: *Die technologisch-historischen Exzerpte*, *Historisch-kritische Ausgabe*, Berlin: Ullstein, 1981, S. CXVII.

我们认真对待的。

　　赖纳·温克尔曼的著作主要是对马克思摘录笔记本 B22、B29、B33、B35、A52 和 B91/A 中的工艺学内容的文本编辑与理论解读,同样分为两个部分:第一部分是关于唯物史观与技术主义社会观的评论,具体包括"历史考证版的任务与难点""拜比吉和尤尔所处的时代——前史与科学的言说语境""从马克思角度对拜比吉和尤尔的阐释""关于拜比吉、尤尔摘录内容的利用情况""关于拜比吉、尤尔的摘录笔记在《资本论》第一卷中的重要价值"等五章内容。第二部分是"马克思摘录笔记的文本与参考资料",其中既包括马克思关于分工、机器和工业的原始笔记内容,也包括编者对材料的特点和异文情况的说明。最后的附录部分包括笔记本 B33 中对拜比吉、尤尔著作摘录的篇章结构,1863 年 1 月 28 日马克思写给恩格斯的信的摘录以及它们在马克思著作中的利用情况列表,等等。请注意,温克尔曼利用这些材料研究了拜比吉、尤尔对马克思哲学的影响。他指出,第一,拜比吉是马克思理解"机器"概念的主要来源,而尤尔则是马克思把握"工业(工厂)"概念的精神导师。[1] 这一结论是深刻的。第二,在拜比吉和尤尔对大工业的描述中带有技术至上主义的因素,而且在这个意义上,他们是马克思主义的先驱。第三,社会劳动、资本与技术的关系问题是马克思在研究过程中面临的难题,但他坚信只有将技术要素纳入政治经

1　R. Winkelmann (Hrsg.), *Karl Marx: Exzerpte über Arbeitteilung, Maschinerie und Industrie, Historisch-kritische Ausgabe*, Berlin: Ullstein, 1982, S. CXXXIX - CXLVI.

济学中才能更好地理解马克思的观点。[1] 温克尔曼的研究一方面
比较深刻地指出了相关问题域,其中也不乏创见。但另一方面,他
的思路又失之偏颇,有将马克思主义与技术至上主义等同起来的
嫌疑。

随后,米勒和温克尔曼发表了一系列讨论马克思工艺学研究
与唯物史观的文章。1984年,两人共同发表了《马克思主义、工人
运动和技术史观》[2],同年米勒发表了《约翰·贝克曼与卡尔·马
克思的工艺学问题》[3]。他们还参与出版了《反思马克思》和《技术
与工业革命:从一种社会科学范式的终结谈起》[4]两部文集,这一
时期他们的核心观点是:马克思对大工业的分析表明,资本主义工
业发展中蕴含着一种社会的物化关系(verdinglichten Verhaltnissen)
维度和与之相适应的物化—异化意识,而"资本主义的技术应用正
是这种物化意识的最根本源泉"[5]。因此,马克思的唯物史观中混

1　Wolfhard Weber, „Reviewed Work(s): Karl Marx: Die technologisch-historischen
　　Exzerpte by Hans-Peter Müller; Karl Marx: Exzerpte über Arbeitsteilung,
　　Maschinerie und Industrie by Rainer Winkelmann," *Technology and Culture*, 25
　　(3), 1984, pp. 648–651.

2　Hans-Peter Müller, Rainer Winkelmann, „Marxismus, Arbeiterbewegung und
　　technologische Geschichtsauffassung," in: Rolf Ebbinghausen, Friedrich Tiemann
　　(Hg.), *Das Ende der Arbeitbewegung in Deutschland?*, Opladen:
　　Westdeutscher Verlag, 1984, S. 96–127.

3　Hans-Peter Müller, „Johann Beckmann und Karl Marx: Die Frage der
　　Technologie," in: *Forum Ware* 12, 1–4, 1984.

4　Theo Pirker, Hans-Peter Müller, Rainer Winkelmann (Hrsg.), *Technik und
　　industrielle Revolution: vom Ende eines sozialwissenschaftlichen Paradigmas*,
　　Opladen: Westdeutscher Verlag, 1987.

5　Hans-Peter Müller, Rainer Winkelmann, „Marxismus, Arbeiterbewegung und
　　technologische Geschichtsauffassung," in: Rolf Ebbinghausen, Friedrich Tiemann
　　(Hg.), *Das Ende der Arbeitbewegung in Deutschland?*, Opladen:
　　Westdeutscher Verlag, 1984, S. 126.

杂着进化论式的技术史观因素。[1] 在这里,无论他们是否意识到卢卡奇物化理论中的逻辑错位[2],他们直接从资本主义生产的工艺学维度来思考物化意识根源的思路的确比较彻底,但在结论上极端化了。1990 年代,米勒继续对马克思的"工艺学笔记"手稿的编辑和研究做了重要推进。1992 年,他出版了《卡尔·马克思论机器、资本和工业革命:1851—1861 年摘录笔记和手稿》[3],其中选取了马克思 1851 年《伦敦笔记》的第 VIII - XI 笔记本中关于大卫·李嘉图、威廉·埃利斯(William Ellis)、皮尔西·雷文斯通(Piercy Ravenstone)、理查·琼斯(Richard Jones)、乔治·拉姆赛(George Ramsay)、罗伯特·欧文(Robert Owen)等人的摘录内容[4] 和 1860 年《引文笔记》(Citatenheft)的"M. 机器"一节。与此同时,他特别关注了马克思对贝克曼的摘录情况,并得到惊人的发现:虽然马克思在 1851 年对贝克曼的《发明史论文集》做了很少摘录,但到了 1863 年马克思发现仅仅利用 1851 年的摘录笔记来理解工业革命是不够的,于是重新做了八本摘录笔记,并以"补充笔记本(Beihefte)"命名。在《补充笔记本 C》中,马克思对贝克曼的

1　Hans-Peter Müller, „Notes on Critical and Uncritical Materialism within Marx's Analysis of Industry, " in Sakari Hänninen and Leena Paldán (eds), *Rethinking Marx*, Berlin: Argument-Verlag, 1984, pp. 50 - 51. Rainer Winkelmann, „The Concept of Machine and the Thesis of an Epoch of Manufacture in Marx's *Capital*, " in Sakari Hänninen and Leena Paldán (eds), *Rethinking Marx*, Berlin: Argument Verlag, 1984, pp. 48 - 49.

2　张一兵:《市场交换中的关系物化与工具理性的伪物性化——评青年卢卡奇〈历史与阶级意识〉》,《哲学研究》2000 年第 8 期。

3　H. P. Müller (Hrsg.), *Karl Marx über Maschinerie, Kapital und industrielle Revolution: Exzerpte und Manuskriptentwurfe 1851 - 1861*, Wiesbaden: Springer, 1992.

4　这些内容当时已经在 MEGA[2] 第四部分第 8/9 卷中出版,参见 *Marx-Engels-Gesamtausgabe*, Bd. IV/8, Berlin: Dietz Verlag, 1986 和 *Marx-Engels-Gesamtausgabe*, Bd. IV/9, Berlin: Dietz Verlag, 1991。

《发明史论文集》做了大量摘录,并在《1861—1863 年经济学手稿》中加以利用。[1] 无论如何,这些资料和研究无论当时还是现在都具有重要的文献价值和理论意义。

其次是 20 世纪 80 年代日本马克思主义的技术理论之争。从 20 世纪 30 年代到 80 年代,日本学界围绕马克思的技术理论展开了三次大争论[2]:第一次技术争论是以 1932 年户坂润、三枝博音、冈邦雄共同创立唯物论研究会为开端,其目的在于清除当时苏联学者布哈林、德波林等人对技术和生产力概念的机械论阐释,而坚持把人的劳动能力看作生产力的最核心要素,并围绕"技术即劳动手段体系"主题展开了多番争论。第二次技术争论是随着二战之后由武谷三男、小阪修平和星野芳郎等学者对"劳动手段体系论"的批判而展开的。武谷三男指出,技术既不是一个实体概念,也不是一个功能概念,而是一个本质的实践概念,从而将争论引向技术本体论的讨论。第三次技术争论是七八十年代日本学者对前两次争论的批判与反思,其中最具代表性的成果当属北海道大学的吉田文和对马克思"机器理论"形成史的系列研究。他一语中的地指出,从战前到现在的技术理论争论都是围绕马克思《资本论》第一卷注释 89 中的那段话而展开的,但每当需要探究马克思所依据的文献资料和理论来源时,资料匮乏使得讨论往往难以进行下去。现在,随着新资料的出版,现状迫使我们对迄今的"技术理论争论"

1　Hans-Peter Müller, „Unbekannte Exerpte von Karl Marx über Johann, Beckmann," *Johann Beckmann-Journal*, Vol. 8, 1994. And in Guenter Bayer, Juergen Beckmann (Hrsg.), *Johann Beckmann*(*1739 - 1811*):*Beitraege zu Leben, Werk und Wirkung des Begruenders der Allgemeinen Technologie*, Berlin: Waxmann, 1999, S. 227 - 238.

2　牟焕森:《马克思技术哲学思想的国际反响》,东北大学出版社 2003 年版,第 36—44 页。

和《资本论》的理解进行重新讨论。[1] 吉田所说的新资料既有MEGA[2] 第二部分《1861—1863 年经济学手稿》的出版，也有上述米勒和温克尔曼编辑的两本著作。虽然米勒和温克尔曼也对马克思的摘录笔记与原始著作做了对照，但限于主题和篇幅而未详细展开。吉田的重要贡献就是对这一工作做了系统梳理，而且并不限于摘录笔记的涉猎范围。具体来说，从 1982 年至 1984 年，吉田在北海道大学《经济学研究》上连续发表了 8 篇专题性文章，分别就尤尔的"工厂哲学"、拜比吉的分工—机器理论、《各国的工业》、罗伯特·韦利斯的机构理论、波佩与贝克曼的工艺史、达尔文的进化论、黑格尔的目的性理论、舒尔茨的《生产运动》对马克思机器理论的影响做了文本梳理。[2] 这些文章的绝大部分后来被结集成册，以《马克思机器理论的形成》[3]为书名出版。此外，吉田还围绕该问题发表了《论马克思〈引文笔记索引〉中的机器》(Dec. 1986)、《马克思是何时写作"机器手稿"的——答内田弘的批判》(Jan.

1　[日]吉田文和：《约·亨·摩·波佩〈从科学复兴到十八世纪末的工艺学历史〉和马克思——马克思"机器理论"形成史研究（四）》，《马克思主义研究资料（第 10 卷）：〈资本论〉基本理论问题研究》，中央编译出版社 2014 年版，第 355—356 页。

2　具体来说，即《安德鲁·尤尔的〈制造业的原理〉与马克思——马克思"机器理论"形成史研究(1)》(Mar. 1982)，《对查理·拜比吉〈论机器和工厂的节约〉一书的分析——马克思"机器理论"形成史研究(2)》(Aug. 1982)，《〈各国的工业〉和〈资本论〉——马克思"机器理论"形成史研究(3)》(Nov. 1982)，《罗伯特·韦利斯的机构理论和马克思——马克思"机器理论"形成史研究(4)》(Mar. 1983)，《约·亨·摩·波佩〈从科学复兴到十八世纪末的工艺学历史〉和马克思——马克思"机器理论"形成史研究(5)》(Jun. 1983；English ed.，1984)，《达尔文的类比和马克思——马克思"机器理论"形成史研究(6)》(Sep. 1983)，《黑格尔的目的性理论和马克思的劳动过程理论——马克思"机器理论"形成史研究(7)》(Mar. 1984)，《威·舒尔茨〈生产运动〉与〈资本论〉——马克思"机器理论"形成史研究(8)》(Jun. 1984)。关于上述文章的原始文献，请参见北海道大学学术成果库：http://eprints.lib.hokudai.ac.jp/dspace/index.jsp。其中部分中译文可参见苑洁主编：《马克思主义研究资料（第 10 卷）：〈资本论〉基本理论问题研究》，中央编译出版社2014 年版。

3　[日]吉田文和：『マルクス機械論の形成』，北海道大学図書刊行会 1987 年版。

1986)等文章。相较于米勒和温克尔曼的研究,吉田文和的贡献主要表现在两个方面:一是回到马克思摘录著作的原始文献,对著作的篇章结构和核心内容做了比较详尽的介绍与梳理,更加清晰地呈现了拜比吉、尤尔、波佩、贝克曼等人的思想内容;二是依据最新的文献资料,仔细梳理了马克思在《资本论》及其手稿中对这些材料的利用情况,通过这种细致的实证性文本研究,更加直观地呈现了马克思工艺学思想的理论来源和问题域。这无疑是一次重要的理论推进。当然,这些工作还只是真正理论研究的开端。尽管作者的理论视域比较宽广,但是缺少一条连贯的逻辑来把握不同思想家的理论地位及其对马克思的影响程度,因而在一些关键问题上还有待检视。譬如,吉田指出,"马克思对拜比吉的评价要高于对尤尔的评价"[1]。显然,这一论断有悖于马克思在《资本论》中对两者的定位。[2]

最后是欧洲工艺学思想史研究的独特贡献。如果说上述探索在广度上拓展了马克思工艺学思想研究的文献内容和理论来源,而在把握工艺学的历史与逻辑上有所欠缺的话,那么法国技术史学家扬·塞博斯蒂克(Jan Sebestik)[3]对工艺学思想史谱系的梳理便具有了独特的价值。

塞博斯蒂克首先从词源学和语义学的角度对"技术(technique,

---

[1] [日]吉田文和:《对查理·拜比吉〈论机器和工厂的节约〉一书的分析——马克思"机器理论"形成史研究(一)》,《马克思主义研究资料(第10卷):〈资本论〉基本理论问题研究》,中央编译出版社2014年版,第312页。

[2] 《马克思恩格斯全集》第44卷,人民出版社2001年版,第405页。这里,马克思明确指出尤尔比他的同时代人拜比吉更"敏锐地感觉到工场手工业的特点"。

[3] [法]扬·塞博斯蒂克(Jan Sebestik, 1931—):法国哲学家、科学史学家。法国国家科学研究中心研究主任,巴黎一大科学哲学与历史研究所荣誉教授。1931年出生于捷克斯洛伐克,1957年以难民身份移民法国。主要研究逻辑史、中欧哲学和技术史。代表作为:《工艺学的起源》(*Les commencements de la technologie*,1968)、《工艺学的形成》(*The Rise of the Technological Science*,1983)等。

Technik)"和"工艺学（technologie，Technologie）"两个概念做了辨析。他指出，在希腊语语境中，"technologia"最初是一个修辞学概念，意指一种技艺或辩论技能的系统训练，但在后来的发展中产生了分化。在法语、德语和斯拉夫语的语境中，"Technik"和"Technologie"有着不同的内涵，前者"指涉操作工序、物质生产和机械"，后者则"是指对这些操作的描述和分析"[1]。而在英语中，"technology"和"technics"尽管拼写不同，但在含义上并没有明确区分。随后，他详细梳理了工艺学的现代思想史谱系。他指出，工艺学在18世纪后半叶才成为一门独立的学科，其标志性人物就是约翰·贝克曼。在德国，贝克曼是工艺学的开创者。他的工艺学思想分为两个阶段：第一阶段是"工艺学"时期（1777—1806）。他在《工艺学导论》（1777）中指出，工艺学是"一门研究如何加工自然产品或如何掌握手工业知识的科学"。它不是对工艺流程的单纯描述，而是"关于如何从本质规律和可靠经验中找到实现最终目标的手段或如何解释和恰当地处理加工中所产生的现象的一种系统全面指导"[2]。但贝克曼的著作与他的原则相差甚远，而且关注的主要是化学技术，几乎完全忽视了机械技术。第二阶段是"一般工艺学（*Allgemeinen Technologie*）"时期（1806—1811）。贝克曼在《一般工艺学草案》（1806）中指出，"一般工艺学"就是对为实现同一目标所实施的各种特殊操作进行分类。譬如，玻璃抛光、布料磨毛等都属于"物体表面处理"。贝克曼的学生波佩进一步完善了工艺学。他认为，工艺学就是"根据不同工作中的相似操作而将所有

1　Jan Sebestik, "The Rise of the Technological Science," *History and Technology*, 1, 1983, pp. 25 – 44.

2　Johann Beckmann, *Anleitung zur Technologie*, Göttingen: Wittwe Vandenhoeck, 1777, S. 12.

必要手段、工具和技巧按一定顺序排列起来的一切手艺、手工业、工场手工业和工厂中的工作原理"[1]的科学体系。但总体来说，德国的工艺学研究在很长时间内都局限于手工业和工场手工业领域。当然，这一状况是由当时德国落后的生产力状况所决定的。随着工业革命在英法两国的高歌猛进，工艺学本身也发生了转变。法国的杰拉德-约瑟夫·克里斯蒂安（Gérard-Joseph Christian）不满意德国工艺学的封闭性，并在《论工业生产的一般体系或技术学纲要》（1819）[2]中用"技术学（technonomy，technonomie）"取代了"工艺学（Technologie）"术语，明确强调"技术学"是研究工业化所带来的技术、经济和社会问题，并着重描述了人类劳动的机械化状况。而英国作为工业革命的火车头，对工艺学内涵的现代转向起到了重要作用。尽管在斯密、李嘉图那里，他们主要关注的是经济学问题，但也不乏工艺学的要素。但英国真正意义上的工艺学研究是始于 1830 年代的拜比吉和尤尔等人。虽然他们没有使用"工艺学"概念，但在内容和目的上是与早期工艺学家相通的。他们把工艺学从封闭的手工业世界中解放出来，带入广阔的现代工业、自动工厂和自由经济的领域之中。拜比吉分析了自由经济中的工业生产体系，而尤尔则以非常乐观的态度应对工业生产所带来的社会问题。三十年后，马克思科学剖析了大工业的历史形成与内在矛盾。

总之，随着八九十年代马克思工艺学文献的出版，国外学界对于马克思工艺学思想的研究也推向新的理论高度，这为下一步的

1　Johann Heinrich Moritz Poppe, *Technologisches Lexicon*, I, Stuttgart: Cotta, 1816, S. 25.

2　G. J. Christian, *Vues sur le système général des opérations industrielles , ou Plan de technonomie* , Paris: Madame Huzard, 1819.

研究搭建了重要平台。自此以后,对于马克思技术思想或生产力线索的讨论便再也无法绕过这些重要材料和理论资源。时至今日,依然如此。

(3) 新世纪以来马克思工艺学思想的深入研究与多元发展

经过 20 世纪下半叶的理论积淀,特别是随着 MEGA² 第四部分马克思摘录笔记的相继出版,新世纪以来国外学界关于马克思工艺学思想的研究呈现出新的特点:一是侧重文献考证与文本分析,具有 MEGA 编辑背景的研究人员开始关注这一领域;二是注重融合多学科资源对原始文本和经典理论进行跨学科研究;三是偏重从技术史角度来勘定工艺学家的理论性质及其对马克思的影响。

首先是马克思工艺学思想研究的文献学路径。随着 MEGA² 项目的推进,接触马克思工艺学文献的研究人员开始关注这一领域,雷金娜·罗特(Regina Roth)[1] 就是其中之一。基于第一手的原始资料,她详细梳理了马克思从 1840 年代到 1870 年代关于技术问题的摘录笔记和研究情况,其中包含着很多值得注意的文献细节[2]:一是马克思在 1845 年摘录拜比吉、尤尔的著作时首先关注的不是诸如"工具与机器的区分"这样的工艺学内容,而是机器对价格、成本、出口等方面的影响之类的经济学内容。二是在《伦敦笔记》时期,马克思使用的是贝克曼和尤尔意义上的"Technologie"

1　[德]雷金娜·罗特(Regina Roth):柏林勃兰登堡科学院 MEGA 编辑部成员,主要负责 MEGA² 第二部分"《资本论》及其手稿"编辑工作。

2　Regina Roth, "Marx on technical change in the critical edition," *The European Journal of the History of Economic Thought*, 17(5), 2010, pp. 1223 - 1251. 中译文参见[德]雷金娜·罗特:《马克思论技术变革——基于〈马克思恩格斯全集〉历史考证版的考察》,张福公译,《郑州轻工业学院学报(社会科学版)》2018 年第 1 期。

概念,在《资本论》第一卷第一版中也使用了"Technologie",但到了第二版中,马克思就经常用"Technik"取代"Technologie",用其形容词形式"technical"取代"technological"。三是马克思在 1860 年代重新阅读了《伦敦笔记》中的"工艺学笔记"和拜比吉的《论机器和工厂的节约》英文原版(1832),并重新摘录了贝克曼的《发明史论文集》。同时,马克思也摘录了《各国的工业》,这本书的主要部分可能是由詹姆斯·内史密斯(James Nasmyth)[1] 撰写的。在文献梳理的基础上,她概述了马克思的技术变革理论及其关涉的诸多问题域,譬如,技术变革对于资本积累、利润率趋于下降、剩余价值增殖、危机理论和政治革命等方面的影响。只可惜,罗特明确指出她关注的主要是马克思的工作方法,而非他的具体理论问题。因此,很多重要方面并未详细展开,不过她所提供的这些文献细节和问题视域却是我们在研究中需要认真思考的。

其次是马克思工艺学思想研究的跨学科路径。随着西方学界中跨学科研究范式的流行,立足于当代资本主义的最新变化,结合现代物理学等理论资源重新解读马克思工艺学思想的趋势逐渐显现出来,其中艾米·E. 温德林(Amy E. Wendling)的《卡尔·马克思论技术与异化》便是代表性著作之一。温德林对马克思工艺学思想的创造性阐释主要体现在两个方面:

一是以热力学能量转化定理来解读马克思的资本主义批判理论。她指出,马克思看到人的具体化方式在大工业中发生转变。在机器大生产中,人的具体化变成了机械的具体化,人类劳动被描述为能量转化,这导致在哲学意义上具有塑形功能的人类劳动被

---

1 [英]詹姆斯·内史密斯(James Nasmyth,1808—1890):英国工程师、发明家。因改进蒸汽锤而闻名。晚年投身于天文学和摄影术研究,著有《工程师内史密斯自传》(1883)等。

量化为一种物理学意义上的进行能量转换的劳动力,甚至劳动力的作用变得越来越小。[1] 这正是资本主义生产方式中的异化。更糟糕的是,工人错误地将机器看作竞争对手,不断破坏和反抗机器,致使工人与生产资料愈加疏远,从而使异化程度不断加深。工人未认识到科技是人类征服自然的显著进步标志。于是,"革命就成为一种源于结构必然性而不是政治意愿的行动"[2]。

二是基于 MEGA[2] 对马克思与拜比吉的思想关系做了专门研究。她强调,马克思在早期摘录拜比吉著作时侧重于关注分工和机器对工人的不利影响,从中得出机器应用使工人异化加深、阶级矛盾激化,从而引出克服异化的革命思路。温德林认为,这里马克思忽视了拜比吉的另一条路径。拜比吉认为,"使用机器不会完全消灭人的技能,相反,它为工人获得新技能提供了便利"[3]。由此,拜比吉提出一种新的劳资关系即股份制模式,力求在技术最优化的基础上实现利益的最大化和分配的合理化。[4] 而马克思的异化和革命思路则遮蔽了这一点。应该说,温德林的研究是融合跨学科资源、回归马克思原始文献以求重新发掘马克思哲学之批判力量和可能局限的典范,并提出了不少独创性观点。但她的异化解读模式在很大程度上只是西方马克思主义的人本主义逻辑和技术哲学的伦理批判逻辑的继承与发展。

最后是马克思工艺学思想研究的技术史路径。技术史领域的学者从自己的学科视域出发对马克思工艺学思想提出了独特见解,其中代表性的学者有史蒂夫·爱德华兹(Steve Edwards)和安

---

1 Amy E. Wendling, *Karl Marx on Technology and Alienation*, London: Palgrave, 2009, p. 3.

2 Ibid.

3 Ibid., p. 183.

4 Ibid., p. 189.

德鲁·齐默曼（Andrew Zimmerman）。他们从技术史角度对拜比吉、尤尔与马克思的思想关系做了独特解读。这主要包括：

一是拜比吉和尤尔的描述在多大程度上是可信的？爱德华兹认为，尤尔在《工厂哲学》中构想了一个"以去劳动的机器大生产为特征的资本主义乌托邦"[1]。因为在 1830 年代，工厂工人的数量远远少于手工工人，尽管纺织工厂是机器生产的标志性场域，但手工业和小作坊仍居于社会经济的支配地位。因此，尤尔笔下的工厂主要是对未来资本主义的预想，而不是现实的生产状况。也就是说，他的观点是一种描述、抽象和乌托邦展望的混合物。同样地，齐默曼从蒸汽机的数量或固定资本的比例角度也得出了相似的结论，因为我们今天所说的机器生产在当时英国的社会生产中只发挥了很小的作用。由此，他认为拜比吉和尤尔建构了一种以机器为核心的政治本体论和机器意识形态，即以机器化生产的本质性论证资本主义剥削的合法性。[2]

二是拜比吉和尤尔在何种意义上影响了马克思？爱德华兹认为，尤尔对马克思关于机器大生产的理解具有重要影响，主要体现在四个方面：一是尤尔笔下的机器对工人的对立关系，使马克思意识到尤尔的自动工厂定义中蕴含着两种矛盾的内涵；二是尤尔关于机器取代劳动、科学指挥劳动的描述，使马克思看到企业经理和技术专家等中产阶级在资本主义生产体系中的重要作用；三是尤尔关于资本吸收科学来镇压劳动的描述，促使马克思将劳动对资本的形式从属和实际从属界划开来；四是尤尔把自动化生产（自然

1　Steve Edwards, "Factory and Fantasy in Andrew Ure," *Journal of Design History*, 14(1), 2001, pp. 17 - 33.

2　Andrew Zimmerman, "The Ideology of the Machine and the Spirit of the Factory: Remarx on Babbage and Ure," *Cultural Critique*, 37, 1997, pp. 5 - 29.

发生主义)与丰裕社会(乌托邦主义)结合起来的想象,使马克思看到资本主义内部生产力与生产关系的矛盾运动和经济危机。这里,爱德华兹向我们展现了尤尔与马克思的关联问题域。但他的最终落脚点是马克思通过拜比吉和尤尔看到了机器对劳动的异化统治,这构成了资本主义意识形态的现实基础。显然,这种将异化理论与《资本论》等同起来的思路严重偏离了马克思的真实思想语境。

综上所述,国外学界在这一问题上的理论得失为我们进一步研究马克思的"工艺学笔记"及其哲学效应提供了重要启示。

首先,必须基于工艺学逻辑而又超越工艺学逻辑。20世纪80年代以来的研究趋势启示我们,必须回到马克思工艺学研究的思想史语境和逻辑谱系,并由此勘定不同思想家的理论地位。但这种理论定位决不能拘泥于工艺学本身的逻辑框架,而必须从工艺学上升到哲学(唯物史观)的高度,否则就会陷入技术史或工艺史的狭隘视域中。

其次,必须基于工艺学语境而又超越工艺学语境。米勒等人对工艺学与经济学之关系的辨析启示我们,从工艺学语境出发对马克思哲学话语的阐发决不是另起炉灶,而是要在凸显马克思工艺学叙事逻辑的同时,认真辨析工艺学与经济学、哲学、社会主义等理论资源在马克思思想发展总体中的内在联系。

再次,必须基于文献文本而又超越文献文本。现有的研究成果表明,回到马克思的"工艺学笔记"与手稿是深入研究的必然要求,文献考证与文本梳理也是扎实研究的重要环节。但不能仅停留于这一层面,更不能寄居于文献文本世界中无法自拔。这恰恰是MEGA项目启动以来国内外马克思主义研究中潜在的"阿喀琉斯之踵"。而我们的研究必须充分辨明它的学术性和意识形态性[1],从文献文本上升到思想话语。

最后,必须基于思想史而又超越思想史。一方面,这种回溯式的思想史梳理和文本耕犁是为了更好地面对当代资本主义的现实变化和理论动态,从马克思的工艺学思想中汲取开展当代资本主义现实批判与理论对话的不竭动力,因此,"回到"是为了更好地走向"当代"。另一方面,从国外学界的研究状况来看,对于马克思工艺学研究的文本解读与当代阐释仍然是马克思主义哲学研究领域的薄弱环节,而且最根本的问题在于缺乏系统科学的方法论和逻辑构架。而中国马克思主义哲学在中国特色社会主义理论实践和历史积淀中恰恰建构起独树一帜的理论体系。因此,基于当代中国马克思主义哲学研究的思想精髓对马克思工艺学思想的中国化研究,便成为构建当代中国马克思主义话语体系的重要组成部分。

2. 国内研究状况

在我国马克思主义发展史研究中,围绕生产力、分工、机器大工业等历史唯物主义核心概念与基本原理的研究和讨论可谓经久不衰、历久弥新。特别是随着 20 世纪 90 年代末张一兵教授的《回到马克思》一书的出版,不但在国内学界掀起了基于古典政治经济学的思想史语境、沿着生产关系线索探讨马克思思想发展史的研究热潮,而且奠定了以文本学方法解读马克思哲学的重要方法论基础。由此,国内学界对于马克思思想发展史的研究走向新的高度,对于历史唯物主义的理解达到新的深度。不过,受文献资料等客观因素的制约,对于马克思的工艺学理论资源的发掘和对于以

1　孙乐强:《在学术性与意识形态之间——MEGA 对我国马克思主义哲学研究的影响及其价值评估》,《江海学刊》2012 年第 3 期。

生产力线索为基底的历史唯物主义客体向度的剖析被暂时搁置了。更准确地说，这一研究路径并没有完全被忽视，而是在学术思想史的积淀中默默孕育着新的生机。回顾我国改革开放以来四十余年的马克思主义哲学发展史，学界关于马克思工艺学思想的研究大致可分为三个阶段。

第一阶段是 20 世纪 80 年代初到 90 年代中期的译介梳理阶段。在中国学界，从马克思主义视域出发对工艺学的哲学反思始于 20 世纪 80 年代。在改革开放的特殊历史语境下，国内学者开始着手对国外学界尤其是苏联和日本学者的相关成果的译介工作。

苏联学者基于第一手的手稿资料最早对马克思工艺学思想做了原理式阐释。首先是对格里哥里扬和库津关于马克思历史唯物主义技术观的文本和原理式阐释的译介，这些内容已在上述内容中加以阐述，这里不再赘述。其次是以 G. E. 伊孔尼科娃为代表的一批苏联学者对于马克思的工艺学思想的跨学科研究，并提出"社会工艺学"概念。他们基于马克思在《资本论》中的相关论述而得出这样的结论：马克思的工艺学不但关涉物质生产领域，而且蕴含着一切社会现象的形成过程，因此，它是普遍意义上的社会工艺学，即研究有效组织人类活动的形式、方法和手段的科学知识；它旨在激发人类活动的主观方面（自动化控制系统和信息技术等）来提高社会管理的有效性，因此，它是将知识和"知识的工艺化"结合起来的特殊手段。[1] 必须承认，伊孔尼科娃的社会工艺学思想具有重要的现实意义和理论意义，但她的解读显然脱离了马克思的

1　［苏］G. E. 伊孔尼科娃：《论社会工艺学的概念》，马积华译，《现代外国哲学社会科学文摘》1985 年第 4 期。

原初语境。在我看来,马克思并不想建构一种广义的社会工艺学,而是旨在超越工艺学本身而从社会历史的生成机制中揭示工艺学的哲学内涵。总之,苏联学者的研究还主要是基于马克思的《资本论》及其手稿进行原理式的解读,尚未充分激活马克思工艺学思想的内在活力。

与苏联学者不同,日本学者对马克思工艺学思想的研究更具学术性。除了译介川锅正敏从阿姆斯特丹国际社会史研究所转抄的《马克思手稿和读书笔记目录》(国内学者通过它第一次了解到马克思的工艺学研究情况),最重要的当属对日本学者吉田文和围绕马克思"机器理论"形成史所作的系列文章的译介。[1] 由此,国内学者第一次了解到马克思工艺学研究的原始著作的篇章结构和思想内容,认识到马克思在《资本论》及其手稿中对这些材料的利用情况。不过,由于这些译介资料流通性较小,因此并没有引起大多数学者的关注。而这种细致的文本梳理既是一次重要推进,也是真正理论研究的开端。

与国外学界相比,在 20 世纪 80 年代,只有极少数国内学者关注到马克思的工艺学思想。刘则渊根据马克思在《资本论》第一卷注 89 中的论述提出"广义工艺学"概念,即包括物质生产工艺学、

1　[日]吉田文和:《对查理·拜比吉〈论机器和工厂的节约〉一书的分析——马克思"机器理论"形成史研究(一)》,《马列主义研究资料》1984 年第 2 辑;《〈各国的工业〉和〈资本论〉(摘译)——马克思"机器理论"形成史研究(二)》,《马列主义研究资料》1984 年第 5 辑;《罗伯特·韦利斯的机构理论和马克思——马克思"机器理论"形成史研究(三)》,《马列主义研究资料》1985 年第 1 辑;《约·亨·摩·波佩〈从科学复兴到十八世纪末的工艺学历史〉和马克思——马克思"机器理论"形成史研究(四)》,《马列主义研究资料》1985 年第 3 辑;《达尔文的类比和马克思——马克思"机器理论"形成史研究(五)》,《马列主义研究资料》1985 年第 6 辑;《黑格尔的目的性理论和马克思的劳动过程理论》,《马列主义研究资料》1985 年第 5 辑。目前,除《达尔文的类比与马克思》之外,其余五篇译文被收录于苑洁主编:《马克思主义研究资料(第 10 卷):〈资本论〉基本理论问题研究》,中央编译出版社 2014 年版。

社会建设工艺学和精神生产工艺学三个方面。[1] 这与苏联学者的"社会工艺学"概念具有异曲同工之处。金海民则专门介绍了德国工艺学家和商品学家约翰·贝克曼的生平事迹，着重介绍了他在两个领域中的重要贡献以及日本学者对贝克曼工艺学著述的译介研究情况。[2] 直到 20 世纪 90 年代初，刘焱才梳理了马克思研究科学技术问题的四个阶段：1845 年 2 月的《布鲁塞尔笔记》时期，1850—1853 年的《伦敦笔记》时期，1857—1863 年的《资本论》手稿时期和 1867 年的《资本论》时期。[3] 之后，张钟朴对马克思的工艺学研究情况做了比较系统的梳理。[4] 这应该是中国学者对于这一问题的第一次详细梳理。具体来说，首先，作者对马克思在《布鲁塞尔笔记》中关于分工、机器与工厂制度的摘录情况做了介绍，对马克思所摘录的拜比吉和尤尔的生平、思想内容等方面做了梳理。其次，作者对《伦敦笔记》中马克思对于波佩、尤尔、贝克曼等人的摘录情况和原著内容进行阐述。最后，作者对马克思在《伦敦笔记》中的工艺学研究及其蕴含的工艺学思想做了比较全面细致的梳理。从叙述形式来看，作者旨在通过对比《伦敦笔记》中的"工艺学笔记"与《资本论》及其手稿（以《1861—1863 年经济学手稿》为主）中的相关内容，以历史性地展示马克思在诸多理论问题上的支援背景与发展历程。这一理论工作对于我们总体把握马克思探究资本主义生产方式发展史（特别是机器大工业）的工艺学理论资源

---

1   刘则渊：《技术范畴：人对自然的能动关系——兼论广义工艺学》，《科学学研究》1983 年第 2 期。

2   金海民：《乔治·贝克曼——工艺学与商品学的奠基人》，《国外社会科学》1985 年第 9 期。

3   刘焱：《马克思在〈资本论〉及其手稿中对自然科学和技术科学的研究》，《〈资本论〉与当代经济》，1991 年。

4   张钟朴：《马克思在〈伦敦笔记〉中对科学技术、机器生产和工艺学的研究》，《马克思恩格斯研究》1994 年第 17 期。

具有重要的参考价值。此外,张一兵对《布鲁塞尔笔记》和《曼彻斯特笔记》中的经济学和工艺学内容做了梳理,并将它们作为马克思新世界观确立的理论支援背景来加以考察。[1] 这是中国学者有意识地将马克思的工艺学内容纳入理论研究的第一次努力。

总之,在这一时期,中国学者在探索马克思主义哲学的过程中开始关注到马克思的工艺学思想及其重要理论来源。但在总体上还处于萌芽状态,尤其是在文献资料掌握和理论研究深度方面还落后于国外学界的脚步。

第二阶段是新世纪以来历史唯物主义基本问题的深入讨论和马克思技术哲学的异军突起阶段。新世纪以来,基于马克思的经济学和工艺学文献,中国马克思主义哲学的探索进路大致可分为两条线索:一条是沿着生产关系线索对历史唯物主义核心概念和基本问题(生产力、生产关系、生产方式等)的深入探讨;另一条则是马克思技术哲学研究的兴起与迅速发展。前者主要是在经济学—哲学语境中展开,而后者则主要是在西方技术哲学范式下对马克思工艺学历史叙事的重构。

就前者而言,国内学者更加注重深入文本和思想史中进行深度剖析。对于"生产力"概念的探讨可谓汗牛充栋,其中创新性的研究主要体现在两个方面:一是对"生产力"概念内涵的重新解读。姜海波认为,《德意志意识形态》中的生产力概念包括三个方面:作为工具和技术意义上的能力;作为共同活动方式本身的生产力以及个人的自主活动,三者的合力共同决定着生产力的发挥。[2] 杨乔喻认为,生产力概念决不是教科书中所说的三种实体性要素的

1　张一兵:《马克思的〈布鲁塞尔笔记〉与〈曼彻斯特笔记〉》,《求实》1999 年第 1 期。
2　姜海波:《〈德意志意识形态〉中的生产力概念》,韩立新、姜海波编:《新版〈德意志意识形态〉研究》,中国人民大学出版社 2008 年版,第 206—226 页。

总和,而是指一种社会历史性的功能水平和客观力量。[1] 赵家祥对马克思《资本论》及其手稿中的生产力概念做了六对范畴的划分,并分析了它们之间的共同本质与区别。[2] 二是对"生产力"概念之理论渊源的探究。杨乔喻分析了斯密、赫斯和李斯特对马克思生产力概念的重要影响。[3] 姜海波探讨了赫斯、李斯特和李嘉图派社会主义者汤姆逊等人对青年马克思生产力概念的影响。[4] 笔者也撰文探讨了赫斯、李斯特和舒尔茨对青年马克思生产力概念之主体向度的影响。[5] 对于生产关系的探讨,唐正东深入剖析了生产关系概念在马克思思想发展过程中的内涵演变,强调关于生产关系概念的理解不能仅仅停留在交换关系或分配关系的层面,马克思对生产关系的理解是与他对资本主义生产过程的理解程度相一致的,并且与生产力发展线索构成内在矛盾关系。[6] 对于生产方式概念的探讨,赵家祥强调生产方式概念在马克思恩格斯的著作中是一个多义性概念,它具有人的生活方式、生产力的利用方式、生产力与生产关系的中介等多种含义,并由此分析了它们在历史唯物主义中的联系与区别。[7] 周嘉昕指出生产是一个包含现实社会关系在内的具体概念,它的基础地位是现代社会兴起的

1　杨乔喻:《探寻马克思生产力概念生成的原初语境》,《哲学研究》2013 年第 5 期。

2　赵家祥:《马克思〈资本论〉及其手稿中的生产力概念》,《党政干部学刊》2012 年第 6期。

3　杨乔喻:《探寻马克思生产力概念生成的原初语境》,《哲学研究》2013 年第 5 期;杨乔喻:《生产力概念:从斯密到马克思的思想谱系》,《哲学动态》2013 年第 8 期。

4　姜海波:《唯物史观的前页:关于生产力的提纲》,《江海学刊》2010 年第 4 期。

5　张福公:《青年马克思的生产力概念及其哲学意义再探》,《哲学动态》2016 年第 5期。

6　唐正东:《马克思生产关系概念的内涵演变及其哲学意义》,《哲学研究》2011 年第 6期。

7　赵家祥:《生产方式概念含义的演变》,《北京大学学报(哲学社会科学版)》2007 年第 5 期。

思想史反映。生产和一定的生产方式构成了历史唯物主义把捉具体社会历史情境的根本所在。[1] 孙乐强以马克思生产与再生产问题为视角深刻剖析了资本主义生产方式理论、生产力与生产关系的内在矛盾与危机理论等。[2] 最后，张一兵基于构境论对劳动塑形—劳动活动、关系构式—生产关系、生产创序—生产力和结构筑模—生产方式做了独到而深刻的解读。[3] 以上研究成果都为进一步从工艺学视域研究历史唯物主义问题提供了重要的理论参照和方法论支撑。但必须承认的是，这一时期的马克思主义哲学研究的主导框架是围绕生产关系线索展开的，而对于生产力的探讨也主要是在经济学语境中作为生产关系的对子而展开的。

就后者而言，正当中国马克思主义哲学研究沿着生产关系线索大踏步探寻经济学语境中的哲学话语的时候，马克思技术哲学研究也几乎同时起步。自 20 世纪 90 年代末，科学技术哲学才逐渐发展为一门新兴的独立学科。正是在这一过程中，马克思技术哲学研究应运而生，其中山西大学和东北大学两所科研机构的科技哲学博士点成为国内马克思技术哲学研究的两个重镇。这一时期出现的学术专著主要有：乔瑞金的《马克思技术哲学纲要》(2002)[4]、牟焕森的《马克思技术哲学思想的国际反响》(2003)[5]、李三虎的《十字路口的道德抉择：马克思的技术伦理思想研究》

1　周嘉昕：《历史唯物主义视域中的生产和生产方式概念》，《教学与研究》2009 年第 11 期。

2　孙乐强：《马克思再生产理论及其哲学效应研究》，江苏人民出版社 2016 年版，第 63—64 页。

3　张一兵：《劳动塑形、关系构式、生产创序与结构筑模》，《哲学研究》2009 年第 11 期。

4　参见乔瑞金：《马克思技术哲学纲要》，人民出版社 2002 年版。

5　参见牟焕森：《马克思技术哲学思想的国际反响》，东北大学出版社 2003 年版。

(2006)、王伯鲁的《马克思技术思想纲要》(2009)[1]等。正如牟焕森指出的,"在我国学术界,马克思技术哲学思想的研究成果(论文、专著)远不及其他领域。这种研究现状的极不平衡,与发展马克思主义,尤其与立足于对当今高技术社会和新技术革命高度重视基础上发展马克思主义的时代要求是极不相称的"[2]。因此,那条被忽视的工艺学—生产力线索在马克思技术哲学领域中以独特方式获得了发展。然而,方兴未艾的马克思技术哲学研究中所隐含的问题也是显而易见的:一是从文本依据来看,目前的研究主要是将已发表的马克思恩格斯中译文著作作为核心材料,而对于马克思的"工艺学笔记"还停留于简介引述层面,并未深入马克思的工艺学文献之中,尽管王伯鲁有所努力,但仍未做出实质性的推进。这也是与中国马克思主义哲学领域的整体状况相一致的。二是从解读视域来看,目前的马克思技术哲学研究主要是借助各种"舶来"的解读范式而展开的,比如西方马克思主义和国外技术哲学领域流行的技术异化批判、技术伦理、生存论、技术实践等范式,却唯独缺少了对中国马克思主义哲学研究范式和思想精髓的吸收与融合。由此,值得我们深思的是:第一,这种嫁接流行范式的研究路径虽然是初级阶段的一个必要环节,但必须警惕在学术繁荣的表象中不自觉地陷入赶时髦的怪圈。第二,目前的研究还未深入对马克思文本的深度耕犁和从整体思想发展过程角度进行内在剖析,以致马克思技术哲学的研究缺乏真正的理论根基和内在生命力。

第三阶段是近年来马克思工艺学思想研究的初步发展阶段。

1　参见王伯鲁:《马克思技术思想纲要》,科学出版社 2009 年版。
2　牟焕森:《马克思技术哲学思想的国际反响》,东北大学出版社 2003 年版,第 2 页。

经过近二十年的冷寂和十余年的理论探索与方法论积淀，马克思工艺学思想研究终于迎来了它的春天。当然，这股破土而出的新生力量主要是以星星之火的方式生发出来。

杨晓敏针对 E. P. 汤普森在《英国工人阶级的形成》中关于尤尔和马克思的关系的判断提出疑问，认为马克思没有高估尤尔，而只是将尤尔作为批判的标靶。[1] 现在看来，这一论断或许过于简单了。随后，宫敬才最先从理论层面强调了马克思工艺学思想的重要性。他先是撰文指出，马克思通过研究工艺学及其社会历史效应而获得第三个伟大发现即社会历史的工艺学基础：马克思指明了大工业的工艺学特点，揭示出机器大工业对劳动者的人学后果（异化），揭露了机器大工业的工艺学基础中的社会对抗。[2] 随后，他集中辨析了国内外学界对马克思工艺学思想的误读和冷落，强调"研究工艺学是马克思学术研究尤其是政治经济学和哲学研究的有机组成部分"[3]，研究工艺学是理解马克思的生产力、生产关系、生产方式等重要概念和历史理论的重要前提。在他的指导下，马珊完成了硕士论文《马克思工艺学思想研究》(2013)，概述了马克思在《资本论》及其手稿中的工艺学思想。[4] 上述研究公开指认了马克思工艺学研究的重要意义，只是还尚未深入工艺学思想史语境中进行细致探讨。

随后，国内学界关于马克思工艺学思想的发掘呈现出两种研究理路：一种是基于工艺学思想史语境重新理解马克思思想的生

1　杨晓敏：《更正 E. P. 汤普森的一个见解》，《河北师范大学学报》2010 年第 6 期。

2　宫敬才：《"两大发现"还是"七大发现"（上）——马克思使社会主义由空想变为科学的思想史考察》，《学术月刊》2011 年第 10 期。

3　宫敬才：《对马克思工艺学思想的误解应予以纠正》，《马克思主义与现实》2013 年第 5 期。

4　马珊：《马克思工艺学思想研究》，硕士学位论文，河北大学哲学系，2013 年。

成路径,并以此回应国外马克思主义在相关问题上对马克思的误读。譬如,孙乐强以拜比吉和尤尔为例详细分析了他们对马克思机器大生产理论的影响,以揭示马克思的政治经济学批判和历史唯物主义深化的过程。[1] 由此,他深入探讨了马克思"机器论片断"中的"一般智力(general intellect)"概念的政治经济学和工艺学思想渊源,明确辨析了一般智力与一般智力的资本主义应用,并以此批判了维尔诺对马克思的"一般智力"概念的严重误读。[2] 在唐正东教授的指导下,笔者在硕士论文中集中概述了尤尔的工厂哲学思想,详细梳理了马克思在不同思想阶段与尤尔的复杂学术关系[3];徐丹则在博士论文中更深入地阐述了尤尔对马克思哲学发展的不同影响,强调"马克思的思想从早期关注人到后期关注资本主义生产方式的内在矛盾这一变化在很大程度上受到了尤尔的影响,尤尔的思想成为马克思晚期著作的理论地平线"[4]。她指出,尤尔的重要贡献在于对机器大工业的准确判断,但他对机器的理解只是着眼于生产力的物质形式,而马克思则越出机器的物质形式深入机器的资本关系和资本主义生产方式之中。[5] 陈中奇比较了恩格斯和马克思对尤尔的批判程度,强调恩格斯虽然较早对尤尔进行了"政治性、伦理学批判",但马克思更加深入地对尤尔做

---

1 孙乐强:《马克思机器大生产理论的形成过程及其哲学效应》,《哲学研究》2014 年第 3 期。
2 孙乐强:《马克思"机器论片断"语境中的"一般智力"问题》,《华东师范大学学报(哲学社会科学版)》2018 年第 4 期。
3 张福公:《"一个被遗忘的幽灵"——论尤尔对马克思资本主义批判理论发展过程的影响》,硕士学位论文,南京大学哲学系,2015 年。
4 徐丹:《尤尔的〈工厂哲学〉对马克思哲学发展的影响》,博士学位论文,南京大学哲学系,2015 年。
5 徐丹、朱进东:《马克思对尤尔的思想超越及其理论意义》,《南京社会科学》2015 年第 6 期。

了"理论性批判和方法论批判",并促进了自身思想的发展。[1] 丁冬雪探讨了拜比吉的《论机器和工厂的节约》对马克思的分工和机器大生产思想的影响。[2] 另一种是基于当代社会技术前沿问题来重新激活马克思工艺学批判思想的内在精髓与当代价值。刘方喜指出,马克思的工艺学批判作为政治经济学批判的重要组成部分,它将科学技术纳入科学社会主义之整体框架中的分析范式,为我们在当今人工智能时代正确把握现代工业的"第二次工艺革命"和社会主义的最新发展提供了重要启示。[3] 随着当代物联网生产方式革命的推进,生产力将实现第二次革命和全面解放,从而加速资本主义的自我扬弃进程,进而推动人类物质生产方式实现从资本主义范式向社会主义范式的整体转换。[4]

总之,基于工艺学思想史谱系对马克思哲学革命的文本学解读,立足中国马克思主义哲学研究创新成果对当代国外马克思主义前沿问题的理论观照和面向当代社会技术现实问题对马克思工艺学批判思想的当代阐释,构成了重启马克思工艺学思想研究的基本理路和总体构架。而其中基于工艺学思想史语境和马克思"工艺学笔记"原始文献对历史唯物主义生成路径的重新发掘和深刻阐释,无疑构成了整个理论工作的固基之本和重中之重,因而也成为本书的主要任务。

---

1   陈中奇:《对尤尔的批判给马克思带来了什么?——尤尔〈工厂哲学〉对马克思经济哲学思想发展的意义》,《马克思主义理论学科研究》2016 年第 3 期。

2   丁冬雪:《论拜比吉对马克思分工和机器大生产理论的影响》,硕士学位论文,南京大学哲学系,2017 年。

3   刘方喜:《技术、经济与社会奇点:人工智能革命与马克思工艺学批判重构》,《马克思主义与现实》2018 年第 6 期。

4   刘方喜:《工艺学批判重构:物联网生产方式革命与马克思归来》,《东南学术》2018 年第 5 期。

二、工艺学与古典政治经济学的理论分殊与逻辑同构

作为近代市民社会崛起的理论产物，工艺学和古典政治经济学共同构成了马克思探究现代资产阶级社会本质和建构历史唯物主义世界观的重要理论资源分支。因此，工艺学与古典政治经济学之间的理论关系便成为我们必然要遭遇的重要问题。特别是在从古典政治经济学出发解读马克思思想发展的研究路径已经深入人心的情况下，重新发掘马克思的工艺学理论资源及其对历史唯物主义生成的重要影响，就需要首先辨明工艺学与古典政治经济学之间的内在关联及其在马克思哲学构建中的理论地位。而在探讨这一问题之前，我们首先需要阐明工艺学的历史发展与独特内涵。

1. 工艺学的历史起源与理论形态

我们知道，在英汉词典中，"technology"和"technic"既有"技术""工艺"的含义，也有"工艺学"的含义，这就导致我们在汉语语境中往往将"技术""工艺""工艺学"混同起来理解。然而，从语义学来看，在德语、法语和斯拉夫语的脉络中，"工艺学（Technologie/technologie）"和"技术（Technik/technique）"有着不同的内涵，后者是指操作工序、物质生产和机械等实践方面，而前者则是指对这些操作及其知识原理的描述与分析。而在英语环境中，虽然"technology""technic""technique"写法有所不同，但在含义和使用上往往未加明确区分。因此，严格来说，"工艺学"和"技术"之间存在一种理论与实践、话语与操作的质性差异。在这个意义上，工艺学史就是一种关于元技术（meta-technics）的第二层级的历史，这意味着它不是传统的工艺史或技术史，即关于发明、机器和工业

过程的历史（也被称为历史编纂学意义上的工艺史），而是关于人们如何认识、描述和分析人类改造自然和自身境况的历史。[1] 而工艺学的这一独特内涵在词源学上亦可窥见一斑。

从词源学来看，工艺学（德语：Technologie；法语：technologie；英语：technology）源自希腊语"τεχνολογία"和拉丁语"technologia"，其希腊语词根"τέχνη"（"technē"）的基本含义为技艺，包括艺术（art）和手艺（craft）双重含义。[2] 在罗念生、水建馥主编的《古希腊语汉语词典》中关于"τέχνη"一词的释义包括：Ⅰ. (1) 技艺，技术，技巧。(2) 手腕，诡计，奸计。(3) 手法，方法。Ⅱ. 手艺，行业，职业。Ⅲ. 工艺品，手工制品。[3] 因此，"τέχνη"是一个指涉实践层面之技艺的广义概念。譬如，柏拉图的哲学对话中就涉及各种技艺门类，包括医术、建筑、编织、政治、音乐、制鞋、航海、军事指挥、耕作、木工等等。而"τεχνολογία"一词则是由"τέχνη（technē）"和"λόγος（logos）"（词，讲话）组成，意为对工艺和技能的论述。在古希腊语境中，"τεχνολογία"最初是一个修辞学概念，意指对一种技艺的系统论述或对其规则的阐释。直到 17 世纪，该词仍然与拉丁文"technologia"（意为"一种技艺的话语"[sermo de arte]）作为同义词使用。与此同时，该词又获得两种特殊含义：一种是指关于技术的专门术语，即对各种技术术语的阐释；另一种是指关于机械技艺（mechanical arts）的阐述。譬如，英国词典编纂家托马斯·布朗特（Thomas Blount，1618—1679）在其《词集》（Glossographia）第三版（1670）中就指出，工艺学是"一种对于手艺（crafts）、技艺

1　参见 Jan Sebestik, "The Rise of the Technological Science," History and Technology, 1, 1983, pp. 25-44。

2　李三虎：《技艺与价值：分裂还是关联——柏拉图的整体论解答及其当下意义》，《现代哲学》2005 年第 2 期。

3　罗念生、水建馥：《古希腊语汉语词典》，商务印书馆 2004 年版，第 884 页。

(arts)和工艺(workmanship)的论述或描述"[1]。德国哲学家克里斯蒂安·沃尔夫(Christian Wolff，1679—1754)首次赋予了"technologia"以科学的地位，并对这门新学科做了初步规定："工艺学是关于操作规则和工艺产品的研究，或者是关于人类通过身体器官(主要是双手)的劳动而生产产品的科学。"[2]总之，随着物质生产力的提高和社会分工的发展，"τεχνολογία"或"technologia"的内涵自17世纪开始便逐渐从广义的艺术或手艺转向狭义的机械工艺领域，从而孕育出现代意义的萌芽。然而，这些关于"τεχνολογία"或"technologia"的定义都还只是停留在单纯的概念层面，尚未形成真正独立的理论学说和学科体系。

工艺学真正作为一门独立的现代学科而问世，是以德国工艺学家约翰·贝克曼于1777年出版的《工艺学导论》为标志。在此之前，同时代的法国工艺史研究和英国古典政治经济学构成了德国工艺学的思想史前提和理论参照系。18世纪的法国在工艺史研究领域的两大标志性成果就是狄德罗、达朗贝尔主编的《百科全书，或关于科学、艺术和工艺的理性词典》(*Encyclopédie ou Dictionnaire raisonné des Sciences, Arts et des Métiers*，1751—1772)和法国科学院编辑出版的《关于技艺和工艺的描述》(*Descriptions des arts et métiers*，1761—1788)(以下简称《描述》)，两者都是对传统工艺的实证描述和理论反思，旨在为正在勃兴的工业革命和社会变革提供关于各种工艺的准确知识。《描述》是由法国科学院主持的工程项目，试图通过搜集和描述当时最先进的制造过程来对制造工艺进行优化和改进。不过，在总体上，

1　参见 Jan Sebestik, "The Rise of the Technological Science," *History and Technology*, 1, 1983, p. 27。

2　Ibid., p. 27.

《描述》主要是对传统工艺的完备记录,并为科学家、商人和工厂主等提供服务。该工程开始于 18 世纪初,但直到 1761 年才出版第一卷,当 1788 年全部完成时正值法国大革命前夕和工业革命伊始,因此有些内容已经略显陈旧。而狄德罗和达朗贝尔作为法国启蒙运动的核心人物,他们主编的《百科全书》主要面向普通大众,旨在以科学知识和生产工艺中的理性精神破除迷信和蒙昧主义的统治,使得传统观念中"卑贱的"工艺或机械成为启蒙文化的主要组成部分之一。

相较于法国启蒙运动思想家在生产工艺领域的开拓性研究,英国知识分子更加关注社会经济领域,而对生产工艺领域的研究则相对滞后,从而促使古典政治经济学成为一门显学。不过,由于财富的生产问题是古典政治经济学的重要研究对象之一,因此,古典政治经济学也蕴含了诸多工艺学的思想因素,譬如,斯密的分工理论对工艺学家的影响几乎长达一个世纪。李嘉图的机器理论确立了资产阶级理论家思考机器大工业带来社会矛盾问题的经典范式。总之,18 世纪法国的工艺史研究和英国的古典政治经济学构成了工艺学诞生的重要思想源泉和理论参照。

工艺学作为一门独立的现代学科诞生于 1770 年代的德国。德国工艺学家约翰·贝克曼于 1772 年第一次使用"Technologie"这一概念,1777 年出版《工艺学导论》,并将工艺学课程纳入高等教育体系之中,标志着工艺学的真正诞生。他强调,工艺学是"讲授如何加工自然物(Naturalien)或手工业知识的科学。它不是在作坊(或工场)中所看到的如何遵循师傅的规定(Vorschriften)和习惯(Gewohnheiten)来制造产品。工艺学是对如何从真实规律和可靠经验中找到实现最终目标的手段、如何解释和利用操作过程中出现的各种现象进行系统的全面的说明"[1]，或者说"是对一切劳动及其结果和原因的全面、系统和清晰的说明"[2]。随后，他又提出"一般工艺学"（allgemeinen Technologie）概念，在1806年出版的《一般工艺学草案》一书中指出："工艺学讲授的是人们在加工原材料和已加工材料中要知道的所有最不同种类的使用方法（Gebrauch）。"[3] 贝克曼的学生约·亨·摩·波佩继承和发展了贝克曼的工艺学思想，他的《从科学复兴到十八世纪末的工艺学历史》(1807—1811)一书标志着德国工艺学走向一个高峰。波佩指出，工艺学就是关于"一切工艺、手工业、工场手工业和工厂中的主要工作以及根据不同工作中的相似操作而将一切必要的手段、工具和机器按一定序列恰当地排列起来"[4] 的科学体系。总之，德国工艺学的现实目的在于实现工艺的转用，以促进工艺和发明的改进，提高劳动生产力。但由于德国工业发展水平相对落后，因此，德国工艺学还主要停留在手工业和工场手工业阶段。

法国工艺学首次对工业革命及其种种问题做出回应。1819年，法国国立工艺学院第一任院长杰拉德-约瑟夫·克里斯蒂安（Gérard-Joseph Christian）出版了《工业操作的一般体系概览，或技术学纲要》(*Vues sur le système général des opérations industrielles, ou plan de technonomie*)，旨在对工业化带来的技术、经济和社会问题进行细致分析，并批判性地提出

1　Johann Beckmann, *Anleitung zur Technologie*, Göttingen: Wittwe Vandenhoeck, 1777, S. XV.

2　Ibid. , S. XVI.

3　Johann Beckmann, *Entwurf der allgemeinen Technologie*, Göttingen: Wittwe Vandenhoeck, 1806, S. 3.

4　Johann Heinrich Moritz Poppe, *Technologisches Lexicon*, I, Stuttgart: Cotta, 1816, S. 25.

"technonomie"（英译为"technonomy"，汉译为"技术学"）取代贝克曼的"Technologie"。克里斯蒂安将工艺学的历史发展划分为四个阶段。第一阶段是古代工艺学，其特点是仅凭记忆对零散而孤立的工艺事实进行描述，缺乏系统性。第二阶段是以狄德罗、达朗贝尔为代表的百科全书式的工艺学，其特点是尝试对各种工艺进行理性分析，主要是对特殊工艺的详细描述和目录分类，但具有随意性，缺乏内在联系性。第三阶段是以贝克曼、波佩为代表的德国工艺学，其特点是创立了一种关于工艺和手工业的科学体系，并正式纳入高等教育，为工业生产和国家管理提供知识指南。但它仅局限于工艺流程的系统分类层面，缺乏普遍性和理论性。第四阶段就是克里斯蒂安开创的技术学，工业劳动、工业操作、人类劳动的机械化构成了技术学的核心概念，它的重要理论推进在于：基于工业革命的现实历史进程，深入分析了从手工业向工业生产的转型，剖析了人类劳动机械化的诸条件，并试图回应机器的广泛应用所造成的经济危机和社会危机。他认为，由机器生产造成的生产过剩和经济危机只是暂时的，机器不会剥夺工人阶级的生活资料，相反，机器会创造更多的就业机会，并增强工业国家在国际市场中的竞争力。[1] 在这里，我们可以看到工艺学发展的三个重要动向：一是紧跟现实工业革命的发展进程，力图对工业生产领域的最新成果进行理论反思，促进了工艺学的现代转向；二是不再仅仅局限于直接生产领域的工艺操作及其科学原理层面，而是力图将工艺学与政治经济学结合起来，从总体性视角出发回应现实社会问题；三是随着现实社会问题和阶级矛盾日益激化，工艺学家对现

---

[1]　参见 Jan Sebestik, "The Rise of the Technological Science," *History and Technology*, 1, 1983, pp. 34 - 37。

实问题的理论观照越来越暴露出资产阶级的立场与实质。而这些特点在 1830 年代的英国工艺学中更加典型地凸显出来。

基于英国工业革命的具体历史语境,以查理·拜比吉和安德鲁·尤尔为代表的英国工艺学家站在西方工业文明的历史高点上深刻阐述了机器大工业生产的本质特征、内在机制及其社会历史效应。拜比吉在 1832 年出版的《论机器和工厂的节约》中基于对机器大工业的实地考察进一步发展了斯密的分工理论,剖析了基于分工的工业经济原则及其广泛应用,阐述了机器的工艺学定义及其社会经济效应。安德鲁·尤尔在 1835 年出版的《工厂哲学》中深入分析了以机器体系为基础的现代工厂和工厂制度的本质特征、一般原理和历史意义,深刻阐述了工场手工业分工的核心特征和内在局限,明确指认了资本主义生产方式下资本、科学和劳动的等级隶属关系。当然,他们对工业革命的研究都是出于维护资产阶级利益的目的。譬如,拜比吉就以李嘉图的补偿理论来回应机器取代工人的问题。尤尔更是强词夺理地痛斥工人阶级的暴力反抗严重损害了工厂主的利益,高度赞扬工厂制度对工人阶级和整个社会的绝对福利,甚至积极倡导"资本召唤科学镇压劳动的反抗"。因此,马克思强烈批判尤尔是无耻的工厂制度的辩护士。

由此可见,工艺学作为一门现代科学是特定历史发展的产物,并且在其形成发展过程中基于具体的历史时空语境而表现为不同的理论形态。具体来说,18 世纪法国的百科全书派启蒙思想和英国的古典政治经济学构成了工艺学的萌芽阶段,以贝克曼和波佩为代表的德国一般工艺学标志着工艺学的真正诞生,以克里斯蒂安为代表的法国技术学构成了工艺学的过渡阶段,而以拜比吉和尤尔为代表的英国资产阶级工艺学标志着工艺学的现代发展形态。

总之,透过工艺学的思想史谱系就会发现,工艺学的独特理论贡献在于:它不再局限于传统工艺史对实际工艺操作的纯粹描述和无声记录,而是深刻展现了人类历史性生存的基础性物质生产过程中反映出来的生产力和生产方式变革以及由此引发的生产关系、社会关系和思想观念的变迁。因此,在某种程度上,工艺学无意识地蕴含了历史唯物主义的因素——而这正是工艺学所隐含的社会唯物主义哲学意蕴。然而,在拜比吉和尤尔那里,显而易见的资产阶级辩护立场和论证资本主义生产具有自然永恒性的根本主旨又使他们的工艺学具有庸俗化的倾向。对此,我们可以借用马克思关于"古典政治经济学"与"资产阶级庸俗政治经济学"的界划标准,暂且将孕育于法国百科全书派启蒙思想(狄德罗和达朗贝尔)和英国古典政治经济学(斯密和李嘉图)、确立于贝克曼和波佩、经过克里斯蒂安并最终成形于拜比吉和尤尔的工艺学称为"古典工艺学"。而将尤尔之后旨在探究狭隘的生产工艺领域的客观规律并为资本主义生产方式加以辩护的工艺学(或技术学)称为"庸俗工艺学"——因此,尤尔既代表着古典工艺学的理论高峰,又处于滑向资产阶级庸俗工艺学的开端。如果古典政治经济学"研究了资产阶级生产关系的内部联系"[1],那么,古典工艺学则研究了资产阶级生产力和生产方式的内在机制与历史规律。正是在这个意义上,古典工艺学同工艺史或技术史以及现代学科分类意义上的自然科学、技术学、工程学甚至技术哲学严格界划开来。也就是说,马克思是在古典工艺学的意义上使用"工艺学"概念的。当然,由于马克思主要研究和参照的是英国古典政治经济学、德国一般工艺学和英国资产阶级工艺学,因此,本书对于马克思工艺学思

---

1 《马克思恩格斯全集》第44卷,人民出版社2001年版,第99页注释32。

想史谱系的梳理与阐述也主要是围绕这三种工艺学理论形态展开。

2. 工艺学与古典政治经济学的理论关系

通过梳理工艺学的思想史谱系及其独特内涵，我们已经能够初步体认到工艺学与古典政治经济学之间既有各自的理论分工，又有内在的逻辑关联。实际上，马克思已经清楚地认识到这一点，并在不同的思想发展阶段做出了至关重要的论述。对此，我们可以从两个方面来加以把握。

一方面，马克思在《〈政治经济学批判〉导言》中明确指出，"政治经济学不是工艺学"[1]，从而指认了工艺学和政治经济学之间的理论分工。马克思指出："摆在面前的对象，首先是物质生产。"[2]这里，马克思开宗明义地点明了物质生产在社会历史发展中的基础性地位。然而，从不同的学科视域出发，有关物质生产的考察视角和研究层面有着质性差异。政治经济学主要是从一般物质形式层面来阐述物质生产，主要关注的是"一切生产的一般条件"，譬如"一切生产的基本要素"和"促进生产的条件"。[3] 因此，生产就"被描写成局限在与历史无关的永恒自然规律之内的事情，于是资产阶级关系就被乘机当作社会一般的颠扑不破的自然规律偷偷地塞了进来"[4]。正是在这个意义上，马克思批判政治经济学"因为有了统一……而忘记本质的差别"[5]。而这种"本质的差别"既表现为具体的历史的生产关系或社会形式，也表现为具体的历史的生

---

1 《马克思恩格斯全集》第 30 卷，人民出版社 1995 年版，第 27 页。

2　同上书，第 22 页。

3　同上书，第 27 页。

4　同上书，第 28 页。

5　同上书，第 26 页。

产方式及其内在机制。如果颠倒一下"政治经济学不是工艺学"的说法,"工艺学不是政治经济学"同样成立。具体来说,马克思指出:"正如对商品的使用价值本身的考察属于商品学一样,对实际的劳动过程的考察属于工艺学。"[1] 也就是说,工艺学是对于实际的劳动过程的研究,因此,工艺学在一定程度上揭示了"生产的一般规定在一定社会阶段上对特殊生产形式的关系"[2]。更为重要的是,"工艺学揭示出人对自然的能动关系,人的生活的直接生产过程,从而人的社会生活关系和由此产生的精神观念的直接生产过程"[3]。于是,马克思的上述论断为我们重估古典政治经济学的理论边界提供了重要启示。虽然古典政治经济学家也触及了物质生产中的工艺学要素,譬如斯密的分工理论和李嘉图的机器理论,因而也在一定程度上把捉到了工场手工业和大工业早期的主导生产方式及其核心问题,但必须承认的是他们主要是从政治经济学角度来谈论分工和机器的经济社会效应,尚未深入探究直接生产过程的客观原则与内在规律。因此可以说,政治经济学还主要是在概念层面上谈论工艺学要素。譬如,拜比吉就批评政治经济学家们"利用的事实太少,而谈论的理论太多",强调"这些空谈的哲学家们对于令人赞叹的工厂安排知之甚少"。[4] 因此,古典政治经济学对工艺学要素的认识不但十分贫乏和片面,而且存在严重的理论缺陷,譬如"泛分工论"和补偿理论等。以波佩、贝克曼、拜比吉、尤尔为代表的工艺学和工艺学史研究并不仅仅停留于从物质形式层面对操作工艺和劳动资料的实证分析,而是在长时段的历

---

1 《马克思恩格斯全集》第 32 卷,人民出版社 1998 年版,第 60—61 页。

2 《马克思恩格斯全集》第 30 卷,人民出版社 1995 年版,第 27 页。

3 《马克思恩格斯全集》第 44 卷,人民出版社 2001 年版,第 429 页注释 89。

4 Charles Babbage, *On the Economy of Machinery and Manufactures*, London: Charles Knight, 1833, p. 156.

重读马克思:工艺学语境中的哲学话语

史视域中展现了人类物质生产方式的变革以及由此造成的社会关系和思想观念的变迁。换句话说,如果政治经济学初步揭示了人类生产了什么(Was)即劳动产品(商品)及其交换、分配和消费过程,那么,工艺学则初步揭示出人类是怎样生产(Wie)(其中就包括用什么劳动资料进行生产),即人类历史性生存的生产方式和生活方式。这恰恰构成了各个不同经济社会形态的核心依据和人类历史发展进程的根本尺度,因为"各种经济时代的区别,不在于生产什么,而在于怎样生产,用什么劳动资料生产……劳动资料不仅是人类劳动力发展的测量器,而且是劳动借以进行的社会关系的指示器"[1]。

另一方面,工艺学与古典政治经济学具有深层的内在逻辑关联。这又具体表现在三个方面。

第一,工艺学构成了古典政治经济学的重要理论前提。马克思在《1844年经济学哲学手稿》中就敏锐地洞察到不但私有财产、劳动—资本—土地的相互分离等概念构成了政治经济学的前提,而且分工、交换、机器等概念同样构成了政治经济学的前提,但是政治经济学对这些前提都未加说明。譬如,在斯密那里,分工和劳动生产力构成了其整个经济学体系的重要前提,而他在阐明分工提高劳动生产力的原因时恰恰借用的是狄德罗和达朗贝尔主编的《百科全书》中关于扣针制造工场的工艺学知识。也就是说,当时还处于萌芽状态的工艺学成果已经在事实上成为斯密建构政治经济学理论的必要前提。然而,由于物质生产领域的工艺过程及其客观规律本身并不是斯密乃至整个政治经济学的研究主题,因此,工艺学又成为政治经济学在理论逻辑体系上所缺失的部分。而马

1　《马克思恩格斯全集》第44卷,人民出版社2001年版,第210页。

克思在初次遭遇政治经济学时就从原则性的逻辑层面意识到,物质生产过程中的工艺学内容与基本规律是政治经济学的重要理论盲区之一。总之,工艺学在事实和逻辑上都构成政治经济学的重要理论前提,或者说,工艺学构成了政治经济学的重要组成部分。

第二,政治经济学是工艺学的出发点和根本旨归。虽然工艺学的主要研究对象是直接物质生产领域的生产方式及其内在机制,但工艺学自诞生之初便将提高生产力、促进本国社会经济的繁荣作为根本目的。因此,物质生产资料与手段的改进及其带来的社会经济效应实际构成了工艺学的研究主题之一。譬如,贝克曼在创立工艺学之初就将振兴德国工业、提高德国经济实力作为根本目的。而拜比吉和尤尔对机器大工业的工艺学研究更是为了回应工业革命进程中机器的广泛应用所造成的社会经济问题,譬如财富或价值的来源、资本利润与工人工资之间的矛盾关系等问题。正因为如此,我们在工艺学的历史发展过程中会发现,工艺学与政治经济学的融合已成为一种必然趋势。

第三,工艺学与政治经济学在根本上具有内在的逻辑同构性。共同的社会历史实践语境和政治文化环境决定了工艺学和政治经济学在很大程度上分享了同质性的逻辑方法论和意识形态构架。这一点突出地表现为政治经济学和工艺学从各自的学科视域出发维护资产阶级的利益、论证资产阶级社会的永恒必然性。就方法论而言,政治经济学尽管在一定程度上包含着科学抽象的因素,但在根本上没有摆脱实证经验主义的框架,这就导致它在历史观上往往陷入经验历史主义的窠臼,即在考察人类社会历史发展时强调前资产阶级社会是有历史的,而资产阶级社会本身是没有历史的。于是,资产阶级社会的产生就具有内在的历史必然性,而资产阶级社会关系的存续便具有自然永恒性,因而,这种非历史性观念在本质上是一种唯心史观。譬如,斯密通过对现代市民社会中经济关系的考察而正确提炼出"一般劳动""看不见的手"等概念,在一定程度上准确把握了现代市民社会的重要特征,但是斯密并没有认识到它们是特定历史情境的产物,而是仅仅将它们看作既定的前提和出发点,进而通过将其归结为抽象的"经济人"和"第二自然"来论证它们的永恒必然性。同样地,工艺学的基本方法论原则也是对实际生产过程中的工艺手段进行实证的经验描述。正是在此基础上,工艺学才得以真正成为一门独立的学科。作为一种现代科学的工艺学历史地呈现了不同时代的生产方式及其相应的生产关系,初步剖析了特定生产方式的本质特征和内在机制。这是工艺学的独特理论贡献,但这并不能掩盖它所固有的唯心主义历史认识论、隐性资产阶级历史叙事框架和工艺学语境中的"第二自然"。譬如,波佩在《工艺学史》中开篇便强调人类是一种理性动物(vernuenftige Geschoepfe),为了追求更舒适的生活而不断创造新的物质生产生活资料和生存技能,而人的劳动与发明是由脑和手共同完成的,其中脑又起着重要作用。[1] 在这里,波佩偷偷将"人是理性动物"这一现代资产阶级意识形态观念设置为整个人类物质生产史的逻辑前提,同时又强调人的精神力量在物质生产和发明创造中的重要作用。这无疑是一种资产阶级意识形态建构的唯心主义历史认识论。正是基于这种资产阶级的"理性人"假设,人类的物质生产和技术发明便被建构为一种具有历史必然性的自然过程。按照这一逻辑,工业革命便是历史发展的必然结果和永恒状态。如果说政治经济学基于经济学语境中的理性人假设而在交

---

[1] J. H. M. Poppe, *Geschichte der Technologie*, Bd. I, Göttingen: Olms Verlag, 1807, S. 3 - 7.

换领域建构起以商品为基础的"第二自然",那么,工艺学便基于工艺学语境中的理性人假设在生产领域建构起以生产资料为基础的"第二自然",即资本逻辑支配下的生产资料成为统治人的物役性客体。这一点在拜比吉和尤尔对资本主义机器大工业之优越性、合理性和必然性的论证中表现得更为明显。这一逻辑的本质同样是非历史性的,即前资本主义生产方式是有历史的,而资本主义生产方式是没有历史的。因此,工艺学在根本上也是一种唯心史观逻辑。进一步说,在这种理性人假设和唯心史观基础上,工艺学建构起一种基于资产阶级意识形态的历史叙事构架。譬如,在贝克曼和波佩那里,当11世纪下半叶市民开始获得从事手工业生产的特权时便意味着一种自由,当封建君主或领主垄断磨的建造权、风力和水力的使用权时便是一种不公正,手工业行会同封建统治者的斗争便是一种正义的反抗,而通过破坏机器来反抗资产阶级统治的工人则被斥责为"暴徒"。尤尔更是明确主张资本利用科学(机器)来镇压劳动的反抗。也就是说,资产阶级工艺学家始终是站在资产阶级的立场上评述不同历史时期的阶级斗争,因此,工艺学语境中的自由、正义、公正等一切美好的概念也就深深打上了资产阶级意识形态的烙印。

总之,工艺学和政治经济学在哲学方法论上构成了社会唯物主义的不同理论形态。它们都在一定程度上展现了物质生产力决定生产关系、经济基础决定上层建筑的科学因素,但在根本上又都无法超越特定的历史情境和有限的历史视域,从而将特定历史实践的产物提升为普遍永恒的存在物,陷入唯心主义历史观和资产阶级意识形态的窠臼。

三、工艺学的隐性哲学构架与历史唯物主义的客体向度

在详细考察了工艺学与古典政治经济学的理论分工与逻辑同构性之后，对工艺学本身的哲学意蕴及其与历史唯物主义之间的内在关联便成为一个亟待解决的重要问题，这也是本书的核心主题之一。由于工艺学与古典政治经济学具有内在的逻辑同构性，因此，工艺学在某种程度上同样蕴含着古典政治经济学所具有的隐性哲学构架即社会唯物主义。然而，鉴于两者之间存在异质性的理论分工，因此，工艺学和古典政治经济学实际代表了社会唯物主义的不同维度：古典政治经济学代表着社会唯物主义的主体向度，而工艺学标志着社会唯物主义的客体向度。在这个意义上，工艺学便构成了马克思建构历史唯物主义之客体向度的重要理论资源。

1. 工艺学的社会唯物主义意蕴

"社会唯物主义"是张一兵教授在指认古典政治经济学的隐性哲学构架时所使用的一个重要概念。而按照我的理解，作为历史唯物主义的思想史前奏，"社会唯物主义"这一哲学方法论实际上潜在于当时伴随近代市民社会的崛起而新兴的不同学科体系中，因而具有不同的理论形态和面向。具体来说，如果古典政治经济学揭示了社会唯物主义的主体向度，那么，工艺学则揭示出社会唯物主义的客体向度。对此，马克思在《资本论》第一卷中有一段经典表述："工艺学揭示出人对自然的能动关系，人的生活的直接生产过程，从而人的社会生活关系和由此产生的精神观念的直接生

产过程。"[1] 对此,我们可以从四个方面来加以把握。

第一,**工艺学揭示了人与自然的直接能动关系,特别是以生产资料为核心的物质生产在人类历史发展中的决定性作用**。马克思在《1861—1863 年经济学手稿》中指出:"正如对商品的使用价值本身的考察属于商品学一样,对实际的劳动过程的考察属于工艺学。"[2] 而劳动过程"首先是人和自然之间的过程,是人以自身的活动来中介、调整和控制人和自然之间的物质变换的过程"[3]。就是说,相比于动物只是从事无意识的本能活动,人的劳动过程则是"制造使用价值的有目的的活动"[4],是为了人类的需要而对自然物的积极占有,这正是"最蹩脚的建筑师从一开始就比最灵巧的蜜蜂高明的地方"[5]。因此,人的劳动过程体现了人与自然之间的能动关系,而以实际的劳动过程为研究对象的工艺学恰恰揭示了人与自然的直接能动关系。就劳动过程本身而言,人类劳动过程的独有特征就在于使用和创造劳动资料,即富兰克林所说的人是会"制造工具的动物"[6]。正是在这个意义上,马克思指出:"从事物的本性可以得出,人的劳动能力的发展特别表现在劳动资料或者说生产工具的发展上。"[7] 而从人类社会历史发展的层面来看,"动物遗骸的结构对于认识已经绝种的动物的机体有重要的意义,劳动资料的遗骸对于判断已经消亡的经济的社会形态也有同样重要的意义。各种经济时代的区别,不在于生产什么,而在于怎样生

1　《马克思恩格斯全集》第 44 卷,人民出版社 2001 年版,第 429 页注释 89。

2　《马克思恩格斯全集》第 32 卷,人民出版社 1998 年版,第 60—61 页。

3　《马克思恩格斯全集》第 44 卷,人民出版社 2001 年版,第 207—208 页。

4　同上书,第 215 页。

5　同上书,第 208 页。

6　同上书,第 210 页。

7　《马克思恩格斯全集》第 32 卷,人民出版社 1998 年版,第 62 页。

产,用什么劳动资料生产"[1]。也就是说,劳动资料是考察人类历史上不同经济社会形态或经济时代的核心依据。由此,马克思强调:"劳动资料不仅是人类劳动力发展的测量器,而且是劳动借以进行的社会关系的指示器。"[2]可见,劳动资料或生产资料实际构成了人类历史发展的基础决定性因素。而将劳动过程和生产资料作为主要研究对象的工艺学便从侧面反映了以生产资料为核心的物质生产在人类历史发展中的决定性作用。

第二,**工艺学揭示了物质生产方式的历史运动,特别是资本主义生产方式的历史起源与矛盾运动。**约翰·贝克曼强调,工艺学是关于手工业、工场手工业和工厂的知识,"是对如何从真实规律和可靠经验中找到实现最终目标的手段、如何解释和利用操作过程中出现的各种现象进行系统的全面的说明"[3]。这表明,工艺学是现实物质生产实践中的生产方式及其原理的理论反思,因此,工艺学的发展是同具体历史情境下的物质生产方式紧密相联的。换句话说,工艺学的思想史谱系在某种程度上客观反映了人类物质生产方式的历史发展。譬如,贝克曼和波佩的德国工艺学主要展示了手工业和工场手工业时代的物质生产方式,而拜比吉和尤尔的工艺学成果集中展现了英国工业革命进程中机器大工业时代的生产方式特征。进一步说,由于工艺学本身便是机器大工业的产物,因此,工艺学又在很大程度上反映了资本主义生产方式的历史起源与矛盾运动。譬如,波佩在《工艺学史》中准确指出工场手工

1　《马克思恩格斯全集》第 44 卷,人民出版社 2001 年版,第 210 页。
2　同上。
3　Johann Beckmann, *Anleitung zur Technologie*, Göttingen: Wittwe Vandenhoeck, 1777, S. XV.

业和工厂的共同前提就在于劳动积聚和大规模协作[1]，这为马克思后来从工场手工业分工和机器大生产中科学抽象出资本主义协作提供了重要支撑。而拜比吉的分工倍数原则和尤尔基于机器大工业视角对工场手工业分工的本质特征及其历史局限性的深刻分析极大发展了斯密的分工理论，在一定程度上展现了工场手工业的生产方式特征及其向机器大工业过渡的内在矛盾动力。贝克曼和波佩对磨与钟表的历史叙述展现了机器大工业形成的历史基因和物质技术基础，而拜比吉和尤尔对以机器体系为基础的现代工厂和工厂制度的剖析客观展现了资本主义机器大生产的本质特征和资本主义精神，从而为马克思建立科学的资本主义生产方式理论、深化历史唯物主义和政治经济学批判提供了重要理论支撑。

第三，**工艺学揭示了资本主义生产关系的全面布展**。工艺学不但关注客体性的生产资料和生产方式的历史发展与内在机制，而且展现了具体的历史的生产方式中人与人之间的生产关系的微观布展。具体而言，在资本主义机器大工业时代，资本主义生产关系的全面统治表现为资本逻辑对工厂工人、农业、工场手工业、家庭手工业的广泛影响及其对家庭关系、法律关系、文化教育等方面的普遍渗透。首先，资本主义机器大工业对工厂工人的剥削表现为通过延长工作日、增加劳动强度和周期性的经济危机使工人阶级彻底沦为受资本逻辑支配的无思的浮萍。其次，资本主义机器大工业对传统手工业、工场手工业和家庭工业造成巨大冲击，对其中的工人阶级造成了灾难性的影响，这在尤尔对工厂制度的辩护词中体现得淋漓尽致。对此，马克思指出："手工业和家庭劳动领

1　J. H. M. Poppe, *Geschichte der Technologie*, Bd. I, Göttingen: Olms Verlag, 1807, S. 31.

域在相对说来短得惊人的时间内变成了苦难窟,骇人听闻的最疯狂的资本主义剥削在那里为所欲为。"[1]再次,机器大生产促使农业在人口、劳动性质、生产方式、生产力等方面发生重大变革,现代农业对农业工人的生存境况和土地肥力的衰退造成严重影响。最后,由于资本主义机器大工业对不同工业部门的广泛影响,资本主义生产关系不但渗透进直接生产领域,而且外溢至社会关系的不同层面。譬如,资本逻辑迫使原本温情脉脉的家庭关系变成亲权对儿童的肆意滥用和虐待,工厂法更是使这种畸形家庭关系变为合法的法律契约关系。再如,工厂法作为"工人阶级的身体和精神的保护手段"[2]虽然发挥过一定的积极作用,但在具体实施过程中往往流于形式,最终沦为一纸空文。它在实质上只不过是使资本主义生产方式变得合法化,从而掩盖资本主义统治和剥削的罪恶。

第四,**工艺学展现了资产阶级意识形态的深层建构**。如果古典政治经济学揭开了以商品拜物教、货币拜物教和资本拜物教为代表的资产阶级意识形态帷幕的一角,那么工艺学则展现了资产阶级意识形态在直接物质生产领域的微观建构过程。首先是现代工厂制度对权力—纪律观念的生命政治建构。尤尔关于自动工厂中机械器官支配人身器官的描述和对工厂制度规训工人的赞扬充分展现了以机器体系(一般智力)为物质技术基础的工厂制度对劳动的权力统治。工厂法典的最大意识形态功能便是在工人的头脑中塑造起兵营式的时间纪律观念。于是,工人的全部生活不但受到工作日时间的统治,特别是工作时间中机器体系的运动速率所建构的内在时间和抽象社会必要劳动时间的隐性规训,而且要忍

1　《马克思恩格斯全集》第 44 卷,人民出版社 2001 年版,第 564 页。
2　同上书,第 576 页。

受工厂的钟表和监工的罚金薄所建构的主观时间的显性统治。于是，古代奴隶监工手中的鞭子就变成了工厂监工手中的罚金薄，从对身体的暴力惩戒变成了对身体—意识的根本囚禁。因此，傅立叶将现代工厂称为"温和的监狱"。马克思深刻指出，在法权领域资产阶级所倡扬的代议民主制和公平正义的虚假性，在资本主义机器大生产中彻底暴露出来，从而构成一幅资本主义的讽刺画。[1]其次是传统手工业的现代化过程中出现的微观权力建构。最为典型的便是英国考文垂的丝织业中的"小屋工厂"，即在"几排小屋围成的方形场地中间，建起一座安装蒸汽机的所谓机器房，蒸汽机通过枢轴向各个小屋中的织机"[2]提供动力，小屋中的工人通过租赁这些蒸汽力进行生产。这一"方形工厂"不禁会让人联想起福柯描绘的"圆形监狱"，不同的是，后者是通过主体性的他者监视权威来达到规训统治的目的，而前者则是通过客体性的无人身的机器和无形的资本关系建立起更加隐秘和严酷的权力统治关系。最后是物质生产语境中的个人英雄史观。在贝克曼、波佩、尤尔等人的工艺学著作中充斥着一种诸如"约翰·淮亚特发明纺纱机"之类的历史叙事，这种未加审思的常识性观念实际上是一种资产阶级唯心史观构架下个人英雄主义的变体，或者说是政治—历史语境中的个人英雄史观在人类社会历史的直接物质生产领域（物质技术基础层面）的深层表征。这一观点的根本缺陷在于只强调某一发明者的历史功绩，而没有真实全面地反映某一发明的深厚社会历史背景。譬如，尤尔盛赞阿克莱发明自动走锭精纺机和工厂制度比拿破仑建立庞大帝国还要伟大。对此，马克思深刻指出："沃康松、

1　《马克思恩格斯全集》第 44 卷，人民出版社 2001 年版，第 488 页。
2　同上书，第 530 页。

阿克莱、瓦特等人的发明之所以能够实现，只是因为这些发明家找到了相当数量的、在工场手工业时期就已经准备好了的熟练的机械工人。"[1] 因此，"如果有一部考证性的工艺史（kritische Geschichte der Technologie），就会证明，18 世纪的任何发明，很少是属于某一个人的。可是直到现在还没有这样的著作"[2]。也就是说，任何伟大的发明都是历史发展的结果，都是人类集体智慧的结晶。而这无疑是对资产阶级个人英雄史观及其资产阶级意识形态实质的有力驳斥。

总之，资产阶级工艺学关于物质生产过程的历史发展与内在机制的考察在客观上反映了物质生产方式和生产力在人类历史发展中的基础决定性作用，初步揭示出资本主义生产方式的形成过程中资本主义生产关系的历史建构和全面布展及其由此建立起来的资产阶级意识形态观念统治机制。在这个意义上，工艺学蕴含了深刻的社会唯物主义哲学意蕴，从而在客体向度上构成了马克思建构历史唯物主义的重要思想史前提。

2. 马克思的工艺学研究历程与历史唯物主义的客体向度

我们知道，在马克思主义哲学发展史上，由于苏联教科书体系对历史唯物主义之客体向度的教条主义阐释严重阉割了历史唯物主义的真实意蕴和深刻内涵，因此，在摆脱苏联教科书体系的探索过程中，围绕人、社会、异化和批判等概念对历史唯物主义之主体向度的研究成为马克思主义哲学史研究的主导路径，相应地，历史唯物主义的客体向度逐渐成为大多数研究者讳而不谈的话题，甚

1　《马克思恩格斯全集》第 44 卷，人民出版社 2001 年版，第 439 页。
2　同上书，第 428—429 页注释 89。

至成为马克思主义哲学史研究中的一个缺环。[1] 而对于马克思"工艺学笔记"的重新发掘为我们重拾这一重要研究课题、深入把握马克思历史唯物主义之客体向度的生成路径与深刻内涵提供了坚实的文献支撑与理论基础。

马克思对工艺学的关注与研究几乎贯穿了他的整个思想发展历程,大致可分为三个主要阶段,即 1845 年的《布鲁塞尔笔记》时期、1850 年代的《伦敦笔记》时期和 1860 年代的《资本论》及其手稿时期。可见,马克思的三次工艺学研究皆处于马克思思想发生重大变化的关键时期,因此可以说,工艺学实际构成了马克思建构和深化历史唯物主义、推进政治经济学批判的重要理论资源之一。

马克思的第一次工艺学研究正处在第二次思想转变即从人本学唯物主义和劳动异化批判史观向历史唯物主义转变的重要时期。尽管马克思在《巴黎手稿》中就已经接触了经济学语境中的工艺学要素,摘录了舒尔茨的《生产运动》中关于工业生产的内容,并在哲学人本学视域下批判性探讨了分工、机器和工业问题,但是,彼时马克思还没有真正进入工艺学的研究视域。由于此时马克思的首要任务是深入批判机器大工业时代的资产阶级社会、为无产阶级革命提供理论指导,因此,马克思的第一次工艺学研究关注的不是德国工艺学所展现的人类物质生产发展史,而是加斯帕兰、拜比吉和尤尔等人所展现的资本主义机器大工业图景。而且,由于此时马克思的工艺学研究从属于他的政治经济学研究,因此,马克思主要关注的是机器大工业的双重社会经济效应,而没有认真考察工艺学内容本身。不过,尽管马克思的第一次工艺学研究在总

1　张一兵:《舒尔茨与马克思历史唯物主义的来源》,《广西大学学报(哲学社会科学版)》2019 年第 2 期。

体上还处于沉默的失语状态,但对这一时期马克思的思想逻辑转变产生了隐性而复杂的理论效应。具体而言,在《评李斯特》中,尤尔、拜比吉对于大工业的描述不但成为马克思从人本学视域出发批判李斯特的生产力理论的直接理论来源,而且构成了此时马克思初步把握工业生产力与资产阶级工业制度之间的矛盾的隐性理论资源之一。这些工艺学理论资源在《关于费尔巴哈的提纲》中进一步构成了马克思孕育新世界观萌芽的隐性建构语境。而到了《德意志意识形态》中,马克思的第一次工艺学研究成果为他初步确立科学的生产力概念及其双重内涵、深入把握资产阶级社会中生产力与交往形式的内在矛盾表征、积极探索无产阶级革命斗争和全面解放的实现路径提供了重要的隐性工艺学支撑。然而,由于此时马克思的主导性理论资源是以斯密为代表的政治经济学,因此马克思的理论建构视域还主要停留于分工和交换关系层面,尚未深入资本主义生产过程内部,这决定了马克思在一定程度上延续了斯密以来的某些理论缺陷,譬如泛分工论。

在随后的《致安年科夫的信》和《哲学的贫困》中,拜比吉和尤尔的工艺学资源成为马克思批判蒲鲁东的抽象分工和机器理论的核心支援背景,进而成为马克思继续推进历史唯物主义的显性理论支撑。这主要表现在:透过拜比吉和尤尔所展现的工业发展图景,马克思体认到分工、机器和生产力的一定历史情境性,初步剖析了资本主义生产方式的历史发展、基本特征及其促进人的自由发展的现实可能性,从而真正实现了历史唯物主义与工艺学的首次联盟。这一隐性叙事逻辑的生成,标志着马克思在理论视域上实现了从既有的分工、交换和分配领域向直接生产领域的转变,在研究对象上开启了从一般的物质生产向特殊的资本主义生产的转向,在理论逻辑上实现了从广义历史唯物主义向狭义历史唯物主义的过渡,从而构成了马克思思想发展的重要逻辑转折点。

　　受自身思想逻辑发展的推动和外部现实因素的影响,马克思在《伦敦笔记》时期开展了第二次工艺学研究。马克思的第二次工艺学研究是对第一次工艺学研究的全面深化。具体来说,马克思在1851年的第十五笔记本中集中摘录了约·亨·摩·波佩的《从科学复兴到十八世纪末的工艺学历史》等五部著作、安德鲁·尤尔的《技术辞典》(德文版)和贝克曼的《发明史论文集》,这些工艺学著作向马克思全面展现了从人类社会早期到19世纪30年代的物质生产方式发展史。更重要的是,这一时期马克思对工艺学的研究并非一蹴而就,而是呈现出重复性和多元性。就前者而言,马克思在1856年再次对波佩和尤尔的工艺学著作做了补充性摘录,这表明,马克思在反复关注和研究工艺学著作。就后者而言,马克思的工艺学研究不只局限于理论著作层面,而是拓展到实践考察和政治经济学研究中。譬如,马克思参观了1851年在伦敦举办的第一届世界工业博览会,并购买和阅读了这届博览会的汇编资料《各国的工业》(第二卷),从而更加直观地认识到资本主义工业发展和技术发明的最新成果。再如,马克思仔细摘录了李嘉图、费尔登和加斯克尔的著作中关于机器和工业革命形成史的内容。这些工艺学理论和实践资料为马克思深入了解资本主义生产方式的历史起源、根本特征和最新进展提供了丰富的材料支撑。在随后的《大纲》中,马克思利用前两次工艺学研究的成果真正深入资本主义生产内部,初步剖析了资本主义生产方式的历史形成与本质特征,深刻指认了机器大生产中资本、科学(一般智力)和劳动的资本主义本质关系,特别是借助拜比吉和尤尔的工艺学思想指认了一般智力在社会生产力发展中的核心地位,深刻剖析了资本逻辑在直接物质生产领域的深层统治:如果李嘉图把人变成了帽子,那么,尤尔则把人变成了零件,从而进一步深化了对于资本主义生产关系的历史现象学批判。

马克思的第三次工艺学研究正处在写作《资本论》手稿的至关重要的时期,因此,这次工艺学研究是伴随马克思在写作过程中遭遇的具体问题而展开的。马克思不但重新整理了前两次工艺学研究的摘录笔记,而且重新阅读和摘录了拜比吉、尤尔、贝克曼等人的工艺学著作,甚至旁听了剑桥大学工艺学教授罗伯特·韦利斯的技术实验课,充分利用了1851年伦敦世界工业博览会的汇编资料《各国的工业》(第二卷)中的最新工艺学成果。因此,无论是在研究范围还是在思想深度上,马克思的第三次工艺学研究都是对前两次工艺学研究的精细吸收和拓展深化。这些共同构成了马克思写作《1861—1863年经济学手稿》和《资本论》的重要理论资源。在此基础上,马克思全面阐述了资本主义生产方式的历史过程、本质特征和矛盾运动,建立起科学的资本主义生产方式理论;科学揭示了以一般利润率趋于下降为表征的资本主义生产的绝对界限和必然灭亡的客观规律;在科学评价资产阶级工艺学的科学价值与哲学意蕴的同时又彻底超越了资产阶级工艺学的根本缺陷和意识形态迷障,从而实现了历史唯物主义和政治经济学批判的全面深化。

第一章 马克思工艺学研究的历史背景与理论资源

作为一门独立的现代科学,工艺学同古典政治经济学一样都是欧洲近代市民社会形成和发展的产物。然而,由于当时主要欧洲国家在社会经济发展水平上存在较大差距,这使得工艺学和古典政治经济学在不同国家的形成与发展呈现出独特的差异性和非同步性,而这种现象在英国和德国尤为明显。具体来说,从16世纪中叶到19世纪初,英国知识分子基于相对发达的市场经济体系和迅速发展的工业生产力率先建立起日益成熟的古典政治经济学,并在亚当·斯密和大卫·李嘉图的经济学说中达到顶峰。不过,虽然古典政治经济学的研究对象首先就是商品的生产和再生产,因而必然会涉及分工、工具、机器等工艺要素,但是就生产本身而言,它只是作为整个政治经济学体系的基础和前提而存在。也就是说,英国古典政治经济学还尚未对生产过程中的工艺知识及其内在规律进行客观详细的科学研究,于是便造成这样一种窘况:一方面,工艺知识只是作为必要因素存在于英国古典政治经济学的理论体系中,并且主要是在政治经济学的语境中发挥其有限的理论效应。另一方面,在生产实践中形成的丰富而零散的工艺知识还主要停留在手工业、工场手工业和工厂工人的经验与头脑中,而诸如在 18 世纪末出现的安德逊学院这类专门讲授机械技术和化学知识的职业技术学校,在当时的英国还是一种例外,而且课程内容主要是较为零散的自然科学知识和工艺知识,尚未形成系统化的理论体系。同时代的德国虽然缺乏发达的市场经济体系,但有着悠久的手工业历史和深厚的手工艺传统。自 18 世纪初开始,为了缩小同英法两国的工业差距,德意志各邦国纷纷加大对工商业和科技教育领域的投入。正是在这一历史背景下,现代科学意义上的工艺学最先在德国确立起来,这就是以约翰·贝克曼和约·亨·摩·波佩为代表的德国一般工艺学。然而,由于当时德国的社会生产力发展水平还主要处于手工业和工场手工业阶段,因此,德国的一般工艺学不可避免地存在先天的"生理缺陷",即它的总体理论建构主要是基于手工业和工场手工业的历史而展开的,还尚未真正把握现代机器大工业生产方式的特性。直到 1830 年代,在工业革命凯歌猛进的英国,资本主义机器大工业的迅猛发展、资本主义生产关系支配下的科学与工业生产的结合,以及由此引发的日益激烈的阶级斗争,促使一批资产阶级知识分子开始着手系统地研究机器大生产的内在机制与社会效应,从而催生出以查理·拜比吉和安德鲁·尤尔为代表的资产阶级工艺学,这一理论努力也客观促进了古典工艺学的现代转向。它们共同构成了马克思工艺学研究的现实历史背景和重要理论资源。

第一节
古典政治经济学的隐性工艺学话语

正如马克思在初次遭遇政治经济学时就深刻洞察到的那样,

在古典政治经济学中,私有财产、工资、利润、地租、交换价值等概念都是作为未加阐明的前提而出场的。其实,这一判断同样适用于工艺学概念在古典政治经济学中的出场方式。具体而言,在古典政治经济学语境中,指涉直接生产过程的分工、工具、机器等工艺学概念同样是作为"应当加以阐明的东西"而存在的,这意味着:一方面,诸如分工、机器、生产力等概念构成了古典政治经济学的重要范畴,并借助一定的工艺学理论资源初步探讨了资本主义生产过程的基本规律;另一方面,古典政治经济学家虽然经常谈及这些工艺学概念,但基本上是停留在"熟知而非真知"的层面,而且这些概念在总体上是在经济学语境中被言说的。也就是说,古典政治经济学家们主要关注的不是分工、机器的工艺学规律,而是它们在整个资本主义社会中的经济效应,因此它们只能作为一种隐性的工艺学话语而存在。我们在亚当·斯密的分工与劳动生产力理论和大卫·李嘉图的机器理论中可以非常清楚地看到这一点。

一、亚当·斯密:交换关系中的分工与劳动生产力

我们知道,亚当·斯密的分工与劳动生产力理论构成了其整个理论体系的基础和前提,并且对马克思的历史唯物主义基本原理的形成起到了重要的启示作用。因此,准确把握斯密的分工与劳动生产力理论的内容实质上就成为正确认识斯密的思想史地位、重新审视斯密与马克思的思想关系的首要环节。透过古典政治经济学的思想史,我们会发现斯密的分工与劳动生产力理论具有双重的理论特征:一方面,斯密的分工与劳动生产力理论并不是天才式的思想独创,而是对前人思想的继承与发展。因此,它的理论功绩和内在缺陷在很大程度上恰恰反映了自威廉·配第以来的

古典政治经济学家对分工和生产力问题的基本认知构架。另一方面，斯密的分工与劳动生产力理论也决不只是对前人思想的"抄袭"，它之所以能被奉为古典经济学的理论旗帜，无疑是因为斯密的思想有着独特的理论特质和哲学意蕴。譬如，在斯密以前，经济学家们关于"分工"的英文表达是多样性的，正是斯密最早明确统一地使用"division of labour"来表达"分工"概念，并系统阐述了分工、劳动生产力和交换的内在关系，从而初步建构起把握近代市民社会的社会唯物主义哲学框架。因此，若想准确把握斯密的分工与劳动生产力理论，我们必须首先回到斯密之前的古典政治经济学思想史，勘定斯密思想的理论地平。

1. 斯密的分工与劳动生产力理论的古典政治经济学渊源：配第、曼德维尔和弗格森

众所周知，作为近代市民社会兴起的产物，古典政治经济学肇始于17—18世纪的英国和法国。作为一门新兴的现代科学，古典政治经济学在理论渊源上脱胎于近代政治哲学和伦理学，在方法论上实现了从传统政治哲学和伦理学的先验观念论建构向现实经济领域的实证分析的重要置换[1]，从而建立起社会唯物主义哲学构架。[2] 而在过去的研究中，我们通常是在古典政治经济学深刻把捉到近代市民社会中客观的非实体性的社会关系（从斯密的"看不见的手"到李嘉图的"资本关系把人变成帽子"）的意义上来指认这一重要理论贡献，而忽视了古典政治经济学家在经济学语境中围绕分工、工具、机器等工艺学要素对劳动生产力的初步探索。实

---

[1]　张盾、袁立国：《论马克思与古典政治经济学的理论渊源》，《哲学研究》2014年第3期。

[2]　张一兵：《回到马克思：经济学语境中的哲学话语》，江苏人民出版社2013年版，第26页。

际上，这一理论努力在威廉·配第、伯纳德·曼德维尔和亚当·弗格森的理论建构中已经初露端倪，并构成了斯密建立较为系统的分工与劳动生产力理论的重要思想史前提。

首先，作为资产阶级古典政治经济学的创始人之一，威廉·配第（William Petty，1632—1687）自然构成了英国古典政治经济学探讨分工与劳动生产力问题的首要环节。过去，我们通常是从劳动价值论、剩余价值理论等方面来勘定配第的理论贡献。实际上，他的另一开创性贡献就在于将古典政治经济学的研究对象从商品交换领域转向工业生产领域（这有别于法国重农学派对农业生产领域的强调），初步从经济学角度探讨了资本主义生产内部的分工、技艺、发明与劳动生产力之间的关系及其规律问题，从中可以清楚地看到他的隐性工艺学思想及其理论得失。

第一，配第正确认识到发明的历史生成性，强调发明并非源自个人的独创，而是历史性集体智慧的结晶。在 1662 年发表的《赋税论》（*A Treatise of Taxes*）中，配第在讨论发明权问题时深刻指出，每一项新的发明都要经历各种考验，在综合他人意见的基础上不断加以改良，因此，"就整个发明说，没有一个人能说这是他自己的独创，并且，究竟哪一部分和他们有关，意见也不一致"[1]。而与配第同时代的乃至后世的许多经济学家和工艺学家往往都忽视了这一历史事实。正是在这个意义上，后来马克思在《资本论》第一卷中明确强调："如果有一部考证性的工艺史，就会证明，18 世纪的任何发明，很少是属于某一个人的。可是直到现在还没有这样的著作。"[2]

1　［英］威廉·配第：《配第经济著作选集》，陈冬野等译，商务印书馆 1981 年版，第 73 页。
2　《马克思恩格斯全集》第 44 卷，人民出版社 2001 年版，第 428—429 页注释 89。

第二，配第强调技艺和发明对于提高"劳动生产力"的重要作用，从而将技艺与生产工具同"劳动生产力"直接勾连起来。配第在 1664 年发表的《献给英明人士》(*Verbum sapienti*)中指出，若想使用较少的**人手**创造更多的国民财富，"就得加强劳动，或是采用**节省劳动和便利劳动的方法**"[1]。为此，他曾计划撰写几部研究工业生产中的实用技术和工艺史方面的著作，譬如《通俗技艺及机械技艺的历史》(*History of Arts Illiberal and Mechanique*)。这一远见卓识在当时重商主义仍然占据主导地位的英国资产阶级经济学界不可不谓一个重要进步。但可惜的是，配第的这一计划并未真正完成。不过，这一意向在他的其他著作中得到进一步体现。在 1672 年发表的《爱尔兰的政治解剖》中，配第在讨论技艺(art)和简单劳动(simple labour)之间的关系时明确提出技艺和发明对于提高劳动生产力的重要作用，即"假定我使用这种简单劳动，在一千天里能够耕耘播种一百亩土地；再假定我用了一百天的时间来研究一种更省事的方法，并制造出一种省事的工具(tools)；在这一百天里完全没有耕耘土地，可是在其余的九百天里我却耕耘了二百亩土地；那么我认为，这种只花费了一百天时间的发明技术(art)就永远值一个人的劳动；因为有了这种技术时一个人所做的工作，等于没有这种技术时两个人所做的工作"[2]。在 1690 年出版的《政治算术》(*Political Arithmetick*)中，配第再次论及这一观点："有的人，由于他有技艺，一个人就能够做许多没有本领的人所能做的许多工作。例如，一个人用磨粉机把谷物磨成粉，他所能磨出的分量会等于二十个人用石臼所能舂碎的分量。一个印刷工人

---

1 ［英］威廉・配第：《配第经济著作选集》，陈冬野等译，商务印书馆 1981 年版，第 112 页。

2 同上书，第 58 页。

所能印出的册数,会等于一百个人用手抄写出来的册数。"[1]在这里有两点值得我们注意:一是配第此时还没有明确使用"劳动生产力(productive powers of labour)"及其类似的术语来表达这一经济事实;二是配第对于发明、技艺提高劳动生产力之效能的理解已经不再是柏拉图、色诺芬等古代思想家所关注的产品质量,而是转向商品数量,这恰恰体现了基于近代市民社会的古典政治经济学在理解人类物质生产活动功能问题上所实现的现代转向。

第三,配第初步描述了分工的生产方式及其经济效用。在《政治算术》中,配第在分析荷兰航海业运费低廉的原因时谈到了劳动分工及其效用问题。他认为,由于荷兰航海业善于使用不同种类的船只来满足不同的运输业务需求,因而降低了运输成本。为了进一步阐明自己的观点,配第给出了一个经典的分工例证,即"譬如织布,一人梳清,一人纺纱,另一人织造,又一人拉引,再一人整理,最后又一人将其压平包装,这样分工生产,和只是单独一个人笨拙地担负上述全部操作比起来,所花的成本一定较低"[2]。这句话对应的英文原文是:Those who have the command of the Sea Trade, may Work at easier freight with more profit, than others at greater: for as Cloth must be cheaper made, when one Cards, another Spins, another Weaves, another Draws, another Dresses, another Presses and Packs than when all the Operations above

---

1　[英]威廉·配第:《配第经济著作选集》,陈冬野等译,商务印书馆1981年版,第12页。
2　同上书,第24页。

mentioned, were clumsily performed by the same hand。[1]

　　这里之所以采用中英文对照的形式，正是为了表明：(1)中译文中出现的"分工"概念在英文原文中并没有直接对应的英文词，因而应是中译者根据内容所做的意译。若单从翻译角度来看，这一做法无可厚非，但问题在于它容易造成的一种错觉，即似乎配第在这里已经开始使用"分工"概念了。(2)在这里，配第的确描述了织布业中的分工场景，甚至很有可能是织布工场中的分工，但他并没有使用我们所熟知的"division of labour"这一术语及其相似表达。在我看来，这恰恰表明，配第虽然在经验层面上认识到了现实生产过程中的分工现象，但他还没有能力抽象出恰当的概念加以表述。与此同时，在配第对"分工"的上述表述中还有两个问题值得注意：一是从"分工"的经济效用来看，配第笔下的"分工"并不是直接同劳动生产力的提高有关，而是同成本的降低或产品的便宜密切相关。因此，过去那种指认配第提出分工会提高劳动生产率的观点[2]显然并不恰当。也就是说，在配第那里，分工与劳动生产力还尚未直接勾连起来。二是从配第的总体言说语境来看，配第同时论述的航海业中的船只运输分工和织布业的工场内部分工显然属于不同层面的分工，前者更接近于社会分工，而后者则属于工场手工业分工，也就是说，对于社会分工和工场内部分工的混淆在配第这里就已初露端倪。此外，总体来看，配第对分工之经济效用的分析主要停留在交换流通领域，还尚未真正深入直接生产过

1　William Petty, *The Economic Writings of Sir William Petty*, *Together with the Observations upon Bills of Mortality*, more probably by Captain John Graunt, ed. Charles Henry Hull, Vol. 1, Cambridge: Cambridge University Press, 1899, p. 217.

2　[英]威廉·配第：《配第经济著作选集》，陈冬野等译，商务印书馆1981年版，第24页。

程领域。这表明,配第的分工思想仍在很大程度上受到重商主义的牵制。

其次,定居英国的荷兰医生伯纳德·曼德维尔(Bernard Mandeville)是以离经叛道的"异端"形象闻名于古典政治经济学思想史的。他在 1714 年出版的《蜜蜂的寓言》中将霍布斯的自然权利观和洛克的"私人利益是社会利益的基础"在社会经济领域发挥到极致,从而提出了著名的"曼德维尔悖论"——"私人恶德即公众利益",强调个人追求私利能够促进全社会的福利和进步。正是这一看似充满矛盾的理论主张深刻影响了斯密的分工理论和自由放任经济思想。而透过曼德维尔的分析,我们可以清楚看到,个人私利和社会利益的融合不仅在于商品交换,更在于(社会)分工。

曼德维尔分工理论的贡献主要体现在三个方面。一是**劳动分工是人类生产实践和经验的历史发展的产物**,而个人在天赋才能上的差异则微乎其微。他指出,我们通常将分工归功于人类才智的发展和洞察力的深化,实际上"它应归之于时间的延续以及许多人的经验,他们中所有的人在天赋才能和精明上几乎没有多大的差异"[1]。可见,曼德维尔对于分工的历史性认识已经远远超过了配第的认知水平,因而是一个非常重要的进步。不仅如此,他同样认识到,货币的产生与发展、社会制度的进步、科学知识的增进等都是人类实践过程的产物。这对斯密的分工理论产生了重要影响。二是深刻把握到了**劳动分工的社会性**。他指出,一块上好的布料实际凝聚了众多行业中能工巧匠的劳动、技艺和器具等。[2]

1　转引自[英]F. A. 哈耶克:《个人主义与经济秩序》,贾湛等译,北京经济学院出版社1991 年版,第 9 页。

2　[荷]伯纳德·曼德维尔:《蜜蜂的寓言:私人的恶德,公众的利益》,肖聿译,中国社会科学出版社 2002 年版,第 225 页。

这里,曼德维尔准确认识到劳动分工的社会性,或者说,他准确把捉到了分工的社会劳动维度。这一观点在斯密的分工理论中得到了更为集中的阐述。三是**明确将分工与"劳动生产力"紧密联系起来**,即劳动分工不但促进产品的质与量的增长,而且促进手工艺本身的改进。在"霍拉修与克列奥门尼斯的第六篇对话"中,他借克列奥门尼斯之口指出:"倘若一个人专门制作弓箭,另一个人专门提供食物,第三个人专门建造草舍,第四个人专做衣服,第五个人则专事制作器皿,那么,不但他们会变得彼此有用,而且,在同样长的年代里,他们从事的那些行业和手艺本身的改进,也会比没有专人从事它们所取得的更大。"[1]在另一处,他又借霍拉修之口强调:"钟表的丰富产量、准确性及美观,主要都应归功于钟表工艺的众多劳动分工(the Division that has been made of that Art into many Branches)。"[2]可见,一方面,虽然曼德维尔没有直接使用"劳动生产力"概念,但已论及生产力的主要内容,而不只是配第所强调的经济成本问题,因而曼德维尔的理论贡献之一就是在真正的现实意义上将分工与劳动生产力勾连起来。另一方面,曼德维尔仍没有真正使用"division of labour"这一概念,但已经开始使用"division""branches"等术语来表述分工现象,这相对于配第来说已然是一种进步。当然,曼德维尔在这里所说的分工主要是在社会分工的意义上而言的。

最后,作为苏格兰启蒙运动的核心人物和古典政治经济学的重要代表人物之一,英国古典政治经济学家亚当·弗格森(Adam Ferguson,1723—1816)对于技艺(Art)和分工(Separation of

---

1　[荷]伯纳德·曼德维尔:《蜜蜂的寓言:私人的恶德,公众的利益》,肖聿译,中国社会科学出版社 2002 年版,第 271 页。

2　同上。

Arts and Professions)问题的探讨取得了突破性的推进,并对斯密的分工与劳动生产力理论产生了重要影响。马克思曾将亚当·弗格森称作斯密的老师。弗格森在 1767 年出版的《文明社会史论》中集中阐发了他的社会历史观、技艺观和分工理论。

首先,就弗格森的社会历史观而言,他极力反对当时流行的人性论,即把一切人类行为都归结为一种基于假设的"自然状态"的人之自然本性,这实际上是一种基于推测史方法论[1]的自然人性论。他主张对人性的考察必须回到现实的人类史,必须从整个社会的普遍状况而不是从个体状况或特殊状况来寻找答案,即"我们必须在人类史中寻求答案……我们要从每一种活动生物在为其天造地设的环境里的行为中去看它的历史,而不是从它们处在被迫的或者罕见的状况时的外表去看……我们应从群体中去观察人类,因为他们总是生活在群体中。个人的历史只不过是作为人类所思所感的一个细枝末节而已。因而,每一个与本问题有关的实验应针对整个社会,而不是针对个人"[2]。这一观点在个人与社会—历史的辩证关系问题上蕴含了一种重要的社会唯物主义方法

1　"推测史方法"是 18 世纪苏格兰启蒙思想家研究人类社会历史发展时运用的一种研究方法,它主要是依据假设的人性原理和外在环境状况来填补历史事实的空白。亚当·斯密的传记作者杜格尔特·斯图尔特对这种推测史方法做了经典的概述:"在缺少直接证据的情况下,我们必须靠推测来填补事实的空白;当我们无法确定人类在特定环境下如何真正引导自己的行为时,我们只能根据他们天性的原理及其外在环境的状况来思考他们可能以何种方式采取行动。"(参见 Adam Smith, *Essays on Philosophical Subjects*, edited by W. P. D. Wightman & J. C. Bryce, Clarendon:Oxford University Press,1982,p. 293.)这一方法后来遭到许多历史学家的诟病,其中柯林伍德就一针见血地批评这一历史观在本质上是将作为历史产物的 18 世纪欧洲的人性观看作"永恒不变的前提"。参见[英]柯林伍德:《历史的观念》,何兆武、张文杰译,商务印书馆 1997 年版,第 135 页;张正萍:《"推测史"与亚当·斯密的史学贡献》,《浙江大学学报(人文社会科学版)》2018 年第 4 期。

2　[英]亚当·弗格森:《文明社会史论》,林本椿等译,辽宁教育出版社 1999 年版,第 4 页。

论视域。更重要的是,他进一步追问道:"我们在哪里才能找到自然状态(the state of nature)呢? 我们会答道,**就在这儿**……如果自然只是相对于人工(art)而言,那么在何种状况下人类技艺(art)的足迹会不为人知呢? 在文明时代以及野蛮时代都可以找到许多有关**人类发明**的实证。"[1]这里,弗格森的隐含寓意是非常深刻的:在他看来,霍布斯或洛克所假设的那种政治伦理意义上的自然状态并没有切中人类的本质存在方式,因为从人类运用天赋施展技艺、改造自然环境来满足自身需求的历史过程来看,人类社会历史的原初的真实的本质状态恰恰是基于技艺而进行的物质生产。后来马克思在《德意志意识形态》中科学地指出:人类的第一个历史活动就是物质生活资料的生产与再生产,如果脱离了这一基础层面,霍布斯等人的自然状态就只能沦为一种形而上的观念建构。在这个意义上,此处弗格森所说的"就在这儿"正对应于马克思在历史唯物主义视域下所使用的"定在"(Dasein)或"社会定在"(gesellschaftlich Dasein)概念,即近代政治哲学意义上的那种原始的"自然状态"并不在别处,而就在自人类诞生以来贯穿于人类历史的普遍的物质生产活动之中,这才是人类的真正的"自然状态"。在这一历史进程中,人与自然的能动关系通过以技艺和发明为手段的物质实践活动而历史地建构起来。这里,弗格森的重要理论进步就在于试图通过回溯人类的物质生产史来批判抽象的自然人性论,但如果他仅仅停留在具有普遍历史意义的生产过程层面,并将其看作人类社会历史的"自然状态",那就很容易把普遍性的物质生产过程与特殊性的资本主义生产过程(特别是剩余价值

---

1 [英]亚当·弗格森:《文明社会史论》,林本椿等译,辽宁教育出版社 1999 年版,第9 页。中译文的"艺术(art)"改译为"技艺"。

增殖过程)混淆起来,从而得出资本主义生产方式是自然而永恒的历史产物的结论。而从弗格森的总体思想来看,他显然没有摆脱这种资产阶级意识形态迷障。

其次,就弗格森的技艺观而言,他在第三章《论政策和技艺的历史》中专门讨论了技艺史(history of arts)问题。虽然弗格森的技艺观尚未达及工艺学史的深度,但他基于上述社会历史观同样得出了令人耳目一新的观点。第一,技艺是人类所固有的天赋才能,并在人类的实践活动中伴随人的能力的发展而发展。他指出:"技艺是人类与生俱来的,人类通过多年实践获得的技能(skill)只不过是其天生才能(talent)的发展而已"[1],"我们都说技艺(art)有别于自然,但技艺本身是人类固有的。在某种程度上,他不仅是自己命运的创造者(artificer),还是自身躯体的创造者,并且自有人类以来,就注定要去创造(invent),去奋斗(contrive)"[2]。也就是说,人的本性就是在劳动中运用自身天赋不断创造自身、发展自身。而且,"人类注定要修身养性,改善环境……他依从既定目标来调整自己的手段,并且,通过提高发明创造的能力,使自己的技艺(arts)臻于完美"[3]。第二,技艺是人类物质生活的基础和源泉,同时,技艺的发展又受到自然和社会环境的影响。一方面,人类"运用自己的发明和技能(skill)获得住所和食物";另一方面,人类"所处的国家和年代的环境也为他确定了特殊的追求"[4],因此,每一项发明只有在有利的环境下付诸实践才被保留下来。

最后,相较于配第和曼德维尔,弗格森更为系统地探讨了分工

1　[英]亚当·弗格森:《文明社会史论》,林本椿等译,辽宁教育出版社 1999 年版,第 186 页。
2　同上书,第 7 页。
3　同上书,第 186 页。
4　同上。

问题。第一,**分工的原因在于人类生存境况的不确定性和人的自利倾向**,即"生存之需分配不均的偶然性、倾向性和有利的机遇确定了人类不同的职业(occupation)。而且,实用意识又导致将这些职业无穷无尽地分为(subdivide)各种职业(professions)"[1]。可见,弗格森虽然曾试图借助历史来破除"自然状态"假说的隐性唯心史观神话,但在真正探究现实历史事实的根源时,他又不得不借助推测史的方法来填补当时人类学和历史学本身的知识空白。这在分工问题上就表现为他是从人的私利心和现实生存状况的角度来分析分工的起源,而后来斯密对分工和交换倾向的分析恰恰也是以人的自私心为出发点的。第二,**分工大大促进了人的生活技能的发展,特别是促进了"劳动生产力"的提高和商业的发展,从而构成了财富的源泉**。他指出,在一个民族将各种需要特殊的**技能(skill)和注意力**的任务分配给不同的个人之前,即在实行分工之前,人们在发展生活技能方面很难取得重大进展。[2] 对工匠而言,他的注意力越集中于特定的操作,产品就愈加完美和高产。对制造商而言,工人的分工越细(subdivide the tasks),成本越低,获利越多。总之,技艺与职业的分工(the separation of arts and professions)促使"财富的源泉大开。每一种原料都能加工到尽善尽美,每一种商品都能大量生产"[3]。由此,弗格森强调,商业的进步就在于手工技艺(mechanical arts)的细分(subdivision)。这里,弗格森更明确地指认了分工对于商业发展的基础作用。第三,**分工能够促进发明创造,推动人类创造力的积累和发展,促进社会进**

1　[英]亚当·弗格森:《文明社会史论》,林本椿等译,辽宁教育出版社 1999 年版,第199 页。

2　同上。

3　同上书,第 200 页。

步。弗格森指出,在独立的部门中专心于特殊职能的工匠能够发明出用来减轻劳动或方便劳动的各种装置,从而推动社会的发展进步。第四,**分工促进知识和智力的分化**。一方面是导致手工劳动的知识和智力的片面化与退化;另一方面是促使科学研究和脑力劳动获得专门发展,成为一种独立的职业。总之,分工会使一部分人的知识和能力得到发展,而使另一部分人的知识和能力受到限制。就前者而言,弗格森认为,许多手工技艺不需要知识和智力,从事这些职业的人一旦思考反而容易犯错,而且,"无知不仅是迷信之母,也是勤劳之母"[1]。因此,"制造业最繁荣昌盛的地方的人们最不注重思考,而且不花气力去想象,只是把工场(workshop)看成是一台由人做零部件的发动机"[2]。这里,相较于配第和曼德维尔,弗格森准确描述了分工导致劳动阶级智力退化的事实,但是他对分工造成的消极影响的积极肯定则暴露出他的资产阶级立场。就后者而言,弗格森指出:"每门技艺、每种职业的实践者可能会让科学家来进行全面的思考。在这分工细致的年代,思维本身也成了一种特殊的技艺。"[3]第五,**分工产生等级隶属关系,是人类不平等和危害民主政治的根源**。弗格森指出,等级制度产生的原因有三:一是自然禀赋和性情的差异,二是财富分配不均,三是"在从事不同的技艺中养成的习惯"[4],即同技艺紧密相关的生活方式激发出不同的智力、才能和情感,形成不同的职业和地位,于是产生等级制度,而这在本质上就构成了人与人之间的不平等关系。进一步说,商业技艺所产生的人类不平等构成了建立民主政体和

---

1 [英]亚当·弗格森:《文明社会史论》,林本椿等译,辽宁教育出版社1999年版,第202页。

2 同上。

3 同上。

4 同上书,第203页。

平民政体的主要障碍。[1] 这里，尽管弗格森的分析还存在瑕疵，但他的确触及了一个重要问题，即以技艺和职业分工为核心的物质生产对商业经济活动乃至社会制度和政治制度的基础决定性作用。这也再次体现了他的思想深处所蕴含的社会唯物主义意蕴。

总之，较之以往的古典政治经济学家，弗格森更为系统地阐述了分工理论，可以说他的诸多开创性见解已经奠定了斯密分工理论的基本构架，甚至在某些方面比斯密还要详细。因此，我们更有必要准确把握弗格森分工理论的实质。

首先，在古典政治经济学思想史上，弗格森首次明确使用"separation of arts and professions""subdivision"等术语来概括现实社会经济活动中的分工现象，相较于配第和曼德维尔，这已然是一大进步，并且表明"分工"已经开始成为一个具有明确研究对象的独立范畴。而在我看来，分工范畴的基本确立恰恰反映了现实的工场手工业生产和商品交换关系的日趋成熟和高度发展。

其次，弗格森所说的分工主要指涉的是技艺和职业的分工（separation of arts and professions），这便蕴含了三个方面的内涵。第一，从表面来看，技艺和职业构成了分工的主要内容，但职业或专业的核心仍在于技艺，因此技艺便成为分工的核心构件。由于弗格森将技艺看作人类所固有的禀赋和能力，因此，分工的核心内容便表现为人的天赋能力的分化、实现和发展。在这个意义上，分工所蕴含的主体向度恰恰反映了当时手工业和工场手工业在物质技术基础层面的生产方式特质。第二，弗格森混淆了社会分工和工场手工业分工。具体而言，一方面，在弗格森的言说语境

1　[英]亚当·弗格森:《文明社会史论》，林本椿等译，辽宁教育出版社1999年版，第205页。

中,无论是技艺(arts)还是职业或行业(profession)都有着比较宽泛的含义,譬如,弗格森明确使用手工技艺(mechanical arts)、商业技艺(commercial arts)来表述不同类型的技艺[1],显然这两者分别对应于工场手工业分工和社会分工;另一方面,按照通常的理解,技艺更多指涉的是生产领域,而职业或行业则更多指涉的是社会经济领域,弗格森将两者并列使用恰恰透露了一种认识上的同构和混淆。第三,弗格森使用"separation"和"subdivision"两个词来表达"分工"的"划分"之意则表明:作为首次对分工的抽象概念化,弗格森所关注的是分工的"划分"或"分离"之维,或者说,他是从划分或分离的角度来理解分工,而尚未认识到分工的"集聚"或"联合"之维。前者是社会分工和工场手工业分工所共同具有的一般特征,而后者则是资本主义工场手工业所特有的内在表征。而如果仅着眼于分工的分离维度,就很容易混淆两种分工。因此,弗格森对两种分工的混淆和对分工内涵的片面性把握几乎构成了整个古典政治经济学在分工问题上的"阿喀琉斯之踵"。

最后,弗格森同样没有明确使用"劳动生产力"这一术语,但他指认了分工提高"劳动生产力"、促进机械发明和增进人的能力的种种结果与表现。更重要的是,他主要是从分工的主体向度切入的,即他关注的是由于分工对劳动主体的技能和注意力等主观能力的增进而促成的"劳动生产力"提高和发明创造。在我看来,这

1　值得注意的是,在弗格森这里,"arts"表示基于人手的一般技能、技艺,是对人类能力的一般指认。在谈及特定的人类技艺时便会以特定的形容词来加以限定,譬如手工技艺(mechanical arts)、商业技艺(commercial arts)等等。而到了斯密那里,他通常直接使用"arts",而不加任何限定性形容词,相应地,"arts"一词的含义在政治经济学语境中便不再那么宽泛,而是聚焦于物质生产的工艺领域,相当于后来的技术(technique,即德语中的 Technik)。这表明,物质生产领域中的工艺部分在社会经济发展过程中越来越占据重要的独立地位。

一分析视角对斯密的分工与劳动生产力理论产生了重要影响。

2. 斯密的分工与劳动生产力理论的初步建构:《关于法律、警察、岁入及军备的演讲》

正如马克思所言,斯密的分工理论在很大程度上是对前人思想成果的继承和发展。而就斯密的分工理论而言,我们所熟知的他在《国民财富的性质和原因的研究》(以下简称《国富论》)中所提出的分工理论并不是一蹴而就的。实际上,他在此前所作的《关于法律、警察、岁入及军备的演讲》(以下简称《演讲》)中就已经初步建构起其分工理论的基本框架和核心观点。[1] 而透过斯密的表述和编者提供的背景资料,我们可以看到更多在《国富论》中没有直接呈现的重要支援背景。对此,我们可以从三个方面来加以把握。

第一,社会分工和社会性劳动视域下的分工构成财富的源泉。在《演讲》的第二篇(《论警察》)第二部分(《价廉与物博》)第三节中,斯密明确指出:"在劳动没有分工(labour is undivided)的野蛮国家,一切东西全是为了满足人类的自然需要。但在国家已经开化(cultivated),劳动已经分工(labour divided)以后,人们所分配的给养就更加丰富。"[2] 因此,"富裕(Opulence)起因于分工(division of labour)","促使国家的富裕的正是分工(division of

---

1 《关于法律、警察、岁入及军备的演讲》是亚当·斯密在格拉斯哥大学讲授"道德哲学"的演讲笔记稿。据编者坎南考证,这份笔记可能作于 1763—1764 学年或 1762—1763 学年。而且,这份笔记的内容与后来的《国民财富的性质和原因的研究》具有很多相似之处,其中《国民财富的性质和原因的研究》第一篇头三章(关于分工)相当于演讲中的《价廉与物博》那部分的第三节至第六节。参见[英]坎南编:《亚当·斯密关于法律、警察、岁入及军备的演讲》,陈福生等译,商务印书馆 1982 年版,第 13 页,第 21 页。

2 [英]坎南编:《亚当·斯密关于法律、警察、岁入及军备的演讲》,陈福生等译,商务印书馆 1982 年版,第 177 页。

labour）"[1]。值得注意的是，**这是自威廉·配第以来，第一次明确使用"division of labour"来界定分工这一社会经济现象**，这也由此奠定了对于"分工"概念的固定术语表达。进一步考察会发现，这里斯密所说的分工主要是指社会分工，并从社会分工的角度揭示了以商品交换为中介的劳动的社会性或社会性劳动。他指出，"在衣服穿在身上之前，得使用剪羊毛的人、拣羊毛的人和纺织的人以及染匠、织工、裁缝等等。搞这些工作所用的工具（tools）的制造，需要还要多的技工（artists）——纺织机制造者（loom-maker）、机械安装工（mill-wright）……"[2] 一件普通工人的毛衣凝聚了许多人的劳动。实际上，这种从社会分工的视角出发来揭示社会性劳动的思路在英国近代启蒙思想家那里已经是一种流行的认知范式，或者说已经成为一种共识。因为除了上述配第、曼德维尔、弗格森的社会分工叙事，在洛克的《政府论》和哈里斯的《论货币和铸币》等著作中同样可以看到类似的叙述。这一方面是对当时商品经济迅速发展的理论反映。在我看来，它的理论意义在于这种基于社会分工的社会性劳动视域构成了斯密进一步走向"一般劳动"或"抽象劳动"的实践—理论基础。当然，此处斯密的社会性劳动与马克思后来确立的"社会劳动"概念有着本质差异。另一方面也暴露了这一思路的理论隐忧，即英国启蒙思想家的理论视域主要停留于社会分工和商品交换层面，并从社会分工的角度来把握一切分工现象，从而严重混淆了社会分工和工场手工业分工。因此，斯密的分工理论在某种程度上也深受这一范式的影响。

第二，分工提高"劳动生产力"。斯密在探讨"分工如何增多产

1　［英］坎南编：《亚当·斯密关于法律、警察、岁入及军备的演讲》，陈福生等译，商务印书馆 1982 年版，第 179 页。

2　同上书，第 177 页。

品数量或财富如何由分工而产生"问题时,以扣针制造业为例指出,扣针制造的分化和专门化即工场手工业内部分工会大大提高扣针产量。而值得注意的是,根据《演讲》编者的提示,斯密对扣针工场内部分工的知识可能来自由法国启蒙思想家丹尼斯·狄德罗(Denis Diderot,1713—1784)和让·勒朗·达朗贝尔(Jean le Rond d'Alembert,1717—1783)编纂出版的《百科全书》第5卷(1755)中的"扣针(Epingle)"条目,其中M. 德莱尔(M. Delaire)对扣针制造的18种操作做了详细阐述——这也从侧面反映了当时英国虽然拥有比较完善的工场手工业,但缺乏相关的工艺学著作。后来,斯密在《国富论》中再次利用了这一材料。这表明,斯密对于分工的理解具有两种理论来源:一是从英国古典政治经济学和苏格兰启蒙运动中继承下来的社会分工思路,一是来自法国狄德罗等人编纂的《百科全书》中所描述的工场手工业分工场景和工艺学知识。斯密首次将两种理论资源糅合在一起,更准确地说,首次真正将工艺学语境中的工场手工业分工纳入政治经济学的理论建构之中,从而使政治经济学的理论体系获得更为坚实的基础。

斯密借助扣针制造业的实例分析了分工提高"劳动生产力"的三个原因:(1) 分工能提高劳动者的技能和熟练程度;(2) 分工会减少不同工作转换所造成的时间损失;(3) 分工会促进机器(machinery)的发明。这三点在《国富论》中得到进一步阐述。这里值得注意的是第三点分析,斯密指出,"机器的发明会使工作量大大提高"[1],比如使用犁耕作、使用水磨(water mill)磨面等。而促成机器发明的原因首先是分工,因为"如果一个人一生只搞两三

1　[英]坎南编:《亚当·斯密关于法律、警察、岁入及军备的演讲》,陈福生等译,商务印书馆1982年版,第182页。

种工作,他必定使用他的**全副精神**去找搞这些工作的最便捷的方法"[1]。"我们没有关于机器发明的全部历史,我们也不可能有这种完全的历史。原因是,大多数机器最初都是有缺点的,经过使用者逐渐的改良,它们的机能才逐步提高。制出第一把犁的人大概是个农民,虽然它的改良也许是出于其他人的力量"[2]。由此可见,(1)对于分工提高"劳动生产力"的原因,斯密主要是从分工的专门化带来的精力集中或专注力角度来加以分析的,也就是着眼于个体劳动主体的主观能力提高层面,这一思路在《国富论》中再次得以延续。但实际上,这只是分工在功能上的一个方面。(2)斯密尚未对工具和机器做出明确区分,即尚未正确认识机器的本质,他将犁和水磨都视为机器就是一个典型的例证。(3)按照斯密的逻辑,由于分工是机器发明和改良的首要原因,因此,机器发明便从属于分工,依赖于劳动主体,这客观地反映了斯密时代的机器发明还处于不发达的阶段。(4)在机器史或工艺史问题上,斯密正确认识到机器的发明和改良存在一个缓慢的发展过程。但对于某种机器或工具的发明者,斯密还是以推测史观的方法溯源于个人,甚至认为人们不可能掌握机器发明的全部历史。这表明,斯密的机器史观中隐含着一种个人主义的隐性唯心史观。同时也证明,在斯密时代,英国知识分子对于机器史或工艺史的研究还是相当薄弱的。

第三,分工的原因在于交换,并受市场交换范围的影响。在第五节"什么引起分工"中,斯密指出:"分工的直接根源乃是人类爱把东西互相交换的癖性。这个癖性只是人类所共有的,其他动物

1　[英]坎南编:《亚当·斯密关于法律、警察、岁入及军备的演讲》,陈福生等译,商务印书馆1982年版,第183页。

2　同上。

　　　　　　　　　重读马克思:工艺学语境中的哲学话语

都没有这个癖性。"[1]而交换癖性的基础则是"人类天性中普遍存在的喜欢说服别人这种本质"[2]。显然,斯密将分工的原因归结为交换癖性的观点的确不同于弗格森从生存资料分配不均的偶然性和趋利避害的人性角度出发的分析思路,因此,这种将分工与交换直接联系起来的观点可以看作斯密的一个理论独创。然而,仔细深究一下就会发现,斯密最终仍然是将交换归结于人性。因此,他们在根本方法论上可谓是殊途同归、一脉相承,即把客观现实的社会经济现象归因于人的本性,或者将现实中的某种因果关系还原为人的本性。由于交换癖性决定着分工,因此斯密进一步指出,分工的发展程度取决于市场交换的范围,其中包括分工与人口、交通等因素的关系。[3] 在《国富论》中,斯密对这一观点做了更为严谨的论证和阐述。

3. 斯密对分工与劳动生产力理论的科学阐发及其哲学意蕴

基于对早期古典政治经济学的方法与基本观点的继承和发展,经过《演讲》时期的思想实验和理论酝酿,斯密在《国富论》中清晰系统地阐述了自己的分工与劳动生产力理论。基于上述古典政治经济学思想史的梳理,我们既可以看到斯密在诸多论点上的吸收与继承,也可以发现他的理论创新与推进。具体表现在以下几个方面。

第一,**财富的源泉:从劳动分工到劳动一般**。众所周知,在古典政治经济学思想史中,斯密的首要贡献便是将劳动或劳动一般

---

1 [英]坎南编:《亚当·斯密关于法律、警察、岁人及军备的演讲》,陈福生等译,商务印书馆 1982 年版,第 184 页。

2 同上书,第 186 页。

3 同上书,第 187—188 页。

确立为财富的源泉,从而为劳动价值论乃至整个古典政治经济学体系奠定了坚实的理论基础。对此,我们通常是根据斯密在《国富论》中对重商主义和重农主义的批判,从古典政治经济学思想史的角度来把握斯密的"劳动"或"劳动一般"概念的重要意义,即斯密的"劳动一般"是对重商主义所关注的商业劳动、重农主义所强调的农业劳动等具体劳动形式的理论超越与科学抽象。这一解读思路无疑是正确而深刻的。不过,我们需要进一步追问的是,斯密何以能够实现这一理论创新呢? 通过梳理斯密自身的思想发展过程,我们会发现,斯密对财富源泉的探索有一个从劳动分工到劳动一般的转变,更重要的是,斯密的劳动一般在很大程度上又是在劳动分工的时代语境中确立的。具体而言,在《演讲》中,斯密在继承弗格森的"分工增进财富"观点的基础上进一步明确提出分工是财富的源泉;而到了《国富论》中,斯密开篇便指出劳动是国民财富的源泉,即"一国国民每年的劳动,本来就是供给他们每年消费的一切生活必需品和便利品的源泉"[1]。而这里的"劳动"并不是单纯经验意义上的主体活动,而是科学抽象意义上的劳动一般。因此,从这个意义上来说,斯密在财富源泉问题上存在一个重要的逻辑转换,那就是从劳动分工转向劳动一般。而在我看来,这一转变并不是意味着一种逻辑断裂,而是蕴含着深刻的历史辩证法:劳动分工是劳动一般的实践基础,劳动一般是对劳动分工的理论升华。也就是说,斯密的"劳动一般"概念是在劳动分工的特定历史语境中确立的。对此,我们可以从两个方面来把握:一方面,从直接的工业生产领域来看,工场手工业代表了斯密时代最发达的物质生

---

1   [英]亚当·斯密:《国民财富的性质和原因的研究》上卷,郭大力等译,商务印书馆 1983年版,第1页。

重读马克思:工艺学语境中的哲学话语

产方式,而**劳动分工**(division of **labour**)恰恰构成了工场手工业的根本方式,而且成为提高劳动生产力、创造物质财富的首要动力。正是在这个意义上,劳动分工成为当时人们把握最先进生产力和生产方式的核心概念。更值得注意的是,无论是从分工提高劳动生产力的实践功能层面,还是从分工术语的构词方式层面,**劳动**(**labour**)又恰恰构成了分工的核心构件和本质内容。由此,我们似乎可以得出这样的结论:随着劳动分工成为工场手工业时期的先进生产力和生产方式的标志,人类主体劳动在社会历史发展中的重要地位逐渐凸显出来。具体而言,从人类社会历史发展的进程来看,在以农业和手工业为主导的历史时期,由于社会生产力水平低下,人类劳动往往依附于自然,而且在宗教意识形态的支配下,劳动通常被视为上帝的惩罚,或者劳动者的自我救赎,因而,无论在实践中,还是在理论上,劳动都长期被置于从属地位。直到斯密时代,劳动分工创造出来的大量财富才充分彰显出人的创造性能力和主体性地位。正是随着劳动分工在总体社会生产中的重要作用,劳动才被提升为一切财富的源泉。也就是说,劳动一般在理论上被规定为财富的源泉正是社会历史发展的产物。从这个意义上来说,斯密从劳动分工中提炼出来劳动(一般)概念便蕴含了特定的社会历史内涵。另一方面,从社会分工层面来看,在《演讲》和《国富论》中,斯密都举过这样的例子,即任何一件商品都是由许多不同部门和种类的劳动相结合的结果,即社会性劳动的结果。而这种社会性劳动正是社会分工的表现形式。历史地看,在农业和手工业为主导的自然经济时期,一种产品主要是某一具体劳动的产物,只是随着商品经济、社会分工和工业生产力的发展,特别是工业生产逐渐主导社会总生产的时候,任何一件商品都必须通过以社会分工为基础的交换为中介来最终完成,即一切财富都是基于社会分工的社会性劳动或一般劳动而被创造出来的,而不再只是某一具体劳动的产物。正是在这个意义上,斯密实现了从劳动分工(特别是社会分工)向劳动一般的理论升华。实际上,分工的这两个维度是紧密结合在一起的,具体来说,在工场手工业时期,生产领域中的工场内部分工所代表的劳动生产力的提升和交换领域中社会分工所代表的社会性劳动的结合,为斯密在特定的社会历史语境下确立劳动价值论的核心逻辑构件(劳动一般)提供了坚实的现实历史基础。

第二,**工场手工业分工与劳动生产力的主体向度**。正如斯密是第一个使用"division of labour"来表述"分工"概念的政治经济学家一样,斯密也是**第一个使用"劳动生产力(the productive powers of labour)"**[1]这一术语来表述经济学意义上产品数量的增加。不过,斯密只是到了《国富论》中才第一次正式使用这一术语,并系统阐述了分工提高劳动生产力的原因。对于斯密的"劳动生产力"概念,我们需要从两个维度来加以把握:一是从功能效果来看,斯密的劳动生产力概念强调的是产品数量的增加。也就是说,虽然自配第以来的古典政治经济学家都已经关注到分工提高"劳动生产力"而增加产品数量的维度,但他们同时会考虑产品质量的提升,只是到了斯密这里才彻底转向对产品数量的考察。二是从衡量标准来看,斯密所说的劳动生产力主要是一种劳动主体能力,这集中体现在他对分工提高劳动生产力的分析中。斯密指出:"劳动生产力上最大的增进,以及运用劳动时所表现的更大的熟练、技

---

1 斯密在《演讲》中还尚未使用"劳动生产力(the productive powers of labour)"这一术语,只是到了《国富论》中才正式使用。请注意,在这些经济学著作的中译本中我们可以发现"生产力"或"劳动生产力"等术语,但这实际上只是译者根据通常的理解所做的意译,其实在英文原文中并没有对应的术语。这一现象在"分工"概念的中英文翻译中更普遍。

巧和判断力,似乎都是分工的结果。"[1]而分工提高劳动生产力的原因主要表现在三个方面:(1)劳动者的技巧和熟练程度因业专而日进;(2)减少由于不同工作之间相互转换而带来的精神涣散、懒惰习性所造成的时间损失;(3)机械发明带来简化劳动和节省劳动。这些原因都很容易理解,但透过斯密的分析,我们会发现许多过去被忽视的理论质点:(1)斯密主要关注的是分工之"分",而忽视了分工之"合"。换言之,斯密的分析都是从分工的专业化和固定化特点出发的,这在一定程度上类似于弗格森从划分或分离的角度来把握"技艺和职业分工(separation of arts and professions)"的思路。也就是说,尽管斯密是以扣针工场的内部分工为例来剖析分工提高劳动生产力的,但他主要着眼于分工的"划分(division)"维度,因而关注的是个体劳动者的主体能力提升,而没有看到作为分工之前提的协作或联合所蕴含的超过个体生产力之和的集体生产力。后来,德国思想家威廉·舒尔茨和经济学家李斯特几乎同时从不同角度对斯密分工理论的这一重要缺陷进行发难。[2] 之所以强调这一点,是因为过去我们通常认为斯密所描述的工场手工业分工的"共同活动"为马克思在《德意志意识形态》中从"共同活动方式"角度理解生产力(即"生产力是一种共同活动方式")提供了直接的理论支撑。[3] 然而,从上述分析中可以看到,尽管斯密在分析扣针手工工场之前的确提到了工场手工业生产将许多工人聚

---

1 [英]亚当·斯密:《国民财富的性质和原因的研究》上卷,郭大力等译,商务印书馆 1983 年版,第 5 页。

2 参见 Wilhelm Schulz, *Die Bewegung der Production*, Zürich und Winterthur: Literarisches Comptoir, 1843, S. 9. [德]李斯特:《政治经济学的国民体系》,邱伟立译,华夏出版社 2009 年版,第 111—112 页。

3 参见杨乔喻:《探寻马克思生产力概念生成的原初语境》,《哲学研究》2013 年第 5 期;杨乔喻:《生产力概念:从斯密到马克思的思想谱系》,《哲学动态》2013 年第 8 期。

集到一个工场的特点,但是,斯密在对分工提高劳动生产力的分析中却只字未提基于协作、聚集或共同活动而产生的生产力。由此我们可以说,马克思从分工的共同活动方式角度理解生产力的思路并非直接来自斯密。至于马克思的这种生产力理解思路是如何确立的,根据目前的研究,可能有两种路径:一种是马克思在研究斯密著作的过程中对斯密所忽视的分工之合维度的重新发现和自我领悟,一种是经过舒尔茨、李斯特和赫斯等人的理论中介和启发而间接形成的思路。[1](2)在分工与机器的关系上,强调分工是机器发明的原因,机器从属于分工。在斯密看来,机器发明有两种途径:一种是劳动者由于分工而**专注**于自己的操作,促进他所使用的工具或机器的改进和发明;一种是在社会分工意义上机械师或思想家对机器的发明和改良,并使发明成为一种特定的职业。两者的共同点都在于分工的专业化和固定化使人的注意力集中于一点,从而促进人的主体创造能力的发挥。因此,在斯密的理论逻辑中,机器在根本上从属于分工逻辑,而这也恰好反映了当时工场手工业时期的特定生产力发展水平。(3)机器服务于劳动,尚未严格区分工具和机器。斯密指出,机器的应用在于简化劳动和节省劳动,从而减轻劳动者的负担,提高劳动生产率。因此,机器是服务于劳动的手段。这表明,在斯密的理论视域中,机器与工具在劳动主体面前具有同质性的地位,或者说,在分工逻辑中,机器扮演着劳动者的上手性工具的角色。因此,斯密同弗格森一样都没有对机器和工具做出严格的区分,因而尚未形成关于机器的正确认识。这当然是由斯密所处的特定历史阶段的生产力发展水平决定

1　参见张福公:《马克思分工理论的形成过程及其哲学效应》,《江西社会科学》2019年第2期;《论舒尔茨的物质生产理论与马克思的哲学革命——基于经济学和工艺学思想史的考察》,《求是学刊》2019年第1期。

的,因为在工场手工业阶段他还看不到机器大工业中劳动者完全从属于机器体系的生产景观。

第三,**交换、分工与劳动生产力的客体向度**。斯密指出,分工源自人的相互交换的倾向,而这种倾向又产生于单个人的弱小和谋求生存的利己心,即"由于我们所需要的相互帮忙,大部分是通过契约、交换和买卖取得的,所有当初产生分工的也正是人类要求互相交换这个倾向"[1]。因此,在商品经济中,分工的发展程度便深受市场交换范围的影响。根据斯密的分析,我们可以进一步推论:由于分工是劳动生产力发展的重要源泉,而交换又是分工的根本来源和影响因素,因此,交换同样构成了制约劳动生产力的重要因素。虽然在斯密的分析中隐含着混淆工场手工业分工和社会分工的理论缺陷,但是这并不影响我们从一般意义上来把握斯密思想深处的社会历史观逻辑构架,即以分工为纽带的交换关系与生产力的社会认知构架。具体来说,如果工场手工业分工构成了劳动生产力的主体向度,那么社会分工与商品交换所代表的"看不见的手"便构成了劳动生产力的客体向度。由于在斯密这里,交换关系实际构成了社会关系的核心内容,因此,斯密所思考的交换关系与劳动生产力的关系也就是后来马克思所说的社会关系(生产关系)与生产力的关系问题。正是在这个意义上,我们可以说,斯密真正在古典政治经济学的语境中开启了从社会关系的角度理解劳动生产力之客体向度的理论先河。而斯密笔下的交换关系与劳动生产力的关系又具有如下特点:(1) 交换关系对劳动生产力是一种支配关系,这主要表现在交换、分工和劳动生产力在逻辑上构成

1　[英]亚当·斯密:《国民财富的性质和原因的研究》上卷,郭大力等译,商务印书馆1983年版,第14页。

了一种顺次决定性关系。显然,这种交换关系决定生产力的观点恰恰是同马克思恩格斯的历史唯物主义相颠倒的。这既反映出当时自由资本主义时代以商业资本和世界市场为核心的交换关系对于手工业和工场手工业的巨大影响,又暴露出斯密的理论视域由于缺乏彻底的历史性思路而在对现实社会经济现象的理论反思中出现了严重偏差。(2)交换关系与劳动生产力在总体上处于一种和谐状态。在斯密看来,分工、交换与劳动生产力能够促进全社会的公共福利和普遍富裕,即"在一个政治修明的社会里,造成普及到最下层人民的那种普遍富裕情况的,是各行各业的产量由于分工而大增……别人所需的物品,他能与以充分供给;他自身所需的,别人亦能与以充分供给。于是,社会各阶级普遍富裕"[1]。(3)交换、分工与劳动生产力的现实矛盾。斯密虽然强调分工、交换与劳动生产力的积极社会效应,但并没有忽视三者可能造成的危害。沿着弗格森提出的分工导致知识与智力分化的思路,斯密指出,人们因从事不同职业而造成的才能上的差异产生于分工和交换,即这种差异"在大多数场合,与其说是分工的原因,倒不如说是分工的结果","使各种职业家的才能形成极显著的差异的,是交换的倾向;使这种差异成为有用的也是这个倾向"[2]。分工造成"劳动贫民"只获得片面的发展,因而严重妨害了他们的全面发展,因为分工使大多数人"局限于少数极单纯的操作……他就没有机会来发挥他的智力或运用他的发明才能来寻找解除困难的方法……他对自身特定职业所掌握的技巧和熟练,可以说是由牺

1　[英]亚当·斯密:《国民财富的性质和原因的研究》上卷,郭大力等译,商务印书馆1983年版,第11页。
2　同上书,第15页。

　　　　　　　　　　　　　　　重读马克思:工艺学语境中的哲学话语

牲他的智能、他的交际能力、他的尚武品德而获得的"[1]。而如前所述,劳动者的技能和创造力恰恰构成了劳动生产力的基础要素,因此,劳动阶级的片面发展就在根本上制约了生产力的发展,以分工为中介的交换关系与劳动生产力便形成一种张力。在这个意义上,斯密对分工与交换之消极影响的分析对马克思初步理解生产力与交往形式的内在矛盾并致力于批判与消灭分工产生了重要影响。

总之,在古典政治经济学的思想史谱系中,斯密的分工与劳动生产力理论既具有重要的理论意义,又存在不可避免的理论缺陷。

首先是在关于分工的类型、性质与特征的理解问题上。第一,斯密虽然看到了两种分工即工场内部分工和社会分工的存在,但尚未把两种分工严格区分开来,从而犯了"泛分工论"的错误。这种错误曾一度对青年马克思产生重要影响。后来,马克思深刻指出,社会分工是在人类社会历史中普遍存在的一般分工,而工场内部分工只是资本主义工场手工业时期的特殊分工。因此,这种"泛分工论"的理论危害就在于试图通过混淆两种分工来掩盖工场手工业分工的资本主义生产方式特性。第二,从工艺学的角度来看,斯密对于分工的本质特征的认识还是相对浅薄的,因为他主要是从分工的划分或分离角度来把握分工的专业化和固定化特征,尚未全面客观地把握分工的基本特征,譬如分工的技能等级制度、倍数比例原则等等——这些正是半个多世纪以后英国资产阶级工艺学家拜比吉和尤尔等人的理论贡献。

其次是在分工与劳动生产力的关系问题上。第一,斯密基于

1　[英]亚当·斯密:《国民财富的性质和原因的研究》下卷,郭大力等译,商务印书馆1983年版,第338—339页。

分工的专业化和固定化分析了个体劳动者的主体能力提升,却忽视了作为分工之前提的联合与协作所具有的超越个人力量之和的集体力量。这不仅是在工艺学层面对分工的一般特征(即协作)的严重忽视,而且是在社会历史观层面对工场手工业分工之资本主义生产关系特质的遮蔽。后来马克思在《资本论》及其手稿中科学揭示出,作为资本主义生产方式的协作和工场手工业分工所产生的超额生产力,不仅作为资本的力量同劳动相对立,而且成为资本进行相对剩余价值剥削的有力手段。第二,斯密只是从分工角度出发阐述了劳动生产力,这一方面反映出工场手工业分工在当时资产阶级社会生产总体中所具有的重要地位,另一方面也使斯密产生一种理论错觉,即把分工看作提高劳动生产力的唯一生产方式,或者将工场手工业分工看作最发达的生产方式,从而暴露了斯密在理论深度上的历史局限性。

最后是在交换、分工与劳动生产力的关系问题上。第一,斯密将分工的产生归结于人类的利己心和交换倾向,也就是归结于由资产阶级意识形态镜像所建构的人性论假设,加之"泛分工论"的逻辑设定,于是,分工便"顺理成章"地成为一种贯穿人类历史的"自然规律"——德国经济学家李斯特准确指认了这一点[1],从而遮蔽了工场手工业分工的资本主义特质。第二,斯密正确认识到交换和社会分工所建构的客观社会关系即"看不见的手"对于劳动生产力的重要影响,这的确在一定程度上反映了当时商品经济和世界市场欣欣向荣的现实状况,但遗憾的是,斯密根据这一特定历史阶段所呈现出来的显性社会经济现象得出了片面的认识,即交

1　参见［德］李斯特:《政治经济学的国民体系》,邱伟立译,华夏出版社 2009 年版,第111—112 页。

换关系决定生产力,从而无法真正认识到生产力对交换关系的基础决定性作用,更无法认识到这种特定历史阶段的社会经济现象正是历史发展的产物。第三,斯密所设想的交换关系、(社会)分工与劳动生产力的和谐状态及其促成的普遍富裕,在根本上是一种资产阶级意识形态,因为他所畅想的自由交换和互利互惠的出发点是原子式的个人,而且这些个人必须独立拥有自身的生产力及其产品,而资本主义生产得以进行的现实前提却是劳动者与生产资料的分离、劳动者沦为雇佣劳动。因此,斯密的整个理论在根本上脱离了真实的社会现实、掩盖了深刻的社会矛盾。

二、大卫·李嘉图: 分配关系中的机器及其社会影响

与亚当·斯密所生活的欣欣向荣的工场手工业时代不同,大卫·李嘉图生活的时代正是英国工业革命快速发展的时期,工业资本正在逐步创造出适合自身发展的物质技术基础,机器不断更新换代,资本主义机器大生产率先在纺织业等工业部门扎根发展,并逐步扩展到其他生产领域。同时,伴随着物质生产方式的巨大变革和1820年代经济危机的爆发,资本主义生产关系的内部矛盾开始暴露出来,英国社会各阶级之间的斗争愈演愈烈。正是在这一背景下,李嘉图从触及阶级对抗的分配关系入手考察了机器的社会效应问题。

1. 李嘉图关于机器的社会影响的早期思想及其实质

在《政治经济学及其赋税原理》(以下简称《赋税原理》)的《原序》中,李嘉图明确指出,劳动、资本和机器都是生产土地产品的重要因素。也就是说,相比于斯密将劳动分工看作劳动生产力、物质财富和机器的主要源泉和主导力量,在李嘉图所处的时代,机器已

经成为物质生产过程中不可忽视和不可缺少的重要生产资料之一。

随着机器在生产过程中的地位日益突显,机器对社会各阶级利益的不同影响也逐渐凸显出来。在斯密所处的时代,由于机器生产还处于幼年时期,机器还只是作为劳动分工的辅助手段而发挥作用,因此,机器与劳动的对立关系以及由此引发的阶级矛盾尚不明显。所以,斯密还没有遭遇李嘉图所面对的时代问题。随着机器的普遍应用不断激化社会各阶级之间的矛盾,机器的社会影响问题才真正成为一个不得不面对的现实问题。这或许就是为什么李嘉图在《赋税原理》的前两版中并没有专门讨论机器问题,直到1821年的第三版才增加了第三十一章《论机器》。这一章节内容上的变动无疑突显了机器问题的重要性。

在《论机器》中,李嘉图开篇便指出:"我对于这一问题的看法由于进一步考虑以后已经有了相当大的变化,所以更有把它们提出来的必要。虽然我知道在机器问题上我没有发表过什么需要收回的东西,但我曾用其他方式支持过一些我现在认为错误的学说,所以我有责任把我现在的看法及其理由提出来加以研究。"[1]根据编者的注释,李嘉图这里所说的"其他方式"很可能是指李嘉图于1819年12月26日对于欧文计划所作的讲演中涉及了关于机器对社会各阶级利益的影响问题。针对同年12月9日约翰·史密斯先生提出的机器对体力劳动造成严重侵害并导致许多人失业的观点,李嘉图则认为:一是"机器没有减少对劳动的需求"[2],即使

1　[英]彼罗·斯拉法主编:《李嘉图著作和通信集》第一卷,郭大力等译,商务印书馆1981年版,第331页。
2　[英]彼罗·斯拉法主编:《李嘉图著作和通信集》第五卷,蔡受百译,商务印书馆1983年版,第55页。

机器生产会造成生产过剩,制造商也"自会别作良谋,把他的时间和资本使用于别的方面",这正是当时流行的补偿理论。二是"机器中最活跃的一个部分"是"人类的体力"[1],也就是说,在李嘉图看来,机器已不再是斯密意义上的劳动分工的附属物,相反,人已变成机器的部件。

在《赋税原理》中,李嘉图进一步概述了自己早期关于机器的社会影响的看法,包括三个方面:一是他指出机器的普遍应用会节省劳动,提高生产力,降低商品价格,而不会改变三大社会阶级的既有利益,从而促使社会各阶级普遍获益。[2] 二是受斯密影响而持有的补偿理论。李嘉图承认过去深受斯密的影响,即虽然机器的使用会使一部分工人失业,但由于资本又会投向其他生产部门,因此失业工人又会被雇佣,总之,资本对"劳动的需求不会有变化,而工资又不会降低,所以我便认为工人阶级将由于使用机器后商品普遍跌价而和其他阶级同样受益"[3]。对于这种补偿理论,我们可以从两个方面来把握:一方面,补偿理论是英国古典政治经济学中比较流行的观点,但这一理论具有独特的历史性,即它在工场手工业和机器大工业早期可能还是合理的,因为这一时期的手工业和工场手工业仍然是工业生产的广阔基础,大工业的早期发展也对劳动有着广泛需求,同时,资本主义经济还尚未遭受严重的经济危机,因此,"过剩人口"的现象尚不明显。但随着大工业的进一步发展,补偿理论就越来越脱离现实状况。另一方面,李嘉图只是从经济学的供求关系角度来分析机器和劳动的关系问题,还没有从

1　[英]彼罗·斯拉法主编:《李嘉图著作和通信集》第五卷,蔡受百译,商务印书馆1983年版,第55页。

2　[英]彼罗·斯拉法主编:《李嘉图著作和通信集》第一卷,郭大力等译,商务印书馆1981年版,第331页。

3　同上书,第332页。

工艺学视域出发深入研究机器大生产的内在规律和根本趋势,因此,他无法正确认识机器大生产与劳动的真实对抗关系。

2. 机器代替劳动及其破坏性后果

李嘉图在反思此前错误认识的基础上强调,现在他相信:"用机器来代替人类劳动,对于劳动者阶级往往是极为有害的。"[1] 这主要表现在以下几个方面:一是在土地所有者和资本家的收入增加的情况下,劳动者的收入可能会减少。二是国家纯收入增加的同时会造成人口过剩,使劳动者的生活状况恶化。[2] 这里的人口过剩应该是指绝对人口过剩。三是机器的发明与利用并不一定会促进财富的增加,而"可能伴随着总产品的减少"[3],一部分人失业,造成相对人口过剩。在此基础上,李嘉图承认:"劳工阶级认为机器的采用往往有损于他们的利益的看法并非基于成见与错误,而是符合于经济学正确原理的。"[4] 也就是说,使用机器对劳动阶级的损害是符合经济学规律的,这既证明了工人阶级的诉求是现实合理的,又表明了资产阶级政治经济学在本质上是同工人阶级相敌对的。因此,资产阶级政治经济学的原理又在一定程度上揭示出资本关系下机器与劳动的对立关系。

首先,机器发明是一个由资本决定的过程。李嘉图指出:"事实上机器的发明是逐渐出现的,其作用与其说是使资本从现在的用途上转移出来,倒毋宁说是决定被储蓄和积累的资本的用

1　[英]彼罗·斯拉法主编:《李嘉图著作和通信集》第一卷,郭大力等译,商务印书馆1981年版,第332页。

2　同上书,第333页。

3　同上书,第334页。

4　同上书,第336页。

途。"[1]这里,他触及了一个斯密尚未清晰认识的问题,即**机器的发明是一个由资本决定的过程**。如前所述,在斯密那里,机器发明主要是在分工语境下通过劳动者的注意力、技能和机械师或科学家的科学发明而产生的,资本只是在购买机器和工具的意义上被称作固定资本。而李嘉图则深刻认识到资本本身已经渗透到机器发明的整个过程,并发挥着举足轻重的作用。就是说,李嘉图在机器发明问题上深刻领悟到资本不仅是一种物,而且是一种过程。只可惜,这里李嘉图所说的"资本"主要是一种实体性的积累劳动,而不是更深层次的社会关系,因而他还无法科学区分固定资本的物质存在形式和社会存在形式——对此,马克思在《政治经济学批判大纲》中从历史唯物主义视域出发做了明确而科学的阐述。

其次,**资本支配下的机器与劳动的竞争对立**。李嘉图清楚地认识到无论是劳动还是机器,他们的存在和发展都完全依赖于资本。因此,在资本的投入比例即固定资本与流动资本的比例关系上,机器与劳动处于激烈的竞争之中。譬如,当食物价格上涨和工资上涨时,"工资每有提高会使被积蓄起来的资本比以前更多地用于机器方面。机器与劳动不断在竞争中,劳动价格未上涨前,机器往往是不能被采用的"[2]。而且,"资本每有增加,其中大部分将用在机器方面。资本增加时,劳动的需求虽将继续增加,却不会成比

1　[英]彼罗·斯拉法主编:《李嘉图著作和通信集》第一卷,郭大力等译,商务印书馆1981年版,第338页。
2　同上。

例地增加,其增加率一定是递减的"[1]。这表明,在斯密那里,劳动、机器与资本的那种互利共赢关系到了李嘉图这里就变成了资本支配下的劳动与机器的激烈竞争关系,而且这一竞争的结果直接关涉劳动的生死存亡。而通常情况下,劳动在资本和机器面前总是处于弱势。

最后,尽管李嘉图看到机器的使用给劳动阶级所带来的损害,但他并不主张取消机器的使用。原因在于:一是如果废弃机器,资本就会转移到国外,造成更严重的人口过剩;二是废弃机器会降低本国产品在国际市场上的竞争力,最终将危害本国的利益。客观来看,只因机器的消极作用就主张废弃机器的做法显然是一种轻率的决定。作为精明的银行家和政治经济学家,李嘉图自然不会犯这样的错误,只不过他的理论出发点并不是基于对机器与机器的资本主义应用的科学区分,而是站在资产阶级的立场上所做出的最终判断。

3. 正确评价李嘉图的机器理论

在机器与劳动阶级的关系问题上,李嘉图始终是从商品的交换关系和分配关系角度进行阐述的。此前李嘉图认为机器的使用会降低商品价格,但不会影响各阶级的收入,因而将促使社会各阶

1　值得注意的是,李嘉图关于资本关系下机器与劳动的竞争关系的观点并非他的独创。其实,在李嘉图生活的 19 世纪初期,一批进步思想家已关注到这一问题。李嘉图专门引用了约翰·巴顿在其《论影响劳动阶级生活状况的各种条件》(1817)一书中的观点,巴顿指出:"技术愈发达,文化愈发展,固定资本对流动资本的比例就愈大……在这种情况下,就不可能发生增加劳动需求的效果。"参见[英]彼罗·斯拉法主编:《李嘉图著作和通信集》第一卷,郭大力等译,商务印书馆 1981 年版,第16 页。对此,李嘉图认为,"巴顿先生在上述著作中关于固定资本日增对劳动阶级生活状况的某些影响所采取的看法,我认为是正确的。他的论文中包含很有价值的资料。"但同时,李嘉图认为巴顿关于资本增长而劳动不随之增加的观点过于绝对,而认为"至多只能说劳动需求的增加率将是递减的"。参见同上书,第 339 页。

级普遍受益。后来,李嘉图发现,由于机器的发明会占用一部分资本,即固定资本,从而减少流动资本,进而减少对劳动的需求,导致工人的收入减少。而随着工资的增加,必然会使用机器,同时,考虑到资本追求利润而向国外转移和国际市场竞争加剧等因素,使用机器又是一个必然趋势,因此,机器对劳动阶级造成损害也是一个必然趋势。从中我们可以得出以下几点认识:第一,李嘉图从分配角度正确承认了资本支配下机器与工人的对立关系,以及机器对工人阶级的不利影响。因为这一事实已经导致工业革命进程中劳资关系的矛盾日益尖锐。相比于其他经济学家的遮遮掩掩,李嘉图更为坦诚地承认了这一事实。这也成为后来李嘉图派社会主义者和马克思批判资本主义生产的重要理论资源。第二,李嘉图准确指认了资本对机器的发明与使用的决定性作用,并看到资本支配下的机器大生产是一种必然趋势。但是,他没有科学区分机器的使用与机器的资本主义应用,并认为机器的资本主义应用是一种必然的和唯一的生产方式。因此,即使机器的资本主义应用会对工人阶级造成危害,也是不可避免的事实。由此,李嘉图仍然坚持用补偿理论来缓解这一社会矛盾。第三,李嘉图始终是从政治经济学的角度来理解机器,因此,在他的分析中,机器只是一个代表固定资本的数字,机器对工人阶级的影响也就表现为一堆抽象的数据分析,这种经济学的分析方式使他不能真正理解机器本身的发展史,进而不了解资本主义生产过程和生产方式的历史变迁以及在直接生产过程中机器与劳动者的历史性关系等。总之,李嘉图只是在工业革命发展惯性的推动下一只脚迈入了机器大工业的门槛,但由于缺乏对资本主义生产方式的工艺学认识,他还无法真正把握资本主义机器大生产的历史轨迹、内在机理和未来前景。

纵观斯密的分工与劳动生产力理论和李嘉图的机器理论,二者作为古典政治经济学发展的高峰都准确抓住了各自时代的不同资本主义生产阶段的核心问题。具体来说,斯密的分工与劳动生产力理论准确揭示出资本主义工场手工业时期占主导地位的工场手工业分工的鲜明特征及其对提高劳动生产力的关键作用,同时根据当时商品交换关系的重要影响提炼出交换关系对于分工和劳动生产力的决定性作用。而李嘉图的机器理论则深刻揭示出在机器大工业早期由于机器的发明和工业应用所引发的资本与劳动的矛盾激化问题,并根据经济学的基本原理正确分析了资本统治下机器对劳动的破坏性作用,这使得李嘉图几乎触及了阶级斗争在生产领域的根源。更重要的是,他们突显了分工、机器等工艺学要素在各自不同的资本主义生产中的基础性作用,因而具有深刻的社会唯物主义意蕴。但是,从斯密和李嘉图的整个理论体系来看,分工、机器、工具等工艺学内容显然不是他们的主要研究对象,只是作为前提性的生产要素而被论及。而且,他们主要是从政治经济学的角度来谈论这些工艺学要素的特征和社会效应,还没有深入直接生产领域探究工艺本身的客观原则和发展规律,更谈不上比较系统成熟的工艺学方法论。因此,整个古典政治经济学对于工艺学要素的认识不但是残缺不全的,而且具有严重的历史局限性。我们知道,资本主义生产方式和生产关系的建构是从直接生产领域开始的,以生产资料为基础的生产方式的历史发展正是资本主义生产关系逐步确立的根基,而古典政治经济学对生产领域及其相应的工艺学内容的严重忽视、对交换和分配关系的焦点关注恰好促成了它的全部资产阶级意识形态建构。总之,工艺学要素在古典政治经济学中是作为一种无意识的必要前提而存在的,但正如马克思后来对古典政治经济学的批评所揭示的那样,古典政治经济学对于这个前提没有做出说明。而这正是同时代的德国工艺学家和 1830 年代英国资产阶级工艺学家所做出的理论贡献。

第二节
德国一般工艺学诞生的历史语境与理论意义

德国一般工艺学的创立决不是一个偶然事件,而是英国工业革命在特定历史空间境遇下催生的产物。从历史进程来看,英国率先开启工业革命,而在海峡对岸的欧洲大陆上,法国紧随其后,在政治、经济上相对落后的德国开始奋起直追。一方面,现实工业生产的快速发展亟待人们对生产过程进行认真的科学研究,以便提高生产过程的机械化和科学化水平。我们已经知道,沉迷于经济繁荣景象的英国古典政治经济学家还无暇对现实工业生产过程进行冷静的理论反思,因而无法完成这一历史任务。于是,高举科学和理性旗帜的法国百科全书派思想家最先着手这一工作,其成果便是狄德罗和达朗贝尔主编的《百科全书,或关于科学、艺术和工艺的理性词典》(*Encyclopédie ou Dictionnaire raisonné des Sciences, Arts et des Métiers*,1751—1772)——如前所述,据考证,斯密关于扣针工场中的劳动分工场景的素材就是来源于此。该书的工艺卷条目是撰写者深入法国的手工业作坊和手工工场进行实证研究而完成的成果,因此,在工艺学思想史上,它不但在方法论上开启了严格的实证研究的先河——这相对于古典政治经济学的推测史方法来说可谓是一大进步,而且在思想观念上将传统蒙昧思想中被唾弃的"低贱"的生产工艺提升为启蒙思想的主要组成部分。几乎同一时期,由法兰西科学院主持编撰的《关于艺术和

工艺的描述》(*Descriptions des arts et métier*，1761—1788)也相
继出版。另一方面,德国统治者为了谋求国家发展和维护自身统
治,积极效仿英法两国推进经济、科学、教育、管理等方面的改革,
诞生了具有德国特色的官房学(cameralia/Kameralwissenschaft),
这个带有德国重商主义色彩的新兴学科主要是为了培养德国的国
家公务员和管理者,包括国民经济学、法学、国势学(统计学)等。
同时,为了推进德国的工业发展,统治者在教育改革中侧重鼓励面
向未来职业的学科建设。正是在这一背景下,德国知识分子基于
德国悠久的工艺传统和宝贵经验,利用丰富的工艺史文献资料,同
时积极吸收同时代的英法两国的先进生产方式和生产工艺知识,
创立了工艺学这门现代科学。正如马克思后来在《资本论》中所准
确指认的那样,德国理论家创立工艺学的初衷就是对以秘诀形式
隐藏于手工业和工场手工业中的生产操作经验和知识进行科学的
理论总结,以应用和服务于生产的普遍发展。德国工艺学的主要
代表人物是约翰·贝克曼和 J. H. M. 波佩。贝克曼被公认为德国
工艺学的创始人,而波佩作为贝克曼的学生继承衣钵,促进了德国
工艺学的历史化和体系化,成为德国工艺学的集大成者。他们的
工艺学思想对于马克思整体把握工艺学的基本内涵与现代意义、
以生产资料为基础的工艺发展史、资本主义生产方式形成的物质
技术基础、生产方式变革所产生的社会关系变革,以及劳动、资本
和科学的历史辩证关系等问题提供了重要而丰富的资料。

　　　　　　　　　　　　重读马克思:工艺学语境中的哲学话语

一、约翰·贝克曼：一般工艺学与振兴工业的方略

1. 约翰·贝克曼的生平概述 [1]

约翰·贝克曼（Johann Beckmann，1739—1811）是德国工艺学家、化学家、经济学家、博物学家。他既是德国工艺学和商品学的奠基人，也是德国农学财政学派的代表人物之一。1739 年 6 月 4 日出生于汉诺威的霍亚（Hoya）。他的父亲尼古拉·贝克曼是一名邮政管理员和税收员。1754—1759 年，他在施塔德读中学。1759—1762 年，他就读于哥廷根大学，先后学习了神学、数学、物理学、自然史、公共财政、行政管理与国民经济学、古典语言与现代语言学等。在大学期间，他发表了自己的第一篇学术论文（探讨货币史）。1762 年，他先后到不伦瑞克地区和荷兰旅行。在旅途中，除了走访图书馆、自然历史博物馆和大学之外，他"还以极大的兴趣参观考察了厂矿、作坊，作了大量的札记。在荷兰，他参观了烟草烘干作坊、风车磨坊、铸炮厂、制锚厂、瓷器工厂、风笛工厂、织布厂等"[2]。同年，他母亲的离世使他失去了生活来源。1763 年，受路德教教区牧师、现代地理历史统计方法创始人安东·弗里德里希·比兴（Anton Friedrich Büsching，1724—1793）的邀请，他来到俄国圣彼得堡文科中学教授数学、物理学、博物学和自然史。在此期间，他撰写了《希腊人与罗马人的博物学》一书。

1　参见 The Encyclopædia Britannica: A Dictionary of Arts, Sciences, Literature and General Information. 11th Edition, Vol. 3, New York: The Encyclopædia Britannica Company, 1910, p. 610。

2　金海民：《乔治·贝克曼——工艺学与商品学的奠基人》，《国外社会科学》1985 年第 9 期。

1765 年 6 月,贝克曼离职前往丹麦、瑞典旅行。在瑞典的乌普萨拉大学(University of Uppsala),他师从著名生物学家、植物学家卡尔·林奈(Carl Linnaeus,1707—1778)进行学习研究工作。他很快就得到林奈的赏识,并通过林奈结交了瑞典的许多著名学者。林奈还曾推荐贝克曼为瑞典科学院的通讯院士。在瑞典的近一年时间里,他做了大量内容丰富的笔记,其中包括矿场、工厂和铸造厂的各种工艺方法,搜集了工艺史和自然史方面的资料。他在晚年出版了这些旅行日记。

1766 年,贝克曼受聘于哥廷根大学担任哲学副教授。他讲授的政治经济学和国民经济学大获成功,1770 年成为经济学教授。在他开设的后来称为"工艺学"的课程中,贝克曼开始系统讲授关于手工业、工场手工业和工厂的理论知识与实践知识,包括从原料到产品的各个生产环节及其使用的原料、工具和机器。他在教学过程中特别注重理论与实践的结合,不仅搜集各种机器模型、工具和原料,还常常带着学生或听众走进工场、矿场甚至到哈尔茨做考察旅行。因此,他的工艺学课程深受欢迎,并且吸引了许多手工业者和工匠前来听课——从时间上来看,贝克曼的工艺学课程比英国的安德鲁·尤尔在安德逊学院为工人开设的技术课要早三十多年。此外,他在哥廷根大学先后讲授了博物学、数学、物理学、农学、工艺学、商品学等课程。1772 年,贝克曼当选为哥廷根皇家学会会员,并继续在该学会期刊上发表了多篇重要科学论文,直至1783 年为止。约翰·贝克曼也是策勒、哈雷、慕尼黑、埃尔福特、阿姆斯特丹、斯德哥尔摩和圣彼得堡的科学学会会员。1784 年,他被任命为汉诺威法院的政务委员会委员。1790 年,他当选为瑞典皇家科学院外籍院士。1811 年 2 月 3 日,贝克曼逝世。

在理论研究方面,贝克曼致力于详细描述每一种工艺(arts)和科学的起源、历史与现状,并致力于对各种操作方法和发明发现进行系统分类。这可能受到了狄德罗主编的《百科全书》、林奈的植物学著作和阿尔布雷希特·冯·哈勒(Albrecht von Haller, 1708—1777)《医学实践书目》(*Bibliothecae Medicinae Practicae*, 1776—1788)的启发。[1] 1772 年,贝克曼第一次使用"工艺学(Technologie)"这一术语来取代过去使用的"工艺史(Kunstgeschichte)"概念。1777年,他出版的《工艺学导论》(*Anleitung zur Technologie*)标志着工艺学的诞生。1780—1805 年,他出版了五卷本的《发明史论文集》(*Beiträge zur Geschichte der Erfindungen*),该书的第一个英文版于 1797—1814 年出版,截至 19 世纪中叶,该英文版重印了 4次;1981—1982 年,该书的日文版问世。1806 年,他出版了《一般工艺学草案》(*Entwurf einer allgemeinen Technologie*, 1806),该书被看作贝克曼最成熟的工艺学著作。贝克曼的其他重要著作还包括:《商业科学导论》(*Anleitung zur Handelswissenschaft*, 1789)、《商品学刍议》(*Vorbereitung zur Warenkunde*, 1795—1800)、《经济学、工艺学、警察学和官房学论文集》(*Beiträge zur Ökonomie, Technologie, Polizeiund, Kameralwissenschaft*, 1777—1791)、《德国农业原理》(*Grundsatze der teutschen Landwirtschaft*, 1769)等。

2. 约翰·贝克曼的一般工艺学思想

(1)贝克曼的《工艺学导论》与工艺学的初步建构

如前所述,贝克曼第一次使用"Technologie"这一术语可以追溯到 1772 年出版的《物理学—经济学文献:关于自然史、自然科

1　Tabea Tietz, "Johann Beckmann invented Technology," http://scihi. org/johann-beckmann-invented-technology/.

学、农村和城市经济的最新著作》第 3 卷。[1] 具体来说，贝克曼在该著作中 **2 次**使用了"Technologie"这一术语。第一次使用该术语是在评述让-弗朗西斯·比蒙特（Jean-François Bimont）的《裱糊工艺原理》（*Princlpes de l'art du Tapissier*, 1770）[2] 时，贝克曼评论道："这是为裱糊工匠（Tapezier）写的一本非常方便的手册……但是，这本书没有涉及**工艺学（Technologie）**或**手工业者的知识（Kentniss der Handwerker）**的内容，而我们的著作至少刚好包含这些内容。作为经济学著作，它总是重复众所周知的事情（Sachen），而并未有所增进。"[3] 可见，此时贝克曼是将工艺学等同于"手工业者的知识"，或者说，他是从手工业者的知识角度来规定工艺学。第二次使用该术语是在贝克曼对卡尔·威廉·博纳（Carl Wilhelm Pörner）的关于染色工艺的著作[4] 的评论中，他指出："我们将该著作看作关于染色工艺（Fäbekunst）这一重要工艺学（Technologie）分支的最杰出著作是无可争议的。虽然没有很多大胆的假设……但其中越来越多的谨慎而熟练的真正实验已经得到那些真正博学之人的尊重。为了将来能够提供一份关于染色工艺的全面指南，他事先交代了许多搜集到的经验，这无需再做说明，其中不仅包括可资利用的东西，而且包括需要避免的东西。但

1　Johann Beckmann, *Physikalisch-ökonomische Bibliothek worinn von den neuesten Büchern, welche die Naturgeschichte, Naturlehre und die Land und Stadtwirthschaft betreffen: Dritter Band*, Göttingen: Verlag der Wittwe Vandenhoec, 1772. 该系列著作从 1770 年到 1807 年共出版 23 卷。

2　Jean-François Bimont, *Principes de l'art du tapissier*, impr, Lottin l'aîné, 1770.

3　Johann Beckmann, *Physikalisch-ökonomische Bibliothek worinn von den neuesten Büchern, welche die Naturgeschichte, Naturlehre und die Land und Stadtwirthschaft betreffen: Dritter Band*, Göttingen: Verlag der Wittwe Vandenhoec, 1772, S. 309.

4　C. W. Pörner, *Churfuerstl Sachsischen Bergraths, Chymische Versuche und Bemerkungen zum Nutzen der Farbekunst*, Erster Theil. Leipzig, 1772.

是，如果不能做到这样，而是一再保留带有错误习惯（Gewohnheit）的经验，那么，有害的方面就会遮蔽有益的方面。"[1]从这段评论中，我们虽然看不到贝克曼关于工艺学的定义，但从他对博纳的实证研究方法的赞赏中可以看出他对于工艺学研究的方法与目的的基本认识，即工艺学是通过搜集某种生产工艺的经验知识、经过严谨的实验来获取有益知识和剔除错误习惯而最终形成关于这门工艺的系统知识。后来，贝克曼的学生波佩在自己的《工艺学史》的"绪论"中明确指认了贝克曼在 1772 年对"Technologie"的首次使用和基本规定。[2]

1777 年，贝克曼出版《工艺学导论，或关于手工业、工厂和工场手工业的知识，特别是与农业、警察和官房学密切相关的知识的说明。包括关于工艺史的论文》[3]（以下简称《工艺学导论》），**第一次系统阐明了工艺学的概念定义、基本内容、研究方法、理论目的和现实意义**等，标志着工艺学作为一门独立的现代科学的诞生。实际上，我们从该著作的标题中就可以看出贝克曼的工艺学的研究对象即关于手工业、工厂和工场手工业的知识，并服务于农业、警察和官房学，同时也包含工艺史的内容。在该书中，"Technologie"一词出现了 13 次，其形容词"technologische"出现了 8 次，"Kunst

---

1 Johann Beckmann, *Physikalisch-ökonomische Bibliothek worinn von den neuesten Büchern, welche die Naturgeschichte, Naturlehre und die Land und Stadtwirthschaft betreffen: Dritter Band*, Göttingen: Verlag der Wittwe Vandenhoec, 1772, S. 532 XVI.

2 J. H. M. Poppe, *Geschichte der Technologie*, Bd. I, Göttingen: Olms Verlag, 1807, S. 64.

3 Johann Beckmann, *Anleitung zur Technologie, oder zur Kentniß der Handwerke, Fabriken und Manufacturen, vornehmlich derer, die mit der Landwirthschaft, Polizey und Cameralwissenschaft in nächster Verbindung stehn. Nebst Beytragen zur Kunstgeschichte*, Göttingen: Wittwe Vandenhoeck, 1777.（以下简称"*Anleitung zur Technologie*"）

（工艺）"和"Kunstgeschichte（工艺史）"出现了 250 余次，但没有出现"Technik"一词。

在《工艺学导论》的《序言》中，贝克曼初步阐述了工艺学的现实意义、研究目的、对象、方法和理论定位等方面。关于工艺学的现实意义，贝克曼指出工艺学是关于手工业、工厂和工场手工业的知识，它首先是服务于警察（Polizey）和官房学（Cameralwissenschaft），为国家公务员和管理者提供必要的知识[1]。其次，有利于从事农业和商业的人们，因为要想从原初产品中获益就必须经过手工业者的加工和商人的中介而实现[2]。最后，工艺学知识（die Kentniss der Technologie）对于诸如数学家、自然科学家等学者同样重要。因为一方面，科学知识只有服务于生产实践、填补理论知识与公众生活的距离即满足各行业利益和促进国家发展才能获得更好的发展；另一方面，物质生产场域（譬如工场）能为博学者提供"一个新的世界"，使他们发现新的研究对象，激发他们的研究兴趣，从而促进科学知识本身的发展。这里，贝克曼借用了赫拉克利特的名言："在一个铁匠铺（Eisenschmiede）中总会发现新思想的采用（Εισίκαι εντᾶυϑα ϑέοι）。"[3] 这表明，**贝克曼已经认识到现实物质生产是科学知识和思想观念的根本基础，因而蕴含了深刻的社会唯物主义意蕴。**

关于工艺学的研究目的、对象与方法，他指出，德国的贫苦大众对于工艺学知识一无所知，工艺学在德国"就如山崖上的种子，

1　Johann Beckmann, *Anleitung zur Technologie, oder zur Kentniß der Handwerke, Fabriken und Manufacturen, vornehmlich derer, die mit der Landwirthschaft, Polizey und Cameralwissenschaft in nächster Verbindung stehn. Nebst Beytragen zur Kunstgeschichte*, Göttingen: Wittwe Vandenhoeck, 1777, S. 1.

2　Ibid., S. 2 - 3.

3　Ibid., S. 6.

虽然发芽,但由于缺乏营养和照料,还从未完全成熟"[1]。所以,他很早就计划系统地阐明各种原料,说明工具(Werkzeuge)和设备(Gerätschaften)及其运作机制(Mechanismus),描述一切劳动的场所、序列和结果,考察劳动者与工具的安排以及规定各种术语(Terminologie)。为此,他试图通过课堂教学和实地考察的方式来帮助学生了解劳动者使用的术语、机器和工具的作用原理、劳动的本质和顺序等。同时,为了重新发现那些可能失传但仍保留完整的手工业,贝克曼走访考察了哥廷根附近的盐场以及明登、卡塞尔和哈尔茨等地的工业区。当然,贝克曼也坦承自己对机器的研究尚有不足之处:"虽然在一些段落中对非常复杂的机器做了描述,但没有给出一个完整的概念。"[2] 客观地说,由于当时德国工业发展水平相对落后,贝克曼还缺少正确阐明机器概念的现实基础。

关于工艺学的理论定位,贝克曼是从两个层面来着手的:一是从社会阶级及其知识的等级性质角度指出,社会各阶级有着不同的社会地位和职能及其相应的知识,因而农学、工艺学、商业学、警察学和官房学构成了完整的等级序列。农民、手工业者和商人作为市民都是以私人利益为目的,当私人利益与社会利益不一致时,警察就要进行治理来维持国家的最佳状态。而市民必须服从管理、履行义务。而官房学旨在管理财政税收和国家开支,按照一定的比例促进公众利益的实现。作为社会等级的顶层,"国家是最智巧的机器(künstlichste Maschine)……在国家这部机器中,大量小齿轮和传动装置相互啮合着"[3]。这里,贝克曼虽然没有直接使用

1　Johann Beckmann, *Anleitung zur Technologie*, Göttingen：Wittwe Vandenhoeck, 1777, S. 7.

2　Ibid. , S. 9.

3　Johann Beckmann, *Anleitung zur Technologie*, Göttingen：Wittwe Vandenhoeck, 1777, S. 13.

"市民社会"概念，但已触及市民社会和国家的关系问题，而且他的认识充满了辩证意味和德国特色：一方面，贝克曼认识到农业、工艺学和商业学及其对应的三大生产部门对于国家的重要作用；另一方面，他又强调市民的私人利益与公众利益的矛盾性，因而需要警察和国家机器的治理与再分配。正是在这个意义上，国家要高于并决定市民社会，市民社会必须服务和从属于国家。从欧洲思想史的角度来看，这一观念恰恰体现了英国古典政治经济学与德国传统国家理念的首次结合。这也从侧面反映出以国家的普遍原则来规制市民社会的观念几乎是当时德国知识界的共识。[1] 这一观念在44年后的黑格尔《法哲学原理》(1821)中得到系统阐述，而这或许为我们重新理解黑格尔的理性主义国家观的思想渊源提供了一个新的理论视角。二是从工艺学与工艺史的区分角度指出，工艺史就是对于工艺的历史、发明者和发明时间的记录，因而属于历史编纂学范畴。由于工艺史研究异常枯燥，因此很少人从事这一工作，而且那些考察工艺史的人也几乎并不了解工艺本身。在该书的《导论》部分，贝克曼再次强调，用"工艺史"命名"工艺学"是一个严重错误的，这就像用"自然史"指称"博物学"一样。工艺史是指"关于发明、手艺或手工业的发展和多舛命运的叙述"，而工艺学则远远超出这一层面，"是对一切劳动及其结果和原因的全面、系统和清晰的说明"[2]。当然，贝克曼也肯定工艺史是"富有教益

1　值得注意的是，亚当·斯密的《国富论》在英国问世的同一年(1776)便被译为德文在莱比锡出版，当时德国的知识分子在承认该书的理论价值的同时又认为斯密的经济思想"不可融入国家的普遍原则之中"。参见李静、刘绍春：《德国经济民族主义：作为集体伦理的国家精神———一个历史分析视角》，《湖北社会科学》2009年第12期。贝克曼是否读到斯密《国富论》的德文版不得而知，但他对国家与市民社会的关系的认识无疑印证了上述说法。

2　Johann Beckmann, *Anleitung zur Technologie*, Göttingen: Wittwe Vandenhoeck, 1777, S. XVI.

　　　　　　　　重读马克思：工艺学语境中的哲学话语

的",并宣告自己已经撰写了一本 375 页的工艺史方面的书稿,并发表了关于从 13 世纪到 16 世纪中叶的纽伦堡手工业史的文章。这表明,在贝克曼看来,工艺史是工艺学的重要基础资源和组成部分,但工艺史并不是工艺学的最主要的研究对象。总之,贝克曼第一次明确区分了工艺学和工艺史,这一理论努力的意义就在于将工艺学从传统的历史编纂学意义上的工艺史研究中抽离出来,以突显出工艺学的独特价值和现实意义。

随后,贝克曼结合手工业发展史进一步对工艺学的定义、方法论原则、行业和工艺分类等方面做了说明。具体来说,贝克曼首先阐述了德国手工业行会制度的历史发展和种种弊端。他指出,由于德国早期的主要城市不像罗马帝国时代的城市那样拥有自给自足的能力和农奴制,因此,各城市的居民即市民必须从事手工业、商业和科学等职业,于是便形成了罗马式的行会(Zünfte)、同业公会(Gilden)、协会(Innungen)或通过行会鉴定书(Gildebriefe)而合法建立的社团(Gesellschaften)。手工业行会都实行准入制度,严格控制行会的规模,因此只招收男童为学徒——在这个意义上,出生证明就彰显了特权(Freiheit)与忠诚。因此,在中世纪的手工业时期,德国的市民是一种特权市民,有别于以斯密的"看不见的手"为标志的现代市民社会的同权市民。[1] 同业公会必须服从国家对手工业的治理——这构成了城市治理的重要部分。在 13 世纪,有人曾试图废除这种制度,但都以失败而告终。而手工业行会的弊端也非常明显:一方面是"手工业越是需要技巧,学徒就越需要更

----

[1] 日本学者望月清司对于德国市民社会(特权市民)和英国市民社会(同权市民)的区别做过专门分析,参见[日]望月清司:《马克思历史理论的研究》,韩立新译,北京师范大学出版社 2009 年版,第 13—18 页。

多的训练、经验和时间"[1]；另一方面是各种手工业之间相互封闭，各种术语名目繁多，甚至同一种工具和劳动有着完全不同的名称，严重阻碍了不同手工业者之间的相互理解、交流和发展。因此，贝克曼创立工艺学的目标之一就是对工艺学的术语进行系统的哲学探讨，以便化繁就简、推陈出新，制定统一的术语和规范。

其次，贝克曼明确提出了工艺学的定义："工艺学是讲授如何加工自然物或手工业知识的科学。它不是在作坊（或工场）中所看到的如何遵循师傅的规定和习惯来制造产品。工艺学是对如何从真实规律和可靠经验中找到实现最终目标的手段、如何解释和利用操作过程中出现的各种现象进行系统的全面的说明。"[2]此外，不同于工艺史，工艺学"是对一切劳动及其结果和原因的全面、系统和清晰的说明"[3]。贝克曼指出，虽然在古希腊语中就有了"τεχνολογία""τεχνολογέω""τεχνολόγος"等词汇，但希腊人并不总是用它们来思考手工业。

再次，贝克曼制定了工艺学的基本分类原则，并由此规定了严格而统一的手工业分类。贝克曼指出，传统的手工业分类标准（根据原料、产品用途、行会组织等）都不符合工艺学的要求，工艺学的基本分类原则是"根据手工业中最重要的劳动在操作方法和原理上的相同或相似性而归为同一部门"[4]。简言之，根据手工业劳动的方式和原理的相似性来进行归类，以发掘出手工业的普遍原则。也就是说，贝克曼的分类原则主要着眼于手工业的劳动方式，而不是着眼于手工业的具体操作细节，比如"手工艺（Kunst）中的自然

1　Johann Beckmann, *Anleitung zur Technologie*, Göttingen：Wittwe Vandenhoeck，1777，S. V.

2　Ibid.，S. XV.

3　Ibid.，S. XVI.

4　Ibid.，S. XVII.

技巧(natuerlichen Geschicklichkeit)和知识(Kentnissen)的数量、大小和稀缺性"[1]等；从分类的结果和目的来看，工艺学的分类表现为对各种手工业进行分化与聚合的过程，即"化少为多，聚多为一"。因此，"在每一类手工业中，既有最初是简单劳动(einfachere Arbeiten)的手工业，也有最后将很多[简单]劳动聚合起来的手工业"[2]，甚至"将某些具有非常不同的原理的手工业劳动(Handwerke Arbeiten)聚合在一起"[3]。更重要的是，贝克曼对手工业的分化与聚合并不只是一种纯粹的工艺学分析，而是根据现实手工业发展中真实发生的分化与聚合而展开的。譬如，贝克曼指出，在当时手工业最繁荣的纽伦堡，金属锻造工就分化为铸模工、黄铜铸造工、车工、制灯匠、滚筒制造工、栓塞制造工等等。因此，贝克曼的工艺学的真正目的在于探究和把握现实物质生产中手工业劳动方式的发展规律和一般原则，将手工业发展过程中自发积淀的经验知识和劳动技巧进行自觉地系统化和理论化，以便将这些劳动方式和原理转用于更广泛的生产领域，达到节省时间和劳动、提高劳动生产力的目的。因此，贝克曼的工艺学在一定程度上反映了当时德国的手工业和工场手工业的发展水平与内在规律。根据上述原则，贝克曼将全部从事维持生计的行业划分为八大类，包括农业、矿业、手工业、商业、技艺(Künste)、科学、私人服务(Privatbedienungen)、公共服务(Oeffentliche Bedienungen)，并特别强调科学在当时已经成为一门独立的行业。然后，根据劳动方式和原理的相似性，贝克曼系统列举了手工业和技艺的自然分

1　Johann Beckmann, *Anleitung zur Technologie*, Göttingen：Wittwe Vandenhoeck, 1777, S. XVIII.

2　Ibid., S. XVIII.

3　Ibid., S. XVII.

类,将 324 种行业或技艺归结为 51 类。[1] 贝克曼承认自己的分类只是一种初步尝试,还不够完整和恰当,希望能够进一步补充和完善。

以上便是贝克曼在《工艺学导论》中对工艺学之基本内容的阐述。此时他的首要目标是打破传统工艺史对手工艺的纯粹描述,而力图揭示一切劳动操作背后所遵循的一般原理和规则,并根据劳动方式和原理的相似性进行系统归类。但是,在对手工业的具体分析中,贝克曼的著作并没有完全遵循自己的方法论原则,而是与传统的工艺史著作相差无几。而且,贝克曼主要关注的是化学工艺,几乎忽视了全部机械工艺和机器构造。[2] 因此,贝克曼的《工艺学导论》只是对工艺学的基本原则的初步确立,而在具体内容上还带有传统工艺史叙事的痕迹。不过,贝克曼的理论努力已经将工艺学确立为一门独立的科学,并同国民经济学紧密联系起来。从贝克曼的思想发展来看,这里他所提出的手工业分类原则在一定程度上为后来的一般工艺学奠定了基础。

(2) 贝克曼的《一般工艺学草案》与一般工艺学的确立

1806 年,贝克曼出版了《对若干学术问题的评述》一书,该书的第三部分就是《一般工艺学草案》(*Entwurf der allgemeinen Technologie*)。这一著作被看作贝克曼最成熟的工艺学著作,也是工艺学研究史上的里程碑。在这本书中,他对工艺学的定义是:"工艺学讲授的是人们在加工原材料和已加工材料中要知道的所

---

1 Johann Beckmann, *Anleitung zur Technologie*, Göttingen: Wittwe Vandenhoeck, 1777, S. XIX - XXXIV.

2 Jan Sebestik, "The rise of the technological science," *History and Technology*, 1 (1), 1983, pp. 25 - 43.

有不同种类的使用方法(Gebrauch)。"[1] 从表面来看,这个定义同之前的定义并无太大差别,但仔细分析就会发现,这个定义开始突出劳动者对于劳动方式或方法的主观意向性,或者说,劳动者采用某种劳动方法的预先目的性。这表明,贝克曼可能意识到《工艺学导论》中存在的原则与内容的非统一性问题,于是在方法和思想上发生了重要转变,即他不再执着于对手工业的劳动方式和原理本身的描述与归类,而是致力于将目的和手段进行比较与归类,或者说他旨在根据劳动方式的目的对各种手段进行重新分类。贝克曼指出:"为了一定使用目的所进行的加工亦即对原料的加工。"[2]

于是,贝克曼将工艺学分为"描述工艺学"和"比较工艺学",后者主要是系统地列出两个目录索引,即手工业者与工匠在劳动过程中的"目的"索引和"手段"索引。其中,"目的"索引罗列了手工业者加工原料和半成品制造最终产品与实现最终目的的具体内容。"手段"索引则系统叙述了为制成最终产品和实现最终目的所使用的各种手段。[3] 其中,每一种目的都包含着各种特殊的手段,或者说,不同的特殊手段可能指向同一个目的。譬如,木匠的刨平、玻璃抛光、装订工人的切纸等各种特殊操作手段都是为了实现"物体表面处理"这一目的。贝克曼将这种目录索引称为"一般工艺学"或"工艺学的一般部分"。具体来说,贝克曼通过对手工艺的目的和手段进行分类比较,从而对为实现同一目的而进行的各种手段进行筛选,以便取长补短、择优用之或并行不悖。因此,一般工艺学的现实意义就在于:它将使手工师傅和工匠对他们的加工

1　Johann Beckmann, *Entwurf der allgemeinen Technologie*, Göttingen: Wittwe Vandenhoeck, 1806, S. 3.

2　转引自金海民:《乔治·贝克曼——工艺学与商品学的奠基人》,《国外社会科学》1985 年第 9 期。

3　同上。

对象具备全面的普遍的知识，从而促使他们能够简化工序，更重要的是使他们获得关于手工业生产的总体认知，进而促使有创造能力的头脑迸发出新的行之有效的改进方法，最终促进工场手工业的进一步发展。[1]

总之，从 1777 年的《工艺学导论》到 1806 年的《一般工艺学草案》，贝克曼对工艺学的理解发生了重大转变。在前者中，贝克曼对工艺学的理解主要侧重于手工业劳动的方式和原理；而在后者中，贝克曼更侧重于目的和手段（工序或操作）。在前者中，一种操作或工序只是一种手工业的一部分；而在后者中，每一种特殊的手工业都是处于同一序列中的不同操作的结合。贝克曼由此指出，一般工艺学的现实功能就是实现工艺的普遍转用，从而促进劳动过程的改进，提高劳动生产力，振兴德国的工业生产。

（3）贝克曼的《发明史论文集》与工艺学史的初步科学探索

从 1780 年到 1805 年，贝克曼历时 25 年出版了五卷本的《发明史论文集》，这是第一次对发明史或工艺史进行科学的研究。虽然在《工艺学导论》中，贝克曼就明确将自己创立的工艺学同传统的工艺史区别开来，但他同样承认了工艺史的重要性。工艺史为工艺学提供了最为必要的第一手材料。因此，对工艺史进行科学严谨的全面梳理是真正建立工艺学的重要前提。实际上，在《工艺学导论》中，贝克曼就已涉及工艺史的内容。经过长期的文献积累和研究积累，贝克曼才最终完成这部皇皇巨著。

根据该书的英译者介绍，贝克曼为写作该著作搜集查阅了大量德文文献典故、古代年鉴和公共记录，特别是关于化学发现和机

---

1 转引自金海民：《乔治·贝克曼——工艺学与商品学的奠基人》，《国外社会科学》1985 年第 9 期。

械发明的历史文献,这些文献资料在欧洲其他地方是鲜为人知的,而且"在此之前还从未被作为工艺的证词从沉默中发掘出来"[1]。贝克曼竭尽全力搜集了一切可资利用的工艺史文献资源,这也使其著作的主题和材料显得无比丰富与庞杂。该书除了发明史之外,还囊括了意大利簿记史、书报检查制度史、历法史、当铺史、训鹰斗鸡史、彩票史、药房史等方面的内容。这些丰富材料为后来的工艺学研究提供了坚实的文献材料基础。贝克曼的学生波佩就在《从科学复兴到十八世纪末的工艺学历史》一书中利用了该书中的大量素材,其中最明显的就是关于谷物磨和钟表制造的发展史。这也是后来马克思在研究机器发展史和大工业形成的物质技术基础时特别关注的对象。

在对谷物磨的历史叙述中,贝克曼详细梳理了从最初的杵和臼到奴隶推动的手磨、畜力磨、罗马时代出现的水磨、德国风磨和荷兰风磨以及经济磨(mouture économique)的发展史。这些几乎奠定了波佩后来叙述磨的历史的基本内容。值得注意的是,贝克曼对磨的历史叙事并没有仅仅停留在工艺构造的层面,而是总体性地考察了磨的发展与特定社会制度的密切联系,其中渗透着极为重要的社会唯物主义因素。

这主要体现在以下几个方面:一是一定的生产关系或社会制度制约一定的生产力的发展。贝克曼指出,虽然水磨在罗马时代就出现了,但是因为有大量奴隶可以用来推磨,因此,水磨在罗马时代发展得极为缓慢。后来随着奴隶制的废除,水磨才得以改善和广泛应用。[2] 这一情形在资本主义机器大工业早期同样出现,

---

1 John Beckmann, *A History of Inventions and Discoveries*, Vol. 1, London: S. Hamilton etc., 1817, p. xi.

2 Ibid., pp. 240 - 241.

只要资本家有大量廉价的劳动力可以利用,就不会使用机器。因此,马克思在《资本论》中激烈指出恰恰是在工业革命发展最快的英国工业区中存在着对劳动力的极大浪费和压迫。换句话说,在私有制占主导的阶级社会中,私有制度严重制约了社会生产力的发展。

二是物质生产过程中蕴含着深刻的社会矛盾关系,而一定的社会关系又是同一定的生产力水平相适应的。在磨的发展史上,磨作为一种必不可少的制造生活必需品的生产资料,它的建造和使用凸显出一种社会统治关系。譬如,贝克曼指出,在罗马法中,个人拥有在自己的土地和所有物上建造磨的自由权利。而在封建制度下,修建水磨的河流被看作公共资源,君主规定个人或地主不得随意在河流上修建桥梁和水磨。在贝克曼看来,这是一种不公正。又如,在 14 世纪末,荷兰温茨海姆的一群僧侣自己建造了一台风磨,而邻近的领主却宣称那片区域的风是他的私人财产,因而不允许僧侣使用风磨。僧侣们最终在主教的帮助下才获得建造风磨的权利。再如,奴仆必须使用封建领主的磨来磨面,同时要承担一定的义务或费用。因此,要想促进自由磨的发展,就必须首先废除各种禁磨令。而这种现象之所以存在,根本原因就在于在手工业时期落后的生产力发展水平使得建造一台磨异常昂贵,只有有钱人或有权人才能实际享有这一权利。由此可见,一部磨的发展史不但展现了工艺上的进步,而且深刻折射出特定历史阶段的社会关系及其同特定生产力发展水平的内在关联。

在对钟表的历史叙述中,贝克曼分别详细梳理了钟和表的发展历史。他指出,钟是由齿轮和重量所驱动的一种自动机,因而区别于沙漏和水钟等。钟的发明从一开始就蕴含着科学知识的因素,比如数学原理。而钟表的改进和应用长期以来都处于非常缓慢的进程中,这在很大程度上归因于物质生产的发展水平和社会

　　　　　　　　　　　　　重读马克思:工艺学语境中的哲学话语

经济活动的发展程度。譬如,自 14 世纪初问世直到 17 世纪中叶以前的钟表,要么是建造于宫殿和教堂之上的花费昂贵的大钟,要么是作为供封建贵族玩赏的玩意儿,因而尚未真正被广泛应用于物质生产、经济活动和日常生活之中。在 13—14 世纪,商业活动和社会交往非常贫乏,因此,沙漏或太阳的自然时间就足以满足日常生活中的计时需求,因此,沙漏、日晷和钟表都很少得到改进。直到 15 世纪的地理大发现、海上贸易活动的日益繁荣和近代市民社会的逐渐形成,钟表才被普遍用于物质生产生活和经济活动之中。而且随着物质生产的发展,钟表逐渐拥有现代的机械构造。在这个意义上,贝克曼强调"这些重要发现和发明不仅指涉了个人的历史,或者一个国家的历史,更是人类的历史。它展示了工艺(arts)的进步"[1],更展现了人类物质生产能力的进步。

综上所述,贝克曼的重要理论贡献在于:第一,创立了工艺学这门现代科学,初步确立了工艺学的基本内涵、方法论原则、现实目的与意义,打破了传统工艺史的叙事方式,率先揭开了遮挡在手工业时代物质生产过程之上的神秘面纱,为促进物质生产过程的理论化和科学化奠定基础。第二,系统全面地梳理了从古代到近代的各种发明与发现的历史,揭示了人类在物质生产领域所经历的劳动方式和生存方式的曲折变迁,展现了人类历史发展中生产力(以生产资料为核心)与社会制度的相互关系,特别是认识到机器发明所引发的阶级斗争和社会矛盾。第三,初步建构了工艺学与经济学的内在联系,这集中体现在工艺学的现实目的就在于促进劳动工艺和方法的工业转用,以实现振兴民族工业、繁荣国家经

---

[1] John Beckmann, *A History of Inventions and Discoveries*, Vol. 1, London: S. Hamilton etc., 1817, p. 462.

济的目的。

但是,贝克曼的工艺学思想又存在不可避免的理论缺陷:第一,贝克曼的工艺学的研究对象主要是手工业和工场手工业时期的劳动方式和工艺知识,而没有真正进入机器大工业的工艺内容,因而具有内在的历史局限性。第二,贝克曼的工艺学虽然强调对手工业劳动的方式和原理的剖析和归纳,揭示手工业生产的一般规律,但是他的工艺学著作并未严格遵循他预先制定的原则,而是在很大程度上仍然停留于传统工艺史的描述性记述,而没有真正展开对生产规律的探索和相应理论或科学知识的解释与研究。第三,贝克曼的工艺史为工艺学的进一步发展提供了重要的基础性材料,但是他的工艺史著作内容庞杂、缺乏系统,在内容上主要是对工艺史的描述,而缺乏对相关发明的科学原理的解释。不过,令人欣慰的是,贝克曼的工艺学在他的学生波佩那里得到继承和发展,并推动德国工艺学在体系建构和知识普及方面获得长足进步。

二、约·亨·摩·波佩:工艺学史与物质生产方式的历史变迁

1. 约·亨·摩·波佩的生平简介[1]

约翰·亨利希·摩里茨·波佩(Johann Heinrich Moritz Poppe,1776—1854)是 19 世纪德国著名的工艺学家、数学家。1776 年 1 月 16 日,波佩出生于德国的哥廷根,是哥廷根大学的一名机械工的长子。在父亲的帮助下,波佩熟练掌握了钟表机械学

---

[1] 关于波佩的生平著述,参见[日]吉田文和:《波佩的生平和著述》,《马列主义编译资料》1985 年第 39 辑,第 105—108 页。Siegmund Günther, "Poppe, Johann Heinrich," *Allgemeine Deutsche Biographie* (*ADB*), Band 26, Duncker & Humblot, Leipzig 1888,S. 418-420.

的知识,并在协助父亲工作的过程中掌握了许多实际经验和知识。

在第一次反法同盟战争期间,波佩应征加入汉诺威陆军。1794 年,波佩进入哥廷根大学学习。他先是师从凯斯特那(A. G. Kastner,1719—1800)和利希廷伯格(G. C. Lichtenburg,1742—1799)学习数学和物理学,随后师从约翰·贝克曼学习工艺学和官房学。[1] 作为家里的长子,波佩为补贴家用而经常撰写一些有关钟表方面的实用性文章,也出版过有关钟表知识的辞典和历史书籍。这些著作曾获得贝克曼的好评。哥廷根大学的丰富藏书和贝克曼的指导,使他获得了良好的学术训练。这些资料为他写作《从科学复兴到十八世纪末的工艺学历史》一书的"时钟工艺史"部分奠定了基础。

在哥廷根大学学习和工作期间,波佩撰写了许多有关数学史、物理学史和机器等方面的有奖征文。1800 年,他的拉丁语论文《希腊几何学家及其在笛卡尔之前的继承者们对所发现的圆和其他曲线在机器工艺学和建筑术方面的应用的争论史的考察》,曾获得哥廷根大学哲学学院设立的数学奖。该文的德文版于 1802 年以《从古代到十九世纪初机器工艺和建筑术方面所应用的各种曲线的详细历史》为题出版,并成为他以后研究数学史和物理学史的开端。1802 年,波佩获得哥廷根大学的学位,并留校任教。1803 年,波佩撰写的《哪些机器和发明能救人脱险?哪些机器更为杰出?》一文得到梅林的雷欧波尔德·冯·贝尔希特尔特伯爵的奖励,并于 1804 年被译为多种语言。该文分析了各种安全设备的作用和预防职业病的手段,这为他写作《从科学复兴到十八世纪末的

1　参见 J. H. M. Poppe, "Autobiographie," in E. Heyden, hrsg., *Gallerie berilhmter und merkwurdigen Frankfurter*, 1861, S. 245。

工艺学历史》中有关职业病的内容提供了基础。1805年，波佩以拉丁文撰写的《关于十八世纪力学文献的增加和进步问题的考察》（*De incrementis et progressibus literarum mechanicarum seculo duodevigesimo*）一文，获得莱比锡牙布罗诺夫斯基科学协会颁发的数学奖。该文经增补后于1807年以《十八世纪和十九世纪初的力学》为题用德文出版，后来成为《从科学复兴到十八世纪末的工艺学历史》的各部分中有关力学史叙述的基础。

  1804年，波佩在美因河畔法兰克福的一所高级中学担任数学和物理学讲师，同年晋升为教授。1805年结婚，育有三女一子。在法兰克福的初期，波佩的著述活动的内容最为充实。从1803年至1827年，波佩历经24年出版了八卷本的《综合机械工程百科全书》（*Encyclopaedia of General Mechanical Engineering*）。这部巨著在许多方面都得益于贝克曼的《一般工艺学草案》（1806），譬如，其中第五卷《机器的分类》就是遵循贝克曼关于一般工艺学的分类原则而撰写的，最后一卷更是以《草案》为素材的。1804年，波佩发表《试论迄今所有工场手工业和工厂的历史及其成立》一文，这表明他已经开始计划写作《从科学复兴到十八世纪末的工艺学历史》一书。1806年，波佩沿袭贝克曼在《一般工艺学草案》中提出的基本原则和分类目录，将四大分类和六十个项目悉数列入他的《工艺学便览》（第一部）出版。从1807年到1811年，波佩受命于维也纳的阿尔特谬达出版了三卷本的《从科学复兴到十八世纪末的工艺学历史》，这是波佩最著名的工艺学著作。后来这一著作构成了学术协会编撰《工艺和科学的历史》丛书的第八部《自然科学史》的第四篇"工艺学史"。1808年，波佩出版了《一般工艺学的贡献》，试图沿袭贝克曼在《草案》中提出的内容和原则，建构自己的一般工艺学理论。1809年该文又以《一般工艺学——各种手工业、技艺、工场手工业中的一切操作、手段、工具、机器的知识入门》（即《一般工艺学教程》）为标题出版。这一时期，波佩的著作一方面承袭了贝克曼的《一般工艺学草案》，另一方面也试图发展贝克曼的一般工艺学理论。与此相关的著述还包括《发明便览》（1818）、《专门工艺学教程》（1819）、《机器工艺学教程》（1821）、《一般工艺学详细入门》（1821）等。

在法兰克福时期，波佩除了忙于著述，还致力于建立技术学校制度。他热衷于参加"实用工艺促进协会（Society for Promoting Useful Arts）"和星期日学校（又称主日学校）的活动。在这一时期，他出版了大量通俗科普读物。但与此同时，这些著述开始出现"粗制滥造"的倾向，比如，他对蒸汽机的讲解缺乏实际知识。当时维也纳学派的工艺学家卡尔·马什就严厉批评他没有掌握必要的实际而深入的知识，缺乏足够的时间、机会和素质。

1815 年，维也纳综合技术学校推荐他担任该校的工艺学教授，但他有"想当大学教师的夙愿"，故而谢绝了。1818 年，波佩受聘为图宾根大学国家经济系的工艺学教授，从而成为德国第一个工艺学讲席教授。从 1818 年到 1841 年退休，波佩进一步加紧著述活动，却日益脱离工艺学的最新发展。当时维也纳学派的普雷希特尔和卡尔·马什以及法国阿拉高的研究工作都超过了波佩。不过，此时的波佩已经成为工艺学界的权威。据波佩的继承人沃尔兹（W. L. Volz）统计，波佩的著作多达 98 部（杂志论文及其再版除外），共计 149 卷。不过，其著作的三分之二是复制和再版，因此，图宾根时期的波佩具有"落后于时代的通俗科普著作家"的一面。

2. 波佩的工艺学思想及其理论成就

波佩在 1807 年至 1811 年间出版的三卷本《从科学复兴到十

八世纪末的工艺学历史》(以下简称《工艺学史》)一书是他在工艺学研究上成就最大的著作,是对贝克曼的"一般工艺学"和工艺史研究的融合与发展。同时,这部著作也是马克思在《伦敦笔记》的"工艺学笔记"中集中摘录的著作,并在《资本论》及其手稿中做了大量利用。因此,我们有必要对这部著作所蕴含的重要工艺学思想及其理论成就进行梳理。

(1) 对一般工艺学的基本原则和理论内涵的重申与发展

波佩继承和发展了贝克曼在《一般工艺学草案》中提出的以"目的和手段"为核心的一般工艺学原则和《发明史论文集》中研究人类物质生产和发明的历史性思路,这集中体现在《工艺学史》这一著作中。在同一时期出版的《一般工艺学教程》中,波佩就明确阐发了贝克曼的一般工艺学思想,强调研究手工业、手工艺中的各种操作和手段的目录,因为在目的和手段中存在着大量相同或近似的操作,而手工艺在不同手工业中相互转用过程中就会得到改良。正是在这个意义上,波佩和贝克曼都将工艺学看作振兴工业的方略,并在《英国工场手工业的精神——当前阶段最大限度调动德国工场手工业一切活动的建议和为达此目的需要采用的手段的分析》(1812)一书中积极倡议德国的工艺学校开设一般工艺学和发明史课程,以促进工艺和发明的转用,推动德国工业水平的提高。

而在《工艺学史》中,波佩在第一部分《工艺学史概论》中从人类发展史的角度论证了一般工艺学原则的重要性。他指出,人类是有理性的生物(vernuenftige Geschoepfe),一开始是使用简单粗陋的谋生手段来满足最基本的生存需求,但人类不会满足于此,于是不断习得更多理解力(Sinn),对自然物做进一步的加工。在这一过程中,人的精神力量(Kraefte des Geistes)和身体力量相互协

　　　　　　　　　　　　重读马克思:工艺学语境中的哲学话语

调,同时为了更舒适的生活条件,人的创造精神促使人类不断发明制造各种工具,对自然产品进行更深入的加工。而这些工具和发明也随着人类不断增长的精神追求和物质追求经历了从简单形式向完善形式的发展过程,而这一切都需要脑和手来完成。那么,工具或发明的进步是如何发生的呢?波佩指出:"有意思的是,如果人们能够明确基本的**目的和手段**,那么,一切用来加工自然物的杰出发明都将会出现……但必须承认,并不是任何一种单独的加工都必然成为一种新的发明,相反,通常是利用一种现存的发明来实现相似的目的,这一过程或许会伴随着统一的变化。"[1]也就是说,新的发明往往并非来自完全的独创,而是产生于已有发明转用于相似的目的。在该书的另一处,波佩表达了同样的意思,即"一切手工业和技艺借助完全新颖的发明,比借助来自某一作坊或工场(Werkstatt)中的手段进行改造转用到其他地方的有效性要小得多。许多手工业的原料和产品是如此不同,但手工业者从事着一些具有相同目的的劳动,有着相同的操作、相同的工具、机器和其他必要手段"[2]。因此,从人类历史特别是生产资料发展史的角度来看,目的和手段的相似性与对应性实际构成了发明史的基本规律,因而系统全面地掌握能够实现相似目的的一系列手段就成为推动发明的重要基础,这是一种必然的趋势。而要实现这一理论和实践目标,就必须回到发明的发展史,对其进行系统的理论研究,这正是波佩的《工艺学史》的主要任务和重要贡献。

在《工艺学史》的《前言》中,波佩指出,他很早就想写一部"关

1　J. H. M. Poppe, *Geschichte der Technologie seit der Wiederherstellung der Wissenschaften bis an das Ende des achtzehnten Jahrhunderts*, Bd. Ⅰ, Göttingen: Olms Verlag, 1807, S. 5 - 6. (以下简称"*Geschichte der Technologie*")

2　Ibid., S. 72.

于手工业(Handwerk)、手工业工场(Manufaktur)和工厂(Fabrik)的历史"[1]。更准确地说,波佩的工艺学史就是"理解关于加工自然产品的一切工艺的历史以及与之紧密相关的若干科学"[2]。这里,不同于贝克曼的《发明史论文集》主要集中于对发明的工艺层面的历史叙述,波佩在对工艺学史的理论定位中不仅注重工艺的历史,而且突显了与工艺相关的科学知识,这正是波佩对贝克曼的重要推进之一,比如,波佩在考察磨的发展史时对流体理论、水轮理论等科学理论的梳理以及在考察钟表的发展史时对数学和机械学等科学理论的梳理都构成了该书的亮点。

正是基于这种关于工艺学史的思考,波佩对"工艺学"的定义也发生了微妙的变化。他指出:"关于手工业、工场手工业和工厂的知识构成了大学和其他高等院校讲授的一门独特科学,以前人们错误地将其称为'工艺史(Kunstgeschichte)',而1772年哥廷根的贝克曼首次将其命名为'工艺学(Technologie)'。**工艺学不仅讲解手工业的历史,而且系统透彻地讲解一切劳动及其结果与原因**(Grunde)。新近几个作家也将其称为'工艺科学(Kunstwissenschaft)',因为人们通过它可以获得关于一切工艺行业(Kunstgeschaeften)的科学知识(wissenschaftliche Kenntniss)。工艺(Kunst)本身的这种自我区分就如同知识(Wissen)与能力(Koennen)、理论与实践的区分一样。"[3]从这段话中,我们可以得出以下几个结论:一是波佩肯定了贝克曼在工艺学思想史上的奠基性地位,并准确指认了贝克曼对于工艺学的基本界定,即贝克曼

1　J. H. M. Poppe, *Geschichte der Technologie*, Bd. I, Göttingen: Olms Verlag, 1807, S. III.

2　Ibid. , S. IV.

3　Ibid. , S. 64.

的工艺学是关于手工业、工场手工业和工厂的知识,且区别于工艺史。二是波佩提出自己对工艺学的理解,即工艺学的研究对象既包括手工业的历史,也包括一切劳动的结果与原因——在我看来,这里的"结果与原因"正对应于"目的和手段",而且"原因"不但包括物质工艺方面,而且包括知识原理方面。因此,波佩的工艺学概念明确增加了历史的维度,同时蕴含着一般工艺学的原则与对象(目的和手段),而且突显了工艺学的理论性内容。因此可以说,波佩的工艺学即工艺学史,工艺学史即工艺学,两者的主旨就在于以一般工艺学的原则来梳理手工业的历史或人类的物质生产发展史。在这个意义上,波佩完成了对贝克曼的一般工艺学和发明史的有机融合和质性发展。三是明确界定了工艺和工艺学的边界与内在联系。不同于贝克曼对"工艺史"和"工艺学"的区分——准确地说,贝克曼所做的是对"工艺史学"和"工艺学"的区分,因为贝克曼的工艺学所试图超越的不是现实的工艺发展史,而是对现实的工艺及其历史的描述性记录,类似于工艺史的历史编纂学。而波佩则是对实践层面的工艺与理论层面的工艺学的划分,工艺与工艺学的关系就如同能力与知识、实践与理论的关系,它们在形式上虽有质性差异,但在内容上又是辩证统一的。实际上,这一区分正构成了后来德语语境中"Technik"(技术)和"Technologie"(工艺学)的差别。总之,波佩通过继承和发展贝克曼的一般工艺学和发明史的原则与内容,创立了自己的工艺学史理论。

(2)基于手工业生产的特权市民社会的形成与发展

在《工艺学史》第一卷的第一部分《工艺学史概论》中,波佩从历史的角度详细梳理了从人类早期社会到 18 世纪末的手工业和工场手工业的历史发展,揭示出在一定生产力和生产方式之上的社会组织结构和社会关系的变迁。譬如,16 世纪以前的手工业历史阶段中,一定的物质生产活动决定着一定的社会关系和思想观念,这无疑有着深刻的社会唯物主义意蕴。

首先,在人类社会早期,每个人都通过劳动获得必需品,这是一种平等劳动的关系。一般情况下,物质生产活动主要表现为以性别为基础的社会分工,譬如女人从事手工业、男人负责狩猎。在这种生产方式中,手工业劳动是受人尊重的活动,且从事手工业的妇女也备受尊敬。在奴隶制社会阶段,物质生产活动开始表现出等级性社会分工,即各种手工业劳动都由奴隶来承担,而且,最优秀的工匠只服务于统治阶级。于是,手工业逐渐失去令人尊敬的地位。

11世纪下半叶,德国统治者制定了一道法令,规定只有城市和城堡(Burg)中的居民即市民(Bürger)才准许从事手工业、商业和科学活动,手工业成为市民的特有职业。[1] 也就是说,从事手工业成为一种特权,在这个意义上可以称之为特权市民——对此,贝克曼在《工艺学导论》中已经有所论及,德国式的特权市民显然不同于近代市民社会意义上的同权市民。相对于奴隶,从事手工业活动的特权市民又被称为自由民。也就是说,相对于奴隶制,自由第一次与一定的物质生产即手工业紧密联系起来。而在这一权力法则的指挥下,许多机构如雨后春笋般涌现出来,这就是在罗马法基础上建立起来的行会,同业公会及其行会制度确立起来。[2] 这标志着手工业发展史甚至人类发展史进入了新的阶段。而特权市民的出现是由当时的手工业活动和行会制度的性质以及这一新兴阶层同封建贵族阶级的社会政治关系所决定的。一方面,行会或

1　J. H. M. Poppe, *Geschichte der Technologie*, Bd. I, Göttingen: Olms Verlag, 1807, S. 47 - 48.

2　Ibid., S. 10.

同业公会是一个等级森严的封闭体系，每一同业公会都有独自的图章、习俗、会馆、会场、店铺和钱庄等，而且并不是所有手工业者都能加入行会；另一方面，手工业的发展受到封建统治阶级的严格控制，行会或同业公会的批准和建立需要统治阶级的政治许可。这意味着并不是所有城市、任一行业都能够建立自己的行会。譬如，在1156年的奥格斯堡，根据弗里德里希一世颁布的一项城市规章，只有面包师、酿酒师和屠户能够建立行会。正是由于封建统治阶级与特权市民阶层的经济利益对立，这一时期的手工业一直是在同统治阶级的斗争中艰难发展。一方面，封建统治阶级通过各种措施来压制同业公会的发展，比如1270年法国的路德维希十一世命令斯蒂芬·布瓦洛（Stephan Boileau）整顿同业公会。随后，弗里德里希一世和二世进一步废除了手工业者的联合。荷兰统治者向繁荣的手工业行会课征重税。14世纪末，布伦瑞克、汉堡等地的手工业行会甚至发动过较大规模的反政府暴动，结果是12个行会团体遭到驱逐。这些斗争也促使各国君主不断颁布新的法规，要求手工业者必须服从政府的统治。于是，15世纪的手工业者通常秘密建立团体。另一方面，虽然在统治阶级的压迫下手工业的发展步履蹒跚，却又总能以灵活的形式不断崛起，与之相伴的是固定僵化的社会关系的松动。譬如，随着同业公会的日益壮大，部分贵族开始同市民阶层交往和通婚。手工业者随着自身力量的壮大也开始谋求政治权利。当一个国家或地区的手工业遭到当地政府打击时便流转到其他相对落后的国家和地区，并在当地统治者的支持下获得更多特权和自由，重新焕发生机。譬如，在13世纪，很多德国手工业者已经受到挪威国王的青睐，并获得许多自由，从而推动了金属制造业和皮革业的长足发展。在14—15世纪，随着许多发明和发现的出现，纺织业、金银和金属制造业的工艺获得巨大改进,德国的纽伦堡在 15 世纪末达到鼎盛时期。[1]
这些都为 16 世纪手工业的繁荣与 17—18 世纪手工业工场和工厂
的出现奠定了物质技术基础。

(3) 基于德国生产力水平对于工场手工业和工厂的基本特点
与历史性质的描述

波佩从历史的角度指出,虽然在 13—14 世纪的个别纺织业中
已经出现大规模的劳动生产,但是真正的工场手工业和工厂是在
15 世纪中叶左右才出现的,譬如,15 世纪中叶之前,纽伦堡在德国
最先建立起真正的工厂。而随着 17—18 世纪出现更多发明和发
现,真正的工厂和工场手工业获得极大发展,特别是在英国和法
国。在波佩看来,真正的手工业工场和工厂具有以下特点:

第一,两者都以协作或大规模生产为前提,即"当几个同种或
不同种的手工业者为了一定目的即加工任何一种原料而聚集在一
起工作"[2]。这是斯密虽然提及但未真正加以注意和分析的重要
方面,因此,波佩在这一点上要更加准确。

第二,两者通过分工来提高劳动生产力、降低商品价格,即"借
助它们,一切劳动能被更快更准确地完成,所有商品的价格会显著
降低。其原因不仅在于手工业工场和工厂中的所有劳动者通过持
续的训练即一个劳动者只制造一件产品的这一部分,另一个劳动
者只制造该产品的那一部分,而获得了更多的熟练技能
(Fertigkeit)"[3]。这里,波佩继承了斯密的分工理论,从分工之划
分的专业化和固定化角度分析如何提高劳动生产力。

1　J. H. M. Poppe, *Geschichte der Technologie*, Bd. I, Göttingen: Olms Verlag,
　　1807, S. 48 - 49.

2　Ibid. , S. 31.

3　Ibid. , S. 32.

第三,两者通过使用机器而提高生产力,即"更重要的是机器(Maschinen)(代替单纯的手工工具[blossen Handwerkszeug])的采用,或者那种人造装置(kuenstlichern Vorrichtungen)的采用,借助它们,劳动能够更均匀(gleichförmiger)地完成,并节省力气和时间"[1]。而且,在罗列了许多发明之后,波佩强调:"所有这些发明和许多其他发明促进了大量新发明的产生,并且成为主要手工工场和工厂实现显著改进完善的一个主要原因。"[2]这里,波佩已经充分认识到机器在生产过程中的重要地位以及机器生产的均匀性、准确性、快速性等特点及其节省劳动和时间的积极作用,而且初步将机器与简单工具区分开来,因而将机器从分工逻辑中解放出来。正是在这个意义上,波佩基于工艺学史对工场手工业的认识超越了斯密的认识水平。到此为止,波佩对工场手工业和工厂的共同特点的分析只是将工场手工业与手工业正确区分开来,而未涉及工场手工业与工厂之间的区分。实际上,波佩还无法真正做到这一点,即使做到了,也会存在严重错误。

最后,在波佩看来,工场和工厂的区别在于:由人手直接完成或因人手不足而使用机器来完成商品生产的就是工场手工业,而借助火和锤来进行商品生产的便是工厂。[3]这实际上只是对一种传统看法的沿用,这从词源学上可以窥见这种历史痕迹,即从词源学角度来看,"工厂(fabric)"一词来源于拉丁文 faber(锻造),是指金属加工场所。而"工场手工业"(manufacture)则是指纤维加工

1　J. H. M. Poppe, *Geschichte der Technologie*, Bd. I, Göttingen: Olms Verlag, 1807, S. 32.
2　Ibid., S. 33.
3　Ibid., S. 31.

场所。[1] 当然,波佩自己也承认这种区分并不准确。实际上,这种划分是存在严重缺陷的,因为虽然波佩关注到英国与法国的工场手工业和工厂,但从他对工厂的理解来看,他所说的"工厂"显然不是英国工厂哲学家安德鲁·尤尔所描述的以机器体系为基础的现代工厂,而是工场手工业时期的金属加工工场。这种基于手工业和工场手工业之上的区分已严重脱离了现实物质生产的历史发展进程。这从侧面也表明,波佩及其老师贝克曼主要是以手工业和工场手工业作为工艺学研究对象的。对于"工厂"的这种理解实际上反映了基于德国落后的生产力水平而产生的独具德国特色的认识。

此外,波佩从工场手工业的视角出发重新审视了手工业和工场手工业的历史关联与质性特征。一是工场手工业所具有的大规模生产特点在手工业时期的个别行业就开始萌发,譬如,在13—14 世纪的纺织业中就开始出现大规模生产。二是同工场手工业和工厂相比,手工业行会的等级体系和保守制度严重阻碍了手工业本身的发展。行会建立了学徒—熟练工匠—师傅的严格等级划分,并通过制定冗陈繁多的规章和习俗建立起保守封闭的传统,这导致手工业及其发明在很快发展到一定程度就进入原地踏步的瓶颈期,无法实现新的提高和突破。正是在这个意义上,波佩指出,"几乎在纽伦堡的所有商品中都充满一种别致的情趣和一种烦冗的精美"[2]。三是在工场手工业阶段,力学、物理学、化学等科学开始摆脱手工业时期的经验知识性质,而在工业生产的基础上获得

---

[1] 张钟朴:《马克思在〈伦敦笔记〉中对科学技术、机器生产和工艺学的研究》,《马克思主义研究资料(第 4 卷):经济学笔记研究 II》,中央编译出版社 2014 年版,第 210 页。

[2] J. H. M. Poppe, *Geschichte der Technologie*, Bd. I, Göttingen: Olms Verlag, 1807, S. 31.

独立的发展,同时又与工业生产建立密切联系。这为机器大工业的形成奠定了必要前提之一。

(4) 准确描述了工场手工业的形成和类型、现实弊害及其资本主义性质

首先,波佩描述了商人转变为工业资本家、商业资本转变为工业资本的历史事实。具体来说,在手工业时期,商人只是扮演着运输者和促进者的角色,即马克思后来所说的"包买商"。后来,商人开始扮演工场雇主的角色,即利用手中的资本以支付日薪的方式雇佣熟练工人,这揭示了工场手工业的早期形成状况及其资本主义性质。而工场手工业的资本主义性质不仅在于这种雇佣关系性质,还在于在这种关系下的强制劳动和对工人生命健康的损害与威胁。波佩指出,在冶炼厂和矿山中具有明显的强制性危害,甚至危及工人的生命。譬如,意大利人拉马齐尼(Ramazzini)在 18 世纪中叶就已发表关于工匠和手工业者的疾病状况的专题论文。波佩从管理学的角度强调,国家要对工业生产中的危险劳动和职业疾病给予关注。

其次,波佩按照一般工艺学的分类方法详细描述了各种手工业和工场手工业的历史发展和内部生产特征,揭示出工场手工业的不同生产形式和类型,这为马克思后来重新思考和准确把握工场手工业的起源与类型提供了丰富而重要的素材。譬如,波佩描述的马车工场手工业和钟表工场手工业为马克思所说的"混成的工场手工业"提供了典型实例。波佩关于造纸业、制针工场手工业的描述为马克思所说的"有机的工场手工业"提供了丰富资料。譬如,波佩在《工艺学史》第二卷第二章第六节中叙述了"造纸工艺"的历史发展,其中有两个显著的特点。一是纸张的制造大概从 14 世纪开始使用机械装置,到 17—18 世纪出现了更先进的纸浆机,

马克思在《1861—1863 年经济学手稿》利用这一材料时指出："17 世纪和 18 世纪初的荷兰造纸厂,可以看做是与机器有关的工场手工业的主要例证。其中的单项工作由机器完成,但整个体系并不是机器体系。"[1]二是荷兰造纸厂中存在明显的分工,这为后来马克思提炼"有机的工场手工业"提供了实例。而且,马克思在《资本论》中通过比较德国的造纸作坊与荷兰的造纸工场而认识到手工业与工场手工业之间的生产方式差异,即"一个德国的行会造纸匠要依次完成的、相互连接的那些操作,在荷兰的造纸手工工场里独立化为许多协作工人同时进行的局部操作",因此"在纸张的生产上,我们可以详细而有益地研究以不同生产资料为基础的不同生产方式之间的区别,以及社会生产关系同这些生产方式之间的联系"。[2]

（5）关于机器的发展史和理论史的系统阐述为把握机器的本质特征、认识实践与理论的历史辩证关系以及把握机器大工业的物质技术基础提供了丰富的工艺史材料

如前所述,贝克曼在《发明史论文集》中就对纺织业的工具和机器、磨和钟表的历史有所描述,但还不够翔实,且缺乏与之相应的理论史。波佩在《工艺学史》中既充分利用了贝克曼的既有材料和成果,又根据自己的实际经验和最新的发明成果做了极大的补充和完善。

首先,波佩在《工艺学史》第二部第二章《十八世纪末以前的机械加工史》第一节《人类食品加工的手工业、工场手工业和工厂》中详细叙述了磨的历史,主要可分为三个方面:一是详细阐述了磨的

1　《马克思恩格斯全集》第 37 卷,人民出版社 2019 年版,第 52 页。

2　《马克思恩格斯全集》第 44 卷,人民出版社 2001 年版,第 438 页。

操作方法、动力来源和结构特征上的发展变化。波佩指出,人类粉碎谷物经历了从最初的人手使用杵在石臼中捣碎谷物到手推磨、奴隶拉磨、马拉磨、水磨、风磨,直至 18 世纪的蒸汽磨——蒸汽磨及其自动体系是贝克曼未涉及的。而且,从罗马时代开始出现的水磨就明显表现出动力机构、传动机构和工作机的组成部分,具有了现代机器体系的基本结构。磨的工艺史不仅反映了机器本身的发展史,而且展现了基于生产资料的发展而带来的人类物质生产方式和生活方式的历史变迁,为后来马克思从劳动主体与生产资料的关系及其展现的生产方式角度准确区分工具和机器的本质差异、把握机器(体系)的本质特征、思考工业革命的工艺学起点提供了重要材料和启示。二是详细阐述与磨的工艺史紧密相联的科学技术理论史。一方面,在磨的早期历史发展中,磨的发明和改进都依赖于工匠和劳动者的经验知识与技巧,并以零散的秘密的形式流传保存下来。只是随着磨的发明和应用越来越依赖于对自然力的有效利用,因而依赖于科学知识,科学知识对于物质生产的重要作用才越来越突显出来,科学本身也获得一种相对独立于劳动者的地位,即科学和发明成为一门独立的行业。这揭示出科学知识与劳动的历史辩证关系。另一方面,物质生产与科学知识、技术发明是相互依存、相互促进的关系。譬如,在改进磨的传动机构的过程中,飞轮理论、振动理论、摩擦理论和齿轮的外摆线等理论获得进一步发展。随着水磨的应用,促进关于水的运动学说的兴起和发展,如波列尼的《论水的混合运动》、达朗贝尔的《流体均衡及运动的理论》等,与此相关的还有流量计、水准仪等测量手段的发明。在水槽理论方面,牛顿、马里奥特、别尔努利、达朗贝尔、欧勒等人的研究推动了水流冲力理论的发展。在水轮理论方面,18 世纪下半叶出现了塞格纳水轮,用蒸汽机推动的英国阿尔比昂磨坊和埃利科特水轮磨坊等。这些都为马克思从长时段的人类历史发展角度认识物质生产与科学技术的历史辩证关系、打破站在机器大工业立场上强调资本、科学和劳动的等级从属关系的资产阶级意识形态提供了宝贵的历史依据。

其次,波佩在第二卷第二部第六章《关于人类事务的秩序、理智的培养以及一般高雅娱乐的各种商品的制造》第一节中详细描述了钟表制造工艺的历史,主要包括计时器的发展史和转用史,即从日晷到水计时器和沙计时器及其转用于交通运输、航海、天文等领域。对钟表的转用史的关注集中体现了贝克曼和波佩的一般工艺学原则。从齿轮计时器向钟表的发展演变,比如16世纪初出现的被称为"纽伦堡鸡蛋"的怀表。同时,波佩阐述了同钟表工艺史密切联系的理论史,比如惠更斯的摆式对钟、摆线理论等。这对后来马克思理解钟表的工业应用、自动机器体系的历史起源、基本特征及其相应的理论发展起到了重要作用。1863年1月28日马克思在给恩格斯的信中指出:"钟表是第一个应用于实际目的的自动机。匀速运动生产的全部理论就是在它的基础上发展起来的。按其性质来说,它本身是以半艺术性的手工业和直接的理论的结合为基础的……16世纪的德国著作家把钟表制造业加作'有学问的(非行会的)手工业';从钟表的发展可以证明,在手工业基础上的学识和实践之间的关系,同譬如大工业中的这二者之间的关系,是多么地不同。同样也毫无疑问的是,在十八世纪把自动机器(特别是发条发动的)应用到生产上去的第一个想法,是由钟表引起的。"[1]

最后,波佩在第一卷第二部第二章《人类织物制造的手工业、

---

1 《马克思恩格斯全集》第30卷,人民出版社1974年版,第319页。

工场手工业和工厂》和第三章《利用毛、棉、亚麻、丝及其他织物来制造衣物和装饰物的手工业、技艺和工场手工业》中详细阐述了各类纺织业的生产方式、生产资料（工具和机器）的历史。这些为马克思理解工业革命的技术条件、历史分期提供了重要材料。具体来说，波佩描述了欧洲各国的毛纺织工场手工业的各种工序及其使用的工具、机器的发明史，这使马克思后来在《资本论》中认识到"在最先采用机器体系的部门中，工场手工业本身大体上为机器体系对生产过程的划分和组织提供了一个自然基础"[1]。波佩在阐述棉纺织业的发明史时指出，将纤维捻成纱线是工艺史上的重大事件，并将捻丝纱机称作"工艺学的机器"[2]。从手摇纺车到双筒纺车再到可以同时把纺出的线退绕、双根合并和加捻的纺车与精纺机展现了纺机在与人手相连的工作机上的演变，从手动摇杆到水车、蒸汽机的演变展现了纺机在动力来源上的发展，这为马克思正确认识机器和工具的真正差别、准确判断工业革命的历史分期提供了重要事实依据。

（6）客观描述了机器发展史上工人与机器的斗争事实，指认了资本、知识和劳动的分离事实，揭示出基于直接生产过程的阶级斗争关系和资本主义生产关系本质

我们知道，贝克曼在《发明史论文集》中已提到莱顿地区因使用织带机而引发的社会骚动："大约 20 年前，这个城市有人发明了一种织机，使用这种织机，在同样时间内，一个人能够比较轻松地织出比过去几个人所织的还要多的东西。这就引起了织工的骚动

1　《马克思恩格斯全集》第 44 卷，人民出版社 2001 年版，第 436 页。

2　J. H. M. Poppe, *Geschichte der Technologie*, Bd. I, Göttingen: Olms Verlag, 1807, S. 436.

和控告，最后市政局禁止使用这种织机。"[1]波佩利用和补充了在纺织业早期发展中就突显出来的机器应用导致工人失业、工人反对机器的事例，譬如，1775年，阿克莱发明的梳毛机或梳棉机得到应用，引起五万名梳毛工人的抗议。1758年，埃弗雷特研制出第一台水力剪毛机，十万名失业者烧毁了这台机器。16世纪和17世纪初出现了织带机。1629年，莱顿出现织带机，花边工人力图压制这种机器。1676年，科隆禁止使用织带机。同一时期，当人们试图把织带机输入英国时也引起了骚动。汉堡市政局命令当众销毁一台织带机。这表明，机器对工人的排斥以及工人与机器的斗争现象在机器的早期发明和使用阶段便已出现，而在机器大工业阶段表现得更为明显——这比同时代的李嘉图在英国机器大工业早期阶段从经济学的分配关系角度承认机器的资本主义应用对工人的不利影响要更加深刻。这说明，机器的资本主义应用一开始就对工人产生强烈的不利影响，工人与机器的斗争展现了资本、科学与劳动在资本主义生产过程中的尖锐对立。后来，马克思在《资本论》中阐述工人与机器的斗争时利用了这些材料。不过，马克思强调工人应该将机器与机器的资本主义应用区分开来，工人反对的不应是机器，而是资产阶级生产关系和社会制度。

机器的发明和使用所突显出来的资本、科学与劳动的分离不仅表现在三者的直接对立，而且表现在资本、劳动与科学（一般智力）的分离。波佩对于磨和钟表的工艺史与理论史的阐述已揭示出科学知识与劳动的分离趋势，即随着知识从零散的经验转变为理论化的科学体系，科学成为一门独立的职业，因而与体力劳动者

1　马克思：《1861—1863年经济学手稿》，转引自《马克思恩格斯全集》第37卷，人民出版社2019年版，第365页。

相分离。相对独立化的科学被资本招募和利用。更重要的是,波佩准确指出资本和科学知识同样存在分离,在商人转变为雇主即商业资本家转变为工业资本家的过程中,资本家由于缺乏实际的生产知识,因此很少对劳动及其产品进行正确的监督和鉴定。[1]这表明,波佩比拜比吉、尤尔等人更早地认识到,资本家、雇佣工人与一般智力的分离和对立在工场手工业时期就已经出现了,这也说明机器大工业中经理阶层得以出现的原因以及这种分离状态的进一步发展。同样值得注意的是,波佩准确认识到手工工场中资本对劳动的监督,这正是资本主义生产关系在工场手工业中的最初表现。

综上所述,以贝克曼和波佩为代表的德国一般工艺学思想在工艺学思想史上占据了不可替代的重要地位。他们的重要理论贡献主要表现在以下几个方面。

第一,首次明确将人类物质生产过程的操作工序、内在原则、系统分类和历史发展作为研究对象,从而将传统手工业生产方式中保藏的零散的秘密的工艺成果、经验知识进行系统化和理论化,创立了工艺学这门独立的现代学科,并开启了将工艺学列入高等教育的先河。对此,马克思在《资本论》第一卷中精彩评论道:"各种特殊的手艺直到 18 世纪还称为 mysteries(秘诀),只有经验丰富的内行才能洞悉其中的奥妙。这层帷幕在人们面前掩盖他们自己的社会生产过程,使各种自然形成的分门别类的生产部门彼此成为哑谜,甚至对每个部门的内行都成为哑谜。大工业撕碎了这层帷幕。大工业的原则是,首先不管人的手怎样,把每一个生产过

1　J. H. M. Poppe, *Geschichte der Technologie*, Bd. I, Göttingen: Olms Verlag, 1807, S. 71.

程本身分解成各个构成要素,从而创立了工艺学这门完全现代的科学。社会生产过程的五光十色的、似无联系的和已固定化的形态,分解成为自然科学的自觉按计划的和为取得预期有用效果而系统分类的应用。"[1] 这里,马克思基于机器大工业的背景准确阐述了工艺学的理论意义,这在贝克曼和波佩的一般工艺学理论的基本原则和初步成果中已经有所体现。

第二,首次确立了一般工艺学的基本分类原则,即根据目的和手段的相似性与对应性建构起工艺学的目录索引体系,揭示出工艺和发明在各种生产方式和生产资料中的转用过程,揭示出物质生产方式和发明创造的基本规律。马克思在《资本论》第一卷中准确指出:"工艺学也揭示了为数不多的重大的基本运动形式,尽管所使用的工具多种多样,人体的一切生产活动必然在这些形式中进行,正像机器虽然异常复杂,力学仍会看出它们不过是简单机械力的不断重复一样。"[2]

第三,首次系统梳理了手工业和工场手工业时期人类物质生产方式和生产器官的发展史及其相应的社会关系、思想观念和科学知识的发展史。这一方面为理解人类历史性生存方式的基本内容、把握现代资本主义生产方式的形成过程和独特性质提供了重要的历史基础,另一方面则蕴含了历史唯物主义的重要因素。马克思在《资本论》第一卷中深刻指出:"工艺学揭示出人对自然的能动关系,人的生活的直接生产过程,从而人的社会生活关系和由此产生的精神观念的直接生产过程。"[3]

当然,由于理论视域和德国工业发展水平的局限,贝克曼和波

1　《马克思恩格斯全集》第 44 卷,人民出版社 2001 年版,第 559 页。

2　同上书,第 559—560 页。

3　同上书,第 429 页注释 89。

佩的一般工艺学存在不可避免的理论缺陷,这集中体现在三个方面。

第一,德国一般工艺学在总体上主要是对手工业和工场手工业时期的生产实践和科学知识的理论总结,并未触及真正的资本主义机器大工业的生产过程。虽然贝克曼和波佩在定义工艺学时都将手工业、工场手工业和工厂作为自己的研究对象,但如前所述,在当时的德语语境中,"工厂"是指使用火和锤进行生产的金属锻造工场,而不是英国机器大工业中以机器体系为基础的现代工厂。其实,这种同一概念在含义上的巨大差异恰恰扎根于历史时空中的现实差距,德国一般工艺学的历史局限性在客观上是由于德国还缺乏英国的现实工业生产水平所造成的。另一重要原因是,虽然波佩已在《工艺学史》等著作中努力论及英国的工场手工业、工厂和机器发明,但直到1830年代英国才出现了拜比吉和尤尔等人出版的系统研究英国的现代工厂和机器体系的著作,因此,波佩对英国机器大工业的了解还缺乏全面可靠的文献材料。更何况,当波佩在图宾根时期(1818—1841)具备了借鉴英国先进工艺文献的现实条件时却成为一个保守的落后于时代发展的科普作家。总之,出于客观和主观的诸多原因,以贝克曼和波佩为代表的德国一般工艺学是在相对贫瘠的德国手工业和工场手工业的土壤中诞生的,因此带有先天的理论缺陷。

第二,德国一般工艺学在工艺史方面仍然是一种非考证性的工艺史学,停留在传统的历史编纂学的范式中,带有经验个人主义的资产阶级意识形态。马克思在《资本论》第一卷中深刻指出:"如果有一部考证性的工艺史,就会证明,18世纪的任何发明,很少是属于某一个人的。可是直到现在还没有这样的著作。"[1] 虽然贝克曼和波佩在界定自己的一般工艺学时都首先将工艺学与工艺史或工艺史学严格区分开来,但是,在涉及发明主体和发明对象的关系时,他们都遵循了工艺史学或历史学的基本范式。进一步说,虽然波佩在叙述发明史时认识到发明首先来自现有的发明在实现相似目的时的转用,同时也离不开科学知识的发展和应用。但是,他们在论述某一具体发明时都是将其归为某一个人。譬如,波佩指出,一个德国人在 15 世纪末发明了怀表;18 世纪中叶之后,一个英国人为织造工场发明了梳棉机和纺织机。[2] 这种叙述在贝克曼和波佩的著作中俯拾皆是。而这不仅只是一种叙述方式的问题,而是在根本上反映了贝克曼和波佩作为资产阶级工艺学家在对物质生产发展史的研究中具有经验个人主义的方法论和个人英雄主义的历史观,即只强调个人在发明创造和人类历史发展中的重要作用,而忽视了个人成就所依赖的社会历史因素。因而,德国一般工艺学在工艺史问题上带有深层的资产阶级意识形态。

第三,**德国一般工艺学隐含着深层的唯心主义历史认识论构境、隐性资产阶级历史叙事逻辑构架和工艺学语境中的"第二自然"**。我们知道,贝克曼和波佩创立与发展一般工艺学的现实目的就是振兴德国工业。然而,德国工业的落后不仅在于基于技术发明的工业生产力的落后,而且在于封建君主专制的社会制度和生产关系的桎梏。因此,德国一般工艺学的显性目的是促进生产工艺的理论化和系统化,推进德国工业的发展,而隐性目的则是论证资产阶级社会及其生产方式的历史合理性和永恒必然性。在《工

1　《马克思恩格斯全集》第 44 卷,人民出版社 2001 年版,第 429 页注释 89。
2　J. H. M. Poppe, *Geschichte der Technologie*, Bd. I, Göttingen: Olms Verlag, 1807, S. 33.

艺学史》第一部分《工艺学史概论》中,波佩一开始在论述人类历史的开端时就强调人类是有理性的生物,为了生存必然要学会各种生存技巧和生产生活资料。当人的精神力量和身体力量协调时,人的创造精神就会促使人发明更多先进的工具和手段,以满足更舒适的生活。人的劳动和发明是由脑和手共同完成的,其中脑即精神起着重要作用。[1] 这里,波佩偷偷将"人是理性动物"这一现代资产阶级意识形态观念设定为整个人类物质生产史的前提,同时又强调人的精神力量在物质生产和发明创造中的重要作用。**这已然是一种包裹着资产阶级意识形态的唯心主义历史认识论构境的镜像投射**。这里,波佩对人类物质生产史的分析思路与后来威廉·舒尔茨强调人的精神是最本质最重要的原初创造者并在人类历史发展中分化为物质生产和精神生产的思路[2]具有极强的相似性。正是基于这种资产阶级的人性论假设,人类的工艺发明史便成为一个必然的永恒的过程。因此,11 世纪下半叶以来,当特权市民被允许从事手工业生产时便意味着一种自由,而当磨的建造和使用、河流和风等提供动力的自然资源被封建君主或领主垄断和独占时就是一种不公正,而手工业行会与封建统治者的不断斗争就是一种正义反抗和必然趋势。同样,当工人破坏新的机器发明、统治者禁止和销毁新发明时,贝克曼和波佩将工人或手工业者称为"暴徒"。因此,贝克曼和波佩始终是站在资产阶级的立场上来阐述不同历史阶段的阶级斗争,因而是一种隐性的资产阶级历史叙事逻辑构架。沿着波佩的逻辑,英国资本主义机器大工业就

1　J. H. M. Poppe, *Geschichte der Technologie*, Bd. I, Göttingen: Olms Verlag, 1807, S. 3 - 7.

2　中文版参见[德]弗里德里希·威廉·舒尔茨:《生产运动:从历史统计学方面论国家和社会的一种新科学的基础的建立》,李乾坤译,南京大学出版社 2019 年版。

是人类社会发展的历史必然性和永恒自然性,因此,德国必然趋向于以机器大工业为基础的资产阶级社会。在这个意义上,德国一般工艺学同英国古典政治经济学具有本质上的同质性,即在资产阶级社会以前是有历史的,而发展到资产阶级大工业社会便没有历史了。**如果英国古典政治经济学基于经济学语境中的理性人在交换领域建构起以商品为核心的"第二自然",那么德国一般工艺学则基于工艺学语境中的理性人在生产领域建构起以生产资料(工具和机器)为基础的"第二自然",后者在贝克曼和波佩笔下的手工业和工场手工业时代就表现为劳动对工具和机器的依赖、反抗与顺从,而在机器大工业时代的机器体系中这种"第二自然"就突显为新的统治人的物役性客体。**一方面,这一思路的确反映了人类物质生产领域中生产方式和生产资料的历史变革;另一方面,这一思路只是建立在抽象的理性人假设和实体性的线性历史观或者资产阶级的技术决定论之上的,因而只看到生产资料的物质存在形式,而尚未把握生产资料的社会存在形式,严重忽视了资本主义生产关系的根本性质。因此,德国一般工艺学在根本上是一种非历史的工艺—历史叙事和资产阶级历史唯心史观。而这在以查理·拜比吉和安德鲁·尤尔为代表的英国资产阶级工艺学那里表现得更为明显。

第三节
英国资产阶级工艺学的现代转向与理论意义

英国工业革命的快速发展,促使英国率先建立起资本主义机器大工业。一方面,以机器体系为代表的先进生产力的飞速发展促使工商业各阶级亟待了解和掌握最先进的技术创新、科学原理和生产方式变革,然而,古典政治经济学对工艺学要素的简单分析和德法相对落后的工艺学成果都无法满足人们的需求,因此,对英国最先进的工业生产领域进行系统的理论研究就成为英国资产阶级知识分子的历史任务。另一方面,英国机器大工业的迅速发展在促进社会经济迅速发展的同时也暴露出越来越严重的社会问题,譬如阶级矛盾日益尖锐、生产过剩以及经济危机日趋频繁与严重,资产阶级的统治和资本主义生产方式遭到强烈的质疑、抨击和反抗。于是,一批资产阶级知识分子出于为资产阶级利益和资本主义生产方式辩护的目的而深入研究了英国工业革命的实践成果。尽管如此,直到19世纪30年代,以查理·拜比吉的《论机器和工厂的节约》(1832)和安德鲁·尤尔的《工厂哲学》(1835)为代表的英国资产阶级工艺学著作才在历史的千呼万唤中姗姗而来。这些承载着先进生产实践经验和鲜活社会生活关系的著作一经问世便推动了整个工艺学思想史的现代转向。

一、查理·拜比吉: 大工业时代的分工、机器与阶级对抗

1. 查理·拜比吉的生平简介

查理·拜比吉(Charles Babbage,1791—1871)是19世纪英国著名的数学家、发明家、机械工程师、工业经济学家和计算机先驱。1791年,生于伦敦一个银行家家庭,1871年,卒于马里波恩。1810年10月,进入剑桥大学三一学院学习,1812年,转学至剑桥大学彼得学院。在剑桥学习期间,与朋友共同创办分析协会,致力于推进大陆数学研究和牛顿数学改革。1813年,合作出版《分析协会纪要》。1814年,从剑桥大学毕业,但未获得学位,后来获得

荣誉数学学位。1816年,当选为英国皇家学会会员。1820年,为天文学会的建设做出重要贡献。1824年,因发明数学和天文的表格计算工具,获皇家天文学会金奖。1826年,出版《各机构对人寿保险的比较观点》,将数学应用于保险问题的分析。1827年出版《自然数对数表:从1到108000》。1830年,出版《英格兰科学的衰落》。1828—1839年,担任剑桥大学卢卡斯数学教授,为英国科学促进会和皇家统计学会的创立发挥了重要作用。1821—1832年,在政府资助下致力于研制差分机一号,但最终未全部完成。因研究工作不断延期和严重超支,1832年以后便难以得到政府资助,1842年政府正式取消资助。其间,为熟悉当时机械技术的发展状况,他参观英国的工厂和机器制造厂,并于1827—1828年游历欧洲大陆的工业区。以此为基础,1832年出版著名的《论机器和工厂的节约》一书,曾多次再版,译成多国文字。在失去政府资助的1833—1842年间,开始着手研制能够运行程序和存储数据的分析机,于1835年设计出来,但最终未完成。1842年10月,意大利数学家路易吉·米那比亚撰写了关于他的分析机的论文,1842—1843年埃达·洛夫莱斯(Ada Lovelace)将其翻译为英文,并做了大量注释,被认为是世界上第一个计算机程序。1846年10月—1849年3月,着手设计差分机二号,于1849年设计出来,可惜最终仍未完成。此外,他还于1837年出版哲学宗教著作《第九布里奇沃特论文》,1864年出版自传式著作《一位哲学家一生的片段》,并在密码学、排障器发明、铁路等方面做出贡献。

马克思在《布鲁塞尔笔记》中首次摘录了该书的1833年法文版,并在《哲学的贫困》中加以利用,这为马克思了解现实机器大工业生产中的分工与机器问题提供了重要素材,构成马克思创立科学世界观的重要理论资源。经过《伦敦笔记》,马克思在《资本论》

及其手稿中重新利用了他的观点，既充分吸收了他的理论创见，又深刻批判了他的理论缺陷。

2. 拜比吉的《论机器和工厂的节约》的写作背景与理论意义

1832 年出版的《论机器和工厂的节约》一书是拜比吉研究英国工业革命时期的机器原理和工厂制度的代表性著作。在工艺学思想史上，他基于当时英国先进的工业发展水平推动了资产阶级工艺学的现代转向。这里蕴含了三个重要层面：一是拜比吉作为一名资产阶级学者，是明确站在资产阶级的立场上来考察和分析机器与工厂的基本原理和经济效益的，特别是在解决日益激化的劳资关系矛盾问题上，拜比吉以温和而循循善诱的理性分析明确表达了自己的资产阶级立场。可以说，同贝克曼和波佩在资产阶级立场上的暧昧与含蓄态度相比，拜比吉毫不掩饰。这当然是同英德两国的资本主义发展水平和资产阶级的政治经济地位直接相关的。二是相比于贝克曼和波佩主要基于前工业革命时期的传统工艺和工艺史的一般工艺学分析与对英国工业革命成果的隔岸观火式地谈论，拜比吉直接身处于当时工业革命的发源地和中心，他通过对英国和欧洲大陆的手工工场和机器工厂的长期考察，取得了关于当时最先进的机器和工厂制度的第一手材料，从而将工艺学的考察对象和理论分析提到更高的水平。同时，拜比吉也潜在地继承和发展了贝克曼所创立的一般工艺学研究方法。三是有意识地将工艺学分析与经济学目的有机结合起来。如果贝克曼和波佩的工艺学服务和促进资本主义市场经济发展的现实目的在德国封建专制制度下还不得不掩藏在振兴德国工业、维护民族利益的口号之下，那么在拜比吉这里，工艺学和经济学的结合已经是完全公开和备受欢迎的了，从而在整体上推进了工艺学研究的现代转向。

《论机器和工厂的节约》一书是拜比吉为了掌握生产领域的机

械原理以推进自己的计算机研制项目而对当时西欧先进工业国家的手工工场和工厂进行长期考察和研究的理论成果。他在1832年6月8日撰写的该书的第一版序言中开篇就指出:"本书可以看作我长期以来所从事的计算机(Calculating-Engine)研制工作的成果之一。为了熟悉各种机械工艺(mechanical art)的来源,在过去的十年里,我走访了英国和欧洲大陆的许多工场(workshops)和工厂(factories)。"[1]虽然在拜比吉之前,准确地说是从18世纪末开始,英国就已经出现诸如安德逊学院这类的职业技术院校和像安德鲁·尤尔这样的讲授技术课程的学者,并出版了相关的专业辞典。不过,这种情况在当时的英国还十分罕见,而且受众狭小。既包含丰富的生产实践材料又具有深入浅出的理论分析的专著还尚未出现。而拜比吉的这本书恰恰满足了这些要求,他在第一版序言的最后特别指出:"我尽可能地避免使用一切技术术语(technical terms),而是使用简练的语言来描述我偶尔讨论到的各种工艺(arts)。"[2]这一写作风格使他的这本书广受欢迎,他在1832年11月22日写的该书的第二版序言中开篇就自豪地指出:"在本书第一版出版后的两个月里,三千册就已售罄。"[3]针对第一版出版后的强烈反应,他在第二版中增补了三章内容[4],即"作为交换

1　Charles Babbage, *On the Economy of Machinery and Manufactures*, London: Charles Knight, 1833, p. iii.

2　Ibid., p. v.

3　Ibid., p. vi.

4　吉田文和曾说:"本文依据的是该书英文第四版(1835),它在第一版(1832)基础上又增补三章,内容有所扩充。"这句话容易产生误导,让读者误以为拜比吉是在1835年的第四版才对第一版增补了三章。实际上,在1832年11月的第二版中就已增补三章,以后各版次都是依据第二版。拜比吉在第二版序言中明确做了说明。参见[日]吉田文和:《对查理·拜比吉〈论机器和工厂的节约〉一书的分析——马克思"机器理论"形成史研究(一)》,《马克思主义研究资料(第10卷):〈资本论〉基本理论问题研究》,中央编译出版社2014年版,第291页。

媒介的货币""论制造业的新制度""机器对减少劳动需求的影响"。该书在出版后的三年里再版 3 次,并被译为多种语言,其中包括于 1833 年出版的法文版和德文版,马克思在《布鲁塞尔笔记》中的摘录就是根据该书的法文版,拜比吉在 1835 年 1 月 14 日的第四版序言中特别称赞了由弗雷登伯格(Friedenberg)博士翻译、克劳登(Kloden)先生作序的德文版。[1]

在该书的《导言》中,拜比吉交代了该书的写作目的和计划。就前者而言,他强调:"本书的目的是要指出使用各种工具(tools)和机器(machines)所带来的各种效果和优势,力图对工具和机器的功能方式(modes of action)进行分类,探究使用机器来代替人的技能(skill)和力量(power)的各种原因与结果。"[2] 这里,我们需要注意三点:一是工具和机器始终是拜比吉的主要考察对象,并且具有同等的重要性,对此,吉田文和也有所注意。[3] 这既与拜比吉对工具和机器的关系的理解直接相关,也同他对机器大工业的根本理解视角相关。二是拜比吉力图根据工具和机器的功能方式或操作方式来进行分类,这在逻辑方法论上无疑是对贝克曼的一般工艺学理论的默契承接与重要发展。在一定程度上,贝克曼在手工业和工场手工业时代提出但未成功实现的宏伟计划在身处工业革命中心的拜比吉这里被部分地实现了。三是拜比吉洞察到机器对人的技能和力量的取代,并深入分析了其中的原因和结果,这实

1　Charles Babbage, *On the Economy of Machinery and Manufactures*, London: Charles Knight, 1833, p. xiii.

2　Ibid., p. 1.

3　吉田文和指出:"要考察机器本身,同时也要把工具列入考察对象。"参见[日]吉田文和:《对查理·拜比吉〈论机器和工厂的节约〉一书的分析——马克思"机器理论"形成史研究(一)》,《马克思主义研究资料(第 10 卷):〈资本论〉基本理论问题研究》,中央编译出版社 2014 年版,第 293 页。

际上就是对当时工业革命进程中日益突显出来的以机器为焦点的阶级对抗关系的回应。

全书共分为两篇三十五章,第一篇主要是考察机械部分,篇名为《论制造业的节约》,包括前十二章。第二篇主要是考察制造业的内部经济学和政治经济学,包括第十三至三十五章。[1] 纵观全书,拜比吉的理论贡献主要表现为机器理论、分工理论和补偿理论等方面。

3. 拜比吉的机器理论及其理论贡献

拜比吉的机器理论主要包括机器的定义、机器的发明、机器的运转特性、机器生产的优越性、机器在人与自然关系中的作用等方面。

第一,初步区分工具与机器,第一次较准确地定义机器的工艺学内涵。拜比吉指出:"工具通常比机器更简单,并一般借助人手来使用,而机器则常常由畜力或蒸汽力(steam power)来推动。较简单的机器通常只是由一种动力(moving power)驱动的安装在一个机构(frame)上的一种或多种工具。"[2] 可见,拜比吉是从繁简程度和动力类型角度来区分工具和机器的。在另一处从分工视角论述机器的产生时,拜比吉指出:"当每一个过程都简化到只用一些简单的工具,那么,这些工具的组合在一个动力的驱动下就产生了机器。"[3] 因此,拜比吉对机器的定义可概括为:机器是由一种(除人力之外的)动力所推动的多种简单工具的复杂集合,因此是一种分工—工具集合机器论。在后来的《哲学的贫困》中,马克思

1　Charles Babbage, *On the Economy of Machinery and Manufactures*, London: Charles Knight, 1833, p. 2.

2　Ibid., p. 12.

3　Ibid., p. 174.

借用了拜比吉的这一观点来批判蒲鲁东的分工—劳动集合机器论。

第二,初步指认了机器的构造,深刻分析了机器在人与自然关系中的作用机制。拜比吉指出,各种机器可被划分为:"第一,用来产生力量的机器;第二,仅用于传递力(force)和执行操作的机器。"[1] 显然,拜比吉看到了机器的三部分构造,即动力机、传动机和工作机,却将后两者划为一类。接着,拜比吉深入分析了不同机器的作用,特别是在人与自然关系中的作用机制。他认为,机器在根本上并不创造力量,而只是利用了自然本身的运动状态,即自然力(比如风力、水力等)来服务于人类的目的,即使蒸汽机也只是利用了燃料的化学反应所产生的力量。因此,在人与自然的关系意义上,机器的作用在于:一方面将这种力量转换而应用于不同的场合和对象,即增加动力的应用方法;另一方面是可以随着机器的改善和发明不断接近原能量,减少能量的耗散。而这两方面的最终目的就是减少时间和成本,即用最经济的方法(最少的时间和成本)获得更大的回报。[2] 因此,"虽然人不能创造力量(power),但借助自身获得的关于自然秘密的知识,人就能够利用自己的才智(talents),改变自然能量的微小而有限的部分来满足自身的需求……人的活动是自然创造的参与者"[3]。正是基于工业革命的历史性背景,拜比吉才深刻认识到,机器是人的创造性才能的彰显,是人征服自然、利用自然满足自身需要和发展的有力手段。

第三,准确分析了机器运动的基本特性,揭示出机器生产的优

1　Charles Babbage, *On the Economy of Machinery and Manufactures*, London: Charles Knight, 1833, p. 16.

2　Ibid. , p. 18.

3　Ibid. , pp. 18 - 19.

越性。机器运动的基本特性主要包括：(1) 机器运动速率的一致性、稳定性和持续性。他强调，机器运动的上述特征对于机器生产的效果是至关重要的，比如蒸汽机的速度调节器、珍妮纺纱机的水轮制动器、风磨的制动器等。[1] (2) 机器操作的精确性和产品的精确相似性。这一特性对原料的节约具有重要影响，比如在将树加工成木板的过程中，锯比斧更节约原料。[2] (3) 同类机器和工具制造的产品具有完美一致性，比如盒子与盒盖的契合、印刷品的复制等。[3]

机器生产的优越性主要表现为：(1) 增加人的力量，包括两个层面：一是人类借助机器来利用各种自然力来增加自身的力量；二是随着知识的增长和新工具的发明，人的劳动得到节省，从而相对增加了自身力量，比如利用轮子、润滑油而省力等。(2) 节省人的时间。(3) 将普通无用之物变为有价值的产品。[4] 显然，拜比吉是从使用价值的意义上来论述这一点的。(4) 机器促进时间和原料的节约，降低生产难度，扩大生产范围。拜比吉形象地描述，机械师或工厂主所召唤出来的巨大力量就像一只"巨擘"，它既可以牵动船舶的"最大缆绳"使它在大海上的暴风雨中成功穿越种种艰难险阻，也可以在棉纺织厂中织出"细如蛛丝般的线"，并且能均匀而不停地持续工作。[5]

正是基于机器在生产中的优良性能，拜比吉恰当地将机器或

---

1 Charles Babbage, *On the Economy of Machinery and Manufactures*, London: Charles Knight, 1833, p. 27.

2 Ibid., p. 62.

3 Ibid., p. 66.

4 Ibid., p. 6.

5 Ibid., p. 49.

工具称作人的"另一只手"或"辅助之手(an additional hand)"[1]。如果斯密的"看不见的手"揭示的是市场交换中客观抽象的经济规律对置身其中的个人的无形控制,那么拜比吉的"辅助之手"则揭示了物质生产领域作为人类主体能力之延伸的工具或机器对人类主体的双重作用:客体性技术力量对人类主体的正向提升和负向代替,这就构成了物质生产领域的"第二自然"。在一般意义上,机器总是作为人类的体外器官而存在的,从辅助到替代体现的是人—机关系的历史性辩证关系:"辅助"代表着人对机器的能动主导地位,而"代替"则代表了机器对人的客体主导地位,是人从属于机器,或者说,人依赖于机器。而从根本上来说,工具和机器的产生恰恰意味着它对人的某种优越性,或者说,正因为工具和机器本身具有超越人类能力的功能才会被创造和发展。从这一意义上来说,工具和机器从一开始就在一种或多种功能维度上优于人类的身体技能。但这并不构成机器取代人、反对人的根本原因,历史地看,正是工具和机器背后的社会关系和生产关系构成了机器"黑化"的灵魂。具体而言,在资本主义生产关系确立以前,在农业和手工业的生产方式下,工具和机器处于人的主导控制之下。只是随着资本主义生产关系的确立,资本逻辑才推动机器发明实现快速发展,促使机器逐渐取代人手。

第四,初步分析了机器发明与应用的重要因素和基本规律。在机器发明问题上,拜比吉一方面继承了斯密的分工逻辑,另一方面则基于工业革命的先进成果而极大扩展了斯密的分工视域。具体而言,(1)在微观的技术分工层面上,拜比吉指出:"分工促进工

---

[1] Charles Babbage, *On the Economy of Machinery and Manufactures*, London: Charles Knight, 1833, p.14.

具和机器的发明。当生产某一产品的单一过程成为一个人的唯一任务时,他的全部注意力都投入这个非常有限而简单的操作,改进其工具的形式或使用它们的方式就可能会经常出现在他的脑子里。在工具上的这种改良通常是通向机器的第一步。"[1] "当每个过程都简化到只用一些简单的工具,那么这些工具的组合在一个动力的驱动下就产生了机器。"[2] 这里,拜比吉既继承了斯密的分工—专注力—机器发明的思路,又借助工具维度而对这一思路做了具体深化,强调以分工为基础的工具简化、改良和结合在机器发明过程中的重要作用。后来,马克思在《资本论》中结合达尔文的生物器官进化理论做了更充分、科学的论证和说明。(2)在中观的社会分工层面上,拜比吉准确认识到其他重要因素对于机器发明的重要影响:首先,工匠和技工在特殊行业中的传统工艺训练和教育是必要而有用的技术前提;其次,绘制和设计机械图形的知识;最后,机械原理知识。[3] 而且,他强调,这些技能和知识不是一个人就能完全掌握的,必须使用分工原则。也就是说,一项发明的诞生需要聚集掌握不同专业技能和知识的人才的分工与合作,不但需要掌握熟练技能的技工,而且需要掌握绘图技能的设计师和掌握机械知识的工程师。显然,拜比吉已认识到科学所代表的一般智力在机器发明中的日益重要的影响力,同时也在一定程度上克服了贝克曼和波佩的个人发明史观。(3)在宏观的社会经济关系层面,拜比吉敏锐地洞察到一项发明的真正诞生并不在于它在工艺上的完成,而在于它在工业生产领域的普遍应用。因此,"更

1　Charles Babbage, *On the Economy of Machinery and Manufactures*, London: Charles Knight, 1833, p. 173.

2　Ibid., p. 174.

3　Ibid., p. 175.

大部分没有机械缺陷的机器只是由于它们的操作不够经济节约"
"不能普遍应用"[1]而宣告失败。这正是资本主义生产关系对机器
发明的决定性影响,资本逻辑既是机器发明的催产素,又是机器发
明的堕胎药。

由于经济利益的决定性影响,拜比吉从机器发明的成本出发,
简述了机器发明和应用的基本规律:(1)当机器的发明或改良成
为制造业的基础时,建立机器工厂的首要因素就是机器的成本。
通常情况下,"发明第一台机器所花的费用是第二台机器的五
倍"[2]。(2)在机器的折旧周期和无形损耗问题上,拜比吉指出:
"为了确定这种改进的机器获利,通常认为,五年收回成本,十年将
被更好的机器所取代。"[3]这两条规律都引起了马克思的特别关
注,并特意向恩格斯请教且在《资本论》中加以利用。

4. 拜比吉的分工理论及其理论意义

在该书的第二篇中,拜比吉集中考察了制造业的内部经济原
则和政治经济学问题。他强调,在制造业中,调节机器应用、支配
工厂制度的内部经济原则和机器的机械原理对于工商业国家的繁
荣同等重要。[4]而制造业内部经济原则的核心便是**分工原则**,即
"制造业的节约所遵循的最重要的原则可能就是在从事劳动的各
个人中所实行的劳动分工"[5]。拜比吉指出,虽然分工原则的优越
性是政治经济学讨论的主题,但是经济学家们"利用的事实太少,
而谈论的理论太多","这些空谈的哲学家们对于令人赞叹的工厂

1　Charles Babbage, *On the Economy of Machinery and Manufactures*, London:
　　Charles Knight, 1833, p. 260.

2　Ibid., p. 266.

3　Ibid., p. 285.

4　Ibid., p. 119.

5　Ibid., p. 169.

安排知之甚少"[1]，以致因缺乏事实而出现的错误要比在事实基础上的错误推论更为常见。因此，拜比吉旨在基于对制造业的实证考察和大量事实来揭示"前人在讨论这个问题时所忽略的东西"[2]。这显然是针对斯密等人的分工理论而言的。

（1）分工的起源与条件

在分工的起源与条件问题上，拜比吉对斯密的分工理论既有继承又有超越。拜比吉指出，分工原则在人类社会早期就已存在，每个人专门从事一门手艺和职业就能获得更多的福利。而行业分工的产生首先不是来自人们具有分工促进社会普遍富裕的观点，而是来自"每个人的实践认识：专注于一种职业比从事多种职业能够获得更多的利益"[3]。可见，拜比吉基本延续了斯密的基于利己心的分工起源论。

而在分工的确立条件上，拜比吉继承和超越了斯密的交换决定论。一方面，拜比吉从宏观的社会经济发展角度强调："在分工原则被引入工场之前，社会必然已经取得相当大的进步"，"只有在文明程度较高的国家中，在各个生产者之间激烈竞争的商品中，才能看到最完善的分工体系"[4]。这里拜比吉正确指认了客观的社会进步和商品交换程度对分工的重要影响，而不再像斯密那样将现实的交换归结为人类的天然倾向。另一方面，他从生产规模角度看到了物质生产方式本身对分工实践的重要影响。他专门区分了制作（making）和制造（manufacturing），并强调两个概念之间存在着显著差别：制作是指少数个人从事的生产，而制造则是指许多

1　Charles Babbage, *On the Economy of Machinery and Manufactures*, London: Charles Knight, 1833, p. 156.

2　Ibid. , p. 169.

3　Ibid.

4　Ibid.

个人从事的生产。这里,拜比吉从生产规模的角度区分了制作(手工业)和制造(工场手工业和大工业)所分别代表的前资本主义生产方式和资本主义生产方式。这表明,拜比吉开始意识到作为现代生产方式的工场手工业和大工业的首要前提就在于劳动者的集聚与协作,因而在一定程度上超越了斯密只关注工场手工业分工的划分维度的思路,又是同波佩从生产规模角度区分手工业和工场手工业与工厂的思路是一致的。基于上述认识,拜比吉指出,分工原则的成功实践需要两个条件:一是大规模生产的现实需要,二是大量资本投入所需要的技能。他以钟表制造业为例指出,在这一行业大约有 102 个分支部门,分工已发展到非常完善的程度。[1] 可以看出,拜比吉是从社会分工的角度来讨论分工的起源与产生条件问题的。

(2)分工的优越性

拜比吉在继承斯密分工理论的基础上分析了分工的四个优越性:第一,缩短学习技艺的时间。拜比吉指出,任何技艺的学习时间取决于两个因素:操作的难易程度和工序数量。通常情况下,学会一门技艺需要五到七年,但如果工人专注于某种技艺的特定环节,就能大大缩短学习时间,并能带来三种好处:一是工厂主可减少培养工人技艺所需的损耗,降低成本,提高竞争力;二是简化技能水平,雇佣童工,减轻父母负担;三是分工能促使工人数量增长,而降低工资。[2] 显然,这主要是站在资本家的立场上而言的。第二,节约不同工作之间转换所损失的时间。由于不同工作所需要的肌肉力、注意力和技能不同,因此在不同工作转换时需要花费较

1　Charles Babbage, *On the Economy of Machinery and Manufactures*, London: Charles Knight, 1833, p. 201.
2　Ibid. , p. 170.

多的时间进行适应和调整。而分工能使人专注于一种操作,不仅减少时间和效率的减损,而且能锻炼肌肉耐力、提高技能熟练度。[1] 第三,分工提高技能速度和熟练程度。拜比吉强调,在具有较高分工程度、实行计件工资制的工厂中更为明显。然而,分工所带来的技能提升是有限的,"并不是永久的优势来源"[2]。第四,分工促进工具和机器的发明。当工人专注于某一特定的简单操作时,他往往能发现改进工具形式或使用方式的方法,而"工具的改良通常是通向机器的第一步"[3]。

(3) 分工倍数原则与工厂的内部安排

基于分工的优越性,拜比吉进一步提出了自己独创性的分工理论,即分工倍数原则,又被称为"拜比吉原理"。拜比吉认为,这一原则主导着大工厂的内部安排和经济原则。因为分工的倍数原则能够促进工业生产的计划性、准确性和数量化。他指出:"工厂主将整个工作划分为不同的过程,每个过程需要不同程度的技能和力量,据此而准确购买每一过程中所必需的技能和力量的精确数量。如果全部工作都由一个工人来完成的话,那将需要拥有足够的技能和力量来完成最困难、最辛苦的各种操作。"[4] 拜比吉同样以扣针制造业为例来说明分工原则在一些特殊制造业中的应用已趋向于精确化和数量化。相比于斯密时代,现在的扣针制造业

1　Charles Babbage, *On the Economy of Machinery and Manufactures*, London: Charles Knight, 1833, p. 171.

2　Ibid. , p. 173.

3　Ibid.

4　Charles Babbage, *On the Economy of Machinery and Manufactures*, London: Charles Knight, 1833, p. 176. 拜比吉特意以脚注的形式提醒道,这一原则是他在对许多不同的现代工厂和手工工场的实际考察中得出的结论。但他发现 Gioja 早在 1815 年就清楚指出了这一原则。这表明,这一分工原则已在一些手工工场和现代工厂中获得了实际有效的运用。参见 Gioja, *Nuovo Prospetto delle Scienze Economiche*, 6 tom. 4to. Milano, 1815, tom. I. capo iv.

的工序已大大简化（7 道工序），而且每道工序所需要的时间、成本和工人的数量、性别、工资都可以预先精确计算出来，并以表格的形式呈现出来。这样一来，分工原则就能为工业生产的内部安排提供根本性的一般指导。也就是说，工厂的整体布置和规模取决于分工所确立起来的各个构成要素（工人、机器、资本、原料等）的数量比例。因为"当生产过程被划分成可以取得最大优势的数量，且每个过程所雇佣的个人数量确定下来时，所有那些没有使用既定人数的直接倍数的工厂在生产产品时都要付出更大的成本"[1]。具体来说，第一，机器延长了工人劳动时间，为此需要增加工人人数，实行换班制度。同时需要机械师和维修工来修理机器，为了全面占有他们的劳动时间，就需要增加机器数量成一定规模，于是机器与操作工人、维修工人（机械师）就要成一定比例。这是促进大工厂建立和大规模生产的重要原因。[2] 第二，通过对制造业各个过程的准确分析，有助于促进操作流程和机器的改良，以降低成本和提高生产效率。第三，机器和分工的应用都是以节约时间和成本、提高生产效率和资本家的竞争力为最终目标。这表明，分工和机器本身的规律只是一种客观的生产方式基础，而以资本家利益为核心的资本主义生产关系才是大工业建立和发展的根本动力。正是在这一点上，拜比吉超越了纯粹的工艺学视角，明确站在资本主义生产当事人的立场上，从资本主义经济关系视角阐述了物质生产在工艺层面的基本规律和发展过程及其背后的资本主义实质。这种理论努力正是贝克曼和波佩隐晦提出而尚未真正实现的思想主题。

1　Charles Babbage, *On the Economy of Machinery and Manufactures*, London: Charles Knight, 1833, p. 212.

2　Ibid. , p. 213.

5. 拜比吉的补偿理论和工厂制度思想

在工业革命的进程中，工人和资本家的矛盾不断激化，因此，如何应对工人对资本家的反抗成为拜比吉必须面对的现实问题。不同于尤尔等人为工业革命的强词夺理式的辩护，拜比吉强调："任何指向理性和善良的努力都应该做到，不仅要消除他们的不满，而且要满足他们自己的理性和感情，向他们展示他们的行为可能导致的各种后果。"[1]

拜比吉承认，工人阶级拥有联合起来争取更高工资的权利和自由，但同时指出，他们的自由也同样适用于对他们的联合持不同意见的人。或者说，工人阶级拥有维护自身利益不受侵害的自由，但同时不能侵害任何其他社会阶级的自由。[2] 由此，拜比吉指出，工人的联合与罢工不仅危害工厂主和其他社会阶级的利益，而且最终也会对工人自身利益造成损害。其主要原因在于：（1）工人的联合与罢工会促使机器的发明和使用，这将会对工人阶级带来更为持久的损害，不但工资不会提高，甚至要比以前更糟糕。[3]（2）为预防工人罢工带来的风险，制造商往往会提高商品价格，从而损害工人的利益。[4]

对于机器排斥劳动问题，拜比吉仍然延续了政治经济学中流行的补偿理论，即因机器应用而失业的劳动者会被更大的劳动需求重新吸纳进工业生产中。具体来说，（1）尽管机器的使用最初会具有替代劳动的趋势，但是随着价格降低而增加的需求几乎会

1　Charles Babbage, *On the Economy of Machinery and Manufactures*, London: Charles Knight, 1833, p. 305.

2　Ibid.

3　Ibid., p. 297.

4　Ibid., p. 303.

很快吸收相当一部分的失业劳动,有时候甚至是整个被替代的劳动。[1] (2)在实行分工的国家,机器的改良最终几乎总是会带来对劳动的更大需求。这种需求一方面是对具备更高技能和知识的劳动者的需求,比如制造和维修机器的工程师与机械工、监督机器应用的技术工人等等;另一方面是对从事简单操作或看管机器的女工、童工或辅助工人的需求。因此,一方面,工人阶级要提前预见这种趋势,尽早学习新的技能和知识,争取进入更高的职业行列;另一方面是家庭成员的不同就业在某种程度上也有助于缓解工人阶级的贫困。[2]

与此同时,拜比吉也提出了缓解机器排斥劳动所带来的社会阵痛的管理途径和新的工厂制度模式。具体来说,(1)实施有效的奖惩制度。对于未完成正常工作量或犯错的工人进行罚款,但工厂主要事先同工人商量和说明。而对于改良机器和技能、节约原料的工人要给予一定奖励,以提高工人的积极性。[3] (2)在同一行业中,工厂主和工人都可结成团体,共同商讨确定该行业的人数、工资率、机器数量以及其他细节问题。[4] (3)通过建立储蓄银行(savings banks)和互助会(Friendly Society)等机构来缓解失业工人的贫困状况。[5] (4)建立合作共享式的新工厂制度。拜比吉指出,工人反对资本家的重要原因在于工人们怀有一种错误的观点,即认为雇主的利益同工人的利益是对立的。实际上,双方的利益是一致的。在工厂中应实行一种新的分配制度,即每个人的利

1　Charles Babbage, *On the Economy of Machinery and Manufactures*, London: Charles Knight, 1833, p. 334.

2　Ibid., p. 335.

3　Ibid., p. 294.

4　Ibid., p. 295.

5　Ibid., p. 340.

益都取决于企业的利润,并随企业的效益变化而变化。因此,企业中的每个人都应该积极发现新的改良方法以谋求企业获得更多利益,而对做出贡献的工人要给予奖励。同时,工厂必须采用分工原则,以最大可能提高生产效率,节约生产成本。这样就能消除任何现实或想象的联合理由,工人和资本家为了共同的利益而结成强大的联盟,共同解决面临的困难。实际上,这种制度在某些行业中已经开始实践,比如沃尔康矿场。

6. 拜比吉的理论局限

拜比吉机器理论的局限性主要表现为:(1)尚未对机器与工具做出科学区分,且在一般意义上经常混淆机器与工具。拜比吉虽然以繁简程度和动力类型对工具和机器做了初步区分,但这种区分本身并不科学,只是一种经验直观层面的认识。马克思在《资本论》中明确批判了这种观点。而在全书的论述中,经常会发现拜比吉对工具、机器、仪器甚至化学发明的混淆。譬如,拜比吉将各种测量仪器(如气量计、气压计等)称作机器[1],用炸药开山碎石来解释机器缩短劳动时间等。(2)尚未科学认识机器的构成部分所蕴含的社会历史意义。拜比吉从动力类型上区分工具和机器,在一定程度上体现了他对机器代替人手的初步认识,只不过这里的人手只是从动力而非操作的意义上而言的。他对机器的三个构成部分(工作机、传动机和动力机)的界定只是一种工艺学的描述,并未深入理解机器的不同组成部分在代替人手方面所具有的深刻的生产方式变革意义。(3)尚未真正把握机器的真实内涵和发明的核心途径。拜比吉的分工—工具集合机器观正确把握了在手工业

---

1 Charles Babbage, *On the Economy of Machinery and Manufactures*, London: Charles Knight, 1833, pp. 56 - 57.

和工场手工业阶段机器发明的重要路径,同时也认识到科学知识所代表的一般智力在机器发明中的重要作用,但是在本质逻辑上,拜比吉仍然延续了斯密的分工逻辑,以分工原则座架工具、技能、科学知识等一切机器发明的来源要素,以致无论他的分析多么精细,他的根本逻辑视域都只是停留于工场手工业的阶段,还尚未真正进入机器大工业。

拜比吉的分工理论的局限性主要表现为:(1)未明确区分社会分工和劳动分工。拜比吉延续了斯密在分工问题上的固有思路和错误,未明确区分两种分工。(2)将分工看作认识机器大工业的主导原则,还尚未真正把握机器大工业生产的本质。从全书的篇章结构和整体论述来看,分工构成了理解机器的发明与应用、工厂的内部安排和工厂制度以及科学知识所代表的一般智力的现实应用的根本原则,这虽然在一定程度上正确揭示了分工在机器大工业阶段的继承与发展状况,但以分工作为理解工场手工业和机器大工业的普遍核心原则恰恰掩盖了机器大工业的特殊历史阶段性和本质特征,无法将工场手工业和机器大工业真正界划开来,从而也无法真正认识到资本主义机器大工业对工人阶级残酷剥削的本质。

拜比吉的补偿理论和工厂制度思想的局限性主要表现为:这种思想集中展现了资产阶级学者在资本主义生产关系下寻求缓解阶级矛盾的解决方案的尝试和努力。从现实结果来看,这种努力的真正目的不是实际解决工人阶级的切身利益,而是通过制度上的改进和细化来以更隐秘的方式巩固资产阶级对无产阶级的剥削,从而维护资产阶级的根本利益。因此,拜比吉提出的各种奖惩机制、互助机制和股份制企业等等正是现代资产阶级企业管理制度的先声。而从理论逻辑上,他所提出的补偿理论,即因机器的使用而失业的工人会被扩大的劳动需求所吸收,恰恰是建立在他所主张的以分工原则为主导的大规模生产基础之上的,而他所理解的大规模生产不是产品数量的质性提升或产品成本的质性下降,而是以分工为主导的工人人数、机器数量的增加,因而才会产生更多的劳动需求。而这种状况只适用于仍以分工为主导的工场手工业中,而真正的机器工厂中并不存在。在这一点上,安德鲁·尤尔更为敏锐地洞察到了。

二、安德鲁·尤尔: 基于机器体系的自动工厂与工厂制度

1. 安德鲁·尤尔的生平简介

安德鲁·尤尔(Andrew Ure, 1778—1857)是英国著名的化学家、发明家、工艺学家和管理教育学先驱。1778 年 5 月 18 日,尤尔生于苏格兰格拉斯哥的一个干酪商家庭。1801 年在格拉斯哥大学获医学博士学位。毕业后曾做过军医。1803 年,加入格拉斯哥内外科医师学会。1804 年,担任安德逊学院的化学和自然哲学教授,开设面向工厂主和工人的夜校"技术班",讲授化学和机械学的基本原理、工业应用和工厂管理制度。在这期间,他曾多次对英国的工业区、工场、化学试验室和矿区进行探访,并游历了法国、比利时等欧陆国家的工业区,学习当时最先进的机械和化学知识。他的技术课深受英国乃至欧洲大陆的工人和工厂主的欢迎,并对英国和欧陆国家技术院校的兴建产生一定影响。1808—1809 年,参与筹建格拉斯哥天文台。1811 年,当选英国皇家天文学会会员。1813 年,担任英国皇家贝尔法斯特学院的自然哲学和化学暑期讲座教授。期间担任爱尔兰亚麻委员会顾问,并发明"碱量计"。1821 年,出版《化学辞典》,次年当选为英国皇家学会会员。1829

年,出版《新地质学体系》,并因而被后世称为"圣经地质学家"。1830 年 9 月,移居伦敦,从事科学顾问职业。1834 年夏,游历兰开夏郡、柴郡和德比郡的工业区。1835 年,他的代表作《工厂哲学:或论大不列颠工厂制度的科学、道德和商业的经济》问世,该书是一部详细阐述机器大生产和工厂制度的一般原理的代表性著作,但由于他在书中坚持为工厂制度辩护,因此该书一经问世就饱受争议。1836 年,他出版《大不列颠的棉纺织业》一书,该书原本是作为研究各个工业生产部门的系列计划中的第一部,最终只出版了这一部著作。1839 年,他出版了《工艺学、制造业和矿业辞典》。这是一部百科全书式的巨著,该书被翻译成几乎所有的欧洲文字,其中 K. 卡尔马什和 Fr. 黑林,在英文原版的基础上改编翻译为德文版《技术辞典》(三卷本,1843—1844)。1857 年 1 月 2 日逝世,葬于海格特公墓。《泰晤士报》在讣告中写道:"他领导了一场运动,这场运动为促进国家财富的发展和推动科学技术的进步提供了不竭动力。"[1]

2. 尤尔的工厂哲学思想及其理论意义

安德鲁·尤尔所处的时代正是英国机器大工业高歌猛进又困难重重的时期。一方面,英国资产阶级领导的工业革命给社会各阶层的生产和生活方式带来了巨大革新,使英国一跃成为"世界工厂",这让尤尔欣欣鼓舞;另一方面,工业革命又加剧了贫富差距和社会矛盾,引发了工人阶级的暴力反抗和土地贵族的立法限制等社会状况。于是,为了应对时代提出的难题,尤尔在实证调查的基础上建构起了自己的工厂哲学思想,以期论证工业革命和工厂制

1　W. S. C. Copeman, "Andrew Ure, M. D. , F. R. S. (1778 – 1857)," *Proceedings of the Royal Society of Medicine*, Vol. 44, 1951, pp. 655 – 662.

度的优越性,驳斥来自不同阶层对工厂制度的批判之声,这就构成了其代表作《工厂哲学》的基调。对此,英国技术史学家史蒂夫·爱德华兹准确指出:"尤尔这本书是在工厂制度遭受强烈批评时,作为一种对工厂制度的彻底辩护而写作的。"[1]可见,马克思称他为"工厂制度的平达"和"工厂制度的辩护士"不是没有原因的。

在阐述尤尔的思想之前,我们首先来了解一下《工厂哲学》的篇章结构。《工厂哲学》的英文原版出版[2]于1835年,全书共分为四册,第一册是概述"工厂的一般原理",由三个章节构成,第一章是"制造工业概览",第二章是"工厂的安排和联系",第三章是"工厂制度的地形学和统计学"。其中第一、二章的内容最为精彩,马克思从第一章中摘取了大量的材料和观点,而第二章开篇对工厂的三大系统(机械系统、道德系统和商业系统)的论述恰好可以看作另外三册内容的提纲。第二册是详述"工厂制度的科学系统",由六个章节构成,第一章是关于"对棉、毛、麻、丝等纺织纤维的检验",接下来的五个章节分别是对棉纺厂、毛绒制造、毛纺厂、麻纺厂和丝织厂的基本原理与生产过程的详细论述。第三册是论述"工厂制度的道德系统",由三个章节构成,第一章是论述工厂工人的生产条件,第二章是论述"工厂工人的健康状况"[3],第三章是论述对工厂工人的基本知识教育和宗教教育。最后一册是讲"工厂制度的商业系统",这一部分内容最少,仅此一章。从全书的篇章

1　Steve Edwards, "Factory and Fantasy in Andrew Ure," *Journal of Design History*, Vol. 14, No. 1, 2001, pp. 17 - 33.

2　这里之所以强调《工厂哲学》的英文原版,主要是因为根据 MEGA^2 的文献学考据,《工厂哲学》在出版后很快就被翻译成了法文,马克思在1845年《布鲁塞尔笔记》中对尤尔《工厂哲学》的摘录所依据的就是巴黎版(1836),而不是英文原版。

3　在这里尤尔对工厂工人的表述用的是"inmates",意为"囚徒",笔者认为此处用词十分恰当。

结构上我们可以直观地看到,第一册(尤其是第一章)构成了全书思想的核心部分,后面的篇章则是对中心思想的具体展开。实际上,马克思后来对尤尔思想精髓的吸收和批判也主要是集中在第一章。因此,考虑到与本文探讨问题的相关性,以下将主要依据尤尔的第一章及其相关的篇章来概述尤尔的思想。

(1)工厂制度的有机组成系统

在《工厂哲学》的第一册第二章中,尤尔开宗明义地指出制造业(manufacture)的目标是凭借最经济、最可靠的手段将自然物制造成生活需要的产品。为了实现这一目标,正如有些国外学者[1]已注意到的,尤尔将工厂比作一个生命有机体,并由三种行动原则或有机系统组成,即机械系统、道德系统和商业系统,分别对应于动物的肌肉系统、神经系统和血液循环系统。在工厂的三个组成部分中,机械系统必须永远从属于道德系统,而机械系统和道德体系要相互合作、共同服务于商业系统。这个有机体的活力来自三种不同力量的共同作用,即劳动、科学和资本。劳动负责行动,科学负责指挥,而资本负责维持(整个系统的运转)。它们各有分工,相互协作。当所有这些因素都处于和谐状态时,它们就形成一个通过自我管理而发挥自身功能的实体,并有助于工人、工厂主和国家三者利益的实现。因此,必须寻求每一方面应有的发展和管理达到完善状态。

从全书来看,工厂制度的三个有机部分构成了全书的整体逻辑框架。具体来说,机械系统对应着机器体系的基本特征、分工和工厂制度的一般原则、各类现代工厂的技术原理以及机器体系对

---

[1] Steve Edwards, "Factory and Fantasy in Andrew Ure," *Journal of Design History*, 14 (1), 2001, p. 20.

工人、工厂主和国家的重要意义等,这些构成了前两册的主要内容;道德系统对应于工厂制度中的学校教育和基督教精神对工人的纪律培养,这构成了第三册的核心内容;商业系统对应于第四册中对自由贸易原则的倡导。而工厂制度的三种动力源泉则构成了全书的核心要素,下面我们将详细论述。总之,尤尔坚信工厂制度是一个完满的有机整体,它不仅可以通过自我管理而对社会各阶级都具有积极意义,而且可以通过各司其职、相互协作而解决一切现实问题。这意味着,任何来自内部和外部的骚乱与干涉都只会产生相反的作用,因此,尤尔激烈地反对工人罢工和政策立法的干涉。

从工厂制度的组成部分的从属关系来看,机器系统尽管表面上处于最低级的从属地位,但在现实的工厂生产中恰恰构成最基础的部分,因此也是尤尔所着重论述的部分。尤尔一直强调:"工厂哲学阐述的是由自动机器引导的工业生产的一般原理。"[1] 而工厂哲学的一般原理主要包括两个方面:一是以自动机器体系为基础的自动工厂;二是与机器生产相适应的工厂纪律。两者分别代表了工厂制度的物质技术形式和思想观念形式。这也是对马克思影响最大的内容,因而自然也是我们所要详细阐述的部分。

(2) 自动工厂:工厂制度的物质技术形式及其历史意义

尤尔敏锐地洞察到了机器体系的应用所带来的生产方式上的重大变革,因此开篇就指出:"'制造'一词的含义已转向与它的原义相反的意思,现在它表示在大规模生产条件下的产品都是凭借机器技术而很少,甚至不需要人手的辅助而完成的;所以最完美的

1　Andrew Ure, *The Philosophy of Manufactures*, London: Charles Knight, 1835, p. 1.

制造意味着完全免除了手工劳动。所以,工厂哲学阐述的是由自动机器引导的工业生产的一般原理。"[1]这句话清楚地表明,机器体系构成了工业生产的物质技术基础,而它自然也成为我们理解工厂制度实质的出发点。

第一,关于自动工厂的定义。尤尔对"工厂"做了两种定义:一是"从技术上说,'工厂'这个术语标志着各种工人即成年工人和未成年工人的协作,这些工人熟练地勤勉地看管着由一个中心动力不断推动的、进行生产的机器体系"[2];二是"这个术语的准确意思使人想到一个由无数机械的和有自我意识的器官组成的庞大的自动机,这些器官为了生产同一个物品而协调地不间断地活动,并且它们都受一个自行发动的动力的支配"[3]。这两个定义是先后在同一段文字中出现的,值得注意的是,后一定义是尤尔为了反对有人把工厂理解为"很多人为了共同的技术目的而一起协作"[4]而做的进一步界定。这说明,尤尔对自动工厂的理解更倾向于强调机器体系的生产主导性和工人对机器的从属关系,而不是工厂中工人的协作关系。在尤尔看来,工厂工人只是与机械器官并列的、作为自动机器体系组成部分的"有自我意识的器官",这个形象的比喻不但传神地描述了工厂工人在生产过程中的边缘地位,而且更深刻地描述了机器(资本)对工人的实际吸纳状况,从而完全确立了机器生产的主导地位。正是在这个意义上,尤尔真正赋予了工厂概念以现代内涵。一方面,尤尔抛弃了"factory"一词在此之前所具有的两种内涵(商店和机器生产地),而直接赋予"工厂"概念

---

1 Andrew Ure, *The Philosophy of Manufactures*, London: Charles Knight, 1835, p. 1.

2 Ibid., p. 13.

3 Ibid.

4 Ibid.

以机器体系生产的特定内涵[1];另一方面,相比于斯密、拜比吉从分工角度理解机器和机器大工业的思路,尤尔紧紧抓住机器体系生产的特点而抛弃了分工逻辑。尽管尤尔对自动工厂的理解并不完全准确,却准确描述了工厂机器生产的资本主义实质。当然,这是尤尔自己没有意识到的,因为他对此恰恰采取了高度赞扬的态度。后来马克思在《资本论》中明确区分和批判分析了这两种定义中的矛盾实质。

第二,自动工厂的机器生产与工场手工业分工的本质区别。为了凸显机器体系和自动工厂的优越性,尤尔站在机器大工业的立场上对现代工厂的机器生产和工场手工业分工进行了深入剖析。一是自动机器生产取代了工场手工业分工。尤尔明确地指出:"当亚当·斯密写他的不朽的经济著作的时候,自动机器几乎无人知晓,他完全有理由将分工看作手工业进步的重要原则……但是,在斯密时代有用的例子在我们这个时代只会使公众在理解现代工业的实际原则问题上陷入困惑。"[2]言外之意是,斯密时代的分工原则在尤尔所处的机器大生产时代已过时了——这正是尤尔要极力证明的结论,从而奠定了尤尔将机器体系与分工彻底对立的基调。尤尔的这种本质区分对于后来马克思认识到斯密的分工原则的特殊历史性,进而摆脱斯密的分工逻辑起到了关键作用。不过,相对于同时代人来说,尤尔的这一论断在深刻之余也有偏颇之处,这种片面性的认识本身正意味着对真实历史状况的遮蔽。二是机器生产的自动化原则取代分工的等级原则。尤尔首先分析

1　Andrew Zimmerman, "The Ideology of the Machine and the Spirit of the Factory: Remarx on Babbage and Ure," *Cultural Critique*, Vol. 37, 1997, pp. 5 - 29.

2　Andrew Ure, *The Philosophy of Manufactures*, London: Charles Knight, 1835, p. 19.

了斯密的扣针制作工序，"按照分工原则，一些部分是简单操作，比如切割金属丝，有些部分则相对困难，比如制作针头……每个工人的技能价值与工资是自然适合的……而在工厂中完全不需要把各种操作按不同的个人能力进行分配，亦即使之适合于不同工人的技能"[1]。可见，分工原则的实质就是使不同难度的操作与工人的技能相适应，以及工资与技能相适应，"这种适应构成了劳动分工的本质"[2]。这就形成了由简单劳动和复杂劳动构成的分工等级体系及相应的工资等级制度。然后，尤尔分析了工厂机器生产的特点："凡是某种操作需要高度熟练和准确的人手的地方，人们总是尽快地把这些操作从容易违反规则的工人手中夺过来，把它交给能够非常有规律地自行运作，甚至儿童都能看管的特殊机械来进行"[3]，"工厂制度的原则就是用机械科学代替手工技术，把生产过程分成必要的组成部分，来代替各个手工业者之间的分工"[4]。尤尔表明，工厂生产主要是由具有精确性、规律性的自动化机器完成的，人手只需从事最简单的看管工作，从而代替了分工的等级原则。另外，尤尔这里也准确地看到了不同于旧式分工的工厂分工，即生产过程分成必要的组成部分，而这又是由机器生产所固有的技术属性所决定的，而不是取决于人的技能。三是机器操作的简单易学取代分工的学徒制度。尤尔指出："在分工的等级体系中，工人必须经过几年学徒，直到眼和手能够熟练完成某些机械操作。"[5]而在自动工厂中，由于机器体系的自动化生产取代了工人

---

1 Andrew Ure, *The Philosophy of Manufactures*, London: Charles Knight, 1835, p. 19.

2 Ibid.

3 Ibid.

4 Ibid., p. 20.

5 Ibid., p. 22.

的技能,因此"只需预先对工人进行短期训练"[1]。四是机器生产的劳动平均化原则取代分工的专门化原则。分工的最大特点就是工人被固定在生产过程的一点上,终生从事固定的、专门的操作,从而他的全部能力只能得到片面的发展。而且,这种固定的操作常常以牺牲工人的健康和利益为代价,因为"在一个固定的操作中,工人的手和眼睛必须保持紧张状态以适应较强的灵敏和勤劳的要求,如果他们由于无法忍受而操作失误,那么就很可能被辞退"[2]。而"在自动机器的劳动平均化原则中,(由于工人只是作为机器的简单下手),操作只需要工人适当的训练,工人很少感到疲惫,还有时间娱乐和沉思,而不会损害工厂主或自己的利益","在必要的时候,经理甚至可以随意把他从一台机器调到另一台机器"[3],从而使得工人丰富经历、开拓视野、增长能力。因此,在尤尔看来,机器生产打破了分工对工人才能的束缚,促进了工人的全面发展。基于以上的理解,尤尔毫不掩饰地宣称:机器体系的一贯目的和趋势就是"要完全取消人的劳动,或者是以女工和童工代替成年男工,以非熟练劳动代替熟练劳动,以此降低劳动的价格"[4]。因此,自动机器体系的出现就意味着"按照工人不同熟练程度来分工的死板教条终于被开明的工厂主们推翻了"[5]。

通过以上的分析,我们可以看出,尤尔确实深切感受到了工业革命带来的生产方式变革,并在很大程度上把握了两种生产方式的本质特征和区别,这是值得肯定的。然而,仔细分析尤尔的叙

1　Andrew Ure, *The Philosophy of Manufactures*, London：Charles Knight，1835，p. 23.

2　Ibid.，p. 22.

3　Ibid.

4　Ibid.，p. 23.

5　Ibid.

述,就会发现他在一些理论质点上还存在缺陷,而且由于他强烈的辩护立场,以致他的论证本身存在严重的理论痼疾,并由此忽视了很多重要的理论质点——而这些在马克思不同的思想时期都产生过重要的利害影响。这主要表现在:一是没有区分两种分工(即工场内部分工和社会分工)。细读文本就会发现,尽管尤尔清楚看到了机器大工业与工场手工业分工的区别,但他对分工本身的理解仍然是沿用了斯密的观点,认为这种分工"从人类社会之初就一直起作用"[1]。这说明,尤尔仍然没有将两种分工区分开来,而是将工场手工业分工泛化到机器大工业以前的所有历史阶段。后来马克思正确区分了两种分工,指出后者是人类社会所共有的,而前者是资本主义生产方式所特有的。从这一点来看,他犯了与英国古典政治经济学家同样的错误。二是从生产力的物质形式角度,片面强调机器体系与工场手工业分工的区别与对立。如果仅从尤尔的理论角度来看,他对两种生产方式的本质区分是值得肯定的。但这同时意味着,他不能从生产关系的角度看到两种生产方式在实质上都是资本主义生产方式。这种理论视域的缺失使他不能看到从工场手工业到机器大工业的发展以及分工在现代工厂中以新的形式获得发展所具有的历史意义。于是就产生了相应的理论想象和理论盲点。这里的理论想象是指尤尔对机器生产中工人获得自由全面发展的想象。因为按照尤尔的对立逻辑,自然会得出这样的结论:机器体系在摒弃分工原则的同时,也一并将分工对工人造成的不利影响统统克服了。于是就有了尤尔关于工厂工人随意调换工作、开阔眼界、全面发展的论述。但这种描述与尤尔后面提

---

1 Andrew Ure, *The Philosophy of Manufactures*, London: Charles Knight, 1835, p. 19.

到的事实又是自相矛盾的,比如一个纺织工人同时照看几台机器、几百个纱锭,每分钟只有四秒钟休息时间等。因此,尤尔关于机器体系废除分工的职业化痴呆、促进工人自由发展的论述只能是一种个人想象。借用安德鲁·齐默曼的话来说就是一种"机器意识形态"[1]。不过,正是这种想象曾一度迷惑了马克思,认为自动机器体系真的可以消除分工的痼疾,直到重新研读了大量工艺学著作之后才破除了尤尔设下的迷障。而尤尔的理论盲点主要是指他在描述中有所涉及却未真正理解其历史意义的理论质点。这主要包括两个方面:一方面是关于机器体系和工厂制度的历史起源。尤尔指出以机器体系为基础的工厂制度起源于近代,"甚至可以说英国就是它的诞生地"[2]。因为虽然早在几个世纪前意大利的丝织作坊里就出现了"包含了现代工厂要素"的机械装置,但是这些自动装置还处于萌芽状态,后来才由阿克莱引入英国的棉纺厂,并逐渐在纺织业中扩展开来。而在英国,自动机器的应用首先出现在煤矿业中,然后是纺织业,不过只有棉纺织业最先达到高度自动化。[3] 在另一处强调机器体系代替分工等级的地方,尤尔描述道:"在机械力学发展的早期阶段,机器制造厂展示了各种等级的劳动的分工;锉刀、钻头、车床各有其相应技能的工人。但是,使用锉刀和钻头的工人的技能现在被机器所代替,而切削金属的车工的技能被带自动刀架的机械车床所代替。"[4] 在上述两段文字中,尤尔不仅看到了自动机器体系是以前的机械要素历史生成的结果,而

1　Andrew Zimmerman, "The Ideology of the Machine and the Spirit of the Factory: Remarx on Babbage and Ure," *Cultural Critique*, Vol. 37, 1997, pp. 5 - 29.

2　Andrew Ure, *The Philosophy of Manufactures*, London: Charles Knight, 1835, p. 14.

3　Ibid., p. 12.

4　Ibid., p. 21.

且从机器史的角度勾勒了从工场手工业分工到机器大工业的历史变迁。相对于斯密等人单从分工的角度抽象地理解机器的产生，这种从技术史的角度追溯机器产生的思路显然是更深刻的。尤其是后一段描述后来受到马克思的高度重视，只可惜尤尔只是将其作为机器代替分工的佐证而已。另一方面是关于自动工厂的分工特质。上面已提到，尤尔强调自动工厂的特点是"把生产过程分成必要的组成部分"[1]，"所有这些部分都服从于自动机器的运动"[2]，工人则被分配到机器体系的各个环节中。后来，马克思在《资本论》中深刻总结道："大工业的原则是，首先不管人的手怎样，把每一个生产过程本身分解成各个构成要素，从而创立了工艺学这门完全现代的科学。"[3]再结合尤尔对自动工厂的定义，我们就会更直观地看到，尤尔的确准确描述了自动工厂中以机器体系为基础的分工特征，即工厂分工是由机器生产的技术原理所决定的，这里不是操作适应工人的技能，而是工人适应机器的运转要求。只可惜，尤尔却是从机器生产与旧式分工的对立逻辑来阐述这一点的，因而否认工厂中存在分工，从而忽视了他所描述的工厂分工的意义——这对后来马克思分析自动工厂的特点起到了重要作用。三是只有机器大工业才是适合资本主义的生产方式。这同样是与尤尔的机器与分工彻底对立的逻辑相一致的。他对机器大生产的赞颂和对手工业、工场手工业分工的拒斥，无不透露出这样一种认知倾向：由"工业革命"所推动的机器大工业才是与"资本主义"生产方式相适应的，而且是工场手工业等生产方式的必然发展趋势。

1　Andrew Ure, *The Philosophy of Manufactures*, London: Charles Knight, 1835, p. 20.

2　Ibid., p. 22.

3　《马克思恩格斯全集》第 44 卷，人民出版社 2001 年版，第 559 页。

因而他在看到工场分工的历史特殊性的同时,又把机器大工业看作永恒的、必然的历史趋势。这种认识从根本上是与他仅仅从生产力的物质形式层面进行思考直接相关的,再加上他为资产阶级利益辩护的立场,因而,从生产关系的角度来透视分工和机器的资本主义性质就完全被他抛在视野之外了。

第三,自动工厂对工人的影响。面对机器的资本主义应用所激起的工人阶级的反抗以及立法机构的法令限制等社会现实问题,尤尔在书中做出了积极的回应,不过他是以"工厂制度的辩护士"的身份来讨论自动工厂对工人的影响问题的——这也是他引发争议最多的方面:一是当有人以家庭织工的自由自在的工作状况来批判自动工厂迫使工人受机器支配时,尤尔就以同样的逻辑来加以反驳,即在工厂中,机器代替了人手,以至于工人几乎无所事事,因此他们不必忍受肉体上的劳累,而且工资稳定、工作环境舒适。相反,在工厂之外的作坊中,工人不但劳累不堪、效率低下,而且工资微薄、环境恶劣。最后,他引用卡尔伯特博士的话为证:"他们在城内的地窖和阁楼里生活着,或者更准确地说是十分悲惨地打发日子,为了最微薄的收入而一天劳动 16 到 18 小时。"[1] 二是对于机器排斥工人而导致失业、工资下降等问题,尤尔则强调科学(机器)的人道主义精神:"制造业上的科学进步的持续目的和影响是慈善的,因为他们致力于将工人从使人思维疲乏、眼睛劳累的精细调节或者使他的身体畸形或透支的痛苦的重复劳作中解放出来。在本书中,对每一制造过程的每一步描述都将是对科学的人

1　Andrew Ure, *The Philosophy of Manufactures*, London: Charles Knight, 1835, p. 7.

道主义的证明。"[1]三是对于工厂雇佣和虐待童工事件,尤尔提出了三条辩护理由。第一,工厂虐童事件的罪魁祸首不是工厂主,而是成年男工,他们经常违反工厂主的规定而虐待童工。因而,通过用自动机器体系代替成年男工,就能有效减少虐童事件的发生。第二,作为辅助工人的童工"虽然也在工厂做工,其实并不是工厂工人,因为他们同自动机械无关"[2]。第三,尤尔现身说法指出他看到的童工工作轻松、精神愉快、环境舒适。显然,在赤裸的现实面前,尤尔的辩护只是一种强词夺理而已。马克思后来在《资本论》及其手稿中深刻指出,手工作坊中更加严酷恶劣的劳动状态正是机器大工业的产物,而不是相反。

(3) 工厂纪律:工厂制度的思想观念形式及其内在精神

尤尔在总结工厂制度首先确立于英国而中途流产于法国时说:"这一事实明显地证明了机器发明——很长时间里它在法国受到应有的推崇——并不能够自足地成功建立起工厂。"[3]言外之意是,工厂制度的确立还需其他的必要条件,那就是工厂纪律。或者说,完善的工厂制度的建立需要两个必要条件:机器体系和工厂纪律。尤尔深刻阐述了两者的关系和实质。

第一,工厂纪律是机器生产原则的内在要求。关于工厂纪律对机器生产的重要性,尤尔有两个经典的论述:一是"按照我的理解,主要的困难不在于发明合适的自动机器体系将棉花拉捻成连续不断的线,而在于将不同的器官分配到一个整体中,使每个器官在动力推动下以适当的精确性和速度运转,尤其是在于训练人们

1　Andrew Ure, *The Philosophy of Manufactures*, London: Charles Knight, 1835, p. 8.

2　Ibid.

3　Ibid. , p. 12.

改掉不规则的工作习惯,使工人与大自动机的始终如一的规律性协调一致。但是发明一个适合工厂体系需要的成功的工厂法典,并有成效地付诸实施,不愧是海格立斯式的事业,而这正是阿克莱的高贵成就"[1]。二是"人性的弱点如此之大,以致工人越熟练,就越任性,越难以驾驭,因此就越不适合整个机械体系。工人不驯服的脾气,给整个体系造成很大的损害。因此,对于现代工厂主来说,最重要的是通过资本和科学的结合,把工人的任务降低为注意力和灵敏性的训练"[2]。在第一种表述中,尤尔基于前面对机器体系的理解从正面指出工厂纪律的必要性在于作为机器器官的工人必须与机器体系的整体运转协调一致,亦即机器的生产原则和技术规律决定了工厂纪律的建立。在第二种表述中,尤尔从反面强调了工厂纪律的必要性在于在分工原则下工人所养成的坏习惯(任性、懒散等)不适合机器生产的要求,并且会严重影响工厂生产的正常运转。因此,必须通过使用机器来废除分工的等级原则,以适应机器大生产的生产要求。总之,工厂纪律是机器生产的规律性、连续性、高速性原则的内在要求。

第二,机器体系是建立工厂纪律的技术基础。实际上,不仅对于工厂纪律的迫切需要是以机器体系为导向的,而且建立工厂纪律本身也主要是以机器体系为技术基础的。一方面,从工厂内部的生产过程来看,根据尤尔的上述描述,整个机器生产过程就是一套训练工人纪律性观念的机制。而这套规训机制得以实现的基础就在于机器对劳动的统治。尤尔形象地将机器体系比作"专制君主",而把工人比作"臣民",正是这种在生产过程中形成的隶属关

---

1 Andrew Ure, *The Philosophy of Manufactures*, London: Charles Knight, 1835, p. 15.

2 Ibid., p. 21.

系构成了工厂纪律得以确立的根基。另一方面,从机器大生产的一般趋势来看,机器生产的原则就是以机器代替人手,以简单劳动代替熟练劳动,以机器生产取代旧式分工,从而以资本与科学的结合来彻底镇压工人的反抗。正是机器体系对劳动分工在生产方式上的绝对主导地位为机器生产过程中机器对工人的规训和统治提供了物质技术保障。

第三,建立工厂纪律的道德教育机制。我们知道,尤尔很早就试图将应用科学与宗教道德结合起来以应对工人阶级的斗争。在这里,他极大地发挥了这一倾向,将学校教育和基督教精神纳入工厂纪律的培养之中,构成了工厂制度的道德体系。尤尔从基督教精神的角度指出人类的最大罪恶之一就是不服从,因而工人"要为不服从而赎罪"[1]。尤尔指出,早在 1805 年工厂主就建立起了主日学校,对童工进行道德教育。这种教育除了简单的读写、算术等技能外,主要是培养童工的纪律性和服从习惯,因为"工厂主总是渴望儿童得到很好的教育,这样他们就会更有用和值得信赖"[2]。尤尔也宣称:"我相信在工厂中智力和道德方面的极大改善,要归功于主日学校和其他慈善机构。"[3]另外,工厂主和经理要树立起"爱护邻人、拯救众生之爱",在制定戒律规范的同时,也要关心切身利益、做好道德示范。工人的恶习往往是对工厂主不重视自己利益的"回报"[4]。在这里,尤尔毫不掩饰地说出了工厂纪律以工厂主的私人利益为导向的资本主义本质。也就是说,资本逻辑是工厂制度建立的根本出发点。

1　Andrew Ure, *The Philosophy of Manufactures*, London: Charles Knight, 1835, p. 425.

2　Ibid., p. 418.

3　Ibid., p. 408.

4　Ibid., p. 417.

总之,工厂纪律的实质就是通过以机器大生产为基础的工厂劳动,辅之以培养服从精神的学校教育,建立起工人对机器、经理和资本家的绝对服从观念和纪律意识,从而完全适应机器大生产的内在要求。这意味着工人在肉体和精神上完全被置于资本的统治之下,使工人彻底变成现代工厂的奴隶。在此基础上,工厂制度以各种形式不断加深对工人的剥削,比如计件工资制和罚金扣工资等,前者大大加重了工人的劳动强度,后者则代替了古代监工的皮鞭而更加残酷地剥夺了工人的生存空间。在这个意义上,我们可以说,如果在李嘉图那里是资本把人变成了帽子,那么在尤尔这里便是资本把人变成了机器零件和工厂奴隶。因此,后来马克思对尤尔进行了激烈而尖锐的批判。

（4）工厂制度的核心要素：劳动、科学与资本

如前所述,尤尔在论述工厂制度的有机系统时就指涉了劳动、科学与资本的关系问题。尤尔认为,作为工厂制度的三种力量源泉,劳动、科学和资本各有分工、相互协作:劳动负责行动,科学负责指挥,而资本负责维持(整个系统的运转)。当三者和谐稳定时就构成一个能够自我管理的机构。可见,尤尔从一开始就设定了三种要素的等级从属关系,其中资本处于基础性的主导地位,科学次之,劳动最为卑贱。这既是尤尔在一定程度上对三者现实关系的一般性描述,也是他站在产业资本家的立场上对三者关系的理想设定。因为在现实的大工业中三种要素呈现出更为复杂的关系。这种复杂关系在根本上是由资本与劳动的对立关系所决定的,伴随着资本与科学的联合,就出现了科学与劳动的对立关系。而资本与科学的联合本身又显现出工厂制度的新特征。

首先是资本与劳动的对立关系。在机器大工业时代,资本家与工人的矛盾集中表现为工人为缩短工作日和提高工资而进行的

罢工。作为工厂制度的辩护士,尤尔自然是从资本家的立场上来批判工人罢工的。在尤尔看来,资本家都是施恩于大众的慈善家,而工人则是自私自利、道德败坏的阴谋者。联系之前尤尔对分工的尖锐批评便可知道,在尤尔看来,资本与劳动的对立关系由来已久,而且完全归咎于工人的自私任性。因为在分工原则下,工人劳动在生产中居于主导地位,因此资本不得不依赖于劳动。然而,工人的人性弱点之一就是越熟练、越任性,并常常以工资过低、使用童工为由进行罢工,给资本家的利益造成严重损害。而这些都成为尤尔为工厂制度辩护的理由。比如,对于工人为了提高工资而罢工,尤尔批评道,工厂工人的工作环境、工资都比其他手工业工人要优越得多的情况下仍然鼓动同伴进行罢工,而且往往在工厂主处境艰难的时候进行罢工;对于工人因虐待儿童而抗议罢工,尤尔指出虐待儿童的罪魁祸首是成年纺工,而且为了规避《工厂法》的限制,纺工、医生和儿童父母之间相互串通做伪证而雇佣童工。而工厂主则"总是在与自己工厂中的压迫现象做斗争"[1]。因此指责工人们"宣传反对工厂主虐待儿童的言论是多么的荒谬和不公正"[2]!此外,尤尔还现身说法指出,他在曼彻斯特的工厂中从未看到过虐待儿童的现象,相反,童工都非常轻松愉快,工资足够满足衣食欲求,而且"在工厂里做工要比留在空气浑浊、潮湿、冰冷的家里要好得多"[3]。依我看来,尤尔的辩护理由不应该被简单地看作一种强词夺理,而是恰恰描述了当时社会现实的一个方面,但他的错误在于仅仅停留于这种片面的现象本身,而没有追问这种现

---

1 Andrew Ure, *The Philosophy of Manufactures*, London: Charles Knight, 1835, p. 290.

2 Ibid.

3 Ibid., p. 301.

实得以发生的社会历史根源。当然,尤尔的政治立场和思想水平决定了他还无法做到这一点。他所能做的只能是将一切矛盾根源归咎于工人的道德败坏,进而指责工人的阴谋罢工不但给工厂主和整个国家的利益造成严重损害,而且最终"损害了他们自己的利益,并以自取灭亡而结束"[1]。因为"工人的联合使资本不得安宁,而借助机器警惕地反对它的敌人"[2]。于是,这就产生了机器大工业时期资本招募科学反对劳动的特有现象。

其次是科学与劳动的对立关系。我们知道,随着资本主义机器大工业的发展,科学第一次有意识地被应用在物质生产中。如果说上述尤尔对机器体系和工厂制度一般原则的阐述是肯定意义(即机器体系提高生产力、建立工厂纪律)上阐述了科学的重要意义,那么,在这里,尤尔则进一步从否定意义上论述了资本主义生产关系下(资本)科学与劳动的矛盾关系,即科学成为资本家对抗工人的武器。

如果说李嘉图是从分配领域看到了社会三大阶级之间的利益矛盾关系,那么尤尔则进一步从生产领域看到了资本家与工人的阶级对抗关系,当然尤尔是从资产阶级的立场出发的。因此,当李嘉图诚实地说出机器对工人造成损害时,尤尔则竭力为机器的发明和应用进行辩护,极力推崇用机器反对工人的做法,并将一切过错归咎于工人。尤尔指出,由于资本家"经常受到工人的联合和罢工的扰乱,因而不得不导致自动机器的发明"[3]。如前所述,尤尔认为工人的罢工严重扰乱了正常的生产秩序,造成了巨大的损失。

1　Andrew Ure, *The Philosophy of Manufactures*, London: Charles Knight, 1835, p. 41.

2　Ibid.

3　Ibid. , p. 40.

因此,他将自动精纺机称颂为"铁人",并称赞它"恢复了工人阶级中的秩序"[1],"棉纺织业中铁人的使用证实:资本招募科学为自己服务,从而不断地迫使反叛的工人就范"[2]。然后,他不无嘲讽地说:"工人以分工铸成的旧防线在机器体系面前不堪一击。这种天生的暴力倾向展示了目光短浅的人所具有的那种自讨苦吃的卑劣品性。"[3]而对于工人所遭受的痛苦,尤尔则认为"如果工人不联合,雇佣工人的波动、自动机器对手工劳动的取代将不会变成如此突然和痛苦"[4]。在这里,尤尔的资本家精神彻底露骨地暴露出来,从而也将机器大工业中资本、科学与劳动的现实对立关系更彻底地显露出来,它表明:第一,无论是由于工人的阴谋联合还是资本家的利欲熏心,科学是作为资本与劳动之间的中介要素而发挥作用的,并作为资本镇压劳动的武器而大大激化了资本与劳动之间的对抗关系。第二,在资本与科学的联合面前,劳动的反抗往往遭受失败甚至引发更加深重的痛苦。也就是说,资本与科学对劳动的绝对权力关系是一时无法改变的。第三,资本招募科学镇压劳动本身表明,在三者中资本占据绝对性的统治地位,科学和劳动都从属于它,只不过前者是主动性的顺从,后者是被动性的服从。而三者关系确立的关键无疑聚焦于资本对科学的吸纳,正是两者的联合打破了劳资之间原本几乎平衡的对峙关系,使权力的天平完全倒向资本一边。因此,弄清资本与科学的关系对于真正把握资本主义机器大工业的本质是至关重要的。

最后是资本与科学的关系。由于在大工业时代科学作为一种

---

1 Andrew Ure, *The Philosophy of Manufactures*, London: Charles Knight, 1835, p. 367.

2 Ibid., p. 368.

3 Ibid., p. 370.

4 Ibid., p. 41.

社会生产力主要是以机器体系这种物质形式发挥作用的,因此,我们这里所说的资本与科学的关系,实际上也隐含了机器体系。既然机器体系是科学的资本主义应用的产物,那么,这里就涉及一个隐含的问题,即机器体系何以在资本主义条件下产生并成为它的物质技术基础? 对于机器的产生问题,斯密、拜比吉甚至蒲鲁东都是从分工入手的,而尤尔则跳出了这种狭隘的技术分析视野,首先从社会矛盾关系角度提出机器的发明与应用是劳资矛盾的结果,并准确把握了机器产生的核心要素,即资本和科学。笔者认为,相对于斯密等人来说,尤尔的观点是非常深刻的。不过,正如尤尔将资本、科学和劳动的等级关系看作一种必然性一样,这里他也将科学对资本的臣服看作一种必然。那么,他是如何论证的呢? 科学与资本的关系仅限于此吗? 对此,尤尔的相关论述同样给予我们更多的启示,而且其中包含了对前一观点具有颠覆性意义的内涵。

尤尔在该书的序言中所提到的培根的那句名言“知识就是力量”正是工业革命的时代精神的写照,不过他后来补充道:“知识只有在拥有能力和手段的人手中才是有用的”[1]——曼彻斯特作为商贸最繁荣、资本最集中的棉纺织工业城市之一而拥有最先进的机器发明就是最好的证明。这里,尤尔说出了大工业资本主义生产的一个重要原则,即知识只有被纳入资本中才能成为现实的力量。

如果说知识力量的发挥需要资本的扶植只说明了科学与资本的一种外在性关系,那么尤尔的另一阐述则切中了两者关系的实质,即资本主义生产实践为近代自然科学(尤其是力学、化学等)的

1　Andrew Ure, *The Philosophy of Manufactures*, London: Charles Knight, 1835, p. 41.

繁荣发展提供了肥沃土壤。尤尔指出"成千的定理带来的金色果实,这些定理在专科大学的高墙深院里是长期不结果实的"[1],"在兰卡郡逗留一周要比在大学学习一个学期都要好,关于机械科学,没有一所学校能够与现代棉纺厂相媲美"[2],"在工厂的操作手柄或转轴上提高速率的方法毫无疑问是物理力学中最显著的发展之一"[3]。接着,尤尔以钢铁厂热力、蒸汽问题的解决为例,证明工业科学产生于机器生产实践中,并以生产的需要为导向。这足以说明,科学与资本的联姻是扎根于资本主义生产这片现实土壤之上的。

然而,无论科学与资本的内在关系如何紧密,都不妨碍这样的事实,即科学在资本主义生产中以相对独立的角色占据越来越重要的地位,于是就出现了专职于科学发明和管理的社会阶层,如机械工程师、企业经理等。尤尔指出,工厂主对机器构造原理并不完全了解——"即使给他讲解过",亦是如此。如果有人认为"这种知识在机器中间会很容易学到,那么经验会很快证明这是一个错误认识"[4]。接着,尤尔强调了工程师、经理所扮演的重要角色,"英国的资本家从工程师那里获得有力的支持,使他的资金不必长期休眠"[5],而且能够更便宜、更高效、更精确地生产产品。"经理们用判断、知识和诚实很好地支持了工厂主的商业眼光,使商业获利。这些实干者构成了我们的工厂制度的灵魂。"[6]当然,资本家

1 Andrew Ure, *The Philosophy of Manufactures*, London: Charles Knight, 1835, p. 24.

2 Ibid.

3 Ibid., p. 35.

4 Ibid., p. 43.

5 Ibid., p. 37.

6 Ibid., p. 43.

与经理之间也存在一定的矛盾关系,即"由于工厂主对机器构造原理的无知,而时常遭受被经理欺骗的风险"[1]。在这里,尤尔向我们表明,在机器大工业资本主义生产关系下,尽管科学在本质上依附于资本,但科学仍然具有一定的相对独立性。这意味科学与资本在一定程度上也是相互分离甚至对立的,具体来说:第一,科学并不直接存在于资本家的头脑中,而是存在于专业人员的头脑中,因而从事科学工作成为一种专门的职业;第二,科学对于资本的相对独立,同时意味着资本相对于科学的相对独立,即资本从各种烦琐事务中摆脱出来而真正成为它自身,这就意味着资本本身在机器大工业生产方式中获得更高级的发展形态;第三,科学对资本的既依附又矛盾的关系更加表明,科学在本质上是资本的吸纳对象,相应地,经理、工程师等智力劳动阶层也成为资本剥削的对象,这正是马克思在《1857—1858 年经济学手稿》中所说的"一般智力"(general intellect,又译作"普遍智能")问题——因此,在某种意义上,尤尔对于资本与科学的论述构成了马克思的"一般智力"概念的理论渊源之一[2];第四,结合资本、科学与劳动的对立关系,资本吸纳科学对劳动的压迫,不仅表现在机器体系对劳动的镇压,也表现在经理阶层对劳动的管理。这意味着,在资本获得更高级发展的同时,也制造了劳动阶级内部的分化和等级制度。

总之,尽管尤尔是站在资产阶级的立场上来阐述机器大工业中资本与科学的具体关系,但这并不妨碍我们从中汲取有用的材料和启示来深刻分析资本主义生产的内在本质。不过,在这里,尤

1　Andrew Ure, *The Philosophy of Manufactures*, London: Charles Knight, 1835, p. 43.

2　孙乐强:《马克思"机器论片断"语境中的一般智力问题》,《华东师范大学学报(哲学社会科学版)》2018 年第 4 期。

尔的根本缺陷在于他没有区分科学（机器）本身与科学（机器）的资本主义应用。尤尔只是准确描述了科学的资本主义应用这一事实，但他由此得出了科学对资本的必然从属关系的结论。实际上，科学作为人类共同的智力财富，应该成为造福于全人类的手段，而不应成为某一阶级谋求自身利益、压迫其他阶级的工具。事实上，在工业革命早期，很多机器发明都是个人行为，尽管是出于追求个人利益，但整个发明过程并未完全被置于资本的控制之下。而这是尤尔在书中没有交代的或刻意隐瞒的。显然，尤尔将资本主义生产关系下的科学与资本的关系绝对化和永恒化了。

综上所述，尤尔在《工厂哲学》中从为工厂制度辩护的立场出发在准确描述了机器体系的技术原理和工厂制度的基本原则的基础上，努力论证了机器体系、工厂制度、科学在人类历史进程中的积极作用，这是他的一大贡献。但由于他对工厂制度的强烈辩护立场，又导致他将机器体系、科学的资本主义应用及其对劳动的统治关系绝对化、神圣化，将其上升为永恒的真理，这是他的根本缺陷。而这些都成为后来马克思批判资本主义生产关系的重要材料和理论激活点。

最后，让我们从总体上来回顾一下早期工艺学的思想史谱系。以斯密和李嘉图为代表的英国古典政治经济学在经济学语境中阐述了特定时代中的主导性工艺学要素，即分工和机器：一方面，他们分别切中了相应时代的支配性生产方式的核心特征与社会效应，从而在一定程度上奠定了工艺学的思考起点和问题范式；另一方面，由于物质生产是英国古典政治经济学尚未真正阐明的基础和前提，因此，这就决定了工艺学要素在古典政治经济学中的边缘地位，但这同时也反映了工艺学与经济学的内在关联。几乎在同一时期，以贝克曼和波佩为代表的德国一般工艺学在德国独特的历史空间母体中悄然诞生、蹒跚成长,在手工业和工场手工业的生产方式基础上确立了一般工艺学的研究对象、基本内涵、方法论原则和历史向度,展现了人类物质生产生活方式、社会关系和思想观念的直接生产过程,从而为理解资本主义生产方式的历史起源、发展过程和本质特征提供了坚实的历史材料,在很大程度上弥补充实了英国古典政治经济学中所缺失的理论环节。但由于实践和理论上的落后性,德国一般工艺学又具有不可避免的历史局限性。而随着英国工业革命推动的机器大工业的迅速发展,以拜比吉和尤尔为代表的英国资产阶级工艺学应运而生,并促进了工艺学思想史的现代转向。他们分别从机器大工业的不同侧面深入展现了机器大生产中生产方式的变革、机器体系和工厂制度的基本特征与本质内涵,从而推动了古典工艺学走向一个高峰。但是,他们仅仅着眼于机器大工业的视角又使得他们的工艺学思想存在严重的理论缺陷和资产阶级意识形态性质。总之,古典工艺学构成了马克思创立历史唯物主义、推进政治经济学批判的重要理论资源之一。而在马克思的思想发展历程中,马克思是在不同的理论探索阶段遭遇上述不同工艺学理论资源的,因此,它们对马克思的思想发展产生了曲折复杂的理论效应。

　　　　　　　　　　　　　　重读马克思:工艺学语境中的哲学话语

第二章 马克思哲学革命前夜的工艺学研究与理论逻辑演变

　　我们知道,马克思在 1859 年出版的《政治经济学批判。第一分册》的《序言》中回顾自己早期的思想发展历程时指出,他在担任《莱茵报》编辑时"第一次遇到要对所谓物质利益发表意见的难事"[1],这促使他开始思考现实的经济问题。他在批判黑格尔法哲学的过程中实现了重大思想转变,确立了这样一种认识:"法的关系正像国家的形式一样,既不能从它们本身来理解,也不能从所谓人类精神的一般发展来理解,相反,它们根源于物质的生活关系,这种物质的生活关系的总和,黑格尔按照 18 世纪的英国人和法国人的先例,概括为'市民社会',而对市民社会的解剖应该到政治经济学中去寻求。"[2]于是,马克思在 1843 年 10 月抵达巴黎之后便立即投入对古典政治经济学的研究之中,由此开启了解剖市民社会的理论探索之旅。正是在最初的经济学研究过程中,马克思最先遭遇到政治经济学语境中的工艺学要素与生产力概念。这就意味着:在《巴黎手稿》时期,马克思的焦点研究对象主要是政治经济

1　《马克思恩格斯全集》第 31 卷,人民出版社 1998 年版,第 411 页。
2　同上书,第 412 页。

学,关涉直接物质生产领域的工艺学还没有进入马克思的理论研究视野,直到《布鲁塞尔笔记》时期,马克思才真正着手第一次工艺学研究。而马克思在理论研究对象上的扩展自然离不开一批思想先行者的影响和他自身思想逻辑的推进。就前者而言,莫泽斯·赫斯基于人本学异化批判视域对交往和生产力概念的阐释,为马克思初遇政治经济学语境中的工艺学要素(分工、机器、工业)和生产力概念提供了重要的哲学方法论启示,而威廉·舒尔茨基于社会唯物主义视域对物质生产运动规律的深层探究和对资本主义生产方式的猛烈批判为马克思初步把握资本主义生产的基本内容及其后果提供了重要素材——不过,此时马克思主要是从哲学人本学的角度来撷取其中有关分工和机器的消极后果的内容,尚未真正理解舒尔茨的物质生产理论的社会唯物主义哲学意蕴。而青年恩格斯对英国工厂制度的辩护士安德鲁·尤尔的猛烈抨击和阿道夫·布朗基对尤尔、拜比吉等人的评述可能为马克思关注工艺学著作提供了直接导引。就后者而言,此时马克思在政治经济学研究中萌生的面向客观物质生产的隐性现实逻辑使他逐渐认识到工业生产的重要性,从而促使他将研究视域扩展到工艺学著作。然而,在《布鲁塞尔笔记》的第一次工艺学研究中,马克思同样陷入"失语"状态,并且仍然带有从政治经济学角度进行摘录研究的思维惯性。不过,通过加斯帕兰、拜比吉和尤尔描绘的机器大工业图景,马克思还是敏锐把捉到了资本主义生产中的矛盾张力。在随后的《评李斯特》中,马克思在批判李斯特生产力理论的过程中初步指认了人的能力发展之维的生产力与资本主义工业制度之间的矛盾,并强调通过社会物质生产来消除现实劳动组织。总之,政治经济学和工艺学理论资源所展现的现实工业生产实践进程构成了马克思确立科学的新世界观的重要隐性理论支撑。

第一节

青年马克思初遇生产力问题的重要理论参照

按照马克思自己的说法，他是在批判黑格尔法哲学的过程中认识到市民社会即"物质的生活关系的总和"对于国家与法的基础决定性作用，进而转向对政治经济学的研究。正是在第一次经济学研究过程中，马克思第一次遭遇到政治经济学语境中的生产力概念及其具体存在形式（分工、机器等）。而实际上，当马克思通过自己的曲折理论探索而艰难实现这一重要思想逻辑转变，他的同时代人莫泽斯·赫斯和威廉·舒尔茨已经先于马克思对生产力概念进行了不同层次的探讨，从而成为马克思的思想先行者，并为马克思初次遭遇生产力问题提供重要理论参照。不过，由于他们的理论视域存在明显差异，因此在马克思那里产生出不同的理论效应。具体而言，赫斯的人本学异化史观批判逻辑由于更契合马克思从费尔巴哈那里获得的人本学唯物主义，因而为此时马克思把握生产力概念提供了重要理论启示。而舒尔茨的社会唯物主义视域要远比赫斯和马克思的人本学唯物主义哲学基础更为深刻，因此，此时马克思还无法把握舒尔茨的物质生产理论的深刻意蕴，只能以哲学人本学的逻辑来"油炸"舒尔茨。随着马克思理论研究的深入和思想逻辑的推进，赫斯和舒尔茨的理论得失才逐渐在马克思的头脑中清晰展露出来。

一、赫斯：人本学异化批判视域下的交往与生产力理论

我们知道，莫泽斯·赫斯是青年马克思和恩格斯思想前进过

程中的一个"重要思想先行者和同路人"[1]，这既表现在他的货币
异化理论对马克思的异化理论的重要影响，也表现在他的交往与
生产力理论构成了马克思初步遭遇生产力概念并逐步建构自己的
生产力概念的原初理论语境之一。[2] 赫斯的生产力理论集中体现
在他的《论货币的本质》(*Über das Geldwesen*)一文中。这篇论文
原本是他在 1843 年底至 1844 年初为《德法年鉴》撰写的，但由于
杂志停刊，未能及时发表出来，直到一年多以后才在《莱茵社会改
革年鉴》第一卷(1845)[3]刊出。从时间上推断，当时作为《德法年
鉴》编辑的马克思应该在 1844 年初就读到了这篇文稿。因此，我
们有理由认为，赫斯的这一文本对青年马克思产生过重要影响，并
促使马克思的思想发生重大变化：这不仅表现在赫斯的经济异化
或货币异化思想对巴黎时期马克思的交往异化和劳动异化理论的
显性影响，还表现在赫斯的哲学人本学构架下的交往与生产力理
论对马克思的科学世界观形成的隐性影响。

　　赫斯使用的生产力概念主要是名词性的"Productionskraft"，
这显然是要与政治经济学语境中的"productive powers"区别开
来[4]，同时又赋予了生产力概念以新的哲学内涵。不仅如此，与生
产力概念同时出现的还有"交换(Austausch)"概念。"交换"概念
明显是从政治经济学中借来的概念，在这里，赫斯将其提升为一个

1　张一兵：《赫斯：一个马克思恩格斯的重要思想先行者和同路人》，[德]莫泽斯·赫
　　斯：《赫斯精粹》，邓习议编译，方向红校译，南京大学出版社 2010 年版，第 1 页。

2　杨乔喻：《探寻马克思生产力概念生成的原初语境》，《哲学研究》2013 年第 3 期。

3　《论货币的本质》原载于德文版《莱茵社会改革年鉴》第 1 卷，达姆施塔德，1845 年
　　版，第 1—84 页。参见 H. Püttmann (Hrsg.), *Rheinische Jahrbücher zur
　　gesellschaftlichen Reform*, Bd. 1, Darmstadt, 1845, S. 1-84。

4　赫斯的这一用法，不同于舒尔茨的"productive Kraft"，恩格斯的"Produktionskraft"和
　　李斯特的"productive Kraft""Produktivkraft""Productionskraft"。这表明在当时的
　　德语语境中，思想家们对于生产力概念的使用和理解尚未达成共识。参见张福公：
　　《青年马克思的生产力概念及其哲学意义再探》，《哲学动态》2016 年第 5 期。

广义的哲学概念即"交往（Verkehr）"：它不仅在外延上从商品交换扩展到两性交际、思想交流等一切人与人之间的关系维度，还在内涵上被赋予了"人的生产性的生命活动""人的活动场""人的现实能力和现实本质""类活动（Gattungsact）"等哲学内涵。因此，我们可以说，赫斯是第一个将"生产力""交往""交换"等概念纳入哲学语境的德国思想家。[1] 也正是在这个意义上，赫斯成为青年马克思和恩格斯的思想先行者。对此，我们可以从以下几个方面来把握赫斯的交往与生产力理论。

第一，作为共同活动的交往是人的类本质。在《论货币的本质》中，赫斯开篇就对人的社会性存在做了本体论的规定。他指出，"生命是生产性的生命活动的交换"[2]，"社会中的交往（Verkehr）"是"不可让渡的社会的生命要素"[3]，即单个人同社会生活的交换领域（Sphäre des Austausches）关系就如同身体同生命活动的交换领域（比如地球上的大气）的关系，单个人同社会身体（Gesellschaftskörper）的关系就如同肢体和器官同整个身体的关系一样：前者离开后者就无法生存。因此，人的"现实生活只是在于他们的生产性的生命活动的交换，只是在于共同活动（Zusammenwirken），只是在于同整个社会身体的联系"[4]。换句话说，"个体的生命活动的相互交换、交往"作为人的共同活动就是"个人的现实的本质（wirkliches Wesen）"和"现实的能力（wirkliches Vermögen）"。[5] 如果说费尔巴哈是从人的感性直观

1　杨乔喻：《交往：悬设类本质的赫斯与步入现实的马克思》，《学海》2012 年第 3 期。

2　[德] 莫泽斯·赫斯：《论货币的本质》，《赫斯精粹》，邓习议编译，方向红校译，南京大学出版社 2010 年版，第 137 页。

3　同上书，第 138 页。

4　同上。

5　同上。

角度来勘定人的类本质,那么,赫斯则对人的类本质做了新的规定,即人与人的交往等于人的共同活动。而且,他强调"人与人的交往绝不是从人的本质中产生的,这种交往就是人的现实的本质"[1]。也就是说,人与人的交往并不是外在于人的本质,不是人的本质的外化结晶。相反,人的共同交往活动即是人的现实本质。进一步说,赫斯所说的现实本质具有两个维度:一方面是指人的理论本质,即"人的现实的生命意识"[2];另一方面是指人的实践本质,即"人的现实的生命活动"[3]。请注意,这里赫斯没有直接使用费尔巴哈的"类本质"概念,而是多次使用"现实的(wirklich)"这一形容词来修饰和界定"人的本质"。在德语中,"wirklich"既有"现实的"意思,也有"真正的、真实的、实际的"意思。因此,以我的理解,赫斯的这一做法是试图同费尔巴哈所提出的孤立的抽象的人的类本质规定区别开来,而强调人的真正本质在于人的社会性交往,或者说,作为人的共同活动和社会生活的社会交往构成了人的真实存在方式,因而在一定程度上更切中人的本质的现实性。而这种现实性决不是空穴来风,而是赫斯研究政治经济学[4]和批判性剖析资产阶级社会商品经济活动的结果。这种理论研究和自十四岁就开始的从商经历使亚当·斯密等政治经济学家所描绘的社会分工和商品交换的经济繁荣景象早已真实地展现在赫斯眼前,

---

1　[德]莫泽斯·赫斯:《论货币的本质》,《赫斯精粹》,邓习议编译,方向红校译,南京大学出版社 2010 年版,第 139 页。

2　同上。

3　同上。

4　根据阿姆斯特丹国际社会史研究所(IISG)在官网公布的赫斯原始手稿目录表明,1840 年代,赫斯阅读并摘录了蒲鲁东的《什么是财产》,并试图对阿道夫·布朗基进行评论。参见 B173. Qu'est-ce que la Propriété? Par P. J. Proudhon.［Probably 1843］. IISG. 12 pp. 8°；B176. Uebergang zur Selbständigkeit.［1840's?］. IISG. On social reforms and Socialism. On Ad. Blanqui. Incomplete. 2 pp. 8°。

因此,他的交往、共同活动概念决不是纯粹的逻辑推演,而是有着深刻的资产阶级社会现实基础。或者说,他的交往、共同活动概念是对人们的现实经济生活和现代生存方式的一种哲学提升。虽然赫斯是将人的社会交往和共同活动规定为人的类本质,带有哲学人本学的逻辑设定,但这一规定已不是费尔巴哈式的抽象的孤立的个人,而是具有现实生活内容的哲学规定,因而在一定程度上是对费尔巴哈的哲学人本学的重要超越。**赫斯的理论突破就在于从现实的人与人的交往出发来思考个人与社会的关系问题,并深刻地认识到个人是由社会交往关系所决定的。而这一重要理论质点很有可能就是马克思在《关于费尔巴哈的提纲》第六条中所说的"人的本质在其现实性上是一切社会关系的总和[1]"的理论缘起。**[2]马克思同样以这一理论高点批判了费尔巴哈的孤立的抽象的沉默的个人的观点。当然,彼时马克思的观点显然要比赫斯更加深入和丰富,但至少在理论质点的提出时间上赫斯要比马克思先行一步。

第二,作为人的活动场的交往即共同活动是生产力的源泉和决定性因素。如前所述,赫斯将人的生命本身定义为"生产性的生

---

1 这里的"总和"概念在原文中是法文词"essemble",含有主体为共同目标主动聚集的意思。或者说,社会关系的总和意味着许多主体有意识地聚集。(参见齐效玫:《马克思〈关于费尔巴哈的提纲〉中的"总和"概念辨析》,《南京政治学院学报》2015年第3期)而赫斯的(社会)交往概念恰恰就是有意识的个体的主体性活动和共同活动。(参见[德]莫泽斯·赫斯:《论货币的本质》,《赫斯精粹》,邓习议编译,方向红校译,南京大学出版社2010年版,第138页)这种理解上的相似性决不是偶然的。而赫斯与马克思的不同之处在于,赫斯因寓于哲学人本学的逻辑框架而着力于将现实的社会活动和社会关系提升为人的类本质的新规定,而马克思则最终抛弃了哲学人本学的逻辑桎梏而进入人的现实的社会存在本身,从科学的历史视域出发重新审视个人和社会的历史辩证关系。

2 张一兵:《从交往异化到雇佣劳动批判——赫斯哲学补论》,《河北学刊》2012年第3期。

命活动的交换（Austausch von productiver Lebensthätigkeit）"[1]。在这一定义中，除了"交换"概念，作为形容词的"生产性的"同样具有经济学的意味，因而同样透露出赫斯的思想构境中的社会现实因素。那么，这种"生产性"是如何体现的呢？答案就是个体力量在共同活动即交往中实现的生产力。赫斯指出，个体力量只有在人与人的交往即共同活动中才能相互激发，才能产生"他们的现实的能力"。如果他们彼此之间不进行相互交换生命活动，个体就无法实现、使用、运用他们的力量。换句话说，"人的交往就是人的活动场（Werkstätte），在这里单个的人实现和运用（Bethätigung）其生命或能力"[2]。有意思的是，**德文词"Werkstätte"原意是"手工工场、作坊、车间"的意思，因而具有现实物质生产的维度。**但显然，赫斯将其提升为一个更为广义的哲学概念，并抓住了这一概念所蕴含的本质特征：赫斯关注的不是这一活动场中的个体力量的发挥，而是由人的交往所建构起来的共同活动，并强调"只有这种共同活动才能实现生产力（Productionskraft），因而是每一个个体的现实的本质"[3]。虽然我们没有直接证据表明，赫斯的这一理论创见的灵感来源于斯密的分工、交换与劳动生产力理论，但考虑到赫斯对当时的空想社会主义著作和政治经济学文献的研究，我们也无法忽视这种可能性。但需要更加细致地进行分析：一方面，如果这里的"活动场"还原为狭义的手工工场，那么，赫斯从人的交往所建构的共同活动角度来理解生产力的思路就比斯密从个体劳动者通过分工的专业化而获得的技能熟练、机器发明角度来理解生产

1　[德]莫泽斯·赫斯：《论货币的本质》，《赫斯精粹》，邓习议编译，方向红校译，南京大学出版社 2010 年版，第 137 页。

2　同上书，第 138—139 页。译文略有改动。

3　同上书，第 139 页。

力的思路更加深刻。另一方面,如果这里的"活动场"还原为广义的社会分工和商品交换,那么,赫斯从人的主体性共同活动角度来把握生产力概念同样要比斯密基于分工之分的生产力理论更为深刻。不过,在政治经济学和工艺学的意义上,赫斯同样延续了斯密等人无法区分两种分工的根本缺陷。但是,赫斯从共同活动角度来理解生产力的思路的确抓住了斯密在经济学视域中所忽视的更为重要的层面,同时,这也成为马克思在《德意志意识形态》中建立自己的生产力概念时的重要思想激活点。因此可以说,**赫斯从共同活动角度理解生产力概念是从斯密到马克思的重要桥梁和转折点**。正由于人与人的交往即共同活动是生产力的源泉,因此,人的交往就成为衡量生产力的决定性条件:"人与人的交往越发达,他们的生产力(Productionskraft)也就越强大。在这种交往还狭小的时候,他们的生产力(Productionskraft)也就低下。"[1]这里蕴含着两个层面:一是生产力并不是孤立的个人的力量及其集合,而是从一开始就同交换、交往、共同活动紧密勾连在一起的,决不存在脱离交往活动的生产力。这在一定程度上可能影响了马克思对生产力与交往形式的关系的理解。二是**交往对生产力的影响是决定性和主导性的,而这在逻辑上继承了斯密的交换决定分工,进而决定生产力的思路**。因此,赫斯在生产力的产生和制约问题上既有超越斯密之处,也有继承斯密之处。而这也从根本上影响了马克思从分工、交换和生产力角度来理解人类历史发展的思路。

第三,人的交往即共同活动及其产生的生产力必然经历一个异化的历史发展过程,并为共产主义社会的建立奠定基础。赫斯

---

1 [德]莫泽斯·赫斯:《论货币的本质》,《赫斯精粹》,邓习议编译,方向红校译,南京大学出版社 2010 年版,第 139 页。

指出："人的本质、人的交往，正如任何本质一样，是在历史的进程中经历许多斗争和毁灭而不断发展的。人类的个体的现实的本质即共同活动，像一切现实的东西一样，有一个发展史或发生史。"[1] 而人类的发展史是在地球的自然史完成之后才开始的，即"当地球的自然史已完成，就是说，当地球已生产出其最后的和最高级的组织即人的身体，从而也生产出其一切有身体的组织的时候，人类的自然史才开始"[2]。这里，**赫斯指认了自然的先在性**，这是进一步探讨人类史的唯物主义基础——后来，马克思的历史唯物主义也是在这一基本认识之上进入社会历史规律的探索的。赫斯进一步指出，人类的自然史由于人的"个别化的交往"而导致的人的相互毁灭而必然经历一个异化的过程。这里，赫斯试图引入历史的维度来阐明人类历史的异化根源，即"人一开始是作为单独的个体而行动"[3]，而不是作为有机共同体的成员而行动。各个人只是"粗俗的个体，只是人类的简单的分子"[4]。而各个人为了谋求各自的生存，只能通过暴力欺骗、残酷斗争的交往方式来谋求物质财富，获得力量和发展。久而久之，这种自人类伊始就形成的"相互蚕食、相互掠夺和奴隶制"就被提升为原则，其实质就是"个体被提升为目的，类被贬低为手段，这是人的生活和自然生活的根本颠倒"[5]——这里明显可以看到黑格尔以理性国家观批判市民社会的单子化个人和一切人反对一切人的理论痕迹。这就是赫斯所批判的在基督教精神浸润下的小商人世界，就是作为"相互异化的人

1　［德］莫泽斯·赫斯：《论货币的本质》，《赫斯精粹》，邓习议编译，方向红校译，南京大学出版社 2010 年版，第 139 页。

2　同上。

3　同上书，第 141 页。

4　同上书，第 142 页。

5　同上书，第 143 页。

的产物"的货币所统治的现代商业世界。面对这一异化的颠倒的世界,赫斯追问道:"有机的共同社会怎样才能从这种普遍的剥削和普遍的奴隶制中产生出来呢?"[1]实际上,这也是同一时期青年马克思和恩格斯所孜孜以求的难题。赫斯的答案是**有机的共同社会即共产主义社会正是从这个充满普遍剥削和奴隶制的、颠倒的、异化的世界中诞生出来**。这一思路显然又先于青年马克思和恩格斯一步。从哲学人本学的异化批判逻辑出发,赫斯对货币统治下的"社会动物世界"进行了无情地鞭笞和批判,在同时代思想家中可谓是入木三分。但是,值得我们注意的是,赫斯在批判货币侵蚀人的类本质的同时,也承认货币作为一种普遍交换手段是"人的能力,是现实的生产力,是人类的现实的财富"[2]——进而认为"国民经济学是尘世的发财致富的科学",承认货币是"人的生产力",是"人的存在物的现实的生命活动的东西"[3]。甚至,在反驳舒尔茨《生产运动》(1843)中批判他关于废除货币和废除文字的观点时,赫斯明确强调:"在迄今为止的人的孤立状态中,在迄今为止的人的相互异化中,必然会发明出表现精神的和物质的产品交换的外在符号来,这是完全正确的。通过这种脱离现实的、精神的和活的交往的抽象,人的能力、生产力在人异化时就提高了。"[4]这里的"精神的和物质的产品交换的外在符号"指的就是文字和货币,赫斯认为,人的能力和生产力正是借助这种异化的产物而获得提高和发展的。接着,赫斯指出:"我们所面临的有机的共同体,只有通过贫困和邪恶激情的痛苦的刺激,由于我们的一切力量的最高度

1　[德]莫泽斯·赫斯:《论货币的本质》,《赫斯精粹》,邓习议编译,方向红校译,南京大学出版社 2010 年版,第 143 页。

2　同上书,第 146 页。

3　同上。

4　同上书,第 164 页。

的发展,才能产生。"[1]

总之,赫斯试图借助人本学异化史观批判逻辑来理解、批判和超越现实资产阶级社会的异化状态,为实现人的解放和共产主义社会提供一种理论指导。然而,他的哲学方法论本质和经济学研究不足又使他的生产力理论存在着严重缺陷:第一,赫斯所持有的根本方法论在本质上是一种理想化的哲学人本学规定,因此他的生产力概念本身也是一种人本学抽象,还没有真正进入现实的物质生产语境;第二,赫斯尚未准确区分和界定交往与生产力的关系,存在把交往与生产力同质化的嫌疑,甚至存在将交往置于生产力之上的倾向[2],从而同生产力与交往的真实关系失之交臂,这在理论逻辑上倒是同斯密有着相似之处;第三,尽管赫斯在人的能力的异化史中看到了交往关系与生产力的矛盾冲突,但是,他把这种矛盾的根源归结为个体与类的观念矛盾,因而还无法真正进入现实历史语境。总之,赫斯的交往与生产力理论既蕴含着诸多闪光的理论质点,又存在不可克服的致命缺陷,因而,随着马克思自身思想逻辑的推进,青年马克思与赫斯的理论关系恰恰经历了一个从哲学人本学外衣向科学理论质点逐步剥离和最终扬弃的复杂过程。

1　[德]莫泽斯·赫斯:《论货币的本质》,《赫斯精粹》,邓习议编译,方向红校译,南京大学出版社 2010 年版,第 165 页。

2　张一兵:《回到马克思:经济学语境中的哲学话语》,江苏人民出版社 2013 年版,第121—124 页。

二、舒尔茨：社会唯物主义视域下的物质生产理论

对于大多数国内学者来说，弗里德里希·威廉·舒尔茨[1]是一个既熟悉又陌生的名字。最新的研究成果表明，他在 1843 年出版的《生产运动：从历史统计学方面论国家和社会的一种新科学的基础的建立》[2]（以下简称《生产运动》）一书中关于物质生产、生产力和人类历史发展阶段的探讨，对青年马克思的思想转变起到了不容忽视的影响。[3]

1　［德］弗里德里希·威廉·舒尔茨（Friedrich Wilhelm Schulz，1797—1860）：19 世纪德国著名资产阶级左翼思想家和政治活动家。早年曾参加拿破仑战争。1831年末，舒尔茨在埃尔朗根大学以《论当代统计学与政治学的关系》为题获得博士学位，在这篇论文中，舒尔茨探讨了经济学事实与政治结构的关系问题。1833 年秋，舒尔茨流亡瑞士，后来获得了苏黎世大学的教席。自 1842 年起，他开始为马克思主编的《莱茵报》提供评论报道。1843 年，舒尔茨的代表作《生产运动》一书在瑞士苏黎世出版。1848 年，舒尔茨重回德国参与政治活动，并在次年再次流亡瑞士。1860 年，舒尔茨卒于瑞士。舒尔茨一生致力于反对德国的专制制度，在政治观点上有强烈的左派自由主义倾向，熟稔英法政治经济学、社会主义和共产主义的著作。

2　Wilhelm Schulz, *Die Bewegung der Production. Eine geschichtlich-statistische Abhandlung zur Grundlegung einer neuen Wissenschaft des Staats und der Gesellschaft*, Zürich und Winterthur：Literarisches Comptoir, 1843.（以下简称 *"Die Bewegung der Production"*）中文版参见［德］弗里德里希·威廉·舒尔茨：《生产运动：从历史统计学方面论国家和社会的一种新科学的基础的建立》，李乾坤译，南京大学出版社 2019 年版。本书在撰写过程中参阅了李乾坤博士的译稿，在此深表感谢！

3　关于舒尔茨与马克思的思想关系的研究，请参见李乾坤：《舒尔茨的〈生产的运动〉：青年马克思生产范畴形成的重要坐标》，《哲学研究》2017 年第 11 期；张一兵：《舒尔茨：物质生产力的量与质性结构——舒尔茨〈生产的运动〉解读》，《学术界》2018年第 11 期；张一兵：《重识社会唯物主义与历史唯物主义的边界——舒尔茨〈生产运动〉解读》，《求是学刊》2019 年第 1 期；张一兵：《舒尔茨与马克思历史唯物主义的来源》，《广西大学学报（哲学社会科学版）》2019 年第 2 期；张义修：《舒尔茨对马克思政治经济学批判的隐秘影响——〈生产运动〉与〈1857—1858 年手稿〉理论关系解读》，《广西大学学报（哲学社会科学版）》2019 年第 2 期；李乾坤：《德国国势学传统与舒尔茨的方法论来源》，《广西大学学报（哲学社会科学版）》2019 年第 2 期；刘冰菁：《法国国势学、社会唯物主义与历史唯物主义》，《广西大学学报（哲学社会科学版）》2019 年第 2 期；孔伟宇：《舒尔茨"精神生产"的历史阶段论》，《广西大学学报（哲学社会科学版）》2019 年第 2 期；等等。

1. 舒尔茨物质生产理论的历史背景、理论目标与根本立场

在《生产运动》一书的《导言》中,舒尔茨开宗明义地阐述了自己的写作动机和目的,从中我们可以清楚地了解舒尔茨对 19 世纪上半叶欧洲各国的社会状况与激进思潮的一般诊断与基本态度。我们知道,19 世纪三四十年代正是英法资产阶级社会经济快速发展、社会矛盾日益尖锐的时期,舒尔茨形象地将英法资产阶级社会的自由竞争体系概括为一种被利益驱动的"原子化的撕裂状态"[1],将当时欧洲的社会状况描述为一种"意见和利益不断加剧的无政府状态"[2]。这一生动表述的背后隐约显现出亚当·斯密和黑格尔的思想痕迹,而它的实际所指正是现代市民社会中以私人利益为目的的原子式个人的激烈竞争状态以及日益严重的贫富分化和阶级矛盾。舒尔茨认识到,英国和法国的"大工业比其他任何一个地方都更加强烈地瓦解、打碎了从中世纪流传下来的行业活动组织,然而与此同时,也导致了一种更高程度的恶,它同工业的规模,以及目前的教育程度紧密地结合在一起"[3]。这种恶就表现为"教育、财产还有精神和物质产品的违背自然的分配"及其对大多数人所造成的"奴役和贫瘠"。[4] 社会财富分配不公正变得愈发深重,从而在无产阶级和上层等级之间形成"一条越来越危险的鸿沟",甚至会将欧洲推向毁灭性的内战的边缘——譬如,在舒尔茨看来,在英法发生的工人联盟、罢工、掠夺乃至刺杀、纵火等暴力现象就是打响了一场战争的前哨战。而这一严峻的社会问题正是

1　Wilhelm Schulz, *Die Bewegung der Production*, Zürich und Winterthur: Literarisches Comptoir, 1843, S. 5. 〔德〕弗·威·舒尔茨:《生产运动》,李乾坤译,南京大学出版社 2019 年版,第 3 页。

2　Ibid. , S. 3. 同上书,第 1 页。

3　Ibid, S. 5. 同上书,第 3 页。

4　Ibid. , S. 3. 同上书,第 1 页。

重读马克思:工艺学语境中的哲学话语

当时很多进步的知识分子所积极思考和实践的现实问题。但舒尔茨认为,他们的理论和实践探索并未抓住问题的实质。

舒尔茨首先将批判的矛头指向傅立叶所代表的空想社会主义与蒲鲁东所代表的无政府主义的共产主义。他正确认识到,这些新的社会学说是贫富分化和阶级矛盾激化的产物,并且它们激发了无产阶级的阶级意识,使他们认识到是靠自己的劳动而不是靠利息和租金而生活。不过,在舒尔茨看来,这些思想在内容上只是探求对生产和消费的形式进行彻底改造,但这一努力的目标是晦暗不明的;在形式和结果上,这些思想只是通过夸张的描述和抨击(譬如蒲鲁东的警语"私有财产就是盗窃")激发了无产阶级对于阶级矛盾的认识,只是以"科学的名义"和"宗教的名义"来鼓动斗争,只是在无产阶级中间形成了"一种特殊的无产阶级自信,一种罗伯斯庇尔式的美德和自豪"[1],从而赋予了无产阶级反抗和报复资产阶级的权利。这表明,舒尔茨并不赞同社会主义和共产主义的理论主张与革命实践,甚至认为正是这种学说加剧了阶级对立和社会动荡,并采用了当时反动阶级及其理论代言人对共产主义的诬蔑称呼即"共产主义的怪兽(Ungethüm des Communismus)"——这与马克思恩格斯在《共产党宣言》中以反讽的口吻所说的"共产主义的幽灵"是一致的。而这无疑透露出舒尔茨的资产阶级政治立场。

接着,舒尔茨转向对莫泽斯·赫斯的行动哲学的批判。莫泽斯·赫斯是青年黑格尔派的代表人物之一,是将法国空想社会主义(蒲鲁东)与德国人本主义哲学(费尔巴哈)结合起来的思想先驱

---

[1] Wilhelm Schulz, *Die Bewegung der Production*,Zürich und Winterthur:Literarisches Comptoir, 1843, S. 5. [德]弗·威·舒尔茨:《生产运动》,李乾坤译,南京大学出版社 2019 年版,第 4 页。

和德国"真正的社会主义"的主要代表人物之一。舒尔茨嘲讽地写道:"……然而一切都走向了书斋中的运动,扬起了书斋里的灰尘,在这尘土之后,新哲学和旧神学一样拥有它布满云雾的天空,这云雾将这种哲学和人民大众相互遮蔽起来。"[1] 也就是说,赫斯的行动哲学在根本上只是"精神的活的行动",因而是脱离现实和人民的,因此它无法从糟糕的现实中引导出美好的未来。这是因为"在这样一个撕裂的时代里,一个哲学家能够被人民接受,正如一头骆驼穿过针眼一般困难"[2]。在这里,舒尔茨准确地抓住了赫斯的行动哲学中隐含的主观唯心主义实质。而这一批判同样适用于整个青年黑格尔派运动,其中就包括深受其影响的青年马克思。

在批判各种社会主义和共产主义激进思潮之后,舒尔茨宣布:"所有最年轻形态中的学说现在对我们都失效了,于是人们愈发迫切地要摆脱掉学派的每一种束缚和习惯,并最终再次将全部的生活认作老师,从而去探索是否可以通过生活现象的多样性而拷问出发展的简单规律。"[3] 舒尔茨进一步强调,"只有在现实中才有真理","只有在历史的反复摩擦和斗争中,正义才能打磨它的劈开了一切旧的和新的谬误的双刃执法剑"。[4] 在他看来,无论是赫斯的行动哲学还是傅立叶、蒲鲁东等人所宣扬的社会主义和共产主义,都没有接近真正的现实与历史,因而他们的理论和实践便不能代表真理与正义。这里,舒尔茨实现了一个重要的哲学方法论变革:他直接跨越了费尔巴哈、赫斯的人本学唯物主义而径直挺进到社

1　Wilhelm Schulz, *Die Bewegung der Production*, Zürich und Winterthur: Literarisches Comptoir, 1843, S. 7. [德]弗·威·舒尔茨:《生产运动》,李乾坤译,南京大学出版社 2019 年版,第 6 页。

2　Ibid., S. 7. 同上。

3　Ibid., S. 7. 同上。

4　Ibid., S. 7. 同上。

会唯物主义的深度,并在一定程度上将古典政治经济学的社会唯物主义推向历史的深处。

在此基础上,舒尔茨提出自己的国家理论和政治策略。舒尔茨指出:"上千次运动的生活自身已经在我们时代的事实和状况中创立了一种符合这个时代需要的国家学说。"[1]这里,舒尔茨基于社会唯物主义的世界观正确认识到当前的国家学说是源于历史发展和适应时代要求的产物。这一认识已具有历史辩证法的意蕴。换句话说,舒尔茨的最终目标就是在现实历史发展中探寻适应时代要求的新的国家理论。对此,舒尔茨的基本观点是:"国家是监督生产和消费的全部运行的最高机关;国家给予它方向,这个方向符合或有悖于时代的内容和发展的不同阶段,国家借此产生了正义和不义。因而为了使国家不断同时被规定和规定着,国家生活或者总的政治的生产必须遵循普遍的生产规律(Productionsgesetzen)。"[2]在我看来,舒尔茨的国家理论蕴含了丰富而深刻的理论与实践内涵:一方面,舒尔茨将国家看作规定和监督社会经济活动的最高机构,这显然是对黑格尔的"国家决定市民社会"观念的继承,这一观点从理论上针对的是以斯密为代表的古典政治经济学所倡导的自由市场和政府守夜人理论,而从实践上针对的正是以英国和法国为代表的现代市民社会的无序状态和阶级斗争。用瓦尔特·格拉布(Walter Grab)的话来说就是:"黑格尔关于国家是伦理观念的实

---

1 Wilhelm Schulz, *Die Bewegung der Production*, Zürich und Winterthur: Literarisches Comptoir, 1843, S. 7. [德]弗·威·舒尔茨:《生产运动》,李乾坤译,南京大学出版社 2019 年版,第 6 页。
2 Ibid., S. 9. 同上书,第 8 页。

现,作为总体社会的化身和支持者的崇高观点重新获得了生机。"[1]然而,格拉布没有认真辨识的是,舒尔茨强调国家的最高地位的理论根据不是黑格尔的伦理观念或绝对精神,而是客观的生产运动规律。另一方面,舒尔茨强调国家生活或政治生产必须遵循普遍的生产规律,国家是否与一定的时代内容和发展相适应决定了国家的正义与不义。因此,国家对市民社会的规定和监督必须符合生产运动的规律。这一观点在某种意义上已经蕴含了历史唯物主义视域中经济基础与上层建筑的历史辩证关系。因此,相对于此时的青年黑格尔派和青年马克思来说,舒尔茨率先从社会唯物主义的角度更深刻地颠倒了黑格尔的国家理论,力求将它从抽象的思辨天国拉回现实的尘世生活,为其奠定了科学的理论基础。也就是说,舒尔茨所要建构的国家理论是建立在现实生产及其发展变化规律之上的,因此,对于现实物质生产规律的探究便成为一项根本性的时代课题和任务。

2. 舒尔茨的物质生产理论及其独特理论贡献

1843 年出版的《生产运动》的第一章《物质生产》是全书最关键的一章。而这一章的主旨思想早在舒尔茨于 1840 年发表在《德意志季刊》上的文章《劳动组织的变化及其对社会状况的影响:以物质生产为目的的劳动组织》[2]中就已呈现了。在这一章中,舒尔茨不但确立了物质生产在人类社会历史发展中的基础性地位,从而确立了生产范畴的本体论意义,而且以生产力和物质生产组织

---

1 Walter Grab, *Ein Mann der Marx Ideen gab*: *Wilhelm Schulz*, *Weggefhrte Georg Büchners*, *Demokrat der Paulskirche*: *Eine politische Biographie*, Düsseldorf: Droste Verlag, 1979, S. 261.

2 Wilhelm Schulz, „Die Veränderungen im Organismus der Arbeit und ihr Einfluß auf die sozialen Zustände," *Deutsche Vierteljahresschrift*, 2. Heft, Stuttgart und Tübingen: J. G. Cotta, 1840, S. 20.

为线索梳理了人类历史发展的各个不同阶段,从而建立了一种基于客观的物质生产话语的历史哲学——在这个意义上,"舒尔茨提供了一条立足于现实物质生产的客体性向度"[1],而这正是我们重新进入马克思历史唯物主义之客体向度的理论激活点。对此,我们可以从以下几个方面来把握舒尔茨的理论贡献。

第一,舒尔茨将生产确立为理解人类社会历史的核心范畴,同时确立了物质生产对于人类社会历史的基础决定性作用。

我们知道,舒尔茨在批判赫斯行动哲学的唯心主义实质时,明确提出必须回到现实历史中才能发现真理和正义,即"只有在现实中才有真理","只有在历史的反复摩擦和斗争中,正义才能打磨它的劈开了一切旧的和新的谬误的双刃执法剑"[2]。而这里的"现实"与"历史"的核心内容就是"生产及其组织结构的变化"。不过,舒尔茨对于"生产"的理解具有独特的德国古典哲学的传统底色,但同时又赋予了实证的现实历史内容。具体来说,舒尔茨认为:"在最根本上,人的精神是大地之上最本真和最真实的原初生产者,它将所有生产的材料不断地占有,并将其不断地构造为(gestaltet)新的材料。内在的劳动本质上是创造性的,既包括艺术和科学的作品,也包括发明和操作的全部流程,它们在农业、行业和商业的领域决定了财富的产生。"[3]这一内在活动既指向精神财富的生产,也指向物质财富的生产,"人类创造的一个不可分的

1　张一兵:《舒尔茨与马克思历史唯物主义的来源》,《广西大学学报(哲学社会科学版)》2019 年第 2 期。

2　Wilhelm Schulz, *Die Bewegung der Production*, Zürich und Winterthur: Literarisches Comptoir, 1843, S. 7.

3　Ibid., S. 10. [德]弗·威·舒尔茨:《生产运动》,李乾坤译,南京大学出版社 2019 年版,第 9 页。译文略有改动。

过程就被描述为精神生产和物质生产两方面”[1]。这里,舒尔茨将"人的精神"看作"大地之上最本真和最真实的原初生产者"的观点可以从两个角度加以理解:一是人的精神生产和物质生产是人类特有的精神和智力发挥作用的表现,是人类的创造性本质力量的展现,这在一般意义上是合理的,并对于充分理解人类生产活动的主体向度具有积极意义。但是,如果这一观点缺失了历史唯物主义的理论前提,即人的精神活动是人类物质实践活动的产物,就会走向人本主义和主观唯心主义。二是这一观点是舒尔茨对黑格尔的绝对精神创化逻辑加以承袭和改造的结果。具体来说,舒尔茨将黑格尔的客观的绝对精神替换为主观的人类精神,将黑格尔的哲学概念"对象化"或"外化"置换为具有现实内容的"生产",同时,人类精神保留了"原初生产者"的地位。从这个角度来看,正如在黑格尔那里"对象化"概念是理解绝对精神创化过程的核心范畴,在舒尔茨这里,"生产"概念成为理解人类历史发展过程的核心范畴,物质生产和精神生产共同构成了人类创造过程即历史过程的一体两面。

值得注意的是,虽然舒尔茨在表述中经常将物质生产和精神生产并列,并强调两者具有同样的运动规律,但是在对人类历史不同生产发展阶段的叙述中,舒尔茨体认到物质生产对精神生产的基础性决定作用。譬如,舒尔茨在阐述人类历史发展的第二阶段时指出,在物质生产中,随着家庭分工向社会分工(农业、工业和商业的分工,城乡分工)的扩展,劳动工具的改进,不同手工业之间的分工形成特定的阶层、行会和同业公会,在市民社会中形成等级森

---

1 Wilhelm Schulz, *Die Bewegung der Production*, Zürich und Winterthur: Literarisches Comptoir, 1843, S. 10.

重读马克思:工艺学语境中的哲学话语

严的社会制度,进而形成特定的阶层观念和狭隘偏见。同时,随着资本的积累,所有制产生。物质需求的满足,促使个人能够从事精神劳动,于是真正出现物质生产和精神生产的对立,进而产生特定的神职人员、宗教和法律制度等等。舒尔茨强调:"立法——因其本质的规定始终是必要的——必须符合社会内容中的变化,人民生活的现实自身创造了其法律和规则,而非相反。"[1] 这些都充分表明,物质生产对于精神生产和人类历史过程的基础决定性意义。实际上,早在 1840 年在《德意志季刊》上发表的文章《劳动组织的变化及其对社会状况的影响:以物质生产为目的的劳动组织》中,舒尔茨开篇就提出了一句振聋发聩的警句:"**人们做什么,他们就将成为什么**(Die Menschen werden,was sie thun)。"[2] 这里的"做"显然不是个体经验层面的行为,而是社会历史层面的生产特别是物质生产。也就是说,舒尔茨已认识到物质生产对于人的本质和历史性存在方式的塑造所具有的决定性意义。这已接近于马克思恩格斯在《德意志意识形态》中所确立的人们的一定的生产方式决定一定的生活方式和存在方式——不过,舒尔茨强调的是"做什么(Was)"或"生产什么(Was)",而马克思则强调的是"如何生产(Wie)"。虽然舒尔茨在具体分析中实际表达的是"Wie"的含义,但马克思更准确地提炼和表达出来。在此基础上,他宣告了自己的基本观点:人和自然之间的辩证法,并非如黑格尔所说的在思维中发生,而是存在于活动、劳动、物质生产,以及建立在物质运动

1　Wilhelm Schulz, *Die Bewegung der Production*, Zürich und Winterthur: Literarisches Comptoir, 1843, S. 51. ［德］弗·威·舒尔茨:《生产运动》,李乾坤译,南京大学出版社 2019 年版,第 52 页。

2　Wilhelm Schulz, „Die Veränderungen im Organismus der Arbeit und ihr Einfluß auf die sozialen Zustände," *Deutsche Vierteljahresschrift*, 2. Heft, Stuttgart und Tübingen: J. G. Cotta, 1840, S. 20.

之上的精神生产之中。随着生产力的提高和分工的发展，就产生了私有财产、社会分化、民族、国家和由"社会内容"所决定的公共权力。[1] 而这一认识已跨过了马克思恩格斯在 1845 年的《神圣家族》中所确立的"粗糙的物质生产"而逼近《德意志意识形态》中的唯物史观。

第二，舒尔茨在继承和拓展斯密分工理论的基础上将分工确立为理解社会历史发展规律的核心原则。

舒尔茨深刻指出，政治经济学和空想社会主义"只关注生产和消费的物质方面"，"只关注物的世界（Sachenwelt）和产品的堆积，以及工商业的扩张，而始终没有能下决心在人类本质自身中来研究生产的本质"[2]，从而忽视了"在一种由内而外合规律发展的行动组织的历史的活生生联系中"所蕴藏的"自然发生的东西（das Naturwüchsige）"[3]。这种黑格尔式的"第二自然"意义上的"自然发生的东西"就是舒尔茨努力从历史和统计学角度所探究的物质生产或劳动组织的发展规律，即分工。对此，舒尔茨指出："那种运动的规律，自亚当·斯密以来，已经借由'分工（Theilung der Arbeit）'一词被大众所了解了。然而，人们谈论一种结构（Gliederung）是比仅仅讨论一种划分（Theilung）更为正确，因为生产活动（producierenden Tätigkeiten）的每种新的扩展已经产生了新的联系。从而伴随着对这种关系（Verhältnis）的理解，一种生机勃勃的前进的生产组织的观念进入意识中。扩展（Entfaltung）

---

1   Walter Grab, *Ein Mann der Marx Ideen gab: Wilhelm Schulz, Weggefhrte Georg Büchners, Demokrat der Paulskirche: Eine politische Biographie*, Düsseldorf: Droste Verlag, 1979, S. 257.

2   Wilhelm Schulz, *Die Bewegung der Production*, Zürich und Winterthur: Literarisches Comptoir, 1843, S. 57. ［德］弗·威·舒尔茨：《生产运动》，李乾坤译，南京大学出版社 2019 年版，第 57 页。

3   Ibid., S. 8. 同上书，第 7 页。

和再次结合(Wiederverbindung)的同一进程也在精神创造的广阔领域里被探寻。"[1] 可见,斯密的分工理论构成了舒尔茨的重要理论资源。但舒尔茨并不满足于斯密仅仅从划分的角度来理解分工,而是强调分工不仅是一种划分,更是一种结构、一种发展和再联合,从而构成了一种"生机勃勃的前进的生产组织",因此,"物质的生产运动可以被视作一种扩展"[2]。这里,舒尔茨对斯密的分工概念做了三个方面的重要推进。

(1) 相对于斯密的经验直观的分工(无论是工场内部分工,还是社会分工),舒尔茨赋予了分工以新的内涵,即内在生成性的发展维度,从而具有了一种历史发生学的意义。当然,这一规定决不是一种纯粹的抽象逻辑设定,而是来源于舒尔茨基于丰富翔实的历史学、经济学和统计学资料对人类现实历史过程的深入研究而得出的。正是在这个意义上,舒尔茨弥补了斯密分工理论的有限历史性视域,将分工提升为贯穿整个人类历史发展过程的普遍规律,从而将分工从单纯的经济学范畴提升为一种历史哲学范畴。

(2) 相对于斯密将分工理解为一种简单的划分,舒尔茨则强调分工是一种结构(Glieberung),而且是发展和再联合着的结构。这里的"Glieberung"既有"划分"的意思,也有"结构"的含义:这表明,舒尔茨既保留了作为"划分"的分工这一基本含义,又重在突出作为"结构"的分工的深刻内涵,因此,分工就是一种基于划分而又不断发展和再联合的结构。分工作为一种结构即是生产组织或劳动组织的结构甚至社会组织结构。对此,舒尔茨是从"生产活动的

1　Wilhelm Schulz, *Die Bewegung der Production*, Zürich und Winterthur: Literarisches Comptoir, 1843, S. 9. [德]弗·威·舒尔茨:《生产运动》,李乾坤译,南京大学出版社 2019 年版,第 8 页。

2　Ibid., S. 75. 同上书,第 75 页。

每一种新发展都会产生相应的新的结合（Verbindungen）"这一规律性视角而思考的。这里的"Verbindungen"同样具有双重含义：一是"连接、结合"之意，二是"联系、联络"，两者在本质上都表达了一种关系性存在。因此，作为生成性结构的分工就蕴含了社会总体结构的基本框架，即生产活动及其相应的社会关系，即生产力和社会关系的维度，而且在这种社会历史结构中，生产力的进步决定着社会关系的发展。实际上，在斯密那里，分工就已经成为勾连生产力和交换关系（社会关系）的纽带，而舒尔茨进一步将这一认识框架做了重要推进：一是将分工看作一种由内而外地贯穿于发展着的活动组织的内在规律，从而在根本上将分工提升为贯穿于社会历史各个领域的普遍原则——从直接生产领域的劳动分工与机械发明到社会生产领域的社会分工与社会联系，以及由此产生的上层建筑领域的等级制度、所有制、宗教和政治制度乃至精神活动及其产物（语言、文字、艺术等等）；二是舒尔茨纠正了斯密基于特定的历史阶段和有限的历史视域而形成的交往决定分工和生产力的片面认识，从现实历史出发重新确立了物质生产（生产力）对于社会关系的基础决定性地位。若想准确地理解这一点，就需要结合舒尔茨以分工为线索对人类社会历史发展阶段的具体分析。譬如，在处于人类历史第一阶段的原始民族中，首要的社会组织形式是家庭及其自然分工，人手几乎是唯一的劳动工具，因此只能从事手工劳动，直接从自然中获取所需物品。因此，人们只能根据特定的自然条件、通过简单协作进行单一的谋生活动（Erwerbstätigkeit），比如捕鱼、狩猎、采摘等。在这种单一而稳定的生活方式（Lebensweise）中就形成一种单一的支配性的习俗，统治着一切社会关系（sociale Verhaeltnisse），发挥着宗教、道德和法律的功能。到了人类历史的第二阶段，人类开始拥有固定的居所，并以农业耕作为主要谋生

　　　　　　　　　　　　重读马克思：工艺学语境中的哲学话语

活动。农业的发展促进工业和商业的产生,于是,分工超出家庭自然分工而在更大范围内获得发展,出现农业、工业和商业的分工。同时,劳动工具得以改进,促进农业和手工业的多样化和专门化。在手工业中,出现不同行业之间的分工,进而形成特定的专门知识、阶层、行会和同业公会,以及相应的习惯、权利、利益和技艺传统。这些传统的传承与发展促使市民社会形成一种等级森严的社会制度、特定的阶层观念和狭隘偏见。物质生产的发展促进资本的积累和所有制的产生。物质需求的满足,为精神劳动提供了基础,于是形成物质生产和精神生产的对立和分工。而精神生产的产物就是宗教及特定的神职人员、立法和政治制度等。舒尔茨还以印度、中国、日本为例具体说明了在依赖粗陋工具和长期训练而获得的技艺的手工业生产中,技艺的传承和职业的社会分工建构起整个社会的等级制度(种姓制度)、宗教和法律制度。在第三阶段,即工场手工业阶段,舒尔茨准确认识到无数人手为同一生产目的而基于手工劳动的最大程度分解所进行共同活动即劳动分工构成了工场手工业的显著标志,并列举了大头针制造工场中的分工的例子。[1] 而到了以机器生产为标志的第四个阶段,舒尔茨指出:"这种持续的分工走向了一种完善的机器(Maschinenwesen)的应用,在此之上就进入了利用机器的、真正的、生产制造。"[2] 各种谋生活动通过分工而被简化为最简单的工序,并被由自然力推动的机器所替代,从而减轻了人的体力劳动——这里,舒尔茨依然延续了斯密、拜比吉等人从分工角度理解机器发明和机器生产的单一

---

[1] Wilhelm Schulz, *Die Bewegung der Production*, Zürich und Winterthur: Literarisches Comptoir, 1843, S. 37. [德]弗·威·舒尔茨:《生产运动》,李乾坤译,南京大学出版社 2019 年版,第 38 页。

[2] Ibid., S. 37.

思路。总之,在舒尔茨这里,**分工作为一种发展和再联合的结构而内在地蕴含了生产力和社会关系的双重维度——这正是潜存于斯密、拜比吉等人的头脑中而没有清晰阐明的"泛分工论"得以可能的内在机理,从而成为剖析社会历史的结构性变迁的一个核心构件。**而这也在一定程度上为马克思恩格斯创立科学的历史唯物主义世界观提供了一种重要的分析范式。

(3) 在上述分析中,我们已涉及舒尔茨对分工的第三个重要规定,即相对于斯密只强调分工的"划分",舒尔茨更加关注分工的联合或协作,并将其理解为生产力的重要来源。我们通常认为,德国资产阶级经济学家李斯特是第一个批判斯密的分工理论并强调从分工的联合或协作角度来理解生产力的思想家。实际上,舒尔茨早在 1840 年即李斯特的《政治经济学的国民体系》(1841)出版的前一年就在《劳动组织的变化及其对社会状况的影响》一文中率先提出了类似的观点,即"这种发展规律就是劳动的分解(Zerlegung)或者所谓的劳动分工(Theilung der Arbeit)。它绝不只是应用于物质生产活动领域,而是更多地应用于精神创造力(der geistig schaffenden Kräft)的领域,特别是政治领域。然而,人们谈论一种劳动结构(einer Gliederung der Arbeit)要比只谈论一种劳动分工(einer Theilung der Arbeit)更加准确,因为生产活动的每一次新的发展都会产生新的联合(Verbindungen),并同时将这种新的联合作为前提。因而,通过对这种关系的理解,一种关于前进的社会劳动组织的观念便被意识到了"[1]。舒尔茨在《生产运动》中继续保留和发挥了这一观点,并将"发展和再联合"规定为

---

1   Wilhelm Schulz, „Die Veränderungen im Organismus der Arbeit und ihr Einfluß auf die sozialen Zustände," *Deutsche Vierteljahresschrift*, 2. Heft, Stuttgart und Tübingen: J. G. Cotta, 1840, S. 20 - 21.

结构性的分工的实质内涵,而"发展和再联合"就蕴含了劳动的联合或协作维度。而这在对工场手工业分工的分析中表现得更为明显。舒尔茨指出:"当手工活动被最大程度地分解,同时无数人手为了同一生产目的而进行活动时,人们就进入工场手工业时代。"[1]在这一历史阶段,人们越来越认识到不断发展的劳动分工和社会联合的优势:无数人手为了共同目的而相互合作,从而极大促进生产力的提高。比如,制针工场中的劳动分工大大提高了产量和效率。而且,分工的联合促进生产力的发展在更广泛的范围内显现出来:"借助于人的意志和劳动的不断分化(Gliederung der Arbeit),以及工具和工艺的不断完善,通过劳动向其最简单的元素的分解和无数双手为了共同的生产目的而进行的分工(Zerlegung der Arbeit),归根结底,通过人的精神和外在自然之间的分工(Vertheilung der Arbeit)而实现对盲目的自然力的不断征服",从而促使"生产力更广泛地结合起来,这既表现在农业的不同分支的有益结合,也表现在工商业的各企业中的更大数量和更多种类的人力和自然力的最大程度的结合,甚至表现在个别地方中主要生产部门之间的密切结合"。[2] 总之,分工所蕴含的联合协作与共同活动构成生产力发展的重要源泉。而这同样构成了马克思在《德意志意识形态》中从基于分工的共同活动方式角度来理解生产力的重要灵感来源之一。

第三,舒尔茨将生产资料确立为划分物质生产发展阶段的衡量标准,并初步阐述了生产力发展的基本规律。

1　Wilhelm Schulz, *Die Bewegung der Production*, Zürich und Winterthur: Literarisches Comptoir, 1843, S. 37. [德]弗·威·舒尔茨:《生产运动》,李乾坤译,南京大学出版社 2019 年版,第 38 页。译文略有改动。

2　Ibid., S. 40. [德]弗·威·舒尔茨:《生产运动》,李乾坤译,南京大学出版社 2019 年版,第 40—41 页。译文略有改动。

在对人类社会历史发展阶段的分析中,除了居于主导地位的分工原则,舒尔茨同样认识到生产工具或生产资料在社会历史发展中的重要地位和作用。舒尔茨指出:"物质的生产运动可以被视作一种扩展(Entfaltung)。从人最初只将双手当作器官(Organ)和工具(Werkzeug)的状态 …… 到趋向于最精巧的机器(künstlichste Maschine),其中每一个阶段都是以这样一种方式(Art)过渡到下一个阶段的,即每一较低阶段都将成为一种较高阶段的基础,而无需被扬弃(aufgehoden)和消灭(vernichtet)。"[1]这段文字包含了两个层面的重要内容:一是物质生产的发展主要表现为生产资料的发展,即从人手到最精巧机器的发展。因此,生产资料就成为衡量物质生产发展的重要标准,这一思想接近于马克思后来所说的劳动资料是衡量社会生产力的指示器。具体而言,舒尔茨正确地认识到,人与自然的关系就如同孩子和母亲的关系:人的自身能力越弱小,人就越依赖于自然。而人要想获得独立和自由,不是通过斩断同自然的联系,而是通过学会利用自然力来不断提高自身的生产能力、建立和完善社会结构而实现的。而在征服和利用自然力来提高生产力的过程中,生产资料无疑是最为直接和首要的。因此,舒尔茨以生产资料为标准指出,农业、工业和商业都经历了手工劳动、工具、工场和机器四个发展阶段。比如,工业的发展经历了凭借人手直接获取自然产品的阶段、借助各种工具进行生产的阶段、以分工为基础的工场手工业阶段和利用机器进行生产的阶段。这表明,舒尔茨已认识到生产资料对于物质生产发展的重要意义,进而将历史分析视域推进到直接物质生

1　Wilhelm Schulz, *Die Bewegung der Production*, Zürich und Winterthur: Literarisches Comptoir, 1843, S. 75. [德]弗·威·舒尔茨:《生产运动》,李乾坤译,南京大学出版社 2019 年版,第 75 页。译文略有改动。

产领域。这也构成了在主导性的分工逻辑支配下的一条分析社会历史发展的从属逻辑。窃以为,这条隐性的生产资料—生产方式逻辑具有独特的理论意义,即它为冲破"泛分工逻辑"所主导的历史分析方法的形而上学统治和揭示资本主义生产方式的历史特殊性提供了可能。具体而言,从舒尔茨对工业发展的四个阶段的划分就可以看出,以分工为基础的工场手工业这一生产方式并不完全归属于生产资料的范畴,而工场内部分工是这一物质生产阶段的显著特征。之所以指出这一点,并不是为了证明舒尔茨的逻辑不一致性,而是为了表明舒尔茨无意中指认了工场手工业分工作为一种生产方式的历史特殊性。因此,从直接生产领域出发对物质生产的历史分析就成为真正揭示资本主义社会的秘密的正确打开方式。当然,舒尔茨只是无意识地触及这一点,而马克思直到《哲学的贫困》中才开始认识到它的重要方法论意义。

二是以生产资料的发展为标志的物质生产发展具有历史阶段性,而前后相继的生产发展阶段具有生产资料上的继承性,即高级阶段的生产资料不是通过消灭和扬弃低级阶段的生产资料,而是通过对低级阶段的生产资料的继承和发展而实现的。比如,工具比人手更高级,但工具并不能决定双手的灵活性,而只是为使双手变得灵巧提供前提;机器不能废除工具,而是包含着各种简单工具的要素。也就是说,低级阶段的生产资料构成了高级阶段的基础和萌芽,而高级阶段蕴含了低级阶段的因素。因此,"即便是在那种最为粗陋的状态中也可以发现一系列典型的(vorbildlich)人造工具(künstiger Instrumente)"[1]。实际上,在这里,舒尔茨深刻指

---

[1] Wilhelm Schulz, *Die Bewegung der Production*, Zürich und Winterthur: Literarisches Comptoir, 1843, S. 75. [德]弗·威·舒尔茨:《生产运动》,李乾坤译,南京大学出版社 2019 年版,第 75 页。译文略有改动。

出了生产力发展的历史继承性和辩证性:前后相继的生产力发展阶段之间不是彻底的断裂关系,而是辩证的历史继承性关系。这对于马克思认识生产力的历史辩证性和继承性产生重要影响,即每一阶段的生产力是以往的世世代代的生产力继承和发展的结果,从而为马克思后来批判费尔巴哈的感性直观、确立历史性的感性活动提供了重要参照。

第四,舒尔茨在社会唯物主义历史观上的诸多理论创见。

首先,舒尔茨认识到劳动作为一种物质生产方式所具有的特定历史性和总体结构性。舒尔茨指出:"人在解决社会任务(socialen Aufgaben)的探索中,因为主要受到物质困难(materiellen Noth)的阻碍,所以首先只看到了生产和消费的物质方面……人们甚至还是不能把握物质生产(die materialle Production)的全部过程。人们更多只是强调了这一过程的一个环节,它作为劳动产生了将社会交换(gesellschaftlichen Austausche)容纳进自身的商品(Güter),由此,特殊的劳动工具(specielle Instrumente der Arbeit)得到了证明。"[1]这里,舒尔茨认为,人们由于主要受物质利益难题的困扰,因此在探索社会历史规律时,只会考虑生产和消费的物质方面。但即使在物质力量层面,人们也尚未把握物质生产的全部过程,而只是抓住了其中的一个特定环节,即劳动。在我看来,这一不动声色的批评是直指政治经济学的,而这里的"劳动"应该暗示着斯密的一般劳动。要想理解这一点,需要结合舒尔茨对整个政治经济学思想史的理论定位。舒尔茨认为,重商主义的实质在于将一国具有一定优势的单一生产部门(即商业)给予特殊的

1　Wilhelm Schulz, *Die Bewegung der Production*, Zürich und Winterthur: Literarisches Comptoir, 1843, S. 8. 〔德〕弗·威·舒尔茨:《生产运动》,李乾坤译,南京大学出版社 2019 年版,第 7 页。

重视和强调,因而是一种个别化的体系;重农主义的贡献在于将原初生产即农业劳动看作产品的普遍来源,实现了一种从特殊性向普遍性的过渡和进步,从而为国民经济学奠定基础;而斯密则把握了工业体系,将一般劳动(die Arbeit überhaupt)看作一切生产的共同因素和出发点,并确立了一切生产力(producirenden Kräfte)的自由竞争,从而在实践上否定了中世纪以来的劳动体系即固定的等级森严的手工业行会制度——这一思路正是我们从古典政治经济学思想史的角度理解斯密的"一般劳动"之理论意义的解读理路。不过很明显的是,舒尔茨的"劳动"概念并非斯密在社会分工和劳动价值论意义上所说的一般劳动或劳动一般,而是从物质生产史的角度所说的作为"物质生产的特定环节"的劳动,它既生产包含着社会交换关系的商品,也确证特殊的劳动工具。这表明,舒尔茨从物质生产史的角度确立了劳动的历史特殊性和总体结构性。就前者而言,舒尔茨打破了斯密以一般劳动的认识论构境所建构的资本主义生产方式的自然性和永恒性,而从历史观的角度揭示了斯密的一般劳动所具有的特定历史性。当然,此时的舒尔茨还没有将斯密的一般劳动的历史特殊性与工场手工业分工真正联系起来考虑。即便如此,这一认识在当时的同时代思想家中已然是非常深刻的。马克思直到 1846—1847 年才通过确认工场手工业分工的历史特殊性达到这一点。就后者而言,舒尔茨率先明确而深刻地指认了社会物质生产的总体结构,即生产率与消费率、特定的生产方式和特定的消费方式的相互决定关系,以及由此建构起来的个人与社会的辩证关系。具体来说,舒尔茨认识到,劳动作为特定的物质生产方式包含着两个层面:一方面,劳动是包含着社会交换关系的商品的源泉,即斯密所确立的劳动价值论。不过,在这里,舒尔茨更深刻地指认了商品的物质形式(物质产品)和社会形式（交换关系），即商品不但是一种物，而且蕴含着社会交换关系。因此，劳动或物质生产作为商品的源泉对于物质财富和社会交换关系来说就具有了决定性作用，这无疑是对政治经济学所做的重要哲学提升。另一方面，劳动作为特定的物质生产方式是与特殊的劳动工具紧密相联的，正是特定的生产方式使特殊的劳动工具得以确证。换句话说，劳动工具与生产方式在很大程度上具有同构性，因此，劳动工具成为衡量生产方式和物质生产的指示器。基于这样的考虑，舒尔茨在阐述物质生产发展史时将其划分为手工劳动、工具、工场和机器四个阶段。基于对劳动所包含的商品交换关系和劳动工具的分析，舒尔茨提出了深刻的社会唯物主义观点，即人们应该研究"生产率和消费率是如何相互决定的，以及在此基础上每种特定的生产方式（jede besondere Productionsweise）如何通过特定的消费方式被决定"，而这恰恰构成了"活生生的个体性（Individualität）的全部政治意义和社会意义"[1]。在我看来，这一观点是极具思想史意义的。我们知道，政治经济学的社会唯物主义历史观已蕴含了历史唯物主义的某些要素，比如生产与消费的相互关系问题，但这些思想灵光还主要是隐含在政治经济学的整体言说语境中。而舒尔茨的重要贡献就在于借助德国思想家特有的思维抽象力以凝练的术语将古典政治经济学的思想内核提升到历史哲学的高度，即特定的生产方式（besondere Productionsweise）与特定的消费方式的决定性关系。据笔者考证，这里出现的德语语境中的生产方式（Productionsweise）概念并非舒尔茨的独创，至少在19世纪二三十年代的德国经济学和工艺学著作中就已出现

1　Wilhelm Schulz, *Die Bewegung der Production*, Zürich und Winterthur: Literarisches Comptoir, 1843, S. 8. ［德］弗·威·舒尔茨：《生产运动》，李乾坤译，南京大学出版社2019年版，第7页。译文略有改动。

这一概念。但是，就目前来看，**从社会历史发展的角度探讨特定的生产方式与特定的消费方式的内在关系这一提问方式和方法论视域却是舒尔茨率先提出的**。这里的"特定的"显示出一种具体的历史的方法论，同马克思的历史唯物主义所强调"一定的"和"特定的"具有方法论和历史观上的相似性。而且，综合上述概念和思路来看，舒尔茨科学抽象出了社会历史发展的两条相互规定的线索："劳动—劳动工具—（特定的）生产方式"和"商品—社会交换关系—（特定的）消费方式"，这几乎是马克思恩格斯在《德意志意识形态》中所提出的生产力与交往形式的关系的萌芽。当然，必须承认的是，舒尔茨的思路中仍然保留了政治经济学的痼疾，譬如，他所追问的"特定的生产方式是如何被特定的消费方式所决定的"就是一个明显的例证。在此基础上，舒尔茨进一步指出，正是由于忽视了特定的生产方式和消费方式及其相互关系，因此，"人们在这上面忽略的恰恰是活生生的个体性（Individualität）的全部政治意义和社会意义"[1]。也就是说，特定的生产方式和消费方式及其相互关系决定了单个人的政治意义和社会意义，这就在社会历史观的层面上触及了个人与社会的辩证关系问题，而这也是马克思在《提纲》第六条中以更为凝练科学的语言所说的"人的本质在其现实性上是一切社会关系的总和"。

第五，**舒尔茨对资本主义生产方式的历史作用的正确肯定和对其种种弊端的深入批判。**

舒尔茨对于作为历史发展最高阶段的机器大工业的积极作用给予了正确的分析和肯定，主要表现在：(1) 工厂中机器体系的使

1　Wilhelm Schulz, *Die Bewegung der Production*, Zürich und Winterthur: Literarisches Comptoir, 1843, S. 8. 同上书，第 7 页。译文略有改动。

用几乎免除了工人单调机械的片面劳动,提高了工人劳动的实用性、灵活性和多样性,使工人可以轻松自由地从一种活动转向另一种活动,从而有效改善了工人的精神和肉体的健康状况。这一描述非常类似于尤尔关于自动工厂中机器体系废除分工、促进工人自由发展的描述。(2)劳动组织方面的进步或者生产力的提高为普通大众赢得进行精神创造和享受的自由时间,从而拓展了人们自由发展的空间。马克思在《1857—1858 年经济学手稿》的"机器论片断"中表达了类似的观点。同时,舒尔茨也认识到,由于财富分配受盲目的不公正的偶然性支配,因此,"尽管因机器改进而节省了时间,工厂中奴隶劳动的时间对多数居民来说却有增无减"[1]。这里,舒尔茨尚未深刻认识到这一现象的根本原因在于资本主义生产关系。(3)机器大工业对于女性的就业以及由此带来的经济地位、婚姻家庭和社会地位产生积极影响。舒尔茨指出,在工业化较高的国家,女性的就业范围不断扩大,从而获得更加独立的经济地位,促进男女在社会关系上的平等,守旧的传统习俗受到冲击,特别是女性在婚姻家庭关系中具有更加独立的地位,从而产生了积极的伦理意义和社会意义。(4)机器大工业促进不同生产部门和不同行业之间的协作和融合,有效消除了城市和农村在生活方式、教育水平等方面的巨大差别。舒尔茨强调:"'粗陋的共产主义'要以火和剑消灭城乡之间的尖锐对立,生产运动正以其自由的、和平的方式来达到。"[2]也就是说,舒尔茨反对共产主义者主张的暴力革命,而相信生产发展本身能够自行解决自身的问题。

1　Wilhelm Schulz, *Die Bewegung der Production*, Zürich und Winterthur：Literarisches Comptoir, 1843, S. 68.［德］弗·威·舒尔茨:《生产运动》,李乾坤译,南京大学出版社 2019 年版,第 68 页。

2　Ibid., S. 27. 同上书,第 27 页。

重读马克思:工艺学语境中的哲学话语

舒尔茨从同情工人阶级的立场上深刻揭露了资本主义机器大工业对工人所造成的消极影响,这主要表现在:(1) 机器的资本主义应用虽然促进了物质财富的极大丰富,但也造成了严重的贫富差距拉大,贫富对立日趋尖锐。而且,随着生产总量的增长,需求和欲望随之提高,导致绝对贫困减少,而相对贫困增加,大多数人陷入贫困。因此,那种认为社会一切阶级的平均收入都增长的认识是不符合事实的,现代统计学和政治学以平均计算来掩盖社会矛盾的做法无疑是自欺欺人。舒尔茨形象地批判道:"当代政治学总是通过统计学家而不断使肚子、后背和四肢平均化,从而证明整体上的兴旺繁荣,却忽视了局部的萎缩和畸形。"[1] (2) 机器的资本主义应用通过延长劳动时间、提高劳动强度等方式加深对工人阶级的剥削。譬如,在英国的棉纺织业中,自从使用机器以来,工人的劳动时间由于工厂主的追逐暴利而增加到每日 12—16 小时。同时,机器的引进也提高了工人劳动的精神紧张程度。(3) 机器生产将人变成机器,对人的精神和肉体造成极大损害。舒尔茨看到,分工的单调重复操作对于人的肉体和精神造成很大损害。而机器就是用来承担由复杂的手工劳动分解而来的简单操作的,机器生产的同一性和规律性使辅助机器的人变成机器。而在机器生产的早期阶段,机器操作和大量人手的简单分工还处于相结合的状况,因而对人的损害更加明显。舒尔茨强调,"人们借助机器来劳动(die Menschen durch Maschinen)和人们作为机器来劳动(als Maschinen arbeiten)"[2] 存在着巨大差别。特别是针对工厂劳动对

1　Wilhelm Schulz, *Die Bewegung der Production*, Zürich und Winterthur: Literarisches Comptoir, 1843, S. 69. [德]弗·威·舒尔茨:《生产运动》,李乾坤译,南京大学出版社 2019 年版,第 66 页。译文略有改动。

2　Ibid. , S. 69. 同上书,第 69 页。

童工的严重摧残,舒尔茨愤慨地批判这种现象是"一种最可耻的犯罪",是"将国家的未来毒害在萌芽中"。[1] 舒尔茨对资本主义机器大工业的批判正是马克思在《巴黎手稿》中所摘录的主要内容,构成了马克思从人本主义异化劳动视域出发批判资产阶级私有制的理论材料。

3. 舒尔茨物质生产理论的内在缺陷

虽然舒尔茨在对物质生产运动规律的探讨中提出了许多重要的理论创见,在很多观点上成为同时期的青年马克思和其他激进思想家的思想先行者。但是,舒尔茨的思想深处仍然存在着严重的理论缺陷。

第一,"历史的和唯物的,却不是历史唯物主义的"[2]。如果以同时代的德国历史学派经济学家李斯特为参照,我们会看到,李斯特的生产力理论同样将"历史"放在最重要的地位,但他的"历史"在本质上只是历史学意义上的历史,或者说是一种经验历史主义,而未达到历史唯物主义的高度。舒尔茨虽然在诸多方面要比李斯特更接近历史唯物主义,但他对人类历史发展的四个阶段的论述在根本上仍然是一种经验的线性描述,即只是描述了不同历史阶段的分工程度、生产资料和生产方式,以及由此形成的劳动组织和社会制度等,而尚未深入剖析不同历史阶段是如何过渡和质变的。这种历史观的最终结果便是论证了现有历史阶段的生产方式和社会制度的合理性和必然性,因而是历史发展的最高阶段,无法辨识资本主义机器大工业的历史特殊性,从而最终陷入无法逾越的资

---

[1] Wilhelm Schulz, *Die Bewegung der Production*, Zürich und Winterthur: Literarisches Comptoir, 1843, S. 71. [德]弗·威·舒尔茨:《生产运动》,李乾坤译,南京大学出版社 2019 年版,第 71 页。

[2] 唐正东:《从斯密到马克思:经济哲学方法论的历史性诠释》,江苏人民出版社 2009年版,第 175 页。

产阶级唯心史观。

第二,将分工确立为人类历史发展叙事的主导逻辑,陷入"泛分工论"的窠臼。如果斯密是"泛分工论"的始作俑者,那么舒尔茨则在将分工提升为贯穿人类社会历史发展的普遍规律的意义上把"泛分工论"推向极致,而马克思恩格斯在初步创立历史唯物主义基本原理时以分工逻辑来分析社会历史发展阶段和生产力与交往形式的矛盾在很大程度上恰恰是与舒尔茨的叙述逻辑极为相似的。因此,在这个意义上,使马克思陷入"泛分工论"窠臼的"罪魁祸首"是舒尔茨,而不是斯密。

第三,从分工和动力来源的角度来分析机器的产生以及工具与机器的关系问题。一方面,舒尔茨仍然延续了斯密和拜比吉等人从分工—劳动简化—工具简化的角度理解机器的产生。实际上,这只是机器产生的条件之一,而且具有特殊的历史性。因而,舒尔茨对于机器的产生尚未形成全面科学的认识。另一方面,舒尔茨从动力类型角度对工具和机器进行区分,认为使用人力的属于工具,使用畜力、自然力等外力的就属于机器。这种划分标准延续了拜比吉的观点,对此,马克思后来在《资本论》中专门做了批判。

第四,保守的资产阶级国家理论和政治主张。虽然舒尔茨尖锐批判资本主义机器大工业对无产阶级造成的严重危害,批判资产阶级剥削所造成的分配不均和贫富分化,但他将这些弊端都归结为资产阶级自由竞争体系,而未认识到它们的根源在于资本主义私有制关系,即生产资料私有制导致生产资料与劳动者的分离。因此,舒尔茨反对无产阶级和社会主义运动的暴力革命策略,而主张依靠国家的外部力量和政治改革来解决社会矛盾、实现共同富裕。这体现了舒尔茨对未来表现出的一种幼稚的乐观主义态度。他忽视了国家的阶级本质及其必然的压迫剥削实质。在根本上,国家只是一定历史阶段中特定的私有制生产方式的产物。因此，国家与一定生产规律的相互关系只适用于一定的历史阶段。当舒尔茨强调国家必须同普遍的生产规律相适应时，他的隐性逻辑前提是国家同生产规律或生产运动具有同样的普遍性和永恒性，或者说，他只强调了国家和生产运动的过去与现在的历史阶段性，而未预见国家本身的历史阶段性和未来消灭国家的可能性。1848年革命的失败使他的资产阶级知识分子的幻想彻底破灭。

第二节
政治经济学语境中的"工艺学研究"及其人本学解读

据考证，马克思的《巴黎笔记》写于 1843 年 10 月到 1845 年 1 月之间。在此期间，即从 1844 年 5 月底 6 月初到 8 月，马克思撰写了囊括三个笔记本的《1844 年经济学哲学手稿》（以下简称《1844 年手稿》）。因此，它们构成了理解这一时期的马克思思想的一个不可分割的整体。尽管此时马克思的焦点研究对象是古典政治经济学，但正如工艺学的诸多要素和概念最先是在古典政治经济学中得以表述，马克思在政治经济学研究中也初次遭遇到这些工艺学要素、概念与观点，譬如分工、机器、生产力、工业等等。因此，这还不属于严格的工艺学研究。而从理论视域来看，费尔巴哈的人本学唯物主义和赫斯的人本主义异化批判逻辑无疑构成了马克思初次面对政治经济学和工艺学要素的显性方法论支撑。尽管这种哲学人本学视域同舒尔茨的社会唯物主义视域相去甚远，但或许因为赫斯在《论货币的本质》中对舒尔茨加以批评，马克思还是关注到舒尔茨，并在《1844 年手稿》中大段引用了他的《生产运动》一书。文本分析表明,舒尔茨对此时马克思的复调式逻辑演进产生了重要的潜在影响。总之,虽然此时马克思并未对工艺学内容给予足够重视,也无法真正把握舒尔茨思想中的深刻社会唯物主义内涵,但透过马克思对工艺学要素的人本主义异化批判分析,我们可以更细致地把握马克思的整体言说语境和复调逻辑变迁。

一、人本学视域中的分工、机器和生产力

我们知道,在政治经济学的语境中,分工、机器和生产力概念是紧密联系在一起的概念群,共同构成了政治经济学讨论财富生产问题的基础性概念。但在很大程度上,政治经济学家们对于这些概念所对应的现实生产过程及其内在原理只是停留在一知半解的层面,或者说,只是抓住了某些方面。因此,在整个政治经济学的言说语境中,分工、机器(包括工具)、生产力等概念还主要停留在概念层面,因而只是在必要的时候才偶尔出场。这或许是马克思在整个《巴黎笔记》时期对于分工、机器、生产力等概念谈论相对较少的一个重要原因。而此时马克思的无产阶级立场和占支配地位的人本学异化批判话语更是让他对分工、机器、生产力等持一种否定的态度。由于马克思在笔记和手稿中对分工、机器、生产力的摘录和评注非常分散,因此,我们将分别加以论述。

就分工问题而言,马克思在《巴黎笔记》中主要是以沉默的摘录或概述为主,这同马克思首次面对政治经济学时所表现出来的失语状态是一致的。[1] 不过,从他偶尔对分工问题所发表的几处

---

1 张一兵:《回到马克思:经济学语境中的哲学话语》,江苏人民出版社 2013 年版,第173 页。

评论中,我们可以窥见此时马克思对分工问题的思考视角和基本认识。马克思对分工的摘录或概述主要来自萨伊、斯密、斯卡尔培克、穆勒、李斯特等人的著作,并在《1844 年手稿》的"分工片断"中对前四者的分工观点做了集中引述和评论。

现在,我们首先来分析一下马克思在《巴黎笔记》中对斯密和李斯特的分工观点的几点评论。我们知道,《巴黎笔记》共有七册[1],在第三册笔记中,马克思开篇就是对斯密的《国富论》(1802 年巴黎版 5 卷本)中分工章节的摘要。从形式上看,一部分是对法文原文的摘录,一部分是用德文对法文的转译或概述。从"劳动生产力(facultés productives du travail)的最大增进似乎都是分工(division du travail)的结果"到关于扣针制造工厂(Nadelfabrik)的描述再到分工(Theilung der Arbeit)提高劳动生产力(produktiven Vermögen [facultés] der Arbeit)的三个原因[2],马克思都只是摘录和概述。直到摘录到分工与交换的关系问题时,马克思终于忍不住要批评斯密的"十分可笑"的"循环论证":"为了说明分工,他以交换为前提。但是为了使交换成为可能,他事先又必须以分工、以人类活动的差异为前提。因此,他使问题原封未动,一点也没有解决。"[3]如果单从逻辑上来看,马克思的批评是对的。然而,如果斯密的循环论证使他原地踏步,那么马克思对斯密的逻辑批判也并未加深他在分工与交换问题上的理解。实际上,

---

1　关于《巴黎笔记》的笔记册数、摘录著作和摘录顺序,在 MEGA[1] 和 MEGA[2] 中有所差异。由于马克思没有在各个笔记本上标注日期或序号,因此,各册笔记的摘录顺序无法完全准确断定。因此,除了 MEGA 编者提供的处理方案外,不少学者也根据自己的逻辑和推断做了重新排列,并引发不少争论。本文并不着意于这一问题,因此主要是依据 MEGA[2] 来展开论述。

2　*Marx-Engels-Gesamtausgabe*, Bd. IV/2, Berlin: Dietz, 1981, S. 332 – 335.

3　Ibid., S. 336. 中文版参见[德]卡尔·马克思:《"巴黎笔记"选译》,王福民译,《马恩列斯研究资料汇编(1980 年)》,书目文献出版社 1982 年版,第 31 页。

马克思的初始沉默和一时激愤恰恰表明,分工、生产力和交换及其相互关系问题还游离于马克思的理论兴趣之外,同时,马克思还没有掌握对这些问题发表意见的话语权。

在第六册笔记中,马克思在摘录李斯特的《政治经济学的国民体系》[1]时再次遭遇分工和生产力问题。李斯特在该书的第二篇第十三章《国家商业活动的划分与国家生产能力的联合》中深刻指出,分工也可以被视为"劳动的联合(Vereinigung der Arbeit)",因为"许多个人之间不同商业活动的划分,同时也有各种活动(Thätigkeiten)、智慧(Einsichten)和力量(Kräfte)为一种共同生产(gemeinschaftlichen Production)而实行的结合(Conföderation)或联合(Vereinigung)。这些活动的生产力(Productivität)的基础不仅仅在于前面那种划分(Theilung),根本上还在于后面这种联合(Vereinigung)"[2]。在此基础上,李斯特感叹道:"他(亚当·斯密——引者注)没有进一步探究已如此清楚地说出的社会劳动的思想,这该是多么可惜呀!"[3]这里,李斯特深刻认识到,斯密学派只认识到劳动分工所指向的"劳动的划分",却严重忽视了分工的本质在于"劳动的联合"或者各种物质的和精神的生产能力要素在共同生产中的结合或联合。李斯特在分工问题上的重要推进体现在两个方面:一是明确强调分工的"社会劳动"属性。一方面,在古

1　李斯特的《政治经济学的国民体系》于1841年在斯图加特和杜宾根出版。全书共分为4编。马克思只是从序言、第1编和第2编中作了摘要,主要是从第2编(《理论》)中作了摘要。笔记多是对原著的摘抄,只有一处评论。在笔记本中,对李斯特著作的摘要,同对李斯特的反对者德国经济学家欧西安德尔《公众对商业、工业和农业利益的失望》一书摘要相并列和相互对照,分别写在每页的左右两栏里。

2　马克思:《弗里德里希·李斯特〈政治经济学的国民体系〉一书摘要》,转引自马克思:《巴黎笔记(节译)》,王辅民译,《〈资本论〉研究资料和动态》第六辑,江苏人民出版社1985年版,第57页。另参见 *Marx-Engels-Gesamtausgabe*, Bd. IV/2, Berlin: Dietz, 1981, S. 522。译文略有改动。

3　同上。

典政治经济学那里，虽然劳动者的聚集或共同活动方式作为一种前提而有目共睹，但古典政治经济学家往往一笔带过，并未给予足够重视，而是转向劳动工序的划分以及由此产生的生产力提高。李斯特则敏锐地洞察到劳动的联合或共同生产方式对于提高劳动生产力的本质作用。这对于马克思在《德意志意识形态》（以下简称《形态》）中将生产力看作一种共同活动方式以及在《1861—1863年经济学手稿》中将协作提升为工场手工业分工和工厂生产的一般形式发挥了重要作用。另一方面，在古典政治经济学那里，"社会劳动"同样是一个重要概念，在很大程度上"社会劳动"构成了古典政治经济学的劳动价值论的现实根基，然而，它对"社会劳动"的认知出发点不是源自直接生产领域的协作和分工，而是广义的生产与交换领域的社会分工和商品交换。以斯密为例，斯密是从社会分工和交换层面所指向的一般劳动或社会劳动来确立他的劳动价值论的，这种泛分工论的缺陷也导致他的劳动价值论的二重性和不彻底性。而李斯特则明确将"社会劳动"从交换关系层面引入直接生产领域，这是真正把握资本主义生产之本质的重要一步。当然，作为资产阶级经济学家的李斯特是不可能完成这一任务的，而且他同样没有严格区分社会分工和劳动技术分工，因为他在指认了生产内部分工中的社会劳动属性所具有的优越性之后，转而提倡将这一原则推广到整个地区或国家。二是李斯特认识到生产力的提高有赖于以分工即共同生产方式为基础的各种生产能力的总和，这在一定程度上摆脱经济学意义上以实体性的物质生产要素来规定生产力的认识水平，对于马克思确立科学的生产力概念所具有的总体性功能水平维度具有重要的启示意义。但是，此时马克思还无法理解这一点，仅认识到李斯特将分工理解为一种"自

　　　　　　　　　重读马克思：工艺学语境中的哲学话语

然规律（Naturgesetz）"[1]，并在摘录了几段之后做出了如下评论：
"李斯特先生的全部根据都是直接适合于私有制（Privateigenthum）
的……李斯特先生认为完全的资产阶级社会是值得追求的理想。
他如此重视分工（Arbeitstheilung）即生产力的分配（Distribution
der Productivkraefte），把工业（Manufactur）和农业（Land）区别开
来，又把各种类型的农业区别开来，如此等等。但是，他又极其小
心地避免提及享用的分配（Distribution der Genusstheilung）和不
同阶级的区别……他没有消除使各种劳动相互对立的直接敌对的
利益，便从分工（Theilung der Arbeit）中制造出某种联合（Einigung）。
他满足于这样的词句：'社会劳动（Gesellschaftliche Arbeit）.'他
把工人称作一种'生产劳动力（produktive Arbeitskraft）'，并没有
使他越出他所谓'价值理论（Werththeorie）'一步，而只是使他把
价值更加主观化了。"[2]显然，马克思是站在同李斯特截然对立的
立场上加以评论的。这里，马克思准确指认了李斯特的根本立场，
即李斯特对分工的优越性的阐述是为了促进德国资本主义私有制
的发展。马克思进而批判李斯特只顾"分工即生产力的分配"，却
无视资本和劳动的对立和财富分配的不公正。从理论立场而言，
马克思的批评是准确而犀利的。但是，马克思并未真正理解李斯
特所提出的分工的劳动社会性的重要意义，而仍然是以斯密的分
工逻辑来理解李斯特的分工和生产力理论。

在《1844 年手稿》中，马克思从人本学异化批判逻辑出发对分
工和机器做了更为深刻的解读。在笔记本 I 中，马克思在对工资、

---

1   *Marx-Engels-Gesamtausgabe*，Bd. IV/2，Berlin：Dietz，1981，S. 522.

2   马克思：《弗里德里希·李斯特〈政治经济学的国民体系〉一书摘要》，转引自马克
思：《巴黎笔记（节译）》，王辅民译，《〈资本论〉研究资料和动态》第六辑，江苏人民出
版社 1985 年版，第 58 页。另参见 *Marx-Engels-Gesamtausgabe*，Bd. IV/2，
Berlin：Dietz，1981，S. 529 - 530。

资本利润和地租进行分栏摘录之后，突然转向对国民经济学之前提的追问，从中我们可以获得非常重要的信息提示。首先，马克思承认他"是从国民经济学的各个前提出发的"，"把私有财产，把劳动、资本、土地的相互分离，工资、资本利润、地租的相互分离以及分工、竞争、交换价值概念等等当作前提"[1]。这表明，此时马克思对于分工、机器等概念的使用只是对政治经济学的直接借用，因此，同政治经济学一样，马克思对这些概念的现实状况和本质规律并没有深刻而科学的认识。其次，马克思明确认识到政治经济学没有对它使用的一系列概念和事实做出科学的说明，而是要么将它们纳入一套抽象的公式或规律之中，要么将它们"置身于一种虚构的原始状态"，即"把应当加以推论的东西即两个事物之间的例如分工和交换之间的必然关系，假定为事实、事件……就是说，把他应当加以说明的东西假定为一种具有历史形式的事实"[2]。显然，马克思这里是针对斯密关于分工与交换的论证方式而提出的批判，即当以斯密为代表的国民经济学偶尔要对某些概念和事实做出说明时，往往只是将这些事实还原为一种虚构的原始状态，或者说，假定为一种具有历史形式的事实，实际上，只是一种非历史的"神学悬设"，以逻辑推演的形式进行论证说明，而完全脱离了真实的历史过程。也就是说，马克思认识到，政治经济学的理论视域和现实着眼点有着深刻的局限性——其中，物质生产过程中的工艺学内容与基本规律就是它的重要理论盲区之一，虽然此时马克思还没有明确指认这一点，但已经在原则性层面指出了政治经济学的缺陷。

---

[1] 《马克思恩格斯全集》第 3 卷，人民出版社 2002 年版，第 266 页。

[2] 同上书，第 267 页。

马克思直指国民经济学之前提性弊端的目的是非常明显的，那就是，马克思自己要替国民经济学阐明它的前提，即私有财产的本质或来源问题，于是提出了著名的异化劳动理论。对于这一理论，我们需要特别注意两点：一是马克思阐述异化劳动理论的起点和方法。具体而言，马克思是以"我们且从当前的经济事实出发"来展开论述的，这表明，马克思的异化劳动理论在本质上是以哲学人本学的异化批判逻辑来架构此时马克思在国民经济学著作中所看到的经济事实的结果。这已经成为一种共识。而且，从文本上看，笔记本 I 的前半部分在很大程度上构成了马克思所依据的"当前的经济事实"的主要内容，其中便包括关于分工、机器的摘录和评论。二是马克思阐述了异化劳动理论的不同层面的现实基础。劳动产品异化对应于工人对劳动产品的关系，这是容易理解的。接着，马克思指出，国民经济学没有考察工人与产品的直接关系，从而遮蔽了劳动本质的异化，而"劳动的本质关系"就是"工人对生产的关系"[1]。因此，"异化不仅表现在结果上，而且表现在生产行为中，表现在生产活动本身中"，即劳动过程的异化，即"他的劳动不是自愿的劳动，而是被迫的强制劳动"[2]。这里所揭示的内容绝不是来自马克思的抽象演绎，而是对经济事实的批判。那么，马克思所批判的经济事实的真实内容究竟是什么呢？通过对比这里的批判内容和前面关于分工、机器的摘录与评价，我们有理由认为，工场手工业分工和机器大生产对工人的消极影响实际构成了马克思理解劳动过程异化的现实基础。要想理解这一点，我们需要从笔记本 I 的前半部分马克思关于分工和机器的描述中寻找答案。

1　《马克思恩格斯全集》第 3 卷，人民出版社 2002 年版，第 270 页。
2　同上。

马克思正是在这里第一次关注和摘录了舒尔茨的《生产运动》一书。

在笔记本 I 的前半部分，马克思指认了分工和机器[1]对劳动的种种迫害：(1)分工导致工人的劳动成为片面的、机械的、依赖性的劳动。资本积累使分工扩大，分工又促进资本积累，于是两者共同导致"工人日益完全依赖于劳动，依赖于一定的、极其片面的、机器般的劳动（einer bestimmten，sehr einseitigen，maschinenartigen Arbeit）。这样，随着工人在精神上和肉体上被贬低为机器（Maschine），随着人变成抽象的活动和胃（eine abstrakte Thätigkeit und ein Bauch）"[2]，"分工使工人越来越片面化和越来越有依赖性；分工不仅导致人的竞争（Concurrenz），而且导致机器的竞争。因为工人被贬低为机器，所以机器就能作为竞争者与他相对抗"[3]。"分工提高劳动的生产力（die produktive Kraft der Arbeit），增加社会的财富，促使社会精美完善，同时却使工人陷于贫困直到变为机器（Maschine）。"[4] 又如，"国民经济学把无产者即既无资本又无地租，全靠劳动而且是靠片面的、抽象的劳动为生的人，仅仅当作工人来考察……工人完全像每一匹马一样，只应得到维持劳动所必需的东西"，这导致"劳动在国民经济学中仅仅以谋生活动（Erwerbsthätigkeit）的形式出现"[5]。

---

1 马克思在《1844 年手稿》中对机器的正面阐述和评论并不多，而是常常将"机器"作为一种隐喻来使用，具体来说就是把工人的生产生活状态比作机器。显然，这是一种对资本主义生产方式的批判语境，因而，机器作为一种物质的生产资料仅仅具有否定性意义。

2 《马克思恩格斯全集》第 3 卷，人民出版社 2002 年版，第 228 页。*Marx-Engels-Gesamtausgabe*，Bd. I/2，Berlin：Dietz，1982，S. 329.

3 同上书，第 229 页。Ibid.，S. 330.

4 同上书，第 231 页。Ibid.，S. 332.

5 同上书，第 232 页。Ibid.，S. 333.

马克思对分工之消极影响的认识除了来自政治经济学,还受到其他人的影响,其中舒尔茨的《生产运动》最值得关注。马克思三次大段摘录了舒尔茨的《生产运动》中关于分工、机器对工人劳动之影响的描述。例如,舒尔茨指出:(1)由于分工和机器的应用,"任何人都可以很快并很容易学会的那种机械而单调的活动(die mechanisch einförmige Thätigkeit)的相应工资"[1],随着竞争的加剧不断降低。(2)机器的使用和企业主的追逐暴利大大延长工人的劳动时间,"最近二十五年来,也正是从棉纺织业采用节省劳动的机器以来,这个部门的英国工人的劳动时间已由于企业主追逐暴利[IX]而增加到每日十二至十六小时"[2],"工厂中奴隶劳动的持续时间对众多居民来说却有增无已"[3]。(3)分工和机器所导致的简单重复劳动对工人的身心健康造成极大危害,即"根据事物的本性和一致的经验,这种连续不断的单调的活动无论对于精神还是对于肉体都同样有害。因此,在机器同较大量人手之间进行的简单分工相结合的状况下,这种分工的一切弊病也必然要显露出来。工厂工人的死亡率较高尤其表明了这种分工的弊病"[4]。舒尔茨对资本主义生产方式的揭露和批判对马克思产生了重要影响,但同时,马克思也忽视了对他的摘录文段中隐含着其他重要思想观点,比如,舒尔茨认为,机器的改进和发展能够抛弃分工及其种种弊端,而且能够为人的发展创造自由时间。因为机器的改进能够"使人手日益摆脱一切单调的工作",进而"促使这种弊病逐渐

1　《马克思恩格斯全集》第 3 卷,人民出版社 2002 年版,第 232 页。*Marx-Engels-Gesamtausgabe*, Bd. I/2, Berlin: Dietz, 1982, S. 332.

2　同上书,第 233 页。Ibid., S. 332.

3　同上书,第 234 页。Ibid., S. 334.

4　同上。Ibid., S. 335.

消除"[1]，同时，机器的使用节省了劳动和时间，"劳动组织（Organismus der Arbeit）方面的进步会赢得这种时间"[2]。这一思路同尤尔以及1845—1858年间马克思的思路是非常相近的。总之，通过上述引文，我们可以明显感受到，马克思对分工和机器的否定性认识奠定了他的异化劳动理论的第二层面即劳动过程异化的现实基础。

而在笔记本III的第VII小节中，马克思突然插入了一个相对独立的"分工片断"。在这个片断中，马克思简明扼要地对分工做了界定，然后集中摘录和概括了斯密、萨伊、斯卡尔培克、穆勒的分工观点，并对某些引起他注意的观点做了评价——从中我们可以辨识马克思对分工的基本认识。

马克思指出："分工是关于异化范围内的劳动社会性的国民经济学用语。换言之，因为劳动只是人的活动在外化范围内的表现，只是作为生命外化的生命表现，所以分工也无非是人的活动作为真正类活动或作为类存在物的人的活动的异化的、外化的设定。"[3] 简言之，分工即人的类本质活动的异化表现形式，分工是作为类活动的劳动的异化形式。相对于马克思在摘录李斯特著作时批判李斯特过于强调分工的"社会劳动"属性，这里马克思的一个进步就是在人本学异化层面上承认了劳动分工的社会性。在异化范围内，由于劳动是私有财产的本质，因而，分工就是生产财富的主要动力之一，即"劳动一旦被承认为私有财产的本质，分工就自然不得不被理解为财富生产的一个主要动力"[4]。以上便是马克

1　《马克思恩格斯全集》第3卷，人民出版社2002年版，第232页。
2　同上书，第234页。
3　同上书，第353页。
4　同上。

思从人本主义异化角度对分工的本质规定。基于此，马克思批评政治经济学家在分工问题上"讲得既不明确并且自相矛盾"。

在摘录了斯密、萨伊、斯卡尔培克、穆勒关于分工的论述之后，马克思在分工问题上有了更加深入全面的认识：一是马克思认识到国民经济学在分工问题上的一致性，即分工同生产的丰富、资本的积累有着紧密联系，特别是自由放任的私有财产为分工的发展创造了最有利的条件。二是马克思认识到分工对物质生产的积极作用。譬如，他通过斯密看到"分工给劳动以无限的生产能力"[1]，通过萨伊看到"分工对于社会财富来说是一个方便的、有用的手段，是对人力的巧妙运用"[2]，通过穆勒看到"分工和使用机器可以促进生产的丰富……分工和使用机器也决定着财富从而决定着产品的大量生产。这是大制造业产生的原因"[3]。三是马克思更加重视分工对人的能力的消极作用以及私有财产对分工（交换）的决定作用。对于萨伊指认的分工的缺陷，即"降低每一单个人的能力"，马克思肯定评价道："最后这个意见是萨伊的一个进步。"[4]针对斯卡尔培克所指认的"私有财产是交换的必要前提"，马克思指出："在这里，斯卡尔培克用客观的形式表述了斯密、萨伊、李嘉图等人所说的东西，因为斯密等人把利己主义、私人利益称为交换的基础，或者把买卖称为交换的本质的和适合的形式。"[5]

在此基础上，马克思集中评价道："考察分工和交换是很有意思的，因为分工和交换是人的活动和本质力量——作为类的活动

1　《马克思恩格斯全集》第 3 卷，人民出版社 2002 年版，第 356 页。

2　同上书，第 357 页。

3　同上。

4　同上。

5　同上。

和本质力量——的明显外化的表现。"[1] 这里的"外化"应该具有双重的内涵：一方面是指对象化，即人的类活动和本质力量的对象化；另一方面是指异化，即人的类本质力量与本质活动的对象化以异化的形式展现出来。马克思接着指出："断言分工和交换以私有财产为基础，不外是断言劳动是私有财产的本质，国民经济学家不能证明这个论断而我们则愿意替他证明。分工和交换是私有财产的形式，这一情况恰恰包含着双重证明：一方面人的生命为了本身的实现曾经需要私有财产；另一方面人的生命现在需要消灭私有财产。"[2] 这里，马克思对斯卡尔培克的观点表示肯定，并由此主张消灭私有财产，也就是消灭交换与分工，因为交换与分工作为私有财产的外在形式是人的类本质力量的异化，因此，消灭私有财产就必然要消灭分工，由此才能克服"分工使个人活动贫乏和丧失"的状况。同时，马克思也指认了国民经济学家对于分工和交换的矛盾认识：一方面，他们强调分工和交换的社会性，因而"夸耀自己的科学的社会性"；另一方面，他们却又将这种分工和交换的社会性归结为利己主义或私人利益，即"依靠非社会的特殊利益来论证社会"[3]。马克思敏锐地抓住了这一矛盾，只是他不明白这一矛盾恰恰证明了国民经济学的科学性，因为这一矛盾并非政治经济学的理论虚构，而是产生于近代市民社会本身。

总之，在《巴黎笔记》和《1844 年手稿》中，马克思从最初的失语状况转向在哲学人本学的显性异化批判逻辑下对政治经济学未加阐明的工艺学前提即分工和机器做了彻底的否定性批判，并确立了消灭分工和交换的坚定立场——直到《哲学的贫困》中马克思

1　《马克思恩格斯全集》第 3 卷，人民出版社 2002 年版，第 357 页。
2　同上书，第 358 页。
3　同上。

还坚持的立场。不过，在《1844 年手稿》中，马克思在主导性的人本学异化批判逻辑下又生发出一条隐性的客观现实逻辑，这就是在人本学视域下对人与自然关系中的工业生产和人化自然的肯定。

二、人本学视域中的工业生产与人化自然

马克思从哲学人本学视域对工业生产与人化自然的双重解读逻辑构成了他建构异化劳动之类活动异化的逻辑基底和重构共产主义实现路径的现实动力，从而最终成为逐渐挣脱出人本学异化批判逻辑构架、走向历史唯物主义的科学世界观的那条现实科学逻辑的理论生长点。

对于异化劳动理论的第三个层面即人的类本质的异化，马克思是从人与自然的关系角度切入的。马克思指出："人是类存在物，不仅因为人在实践上和理论上都把类……当作自己的对象；而且因为……人把自身当作现有的、有生命的类来对待，因为人把自身当作普遍的因而也是自由的存在物来对待。"[1] 就是说，人从理论和实践上将自身看作一种类存在物，而这又恰恰是从人与自然的关系而言的。从理论角度来说，自然事物（植物、动物、空气等等）"作为自然科学的对象"和"作为艺术的对象"而构成"人的意识的一部分"，因而自然界"是人的精神的无机界"[2]；而从实践角度而言，自然事物"作为人的直接的生活资料"和"作为人的生命活动的对象（材料）和工具"即生产资料而构成"人的无机的身体"。因

---

1 《马克思恩格斯全集》第 3 卷，人民出版社 2002 年版，第 272 页。
2 同上。

此,人的精神生活和肉体生活都同自然界紧密相连,故而"人是自然界的一部分"[1]。人的精神生活和肉体生活共同构成了人与自然关系意义上的类生活——这一思想可看作对费尔巴哈的自然唯物主义和人本学唯物主义的继承和推进:继承在于马克思承袭了费尔巴哈以人与自然的对象性关系为基础和中介来确立人的类本质和类活动的思路,推进则在于马克思关于人对自然的实践关系的理解没有仅仅停留在费尔巴哈的直观对象性实践层面,而是推进到更具有社会历史现实感的生产生活实践层面。这显然得益于他此时的政治经济学研究。

在确立了人作为类存在物所拥有的双重生活内容(精神生活和肉体生活)之后,马克思进一步规定了人的生命活动即类活动的类特性。马克思强调:"生产生活就是类生活。这是产生生命的生活。一个种的整体特性、种的类特性就在于生命活动的性质,而自由的有意识的活动恰恰就是人的类特性。"[2] 也就是说,人作为类存在物,人的类生活应该是一种作为生命生活的生产生活,而这种生产生活在本质上应是自由的有意识的活动——这一规定无疑是对人的双重生活内容的综合与统一,而不只是表现为维持肉体生存的手段。正是这种"有意识的生命活动把人同动物的生命活动直接区别开来",因为"动物只是按照它所属的那个种的尺度和需要来构造",而人则"懂得按照任何一个种的尺度来进行生产,并且懂得处处都把内在的尺度运用于对象",同时"也按照美的规律来构造"[3]。换句话说,人可以利用关于自然界的自然科学知识和审美艺术情操,"通过实践创造对象世界,改造无机界",从而成为"有

1 《马克思恩格斯全集》第 3 卷,人民出版社 2002 年版,第 272 页。
2 同上书,第 273 页。
3 同上书,第 274 页。

意识的类存在物"[1]。因此,这种有意识的自由的创造性的改造对象世界(自然界)的生产就是"人的能动的类生活。通过这种生产,自然界才表现为他的作品和他的现实"[2]。然而,现实的异化劳动把这种自主自由活动贬低为仅供维持人的肉体生存的手段。或者说,在现实的经济世界中,人的类活动恰恰是以异化实践的方式而完成的。

如果说,异化劳动的第二个层面即劳动过程的异化是马克思对直接生产过程中由分工和机器所导致的对工人的肉体和精神的摧残的人本学批判,那么,异化劳动的第三个层面即人的类本质(类活动)的异化则是马克思从人与自然的关系这一更高层面或普遍性层面对生产过程的再审视。正是基于从人对自然的普遍性关系中所引申出来的人的类活动即自由自觉的生命活动=生产活动的规定,马克思更深刻地指认出劳动过程的异化在更深层和更本质的层面上是人的类本质=类活动的异化。这一重要逻辑推进为马克思重新思考工人阶级的革命解放和共产主义的实现途径奠定了重要逻辑前提。

由此,马克思认识到:"社会从私有财产等等解放出来、从奴役制解放出来,是通过工人解放这种政治形式来表现的,这并不是因为这里涉及的仅仅是工人的解放,而是因为工人的解放还包含普遍的人的解放;其所以如此,是因为**整个的人类奴役制就包含在工人对生产的关系中**,而一切奴役关系只不过是这种关系的变形和后果罢了。"[3]也就是说,社会制度即奴役制、私有制的废除需要通过工人阶级的政治革命来实现,而工人的解放同时就是人的解放

1　《马克思恩格斯全集》第 3 卷,人民出版社 2002 年版,第 273 页。
2　同上书,第 274 页。
3　同上书,第 278 页。

或人类的解放。显然,这一观念是马克思在《德法年鉴》时期确立的无产阶级立场和人的解放使命的延续,但不同的是,如果此前的观点还只是激进的革命口号,那么,这里马克思则借助异化劳动理论确立了新的逻辑基础和现实基础,即由于工人劳动的异化在本质上是人的类本质的异化,私有制对工人的奴役便是对整个人类的奴役,因此,工人的解放内在地包含着人类的解放或"普遍的人的解放",而整个人类的奴役制都根植于工人对生产的关系之中,都是工人对生产的异化关系的表现形式。到这里,我们可以明显感受到马克思在理论认识上的一个进步,那就是马克思借助人本学异化批判逻辑曲折地认识到生产和生产关系对于社会制度(上层建筑)的基础性地位,或者说,马克思透过人本主义异化批判逻辑在人与自然的关系层面上认识到物质生产对于人的现实异化和普遍解放的基础决定性作用。这成为马克思在主导性的人本学异化逻辑框架下生发出的现实科学逻辑的最初萌芽——当然,必须明确的是,此时马克思的逻辑出发点和总体思路还是哲学人本学的逻辑,与历史唯物主义方法论有着本质性的差别。

基于上述逻辑,马克思在人本学框架下勾勒出共产主义的新纲领和路线图。他指出:"共产主义是私有财产即人的自我异化的积极的扬弃,因而是通过人并且为了人而对人的本质的真正占有;因此,它是人向自身、向社会的即合乎人性的人的复归,这种复归是完全的,自觉的和在以往发展的全部财富的范围内生成的。这种共产主义,作为完成了的自然主义=人道主义,而作为完成了的人道主义=自然主义。"[1]此时马克思试图借助以黑格尔的思辨辩证法为逻辑基底的人本学异化路径来扬弃私有财产的异化形式,

---

1　《马克思恩格斯全集》第3卷,人民出版社2002年版,第297页。

复归人的类本质状态。值得注意的是,一方面,这里的"人"不是个人,也不是工人,而是作为类存在物的人,是在与自然的对象化关系中进行有意识的自由的生命活动=生产活动的人,只有真正复归到这种状态,共产主义才能"作为完成了的自然主义=人道主义,而作为完成了的人道主义=自然主义"。因此,这里是对异化劳动之第三层面的直接对接。另一方面,这里的"复归"即对私有财产的积极扬弃,不是对私有财产的完全否定和排斥,而是对人类历史上积累的全部财富的全面的自觉的占有,也就是对历史上人类的类活动=生产活动所创造的全部成果的全面占有。这就意味着必须对现实世界中物质生产及其结果予以承认与科学认识,只有这样,才能真正解答"历史之谜"。

在确立共产主义的一般原则之后,马克思进一步对扬弃异化的实现路径做了重要规定,从中我们可以隐约看到舒尔茨的物质生产理论对马克思思想转变的潜在影响。他指出,"整个革命运动必然在私有财产的运动中,即在经济的运动中,为自己既找到经验的基础,也找到理论的基础",因为"私有财产的运动——生产和消费——是迄今为止全部生产的运动的感性展现,就是说,是人的实现或人的现实。宗教、家庭、国家、法、道德、科学、艺术等等,都不过是生产的一些特殊的方式,并且受生产的普遍规律的支配"[1]。这里,马克思对上述那条现实科学逻辑的萌芽做了更加明确而深刻的推进:一是共产主义的革命运动必须扎根于以私有财产为感性形式的经济运动=生产运动之中,这是对上述向人的类活动的复归之路的具体深化;二是生产规律决定和支配着各种意识形态即上层建筑。如果撇开此时的人本学逻辑,这一观点几乎已抵达

1　《马克思恩格斯全集》第3卷,人民出版社2002年版,第298页。

了科学世界观的门口——在到处浸润着人本学话语中,这一观点无异于突然闪现的天才灵光。而在我看来,无论是从所用术语还是基本逻辑来看,舒尔茨所强调的生产运动的普遍规律对"上层建筑"的决定作用对此时马克思的运思叙述产生了潜在影响。也就是说,舒尔茨的物质生产理论构成了马克思实现复调式逻辑生成的重要理论支撑之一。正是基于这样的领悟,马克思认识到,异化的扬弃必须包括两个方面:一是意识领域的异化(如宗教异化)的扬弃,二是经济异化=现实生活异化的扬弃。这里,马克思没有明确说明,但从他的上述逻辑中可以推导出来的是,相对于意识形态异化的扬弃,现实的经济异化的扬弃是更为根本的,同时,两者又是相辅相成的。

沿着上述逻辑的重要推进,马克思开始真正思考现实的工业和自然科学的本质及其对人的解放的现实意义问题。首先,马克思再次确立了从现实实践出发的认识论和方法论立场,即"理论的对立本身的解决,只有通过实践方式,只有借助于人的实践力量,才是可能的;因此,这种对立的解决绝对不只是认识的任务,而是现实生活的任务,而哲学未能解决这个任务,正是因为哲学把这仅仅看作理论的任务"[1]。这在一定程度上既是马克思对自己过去理路的一种反思,也是对重新发掘现实活动的重要意义的一种醒悟。其次,马克思在人本学视角下确立了工业生产的现实意义。他指出,**"工业的历史和工业的已生成的对象性的存在,是一本打开了的关于人的本质力量的书"**[2],或者说,工业是**"人的本质力量的公开的展示"**[3]。而在过去,人们从未将工业同人的本质联系起

---

1 《马克思恩格斯全集》第3卷,人民出版社2002年版,第306页。

2 同上。

3 同上书,第307页。

来，而"总是仅仅从外在的有用性这种关系来理解"——显然这是对国民经济学的批评，或者仅仅将宗教、政治、艺术等抽象事物理解为"人的本质力量的现实性和人的类活动"——这既是对以德国古典哲学为代表的思想家的批评，也流露出对青年黑格尔派等德意志意识形态家们的不满。也就是说，马克思强调，工业生产才是人的本质力量的真正实现，虽然它"以感性的、异己的、有用的对象的形式，以异化的形式呈现在我们面前"[1]，但是，它将成为实现人的解放的最根本动力。最后，马克思从人本学的角度明确规定了以工业为基础的自然科学的现实意义。他指出："自然科学却通过工业日益在实践上进入人的生活，改造人的生活，并为人的解放作准备，尽管它不得不直接地使非人化充分发展。"[2]扬弃了其"抽象物质的方向"即"唯心主义的方向"的自然科学将成为人的科学的基础，进而成为人的生活的基础。由于"工业是自然界对人，因而也是自然科学对人的现实的历史关系"，因此，"在人类历史中即在人类社会的形成过程中生成的自然界，是人的现实的自然界；因此，通过工业——尽管以异化的形式——形成的自然界，是真正的、人本学的自然界"[3]。当工业和自然科学摆脱异化形式而真正成为人的类活动时，以工业＝人的类活动为中介的自然界就成为真正的人化自然。

综上所述，在《1844年手稿》时期，马克思在首次研究古典政治经济学的过程中同时遭遇到政治经济学语境中的工艺学要素（分工、机器、工业生产等）。准确地说，马克思是在追问和批判古典经济学的前提即私有财产的本质和来源问题时进入古典政治经

1　《马克思恩格斯全集》第3卷，人民出版社2002年版，第306页。
2　同上书，第307页。
3　同上。

济学同样未加说明的生产领域之中的。而这些工艺学要素恰恰构成了资本主义生产的重要内容。虽然这些工艺学要素并不是此时马克思关注的焦点问题,但在马克思批判古典政治经济学和资本主义社会现实的过程以及实现自身复调式逻辑转变过程中发挥了重要作用。一方面,马克思从主导性的人本学异化劳动批判逻辑出发彻底否定了分工和机器对工人的消极影响,并构成马克思异化劳动的第二层面即劳动过程异化批判的重要内容;另一方面,马克思在人本学视域下,在对人与自然的对象化关系的考察中认识到生产活动对于人的类生活或类本质的重要意义,进而从人本学视域出发肯定了工业生产的现实意义。这构成马克思在主导性的人本主义异化逻辑下萌生的另一条从客观物质生产出发的现实逻辑。正是沿着这一逻辑,马克思在《布鲁塞尔笔记》中专门关注了"机器问题",从而真正开启了第一次工艺学研究。

第三节
《布鲁塞尔笔记》中马克思的第一次工艺学研究

1845 年 2 月初,马克思移居布鲁塞尔,在那里继续从事政治经济学研究。据 MEGA² 编者考证,在这一过程中,马克思受青年恩格斯和阿道夫·布朗基(Adolphe Blanqui)的影响,开始关注资本主义生产中的机器问题,于是在《布鲁塞尔笔记》的第 5 册笔记本中集中摘录加斯帕兰、拜比吉和尤尔的著作,初步认识到资本主义机器大工业的基本特征、巨大生产力和双重社会影响,这为马克思逐渐脱离人本主义逻辑的束缚、推进客观现实逻辑的发展,特别是初步建构科学的生产力与交往形式的矛盾关系提供了重要思想资源。

一、青年马克思工艺学研究的灵感来源：
恩格斯与阿道夫·布朗基

在青年马克思的思想演进过程中，拜比吉、尤尔等人的工艺学著作是如何进入马克思的研究视野的呢？或者说，谁是青年马克思进行第一次工艺学研究的引路人呢？通过梳理青年马克思的摘录笔记和交往际会可以发现，在青年恩格斯和法国经济史学家阿道夫·布朗基的著作中都提及过尤尔或拜比吉。

1842年11月底，青年恩格斯抵达英国，通过实地考察英国的社会经济状况和认真研读古典政治经济学与社会主义经济学的著作，他于1843年9月底或10月至1844年1月中旬撰写了他的第一篇经济学著作《国民经济学批判大纲》，并于1844年2月发表在《德法年鉴》上。在这篇马克思后来称为"批判经济学范畴的天才大纲"[1]中，恩格斯"概述了资产阶级政治经济学的历史，分析了政治经济学的一些基本范畴，考察了现代资本主义社会的基本现象，得出资本主义私有制必然灭亡的结论"[2]。值得注意的是，在文章的最后，恩格斯集中关注了资本、劳动和科学（机器发明）的关系问题，并提到尤尔的《工厂哲学》，而且是持一种完全批判的态度。恩格斯看到，科学（机器发明）的资本主义应用是同劳动相敌对的："在资本和土地反对劳动的斗争中，前两个要素比劳动还有一个特殊的优越条件，那就是科学的帮助，因为在目前情况下连科学也是

1　《马克思恩格斯全集》第31卷，人民出版社1998年版，第413页。
2　《马克思恩格斯全集》第3卷，人民出版社2002年版，第697页。

用来反对劳动的。"[1]而几乎一切机器发明"都是由于缺乏劳动力而引起的。对劳动的渴求导致发明的出现,发明大大地增加了劳动力,因而降低了对人的劳动的需求"[2]。机器的发明和应用导致工人失业和工资降低,从而使资本对劳动占据了绝对的支配地位,即"这项发明使机器做的工作增加了一倍,从而把手工劳动减少了一半,使一半工人失业,因而也就降低另一半工人的工资;这项发明破坏了工人们对工厂主的反抗,摧毁了劳动在坚持与资本作力量悬殊的斗争时的最后一点力量(参看尤尔博士《工厂哲学》第2卷[3])"[4]。可见,尤尔的《工厂哲学》为恩格斯认识资本主义机器大工业下直接生产领域中的资本对劳动的统治剥削问题提供了直接的现实材料。对于经济学家所提出的补偿理论,即机器只是暂时导致工人失业,机器推动生产力的发展最终会提供更多的就业机会。恩格斯批判地指出,由于劳动力之间的竞争,这种有利情况"形同虚构",但是工人因机器排斥而被剥夺生活资料或工资降低则"决非虚构"。总之,"发明是永远不会停止前进的,因而这种不利的情况将永远继续下去"[5]。最后,恩格斯强调,"考虑到机器的作用,我有了另一个比较远的题目即工厂制度",那就是详细阐述"这个制度的极端的不道德"和无情揭露经济学家们的伪善。[6]而根据恩格斯的说法,恩格斯原本打算写一部关于英国社会史的著作,并以专门的篇幅来描写英国工厂制度和工人阶级的状况。显

---

1 《马克思恩格斯全集》第3卷,人民出版社2002年版,第472页。

2 同上。

3 根据编者的注释,恩格斯此时利用的是安德鲁·尤尔的《工厂哲学:或论大不列颠工厂制度的科学、道德和商业的经济》1835年伦敦修订第2版第366—373页。参见同上。

4 同上。

5 同上。

6 同上书,第473页。

然,在研究过程中,机器对工人阶级状况的影响引起了恩格斯的极大关注,并促使他改变了原来的计划,决定集中论述工厂制度下的英国工人阶级状况。这就是1845年在莱比锡出版的《英国工人阶级状况》。有理由相信,正是尤尔关于机器和工厂制度的描述推动了恩格斯的研究计划。以机器为物质技术基础的工厂制度正是当时英国社会中资本家和工人的矛盾焦点。总之,恩格斯在1843年10月中旬完成《国民经济学批判大纲》后不久就寄给了当时担任《德法年鉴》编辑的马克思。马克思对这篇著作极为重视,并给予了很高的评价。他大概在写完《1844年经济学哲学手稿》笔记本I之后,对恩格斯这篇文章作了摘要,并在《序言》中把它列为"内容丰富而有独创性的"[1]德国著作。可想而知,这篇马克思多次阅读的文章一定在他的头脑中留下了深刻印象,其中自然就有安德鲁·尤尔和他的《工厂哲学》。

在《英国工人阶级状况》中,恩格斯主要考察的是英国的曼彻斯特及其棉纺织业,从中他深切感受到工业革命的巨大发展和重要作用。恩格斯写道:"郎卡郡,特别是曼彻斯特,是英国工业的发源地,也是英国工业的中心。曼彻斯特的现代化的生产已达到了完善的地步。在南郎卡郡的棉纺织业中,**自然力的利用、机器**(主要是动力织机和骡机)对手工劳动的排挤以及**分工**都达到了高度的发展,而如果我们认为这三个要素是现代工业的特征,那末我们必须承认棉花加工业在这方面从开始到现在一直是走在其余一切工业部门的前面的。"[2]正是基于对机器大工业的这种认识,恩格斯对尤尔的态度有所转变,开始肯定尤尔对机器的描述和判断,即

---

1 《马克思恩格斯全集》第3卷,人民出版社2002年版,第220页。
2 《马克思恩格斯全集》第2卷,人民出版社1957年版,第322页。

"在尤尔、培恩斯等人写的棉纺织业史中,每一页上都讲到日新月异的改进,其中大部分也已经在纺织工业中的上述其余部门里被采用了。手工劳动几乎到处都被机器排挤掉,几乎一切操作都用水力或蒸气力,而且每年都有更新的改进"[1]。恩格斯一方面看到机器发明的日新月异,另一方面则更加关注机器应用对工人阶级的不利影响以及由此造成的尖锐阶级矛盾和社会问题。他深刻指出:"一切最使我们厌恶和愤怒的东西在这里都是最近的产物,工业时代的产物"[2],"工人阶级的状况是当代一切社会运动的真正基础和出发点,因为它是我们目前存在的社会灾难最尖锐、最露骨的表现"[3]。而机器恰恰是这一切灾难和矛盾的导火索。因而,恩格斯更多的是批判尤尔对于机器和工厂制度的狡辩。在该著作中,恩格斯先后 7 次提及尤尔及其著作《工厂哲学》和《大不列颠的棉纺织业》,并把尤尔称作"十足的资产者""反谷物法同盟的中心人物"[4]"资产阶级挑选出来的奴才"[5],把《工厂哲学》称作"恶名昭彰的书"[6]。譬如,恩格斯抨击尤尔关于童工劳动的描述时说:"好像活动一下肌肉并不是被工作弄得疲劳僵硬的身体的直接需要似的!但是尤尔应当再看看这一瞬间的兴奋是不是在几分钟后就消逝了。而且这种情形尤尔也只能在中午,即在孩子们工作五六小时后看到,而不能在晚上看到!……他企图断章取义地摘引几句话来证明工人当中连一点腺病质的迹象都没有,证明工厂制度使工人摆脱了各种急性病的痛苦(这是完全对的,但是工厂制度同时

1　《马克思恩格斯全集》第 2 卷,人民出版社 1957 年版,第 420—421 页。
2　同上书,第 335 页。
3　《马克思恩格斯文集》第 1 卷,人民出版社 2009 年版,第 385 页。
4　《马克思恩格斯文集》第 1 卷,人民出版社 2009 年版,第 435 页。
5　《马克思恩格斯全集》第 2 卷,人民出版社 1957 年版,第 453 页。
6　同上书,第 407 页。

却给工人们带来了各种慢性病，这一点尤尔当然绝口不谈了）。"[1]
同时，对于尤尔批评工人的道德堕落、阴谋反抗等言论，恩格斯给予了有力反驳，并指出"在所有资产者中，又是我们的那位朋友尤尔博士成了所有工会的最疯狂的敌人"[2]。《英国工人阶级状况》一书是恩格斯于1844年9月至1845年3月在德国巴门撰写完成的，并于1845年5月在莱比锡出版。而1845年2月初，马克思已从巴黎迁往布鲁塞尔。1845年4月初，恩格斯也迁往布鲁塞尔，住在马克思的隔壁。虽然没有直接证据表明，此时马克思读过恩格斯的《英国工人阶级状况》的书稿，但可以想见的是，恩格斯对英国机器大工业及其对工人阶级造成的影响的了解以及他坚定的无产阶级立场必然对马克思产生深刻影响，并成为他们共同创立新世界观和投身无产阶级革命事业的坚实基础。总之，通过文本分析，我们可以发现，青年恩格斯很可能是促使马克思关注到尤尔的重要人物。

而影响马克思关注到尤尔和拜比吉的另一个重要人物是法国经济学家杰罗姆-阿道夫·布朗基[3]。据 MEGA[2] 第四部分第 3 卷

1　《马克思恩格斯文集》第 2 卷，人民出版社 1957 年版，第 454—455 页。

2　《马克思恩格斯文集》第 1 卷，人民出版社 2009 年版，第 458 页。

3　［法］杰罗姆-阿道夫·布朗基（Jérôme-Adolphe Blanqui，1798—1854）：法国经济学家，法国无产阶级革命家和空想社会主义者路易-奥古斯特·布朗基（Louis-Auguste Blanqui，1805—1881）的兄长。从 1830 年直至去世，他一直担任巴黎商业专科学校的校长。1833 年，接任萨伊（Jean-Baptiste Say）在工艺学院（Conservatoire des arts et métiers）的政治经济学教授席位。1838 年，当选为道德与政治科学院（Académie des sciences morales et politiques，简称法兰西人文科学院或法兰西人文院，是法兰西学院下属的五个学术院之一）成员。1846—1848 年，当选众议院议员。布朗基撰写了一系列关于商业史、工业和政治经济学的著作。1837 年，他的《欧洲从古代到现代的政治经济学史》（Histoire de l'économie politique en Europe, depuis les anciens jusqu'à nos jours）在巴黎首次出版，并在 1842 年和 1843 年出版两个巴黎版，该书被后世称为经济思想史的开山之作。1843 年，该书被收录于《政治经济学教程》，在布鲁塞尔出版。马克思在《布鲁塞尔笔记》第 6 册笔记本中所使用和摘录的版本就是布鲁塞尔版。

的编者考证，马克思真正系统研究政治经济学大概是从 1844 年春天或夏初开始的。[1] 正是在这一时期，马克思在《1844—1847 年记事本》上编制了一份政治经济学书目，其中就包括加斯帕兰、拜比吉和尤尔的著作。那么，马克思是如何获知这些工艺学家及其著作的呢？编者认为，马克思在巴黎时就已经知道布朗基的《欧洲从古代到现代的政治经济学史》[2]一书，此时马克思利用的是该书的 1842 年巴黎第二版。根据该书的"主要政治经济学著作的重要参考书目（Bibliographie raisonnée des principaux ouvrages d'économie politique)"，马克思于 1844 年夏秋编制了一份"想获得的著作（beschaffenden Bücher）目录"[3]，其中就包括加斯帕兰[4]、拜比吉[5]、尤尔[6]的著作。而在同一记事本的第[28][29]页上"可能已购买的书籍目录"中又出现了拜比吉、尤尔和加斯帕兰的名字。[7] 同时，罗兰·丹尼尔斯（Roland Daniels）于 1850 年 12 月编制的马克思私人藏书书目（Daniels-Liste，S.［1］und［2].）中也提到上述三个人的名字。[8] 由此，编者推断，马克思可能于 1844 年 11 月或 12 月在巴黎就已购买了这些书，甚至马克思在巴黎时就已经开始摘录加斯帕兰、拜比吉和尤尔的著作，但在笔记本上并没有找到直接证据来支持这一推断。[9] 除了参考书目，布朗基也在书中对他们的著作做了不同的评价。比如，布朗基对拜比吉的

1 *Marx-Engels-Gesamtausgabe*，Bd. IV/3，Berlin：Akademie，1998，S. 449.

2 Jérôme Adolphe Blanqui，*Histoire de l'économie politique en Europe*，*depuis les anciens jusqu'à nos jours*，2. éd.，Paris，1842.

3 *Marx-Engels-Gesamtausgabe*，Bd. IV/3，Berlin：Akademie，1998，S. 737.

4 Ibid.，S. 9. 19.

5 Ibid.，S. 8. 31－32.

6 Ibid.，S. 10. 1－2.

7 Ibid.，S. 12. 38，12. 39，13. 10.

8 Ibid.，S. 713.

9 Ibid.，S. 713.

重读马克思：工艺学语境中的哲学话语

《论机器和工厂的节约》的评价是:"这本书是一首颂扬机器的赞歌。作者用数学的精确性得出了最不可思议的结果,并且非常清楚地表明了人类精神必须在身体解脱和道德尊严方面获得增进,以便借助机器摆脱最艰苦的工作。"[1] 相比之下,布朗基对尤尔《工厂哲学》的评价则更显批判性:"这是一部非常肤浅的工艺学著作。在这部著作中,英国工业体系的流弊以一种自以为是的和神秘的偏见而得到缓解。"[2] 无论褒贬如何,可以确定的是,布朗基所列的参考书目和相应评价都促使马克思关注到加斯帕兰、拜比吉和尤尔的著作。

二、《布鲁塞尔笔记》笔记本 5 的文本结构与写作语境

根据 MEGA[2] 第四部分第三卷的"前言",《布鲁塞尔笔记》是指马克思于 1845 年 2 月初至 7 月初,即从马克思于 1845 年 2 月 3 日移居布鲁塞尔之后到同年 7 月 10 日[3] 马克思、恩格斯前往英国之前这段时间在布鲁塞尔所摘录的六册摘录笔记。[4]

编者认为,这六册《布鲁塞尔笔记》可以成对地加以考察。第

1　原文为:"Cet ouvrage est un hymne en faveur des machines. L'auteur en fait ressortir les plus merveilleux résultats avec une exactitude mathématique, et il démontre fort bien tout ce que l'esprit humain doit gagner en soulagement physique et en dignité morale à se débarrasser, par les machines, de ses plus rudes travaux。参见 *Marx-Engels-Gesamtausgabe*, Bd. IV/3, Berlin: Akademie, 1998, S. 460. 另参见 Jérôme Adolphe Blanqui, *Histoire de l'économie politique en Europe*, *depuis les anciens jusqu'à nos jours*, 2. éd., Paris, 1842, S. 397。

2　原文为:"Ouvrage de technologie assez superficiel, où les abus du système industriel anglais sont atténués avec une partialité prétentieuse et mystique。"参见 Ibid., S. 484。

3　*Marx-Engels-Gesamtausgabe*, Bd. IV/3, Berlin: Akademie, 1998, S. 457.

4　Ibid., S. 449.

一对笔记本即笔记本 1 和笔记本 2 上写有"布鲁塞尔。1845
(Bruxelles. 1845)"的字样,并标有连续的页码。[1] 编者推断,这两
册笔记都是 1845 年 2 月初到 4 月中旬完成的。笔记本 1 摘录了路
易·萨伊(Louis Say)、西斯蒙第、尚博朗(C. G. de Chamborant)和
巴格蒙特(Alban de Villeneuve-Bargemont)的著作。[2] 笔记本 2
摘录了比雷(Antoine-Eugène Buret)、纳·威·西尼耳(Nassau
William Senior)和西斯蒙第的著作。[3] 而且,马克思是先接着笔记
本 1 中所摘录的西斯蒙第的《政治经济学研究》第一卷而摘录了该
书的第二卷;然后马克思摘录了比雷和西尼耳的著作。而这些著
作的编号是马克思后来加上的。[4]

第二对笔记本即笔记本 3 和笔记本 4 具有统一的纸张规
格[5],借此可以同这一时期的其他笔记本区分开来。编者推断,马
克思摘录这两个笔记本的时间不早于 1845 年 4 月中旬,而且是与
马克思在布鲁塞尔的皇家图书馆(Bibliothèque Royale)摘录书目
同时进行的。[6] 因此,这两个笔记本的产生时间是 1845 年 4 月中
旬到 7 月初。[7] 笔记本 3 摘录了弗·费里埃(François Louis
Auguste Ferner)、亚历山大·拉博德(Alexandre de Laborde)、撒
格拉(Ramon de la Sagra)、希欧多尔·费克斯(Théodore Fix)、亚
历山大·莫罗·德·琼斯(Alexandre Moreau de Jonnès)、施托尔
希(Heinrich von Storch)和特里奥恩(Louis François Bernard

---

1 *Marx-Engels-Gesamtausgabe*,Bd. IV/3,Berlin:Akademie,1998,S. 452.
2 Ibid.,S. 115 - 139.
3 Ibid.,S. 141 - 209.
4 Ibid.,S. 653.
5 Ibid.,S. 675,700.
6 Ibid.,S. 453.
7 Ibid.,S. 671.

Trioen)的著作。[1] 笔记本 4 摘录了施托尔希(Heinrich von Storch)、尼·圣莫(Nicolas François Dupré de Saint-Maur)、伊·德·平托(Isaac de Pinto)、乔·柴尔德(Josiah Child)、本雅明·贝尔(Benjamin Bell)的著作。[2]

第三对笔记本即笔记本 5 和笔记本 6 分别包含了比较明确的主题。笔记本 5 的主题是"机器问题(Maschinenfrage)",这主要体现在对加斯帕兰、拜比吉和尤尔的著作的摘录中。笔记本 6 的主题是"国民经济学史(Geschichte der Nationalökonomie)"——这是马克思自己在该笔记本上所加的标题。[3] 马克思在笔记本 5 中摘录了奥古斯特·德·加斯帕兰(Auguste de Gasparin)、查理·拜比吉(Charles Babbage)、安德鲁·尤尔(Andrew Ure)、伊萨克·贝列拉(Isaac Pereire)和佩莱格里诺·罗西(Pellegrino Rossi)的著作。[4] 由于该笔记本没有包含有关摘录地点和时间的直接提示,因此,编者作了比较宽泛的推断,即认为该笔记本产生于 1845 年 2 月初至 7 月初。[5] 马克思在笔记本 6 中摘录了朱塞佩·佩基奥(Giuseppe Pecchio)、约·拉·麦克库洛赫(John Ramsay MacCulloch)、查理·加尼耳(Charles Ganilh)、阿道夫·布朗基(Adolphe Blanqui)、弗·维利嘉德利(François Villegardelle)、约翰·瓦茨(John Watts)的著作。其中值得注意的是,马克思在巴黎时就利用了布朗基的《欧洲从古代到现代的政治经济学史》的 1842 年巴黎版第二版,而此处所摘录的是《政治经济学教程》(布鲁塞尔,1843 年)中所收录的这一著作——该文集也收录了马克

1　*Marx-Engels-Gesamtausgabe*, Bd. IV/3, Berlin: Akademie, 1998, S. 210 - 272.

2　Ibid. , S. 273 - 321.

3　Ibid. , S. 453.

4　Ibid. , S. 322 - 388.

5　Ibid. , S. 713.

思在笔记本 2 中所摘录的比雷的《英法工人阶级的贫困》和在笔记本 5 中所摘录的罗西的《政治经济学教程》。[1] 编者指出,笔记本 6 同样没有关于它的产生时间和地点的直接提示,但由于弗朗西斯·维利嘉德利的《法国大革命前的社会思想史》(*Histoire des idées sociales avant la révolution française*,Paris,1846)一书直到 1845 年 12 月初才出版。[2] 因此,编者推定该笔记本大致完成于 1845 年 2 月初到 12 月。

编者强调,关于六册《布鲁塞尔笔记》的排序或编号是根据编者所推断的摘录过程而定的,大体上呈现了马克思这一时期的可能性研究过程。除了第六册笔记本写有明确的标题之外,其他笔记本并没有严格的主题,但在每个笔记本中都可以发现一个主导性的问题。这表明,此时马克思正在对各种不同的问题进行逐一研究。[3]

在介绍了《布鲁塞尔笔记》的文献背景和文本结构之后,我们再来详细了解一下以"机器问题"为主题的笔记本 5,这里涉及三个人物:加斯帕兰、拜比吉和尤尔。编者指认:"这是马克思第一次致力于研究生产过程中的机器应用问题。"[4] 在留存下来的笔记本 5 中包含着关于五本著作的摘录。在第一部分对加斯帕兰的摘录前标有编号"2)",接下来的摘录被依次标上编号"3)""4)""5)""6)"。编者由此推断,马克思可能原本摘录了六本著作,但是写有编号"1)"的第一页摘录内容遗失了。[5]

1　*Marx-Engels-Gesamtausgabe*,Bd. IV/3,Berlin:Akademie,1998,S. 738.

2　Ibid.

3　Ibid. ,S. 456,457.

4　Ibid. ,S. 713.

5　Ibid. ,S. 714.

笔记本 5 的第一部分是对奥古斯特·德·加斯帕兰[1]的《论机器》的摘录[2]（该页上标注的页码是 S.[2]，马克思标注的第 1 页已遗失）。《论机器》第一版是 1834 年的里昂版。而马克思此时利用的是 1835 年的巴黎版第二版。它也被写进了马克思《1844—1847 年记事本》的"想要获得的书目"之中。[3] 尽管这本书是以机器为标题，但它的绝大部分内容是在讨论地产问题（Fragen des Grundeigentums）。作为农场主的加斯帕兰关注的是小地产，他主张必须借助农业的机械化来实现共同富裕（allgemeinem Wohlstand）。因此，马克思只从这本书的 4 页（分别是第 6、7、8、37 页）中摘录了四段内容，它们一方面涉及科学和机器对于农业的作用，另一方面肯定了机器生产对于人类自由和解放的意义。

1　[法]奥古斯特·德·加斯帕兰（Auguste de Gasparin，1787—1857）：法国农场主和政治家。1830 年七月革命后，当选他的家乡奥朗日的市长。1837—1842 年，担任众议院议员。他撰写了一系列研究农业问题和经济问题的著述。代表作有：《论机器》(*Considérations sur les machines*，1834)等。参见 *Marx-Engels-Gesamtausgabe*，Bd. IV/3，Berlin：Akademie，1998，S. 714。

2　值得注意的是，关于此处马克思所摘录的人名及其著作的介绍，最早的资料应该是阿姆斯特丹国际社会史研究所（IISG）德国组组长沃纳·布鲁门伯格（Werner Blumenberg）编辑的马克思恩格斯的手稿和马克思的读书笔记目录（Marx-Engels Inventar）。1965 年，日本学者川锅正敏将这一目录抄回，发表于《立教经济学研究》1966 年第二十卷第三号。1980 年，中国人民大学马列主义发展史研究所李光谟等学者根据川锅正敏的抄录版译为中文，以《马克思手稿和读书笔记目（荷兰阿姆斯特丹国际社会史研究所收藏）》为题发表在《马克思主义研究参考资料》1981 年第 30 期上，在其第 21 页上写的是"艾·德·日拉丹：《科学丛书》第 1 卷：机器。1 页笔记"。而在随后的相关研究中，国内学者普遍使用的是"埃·吉拉丹的《科学丛书》第 1 卷《机器》"。但笔者发现，在 1998 年出版的 MEGA² 第四部分第 3 卷中，编者指认此处摘录的是奥古斯特·德·加斯帕兰（Auguste de Gasparin）的《论机器》(*Considérations sur les machines*)。但在 IISG 官网上公布的马克思恩格斯原始手稿的笔记目录（编号为 B33）中，第一条目依然是"Emile de Girardin, ... machines, ...（埃米尔·德·吉拉丹：《机器》）"，其原始编号为 B30。这表明，当初布鲁门伯格对此处的判读有误，而现在 IISG 仍然沿用了布鲁门伯格的错误判读，而没有及时借鉴 MEGA² 编者的最新判读结果。参见 IISG，*Karl Marx-Friedrich Engels Papers*，B33。

3　*Marx-Engels-Gesamtausgabe*，Bd. IV/3，Berlin：Akademie，1998，S. 9. 19。

马克思在此后的著述中没有再提及这本书。

在接下来的第 3—10 页上是对查理·拜比吉的《论机器和工厂的节约》(1833 年巴黎版)的摘录。马克思首先摘录了该书的第二部分,特别是有关政治经济学问题的内容。然后,马克思摘录了论述生产过程中各种技术发明的应用及其效果的第一部分,但只摘录了第一部分的前 20 页内容。马克思在此后的研究中多次利用了这些摘录内容,比如《哲学的贫困》《大纲》《1861—1863 年经济学手稿》《资本论》等。在 1859—1863 年所做的第七笔记本中,马克思重新摘录了该书的 1832 年英文版,并且摘录了新的内容。在《1861—1863 年经济学手稿》中,马克思利用了该书的法文版和英文版。

在接下来的第 11—15 页上,马克思摘录了安德鲁·尤尔的《工厂哲学》(1836 年巴黎版)[1]。马克思同样先摘录了该书的第二卷,即关于各种工厂的工作条件和工厂法的内容,然后摘录了该书的第一卷,主要涉及英国纺织业的工场手工业阶段及其向机器大工业的过渡。值得注意的是,该书是马克思的私人藏书之一。而在该书的原件[2]上,马克思在几乎所有的摘录部分都做了画线标记。[3] 而且可以看到,马克思用红色铅笔(Rotstift)、铅笔

---

[1] 尤尔的《工厂哲学》的法文版于 1836 年在巴黎和布鲁塞尔出版。该书巴黎版的封面上写有"巴黎",其扉页(Titelblatt)上写有"巴黎,布鲁塞尔(Paris, Bruxelles)"。而该书布鲁塞尔版的封面和扉页上只写有"布鲁塞尔"。在马克思的笔记本中缺少相应的说明。但是,通过将他的摘录和这两个版本相比较可以确定,此时马克思使用的版本是巴黎版,当时这本书已在马克思的私人藏书之中。后来,马克思在《1861—1863 年经济学手稿》中又利用了这个版本。参见 *Marx-Engels-Gesamtausgabe*,Bd. II/3. 6,Berlin:Dietz,1982,S. 2028 - 2036,2062 - 2071。

[2] MEGA[2] 编者指出,如今这本书在巴黎,属于西蒙·龙格(Simone Longuet)的私人藏书。参见 *Marx-Engels-Gesamtausgabe*,Bd. IV/32,Berlin:Akademie Verlag,1999,S. 650. Nr. 1343。

[3] *Marx-Engels-Gesamtausgabe*,Bd. IV/3,Berlin:Akademie,1998,S. 716.

（Bleistift）和墨水（Tinte）做了大量旁注。[1] 马克思在《评李斯特》（*Entwurf über Friedrich List*）、《哲学的贫困》、《关于自由贸易问题的演讲》、《工资》、《大纲》、《1861—1863 年经济学手稿》、《1863—1867 年经济学手稿》，以及《资本论》第一卷和第三卷等著述中都利用了尤尔的这部著作。而且，MEGA[2] 编者提到，马克思曾于 1861 年初从科隆取回这本书[2]，由此，马克思对这本书的重视便可见一斑。

三、《布鲁塞尔笔记》笔记本 5 的文本解读：马克思关注了什么？

如前所述，《布鲁塞尔笔记》笔记本 5 的主导线索是关于"机器问题"的研究，实际上涉及的是以英国工业革命为现实背景的资本主义物质生产过程和生产方式变革问题，正是在这个意义上，张一兵教授将其称为"物质生产与生产力研究"[3]笔记。在了解了该笔记本的基本结构和写作语境之后，我们再来深入分析一下具体的文本内容。

马克思首先摘录的是奥古斯特·德·加斯帕兰的《论机器》（1835 年巴黎版）。虽然马克思只从该书的 4 页纸上以法文摘抄、德文概括的形式写下了 4 段文字，但从中足以看到他的焦点意识与理论视域。

第一，人类的真正自由源自人类发挥智力借助机器利用自然

1　*Marx-Engels-Gesamtausgabe*，Bd. IV/32，Berlin：Akademie Verlag，1999，S. 650. Nr. 1343.

2　Ibid.

3　张一兵：《回到马克思：经济学语境中的哲学话语》，江苏人民出版社 2013 年版，第 374 页。

力的物质生产中。在《论机器》中，加斯帕兰在描述农民使用机器进行耕作的场景时感叹道："这是人类向着自由刚迈出的又一步，这种自由……是建立在事实和幸福之上的自由。因此，我们可以看到人类正通过发挥他的智力（intelligence）和安排自然力来承担那些痛苦却收获甚微的辛劳来废除人们所遭受的奴役。"[1] 对此，马克思以德文和法文概括道："建立在事实和幸福之上的自由就是人类通过发明机器、发挥自己的智力……利用自然力所获得的自由。"[2] 这里马克思不仅准确抓住了加斯帕兰的主旨，而且认识到机器在人类施展智力才能改造自然的过程中所起到的积极作用。接着，马克思继续概括了这样两句话："（虽然）哲学和宗教轮流宣扬着自由和平等，但仍然无力变得流行起来……新的社会秩序必然产生于人的科学努力（efforts scientifiques）。"[3] 通过加斯帕兰，马克思再次确认了人的智力[4]和科学努力才是实现自由平等和社会变革的坚实基础。这对于刚同鲍威尔等人决裂、正欲彻底清算青年黑格尔派的马克思来说一定触动颇深。但在加斯帕兰看来，单从人的智力和科学努力来寻求人类解放的前景仍是迷惘的，因为"大众所盼望的大解放（grande émancipation）还无法解释清楚"[5]。

第二，"人类的解放正由工业机器的轰鸣声宣告着"[6]。加斯

1　Auguste de Gasparin, *Considérations sur les machines*, Lyon: Imprimerie de J. M. Barret, 1834, p. 2.

2　*Marx-Engels-Gesamtausgabe*, Bd. IV/3, Berlin: Akademie, 1998, S. 322.

3　*Marx-Engels-Gesamtausgabe*, Bd. IV/3, Berlin: Akademie, 1998, S. 322.

4　此处摘录内容在《论机器》的原文为："（虽然）哲学和宗教轮流宣扬着自由和平等的伟大原则，但仍然无力使自身流行起来。……人的自由必然只能来自人的智力，新的社会秩序必然产生于人的科学努力，但是，大众所盼望的大解放还无法解释清楚。"参见 Auguste de Gasparin, *Considérations sur les machines*, Lyon: Imprimerie de J. M. Barret, 1834, pp. 2 - 3。

5　*Marx-Engels-Gesamtausgabe*, Bd. IV/3, Berlin: Akademie, 1998, S. 322.

6　Ibid., S. 322.

帕兰认为："通过研究学习（l'étude）而变得高尚的人类刚打碎了束缚他的锁链。人类获得了巨大而前所未知的力量的帮助。人类的解放正由工业机器的轰鸣声宣告着。"[1] 联系上文可推知，人类的智力和科学努力只有运用于机器发明和工业生产才能迸发出巨大力量，推动人类解放的实现。在这个意义上，人的智慧就不再是德国思想家所偏爱的纯粹精神观念或自我意识哲学，而是扎根并服务于现实物质生产的人的创造性能力。可以说，加斯帕兰深刻揭示了在生产领域中主观的人类主体能力与客观的物质生产的真实统一，或者说，人的能力发展与客观物质生产的内在关联。而这为马克思重新思考工业（生产力）和人类解放问题提供了新的启示。

第三，"机器—人（machine-homme）将 会 取 代 人—机 器（l'homme-machine）"[2]。这是马克思摘录的最后一句话，并做了下画线，而且是这页笔记上的唯一画线。接着，马克思用德文写下一句评语："机 器 的 绝 对 崇 拜 者（Unbedingter Huldiger der Maschinen）。"[3] 显然，这是马克思对加斯帕兰的批评与怀疑。其实，加斯帕兰只是道出了当时工业革命进程中正在发生的事实：在工农业生产中，机器日益占据主导地位，人手则沦为机器的附庸。加斯帕兰站在小资产阶级的立场上将其视作一种必然过程，是实现人类解放的必由之路。而此时的马克思还是无法接受这种论断的。这意味着，马克思还不能理解机器生产在贬斥劳动和人类解放之间的矛盾张力与辩证统一。总之，马克思对加斯帕兰的简短摘录恰恰打开了关于机器大工业的潘多拉魔盒，并激发他重新思

---

1 Auguste de Gasparin, *Considérations sur les machines*, Lyon：Imprimerie de J. M. Barret，1834，p. 4.

2 *Marx-Engels-Gesamtausgabe*，Bd. IV/3，Berlin：Akademie，1998，S. 322.

3 Ibid.

考机器大工业的历史意义。或许由于加斯帕兰无法向他提供更多的工艺学知识,于是马克思继续摘录了拜比吉和尤尔的著作。

接着,马克思摘录了查理·拜比吉的《论机器和工厂的节约》。通过拜比吉,马克思初步认识了机器大生产的分工原则及其广泛应用、机器的定义、阶级斗争与补偿理论以及科学对工业生产的重要意义等问题。

第一,**以分工为主导的大工业生产**。基于斯密的分工理论,拜比吉提出了自己的分工倍数原则,即"通过将工作划分为更多不同的操作,其中每一种操作需要不同程度的熟练技能和力量,工厂主就能准确购买相应的数量"[1]。或许由于马克思此前已熟悉斯密的分工理论,故而跳过了拜比吉对斯密的阐述,直接概述了拜比吉的分工原则,看到了这种分工原则在工业生产中的支配地位,这主要表现在两个方面:

1. **分工框架下的机器定义**。拜比吉延续斯密的分工—机器逻辑,从工艺学层面对机器做出定义:"当每一特殊的操作被简化为使用一种简单工具,由一个发动机驱动的所有这些工具的联合就构成了……一台机器。"[2]也就是说,机器是在分工基础上的工具简化与联合。因此,机器在本质上仍属于分工范畴。其实,这种从分工理解机器的思路只是反映了机器在特定的工场手工业阶段的发展水平,而没有把握成熟的机器体系的本质特征。但此时马克思还没有能力加以辨识,甚至在后来的《哲学的贫困》中将它当作批判蒲鲁东的抽象机器理论的重要依据。

2. **分工原则导致工业的大规模生产与工人劳动强度的增加**。

1　*Marx-Engels-Gesamtausgabe*,Bd. IV/3,Berlin:Akademie,1998,S. 331.

2　Ibid.

一方面,当一种生产的最佳比例关系确定下来之后,要想扩大生产就必须按比例成倍增加生产资料和工人数量,这就促进了大规模生产。另一方面,为了充分占有工人的劳动时间,就要成倍增加机器数量、延长工人劳动时间和实行换班制度,这样一来,既促进了大规模生产,又大大增加了工人的劳动强度。

第二,**科学技术和机器对于工业发展的重要意义。**虽然拜比吉对机器的定义还囿于斯密的分工逻辑,但身处工业革命时代的拜比吉已深切感受到机器对提高总体生产力(pouvoir total de production)的巨大影响以及科学技术在工业生产中的重要作用。他强调,"知识(savoir)和经验(expérience)的持续进步是我们的巨大力量,是我们胜过任何试图同英国的工业进行竞争的国家的巨大优势"[1],"英国在工业(Industrie)和技艺(Künste)上的进步是同最高科学(sciences les plus élevées)的进步密切联系的。而且,工业发展的每一次进步都有赖于这种联系更加紧密"[2]。

第三,**机器大生产对工人的不利影响与补偿理论。**针对机器排斥工人的现象,拜比吉提出补偿理论:随着需求的增加,失业工人会被重新吸收进生产过程。但拜比吉也承认,一部分手工工人由于不具备机器生产所要求的更高技能和熟练程度,因而必然会遭受长期的贫困。同时,机器大工业对小手工业的冲击也导致更多工人遭受痛苦。[3]

随后,马克思摘录了安德鲁·尤尔的《工厂哲学》。在这里,马克思看到了完全不同于拜比吉的另一幅机器大工业图景。

第一,**以自动机器体系为基础的现代工厂制度。**马克思摘录

1　*Marx-Engels-Gesamtausgabe*, Bd. IV/3, Berlin: Akademie, 1998, S. 340.

2　Ibid.

3　Ibid., S. 339 - 340.

了尤尔对现代工厂的定义:"在工艺学(technologie)上,英语中的**工厂**制度(**factory** système)这个术语是指,各种工人即成年工人和未成年工人的协作(coopération),这些工人熟练地、勤勉地看管着由一个中心动力不断推动的、进行生产的机器体系(système de mécaniques)……这个术语的准确意思使人想到一个由无数机械的和智能的器官(organes mécaniques et intellectuels)组成的庞大的自动机,这些器官为了生产同一个物品而协调地不间断地活动,并且它们都受一个自行发动的动力的支配。"[1]请注意,马克思不仅原原本本地摘录了"factory"这个英文词,而且在"factory"和"coopération"下面用黑色铅笔做了画线。而对照该书的法文版和英文原版会发现,法文版原文是:"在工艺学上,英语中的'factory,(自动生产)体系[système (manufacture automatique)]'这一术语是指……"[2]而英文版原文则是:"在工艺学上,'工厂'这一术语是指……"[3]可见,法文版不仅保留了"factory"这个英文词,而且用"自动生产体系"对"factory"做了补充。这表明,法译者准确认识到尤尔赋予"factory"的现代内涵。以拜比吉为例,拜比吉只是从分工角度来理解机器和现代工厂,而没有像尤尔那样抓住以自动机器体系为基础的现代工厂的本质特征。马克思后来在《资本论》中准确指出,拜比吉对于"factory"或"factory system"的理解还停

1　*Marx-Engels-Gesamtausgabe*, Bd. IV/3, Berlin: Akademie, 1998, S. 348.

2　Andrew Ure, *Philosophie des manufactures*, *ou*, *Economie industrielle de la fabrication du coton*, *de la laine*, *du lin et de la soie: avec la description des diverses machines employees dans les ateliers anglais*, Tome premier, Paris: L. Mathias (Augustin), 1836, pp. 18 - 19.

3　Andrew Ure, *The philosophy of manufactures*, *or*, *an exposition of the scientific*, *moral*, *and commercial economy of the factory system of Great Britain*, London: C. Knight, 1835, p. 13.

留在工场手工业的层面。[1] 因此,尤尔的重要贡献就在于第一次揭示了现代工厂中机器体系对人的绝对统治关系,这为劳动对资本的实际从属奠定了物质技术基础。因此,加斯帕兰所勾勒的"机器—人取代人—机器"图景在尤尔这里更细致而冰冷地展现在马克思的面前。

第二,**资本招募科学对劳动的贬斥与规训**。针对尤尔对工厂制度的辩护,马克思有选择地摘录了尤尔的话来加以反驳。比如"棉纺厂中的'铁人'证明,'当资本招募科学为它服务时,工人总会学会温顺'"[2],"现代工厂主的最大目标,就是通过科学和资本的结合,将工人的作用降低到仅仅使用他们的注意力和灵活性"[3]。这里,尤尔无意中透露了现代工厂中资本、科学(机器)和劳动的现实权力关系。借助 IISG 公布的数字化原始手稿可以清楚地看到,马克思在第一处用红色铅笔打了一个叉,在后一处画了一道竖线。可想而知,马克思对于尤尔的言论是异常气愤的!

第三,**以机器体系废除分工为标志的生产方式变革**。尤尔站在机器大工业的立场上,准确阐述了斯密分工原则的本质特征,深刻指认了从手工工场分工到机器体系生产所发生的深刻变革。对此,马克思做了大段的摘录。比如,尤尔指出:"当亚当·斯密写下他的著名的政治经济学原理时,工业的自动体系还几乎无人知晓,

---

1　参见《马克思恩格斯全集》第 44 卷,人民出版社 2001 年版,第 427 页。对此,笔者提出的另一个佐证是,在拜比吉的书中,拜比吉大量使用的是"manufacture"一词(约 220 次),而"factory"一词只出现 30 余次,"manufactory"一词出现 16 次,唯一一次出现"factory system"还是在标题细目中对众议院的工厂制度报告的摘要提示。这从侧面反映出,拜比吉还没有准确认识到工厂和工厂制度的实质。参见 Charles Babbage, *On the Economy of Machinery and Manufactures*, Philadelphia: Carey & Lea, 1832。

2　*Marx-Engels-Gesamtausgabe*, Bd. IV/3, Berlin: Akademie, 1998, S. 343.

3　Ibid. , S. 349.

因此他将分工视为工业发展的重要原则是合理的……每个工人要自然地适应他的操作,他的工资与他的技能相一致……使劳动适应于不同的个人能力,很少被纳入自动工厂的操作计划。"[1]"在机械制造的初期,机械制造厂表现为各种程度的分工……这些工人依照他们的熟练程度而分成等级。但现在这些熟练的锉工和钻孔工都被刨车、带凹槽的切割机以及带自动飞刀的车床等取代了。"[2]这是马克思第一次从工艺学角度体认到机器大工业所带来的巨大变革。在此基础上,尤尔赞扬了机器体系相对分工的优越性,如机器生产的均等化原则简化了操作难度、缩短了学习时间、促进了操作灵活性、废除了分工对工人能力的禁锢,并由此宣称"按照工人的不同熟练程度来分工的死板教条,终于被我们开明的厂主们利用(exploité)[3]了"[4]。马克思在巴黎时期就试图废除分工对人的限制,尤尔的分析无疑给了他重要启示。[5] 但客观地看,尤尔的这种机器—分工对立论是不准确的,因为拜比吉已经指认了现代工厂中同样存在分工。但此时马克思还没有足够的知识和能力加以辨识。此外,马克思也摘录了有关机器大生产残酷迫害工人的内容,比如尤尔批判工作日法案时指出"12—14 小时的工厂

1　*Marx-Engels-Gesamtausgabe*, Bd. IV/3, Berlin:Akademie, 1998, S. 348-349.

2　Ibid. , S. 349.

3　在《工厂哲学》英文原版中是"exploded(推翻或抛弃)",而在法文版中则被译为"exploité(运用、利用)"。后来马克思在《1861—1863 年经济学手稿》中注意到这一变化,并称之为"绝妙的双关语"。参见《马克思恩格斯全集》第 37 卷,人民出版社 2019 年版,第 171 页。

4　*Marx-Engels-Gesamtausgabe*, Bd. IV/3, Berlin:Akademie, 1998, S. 351.

5　在《哲学的贫困》中,尤尔的自动工厂观点成为马克思试图废除分工的有力依据,但实际上,这是由于马克思还缺乏工艺学史知识而产生的一种轻信和误读。参见张福公:《论尤尔的工厂哲学思想及其对马克思思想发展的影响》,《东吴学术》2017年第 3 期。

劳动不会影响 10 岁及其以上的儿童的健康和成长"[1]。这些有悖常理的辩护之辞恰好为马克思批判资本主义社会提供了丰富材料。

总之,在《布鲁塞尔笔记》的笔记本 5 中,加斯帕兰、拜比吉和尤尔从不同层面向马克思集中展现了工艺学视域下机器大生产的重要特征、巨大优势和阶级对立。显然,马克思的关注焦点是资本主义机器大工业所造成的双重社会效应和尖锐矛盾,因为它直接关涉人类的解放问题。而资产阶级工艺学家同古典经济学家一样,其理论目的都在于论证资本主义私有制和机器大工业的内在一致性和永恒必然性,现实社会矛盾的解决和人类解放的实现都有赖于资本主义的发展。因此,加斯帕兰所宣称的人类解放正是一种资产阶级意识形态。而要想破除这种意识形态,马克思就必须重新思考机器大工业(生产力)与资本主义私有制(交往形式)的关系及其对人类解放的现实意义。

第四节
《评李斯特》中的生产力批判与《提纲》
中的新世界观萌芽

在《布鲁塞尔笔记》时期,马克思在进行经济学和工艺学研究的同时,写下了《评弗里德里希·李斯特的著作〈政治经济学的国民体系〉》(以下简称《评李斯特》)。在这部手稿中,马克思集中批判了李斯特的生产力理论,并首次利用了在《布鲁塞尔笔记》中对

1　*Marx-Engels-Gesamtausgabe*, Bd. IV/3, Berlin: Akademie, 1998, S. 347.

尤尔的摘录。在这一思想实验过程中,虽然马克思对于生产力的理解仍带有明显的人本主义逻辑底色,但在《巴黎手稿》时期所萌生的那条客观现实逻辑还是获得了进一步的推进。正是基于经济学和工艺学研究的深入与理论逻辑的推进,马克思在几乎同一时期写下的《关于费尔巴哈的提纲》中初步确立了科学世界观的思想萌芽。

一、李斯特的生产力理论及其理论意义

李斯特是德国近代经济学历史学派和贸易保护主义的重要奠基人之一,对古典政治经济学和欧美工业经济史有着深入的研究。作为当时德国新兴资产阶级利益的代言人,李斯特一方面投身于促进德国工商业发展的政治实践之中,另一方面则致力于从理论上彻底批判以斯密、萨伊为代表的古典政治经济学。针对古典政治经济学所推崇的"个人经济学"和"世界主义经济学",李斯特提出国家经济学;针对古典政治经济学的"价值理论",李斯特提出国家生产力理论。在某种意义上,李斯特的国家生产力理论构成了其整个理论体系的核心。1827年出版的《美国政治经济学大纲》是李斯特对其早期经济思想的第一次系统总结。在这本小册子中,李斯特批评斯密、萨伊等人只研究个人经济学和世界主义经济学,而忽视了对国家经济学的研究。他们不但忽视了不同国家和民族的特殊国情,而且没有认真分析"智力资本"对物质生产的真正影响以及"物质资本"在生产过程中的作用。由此,他第一次指出,国家的职责就是大力发展本国的生产力:"国家经济学探讨的是一个国家根据自己的国情可以通过什么样的方式指导和管理个人经济,限制人类经济以防止外国的限制和外国的势力阻碍本国

的经济,发展本国的生产力……"[1]而在 1837 年撰写的《政治经济学的自然体系》(以下简称《自然体系》)中,李斯特简明扼要地阐明了以生产力理论为核心的主要经济思想,甚至对以生产力为基础的经济发展理论的阐述比 1841 年出版的《政治经济学的国民体系》(以下简称《国民体系》)还要详细。不过,《政治经济学的国民体系》是李斯特对其全部经济思想的成熟表述。

李斯特的"生产力"概念主要有两种写法:一种是由英文直译过来的"productive Kraft",另一种是复合词形式的"Productivkraft"[2]。而李斯特的生产力理论可以从以下几个方面加以把握:

第一,**他强调"生产财富的能力比财富本身更为重要"**[3]。生产财富的能力即指生产力,这种发生学意义上的生产力是一种潜在的创造性能力。李斯特指出:"财富的原因与财富本身完全不同。一个人可能拥有财富,即交换价值,但是如果他没有能力生产比自身消费的产品更有价值的产品和更多的产品,那他将会变穷。一个人也许很穷,但是如果他能生产比自己消费的产品更有价值的产品和更多的产品,那他将会变得富有。"[4]因此,生产力比财富本身更重要。因此,"一个国家的繁荣不像萨伊认为的那样在于它拥有更多的财富(即交换价值),而在于它的生产能力能得到更大的发展"[5]。在这个意义上,李斯特批评斯密过于注重自魁奈以来

1　[德]李斯特:《政治经济学的自然体系》,杨春学译,商务印书馆 1997 年版,第 206 页。

2　李斯特的生产力概念除了上述两种主要写法,还有少量使用"Productionskraft""Productivität""Productionsfähigkeit"。参见 Friedrich List, *Das nationale System der politischen Oekonomie*, Stuttgart und Guebingen：Cotta'schen Verlag, 1841。

3　[德]李斯特:《政治经济学的国民体系》,邱伟立译,华夏出版社 2009 年版,第 99 页。

4　同上。

5　同上书,第 107 页。

的重农主义者的世界主义观念、自由贸易和他的伟大发现即劳动分工,而忽视了生产力对于单个国家的重要性。李斯特认为:"恰恰是这种把'劳动分工'这一重大发现放在有利地位的热望,阻碍了亚当·斯密继续探究'生产能力'这个观念(他在序言中表达过,也曾在后面的章节中频频提到过,但仅仅是无意的),也阻碍了他用更完善的方式展示他的学说。"[1] 在李斯特看来,斯密由于过于倚重劳动分工,反而被这一思路所牵制,从而将劳动本身看作一切财富的源泉,而且斯密所说的劳动生产力还主要依赖于劳动者的熟练程度和判断力。而且,虽然萨伊将政治经济学定义为研究财富或交换价值如何生产、分配和消费的科学,但实际上,"该学说并不是研究生产能力如何兴起和发展,以及生产能力如何受到约束和遭到破坏的"[2]。这里,李斯特的确一针见血地指出了古典政治经济学的软肋,他对于斯密只停留于劳动分工及其表现出来的劳动主体能力而没有深入研究工业生产力的批评是对的,但他否定劳动是一切财富的源泉就是过犹不及了。李斯特没有认识到斯密的理论局限性是生产力发展水平不足所造成的历史性结果。不过,对于李斯特来说,他对斯密的批判主要在于扩展了对生产力概念的理解范围,即生产力不只是局限于物质生产力,还包括更为广泛的精神生产力,李斯特称之为"智力资本"。总之,凡是能够促进财富生产能力的因素都可以归入生产力的范畴。因此,"基督教,一夫一妻制,废除奴隶制与采邑制,继承王位,印刷术、印刷机、邮政体系、货币、度量衡、历法、钟表、警察制等的发明,终身保有不动

---

1 [德]李斯特:《政治经济学的国民体系》,邱伟立译,华夏出版社 2009 年版,第 100 页。
2 同上书,第 102 页。

重读马克思:工艺学语境中的哲学话语

产法则的引进,交通工具的采用,都是生产能力的丰富源泉"[1]。总之,李斯特的生产力是物质生产力和精神生产力的总和。

第二,物质生产力特别是工业生产力是精神生产力和国家生产力的基础。虽然李斯特在批判流行学派的价值理论的意义上,特别强调精神生产力的重要性,但由于他的最终目标是创造物质财富,因而最终还是落脚于物质生产力,特别是工业生产力。工业生产力在社会生产中的基础性地位不仅表现在工业对农业、商业、交通等其他部门的促进作用,而且表现在工业与科学技术、思想文化和政治力量等上层建筑的历史辩证关系。在《自然体系》中,李斯特指出:"工业是科学、文学、艺术、启蒙、自由、有益的制度,以及国力和独立之母。"[2]工业生产力对于激发工农业生产的进取精神、提高自然资源的利用水平,促进农业、交通、技术和才能的发展具有积极作用,即"农业通常只有在工业繁荣和更有效率的条件下才会繁荣"[3]。在《国民体系》中,他进一步指出:"工厂和制造业是催生国内自由、智慧、艺术与科学、国内外贸易、航海、改善交通、文明以及政治力量的原因,是冲破农业的枷锁使其重获自由并提升其商业地位的手段,它使租金、农业利润和工资大获增长,使土地财产大量增值。"[4]同时,他认识到工业与科学技术的相互关系,即"制造业既是科学与技术的成果,又是二者的支持者和哺育者……在制造业国家,科学启迪大众工业,大众工业同时支持着科学技

1　[德]李斯特:《政治经济学的国民体系》,邱伟立译,华夏出版社 2009 年版,第 103 页。

2　[德]李斯特:《政治经济学的自然体系》,杨春学译,商务印书馆 1997 年版,第 66 页。

3　同上书,第 67 页。

4　[德]李斯特:《政治经济学的国民体系》,邱伟立译,华夏出版社 2009 年版,第 105 页。

术。几乎没有制造业行业不与物理学、力学、化学、数学或图样设计等学科发生关系的"[1]。李斯特着重强调，机器大工业所具有的巨大物质力量对于人们的物质生产方式和生活方式的变革、对于推动人类文明的进步和国家力量的崛起发挥了巨大作用："科学与工业的结合产生了一种巨大的物质力量，它在现在的社会中产生了巨大的效益，取代了古代奴隶劳动，并且它对于大众的生活状况，对于未开化国家的文明进化，对于人烟稀少地区的人口增长，以及对于原始文化国家的力量，都不可避免地产生着巨大影响。这就是机械力量。"[2]如果抛开李斯特对生产力的宽泛界定，这些观点无疑蕴含了非常重要的社会历史观的要素。

第三，社会分工语境下的国家生产力的联合。在《国民体系》的第 13 章《国家商业活动的划分和国家生产能力的联合》(Die nationale Theilung der Geschäfts-Operationen und die Conföderation der National Productiv-Kräfte)中，李斯特进一步批评了斯密的劳动分工理论。联系上述内容，李斯特认为，斯密虽然以自己的劳动分工理论为傲，但是，他不但因为局限于劳动分工而未深刻考察生产力，而且仅就劳动分工本身来说，他和他的继承者们"都没有彻底地研究该法则的基本性质和特征，或者继续探究这一法则所产生的重要结果"[3]。具体来说，"劳动分工"是个十分模糊的概念，并未阐明它的具体内容和本质特征。首先，李斯特区分了两种分工：客观劳动分工和主观劳动分工。前者是指同一个人从事不同的生产活动，如一个野蛮人在同一天从事渔猎、伐木、制衣等生产

---

1 ［德］李斯特：《政治经济学的国民体系》，邱伟立译，华夏出版社 2009 年版，第 146 页。

2 同上书，第 147 页。

3 同上书，第 111 页。

活动;后者则是指"几个人共同承担生产一件物品的工作",比如斯密所列举的许多工人分别承担制造一枚扣针所需的不同工序。虽然李斯特的这种划分还不够科学,但在一定程度上指认了社会分工和工场内部分工的差异性,后来马克思也使用客观分工和主观分工来区分两种分工。不过接下来,李斯特对分工本质的分析的确抓住了要害。他话锋一转指出,这两种活动亦可称作"劳动的联合",劳动分工这一"自然法则的本质特征显然不只是劳动分工,而是不同个体之间的不同商业活动的划分,同时也是各种精神、智力和一般生产能力的联合或者结合。流行学派根据这个法则解释社会经济的重要现象。这些活动之所以具有生产性不仅仅是因为分工,更是因为联合。亚当·斯密在表述的时候也清楚地意识到这一点,他说:'即使社会最底层的成员的生活必需品也是联合劳动(vereinigten Arbeit;joint labour)和多人协作(des Zusammenwirkens [cooperation] einer Menge von Individuen)的结果。'遗憾的是,他并没有对(他已清楚地表达过)联合劳动(united labour [1];gesellschaftlichen Arbeit [2])这个概念进行深入研究"[3]。这里,李斯特敏锐地抓住了斯密虽然提及但未加重视的理论质点,那就是作为分工之前提的联合或协作。而且,李斯特准确把捉到斯密是在社会分工的层面来提及劳动的联合与协作的,因此,在德文原文中将其直接称作"社会劳动(gesellschaftlichen Arbeit)"。李斯特

---

1 Friedrich List, *The National System of Political Economy*, translated by S. S. Lloyd, Longmans, Green, And Co. 39 Paternoster Row, London, New York, Bombay and Calcutta, 1909, p.122.

2 Friedrich List, *Das Nationale System der Politischen Oekonomie*, Erster Band, Stuttgart und Tübingen: J. G. Cotta' scher Verlag, 1844, S. 223.

3 [德]李斯特:《政治经济学的国民体系》,邱伟立译,华夏出版社 2009 年版,第111—112 页。

进一步指出:"这种商业活动的划分,如果没有生产力(productiven Kräfte)向着一个共同目的(gemeischaftlichen Zweck)的联合(Vereinigung),它对生产的促进作用就很小。"[1]如果说在斯密那里还是借助交换关系的中介才将社会分工的协作性质及其蕴含的生产力隐晦地表达出来,那么,李斯特则直截了当地指认出劳动分工的本质及其对生产力的提高不仅在于劳动的划分,更在于劳动的联合,而且是"生产力向着同一目的的联合"。这里,李斯特的这一发现不仅与赫斯的"共同活动即生产力"有着相似之处,而且几乎道出了资本主义相对剩余价值生产的秘密——当然,这是李斯特无意识的理论觉悟,后来马克思在《1861—1863年经济学手稿》中才首次科学地加以阐述。同样提请注意的是,李斯特的这一理论指认是服务于他的国家生产力理论的。稍作辨析就会发现,李斯特不仅悄悄将斯密的"劳动分工"偷换成了"商业或业务活动划分(die Theilung der Geschäfts-Operationen)",并将他所理解的普遍意义上的生产力因素即各种精神、智力和一般生产能力等都纳入分工范畴之中。因此,他指出:"工作划分和个人力量的联合导致生产能力的增加,这一现象正从单个的工厂遍及全国。"[2]李斯特批判流行学派由于只将劳动的划分看作分工的唯一特质,从而只局限于单个的工场或农场中,而"没有意识到这个法则的活动范围还尤其可以延伸到整个制造业能力和农业能力以及整个国民经济之中"[3]。显然,李斯特在这一点上对斯密的批评是不公允的。随后,他转向对国家生产力的关注,认为国家中最重要

1　[德]李斯特:《政治经济学的国民体系》,邱伟立译,华夏出版社 2009 年版,第 112 页。Friedrich List, *Das Nationale System der Politischen Oekonomie*, Erster Band, Stuttgart und Tübingen: J. G. Cotta'scher Verlag, 1844, S. 224.

2　同上书,第 113 页。

3　同上书,第 112 页。

　　　　　　　　　　　重读马克思:工艺学语境中的哲学话语

的行业分工是脑力和体力的分工，且两者是相互依存的。而"职业最重要的划分、在物质生产上的最重要的生产能力的合作，是农业和制造业之间的划分与合作"。他由此得出这样的结论："就像在制针厂里一样，在国家中，每一个个人、每一个生产的分支，甚至整个国家的生产都取决于所有个人相互关系的协调运转。我们把这种关系称为生产力的平衡或协调（balance or the harmony of the productive powers）。"[1] 此前，他引述斯密的话指出："国家的状况主要是由国家生产能力的总和决定的。"[2] 现在看来，李斯特所说的国家生产力的总和并不是各种生产力要素的简单相加，而是**在社会分工的客观发展进程中所实现的生产力的平衡或协调**。因此，李斯特的生产力概念在根本上是一种指示社会发展水平的功能性概念。[3]

第四，**个人能力发展与社会条件的相互关系**。在考察了欧美主要国家的经济发展史之后，李斯特感叹："历史无处不向我们展示着社会与个人力量及条件之间相互作用的强劲过程。"一方面，个人能力和财富的增长是伴随着人们所享受到的社会经济和政治制度的完善程度而增长的，或者说"个人的生产能力大部分是从他们所处的社会制度和环境中得来的"。[4] 而且，工业重新塑造了人们的思想观念。比如，工业对人们的时间观念的重塑。在以农业和手工业为主导的社会，人们头脑中的时间只是自然时间，只是到了现代大工业逐步确立之后，时间才与交换价值紧密联系在一起。

1　[德]李斯特：《政治经济学的国民体系》，邱伟立译，华夏出版社2009年版，第118页。译文略有改动。

2　同上书，第100页。

3　杨乔喻：《探寻马克思生产力概念生成的原初语境》，《哲学研究》2013年第5期。

4　[德]李斯特：《政治经济学的国民体系》，邱伟立译，华夏出版社2009年版，第80页。

于是便有了英国人的那句著名谚语"时间就是金钱",即"国家只是通过工业才能认识到了时间的价值。当前,赢得时间就赢得了利润,失去时间就失去了利润"[1]。另一方面,社会政治制度和社会生产力的发展从个人生产力和财富中汲取物质条件和动力。[2] 因为人不仅"能直接生产产品或创造生产力(prouductive Kraft)",而且"能够创造生产(Production)和消费(Consumtion)的诱因,或生产力(productiven Kraeften)形成的诱因"[3]。譬如,艺术家通过自己的作品使人们陶冶情操来促进社会生产力(productive Kraft der Gesellschaft)。书籍和报纸通过传播信息来影响精神生产(geistige Production)和物质生产(materielle Production)。

第五,**生产力发展的历史阶段性**。作为德国经济学历史学派的先驱,李斯特在方法论上的重要理论贡献就是率先运用从历史事实出发的实证历史主义方法来研究政治经济学问题。在《自然体系》中,他详细阐述了经济发展的四个阶段:第一阶段是自给自足阶段,以农业和手工业为主,在社会政治制度上,"从农奴制、贵族统治、神权政治到专制主义时代都属于这一阶段"[4];第二阶段农业经济仍占主导地位,对外贸易获得发展,工业凭借本国优势获得发展,农业得到改良,人们的思想观念开始变化;第三阶段是国内工业虽然没有完全控制国内市场,但已占据支配地位,工农业开始协调发展,人的智力资本得到较充分的开发和利用;第四阶段是成熟的工业化经济阶段,国内外贸易发达,以进口原料、出口工业

1　[德]李斯特:《政治经济学的国民体系》,邱伟立译,华夏出版社 2009 年版,第 148 页。

2　同上书,第 80 页。

3　同上书,第 220 页。

4　[德]李斯特:《政治经济学的自然体系》,杨春学译,商务印书馆 1997 年版,第 52 页。

制成品为主导,工业发达,人的智力资本得到充分开发利用,社会政治制度开明自由。[1] 实际上,李斯特的经济发展阶段理论是以生产力为主导线索的。正是在这一基础上,他强调"每个国家都必须根据自己的国情发展生产力"[2],"每一个国家在发展生产力的过程中都必须根据自己的国情走自己不同的道路"[3]。而古典经济学所宣扬的世界主义经济学和自由贸易是以虚假的世界共和国为前提的,只是为了维护英国的利益。在《国民体系》中,李斯特虽然没有详述经济发展的阶段,但始终坚持了生产力发展的历史性和各国发展的差异性,以此来证明贸易保护主义的现实合理性。

当然,李斯特的生产力理论也存在致命缺陷,这主要表现在:第一,他的生产力的总和是包括一切物质和文化因素的总和,尚未突破经济学的经验性思维。第二,他对生产力的泛化理解和对精神生产力的过分强调,使他无法看清历史发展的真正动力。第三,李斯特对生产力的泛化理解也使他无法区分生产力与社会关系,无法将"工业"与"资本主义生产关系"区分开来。[4] 而青年马克思在批评李斯特时也存在同样的问题。第四,李斯特虽然试图对劳动分工进行区分,但他的尝试并不成功,在根本上仍然停留在社会分工的层面上。第五,李斯特基于资产阶级立场而极力赞颂工业生产力的巨大作用,却完全忽视了资本主义工业生产对广大无产阶级造成的压迫和剥削以及由此引发的激烈社会矛盾。正如《自然体系》的英译者指出的:"李斯特没能论及这样的事实:19 世纪

---

1 [德]李斯特:《政治经济学的自然体系》,杨春学译,商务印书馆 1997 年版,第 193 页。
2 同上书,第 229 页。
3 同上书,第 233 页。
4 张一兵:《回到马克思:经济学语境中的哲学话语》,江苏人民出版社 2013 年版,第 342 页。

30 年代的工厂工人必须工作很长的时间才能获得低微的工资;许多工人在肮脏破烂的贫民窟,靠极为粗劣的食物活命,身患多种工业职业病;他们没有就业保障,一旦经济萧条就有失业的风险。对他们来说,根本没有希望过上李斯特许诺的那种美好的城市生活。城市工人田园诗般的生活是李斯特丰富想象力的虚构物,与当时工业城市严酷的生活现实毫不沾边。"[1] 而这正是马克思恩格斯所极力批判的地方。

总之,李斯特的生产力理论蕴含着诸多重要的历史哲学要素,对于马克思的历史唯物主义世界观的形成具有重要的理论参照意义。只不过,这些理论质点对于此时站在无产阶级革命立场上的马克思而言却呈现出另一种理论图景。

二、马克思对李斯特生产力理论的批判: 尤尔的首次出场

在李斯特的理论与实践中,他都致力于鼓吹资本主义机器大工业对德国国家和民族利益的优越性,不遗余力地寻找振兴德国工业的方略。如前所述,李斯特有意无意地忽视了这样的"众所周知的事实",那就是"工业的统治(Industrieherrschaft)造成的对大多数人的奴役(Knechtschaft)"[2]。对此,马克思反讽地问道:"这个'精神'民族怎么突然想到要在布匹、纱线、自动走锭精纺机、大量的工厂奴隶、机器的唯物主义(Materialismus der Maschinerie)、工厂主先生满满的钱袋中寻找人类的至善(die höchsten Güter der Menschheit)呢?"紧接着,马克思直接揭露出李斯特的理论秘密:

1　[德]李斯特:《政治经济学的自然体系》,杨春学译,商务印书馆1997年版,第7页。
2　《马克思恩格斯全集》第42卷,人民出版社1979年版,第239页。

他的全部理论"不过是以理想的词句掩盖坦率的经济学的工业唯物主义(industriellen Materialismus)"[1]。这种"工业唯物主义"就表现在李斯特将社会组织囊括进工厂,使工厂成为"社会的组织者",因而"工厂制度所创造的社会组织"就成为"真正的社会组织"。于是,"工厂变成了一位女神,工业力的女神。工厂主就是这种力的祭司"[2]。因此,在根本上,"生产力表现为一种无限高于交换价值的本质"[3]。

对于已戴上人本主义的眼镜转向对现实工业制度及其物性生产力进行批判的马克思来说,李斯特在国家利益的粉饰下对工业生产力的赞颂自然让他深恶痛绝。马克思批判李斯特"应该把矛盾指向现在的社会组织,而不是指向国民经济学家"[4],并从人性的角度尖锐批判李斯特赋予生产力的神秘灵光是对现实生产力的美化。因为在现实工业制度中,资产者不是把人作为人来看待,而是当作同马力、蒸汽力等相同的实体性生产力形式来看待,因而只是作为创造财富的手段和工具来对待,甚至当人力不适宜的时候还会被牲畜或机器所代替。对此,马克思反问道:"这难道是对人的高度赞扬吗?"[5]为了证明现实生产力对工人的异己性,马克思引用了尤尔关于机器对工人影响的描述:"我们让英国工厂制度的品得,尤尔先生来回答这个问题:'实际上,机器体系的每一项改进的经常目的和倾向,就是使人的劳动成为完全多余的,或者以这种方式降低它的价格:用妇女和儿童的工业代替成年男工的工业,或者用粗工(非熟练工)的劳动代替熟练工匠的劳动'……'人类天性

---

1 《马克思恩格斯全集》第42卷,人民出版社1979年版,第240页。
2 同上书,第252页。
3 同上书,第261页。
4 同上书,第252页。
5 同上书,第261页。

的弱点如此之大，以致工人越熟练，就越任性，越难驾驭，因而也就越不能适应机器体系……因此，对现代工厂主来说最重要的事情，就是通过科学同他的资本的联合把自己工人的任务变为进行管理……'"[1]这里的引文正是来自马克思刚刚在《布鲁塞尔笔记》中对尤尔的《工厂哲学》（1836年巴黎版）的摘录。在这里，尤尔显然是作为反面人物出场的。对于此时的马克思来说，尤尔关于机器排斥工人的描述恰好为证明现实生产力对工人的迫害提供了最有力的证据。或者说，当哲学人本学的思路占据主导地位的时候，现实生产力在马克思眼中便只具有消极的作用。

不过，马克思并没有仅仅停留在对现实生产力本身的人本学批判上，而是将矛头指向以"肮脏的买卖利益"、交换价值为目的的资产阶级社会制度。针对李斯特强调的"财富的原因同财富本身是完全不同的东西"，马克思针锋相对地指出，原因已包含了结果所具有的规定性，"原因决不能高于结果，结果仅仅是公开显示出来的原因"[2]。也就是说，原因与结果在本质上是同一的。生产力再怎么重要，也是为了创造财富、获取交换价值。两者的本质都在于"社会条件把人变成了'事物（Sache）'"[3]。因此，在现代制度下，生产力的本质"不仅在于它也许使人的劳动更有效或者使自然的力量和社会的力量更富于成效，而且它同样还在于使劳动更加便宜或者使劳动对工人来说生产效率更低了。因此，生产力从一开始就是由交换价值决定的"[4]。由于此时马克思已认识到"把物质财富变为交换价值是现存社会制度的结果，是发达的私有制社

1　《马克思恩格斯全集》第42卷，人民出版社1979年版，第262页。
2　同上书，第263页。
3　同上。此处把"物"改译为"事物"。
4　同上。

会的结果"[1]，所以，这里的"交换价值"不再只是一种"物"，更是一种关系。因此，更准确地说，现代生产力从一开始就受到资产阶级私有制的制约。反过来说，现实的资产阶级私有制从一开始就对包括工人在内的生产力（要素）表现为一种支配性的统治力量。因此，如何消灭私有制就成为一个亟待解决的问题。

三、作为人的能力发展的生产力与资本主义工业制度的矛盾初探

在马克思对李斯特生产力理论的批判中隐藏着另一条关于生产力概念的思考，那就是溯源于《1844 年手稿》的双重逻辑、从历史性视域确认生产力是人的能力的发展并潜藏于工业内部、作为工业无意识形成的最终将炸毁工业制度本身的革命性力量，从而与社会制度本身构成一种内在矛盾张力。

首先，马克思明确指认了社会物质活动即"劳动"是废除私有制的唯一途径，并强调现实的"劳动组织"是一种矛盾。马克思指出："废除私有财产只有被理解为废除'劳动'（当然，这种废除只有通过劳动本身才有可能，就是说，只有通过社会的物质活动才有可能，而决不能把它理解为用一种范畴代替另一种范畴）的时候，才能成为现实。因此，一种'劳动组织'就是一种矛盾。"[2]这里，马克思在哲学方法论上表现出一种"人本主义逻辑的亚意图颠覆"[3]，即马克思以带引号的"劳动"取代了《1844 年手稿》中的"异化劳动"，以"社会的物质活动"置换了此前的"人的自我异化的积极扬

1　《马克思恩格斯全集》第 42 卷，人民出版社 1979 年版，第 254 页。
2　同上书，第 255 页。
3　张一兵：《回到马克思：经济学语境中的哲学话语》，江苏人民出版社 2013 年版，第321 页。

弃"，将《神圣家族》中确立的"历史的发源地在尘世的粗糙的物质生产"的观点进一步向前推进。过去我们笼统地将这一逻辑转变归结于马克思在《布鲁塞尔笔记》中的经济学研究。现在，我们可以更确切地看到加斯帕兰等人对马克思的直接影响。不过，与加斯帕兰不同的是，马克思将劳动组织看作一种矛盾。而自由竞争就是最好的"能够获得劳动"的组织，那么，如何理解自由竞争这种"劳动组织"是一种矛盾呢？对此，马克思没有具体展开，但从他的论述逻辑可以这样理解：由于自由竞争是目前最好的获取劳动的组织，而劳动（社会的物质活动）在自由竞争和私有制下却成为"非自由的、非人的、非社会的"活动，进而成为自我否定和废除私有财产的力量，因此，这种裹挟着劳动的组织就表现为一种矛盾。结合上述马克思的工艺学研究，这里的"矛盾"可以看作马克思对拜比吉、尤尔所描述的资本主义大工业的双重社会效应的首次凝练，因而也可以看作生产力与交往形式之矛盾的萌芽。

其次，"历史性的人的能力发展"视域下的工业（生产力）及其革命效能。马克思指出，我们可以从与"肮脏的买卖利益"完全不同的观点来看待工业，即"不是按照工业目前对人来说是什么，而是按照现在的人对人类历史来说是什么，即历史地说他是什么来看待工业"[1]。马克思试图超越狭隘的经济学视域，而从历史角度来重新审视工业。于是，"工业可以被看作是大作坊，在这里人第一次占有他自己的和自然的力量，使自己对象化，为自己创造人的生活的条件"[2]。这里的"第一次"所标识的历史性视域表明，马克思对工业的理解已不再是《1844 年手稿》中作为人的类本质的哲

1　《马克思恩格斯全集》第 42 卷，人民出版社 1979 年版，第 257 页。
2　同上。

学指认,而是透过物质生产史特别是大工业的积极作用而做出的现实指认。也就是说,从历史角度来看,工业不再是统治人的枷锁,而是人发挥自身才能、占有自然力、为自身发展创造条件的场域。因此,工业(生产力)代表着人类能力的历史性发展,它不仅是一种缔造现实社会的创造性力量,而且是一种革命性理论,即"工业意识不到的并违反工业的意志而存在于工业中的力量,这种力量消灭工业并为人的生存奠定基础"[1]。这也是上述所说的"劳动"或社会物质活动的具体化。而马克思的这种思路转变只有同上述所说的加斯帕兰、拜比吉、尤尔和布雷关于机器大工业的创造性和革命性面向联系起来才能获得准确理解。马克思进一步指出:"一旦人们不再把工业看作买卖利益而是看作人的发展,就会把人而不是把买卖利益当作原则,并向工业中只有同工业本身相矛盾才能发展的东西提供与应该发展的东西相适应的基础。"[2]这里,马克思将人的发展确立为看待和发展工业(生产力)的原则,虽然这在方法论上还带有人本主义的尾巴,但它的逻辑标尺已不再是《1844年手稿》中人的抽象类本质,而是以现实物质生产史为基础的历史性的人的能力发展。

最后,马克思试图将工业本身同工业所处的社会制度区分开来,从而将目前的工业看作一个过渡阶段。马克思沿着工业生产力的革命逻辑进一步指出,"把工业违反自己意志而无意识地创造的生产力(die produktive Macht)归功于现代工业",把"工业同工业无意识地并违反自己意志而造成的、一旦废除了工业就能成为人类的力量、人的威力的那种力量混淆起来"[3]是荒谬的。而圣西

---

1 《马克思恩格斯全集》第 42 卷,人民出版社 1979 年版,第 257 页。
2 同上书,第 258 页。
3 同上。

门学派和李斯特都犯了这样的错误。马克思继续指出："工业用符咒招引出来（唤起）的自然力量和社会力量对工业的关系，同无产阶级对工业的关系完全一样。"[1]也就是说，工业不但创造出否定自身的革命性力量，而且创造出废除工业的革命主体即无产阶级——这在《德意志意识形态》中得到更明确地表述。而这些力量"将砸碎自身的锁链，表明自己是会把资产者连同只有肮脏外壳（资产者把这个外壳看成是工业的本质）的工业一起炸毁的人类发展的承担者"[2]。而要实现这一点，就必须将"工业所唤起的力量"与"工业给这种力量所提供的目前的生存条件"区分开来，从而"把他们的工业从买卖中解放出来，把目前的工业理解为一个过渡时期"[3]。虽然马克思在表述中仍然存在将工业与社会制度混同的模糊之处，但他已开始有意识地将两者区分开来，同样也是对拜比吉、尤尔等人的超越。

总之，《评李斯特》记录了马克思利用刚获得的工艺学知识进行理论批判的真实过程，即他基于大工业的历史性作用将"历史性的人的能力发展"确立为工业生产力的原则，从而将工业看作实现人类解放的创造性和革命性力量，并初步将工业与资本主义私有制区分开来。在此基础上，他批判了私有制下现实生产力对人的发展的破坏性作用，并初步将其理解为工业（生产力）与劳动组织（交往形式）的矛盾内涵。这在方法论上已开始超越加斯帕兰、尤尔等人的资产阶级意识形态。但如果马克思只是停留于对工业与资本主义私有制的区分，就难免陷入只诉诸社会制度改革的乌托邦窠臼。因此，马克思必须阐明工业的革命性力量是如何同现实

1　《马克思恩格斯全集》第 42 卷，人民出版社 1979 年版，第 258 页。
2　同上书，第 259 页。
3　同上。

社会制度构成内在矛盾而推动后者走向灭亡,实现改变世界的根本目的。而这正是马克思在同一时期的《关于费尔巴哈的提纲》(以下简称《提纲》)中首先要解决的核心问题。

四、隐性工艺学语境中的新世界观萌芽

众所周知,从政治经济学语境下的现代工业生产角度来深刻理解青年马克思在《提纲》中所确立的实践、社会关系等核心概念已经成为一种共识。就是说,古典政治经济学构成了此时马克思深刻批判包括费尔巴哈在内的一切旧唯物主义和唯心主义的根本缺陷与建构科学实践观的重要理论支援背景。因此,这里的"实践"概念既不是费尔巴哈所说的感性直观或者赫斯所说的抽象行动,也不是黑格尔所说的绝对精神的外化或者鲍威尔所说的自我意识的实现,而是在具体的、历史的和现实的社会物质发展意义上的社会历史实践。[1] 这一解读路径无疑是深刻而准确的。而通过对马克思在《布鲁塞尔笔记》中的工艺学研究状况的梳理,我们可以看到,工艺学同样构成了此时马克思酝酿新世界观萌芽的隐性理论资源。

1. 隐性工艺学语境中的实践概念

在《提纲》第一条中,马克思开篇便在批判一切旧唯物主义和唯心主义的基础上确立了革命的批判的实践原则。马克思深刻指出,一切旧唯物主义的缺陷在于只是从"客体的或者直观的形式"角度来理解对象、现实和感性,因而只是将它们理解为实体性的

---

[1] 张一兵:《回到马克思:经济学语境中的哲学话语》,江苏人民出版社 2013 年版,第363 页。

物,而没有认识到它们的本质是主体性的实践即"感性的人的活动",或"对象性的活动"[1]。也就是说,现实的感性对象是一种过程性的存在,是人的感性的主体性的实践活动的产物。而唯心主义虽然强调了人的活动的主体能动性方面,但它只是在抽象层面上加以阐发的,从而完全远离了现实的感性的活动。因为马克思在摘录加斯帕兰、拜比吉和尤尔等人关于科学知识的工业应用的观点时已经看到,人的智识和思想只有投入物质生产活动中转化为改造自然的物质生产力才能真正成为满足自身需求和推动社会历史发展的创造性力量。正是在物质生产活动中,人的主体向度和客体向度实现了内在统一。就是说,正是在物质生产实践中,人的主观思维才真正获得"客观的真理性"[2]。正是在这个意义上,马克思深刻指出:"人的思维是否具有客观的真理性,这不是一个理论的问题,而是一个实践的问题。人应该在实践中证明自己思维的真理性,即自己思维的现实性和力量,自己思维的此岸性。"[3]思想的真理性就在于思维在实践(特别是物质生产实践)中生成的现实性和力量。

进一步说,人的实践活动所创造出来的现实性力量无论对物质生产活动本身还是对建立在生产活动之上的上层建筑都具有革命性和批判性的作用。正是站在这样的理论高度,马克思深刻指出,虽然费尔巴哈不满意抽象的思维而想要研究不同于思想客体的感性客体,但是,由于他喜欢直观,即他的哲学方法论在根本上是一种"直观的唯物主义",因此,他所理解的感性不是"实践的、人

---

1 《马克思恩格斯文集》第 1 卷,人民出版社 2009 年版,第 499 页。

2 同上书,第 500 页。

3 同上。

的感性的活动"[1]，而只是对"单个人和市民社会的直观"[1]，所以，他所理解的感性客体要么是一种感性的"理论的活动"，要么是以"卑污的犹太人"形式表现出来的实践，而没有真正理解革命的批判的实践活动的意义。这种"革命的实践"对于我们正确理解人与环境的关系、人与自身的关系具有重要意义。具体而言，18世纪的旧唯物主义者的确正确认识到了自然环境和社会环境（教育）对人的重要影响，但如果仅仅指认这一点，就仍然停留在直观唯物主义的方法论层面。马克思深刻指出："环境是由人来改变的，而教育者本人一定是受教育的。"[3]也就是说，无论是环境还是人自身都不是固定僵化的，而是不断发展变化的，而这恰恰意味着一种革命性。而更重要的是，人对环境的改造和人的自我发展是一致的，而这种一致性正是在人的物质生产实践活动中实现的。在这个意义上，马克思指出："环境的改变和人的活动或自我改变的一致，只能被看作并合理地理解为革命的实践。"[4]就是说，实践的革命性正是实践的根本原则。[5] 它的重要意义在于，当费尔巴哈将宗教世界的本质归结于世俗世界时，他只是完成了第一步，他没有继续说明世俗世界的本质和趋势。马克思基于实践的革命性原则指出："对于这个世俗基础本身应当在自身中、从它的矛盾中去理解，并且在实践中使之发生革命。"[6]而这正是马克思最终所追求的改造世界的旨归。

1　《马克思恩格斯文集》第1卷，人民出版社2009年版，第501页。
2　同上书，第502页。
3　同上书，第500页。
4　同上书，第504页。
5　唐正东：《有原则的实践：马克思实践概念的应有之义及当代意义》，《马克思主义与现实》2014年第3期。
6　《马克思恩格斯文集》第1卷，人民出版社2009年版，第500页。

2. 人的现实本质是一切社会关系的总和

从时间上来看，当马克思写下《提纲》的时候，他在思想上正经历着从哲学人本主义向历史唯物主义的艰难转变。他之所以将费尔巴哈确立为首要批判的对象，一方面是为了揭露费尔巴哈的直观唯物主义的根本缺陷，打破直观唯物主义的形而上学认知图景，引入切中现实生活本真状态的实践性和历史性；另一方面是为了冲破费尔巴哈的哲学人本学规定，揭示出人的本质的现实内涵。马克思通过对实践的革命性和批判性原则的阐述已经解决了第一个问题，同时为解决第二个问题打下了坚实的基础。

当马克思强调实践是一种革命的、批判的对象性活动时，这种革命性和批判性正是扎根于社会经济进程中真正变革人类生存方式的物质生产活动，特别是机器大工业所迸发出来的革命性力量——而这正是马克思在加斯帕兰、拜比吉和尤尔那里所直接体认到的现实内容。然而，这只是现实社会生活的一个方面，或者说，这种革命性力量并不是社会生活的全部内容，因为一方面，人的主体性创造能力不是以孤立的原子式个人的形式自然地发挥作用的，而是在一定的社会关系或社会形式中展开的。也就是说，从真实历史的进程来看，实践的革命性力量的发挥是同相应的社会关系紧密联系在一起的。另一方面，人的实践活动既受到现有社会关系的制约，也在展开过程中建构出新的社会关系。正是在这个意义上，马克思批判费尔巴哈只是在哲学人本学的视域下将人的本质归结为"单个人所固有的抽象物"，而没有看到人的本质"在其现实性上，它是一切社会关系的总和"[1]。对于"人的本质在其现实性上是一切社会关系的总和"的规定，我们通常将其解读为社

---

1 《马克思恩格斯文集》第 1 卷，人民出版社 2009 年版，第 501 页。

会关系对个人的客观制约性,因为现实的个人总是处于一定社会关系中的个人。不过,这只是它的第一个层面,即规范性层面。在我看来,马克思更加强调的是对社会关系的批判性认识。也就是说,马克思是要从批判性和革命性的角度来看待作为人的现实本质的"一切社会关系的总和"。马克思指出,"费尔巴哈没有对这种现实的本质进行批判,因此他不得不:撇开历史的进程,把宗教感情固定为独立的东西,并假定有一种抽象的——孤立的——人的个体"[1]。也就是说,马克思深刻认识到,社会关系的现实性和客观性不是僵死的、固定的,而是活生生的、历史的。实际上,这里的"总和(essemble)"概念不是一种量化的积累和固化的结构,而是蕴含着个体主体为了同一目标而主动聚集为共同活动关系的含义。[2] 这意味着,作为社会主体的人的实践与社会关系内在地构成了一种历史性的总体关系,即人的实践活动的革命性即是它的历史性,人的革命的实践活动不但创造了过去的和现在的社会关系,而且在自身的变革中酝酿着未来的社会关系,为未来社会形态的建立提供了内在的驱动力。或者说,现实的社会关系不但背负着历史继承下来的过去的社会关系,而且蕴含着新的社会关系。正是基于实践活动的革命性,社会关系的总和就获得了一种内在历史性,正是在这个意义上,马克思指出,现实的个人总是"属于一定的社会形式的"[3]。这里的"一定的"恰恰指涉了具体的历史的历史唯物主义意蕴,因而可以看作《德意志意识形态》中的相关表述的思想萌芽。

---

1 《马克思恩格斯文集》第1卷,人民出版社2009年版,第501页。
2 齐效玫:《马克思〈关于费尔巴哈的提纲〉中的"总和"概念辨析》,《南京政治学院学报》2015年第3期。
3 《马克思恩格斯文集》第1卷,人民出版社2009年版,第501页。

总之，马克思基于现实物质生产的历史语境认识到，人的主体实践活动在本质上是革命的和批判的，因而同时是历史的，这种内在属性决定了实践本身不断自我革新向前发展，同时推动着与之内在勾连着的社会关系不断变革和发展。因此，"全部社会生活在本质上是实践的"[1]。而这种实践性就是革命性、批判性和历史性，这也成为区分新旧唯物主义世界观的根本标志，即"旧唯物主义的立脚点是市民社会"，是既有的物质生活关系的总和，而"新唯物主义的立脚点则是人类社会或社会的人类"[2]。因此，马克思的新世界观旨在通过社会生活的革命实践来改变世界，追求"人类社会"和人类解放的最终实现。

1　《马克思恩格斯文集》第 1 卷，人民出版社 2009 年版，第 501 页。
2　同上书，第 502 页。

第三章　马克思科学世界观确立的重要理论参照与隐性工艺学支撑

我们知道，马克思在《布鲁塞尔笔记》中对加斯帕兰、拜比吉和尤尔的研究摘录很大程度上还处于失语状态，几乎没有直接的评述。只是到了《评李斯特》中，马克思批判李斯特的生产力理论是对现实生产力的美化，此时引用了他在《布鲁塞尔笔记》中关于尤尔的摘录，而且尤尔是以反面人物出场的。在随后的科学世界观的形成过程中，马克思的第一次工艺学研究虽然没有成为主导的显性理论支撑，但在理解工场手工业和机器大工业的基本特征、展开资本主义生产方式批判和初步建构生产力与交往形式的矛盾内涵等重要质点上，则提供了重要的隐性理论支撑。与此同时，马克思在创立科学的生产力概念和历史唯物主义基本原理的过程中也批判地吸收了许多其他理论资源，其中除了前面提到的赫斯的人本学视域下的交往与生产力理论和舒尔茨的物质生产理论，马克思在《曼彻斯特笔记》中关注的李嘉图派社会主义者和欧文的生产力理论同样构成了他建构新世界观的重要理论参照。

第一节

《曼彻斯特笔记》与生产力理论研究的重要推进

1845年7—8月,马克思和恩格斯前往英国的工业城市曼彻斯特进行考察,并继续从事政治经济学研究。在这里,马克思写下了九本《曼彻斯特笔记》。在这些笔记中,马克思做了大量的主题丰富的摘录,除了主导性的政治经济学原理问题,还对包括英国空想社会主义者罗伯特·欧文和李嘉图派社会主义者威廉·汤普逊、托马斯·娄·艾德门兹、约翰·布雷(又译作约翰·勃雷)等人在内的著作进行摘录,其中有关生产力问题的论述既同拜比吉和尤尔的工艺学视域有着很强的理论关联性,又在诸多立场和观点上有着重要差异,并且马克思的探索更为深入。这一理论探索一方面为马克思正在进行的思想质变即创立历史唯物主义世界观提供了新的理论参照,另一方面为马克思随后更加深入全面地把握生产力的实质、推进历史唯物主义建构和政治经济学批判奠定了深远的理论基础。

一、马克思对李嘉图派社会主义者的生产力理论的研究

在思想史上,李嘉图派社会主义者的主要理论贡献在于试图从李嘉图的劳动价值论中得出社会主义的结论,论证社会主义实践的合理性,从内部瓦解李嘉图乃至整个资产阶级经济学理论的资产阶级性质,促进资产阶级经济学说和资产阶级社会的自我否定。这对于怀揣着同样的远大抱负的马克思来说具有特殊的意

义。因此,马克思强调:"研究英国社会主义者的观点不仅具有重要的理论意义,而且具有实际意义。"[1]在我看来,这里所说的重要理论意义和实际意义主要体现在马克思所摘录的李嘉图派社会主义者艾德门兹、汤普逊和布雷等人关于生产力、资本主义大工业和社会主义之关系的重要论述中。

首先,马克思在《曼彻斯特笔记》笔记本 2 中摘录了托马斯·娄·艾德门兹(Thomas Rowe Edmonds,1803—1899)的《实践道德和政治经济学》(1828 年伦敦版)[2]。在这本书中,艾德门兹批判当时的资产阶级社会制度,借助李嘉图的理论,从经济、政治、道德的角度提出自己的主张,即基于平等和公正的原则进行社会改造和社会变革,从而得出了社会主义的结论。该书共分为四册,标题分别是"论对人的身体状况影响最大的原则""论人的政治关系""论道德或精神的能力和情感""这些原则在上述三册中的应用"。从保留下来的摘录内容来看,马克思主要摘录了第三册的第六章"论社会性(On Sociality)"和第七章"知识就是幸福(Knowledge is Happiness)",以及第四册第一章"对一般国家的应用"两小段。马克思集中关注了以下几个问题:一是科学知识对于人的重要性;二是艾德门兹反对货币的权力,将其看作是邪恶和不公正的来源;三是基于分工和友谊的原则提出一个未来共产主义社会方案。特别是最后一点引起了马克思的极大关注:"艾德门兹提出了一个完整的**共产主义计划**(Edmonds macht am Schluß vollständig

---

1　《马克思和恩格斯的〈曼彻斯特笔记〉的科学价值——〈马克思恩格斯全集〉历史考证版第 4 部分第 4 卷前言》,武锡申主编:《马克思主义研究资料(第 3 卷):经济学笔记研究 I》,中央编译出版社 2013 年版,第 227 页。

2　Thomas Rowe Edmonds, *Practical Moral and Political Economy*;*or*,*the Government*,*Religion*,*and Institutions*,*Most Conductive to Individual Happiness and to National Power*, London:E. Wilson, 1828.

communistischen Plan)：'在这种事物状态下,社会的纽带只有两个,即友谊(friendship)和分工(division of labour)。'[1]"[2] 而"考虑到这种体系是建立在合群性(gregariousness)和平等(equality)之上的,因此,它可以被称作社会制度(sociale System)。"[3] 紧接着,马克思提出了自己的疑惑:"令人非常疑惑的是,借助完全经济学的偏见却得出了社会主义的建议(**Höchst confuse, mit ganz ökonomischen Vorurtheilen durchlaufne, socialistische Vorschläge.**)[4]。"[5] 显然,在艾德门兹这里,马克思初次接触将政治经济学与社会主义相结合的思路,或者说从政治经济学中推导出社会主义结论的思路,这既让马克思感到非常困惑,又给他重新思考政治经济学与社会主义的关系带来强烈冲击。

其次,马克思在《曼彻斯特笔记》笔记本 4 中对威廉·汤普逊 (William Thompson,1775—1833)的《最能促进人类幸福的财富分配原理的研究》(1824 年伦敦版)一书做了摘录。汤普逊是爱尔兰经济学家、空想社会主义者和欧文的信徒,一生致力于推进共产主义的理论和实践事业。他在晚年还曾试图创立一个共产主义公社,以证明他的理论原则的实践可行性,但最终失败。汤普逊的这一著作共六章,马克思的摘录涉及了全部六章内容,由此可以判断马克思应该通读了全书,并对其中的第一、三、六章做了最详细的

1　Thomas Rowe Edmonds, *Practical Moral and Political Economy；or, the Government, Religion, and Institutions, Most Conductive to Individual Happiness and to National Power*, London：E. Wilson, 1828, p. 276.

2　*Marx-Engels-Gesamtausgabe*, Bd. IV/4, Berlin：Dietz, 1988, S. 181.

3　Thomas Rowe Edmonds, *Practical Moral and Political Economy；or, the Government, Religion, and Institutions, Most Conductive to Individual Happiness and to National Power*, London：E. Wilson, 1828, p. 281.

4　Ibid., p. 265 sqq.

5　*Marx-Engels-Gesamtausgabe*, Bd. IV/4, Berlin：Dietz, 1988, S. 181.

摘录。[1] 从摘录形式来看,马克思很少摘录英文原文,绝大部分是用德文做的翻译或概述。而且,大多数情况下都是摘录或概述,偶尔会出现一两句评论。在生产力及相关问题上,马克思对汤普逊的摘录内容中有以下几个方面值得注意:一是**基于劳动价值论而确立的财富公平分配原则和道德伦理原则**。汤普逊重申了李嘉图的劳动价值论,强调劳动是社会财富的唯一源泉,"唯有劳动才构成他们的物质财富"[2],因此"劳动必须得到它的全部等价物"[3]。由此,汤普逊正确揭示出资本主义私有制对劳动的剥削本质,即"材料、建筑物、机器、工资不能给自身价值增加任何东西。追加的价值只来自劳动本身……在通常情况下,生产工人的劳动至少有一半被资本家夺走了"[4]。在此基础上,汤普逊提出以自由劳动、公平分配和自愿交换为内容的分配自然法则。二是**知识、劳动和生产力的历史辩证关系**。马克思特别注意到汤普逊关于科学知识对劳动生产力的提高作用,以及知识与劳动逐渐分离而成为一种独立力量的观点。汤普逊指出:"没有知识,劳动就不能生产任何东西"[5],人类为了满足各种需求,需要知识来指导他们从事劳动生产。但知识和劳动并不总是和谐一致的。在早期社会,劳动和知识或科学是相伴而生的,因为两者都比较简单、容易理解。随着社会的进步,劳动过程越来越复杂,知识本身变得越来越广泛和深奥,因此,劳动和知识的分离是不可避免的。在目前的社会,"有知识的人和劳动生产者被远远地分开;知识不但不是劳动者手里所掌握的一个劳动工具,并用以提高它的生产力(productive

---

1　*Marx-Engels-Gesamtausgabe*, Bd. IV/4, Berlin: Dietz, 1988, S. 678.

2　Ibid., S. 238.

3　Ibid., S. 239.

4　Ibid., S. 240.

5　Ibid., S. 243.

powers)……而且几乎到处都在反对劳动,不仅把它的宝藏从劳动生产者那里隐藏起来,而且有计划地欺骗他们、把他们引入迷途,以使他们完全成为机械的驯服的体力劳动者"[1]。摘录到这里,马克思对汤普逊的观点做了精彩的概述:"知识的拥有者和权力的拥有者都设法增加他们的私人利益……知识就成为能够支配劳动的一种工具,并与劳动相对立。"[2]汤普逊进一步指出:"文明发展到完美的地步,劳动将重新与知识结合……在发展了的文明社会里,在彻底有保障的影响下,它们都是发展了的和成熟了的,所以将重新结合起来,永不分离;因为每一个人的幸福都有这种要求,因为社会技艺的进步和发展提供了这种可能。"[3]也就是说,随着以技艺进步为基础的社会生产力的进步,劳动和知识将重新结合。这里,马克思通过汤普逊认识到劳动、知识和生产力的历史辩证关系,从而打破了尤尔等人所标榜的机器大工业中资本招募科学反对劳动的资产阶级意识形态。尽管在随后的历史唯物主义创立中看不出马克思对这一观点的运用,但在后来的《1861—1863年经济学手稿》中,马克思明确运用了汤普逊的这一观点来反思资本主义生产方式下科学对劳动的关系。**三是马克思对汤普逊的空想社会主义方案提出深刻批判。**在该书的第六章中,汤普逊集中阐述了自己的政治主张,他反对使用暴力革命的方式建立新社会,而主张建立遵循互助合作原则的新社会,并通过普遍的同等的选举权来实现这一经济社会改革计划。对此,马克思批判道:"现代社会的错觉在于它是通过链条来保持着人们之间的真正联系……

1　*Marx-Engels-Gesamtausgabe*,Bd. IV/4,Berlin:Dietz,1988,S. 243.

2　Ibid. ,S. 243.

3　[英]威廉·汤普逊:《最能促进人类幸福的财富分配原理的研究》,何慕李译,商务印书馆 2010 年版,第 217 页。

在一个相互合作的社会中,比如美国的震颤派(Shakers),这个最大的玩笑很可能就是一场白日梦",进而批评汤普逊"整个章节都在为欧文所遭受的一切可能的异议而进行辩护"[1]。针对汤普逊主张的共和代议制,马克思评论道:"汤普逊基本上支持共和代议制(republicanische Repräsentativverfassung)。总体来看,这是一种葛德文、欧文和边沁的矛盾混合体(widerspruchsvolle Combination)。"[2]显然,马克思不赞同汤普逊的政治主张。

最后,马克思在《曼彻斯特笔记》笔记本 6(第 1—25 页)中摘录了约翰·弗朗西斯·布雷(John Francis Bray,1809—1897,又译作"勃雷")的《对劳动的迫害及其救治方案》一书。马克思开篇就对布雷给予了充分肯定,即"布雷在序言中描述了那些拥护'现状'的辩护士们,而且经常能抓住这个危机时代的要害"[3],这主要表现在以下几个方面:一是布雷尖锐批判资产阶级辩护士是"恐怖分子",因为他们迷惑人民使其安于现状:"这些恐怖分子们,既然属于同一阶级并且又抱有共同的目的,所以就有了一种企图,要使人民相信,现在的一切几乎是好得不能再好了。凡是他所忍受的区区灾祸,都是人类生存的必然后果。他们替政府所担负的重担,是可以用一步步的和不知不觉的改善方法来减轻的。现在社会的阶级高低所引起的贫苦和受压迫的人们的不满情绪,本来就是一直存在的,因此也必然会存在着。并且,各生产阶级(produktiven klassen)要想干预这种'自然的社会安排(natural arrangement of society)'来改进自己,一定会遇到最不幸的后果。"[4]二是布雷赋

---

1 *Marx-Engels-Gesamtausgabe*, Bd. IV/4, Berlin: Dietz, 1988, S. 244.

2 Ibid., S. 245.

3 *Marx-Engels-Gesamtausgabe*, Bd. IV/5, Berlin: Walter de Gruyter, 2015, S. 5.

4 Ibid.

予了生产阶级以探寻真理、推进变革、创造未来的历史使命,即社会上没有一个阶级能够比生产阶级同政治的或社会的变革的联系更加紧密,并且也没有其他哪个阶级是这样迫切地要负起寻找真理和探索未来的使命。正如经济学家所说的那样,"因为生产者徘徊在'生存的边缘(Gränzen der Existenz)',正像他们中的成千上万的人一样,处在朝不保夕的状况下"[1]。三是积极鼓励生产阶级戳破统治阶级的谎言,做出反抗现实、变革社会的决断,即"作为被有钱的统治阶级压迫的人,特别是由于他们作为贫困的被统治阶级的现状,生产者不需要理会现成的制度神圣不可侵犯的说辞,他们只需要决定,是否能够改变一直使他们贫困的整个社会状况,以及因为他们的贫困而压迫他们的政府部门"[2]。

布雷在有关资产阶级社会之弊病根源的诊断、机器的社会历史作用和彻底的社会制度改革主张等方面都有着独到的见解,这引起马克思的极大关注。具体来说:

第一,劳动阶级所受迫害和不公的根源不只是在于政府形式,更在于现存的私有制社会制度,而资产阶级社会制度的本质和核心就在于交换的不平等。布雷强调:"迄今为止的变更和改革还从未触及社会制度;它们只不过是对现存的制度本身所造成的次要弊害做了减轻或调整罢了"[3],"每一种统治形式、每一种社会的和政体的迫害,都产生于现存的社会制度——现存的私有制(der Institution des Eigenthums)"[4]。实际上,在当时的各种社会主义和共产主义思潮中,将批判的矛盾对准资产阶级社会私有制已成

1　*Marx-Engels-Gesamtausgabe*,Bd. IV/5,Berlin:Walter de Gruyter,2015,S. 5.

2　Ibid.,S. 6.

3　Ibid.,S. 9.

4　Ibid.,S. 10.

为一种共识。但在布雷这里，难能可贵的是，他将社会制度与政治制度或政治形式区分开来，认为单纯地改变政治形式并不能根除资产阶级社会的弊害，即"单是政体的改变，并不能消灭这一敌人"[1]。他甚至直接指明，即使美国的共和政体也无法保证全体人民的平等权利。从这一点上来看，布雷的观点已经比威廉·汤普逊的共和代议制设想更为深刻。其次，自李嘉图以来，李嘉图派社会主义者通常将资本主义私有制的弊害归结为财富分配不公，而布雷的重要贡献就在于将资本主义私有制的弊害根源推进到交换领域，强调现存社会制度的核心弊害在于交换的不平等，即劳动和资本的交换的不平等，财富分配的不平等只是交换不平等的结果而已。马克思在摘录布雷的第三章"个人与国家繁荣所必需的条件"时注意到："在资本家和劳动者之间的交换上，布雷翻转了交换的经济学含义——根据交换的经济学含义，交换的双方是平等互利的。"[2]因为在现实中，"工人们都是以一整年的劳动同资本家换取仅仅半年劳动的价值"，甚至"表面上似乎是由资本家拿出与工人的劳动来交换的财富，实际并不是资本家自己的劳动或钱财，而是原先从工人的劳动获取来的"[3]。由此布雷一针见血地指出："在资本家与生产者之间，在大多数的交易事件中，经过第一步，就没有什么交换可言了"，"这样的交换，实际上就是以无换有"，"在生产者与资本家之间的全部交易，明明是一种欺骗——是一幕滑稽戏剧。"[4]也就是说，资本家什么都没有生产，而工人生产了一切，却只能享受很小一部分。"正是交换的不平等，使一个阶级过

1　*Marx-Engels-Gesamtausgabe*, Bd. IV/5, Berlin: Walter de Gruyter, 2015, S. 9.
2　Ibid., S. 18.
3　Ibid.
4　Ibid.

着奢侈和懒惰的生活,却使另一阶级老是过着终身劳碌的生活",布雷将这种不平等的交换制度称为"吞噬我们的暗敌"[1]。布雷的这一观点比李嘉图和汤普逊更前进了一步,但他还没有解释清楚这种不平等交换是如何以平等的形式实现出来的。显然,要回答这个问题,必须深入生产领域。这也是马克思直到《资本论》及其手稿中才逐步科学揭示的内容。

第二,布雷试图区分资本与资本家,并强调劳动阶级的斗争对象不应是资本或资本家,而应是"现在的使用资本的方式"[2]。针对政治经济学家和资本家强调劳动离开资本将寸步难行、资本对生产同样重要的观点,布雷从三个层面给予了批判:一是资本作为积累的劳动和没有消费的产品,它是劳动的产物,即"劳动是资本之父,土地是资本之母"[3]。这里承袭和改用了配第的财富来源定义。二是从历史的角度来看,资本作为积累的劳动是人类世世代代继承和积累的共同财富,这是人类得以繁衍生息的基础和原则。因此,资本应该属于全人类,而独立于任何个人或阶级。在历史发展的层面,资本(如房屋、机器、船舶、运河和铁路)的确能促进生产,减轻劳动的辛劳,资本与劳动是相互依赖、共同发展的。但是"在现在的社会制度之下,资本与劳动——铁锹与掘土者——是两种分离的和对抗的势力"[4]。三是"资本和劳动的相互依存性跟资本家和工人的相对地位是不相干的,并且也不能说明资本家应该由工人来养活","生产者在工作上所必需的是资本而不是资本家;

---

1 *Marx-Engels-Gesamtausgabe*, Bd. IV/5, Berlin: Walter de Gruyter, 2015, S. 19.

2 [英]约翰·勃雷:《对劳动的迫害及其救治方案》,袁贤能译,商务印书馆 2012 年版,第 119 页。

3 *Marx-Engels-Gesamtausgabe*, Bd. IV/5, Berlin: Walter de Gruyter, 2015, S. 21.

4 Ibid., S. 22.

这二者之间的区别正像货物本身与提单一样"[1]。因此，不能将资本和资本家混为一谈，因此劳动需要的是资本而不是资本家。布雷的这一观点有其深刻之处，不过，他仍然是沿着政治经济学的思路将资本看作一种物质实体性的积累劳动，而未认识到资本在本质上是一种关系和过程。资本家恰恰是资本关系的人格化。因此，在现实中，是不可能只要资本而不要资本家的。

第三，**布雷深刻区分了机器和机器的资本主义应用，正确指认了机器的社会历史作用**。由于机器对工人劳动的排斥和胁迫，在当时的社会主义和共产主义思潮中，机器往往被看作导致工人阶级贫困境遇的罪魁祸首。李嘉图也在《政治经济学及其赋税原理》中承认了机器对工人阶级的不利影响。马克思在《1844 年手稿》时期也在人本主义逻辑下强烈批判机器的破坏性作用。在这一背景下，布雷再次提出一个深刻的见解，那就是必须将机器本身同机器的资本主义应用区分开来："机器本身是好的，是不可缺少的。但是它的应用，即机器是归个人所有而不是归国家所有的情况却是不好的。"[2] 机器的应用极大提高了社会生产力，譬如说，正因为各种农业机器和制造机器能抵成千上万个熟练工人的劳动，因此，现有的工人阶级才得以养活自己和所有懒汉以及非生产者。另一方面，布雷也承认"这种机器以及它在现在制度下的应用，已产生了千千万万的懒汉和专靠利润生活的恶棍，将劳动阶级推入地狱"[3]。不过，布雷更为深刻地认识到："现在的社会组织，一直都是在机器的基础上发展起来的，同时它也会被机器摧毁。"[4] 这里，

1 *Marx-Engels-Gesamtausgabe*，Bd. IV/5, Berlin: Walter de Gruyter, 2015, S. 21.

2 Ibid.，S. 25.

3 Ibid.

4 Ibid.

布雷一方面看到了机器对于现实资产阶级社会制度的产生和发展所发挥的决定性作用,因而体现了一种社会唯物主义的意蕴;另一方面,布雷相信机器将从根基上摧毁它所建构起来的现实社会制度,为人类开辟一条消灭现实社会弊病的道路。正是在这个意义上,布雷强调"机器本身就包藏着毒根和消毒剂"[1](马克思没有摘录这一比喻)。这与马克思在《评李斯特》中试图将工业和工业制度区分开来,并指认工业本身蕴含着消灭资本主义社会制度的力量具有很大的相似性。只不过,布雷并没有详细解释机器对现实社会制度的毁灭性效果是如何发生的——这与马克思在《评李斯特》中同样只是指认了工业的革命性而没有说明具体原因是一致的。最后,布雷畅想了在共享共有制度下,"社会的生产力是公共的财产,而且一切这种利益是普遍地和平等地为人民所享受的。那么,自由贸易和不加限制的机器,当然只能产生好的结果。机器就不复是生产者的对敌了,它也不再专门做反对生产者的工作,不再帮助资本家将生产者推入地狱,而是成为全人类的朋友和助手"[2]。总之,布雷的这一观点为马克思重新思考机器的现实历史作用提供了重要的启示。

二、马克思对欧文生产力理论的研究

在《曼彻斯特笔记》笔记本 6 中,马克思在摘录了布雷的著作之后,紧接着摘录了欧文的《论人类性格的形成》(伦敦 1840 年版)、《在 1845 年新婚姻法通过前所作的关于旧的不道德世界中教

---

1 [英]约翰·勃雷:《对劳动的迫害及其救治方案》,袁贤能译,商务印书馆 2012 年版,第 94 页。
2 *Marx-Engels-Gesamtausgabe*,Bd. Ⅳ/5,Berlin:Walter de Gruyter,2015,S. 55.

重读马克思:工艺学语境中的哲学话语

士婚姻的演讲》(利兹 1840 年第 4 版)和《曼彻斯特六篇演讲和一篇致辞》(曼彻斯特 1837 年版)。在笔记本 7 中,马克思较为详细地摘录了欧文的《新道德世界书(第一部分)》(格拉斯哥、爱丁堡、曼彻斯特 1840 年版)、《新道德世界书(第二部分)》(伦敦 1842 年版)、《新道德世界书(第三部分)》(伦敦 1842 年版)和《新道德世界书(第一部分)》(伦敦 1844 年版)。我们知道,马克思在巴黎时期就研读了英法共产主义和社会主义的著作,其中就包括圣西门、傅立叶、欧文及其信徒的著作。而在这里,马克思又对欧文的著作做了细致摘录,足见他对欧文思想的重视。

罗伯特·欧文(Robert Owen,1771—1858)是十九世纪初空想社会主义的三大代表之一。尽管圣西门、傅立叶和欧文都堪称各自时代的"真正的文化英雄"(列宁语),但他们的思想主张又各具特色。对此,马克思在《剩余价值理论》中准确指出:"在政治经济学的李嘉图时期,同时也出现了[资产阶级政治经济学的]反对派——共产主义(欧文)和社会主义(傅立叶、圣西门)(社会主义还只是处在它的发展的最初阶段)。"[1]也就是说,傅立叶和圣西门属于社会主义者,因为傅立叶虽然主张废除资本主义制度,但在他筹划设计的"法郎吉"中仍然保留着一定的私有财产。而圣西门除了具有无产阶级的倾向外,还受到一定的资产阶级倾向的影响。相比之下,欧文的理论与实践更具有共产主义的倾向和"实践的性质"。欧文主张彻底废除私有制,人人都平等拥有劳动的义务和获得产品的平等权利。正如恩格斯所言,欧文的共产主义是通过新拉纳克棉纺厂的"这种纯粹商业的方式,作为所谓商业计算的果实

1　《马克思恩格斯全集》第 35 卷,人民出版社 2013 年版,第 209 页。

产生出来的"[1],因此,"它始终都保持着这种面向实际的性质"[2]。这意味着欧文对于现实工业生产中的生产方式和生产力问题具有更为直接而深入的理解。

在《新道德世界书》中,欧文在探究现代社会的科学原理和构想人类幸福的实现路径过程中论及生产方式、生产力与人的全面自由发展问题。具体来说,马克思对《新道德世界书》(第二部分)的摘录,开篇就是欧文所罗列的六条"社会科学原理或人类社会状况原理",其中第二条便是"关于为人类生活的维系和享受而能生产出丰富且最有益的必需品和舒适品的最好的生产方式(mode of producing/*Productionsweise*)的原理和实践的知识"[3]。这里,马克思将"mode of producing"译为"Productionsweise",并作了强调。实际上,欧文在《理性社会制度论纲》中就已经使用了"mode of producing"。[4] 尽管欧文没有像拜比吉、尤尔那样从工艺学的角度详细阐明现代工业的内在运行机制,却准确指认了现代生产方式和生产力的构成要素,从物质生产实践的内外条件的角度重新规定了人的现实内涵,分析了社会基础与上层建筑的内在关系,并在更高层面展望了物质生产方式的变革与人类普遍幸福的内在关联及其实现路径。

欧文指出,社会科学的根本原则,就是探究为了生产者和消费者的最大幸福,而能够创造出的最多最有价值的物质财富的生产

---

1 《马克思恩格斯文集》第 9 卷,人民出版社 2009 年版,第 279 页。

2 同上。

3 *Marx-Engels-Gesamtausgabe*,Bd. IV/5,Berlin:Walter de Gruyter,2015,S. 193. Robert Owen,*The Book of the New Moral World*,Part Second,London:The Home Colonization Society,1842,p. 1.

4 参见鲁克俭:《新出版的 MEGA²/IV/5 概况及其学术价值》,《北京行政学院学报》2017 年第 3 期。

方式的实践知识。这里蕴含了两个重要方面:一是这种实践知识只有在掌握大量不同的社会经验和自然力量、科学力量的基础上才能获得。二是对于人的生存和社会的良好秩序来说最必要、最有用因而最有价值的财富是空气、水、食物、衣物、工具、娱乐、情感和善的社会。[1] 也就是说,自然资源、必要的物质生活和精神生活资料构成了人类享受健康获得幸福的最基本要素。而从人类历史发展的角度来看,在人类社会的早期阶段,除了基本的自然资源,人类能够享受的物质生活资料是非常简单粗陋的。随着基于事实和经验的知识的增长,生产力(powers of production)的增长速度超过人口的增速,财富在数量和质量上获得巨大增进,从而为人类的健康和幸福提供了保证。在这里,欧文强调了以知识为核心的生产力发展对于实现人类幸福的决定作用。他进一步指出,使所有国家的人民获得幸福感的手段主要包括土地、水、劳动、技能、资本和知识,现在人类已经拥有了满足幸福感的一切物质财富,但还缺乏促使这些手段资料服务人类幸福和可持续发展的知识。这里,欧文将知识提升为提高生产力和促进人类幸福的关键要素。而人类目前所缺乏的知识包括两个重要方面:一是人类不知道关乎自己的根本利益究竟是什么。或者说,迄今为止,人类都错认了最有价值的财富,而这一问题的根本症结在于人对自身本质的认识。二是人类不知道获得最有价值的财富、实现自身幸福的正确方式。譬如说,人类长期以来将作为财富交换媒介的货币错认为最重要的财富,又因为货币会带来各种弊端而将货币看作一切罪恶的根源。欧文指出,这一认识是错误的,人类社会的一切罪恶的

---

[1] Robert Owen, *The Book of the New Moral World*, Part Second, London: The Home Colonization Society, 1842, p. 7.

根源不是货币——相反,货币在目前的历史阶段仍是增进人类幸福的必要手段,也是造成人类陷入普遍分裂和激烈竞争的人的法则(the laws of man)。这种人的法则使人类忽视了自己的本性,丧失了自我,且使人拒斥上帝的法则(the laws of God)。虽然欧文的"上帝法则"带有神秘的宗教色彩,但从上下文语境来看,他所说的"人的法则"是同人的非理性行为(譬如分裂、竞争等)相关联,而"上帝法则"则是同理性人的真诚联合、和谐共处和普遍幸福相联系。因此,欧文的"上帝法则"更多的是一种隐喻式的表达,其实际内涵侧重于一种指导人类行为和社会活动的客观的社会规律和基本原则,类似于斯密所说的"看不见的手"。因为欧文指出:"上帝的法则就是,每一个人的身体能力、精神能力和道德能力以及实践性格都应是为他而形成的,这一法则构成了社会的基础(the base of society),而上层建筑(superstructure)与基础是紧密结合在一起的。"[1]显然,欧文主要是在社会运行规律和结构的语境中使用"基础"和"上层建筑"概念的,虽然这还不能等同于马克思后来所说的经济基础与上层建筑,但两者在社会的结构性认知层面却有着相似之处。马克思虽然没有摘录包含"基础"与"上层建筑"内容的段落(在同一笔记本的另一处,马克思摘录了包含"上层建筑"一词的内容,并以德文"Superstruktur"加以翻译[2]),但摘录了前后段落的内容。[3] 这表明,马克思显然读过这些内容,而这些标志性的术语想必也给马克思留下了深刻印象。同样值得一提的是,马克思在笔记本6中摘录布雷的著作中同样遭遇了"上层建筑

---

1   Robert Owen, *The Book of the New Moral World*, Part Second, London: The Home Colonization Society, 1842, p. 10.

2   *Marx-Engels-Gesamtausgabe*, Bd. IV/5, Berlin: Walter de Gruyter, 2015, S. 183.

3   Ibid., S. 195.

(Superstruktur)"一词。布雷指出,单个人如果仅凭本能来施展才能以满足各种需求必然会造成损害。而社会是人为建构的存在状态,是人类理性的应用,用以促进上层建筑的发展。在社会结构中,自然构成了基础,而人的自然冲动必须在人类理性的指导下人为地发挥作用,这样才能够增进整个社会的福利。[1] 可见,相比于布雷将自然看作社会的基础,欧文进一步将规定着人的活动方式和存在方式的客观规律("上帝法则")设定为社会基础。

正是基于这一上帝法则,欧文重新规定了人的现实内涵。他指出:"上帝的法则已向所有能够理性思考的人证明,人是直接地由从自己的身体能力、精神能力与道德能力中产生出来的力量和间接地由人的直接生产的外部环境或社会所构成的。因此,每个人的性格在很大程度上都是由社会(或好或坏地)为他(自身)而形成的。"[2] 如果马克思在《提纲》中是基于隐性的现代工业生产语境从实践和社会关系的角度界定人的现实本质,那么,欧文在这里则从生产力和社会环境的角度规定了人的现实内容。而且,欧文明确从人的内在能力和直接生产的外部环境两个方面来做综合规定,并强调人的本性是由社会为我而塑造的。在这里,欧文非常深刻地认识到人的自我规定与自由发展同生产力与社会环境的发展之间的内在张力。

具体来说,人的能力的发展是同生产力、劳动分工历史地勾连在一起的。欧文强调,人与动物的根本差异在于,动物是以同样的本能代代相传、生息繁衍,而人的智力和才能则通过不断学习旧知识和拓展新知识、新发现以获得增进和发展,这构成了人类区别于

1　*Marx-Engels-Gesamtausgabe*, Bd. IV/5, Berlin: Walter de Gruyter, 2015, S. 35.

2　Robert Owen, *The Book of the New Moral World*, Part Second, London: The Home Colonization Society, 1842, p. 10.

其他生物的根本力量。[1] 因此，在某种意义上，人就是一个高度复杂的活生生的机器，它的机械机构和化学机构紧密结合在一起，在最明智的安排下进行着和谐而最有效的运动，从而使每个人变得卓越和幸福。然而，长期以来，人类活动一直受到劳动分工之必然性的支配，以致于人这台机器的某些部件一直处于运动状态，而另一些部件却从未获得训练，从而导致人只能获得片面的发展，无法有效地工作，成为不完美的非理性动物。[2] 不过，随着各门类知识、科学和艺术的进步，生产力（powers of production）获得广泛而巨大的发展，从而打破了过去的"手工劳动分工（division of manual labor）"的必然性。在此处的摘录中，马克思将欧文所使用的"powers of production"翻译为"Produktionsmächt"，而保留了"division of manual labor"的英文原文。欧文进一步指出，除非对劳动分工进行重大革新，否则一切分工都将变得更加糟糕。[3] 因为在分工的原则下，人的身体、心理和道德就会处于分裂的不完整的状态，从而严重阻碍人的全面发展。与之相反，在一种合理的社会状况下，人的身体的、精神的、道德的和实践的存在都应该获得良好的培养和训练。因为人类的本性中蕴含着诸多习性、才能、力量和品质，当这些要素按照一定比例统一到一个活生生的存在物之中，这个存在物便能被称作人。所以，这些要素所蕴含的每一种力量对于人的生存和享受都是必要的和有用的。现在，机器和化学的发展将取代劳动分工所长期占据的必要性地位，这样一来，拥有无限能力的人类就可以不再将自己献祭给某些无用的或无关

---

1 *Marx-Engels-Gesamtausgabe*, Bd. IV/5, Berlin: Walter de Gruyter, 2015, S. 181 - 182.

2 Ibid., S. 215 - 216.

3 Ibid., S. 213.

紧要的对象（比如扣针），从而获得全面自由的发展，实现最终的幸福。[1] 在这里，欧文准确看到了以科学知识为核心的生产力的发展对于克服分工原则的弊端、促进人的全面发展和普遍幸福的重要现实意义。这在某种程度上构成了马克思重新思考和探索物质生产力发展与无产阶级解放之关系问题的重要理论参照。

第二节
历史唯物主义基本原理的一般建构与逻辑布展

我们知道，在《关于费尔巴哈的提纲》和《德意志意识形态》这两个重要文本中，马克思初步建构起历史唯物主义基本原理的总体逻辑构架。正如既有研究成果所揭示的那样，以亚当·斯密为代表的古典政治经济学构成了此时马克思的显性理论支援背景。不过，通过细致的文本分析就会发现，在马克思对于实践、生产、生产力、交往形式等历史唯物主义核心概念的初步建构中，我们仍然能够体认到加斯帕兰、拜比吉和尤尔所展现的机器大工业图景以及赫斯、舒尔茨、李斯特、李嘉图派社会主义者以及欧文的思想火花在马克思头脑中产生的激烈思想碰撞。他们的思想观点共同构成了马克思创立科学历史唯物主义世界观的重要隐性理论资源。

一、人的历史性存在与科学生产力概念的初步建构

我们知道，《德意志意识形态》（以下简称《形态》）是马克思恩

---

1 *Marx-Engels-Gesamtausgabe*，Bd. IV/5，Berlin：Walter de Gruyter，2015，S. 213 – 214.

格斯共同创立历史唯物主义基本原理的标志性文本。而他们对包括费尔巴哈在内的德意志意识形态的批判支点就在于新的历史话语的确立。马克思正是从人的历史性生存的四重原初关系出发来规定历史唯物主义之"历史"概念的现实意涵的,并在这一过程中初步建立起科学的生产力概念。

在《形态》第一卷"费尔巴哈"章,马克思在从历史唯物主义方法论层面深刻指出费尔巴哈的直观唯物主义完全脱离了历史的根本错误之后,转向对历史本身的阐述,这就是对人类历史性生存的四个层面及其突显的生产话语的一般建构。从思想史的角度来看,这在某种程度上也是对舒尔茨沿着历史线索所描述的人类物质生产发展史的一种哲学建构。

马克思的论述是从"大束手稿"的第"{6}d=[11]"页开始的。他指出,人的历史性生存的第一个层面就是物质生活资料的生产,即"一切人类生存的第一个前提,也就是一切历史的第一个前提"是"人们为了能够'创造历史',必须能够生活。但是为了生活,首先就需要饮食、居住、衣被以及其他一些东西。因此第一个历史活动就是生产满足这些需要的资料,即生产物质生活本身"[1]。在这里马克思认识到,人类历史的现实起点和社会存在的根本基础就在于物质生活资料的生产,即物质生产。这也是舒尔茨在《生产运动》中对"物质生产"的重要规定。而从马克思的思想发展来看,这是对《提纲》中所确立的总体性实践的进一步深入。[2] 马克思进一步指出,作为人类历史起点的物质生活资料的生产所揭示的既是

1　[日]广松涉编注:《文献学语境中的〈德意志意识形态〉》,彭曦译,南京大学出版社 2005 年版,第 22 页。
2　张一兵:《回到马克思:经济学语境中的哲学话语》,江苏人民出版社 2013 年版,第 452—453 页。

人与自然的能动关系，又是对现实的个人的本质规定，即"全部人类历史的第一个前提无疑是有生命的个人的存在"[1]。也就是说，人和动物的根本区别并不在于思想、意识等方面，而在于是否从事生活资料的生产："一当人开始生产自己的生活资料，即迈出由他们的肉体组织所决定的这一步的时候，人本身就开始把自己和动物区别开来。"[2]也就是说，现实的个人的本质规定既不是德国唯心主义思想家所标榜的思想、自我意识中显现的主观能动性，也不是欧文等人所强调的知识能力的积累，而是作为历史的现实起点的物质生活资料的生产所彰显的**人的客观能动性**。正是在这一意义上，马克思批判道：对于人类历史的第一个前提和事实，即"德国人从来没有这样做过，所以他们从来没有为历史提供世俗的基础，因而也从来没有过一个历史学家。法国人和英国人尽管对这一事实同所谓的历史之间的联系了解得非常片面……但毕竟做了一些为历史编纂学提供唯物主义基础的初步尝试，首先写出了市民社会史、商业史和工业史"[3]。过去，我们通常认为这一段话是马克思对资产阶级政治经济学的现实社会经济研究及其社会唯物主义的理论贡献的肯定，这是正确的。但通过梳理马克思的工艺学研究和同时代德国思想家的思想，我们会发现：一方面，马克思所肯定的不只是英法政治经济学的历史贡献，而且包括以加斯帕兰、拜比吉和尤尔为代表的英法工艺学家和经济学家的贡献，特别是工业史方面的成就；另一方面，马克思批评德国人没有关注历史的世俗基础，如果这是针对他所批判的德国唯心主义思想家而言，那

1　[日]广松涉编注：《文献学语境中的〈德意志意识形态〉》，彭曦译，南京大学出版社2005年版，第23页。

2　同上书，第23页、第25页。

3　同上书，第22页。

么,这一批判是正确的。但是考虑到同时代的德国思想家李斯特、舒尔茨以及马克思此时尚未关注到的贝克曼和波佩的工艺学和工艺学史研究,由于后者同样从经济学和工艺学的角度写出了"市民社会史、商业史和工业史",因此,客观地说,马克思的这一批判就显得过于武断了。

历史的第二个原初层面是物质生活资料的再生产。马克思指出:"第二个事实是,已得到了满足的第一个需要本身、满足需要的活动和已经获得的为满足需要而用的工具又引起新的需要,而这种新的需要的产生是第一个历史活动。"[1]从历史的真实过程来看,物质生活资料的生产和再生产是同体发生的,两者本身并没有先后关系,因此,物质生活资料的再生产同样是第一个历史活动。而之所以又将这一同体过程分解为两个层面,是因为它涉及马克思的理论逻辑问题。如前所述,不同于舒尔茨或李斯特从历史学的角度来线性地描述人类历史发展阶段,马克思是在从事一种历史哲学的逻辑建构。从马克思的逻辑建构来看,第一个历史活动是从存在论意义上对人类历史性存在的本体性规定,而第二个历史活动则是从内在时间性意义上对人类历史性存在的历史过程性规定。[2] 其中值得注意的是,马克思所强调的人类历史性存在的内在时间不是物理时间意义上的时间,也不是历史学意义上的时间,而是指以生产工具或生产资料的变革为内在驱力的物质生产方式所建构起来的人类历史性存在方式的质性发展,而这同样是对人的现实本质的进一步规定。在被广松涉认为是"{6}d=[11]

---

1 [日]广松涉编注:《文献学语境中的〈德意志意识形态〉》,彭曦译,南京大学出版社2005年版,第22页、第24页。

2 张一兵:《回到马克思:经济学语境中的哲学话语》,江苏人民出版社2013年版,第455页。

的异稿"的"小束手稿"第{1？c～d}页上，马克思做了进一步的阐发："人们生产自己的生活资料，同时也间接地生产着自己的物质生活本身"，而一定的生活资料的生产方式就是现实个人的"一定的活动方式，是他们表现自己生活的一定方式、他们的一定的生活方式"，"因此，他们是什么样的，这同他们的生产是一致的——既和他们生产什么（Was sie produzieren），又和他们怎样生产（Wie sie produzieren）一致。因而，个人是什么样的，这取决于他们进行生产的物质条件"[1]。这里所说的"生产的物质条件"，除自然资源之外，最重要的要素便是生产工具或生产资料。在我看来，马克思之所以将物质生活资料的再生产提炼出来并充分认识到生产资料（工具）对于这种再生产的重要作用，除了受到古典政治经济学的一般影响，以拜比吉和尤尔为代表的工艺学思想、以布雷为代表的李嘉图派社会主义思想和舒尔茨的物质生产理论则提供了更为切近的思想资源。具体来说，一是马克思在《布鲁塞尔笔记》中对加斯帕兰、拜比吉和尤尔的摘录，使他强烈认识到资本主义工场手工业分工和机器大生产对于人们的生产方式和生活方式的深刻影响；二是舒尔茨以手的劳动、工具、工场手工业（分工）和机器生产为线索对生产力和生产方式发展阶段的历史性描述，使马克思就此形成了更为宽广的历史性视域；三是布雷对机器的历史作用的肯定以及对机器和机器的资本主义应用的区分，促使马克思能够客观地认识生产资料对于人类历史发展的现实意义。更重要的是，马克思在更高的哲学层面把握住了他们思想中的精要，从而准确看到了"生产什么（Was）"背后的"怎样生产（wie）"，因为相比之

1　［日］广松涉编注：《文献学语境中的〈德意志意识形态〉》，彭曦译，南京大学出版社2005年版，第25页。

下，舒尔茨在《生产运动》的"物质生产"章的初版中只强调了"人做什么(Was sie thun)"。

历史的第三个层面是人类自身的生产，即"每日都在重新生产自己生命的人们开始生产另外一些人，即增殖"[1]。如果物质生产所建构的是人与自然的关系，那么，人的生产则建构起人与人的关系，即社会关系。而基于人的生产所形成的第一个(也是唯一的)社会关系就是家庭。马克思强调，物质生活资料的生产与再生产、人的生产共同构成了人类社会历史活动的三个方面或"因素"，它们共同构成人类历史的开端，构成人的"生命的生产"。因此，人的生命的生产就内在地包含着双重关系，即自然关系和社会关系。这就表明，无论是自然关系还是社会关系都是在人的生产活动中历史地建构起来的，而这就是历史的第四个原初层面，即社会关系的生产与再生产。而正是在对社会关系的生产与再生产的考察中，马克思初步建构起他的科学的生产力概念。

紧接着上述生命生产的社会关系层面，马克思指出："社会关系的含义在这里是指许多个人的**共同活动**"，"一定的生产方式或一定的工业阶段始终是与一定的**共同活动的方式**或一定的社会阶段联系着的，而这种共同活动方式本身就是一种'**生产力**'(Produktivkraft)；由此可见，人们所达到的生产力的总和(die Menge der Produktivkräfte)决定着社会状况，因而，始终必须把'人类的历史'同工业和交换的历史联系起来研究和探讨。"[2]结合此时马克思的思想史资源，我们可以从中得出以下认识：

第一，生产力是与社会关系(交往形式)、人的能力发展相一致

1　［日］广松涉编注：《文献学语境中的〈德意志意识形态〉》，彭曦译，南京大学出版社2005年版，第24页。

2　同上书，第24—26页。

的,因而是一种关系性的客观能动力量。马克思认为,许多现实的个人的共同活动构成了社会关系,而一定的共同活动方式创造出一定的生产力。这就意味着社会关系并不是一种凝固的主体间性结构,而是各个主体共同有序建构的动态性活动。或者说,社会关系是在许多主体的共同活动中建构起来的客观社会存在,而这种蕴含着社会关系的共同活动方式就是一种生产力。由此可见,生产力、社会关系与个体主体的能力发挥是内在勾连的。因此,生产力是一种关系性的客观能动力量,而这是与人的客观能动性相一致的。对此,我们可以从两个层面加以把握:(1)此时马克思所说的生产力决不是一种实体性的物性力量,而是一种关系性的客观力量。我们知道,在斯大林教科书体系中,生产力通常被理解为三种实体性的物质要素(劳动者、劳动对象和劳动资料)的结合,而且生产力总是与生产关系处于一种外在的对立状态。而从马克思这里的论述来看,生产力的本质并不在于实体性的要素,而在于关系性的共同活动方式,或者说生产力内在地蕴含着社会关系的维度。这一理解同样有助于我们重新理解生产力、生产关系与生产方式的内在关系,而不再拘泥于斯大林教科书体系所炮制的"生产方式=生产力+生产关系"的教条主义公式。(2)马克思所说的生产力决不是一种绝对客体性的僵死的物质力量,而是一种蕴含着主体性的人的能力发挥与发展的客观力量。[1] 在传统解读视域中,生产力通常被视作一种同人之主体相分离的强制性的外在物质力量,这实际上恰恰是资产阶级经济学家和工艺学家在强调资本主义机器大工业的优越性时无意识制造的意识形态观念,同时也是

---

[1] 参见张福公:《青年马克思的生产力概念及其哲学意义再探》,《哲学动态》2016 年第 5 期。

资本主义机器大生产压迫和侵害大多数人的主体发展所造成的表面印象。而马克思从人类历史性生存的哲学层面深刻体认到,客观的物质生产力内在地蕴含着人的主体能力发展的维度,生产力的发展过程同人的发展具有历史性的辩证统一关系。在另一处,马克思更加明确地阐明了生产力与交往形式的继承发展就是人的能力的发挥与发展。马克思指出,生产力、交往形式和个人的自主活动方式是相适应的,交往形式"在历史发展的每一个阶段上都是与同一时期的生产力的发展相适应的,所以它们的历史同时也是发展着的、由每一个新的一代承受下来的生产力的历史,从而也是个人本身力量发展的历史"[1]。占有生产力就是"同物质生产工具相适应的个人才能的发挥……对生产工具一定总和的占有,也就是个人本身的才能的一定总和的发挥……这种自主活动就是对生产力总和的占有以及由此而来的才能总和的发挥"[2]。总之,生产力、社会关系和人的发展是内在一致的。这一观点正是对受加斯帕兰、拜比吉和尤尔的影响而在《评李斯特》中确立的"生产力即历史性的人的能力发展"那条线索的进一步理论推进,也是对《提纲》中的实践与社会关系概念的具体展开,更是对欧文和李嘉图派社会主义者从现实物质生产力发展角度寻求人类的自由解放和全面发展的共产主义理路的科学论证。

第二,这种从共同活动方式的角度理解生产力的思路是从何而来呢?特别是这里的"共同活动"主要是一种一般性的表述,它的具体现实内涵又是什么呢? 对此,我们可以结合马克思在另一处的相似表述来寻找答案。马克思指出:"受分工制约的不同个人

1　[日]广松涉编注:《文献学语境中的〈德意志意识形态〉》,彭曦译,南京大学出版社2005年版,第132页。

2　同上书,第142页。

的共同活动（Zusammenwirken）产生了一种社会力量，即扩大了的生产力（Produktionskraft）。"[1] 据此，我们通常将马克思这里所说的共同活动归结为分工，并进而将马克思这一观点的思想源泉追溯到斯密的分工理论和赫斯的"共同活动即生产力"观点[2]。这一理解是正确的。不过，随着研究的推进，我们还需要对这一理解做进一步的辨析和补充。一是斯密的分工理论在多大程度上影响了马克思此时对生产力概念的理解？结合政治经济学和工艺学的思想史，我们会发现，斯密从分工理解生产力的思路显然是影响深远的。而且从马克思的经济学研究过程来看，斯密的思想也始终是马克思关注的焦点，因此，斯密的分工与生产力理论自然构成了此时马克思理解生产力的基本思想构架。然而，如前所述，斯密主要是从分工之"分"的专业化和固定化角度来阐述分工提高生产力的作用，而不是从分工的协作或共同活动角度解释的。因此，从共同活动角度理解生产力的思路还不能直接归功于斯密。二是赫斯所说的共同活动主要是哲学人本学视域下的抽象的主体性交往活动，虽然赫斯赋予了"交往"概念非常广泛的内涵和现实指向，但从他的批判对象来看，它所对应的现实内容应是商品交换和社会分工。因此，赫斯的共同活动概念在一定程度上是对斯密的社会分工和交换关系的哲学人本学改造。因而，我们可以将赫斯的生产力思想看作马克思把握斯密分工理论中所蕴含的共同活动维度的重要环节。不过，值得仔细辨析的是，当马克思以"共同活动方式"来定义生产力时，表面上是对赫斯观点的直接借用，但实际上则是

1　［日］广松涉编注：《文献学语境中的〈德意志意识形态〉》，彭曦译，南京大学出版社 2005 年版，第 36 页。
2　张一兵：《回到马克思：经济学语境中的哲学话语》，江苏人民出版社 2013 年版，第 338 页。

对赫斯在哲学人本学意义上所说的"共同活动"的根本扬弃,即摒弃"共同活动"的哲学人本学外衣,使其重新立基于它的现实原点。只不过,这一现实原点不再仅仅局限于社会分工和商品交换层面,而是进一步深入直接的物质生产领域。三是通过上述思想史的梳理,我们会发现,此时马克思从分工的共同活动方式角度来理解生产力,其思想资源并不仅限于斯密和赫斯,而是包含着多维度的理论资源。譬如,舒尔茨在《生产运动》中就提出斯密的分工不仅是一种划分,更是一种结构,是一种发展和再联合(再联系)的结构。而分工在工场手工业阶段就表现为许多人为同一目的进行的共同生产。同样地,李斯特在《政治经济学的国民体系》中更明确地批评斯密只注重分工的划分而忽视了劳动的联合,因而,李斯特强调了劳动的联合所产生的生产力。更重要的是,拜比吉沿着斯密的分工逻辑所描述的工厂内部分工与尤尔笔下的机器大生产中所凸显出来的劳动协作,同样展现了现实工业生产中的共同活动场景及其蕴含的巨大生产力潜能。更进一步说,在过去的解读视域中,我们通常紧盯着马克思从"共同活动方式"角度对生产力的本质性规定,却忽略了马克思所强调的历史性视域。具体而言,马克思强调的是一定的共同活动方式(即生产力)同一定的工业阶段或一定的生产方式相联系——这也正是历史唯物主义方法论的科学意蕴之一。因此,马克思所说的"共同活动方式"决不是固定的僵化的某一种活动方式,而是历史性生成着的共同活动方式。从这个意义上来说,从斯密到李斯特、舒尔茨再到拜比吉、尤尔的生产力理论恰恰展现了不同历史时期具体的"共同活动方式",从而共同促成了此时马克思从历史唯物主义视域出发对生产力概念的科学建构。

第三,一定的生产力总和决定了一定的社会状况。这里的"生产力总和"不应理解为一般意义上的各种实体性生产力要素的简单相加——这正是李斯特的总体生产力理论没有彻底抛弃的经验主义尾巴,而应理解为尤尔、拜比吉笔下的机器大工业所推动的社会总体生产力的发展。因此,它是一个社会历史性的功能水平概念。[1]

最后,马克思在确证人类历史的四个原初方面之后指出:"我们才发现:人还具有'意识'。"[2]马克思对人的意识的根本规定就是:"我对我的环境的关系是我的意识。"[3]而人的意识的发展是建立在人的历史性的物质生产活动之上的,这一过程又是与分工、生产力和相应的社会关系即所有制紧密联系在一起的。由此,马克思转向对分工、生产力与所有制形式的历史发展过程的阐述。

二、分工、生产力与所有制形式的历史性建构

马克思在确立了分工与生产力的内在规定之后,便以分工、生产力和所有制形式为线索转向对人类历史发展阶段的剖析。正是在这一过程中,马克思初步阐述了资产阶级现代私有制的历史形成和发展过程,揭示出资本主义生产方式的历史过程与基本特征。

马克思首先从历史的角度对分工、生产力和所有制之间的关系做了规定。他指出,分工就是生产力水平的外在表现形式,"一个民族的生产力发展的水平,最明显地表现在该民族分工的发展程度上"[4]。而伴随分工同时出现的是劳动及其产品的不平等分

1　杨乔喻:《探寻马克思生产力概念生成的原初语境》,《哲学研究》2013 年第 3 期。
2　[日]广松涉编注:《文献学语境中的〈德意志意识形态〉》,彭曦译,南京大学出版社 2005 年版,第 26 页。
3　同上书,第 28 页。
4　同上书,第 80 页。

配,于是产生了所有制。因此,历史地看,"分工和私有制是相等的表达方式,对同一件事情,一个是就活动而言,另一个是就活动的产品而言"[1]。因此,"分工的各种发展阶段,同时也就是所有制的各种不同形式"[2]。由此,马克思提出部落所有制、古代公社所有制和国家所有制以及封建的或等级的所有制这三种前资本主义社会的所有制形式。而贯穿这三种所有制形式的主导线索便是(社会)分工的形成发展和私有制、政治制度的发展演化。这里不再详述。我们重点关注的是马克思对资产阶级现代私有制及其基础即资本主义生产方式的初步阐释。实际上,这是马克思第一次详细阐述资本主义生产方式的形成过程和基本特征,从中我们可以辨识出拜比吉、尤尔等人的思想因素。

马克思认识到西欧资产阶级社会及其资本主义生产方式脱胎于欧洲中世纪城市手工业行会制度及其生产方式。西欧资产阶级社会的起点是社会分工扩大所导致的生产与交换的相互分离,从而产生特殊的商人阶层。商业的发展促进各个城市间的交往,特别是新的生产工具的交往,这意味生产力的保存与发展,城市之间的交往催生出新的生产分工。马克思指出,工场手工业的直接缘起是不同城市之间的分工,即"不同城市之间的分工的直接结果就是工场手工业的产生"[3]。而工场手工业早期繁荣的历史前提包括两个方面:一是各民族国家之间的交往,一是人口尤其是农村人口的集聚和资本的不断集中。[4] 这表明,此时马克思对工场手工业之历史形成的思考主要是从社会分工、商品交换、人口和资本积

---

1 [日]广松涉编注:《文献学语境中的〈德意志意识形态〉》,彭曦译,南京大学出版社2005年版,第34页。

2 同上书,第82页。

3 同上书,第100页。

4 同上。

聚等宏观的外部因素切入的,还没有深入工场手工业内部的生产过程和生产方式层面。马克思进一步指出,工场手工业的出现导致所有制关系的变革。一方面,原来的手工业行会中"自然形成的等级资本"转变为商人资本,同时,"大量自然形成的资本"得以运用。[1] 另一方面,手工工场中工人与资本家的金钱关系取代了过去行会手工业中的学徒或帮工和师傅结成的宗法关系——此处马克思所说的"金钱关系"只是指认了经济学意义上的雇佣关系,而没有揭示出资本家对工人的剥削关系。而在工场手工业发展的第二个时期即从 17 世纪中叶到 18 世纪末,其主要依赖于商业和航运的发展以及由此开辟的殖民地和扩大的世界市场。也就是说,工场手工业本身是脆弱的,它的发展依赖于商业的扩张或缩小。因此,18 世纪是商业的世纪。这里,马克思直接指认了他的理论参照,即艾金、平托和亚当·斯密。这也从侧面证明了此时马克思对工场手工业的历史发展和基本特征的了解主要依据的是政治经济学的历史叙事,尚未充分利用工艺学的理论资源。不过,马克思也在比较前资本主义生产方式与资本主义工场手工业时涉及了工场手工业的基本生产方式特征:(1) 前者是各个人聚集起来,后者则是工人"作为生产工具而与现有的生产工具并列在一起"[2];(2) 前者是各个人受自然的支配,后者则是工人受劳动产品的支配,受积累劳动意义上的资本的统治;(3) 在前者中,各个人是通过家庭、部落等相结合,是人与自然的交换,而在后者中各个人只通过交换联系起来,因而是人与人的交换;(4) 前者中体力劳动和脑力劳动彼此联系,后者中体力劳动和脑力劳动已发生分工;(5) 在前

1 　[日]广松涉编注:《文献学语境中的〈德意志意识形态〉》,彭曦译,南京大学出版社 2005 年版,第 102 页。
2 　同上书,第 90 页。

者中,小工业取决于自然形成的劳动工具,不同的个人之间尚未分工,而在后者中,"工业只有在分工的基础上和依靠分工才能存在"[1]。这表明,从直接生产过程的生产方式角度,马克思初步认识了工场手工业生产方式的基本特征,特别是看到分工的主导性地位以及资本与生产工具对工人的统治关系。不过,这条从生产工具—生产方式出发的逻辑只是一条从属性的逻辑。从总体来看,马克思对工场手工业的生产方式特征的理解还远远不足,在诸多细节问题上并不准确,这当然是与此时马克思尚未对工场手工业进行深入的工艺学研究直接相关的。

接下来,在"大束手稿"第[86]d=[51]页上,马克思首次正面描述了机器大工业的基本特征,从中可以看到拜比吉、尤尔等人对他的潜在影响。

第一,马克思明确指出大工业的基本特征,即"把自然力用于工业目的,采用机器生产以及实行最广泛的分工"[2]。其中,自然力的工业应用在加斯帕兰、拜比吉和尤尔那里都可以找到直接表述。而对于机器生产,马克思则明确指出:"它的[……]是自动化体系"[3]。显然,这是尤尔笔下的以自动机器体系为基础的机器大生产。而"最广泛的分工"则表明了马克思的泛分工思路:一方面是各个生产部门和行业的发展壮大,即社会分工的普遍化;另一方面是手工工场和现代工厂内部分工的细化发展——对此,拜比吉的分工原则及其普遍应用提供了最好的范例。

第二,马克思认识到资本支配下的自然科学对大工业和生产

1　[日]广松涉编注:《文献学语境中的〈德意志意识形态〉》,彭曦译,南京大学出版社2005年版,第90页。

2　同上书,第112页。

3　同上。

方式变革发挥了重要作用。一方面,他指出:"理论力学的创立……等等在英国都已具备了",即以理论力学为代表的自然科学为英国的工业革命提供了重要的智力支撑。这一点在加斯帕兰、拜比吉和尤尔那里都可以看到。另一方面,大工业"使自然科学从属于资本,并使分工丧失了自己自然形成的性质的最后一点假象"[1]。对此可以从两个角度来加以理解:1. 马克思受尤尔的"资本招募科学来规训和镇压劳动"的影响,认识到自然科学对资本的从属关系,科学的工业应用即机器体系打破了以人手的技能为基础的分工原则,从而导致生产方式的变革。2. 马克思受拜比吉的"以获取最大经济利益为目的分工倍数原则"的影响,认识到自然科学的应用是以获取资本利润为目的,因而在资本或经济利益座架下的分工便失去了纯粹的自然性质,沦为资本牟利的手段。正是在这个意义上,马克思批判道:"大工业在劳动范围内尽可能把所有自然形成的关系消灭掉,并把所有自然形成的关系变成金钱关系。"[2]

第三,马克思体认到大工业所带来的普遍竞争对各个人的生存状态的深刻影响。马克思指出,大工业控制了商业,使一切资本都转变为工业资本,从而导致"大工业通过普遍的竞争迫使所有个人的全部精力处于高度紧张状态"[3]。这里的普遍竞争既有交换领域的竞争,也在根本上反映为生产领域的生产力竞争,即直接生产领域中工人的劳动强度不断加强:这一方面是拜比吉所描述的按分工原则对工人的劳动时间的全面占有所造成的,另一方面是

1　〔日〕广松涉编注:《文献学语境中的〈德意志意识形态〉》,彭曦译,南京大学出版社2005年版,第112页。

2　同上。

3　同上。

尤尔所描述的在现代工厂中工人必须完全从属于机器体系的速率和节奏所造成的。而在马克思看来,这些既展现了大工业所产生的巨大生产力,也表明资本主义私有制对生产力的钳制和对人的能力发展的破坏,亦即生产力与交往形式的内在矛盾。

三、重新理解生产力与交往形式的内在矛盾:基于隐性的工艺学视角

基于上述以分工、生产力和所有制为线索对人类社会历史上不同所有制形式的历史性分析,马克思深刻地看到,一切历史冲突的根源都在于生产力与交往形式的矛盾,即一定的交往形式不再与一定的生产力相适应而成为生产力发展的桎梏。

过去我们通常以马克思自《共产党宣言》到《资本论》及其手稿中所指认的生产过剩和经济危机作为这种矛盾的客观表征,并以此来理解《形态》中的"生产力与交往形式的矛盾"。但实际上,在《形态》中,每当马克思在指认生产力与交往形式的矛盾即交往形式成为生产力发展的桎梏时,他都没有提及生产过剩和经济危机——值得注意的是,马克思在《曼彻斯特笔记》中已经通过图克和威德等经济学家认真研究了生产过剩和经济危机问题[1],但在《形态》中马克思并未充分利用这一资源,而只是在第二卷中着手批判格律恩的"生产和消费相等同"观点时提到了生产过剩和危机问题。这表明,将后来马克思对于生产力与生产关系的矛盾的理解范式直接套用到《形态》时期的马克思的观点是非法的。同时,

---

1　参见《马克思和恩格斯的〈曼彻斯特笔记〉的科学价值——〈马克思恩格斯全集〉历史考证版第 4 部分第 4 卷前言》,《马克思主义研究资料(第 3 卷):经济学笔记研究 I》,中央编译出版社 2013 年版,第 207—251 页。

这意味着马克思对于生产力与交往形式（或生产关系）的矛盾的理解存在一种思想上的逻辑转变。

那么，应该如何理解马克思在这里所说的生产力和交往形式的"矛盾"呢？在我看来，这需要从此时马克思对生产力的双重内涵的理解入手。马克思指出："生产力（Produktivkraft）在其发展的过程中达到这样的阶段，在这个阶段上产生出来的生产力（Produktionskraft）和交往手段在现存关系下只能带来灾难，这种生产力（Produktionskraft）已经不是生产的力量，而是破坏的力量（机器和货币）。"[1] 这里，马克思有意区分了两种生产力的内涵，并采用了两种不同的写法：形容词性的"Produktivkraft"[2] 是从社会历史发展角度所标识的物质生产中蕴含的创造性的革命性的力量——这也正是加斯帕兰、拜比吉、尤尔所描述的现代工业生产所彰显出来的变革性力量，也是在《评李斯特》《提纲》《形态》中所贯穿的作为"历史性的人的能力发展"的生产力线索。而名词性的"Produktionskraft"则是指在特定历史条件下与一定的交往形式处于矛盾中的、阻碍人的能力发展的生产力——加斯帕兰特别是拜比吉和尤尔以及李嘉图社会主义者和欧文等人所描述的分工和机器生产对无产阶级的巨大危害，为马克思的这一思考提供了重要材料。譬如说，马克思在批判分工对人的外在统治时指出，分工的固定化使人局限于特殊的强制的范围内，而且，为分工所制约的许多个人通过共同活动所生成的社会力量并不是个人自愿产生的

1　［日］广松涉编注：《文献学语境中的〈德意志意识形态〉》，彭曦译，南京大学出版社2005年版，第44页。
2　参见张福公：《青年马克思的生产力概念及其哲学意义再探》，《哲学动态》2016年第5期。

力量,而是"某种异己的、在他们之外的强制力量"[1]。而在这里,马克思特别指认这种破坏的力量就是机器和货币。在我看来,这里的"机器"应是指机器大工业,而货币应是指自由竞争,也就是说,在自由竞争中的机器大生产构成了一种破坏的力量,用马克思的话来说就是"[大工业]造成了大量的生[产]力(Produktivkräfte),对于这些生产力来说,私[有制]成了它们发展的桎梏"[2],其具体表现就是"这些生产力(Produktivkräfte)在私有制的统治下,只获得了片面的发展,对大多数人来说成了破坏的力量,而许多这样的生产力在私有制下根本得不到利用"[3];"大工业不仅使工人与资本家的关系,而且使劳动本身都成为工人所不堪忍受的东西",甚至"没有卷入大工业的工人,被大工业置于比在大工业中做工的工人更糟的生活境遇"[4]。总之,劳动"已经失去了任何自主活动的假象,而且只能用摧残生命的方式来维持他们的生命"[5]。因此,马克思在这里所说的生产力和交往形式的内在矛盾并不是生产过剩和经济危机,而是资本主义私有制下生产力对人类生存和发展的破坏与桎梏——这绝不是一种哲学人本学的价值悬设,而是充分体现了马克思的科学世界观对人类生存发展的终极关怀。因此,我们可以说,马克思在工艺学研究中所体认到的机器大工业的双重社会效应成为他此时理解生产力以及生产力与交往形式之矛盾表征的重要理论坐标。

1　[日]广松涉编注:《文献学语境中的〈德意志意识形态〉》,彭曦译,南京大学出版社2005年版,第36页。

2　同上书,第112页。

3　同上书,第114页。

4　同上。

5　同上书,第140—142页。

四、唯物史观视域下阶级斗争理论的初步建构

我们知道,马克思探索人类历史发展规律、创立历史唯物主义的根本目的就在于为探寻无产阶级革命的胜利、追求全人类的解放与共产主义的实现提供科学的理论指导。因此,马克思的历史唯物主义与阶级斗争理论是内在一致的,而决不是像科莱蒂所臆造的客观公式和主观公式的绝对对立。在《形态》中,马克思基于对资产阶级社会中生产力与交往关系的内在矛盾和机器大工业的历史发展的认识初步建构起科学的阶级斗争理论。

马克思在梳理以分工为线索的历史发展时多次强调,分工包含了人类历史性生存的一切矛盾,因此若要消除这些矛盾,就必须消灭分工。譬如,分工造成不平等分配,于是产生私有制;分工造成个人利益与公众福利的矛盾,从而产生国家这种虚假共同体,使个人从属于不同的等级或阶级;分工导致外在的、异己的强制力量对个人的统治和奴役。因此,要想实现人的全面解放就必须消灭私有制、消灭分工。我们知道,马克思在《1844 年手稿》中就基于分工的异化后果而提出消灭分工的处理路径,但当时他主要是在人本主义异化批判逻辑下提出的。而此时马克思则基于对现实历史发展中无产阶级生存困境的深切洞察而重申了消灭分工的主张。与此前不同的是,马克思从唯物史观的角度更深刻地指出:"个人力量(诸关系)由于分工而转化为物象的力量这一现象,不能靠人们从头脑里抛开关于这一现象的一般观念的办法来消灭,而是只能靠个人重新驾驭这些物象的力量,靠消灭分工的办

法来消灭。"[1] 只有借助现实的物质生产发展才能真正消灭分工。正是在这一视域下,马克思集中探讨了**大工业为无产阶级革命和人类解放所创造的阶级主体和物质基础**。这一思路已完全超越了《1844年手稿》中通过私有财产即人的自我异化的积极扬弃来实现共产主义的人本主义逻辑,而在一定程度上受到加斯帕兰、布雷关于机器大工业为人的解放提供现实基础的观点的深刻影响,也是对从《评李斯特》中"工业蕴含着消灭它自身的力量"和"通过社会的物质活动来废除'劳动'"到《提纲》中革命的批判的实践观和"改变世界"的根本目标的进一步理论推演。

第一,**大工业创造了推翻资产阶级统治的世界性革命主体即无产阶级**。他指出,生产力与交往形式的矛盾"每一次都不免要爆发革命"[2]。而在资本主义大工业阶段,革命的导火索便是大工业在促进"生产力的巨大增长和高度发展"的同时使劳动成为一种不堪忍受的力量,使"人类的大多数变成完全'没有财产的'人"[3],于是便产生了革命的无产阶级。而且,由于无产阶级无论在哪个国家,都会遭受同样的厄运,因此无产阶级又是世界性的革命阶级,即"大工业却创造了这样一个阶级,这个阶级在所有的民族中都具有同样的利益,在它那里民族的独特性已消灭,这是一个真正同整个旧世界脱离而同时又与之对立的阶级"[4]。而生产力的巨大增长和普遍发展是这一过程的重要前提,因为"只有随着生产力的这种普遍发展,人们的普遍交往才能建立起来……可以产生一切民族中同时都存在着'没有财产的'群众这一现象(普遍竞争),使每

---

1 〔日〕广松涉编注:《文献学语境中的〈德意志意识形态〉》,彭曦译,南京大学出版社2005年版,第120页。

2 同上书,第114页。

3 同上书,第37页。

4 同上书,第114页。

一民族都依赖于其他民族的变革；最后，地域性的个人为世界历史性的、经验上普遍的个人所代替"[1]。马克思在《评李斯特》中也表达了同样的观点："工人的民族性不是法国的、不是英国的、不是德国的民族性，而是劳动、自由的奴隶制、自我售卖。他的政府不是法国的、不是英国的、不是德国的政府，而是资本。"[2] 总之，机器大工业的生产力与交往形式的尖锐矛盾产生了战斗的世界性的革命主体即无产阶级。

第二，**大工业为无产阶级革命提供了物质基础和现实手段，使共产主义运动获得世界历史性的意义**。首先无产阶级革命必须建立在生产力的普遍发展与巨大增长所带来的极其丰裕的社会物质财富基础之上，否则会重新陷入普遍化的贫穷之中，"而在极端贫穷的情况下，必须重新开始争取必需品的斗争，全部陈腐污浊的东西又要死灰复燃"[3]。在某种程度上，这是对欧文和李嘉图社会主义者所主张的通过借助和利用物质生产力的发展来实现共产主义的思想的继承与发展，同时又彻底抛弃了空想社会主义思想中的改良主义尾巴。而生产力的普遍发展建立起人类的普遍交往或世界交往，促使无产阶级成为世界历史性存在，各民族的无产阶级革命相互依赖，从而消除了共产主义的地域性和狭隘性，因为"共产主义只有作为占统治地位的各民族'一下子'而且同时发生的行动，在经验上才是可能的"[4]。因此，"无产阶级只有在世界历史意义上才能存在，就像无产阶级的事业——共产主义只有作为'世界历史性的'存在才有可能实现一样。而各个人的世界历史性的存

1　《马克思恩格斯文集》第 1 卷，人民出版社 2009 年版，第 538 页。
2　《马克思恩格斯全集》第 42 卷，人民出版社 1979 年版，第 256 页。
3　[日]广松涉编注：《文献学语境中的〈德意志意识形态〉》，彭曦译，南京大学出版社 2005 年版，第 37 页。
4　同上书，第 39 页。

在,也就是与世界历史直接相联系的各个人的存在"[1]。这里,马克思不仅为从大工业中引出人类解放的思路提供了科学可行的理论指导,而且将人类解放的历史使命真正赋予了无产阶级,从根本上破除了资产阶级工艺学家只是在资本主义生产关系下依赖生产力的发展来寻求人类解放的意识形态幻象,同时也超越了空想社会主义构想中的不彻底性和乌托邦色彩。

综上所述,马克思在《形态》中初步建构起了历史唯物主义的基本原理,特别是初步确立了科学的生产力概念,基于生产力的双重内涵确立了生产力与交往形式之内在矛盾的特定内涵,以分工为主导线索初步梳理了资产阶级现代私有制及其生产方式的历史形成和基本特征,并由此建立起探究消灭分工、实现无产阶级革命和共产主义胜利的阶级斗争理论。而在这一哲学革命的建构过程中,除了我们比较熟知的政治经济学的理论背景之外,还可以看到马克思在《布鲁塞尔笔记》中的工艺学研究、《曼彻斯特笔记》中对欧文和李嘉图派社会主义者的研究以及同时代的舒尔茨、赫斯、李斯特等人的思想对其新世界观建构的重要影响。

当然,此时马克思的思想建构中仍然存在理论局限性,这主要体现在以下几个方面:一是马克思对人类社会历史发展阶段的历史性梳理主要是以分工和所有制为线索展开的,特别是对资产阶级现代私有制和资本主义生产方式(工场手工业和机器大工业)的认识仍然停留在分工和交换关系层面,还没有真正深入直接生产过程,因而对于资本主义生产方式的历史起源和基本特征的认识还是零散的和片面的,特别是他的分析视域还主要停留在交往、市

1　［日］广松涉编注:《文献学语境中的〈德意志意识形态〉》,彭曦译,南京大学出版社2005年版,第39页。

场等外部因素层面。二是在分工问题上,马克思延续了斯密以来的"泛分工论"的错误,尚未科学区分工场内部分工和社会分工,这也导致马克思无法辨识资本主义工场手工业的资本主义生产关系特性。因此,马克思所主张的消灭分工还是比较模糊的概念,实际上,他试图消灭的主要是社会分工的固定化和专业化,以及与之相应的私有制和等级制。但社会分工作为一种社会历史发展的客观现象是无法彻底消灭的,能够消除或改变的只能是在特定历史阶段占主导地位的工场手工业分工,而这种超越已经由机器大生产所代表的生产方式的变革部分地实现了。对此,尤尔已经明确而直接地予以阐明。而此时马克思还未充分认识这一点。三是在生产力与交往形式的内在矛盾问题上,此时马克思主要是从资本主义机器大工业所突显出来的分工、自由竞争体系和机器大生产对于人的能力发展的破坏性作用角度来把握的。这一方面彰显了马克思的历史唯物主义的根本人文关怀和价值追求,即寻求全人类的解放和每个人的自由全面的发展;另一方面,如果马克思的思想仅仅停留在人的能力发展层面,就难免带有人本主义的尾巴。譬如说,此时马克思对待分工问题的理路仍带有异化批判逻辑的色彩;又如,马克思强调无产阶级革命爆发的前提是大工业发展到令人无法忍受的地步,这一判断标准就带有更多的主观性,而缺乏客观的现实尺度。因此,马克思还没有真正认识资本主义生产方式的内在发展规律和客观矛盾(即生产过剩与经济危机)。实际上,在随后的《哲学的贫困》特别是《共产党宣言》中,马克思已经越来越意识到经济危机对于理解资本主义生产力和生产关系的内在矛盾及资本主义必然灭亡所具有的重要意义——当然,马克思在《共产党宣言》中是将经济危机看作资本主义生产方式的病理性特征,而到了《资本论》及其手稿中才更加深刻地认识到经济危机是资本主义生产方式的周期性生理特征。总而言之,在《形态》中的历史唯物主义一般建构中,马克思的早期工艺学研究主要发挥了隐性的理论支撑作用,这意味着他的主要理论视域还停留在分工和交换关系的层面,而要深刻揭示资本主义生产的秘密和必然灭亡的内在机制,就必须深入资本主义生产过程领域。因此,马克思的思想逻辑在随后的理论研究和探索中有待持续推进与深化。

第四章 工艺学语境中历史唯物主义的初步深化与工艺学研究的继续推进

　　1846 年 6 月,正当马克思、恩格斯忙于《德意志意识形态》手稿的撰写和修改时,蒲鲁东的《经济矛盾的体系,贫困的哲学》(以下简称《贫困的哲学》)一书出版。为了答复俄国自由派作家巴·瓦·安年科夫(又译作"安年柯夫")的来信,马克思于 1846 年 12 月读了蒲鲁东的这本书。面对蒲鲁东用蹩脚的黑格尔辩证法建构的抽象经济学范畴和体系及其在工人运动中造成的错误却深远的影响,马克思决定用刚刚确立起来的历史唯物主义方法论全面批判蒲鲁东对政治经济学的观点和方法的错误理解。正是在这一过程中,马克思一方面首次实现了历史唯物主义方法论与政治经济学的联盟[1];另一方面,马克思在批判蒲鲁东关于分工和机器的错误观点时,将理论视域从分工—交换和分配领域转向生产领域,并充分利用了早期的工艺学研究成果,从而首次实现了历史唯物主义方法论与工艺学的结合,推动历史唯物主义获得进一步深入发展。然而,1848 年欧洲革命的失败使马克思意识到自己的理论还

---

[1] 张一兵:《回到马克思:经济学语境中的哲学话语》,江苏人民出版社 2013 年版,第513 页。

不足以论证资本主义必然灭亡的内在机制。于是,马克思在1850年代再次投入更为广泛而深入的研究之中。正是在这一时期,马克思展开了第二次工艺学研究,对波佩、尤尔和贝克曼的工艺学著作做了大量摘录,同时参观了1851年在伦敦举办的世界工业博览会,并在研究政治经济学的过程中特别关注了机器应用和工业革命的历史起源与社会效应等问题。这些研究资料为马克思进一步深入把握资本主义生产方式的内在机制和根本矛盾提供了坚实的现实依据。在随后的《1857—1858年经济学手稿》中,马克思利用前两次的工艺学研究成果,初步探索了资本主义生产方式的历史起源,深刻批判了资本主义生产中资本对劳动的剥削实质。

第一节
《致安年科夫的信》中对生产力形式的历史性勘定

安年科夫在1846年11月1日致马克思的信中表达了自己对蒲鲁东《贫困的哲学》一书的看法,认为虽然他的哲学思想充满混乱,"但经济部分我觉得写得很有分量。从来还没有哪一本书能这样清楚地告诉我:文明不能拒绝它依靠分工、机器、竞争等而获得一切东西——这一切都是人类永远要争取到的东西"[1]。这使马克思意识到,为了给社会主义的理论和实践扫清道路,就必须揭露蒲鲁东的经济学思想的唯心主义实质,阐明资产阶级社会生产的

---

1 *Marx-Engels-Gesamtausgabe*, Bd. III/2, Berlin: Dietz Verlag, 1979, S. 316. 中译文转引自[苏]И. И. 科诺别耶夫斯卡娅、B. A. 斯米尔诺娃:《马克思恩格斯和巴·瓦·安年柯夫》,《马克思主义研究资料(第34卷):马克思恩格斯列宁生平与事业研究 IV》,中央编译出版社2015年版,第60页。

真实历史过程。于是,马克思从具体的历史的现实的方法论出发,对一定历史情境下的生产力及其不同形式即分工和机器进行了初步的科学勘定。

一、一定历史情境下的生产力

在 1846 年 12 月 28 日给安年科夫的回信中,马克思在批判蒲鲁东的经济学和哲学观点时,以精练的语言再次对自己刚刚确立的历史唯物主义基本原理做了概括。而且,值得注意的是,当马克思在写这封信时,正是"马克思恩格斯刚刚实现哲学变革,并在共同完成了《德意志意识形态》一书的第二卷和第一卷的大部分内容后,马克思十分艰难地写作和修改那至关重要的第一章的关键时刻"[1]。因此,可以说,这封信几乎与《形态》中的"费尔巴哈章"写于同一时期。同时,由于这是一封写给他人的书信,因而没有过多的外部牵制和束缚。同不久之后正式发表的《哲学的贫困》相比,它最有可能真实再现马克思的原初思想语境。而同"费尔巴哈章"相比,由于书信篇幅的限制,马克思又会尽力用精练的语言来表达他刚刚形成的新世界观,因此这封信又最有可能凝练地展现其科学世界观的精髓部分。这集中体现在马克思对"一定的历史情境"这一历史唯物主义科学方法论的阐释和对生产力与社会关系的历史性关联的集中表述之中。

马克思开篇就深刻指出:"蒲鲁东先生之所以给我们提供了对政治经济学的谬误批判,并不是因为他有一种可笑的哲学;而他之

1　张一兵:《回到马克思:经济学语境中的哲学话语》,江苏人民出版社 2013 年版,第493 页。

所以给我们提供了一种可笑的哲学,却是因为他不了解处于现代社会制度联结[engrènement]——如果用蒲鲁东先生像借用其他许多东西那样从傅立叶那里借用的这个名词来表示的话——关系中的现代社会制度。"[1] 也就是说,蒲鲁东在他的经济学叙述中到处漫画式地滥用黑格尔的思辨概念和辩证法,比如到处使用"普遍理性""上帝的假设"等概念,所表现出来的显性唯心史观即观念决定论在当时德国的进步思想家那里是非常容易辨识的。在马克思看来,蒲鲁东之所以能够以这种可笑的哲学来建构他的经济学,就是因为他的经济学表面上看是从社会经济发展角度来揭示人类历史发展的规律和批判资产阶级社会,但实际上他同资产阶级经济学家一样都是在非历史地使用这些经济学范畴,因此无意识地将作为历史地产生的资产阶级社会关系之反映的经济范畴永恒化了,从而陷入隐性唯心史观及其相应的资产阶级经济学意识形态之中。蒲鲁东的隐性唯心主义的根源就在于"他不了解处于现代社会制度联结关系中的现代社会制度"。而这里的联结(engrènement)关系不是固化的社会关系或结构,而是蕴含着"一定历史条件下真实存在的社会特定情境"[2]。这一思想集中体现在马克思对生产力的阐述中。

第一,社会是具体的历史的人类交互活动的产物。马克思看到,蒲鲁东的确认识到人类社会的发展和进步是在历史中实现的,但他无法理解个人与社会历史进程之间的真实关系,因此不得不求助于外在的神秘的"普遍理性"或"无人身的理性"来加以解释。对此,马克思深刻指出:"社会(la société)——不管其形式如

---

1   《马克思恩格斯全集》第 47 卷,人民出版社 2004 年版,第 439 页。
2   张一兵:《回到马克思:经济学语境中的哲学话语》,江苏人民出版社 2013 年版,第500 页。

何——是什么呢? 是人们交互活动的产物(Le Produit de l'action réciproque des hommes)。"[1] 这是马克思对"社会"概念的一般定位,以否定蒲鲁东的先验主体性规定以及它对个人与社会历史之真实关系的遮蔽。马克思进一步指出,尽管社会是人的主体性交互活动的产物,但也决不能自由地选择某一社会形式。因为"在人们的生产力发展的一定状况(un certain état)下,就会有一定的(telle)交换(commerce)和消费形式。在生产、交换和消费发展的一定阶段上,就会有相应的社会制度、相应的家庭、等级或阶级组织,一句话,就会有相应的市民社会(telle société civile)。有一定的市民社会,就会有不过是市民社会的正式表现的相应的政治国家。"[2] 从中我们可以窥见马克思新世界观的两个重要方面:一是对于"历史性"方法论原则的集中表述。马克思连续使用了八个"一定的",突出表达了历史唯物主义和历史辩证法的核心方法论原则,即"历史的现实的具体的分析原则和本质规定"[3]。二是在历史观上对社会结构层级的凝练升华。在马克思看来,作为人类交换活动之产物的社会并不是一种无序的僵化的总和,而是一种历史性的结构性的有序总体,即生产力—生产、交换、消费—市民社会(社会制度、家庭、等级或阶级组织)—政治国家的社会历史性序列结构。当然,这是马克思对当时所能掌握到的私有制社会历史发展的一种理论剖析,因为限于当时的人类学、历史学研究水平,知识界对人类社会历史状况的描述都带有推测的性质,比如苏格兰启蒙学派的推测史观,又如在摩尔根的《古代社会》出版之前

---

1 《马克思恩格斯全集》第 47 卷,人民出版社 2004 年版,第 440 页。
2 同上书,第 440 页。
3 张一兵:《回到马克思:经济学语境中的哲学话语》,江苏人民出版社 2013 年版,第 502 页。

人们根本不知道人类早期的原始部落真实生活状况。因此，马克思对于上述历史规律的理论抽象主要基于当时所掌握的私有制社会发展的历史情况。同时，这里马克思使用了有别于 la société bourgeoise（资产阶级社会）的 la société civile（市民社会）。马克思在此信中五次使用这一术语。而且，马克思是从"社会制度、家庭、等级或阶级组织"角度来理解市民社会（la société civile）的，因此，这里的 la société civile 显然不是社会经济关系意义上的特定的现代市民社会，而是存在于整个私有制历史阶段的一般社会组织关系意义上的市民社会——这同《形态》中马克思对于市民社会概念的两个层面的理解是一致的。[1] 总之，马克思对社会的历史性结构层级关系的一般描述，为接下来深刻揭示经济范畴的历史性和暂时性奠定了逻辑前提和理论基础。而在人类社会历史发展过程中，生产力在社会结构层级中始终处于基础决定性地位。

第二，生产力在社会历史发展中的基础性地位。马克思指出，尽管社会是人类交互活动的产物，但这决不意味着社会是以人的意志为转移的，事实上，人们决不能"自由选择某一社会形式"[2]。这首先是因为"人们不能自由选择自己的生产力"，因为生产力是"一种既得的力量，是以往的活动的产物"[3]。也就是说，一方面"生产力是人们应用能力的结果"[4]，或者说，生产力是人类能力的发挥和发展的标志——这一规定是与自《评李斯特》到《形态》的观点相一致的；另一方面，生产力或人类能力的发展同样不以人的意志为转移，而是"决定于人们所处的条件，决定于先前已经获得的

1　［日］广松涉编注：《文献学语境中的〈德意志意识形态〉》，彭曦译，南京大学出版社 2005 年版，第 146 页。"大束手稿"第"{91}a＝［68］"页。

2　《马克思恩格斯全集》第 47 卷，人民出版社 2004 年版，第 440 页。

3　同上。

4　同上。

生产力,决定于在他们以前已经存在、不是由他们创立而是由前一代人创立的社会形式"[1]。因此,"后来的每一代人都得到前一代人已经取得的生产力并当作原料来为自己新的生产服务,由于这一简单的事实,就形成人们的历史中的联系,就形成人类的历史,这个历史随着人们的生产力以及人们的社会关系的愈益发展而愈益成为人类的历史"[2]。由此,马克思得出结论:"人们的社会历史始终只是他们的个体发展的历史,而不管他们是否意识到这一点。他们的物质关系形成他们的一切关系的基础。这种物质关系不过是他们的物质的和个体的活动所借以实现的必然形式罢了。"[3]也就是说,现实个体的发展同社会历史的发展是内在一致的,并不是古典政治经济学家和蒲鲁东所展现和困惑的那种疏离和无奈。这集中体现在"人们永远不会放弃他们已经获得的东西,然而这并不是说,他们永远不会放弃他们在其中获得一定生产力的那种社会形式。恰恰相反。为了不致丧失已经取得的成果,为了不致失掉文明的果实,人们在他们的交往[commerce]方式不再适合于既得的生产力时,就不得不改变他们继承下来的一切社会形式"[4]。当一定的交往方式或社会形式不再适合一定的生产力(既得生产力的保存和发展)时,人们就会以激烈的革命方式打破旧的交往方式,促进生产力及与其相适应的新的经济关系的发展,比如近代英国1640年和1688年的两次革命。这里,马克思旨在表明:"人们借以进行生产、消费和交换的经济形式是暂时的和历史性的(transitoires et historiques)形式。随着新的生产力的获得,人们

---

1 《马克思恩格斯全集》第47卷,人民出版社2004年版,第440页。

2 同上。

3 同上。

4 同上书,第440—441页。

便改变自己的生产方式(leur mode de production),而随着生产方式的改变,他们便改变所有不过是这一特定生产方式的必然关系的经济关系。"[1]由此,马克思进一步批评道,蒲鲁东对经济范畴的抽象理解实际上陷入了资产阶级经济学的非历史性的意识形态之中,即"蒲鲁东先生主要是由于缺乏历史知识而没有看到:人们在发展其生产力时,即在生活时,也发展着一定的相互关系;这些关系的性质必然随着这些生产力的改变和发展而改变。他没有看到:经济范畴只是这些现实关系的抽象,它们仅仅在这些关系存在的时候才是真实的。这样他就陷入了资产阶级经济学家的错误之中,这些经济学家把这些经济范畴看做永恒的规律,而不是看做历史性的规律——只是适于一定的历史发展阶段、一定的生产力发展阶段的规律"[2],"蒲鲁东先生很清楚地了解,人们生产呢子、麻布、丝绸——了解这么点东西确是一个大功劳!可是,蒲鲁东先生不了解,人们还按照自己的生产力而生产出他们在其中生产呢子和麻布的社会关系。蒲鲁东先生更不了解,适应自己的物质生产水平而生产出社会关系的人,也生产出各种观念、范畴,即恰恰是这些社会关系的抽象的、观念的表现。所以,范畴也和它们所表现的关系一样不是永恒的。它们是历史性的和暂时的产物(des produits historiques et transitoires)"[3]。

总之,马克思在此处对历史唯物主义基本原理做了集中表述,即社会发展的历史性结构层级及生产力具有基础决定性作用。正因为如此,当交往方式或社会形式(社会关系)不再适合新的生产力时,就会通过革命的方式被新的社会形式替代,而作为一定社会

1　《马克思恩格斯全集》第47卷,人民出版社2004年版,第441页。
2　同上书,第444—445页。
3　同上书,第447页。

形式或社会关系之反映的观念和范畴也会随之相应发生变化。因此，人类社会历史在根本上是历史的、暂时的，因而是不断向前发展的，而人类历史的发展就是现实个人的发展。在这个意义上，马克思真正继承和发展了黑格尔辩证法的革命性的方面，即一切社会存在都有其历史相对性和暂时性。

二、一定历史情境中的分工

马克思在确立了历史唯物主义方法论的"一定的、历史的、暂时的"原则之后，专门对蒲鲁东关于分工和机器概念的抽象理解做了初步批判，从中可以看到马克思此时对分工和机器所代表的两种生产力形式的新的认识。我们同样可以窥见，马克思的工艺学研究为这一批判提供的隐性理论支撑。我们先从分工开始。

马克思批评道，蒲鲁东对分工的理解，因为脱离分工发展的现实历史过程而沦为简单抽象的"永恒规律"。马克思主要从三个方面对其加以批判：

第一，蒲鲁东忽视了现实社会历史中不同种类的分工。马克思指出："难道等级制度不是某种分工吗？难道行会制度不是另一种分工吗？""难道各族人民的整个内部组织、他们的一切国际关系不都是某种分工的表现吗？难道这一切不是一定要随着分工的改变而改变吗？""蒲鲁东先生竟如此不懂得分工问题，甚至没有提到例如在德国从 9—12 世纪发生的城市和乡村的分离。"[1]也就是说，在马克思看来，在人类社会历史发展中，在不同的社会结构层级和世界时空范围中存在着不同类型的分工形式，比如在一定社

1　《马克思恩格斯全集》第 47 卷，人民出版社 2004 年版，第 442 页。

会时空中作为不同政治经济制度的等级制度和行会制度,各民族内部的组织分工和国际分工,某一民族国家在一定时空中的城乡分工等。正是各种分工的差异构成了人类社会历史的复杂性和丰富性。

第二,蒲鲁东忽视了分工发展的历史性差异及其现实历史背景。马克思反问道:"难道在英国开始于 17 世纪中叶而结束于 18 世纪末叶的工场手工业时期的分工不是又和现代大工业中的分工截然不同吗?"[1]这表明,马克思已开始认识到工场手工业时期的分工同机器大工业时期的分工的历史差异性,而正如上面我们提到的,除了斯密对工场手工业分工的描述,拜比吉和尤尔关于工场手工业分工和现代大工业分工的描述也为马克思提供了更加丰富的工艺学材料。马克思进一步指出,蒲鲁东抽象地谈论分工而没有联系它发展的现实背景,如世界市场,即以世界市场的发展为标志的经济关系的发展构成了不同历史时期的分工的现实背景。例如,马克思反问道:"难道 14 世纪和 15 世纪的分工,即在还没有殖民地、美洲对欧洲说来还不存在以及同东亚来往只有通过君士坦丁堡的那个时代的分工,不是一定同已存在有充分发展的殖民地的 17 世纪时的分工有根本的不同吗?"[2]

第三,基于以上错误,马克思强调,蒲鲁东对分工的理解"最多不过是亚当·斯密和其他成百上千的人在他以前说过的东西的归纳,并且是个很表面、很不完备的归纳"[3]。而马克思对蒲鲁东的分工思想来源的判断和批判也从侧面表明,马克思对分工理论史的掌握更加丰富,从而指认出蒲鲁东只是对斯密和在他自己之前

---

1 《马克思恩格斯全集》第 47 卷,人民出版社 2004 年版,第 442 页。

2 同上。

3 同上。

重读马克思:工艺学语境中的哲学话语

的思想家的分工观点的表面理解，而不了解分工的全面内容，更不了解最新近的机器大工业中的分工——这正是拜比吉和尤尔向马克思提供的材料。更重要的是，蒲鲁东不了解分工的现实来源与发展，因此，他对分工的理解只是流于理论上的片面归纳，因而只是一个抽象范畴。

从马克思对蒲鲁东的批判来看，此时马克思对分工的理解仍然延续了《形态》的"费尔巴哈章"中对分工的认识思路，即主要从社会分工的层面来谈论分工，还没有真正将两种分工区分开来。但有所不同的是，由于批判对象的原因，马克思在这里更加关注的是分工的历史性差异，即分工的一定的历史情境性。可以说，这是对《形态》中从分工—生产力—所有制形式的历史性梳理的一种理论凝练和提升。在我看来，正是对分工的历史性差异的方法论自觉，才促使马克思在随后的《哲学的贫困》中对特定的工场手工业分工和一般社会分工做出初步区分。

三、一定社会条件中的机器发明

在蒲鲁东的经济范畴矛盾体系中，分工的矛盾导致机器的产生和应用，用马克思的话来说就是"在蒲鲁东先生那里，分工和机器间的联系是十分神秘的"[1]。这种神秘就在于蒲鲁东只是从一般分工的角度来抽象地理解机器的形成与发展，这实际上只是对斯密的分工—机器逻辑的思辨化和神秘化，而不了解机器产生的具体的历史的现实过程。对此，马克思从以下几个方面进行了批判。

第一，分工与工具的形成和发展具有密切关系。马克思指出：

1　《马克思恩格斯全集》第47卷，人民出版社2004年版，第443页。

"每一种分工都有其特殊的生产工具。例如,从17世纪中叶到18世纪中叶,人们并不是一切工作都用双手来做。他们已有了工具,而且是很复杂的工具,如车床、帆船、杠杆等等。"[1] 显然,马克思指认了分工与工具的密切关系,他试图从历史的角度表明,机器的产生是与分工和工具紧密联系的。因为马克思这里所说的作为"复杂的工具"的车床、帆船已是机器。因此,马克思认为,蒲鲁东只从一般分工的角度理解机器是荒谬的,即"由此可见,把机器的产生看做一般分工的结果,是再可笑不过了"[2]。联系《布鲁塞尔笔记》中马克思对拜比吉机器定义的摘录,我们可以说,此时马克思试图从分工和工具角度来理解机器产生的思路在一定程度上是受了拜比吉的影响,不过此时马克思还未借助拜比吉的观点对机器进行明确定义。而后一点是在《哲学的贫困》中完成的。同时,请注意,马克思将"车床、帆船、杠杆"都看作"复杂的工具"这一点表明,马克思此时还未将工具和机器严格界划开来,而这一定程度上也是受拜比吉的影响。如前所述,拜比吉正是从繁简程度和动力类型角度来区分工具和机器的,而马克思后来指出这种区分是没有意义的,它并未揭示机器的本质特征和社会历史意义。

第二,一定历史情境下的机器的产生和发展。针对蒲鲁东从经济范畴的进化角度来抽象地阐述机器的形成与发展,马克思批评蒲鲁东既不懂得机器产生的历史,更不懂得机器发展的历史。因为机器的产生和发展史在不同的历史时空中有着不同的现实进程。具体来说,在1825年第一次经济危机以前,"机器的发展是市场需求的必然结果"[3]。这是马克思继《布鲁塞尔笔记》中对图克、

1　《马克思恩格斯全集》第47卷,人民出版社2004年版,第443页。
2　同上。
3　同上。

威德的生产过剩和经济危机理论进行摘录之后第一次自觉将其应用于对机器问题的分析。而在1825年之后,机器的产生和应用主要是阶级斗争的结果,即"机器的发明和运用只是雇主和工人之间斗争的结果"[1],譬如英国。显然,尤尔、拜比吉关于英国资产阶级和无产阶级围绕机器展开的斗争的描述为此时马克思的思考提供了重要现实材料。而在欧陆和北美却又有着不同的现实状况,对前者来说,"英国在它们的国内市场和世界市场上的竞争"迫使欧陆国家使用机器。而在北美,世界市场的竞争和人手的不足共同导致机器的引进。可见,机器在不同国家地区的出现和使用都有着具体的历史的现实的原因,并且是以不同的方式实现的,比如在工业革命迅速发展的英国,机器的产生和使用有赖于阶级斗争导致的机器发明,而相对落后的欧陆和北美则是由于世界市场的竞争而被迫引进机器。因此,蒲鲁东以分工—机器—竞争的序列来把握现实的经济过程则是完全脱离历史事实的。

第三,机器不是经济范畴,机器本身同机器的使用方式有着本质差异。针对蒲鲁东将机器同分工、竞争、信贷等都列为经济范畴,马克思尖锐地批判道:"这根本就是极其荒谬的。"[2]因为"机器不是经济范畴,正像拉犁的牛不是经济范畴一样。现代运用机器一事是我们的现代经济制度的关系之一,但是利用机器的方式和机器本身完全是两回事。火药无论是用来伤害一个人,或者是用来给这个人医治创伤,它终究还是火药"[3]。从中我们可以得出以下结论:(1)在马克思看来,机器同拉犁的牛一样不是经济范畴,而是物质生产力。这里的"经济范畴"可理解为经济关系或生产关

---

1 《马克思恩格斯全集》第47卷,人民出版社2004年版,第443页。

2 同上。

3 同上。

系。而当马克思强调机器是一种生产力时,是从生产力的物质形式角度来加以规定的。(2)严格界划了机器与机器的使用方式。马克思认识到,机器的资本主义应用不是别的原因造成的,这恰恰是现代社会经济制度的结果,即资本主义私有制或资本主义生产关系的结果。但是,使用机器的这种方式同机器本身是不同的,也就是说,机器的物理性能和功用是自身所具有的,不以社会关系的变化为转移,比如火药的物理性质和功用是中立的,但使用目的和方式不同就会造成不同的结果。这里,马克思延续了自《评李斯特》以来将工业与工业所处的资本主义私有制区分开来的思路,以表明作为物质生产力的机器的中立地位。这既是对机器与资本主义私有制的历史性关系的准确提炼,也为正确认识机器(生产力)的社会历史地位及其消灭资本主义制度的重要意义提供了科学的世界观和方法论支撑。而这也是对布雷的相应观点的进一步科学阐发。蒲鲁东是无法达到这一理论深度的,他只是用抽象的平等观念来发明和推演分工、机器等的进化过程,实际上这一分析对现实社会历史状况没有任何作用。

总之,马克思基于确立的历史唯物主义方法论的一定历史情境性原则,力图通过揭示分工、机器的现实历史内容来反对蒲鲁东的抽象思辨理解。从方法论和历史观角度来看,马克思已实现对蒲鲁东抽象观点的超越,但是,由于马克思自身的经济学、工艺学知识的局限和思想发展水平的制约,马克思在分工、机器问题上还存在这一时期未克服的固有缺陷,比如泛分工论、尚未严格区分机器和工具(泛工具论)等等。而这些问题,将在接下来的《哲学的贫困》中获得有力推进。

第二节

《哲学的贫困》中对资本主义生产过程的初识

众所周知,《哲学的贫困》在马克思主义发展史上占有举足轻重的地位。对此,我们通常是在政治经济学语境下勘定这一文本的理论地位的,即马克思从历史唯物主义视域出发,借助李嘉图的劳动价值论及其阶级斗争意蕴[1],深刻批判了蒲鲁东的唯心主义方法论与政治经济学,并将历史唯物主义的理论视域从分工和交换层面推进到不平等分配和阶级对抗层面,从而首次实现了历史唯物主义与政治经济学的联盟[2]。这构成了该文本的显性叙事逻辑。但同样值得注意的是,马克思在批判蒲鲁东的分工和机器理论的过程中,其理论视域实现了从交换和分配领域向资本主义生产领域的重要转变,并借助早期的工艺学研究初步剖析了资本主义生产方式的历史缘起和基本特征,初步克服了"泛分工论"等理论缺陷,从而实现了历史唯物主义与工艺学的初次联盟。这既构成了该文本的隐性叙事逻辑,也开启了马克思探究资本主义生产内在机制的新征程,因而成为他从广义历史唯物主义向狭义历史唯物主义过渡的重要转折点。因此,基于工艺学语境重新审视马克思对蒲鲁东的批判及其理论得失,不仅有助于我们深入理解马克思历史唯物主义建构和政治经济学批判的逻辑进程,而且有助

1　参见唐正东:《从斯密到马克思:经济哲学方法的历史性诠释》,江苏人民出版社 2009 年版,第 366—367 页。

2　参见张一兵:《回到马克思:经济学语境中的哲学话语》,江苏人民出版社 2013 年版,第 513 页。

于我们准确把握这一文本在马克思思想发展史中的理论地位。

一、蒲鲁东的唯心主义分工和机器理论

1. 蒲鲁东的唯心主义二元论

蒲鲁东的方法论可看作一种唯心主义二元论。蒲鲁东指出，他在叙述方法上采取的是现实和观念并行发展的方法。因为在他看来，社会的现实发展过程与理性的观念演绎过程是绝对一致的，社会的现实发展规律在观念上的反映就是二律背反。二律背反的宗旨就是揭示出社会现实既有坏的方面，又有好的方面。而为了协调和解决二律背反问题，社会就创造出第二个二律背反，以此类推，以致解决所有矛盾，从而形成统一的公式来解决一切问题。具体来说，社会经济的发展就表现为经济范畴的矛盾演化谱系，即分工—机器—竞争—垄断—警察或捐税。蒲鲁东特别强调："我们要叙述的并不是那种符合时间顺序的历史，而是一种符合观念顺序的历史。各个经济阶段或经济范畴有时是同时出现，有时又先后颠倒。"[1] 他自豪地表示："经济学家历来总是感到很难把自己的观念系统化，从而他们的著作也就总是杂乱无章……经济理论有它自己的逻辑顺序和理性系列。我高兴的是，这种顺序和系列已经被我所发现，从而，我这本书也就既成为一部哲学著作，又成为一部历史著作。"[2] 因为"人类的事实是人类观念的化身；所以，研究社会经济的规律就是创立有关理性规律的理论，就是创立哲

1　[法]蒲鲁东：《贫困的哲学》，余叔通、王雪华译，商务印书馆 2010 年版，第 177 页。
2　同上。

学。"[1] 尽管蒲鲁东自诩他的理论巧妙地避免了被指责为唯物主义或唯心主义,但实际上他的整个方法论存在明显的双重唯心主义缺陷,即显性的观念决定论和隐性的唯心史观,从而沦为一种以肤浅的"辩证法"任意裁剪历史事实的混合物。这在他的分工理论和机器理论中能够明显地看到。

2. 蒲鲁东的抽象分工理论

蒲鲁东将分工设定为经济矛盾进化的第一个时期。一开始,蒲鲁东就提出一个目的论式的设定,即平等是人类唯一的原则和理想。原始公社中的平等是一种消极平等,即赤身裸体、野蛮无知的平等和拥有潜在的无限智能的平等。而进入文明社会的平等则是才能与知识上的积极平等。因此,人类社会的普遍进步就在于从消极平等进入积极平等。而"智能活动是和经济活动平行地进行的,它们彼此互为表里,互作解释;心理学与社会经济学是相一致的,说得确切一点,就是它们是从不同的角度来展示同一部历史。这一点在亚当·斯密所发现的关于分工的重要规律中尤为明显"[2]。也就是说,人类的智力才能上的平等是同分工规律相一致的,或者说,体现在分工对人类社会进步的双重意义中。

首先,分工对人类社会进步的积极意义在于:"分工既是经济进化的第一个阶段,也是智能发展的第一个阶段"[3],"从本质上说,分工是实现生活条件平等和知识平等的方式。分工使职业多样化,产生产品的比例和交换的平衡,从而为我们打开通向财富的道路;同时,它在工艺和自然的各个领域为我们开辟无限的前景,

---

1 [法]蒲鲁东:《贫困的哲学》,余叔通、王雪华译,商务印书馆 2010 年版,第 167 页。
2 同上书,第 128 页。
3 同上。

从而引导我们把自己的一切活动理想化,使我们的智慧具有创造性,也就是说,使我们的智慧变成神明本身……"[1]

其次,分工又具有二律背反的否定方面,具体表现在:第一,分工在创造财富和知识的同时也产生了贫困和愚昧,即"财富增长与劳动者熟练程度提高的首要原因",也是"造成精神衰退和文化贫乏的首要原因"[2],这就导致财富和知识的不平等,从而产生种姓制度和等级制度,导致统治阶级和无产阶级的对抗。第二,分工对工人造成严重危害,即(1)分工败坏人们的灵魂、使工人的智能衰退。工人的劳动变成牺畜般的劳动,而这是由社会和自然的必然性所决定的。(2)分工带来的工业进步使脑力劳动时间缩短,使体力劳动时间延长。(3)当工作日的延长受工人的生理条件制约而停止时,就会导致工资下降。(4)分工导致人的能力和职业的专门化和片面化,百科全书式的饱学之士不复存在[3]。

基于以上对分工的矛盾性的认识,蒲鲁东批判政治经济学虽然提到分工的两重性,却过分强调分工的积极方面而忽视了它的消极方面,反而将分工宣布为科学的和不可避免的现实。从一般意义上来说,蒲鲁东的批判是对的,但他随后给出的答案并未向前推进半步。因为他得出的结论是:"政治经济学是社会自发性的产物,是神明意志的表现,因此我可以说:上帝是反对人类的,他是愤世嫉俗的"[4],"经验证明,劳动者一出母胎,就注定必须蒙受苦难;任何政治改革,任何劳资联合,以及任何慈善救济或教育方面的努

1　[法]蒲鲁东:《贫困的哲学》,余叔通、王雪华译,商务印书馆2010年版,第128页。
2　同上书,第130页。
3　同上书,第136—137页。
4　同上书,第132页。

力,都无从拯救他们"[1],"无产阶级的苦难完全出自天意"[2]。也就是说,蒲鲁东将分工造成的弊害归结为神秘的必然性,并由此批判了当时以布朗基、舍伐利埃、罗西等人为代表的法国社会主义思想家提出的种种改革方案。最后,蒲鲁东认为"除非改组劳动,消灭分工的弊病,同时又保留它的有益作用,否则,分工原则所固有的矛盾是无法补救的"[3],并预言"劳动在专业化之后迟早终将进入综合化"[4]。这种综合化就是分工的二律背反所必然产生的机器,于是蒲鲁东进入经济矛盾进化的第二个阶段。

3. 蒲鲁东的抽象机器理论

蒲鲁东认为:"工业是在与分工规律相对立的过程中采用机器的,目的就像为了重建被分工规律严重破坏了的平衡。"[5]也就是说,在蒲鲁东看来,机器是分工的反题,这集中体现在以下几个方面:

第一,机器是分工产生的各种简单劳动的联合。蒲鲁东认为"机器是把被分工所分割的各部分劳动联结起来的一种方式","任何机器都有这样的特点,就是把若干项操作合并起来,简化传动系统,压缩劳动量和降低成本"[6]。可见,蒲鲁东是从分工逻辑来反向理解机器的,但与斯密的分工—专注—机器论和拜比吉的分工—工具—机器论不同,蒲鲁东的分工—机器逻辑不是基于现实的工艺学事实,而是基于范畴的推演,因此,蒲鲁东从分工角度对机器的定义是一种观念抽象,缺乏真实可靠的现实依据。这正是

1　[法]蒲鲁东:《贫困的哲学》,余叔通、王雪华译,商务印书馆 2010 年版,第 139 页。
2　同上书,第 158 页。
3　同上书,第 131 页。
4　同上书,第 133 页。
5　同上书,第 164 页。
6　同上书,第 167—168 页。

马克思在《哲学的贫困》中着重以拜比吉的机器定义对其予以批驳的原因。另外,虽然他的机器定义中所设定的分工更倾向于工场内部分工,但由于他对分工的抽象理解,显然是不可能深入具体的生产过程内部的,而只是设定从一般意义上所理解的分工。

第二,混淆机器和工具。蒲鲁东认为,政治经济学中分工与机器的关系正对应于思维中的分析与综合的关系,正如劳动是交替地通过分工和借助工具来进行,推理也必然交替地进行分析和综合[1]。一方面,蒲鲁东的这种类比充分表明了他的唯心主义方法论性质;另一方面,当他以劳动的分工和工具类比推理的分析和综合的时候,恰恰暴露了他在工艺学上对机器的另一个认识缺陷,即混淆了机器和工具。同时,他只是从分工基础上的劳动集合来理解机器,而忽视了工具与机器的关系,这一点也表明了蒲鲁东的这一缺陷。而这也是马克思批判的要点之一。

第三,机器克服分工的诸多弊端,促使工场的产生,促进人的自由和全面发展。具体来说,(1) 作为分工的对立物,机器使分工中的劳动者得以恢复原状,从而减轻劳动强度,促进发明和提高公共福利。[2] (2) 机器作为理性的综合,能促进教育、理性、法律的发展,从而促进自由的实现和人的全面发展。譬如,"经济上一采用机器,自由便突飞猛进","机器是人类自由的象征,是我们驾驭自然的标志,是我们能力的属性,是我们权利的表现,是我们人格的标记"[3]。(3) 机器促使工场诞生,促进价值的均衡化和生产力的提高。蒲鲁东指出:"机器的最首要、最简单和最显著的产物就是

1　[法]蒲鲁东:《贫困的哲学》,余叔通、王雪华译,商务印书馆2010年版,第169页。
2　同上书,第168页。
3　同上书,第171页。

工场"[1],"分工只是把劳动的不同部分分开,让每一个人都从事他最惬意的专业;工场却是根据部分与整体的关系来组合劳动者"[2]。可见,蒲鲁东是以"工场是分工的反题"这一逻辑来理解工场的,于是工场就与机器具有了同样的逻辑地位。这样一来,蒲鲁东就割裂了分工与工场的关系,而建立了工场与机器的关系,即工场是机器的最首要、最简单和最显著的产物。显然,这与工场的核心原则是分工而不是机器的历史事实相背离。不过,值得肯定的是,蒲鲁东注意到工场的劳动比例关系和权力统一性,即"只要各项劳动之间保持着一定的关系和比例,而且存在着一个统一的思想来指导这些劳动,便成其为工场。总而言之,集中在一起可能有它的好处,对此确实不应该忽视;但是,它并不是工场的构成要件"[3]。这里,蒲鲁东正确认识到工场的构成要素在于劳动的一定比例关系和思想对劳动的统一指挥,而单纯的劳动集聚并不是它的核心构件。这一认识在逻辑上接近于拜比吉,同时也在一定程度上认识到了后来马克思所说的手工工场中劳动对资本的形式从属关系。这是蒲鲁东比较深刻的地方。

最后,蒲鲁东指认了机器的矛盾,特别是批判了机器大生产对工人造成的种种弊害。譬如,一方面机器减轻工人的劳苦,提供劳动生产力,另一方面机器取代、排挤和贬低劳动,造成过剩人口,造成生产过剩和普遍贫困,激化阶级矛盾。他特别提到机器对劳动的统治,即"随着机器和作坊的出现,神圣的法权,亦即权威原则也进入政治经济学领域了"[4]。这里,蒲鲁东比较深刻地揭示了机器

---

1 [法]蒲鲁东:《贫困的哲学》,余叔通、王雪华译,商务印书馆2010年版,第191页。
2 同上书,第192页。
3 同上。
4 同上书,第196页。

大生产中的微观权力关系,指认了马克思后来所说的劳动对资本的实际从属关系。

综上所述,蒲鲁东的分工和机器理论在很大程度上是一种漫画式的辩证法与物质生产经验现象的粗糙混合物,在严格的意义上并不能称得上是一种理论或科学。不过,由于他对现实物质生产和劳资对抗关系的了解比较丰富,因此在对直接生产过程中劳动对资本的从属关系方面有着比较深刻的描述。而在这里,他的主要贡献就在于马克思在批判蒲鲁东的分工和机器理论过程中,开始深入资本主义生产的历史形成过程与内部特征来科学考察资本主义生产的秘密。

二、两种分工的初步区分与工场手工业的历史性探究

马克思在《哲学的贫困》的第二章中对蒲鲁东的唯心史观方法论和经济矛盾体系的各个环节做了集中批判。这在一定程度上可以看作对《致安年科夫的信》的具体展开。在该书的第二节"分工和机器"中,马克思对蒲鲁东的抽象分工和机器理论进行了更加深入的批判,我们从中可看到马克思在许多理论质点上的重要推进。

1. 马克思对两种分工的初步区分

首先,针对蒲鲁东只是将分工看作"一种永恒的规律""一种单纯而抽象的范畴",即只是从一个"分"字来理解分工的全部历史内容,马克思沿用《致安年科夫的信》中的逻辑强调了分工在一定的历史情境中的具体差异性。马克思从历史的角度指出,历史的进程决非蒲鲁东的范畴所说的那样简单,比如德国的第一次大分工即城乡分离整整用了三个世纪。又如,在 14、15 世纪殖民地尚未出现和世界市场尚未形成下的分工同 17 世纪的分工有着完全不

同的表现形式,即市场的规模和状况促使不同时代的分工有着不同的面貌和性质。[1] 而这是无法从蒲鲁东的观念范畴中推论出来的。当然,此时马克思是从社会分工的层面来论述一定历史情境下的分工之差异性的。

其次,针对蒲鲁东认为分工即劳动的不同部分互相分开而从事最合心意的专业的观点,马克思指认了蒲鲁东的这一观点的历史特殊性和历史生成性,即"蒲鲁东先生认为这种现象始于世界之初,其实,它仅仅是在竞争居于统治地位的现代工业中才存在"[2]。这表明,马克思不仅认识到不同历史时期的分工的差异性,而且看到特定的分工形式是一定历史条件发展的产物,即马克思所说的现代分工是"在竞争居于统治地位的现代工业"的产物。这为马克思进一步辨识社会分工和工场内部分工的本质差异与生成特性奠定了基础。

最后,针对蒲鲁东认为工厂克服分工而既促进劳动的联合,又将权威原则施加于劳动、使劳动者处于从属地位的观点,马克思指出:"让我们用历史的和经济的观点来考察一下,工厂或机器是否真是在分工之后把权威原理带入社会;工厂或机器是不是一方面恢复劳动者的权威,而另一方面又同时使劳动者从属于权威。"[3] 为了解答这一问题,马克思初步对社会分工和工厂内部分工的共性和差异做了分析:一方面,"社会作为一个整体和工厂的内部结构有共同的特点,这就是社会也有它的分工";另一方面,"当现代工厂中的分工由企业主的权威详细规定的时候,现代社会要进行

1　《马克思恩格斯文集》第 1 卷,人民出版社 2009 年版,第 618 页。
2　同上书,第 623 页。
3　同上。

劳动分配,除了自由竞争之外没有别的规则、别的权威可言"[1]。就前者来说,马克思延续斯密的逻辑认为,社会和工厂都存在分工,或者说社会分工和工场内部分工有着共同特征,这实际上正是泛分工论的逻辑基础。就后者而言,马克思受蒲鲁东的权威原则的启发认识到两种分工在权力关系上的差异性,即工厂内部分工的权威原则展现为企业主作为唯一权威对雇佣工人的绝对支配和统治关系,这已开始触及资本主义生产关系中资本对劳动的吸纳关系或微观权力关系——客观地说,如前所述,蒲鲁东虽然没有区分两种分工,但他同样捕捉到了手工工场和机器生产中的资本对劳动的统治关系。而社会分工则只受到自由竞争这一权威原则的支配。这里,我们可以看到拜比吉的分工倍数原则所内含的工厂主按计划购买劳动力的支配维度、斯密的分工理论和自由竞争理论所发挥的潜在影响。

马克思进一步指出,两种分工都是历史的产物。就社会分工来说,它在前资本主义的各种社会形态(如宗法制度、种姓制度、封建制度和行会制度)中所遵循的规则,是基于特定的物质生产条件、经过漫长的历史过程才提升为法律、固着为一定社会组织的基础的。而在这一历史过程中,作坊内部分工还处于很不发达的状态。因此,现代工场中由一个企业主所主导的分工是历史发展的产物,在现代工场的分工就表现为"作业被截然划分,每个工人的劳动只是极其简单的操作,各种工作都由权威即资本来安排部署"[2]。这里,马克思已用"资本"来替换"企业主"了。由此,马克思指出:"社会内部的分工越不受权威的支配,作坊内部的分工就

---

1 《马克思恩格斯文集》第 1 卷,人民出版社 2009 年版,第 624 页。
2 同上。

越发展,越会从属于一人的权威。因此,在分工方面,工场里的权威和社会上的权威是互成反比的。"[1]虽然马克思对两种分工的差异的认识还不够全面系统,但毕竟抓住了两者的一大重要差异。更为重要的是,正是基于这种区分,马克思已触及企业内部分工的特殊的资本主义性质,即资本对劳动的统治关系。后来,马克思在《1861—1863年经济学手稿》中对于两种分工做了更加系统详细的区分。

2. 马克思对工场手工业的历史形成及其资本主义特性的初步勘定

针对蒲鲁东认为机器是分工的反题、工场是机器的产物的观点,马克思决定从历史的角度阐明工场手工业的历史起源和基本特征,而且,马克思明确指出真正的工场手工业是指"尚未变成拥有机器的现代工业,但已不是中世纪的手工业或家庭工业的那种工业"[2]。

第一,工场手工业是在诸多历史条件共同作用下历史性生成的。蒲鲁东认为,工场作为分工的逻辑反题是按照部分与整体的关系来组合劳动者这种单一途径形成的。马克思则强调,工场手工业的产生有着复杂的历史条件和背景,比如,新航线开辟所带来的殖民地制度、海上贸易和世界市场,地理大发现和贵金属造成的资本原始积累,以商人阶层崛起、封建贵族阶级衰落为表征的社会结构变化和被剥夺了收入来源的大批人口(封建贵族的遣散侍从、失地农民)的出现,这些都成为工场手工业形成和发展的历史前提。工场手工业并非传统手工业行会的产物,即不是由行会师傅

---

1 《马克思恩格斯文集》第1卷,人民出版社2009年版,第624页。
2 同上。

建立的,而是由作为新兴阶级的商人建立的,因此,在它的历史发展过程中,"工场手工业和手工业之间几乎到处都进行着激烈的斗争"[1]。这里,马克思对工场手工业形成的外部历史条件的分析延续了《形态》中的思考视域和观点,还没有切入生产过程本身。

第二,工场手工业的历史前提在于许多劳动者在同一场所中聚集并受一个资本的支配,这构成了工场手工业分工的优势。如前所述,蒲鲁东对工场或工厂的理解同样抓住了"劳动者在同一场所中的聚集"以及不同劳动的比例关系和思想对劳动的统一指挥等重要特征,但他的根本错误在于,根据自己的抽象逻辑认为分工是这种劳动聚集及其衍生特征的前提。马克思从历史的角度深刻指出:"生产工具和劳动者的积累与积聚,发生在作坊内部分工发展以前。"[2]马克思认为,工场手工业的原初特征并非"将劳动分解并使专业工人去适应很简单的操作"[3]——这是工场手工业分工发展成熟的特征,而在于"将许多劳动者和许多种手艺集合在一起,在一所房子里面,受一个资本的支配"[4],"劳动者集合在一个作坊是分工发展的前提"[5]。这里,马克思指认了工场手工业在生产领域得以确立的前提。当然,由于工艺学史知识的不足,马克思此时还无法准确区分有机的工场手工工业和混成的工场手工业。因此,马克思认为,在16、17世纪,同一手工业的各部门之间的分工还未发展到足够发达细致的程度,以致"只要把它们集合在一个场所就可以形成一个完全现成的作坊"[6],"16世纪末17世纪初荷

---

1 《马克思恩格斯文集》第1卷,人民出版社2009年版,第625页。

2 同上。

3 同上。

4 同上。

5 同上书,第626页。

6 同上。

兰的工场手工业几乎还不知道分工"[1]。最初的工场手工业都是先将劳动者和工具集聚到一个场所,而"只要人和工具被集合到一个场所,过去以行会形式存在过的那种分工就必然会再度出现并在作坊内部反映出来"[2]。而工场中劳动聚集的好处"不在于真正的分工,而是在于可以进行较大规模的生产,可以减少许多不必要的费用等等"[3]。在后来的《1861—1863年经济学手稿》中马克思更加详细地梳理了工场手工业的不同形式和生产优越性。

值得肯定的是,此时马克思准确抓住了劳动者在同一空间场域中的集聚对于资本主义生产方式的重要意义,马克思后来将其科学地抽象为"协作",并将其看作工场内部分工和机器工厂的一般形式。并且,马克思准确认识到工场中劳动的聚集并不是出于劳动者的心甘情愿,而是受到一个资本的支配,这已开始触及资本主义生产方式和生产关系的本质,因而是对工场手工业分工之历史性的资本主义特质的初步勘定。这里,如果说马克思是从权威关系角度初步区分两种分工,并对工场手工业分工的资本主义性质做出质性判断,那么,马克思通过对工场手工业的历史形成的考察则进一步认识到工场手工业分工之资本主义性质的历史特殊性。相应地,这在马克思这里已多少涉及同相对剩余价值生产相适应的资本主义生产方式问题。当然,马克思此时对工场手工业的历史形成、基本特征及其资本主义生产方式本质的认识还不够全面,比如,马克思只看到劳动聚集所带来的大规模生产和生产费用的节约,还没有认识到协作在提高超额生产力、促进相对剩余价值生产上的本质作用。

1　《马克思恩格斯文集》第1卷,人民出版社2009年版,第625页。

2　同上书,第626页。

3　同上书,第625页。

三、机器的定义、演化与社会效应：
拜比吉、尤尔对马克思的影响

　　针对蒲鲁东从机器是分工的逻辑反题角度出发，认为机器是劳动的集合这一观点，马克思从不同层面进行了批判，从中我们也可以看到马克思在机器问题上的认识推进。

　　第一，从历史唯物主义基本原理层面对蒲鲁东机器观的历史观批判。马克思指出："劳动的组织和划分视其所拥有的工具而各有不同。手推磨所决定的分工不同于蒸汽磨所决定的分工。因此，先从一般的分工开始，以便随后从分工得出一种特殊的生产工具——机器，这简直是对历史的侮辱。"[1] 因此，依循蒲鲁东的观点，分工是机器的前提，而在马克思看来，一定的工具或机器决定一定的分工。如何理解这一点呢？这需要结合此时马克思对机器和分工的特定理解。马克思强调："机器正像拖犁的牛一样，并不是一个经济范畴。机器只是一种生产力。以应用机器为基础的现代工厂才是社会生产关系，才是经济范畴。"[2] 在马克思看来，机器不是代表社会生产关系，而是一种生产力。而分工作为劳动组织形式则是一种社会生产关系。根据唯物史观的基本原理，一定的生产力决定一定的生产关系，所以机器决定一定的分工。而且，马克思看到在现实历史过程中工具（机器）和分工是相互作用的，即"生产工具的积聚和分工是彼此不可分割的"[3]，"工具积聚发展了，分工也随之发展，并且反过来也一样。正因为这样，机械方面

1　《马克思恩格斯文集》第 1 卷，人民出版社 2009 年版，第 622 页。

2　同上。

3　同上书，第 626 页。

　　　　　　　　　　　　重读马克思：工艺学语境中的哲学话语

的每一次重大发展都使分工加剧,而每一次分工的加剧也同样引起机械方面的新发明"[1]。譬如,英国的机器发明一方面促使工场劳动与农业劳动相分离,另一方面促进世界市场和国际分工的形成和发展。反过来,"分工的规模已使脱离了本国基地的大工业完全依赖于世界市场、国际交换和国际分工"[2]。因此,分工与机器的关系决不是蒲鲁东所说的单一抽象关系,而是复杂的历史辩证性关系。

第二,从工艺学角度对机器的定义及其演化简史的剖析。如前所述,马克思在《致安年科夫的信》中在批判蒲鲁东的机器观时只是指认了分工与工具的密切关系,还未给出明确的机器定义。而在这里,马克思则直接引用了拜比吉的机器定义,即"当每一种特殊的操作已被分化为对一种简单工具的使用时,由一个发动机开动的所有这些工具的集合就构成机器"[3]。我们知道,蒲鲁东认为,机器是劳动的集合。马克思则针锋相对地强调"机器是劳动工具的集合,但决不是工人本身的各种劳动的组合"[4]。这里,马克思对机器的理解也是从分工和劳动工具出发的。马克思由此批判道:"真正的机器只是在 18 世纪末才出现。把机器看作分工的反题,看作使被分散了的劳动重归统一的合题,真是荒谬之极。"[5]

随后,马克思描述了机器发展的简单序列,即"简单的工具,工具的积累,合成的工具;仅仅由人作为动力,即由人推动合成的工具,由自然力推动这些工具;机器;有一个发动机的机器体系;有自动发动机的机器体系——这就是机器发展的进程"[6]。从中我们

1　《马克思恩格斯文集》第 1 卷,人民出版社 2009 年版,第 626—627 页。
2　同上书,第 627 页。
3　同上书,第 626 页。
4　同上。
5　同上。
6　同上。

可以明显看到拜比吉的重要影响：一方面体现在从工具的集合来理解机器，另一方面则体现在以动力类型来区分工具和机器上，譬如，由人或自然力推动的还是合成的工具，而由发动机推动的机器便发展为机器体系。不过，马克思还无法辨识拜比吉的机器理论的缺陷，因此犯有相同的缺陷。这是马克思受拜比吉影响而首次对机器做出的工艺学规定。

第三，从市场需求和阶级斗争角度论述机器的发明与应用。针对蒲鲁东从天命的慈善目的来认识机器的发明应用，马克思延续了《形态》和《致安年科夫的信》中的分析思路，从市场扩大和阶级斗争的角度分别予以阐述和批判。首先，马克思指出："在英国，当市场扩大到手工劳动不再能满足它的需求的时候，人们就感到需要机器。"[1]机器是为了应对由于市场扩大而引起的劳动力不足而产生的，这与前面马克思分析工场手工业之历史条件的思路是相似的。其次，机器发明本身蕴含着科学特别是机械学的应用。而这一点显然是受到了拜比吉和尤尔的影响，即"人们便想到应用18世纪时即已充分发展的机械学"[2]。最后，马克思强调，机器和自动工厂的出现绝不是出于慈善，而是资本家和工人斗争的结果，是资本家利用机器体系贬低和统治工人的结果。具体来说，儿童沦为"在皮鞭下面工作"的买卖对象，"自1825年起，一切新发明几乎都是工人同千方百计地力求贬低工人特长的企业主发生冲突的结果。在每一次多少有一点重要性的新罢工之后，总要出现一种新机器。而工人则很少在机器的应用中看到他们的权威的恢复，或如蒲鲁东先生所说，他们的复原。因此，在18世纪，工人曾经长

1　《马克思恩格斯文集》第1卷，人民出版社2009年版，第627页。
2　同上。

　　　　　　　　　　　　重读马克思：工艺学语境中的哲学话语

期地反抗过正在确立的自动装置的统治"[1]。马克思引用了尤尔赞美阿克莱的话,即阿克莱的伟大贡献就在于通过发明自动机器而确立起工厂纪律法典,迫使工人抛弃旧习惯而遵从机器体系的需要和规律。在此基础上,马克思认识到机器的发明和应用所带来的社会效应,即"机器的采用加剧了社会内部的分工,简化了作坊内部工人的职能,集结了资本,使人进一步被分割"[2]。总之,马克思已开始客观地看待机器体系和工厂制度的内在机制和现实结果,这促使马克思进一步走向对自动工厂的分析。

四、自动工厂对工场手工业分工的扬弃:
尤尔对马克思的影响

在这一节的最后,马克思正确指出蒲鲁东的分工观点在很大程度上来源于斯密,并明确指认了斯密时代的分工的特殊历史性,即"亚当·斯密那时的分工和我们在自动工厂里所见的分工之间有很大的差别"[3]。这一认识不仅标志着马克思在历史唯物主义视域下对分工问题的推进,而且意味着在一定程度上对斯密的分工逻辑的突破。而实现这一重要理论推进的支援背景正是安德鲁·尤尔。

这里,马克思大段摘录了尤尔在《工厂哲学》中关于斯密的工场内部分工和自动工厂的本质差异的内容,简单概括如下:(1)明确界划了工场内部分工和机器大工业,并强调分工在机器大工业时代已过时;(2)准确分析了工场内部分工的专业化、等级化特

---

1 《马克思恩格斯文集》第 1 卷,人民出版社 2009 年版,第 627—628 页。
2 同上书,第 628 页。
3 同上。

点,批判分工中工人任性难治、学徒期长等缺陷;(3)高度赞扬自动工厂中劳动均等化原则,该原则能克服分工的局限性,具有促使劳动减轻、学习时间缩短、能力自由发展等优点;(4)论及机器生产的准确性和规则性、资本和科学的结合、机器生产过程的划分等重要特征。总之,尤尔从机器大工业出发比较准确地把握了工场手工业和机器大工业的基本特征与本质区别。那么,马克思此时又是如何理解的呢?

马克思在集中摘录之后,得出两个结论:(1)"现代社会内部分工的特点,在于它产生了特长和专业,同时也产生职业的痴呆"[1];(2)"自动工厂中分工的特点,是劳动在这里已完全丧失专业的性质。但是,当一切专门发展一旦停止,个人对普遍性的要求以及全面发展的趋势就开始显露出来。自动工厂消除着专业和职业的痴呆"[2]。也就是说,社会分工会产生职业痴呆,而自动工厂分工能消灭职业痴呆,促进个人全面发展。显然,这一结论是直接受尤尔影响而得出的,即贬斥"社会分工"而肯定"自动工厂分工"。不过,为什么尤尔笔下的"工场手工业分工"在马克思这里就变成"社会分工"了呢? 笔者认为,这里再次显露了马克思在两种分工上的混淆。如前所述,马克思只是在权威原则上区分了两种分工,但同时认为两种分工具有共同特征,因此,此时马克思在思考过程中还会出现动摇和混淆,在这里就表现为马克思从社会分工角度来理解工场内部分工的特点。显然,尤尔所主张的是自动工厂能够消灭工场内部分工,而不是消灭社会分工。而马克思则由于这种混淆而出现了一种逻辑错位。总之,如果撇开马克思在两种分

1　《马克思恩格斯文集》第1卷,人民出版社2009年版,第629页。
2　同上书,第630页。

工上的混淆不谈,他对工场手工业分工和"自动工厂分工"的初次区分以及从中看到自动工厂的革命性意义是值得肯定的,这就其思想发展而言具有重要的意义。

五、一个简短的评论

从文本的整体语境来看,我们发现,尽管马克思已初步区分了社会分工和工场内部分工,在表述过程中也恰当地使用了两种分工,并明确看到了工场手工业分工的历史特殊性和资本主义性质,这相对于马克思在《形态》中只是笼统地使用"分工"概念已有了很大的进步。但客观地说,马克思此时仍未完全摆脱从分工角度理解机器大工业的理论视域,而且时而伴随着在两种分工之间游离的现象,如马克思在受拜比吉的影响而从工场内部分工角度看到了"机器是劳动工具的集合"之后,紧接着就游离到社会分工层面讨论"劳动工具的积聚与分工"的相互关系问题;再如,马克思将尤尔对工场手工业分工与自动工厂的差别解读为社会内部分工与自动工厂分工的差异。总之,马克思此时确实在较大程度上脱离了《形态》中的"泛分工论"窠臼,但在一定程度上仍保留了分工逻辑的残余,而尚未完全摆脱从分工来理解机器大工业以及从中探寻人类解放道路的既有视域。

不过,具体到马克思对尤尔的自动工厂的解读来说,尽管我们从中可以明显感受到《形态》中分工框架的遗痕,但这显然只是文本本身所呈现出来的表面现象。因为这里的分工痕迹主要包括两种分工的混淆和消灭分工的革命策略两个方面,但仅就这两点来说,还无法解释马克思此时突然转向对尤尔思想的积极吸收的内在原因。实际上,通过前面的论述我们应该可以看到,此时马克思的分工框架已比之前有了很大推进,因此值得进一步追问的是,在这一时期,斯密、蒲鲁东和拜比吉都为马克思的分工视域提供了重要的思想资源。那么,究竟谁才是此时马克思关注尤尔的逻辑纽带呢?其实这一问题并不难回答。如前所述,斯密、蒲鲁东和拜比吉从分工理解机器的落脚点是不同的,斯密的分工专注论带有明显的工场手工业特征与历史局限性,蒲鲁东的分工劳动论则由于浸染了浓重的形而上学色彩而成为此时马克思所批判的对象,相比之下,拜比吉的分工工具论无疑是真正从工艺学的角度对分工与机器问题的初步科学探讨,也是对斯密观点的推进和对蒲鲁东观点的反驳,因而成为此时初步进入生产领域的马克思从工艺学角度理解机器问题的重要理论支撑,即此时马克思是站在拜比吉的逻辑基础上理解机器的。而仔细对比拜比吉的机器定义和尤尔的自动工厂描述就会发现,尽管拜比吉还只是站在工场手工业的立场上从分工和工具角度来理解机器,尤尔却已站在机器大工业的立场上深刻分析了工场手工业分工和自动工厂的内在特征与本质差异——马克思在《资本论》中明确看到了这一点,但两人在机器问题上却有着基本的共同点,即都从积极意义上承认机器对劳动的替代,只不过出于不同的理论目的,两人在这一点上的态度有所不同。因为拜比吉尽管将分工看作机器形成的前提,但就机器本身而言却是无人身的,马克思受其影响也认为只有当机械力代替了人力才标志着机器的诞生,这种理解无疑为马克思更容易地接受尤尔的观点铺平了逻辑道路。因此,窃以为,拜比吉的分工和机器思想正是马克思对尤尔思想从此前的批判转向此时的积极吸收的逻辑中介,这也构成了此时拜比吉对马克思的重要影响之一,但这同时意味着马克思并未仅仅停留于拜比吉的分工和机器视域,而是沿着其中的"机器代替人力"这一逻辑契合点顺利转向对尤尔思想的吸收,从而初步形成了对自动工厂的认识。然而,由于既有分工范式和尤尔思想的诱导作用的共同影响,马克思对尤尔笔下的自动工厂产生了严重误读。

在这里,马克思通过尤尔的笔触惊喜地看到了自动工厂消除分工之弊、促进人的全面发展的革命性一面,从而为无产阶级革命找到了一条客观的实现途径。相比于马克思在《形态》中将机器大工业看作一种破坏性的力量,从而将人类解放的途径依托于无产阶级的主体斗争和普遍交往来消灭分工的思路,这里将无产阶级革命策略转向客体性物质生产的思路确实是一个不小的进步。但是我们还不能因此过分高估了这一进步,因为此时马克思的整体思路还没有完全脱离《形态》的分工框架,即仍然局限于通过消灭分工来寻求人类解放的思路,只是具体的实现途径不同而已。这就决定了马克思必然会从分工角度来解读尤尔。换句话说,尤尔赞扬自动工厂而贬低分工的描述正好契合了马克思此时的理论需求。而这正是解答我们上述困惑的钥匙。而马克思以既有的分工视角对尤尔的文本进行主观解读,自然会引发这样的不良后果:(1) 马克思在很大程度上误读了尤尔的思想;(2) 马克思对尤尔的片面关注,意味着尤尔的描述对马克思来说具有很强的诱导性;(3) 综合来看,马克思此时所理解的自动工厂分工并非真实的工厂分工,因而并未真正把握工场手工业和机器大工业的本质区别。

首先,马克思在很大程度上误读了尤尔的思想。一方面,马克思以分工作为自动工厂的核心要素,显然是不科学的。在尤尔看来,机器体系是对分工的超越,在自动工厂中居于主导地位的是机器体系的协作,而不是分工。实际上,他在描述自动工厂的基本原理时只字未提"分工"一词。故而,马克思直接将其解读为"自动工厂分工"显然是一种误读了。相应的后果就是,一方面马克思忽视了尤尔笔下关于机器体系和工厂制度的重要信息，如资本和科学的结合以及机器生产过程本身的划分等；另一方面，如前所述，尤尔笔下的分工指的是工场手工业分工，由于马克思此时还未真正区分两种分工，因而他对尤尔笔下的工场手工业分工的理解不自觉地游离到了社会分工的层面，将工场内部分工的专业化、片面化特点赋予社会分工，尽管两者有某些相通之处，却属于完全不同的领域。马克思以工场内部分工解读社会分工的思路表明，斯密的分工思想对马克思的影响可谓根深蒂固，以致他此时仍未摆脱"泛分工论"的窠臼。

其次，尤尔的描述对马克思具有很强的诱导性。在前面概述尤尔思想时已提到，尤尔在机器和分工的关系问题上采取了一种极端对立的态度，这当然是与他对工厂制度的辩护立场相一致的。然而，尽管尤尔比较准确地把握了机器大工业对旧式分工的超越，他的论述也在很大程度上掩盖了很多现实状况或带有较多的想象成分。因为尤尔始终强调机器生产对工人的有利方面，而忽略了机器生产贬低工人地位、增加劳动强度、延长劳动时间，从而大大加重了资本对劳动的剥削程度。这些现象自然是尤尔努力回避和粉饰的，同时也是还没真正深入资本主义生产过程的马克思所无法看到的。因而，我们会猛然发现，只有在这里，马克思没有批判尤尔是工厂制度的辩护士，而是直接吸收了尤尔的观点来支撑自己的思路。因此可以说，此时马克思是轻信了尤尔的论述，从而受到了尤尔个人想象的迷惑。[1]

最后，综合上述马克思在分工框架下对尤尔和拜比吉的误读

1　Steve Edwards, "Factory and Fantasy in Andrew Ure," *Journal of Design History*, Vol. 14, No. 1, 2001, pp. 17–33.

和轻信,我们会发现,马克思此时所理解的"自动工厂分工"并不是真实的自动工厂分工,而只是双重错误观念叠加起来的混合物。实际上,尤尔在阐述机器生产原理时确实涉及自动工厂的分工特征,但他并未意识到这一点,马克思自然也无法从中提取出来。直到《1861—1863年经济学手稿》中,马克思才真正批判地分析了自动工厂分工的特点,并在《资本论》中指出了自动工厂分工的"更加令人厌恶"的形式。因此,这里只讲机器对分工之弊的否定在根本上是非常抽象的。同样,拜比吉关于机器的定义以及工具和机器的区分还不够科学,马克思直到《1861—1863年经济学手稿》和《资本论》中才做出科学的定义和历史唯物主义的分析。

综上所述,在《哲学的贫困》中,马克思出于批判蒲鲁东的目的而涉及"分工和机器"问题,从而在分配关系的主导线索之下生发出探究资本主义生产过程的线索。在蒲鲁东、拜比吉的影响下,马克思初步区分了社会分工和工场内部分工,并把捉到工场手工业分工的历史形成和资本主义特质;初步确立了机器的工艺学定义及其工艺发展序列。更重要的是,在尤尔的直接影响下,马克思初步认识到工场手工业和机器大工业的重要差别,推进了从客观物质生产角度寻求无产阶级革命和人类解放的现实途径的思路,成为马克思真正转向对狭义历史唯物主义视域下的资本主义生产方式的深入研究的逻辑转折点。然而,由于受既有分工框架的束缚,马克思不仅在工具与机器的区分问题上存在很大的缺陷,而且在面对尤尔的文本时也出现了比较严重的误读和轻信,以致并未真正把握尤尔思想的重要价值。因此,要想继续推进刚刚生成出来的生产过程线索,深刻剖析资本主义的内在矛盾机制,就必须首先突破单一的分工逻辑,而要做到这一点就必须全面深入梳理资本主义生产方式的物质技术基础及其历史发展过程,尤其是深刻把握机器大工业的历史生成和本质特征。为了解决这些重要问题，马克思在 1850 年代进行了更为深入的第二次工艺学研究。

第三节
1850 年代马克思的第二次工艺学研究笔记

我们知道，1848 年欧洲革命失败之后，马克思恩格斯于 1849 年 8 月流亡伦敦。在总结革命失败经验的过程中，1850 年代的资产阶级社会进入新的发展阶段，马克思再次意识到自己对资产阶级社会特别是资本主义生产方式之内在规律的理论研究还不够成熟，这促使他再次投入新的全面占有原始资料的研究过程中。其产物就是马克思从 1850 年 9 月到 1853 年 8 月写下的 24 册《伦敦笔记》。在这些笔记中，马克思的涉猎主题异常广泛，其中就包括在第 XV 笔记本中集中摘录的波佩、贝克曼和尤尔的工艺学史著作，并在 1856 年又对波佩和尤尔的工艺学著作做了补充性摘录。这构成了马克思第二次工艺学研究的主体内容。1851 年 10 月 13 日，马克思在致恩格斯的信中说道："近来我继续上图书馆，主要是钻研工艺学及其历史和农学，以求得至少对这玩意儿有个概念。"[1] 可以说，马克思的第二次工艺学研究为他第一次全面把握资本主义生产过程及其生产方式的历史起源和发展变化提供了最充实和最重要的原始资料。

1　《马克思恩格斯全集》第 48 卷，人民出版社 2007 年版，第 412 页。

一、文献学语境中的《伦敦笔记》笔记本 XV

在《伦敦笔记》的第 XV 笔记本中马克思对波佩、尤尔和贝克曼的工艺学著作做了摘录，其中包括波佩的五本著作、尤尔和贝克曼的各一本著作。该摘录笔记共 44 页，原始手稿的篇幅尺寸为22.6x18.6 厘米。[1] 手稿目前收藏于阿姆斯特丹国际社会史研究所（IISG），原始编号为 B56[2]。目前，该笔记本在《马克思恩格斯全集（历史考证版）》（MEGA²）中尚未出版。但德国学者汉斯-皮特·米勒在 1981 年就编辑出版了这些笔记内容，即《卡尔·马克思：工艺学-历史摘录笔记（历史考证版）》。他根据 1851 年 10 月13 日马克思致恩格斯的信推断，该笔记大概写于这封信的两三周前，即 1851 年 9 月到 10 月。下面我们按照摘录笔记的先后顺序来介绍一下所摘录内容的基本信息。

约·亨·摩·波佩：《十八世纪和十九世纪初的力学》（*Die Mechanik des achtzehnten Jahrhunderts und der ersten Jahre des neunzehnten*）[3]。只写下一句话："只包括各国在力学各个领域做

1　日本学者吉田文和指出，在该笔记本的扉页上有马克思亲手写下的编号：XVII。参见［日］吉田文和：《约·亨·摩·波佩〈从科学复兴到十八世纪末的工艺学历史〉和马克思——马克思"机器理论"形成史研究（四）》，《马克思主义研究资料（第 10卷）：〈资本论〉基本理论问题研究》，中央编译出版社 2014 年版，第 356 页。对此，IISG 未做明确说明。

2　在 IISG 官网上公布的马克思恩格斯原始遗稿数字化版本的编号为 B51，笔记本编号为 Heft LVI，注明写作时间为 1851 年 10 月左右。参见 IISG, *Marx-Engels Papers*, B51。

3　J. H. M. Poppe, *Die Mechanik des achtzehnten Jahrhunderts und der ersten Jahre des neunzehnten*, Pyrmont：Helwing, 1807.

出贡献的人名列表。"[1]除此之外，未对该书做任何摘录。

约·亨·摩·波佩:《一般工艺学教程》(*Lehrbuch der allgemeinen Technologie*)[2]。占笔记本的 2⅔ 页。该书遵循了贝克曼的"一般工艺学"原则,其主要内容是将手工业(Handwerken)、手工艺(Künsten)、工场手工业(Manufakturen)和工厂(Fabriken)中各种不同操作手段进行分类,将相似或相同的操作工序归为一类。全书共六章,分别论述了对于自然物的粉碎和分割、减少同一物体各部分之间或各个物体之间的联系的手段、物体各部分的重新结合、使物体的各部分聚合和变牢固的手段、使物体获得独特的形状(Gestalt)、形式(Form)或构成(Bildung)的手段以及各种劳动所需要的辅助劳动(Hülfsarbeiten)和辅助设备(Hülfsvorrichtungen)等问题。马克思对上述六章的内容做了详略不同的摘录,其中对第一章"物体的粉碎和分割"的摘录较为详细。

约·亨·摩·波佩:《手工艺、工场手工业及其他实用工业专用物理学》(*Die Physik vorzüglich in Anwendung auf Künste, Manufakturen und andere nützliche Gewerbe*)[3]。占笔记本的 6½ 页。该书是一本专供职业技术学校讲授工业应用物理学的教程,全书共十二章。马克思摘录了该书的五个章节,即第四章"液体的特性"、第五章"大气"、第六章"声音"、第七章"暖与冷"、第八章"光"。其中,马克思对"蒸汽机"和"电报"等内容的摘录尤为

1　H. P. Müller (Hrsg.), *Karl Marx: Die technologisch-historischen Exzerpte, Historisch-kritische Ausgabe*, Berlin: Ullstein, 1981, S. 3.

2　J. H. M. Poppe, *Lehrbuch der allgemeinen Technologie*, Frankfurt am Main, 1809.

3　J. H. M. Poppe, *Die Physik vorzüglich in Anwendung auf Künste, Manufakturen und andere nützliche Gewerbe, Als Lehrbuch für Realschulen, Handwerksschulen, und polytechnische Lehranstalten überhaupt, aber auch zum Selbstunterricht*, Tübingen: Ludwig Friedrich Fues, 1830.

详细。

约・亨・摩・波佩:《从上古到现代的数学史》(*Geschichte der Mathematik seit der ältesten bis auf die neueste Zeit*)[1]。占笔记本的 1 页。该书考察梳理了从古至今的理论数学和应用数学的历史。全书共分为三部分,马克思着重摘录了第一部分"纯粹数学史"中的"算术史""几何学史""三角学史""代数史"等内容。其次是摘录了第二部分"应用数学史"中第一章"力学史"的内容。但马克思没有摘录主要涉及数学文献的第三部分。

约・亨・摩・波佩:《从科学复兴到十八世纪末的工艺学历史》(*Geschichte der Technologie seit der Wiederherstellung der Wissenschaften bis an das Ende des achtzehnten Jahrhunderts*)[2]。占笔记本的 26 页。这部巨著是波佩研究工艺学史的集大成之作,也是当时欧洲工艺学界最完备的工艺学史著作,这使波佩成为当时德国工艺学界的学术权威。因此,它成为此时马克思摘录最多、最详细的著作,构成了马克思第二次工艺学研究的主要对象。该著作系统研究了人类从早期手工业到机器大工业时期加工自然物的各种工艺的历史,并展望了生产过程的发展。马克思从中摘录了以下主要内容:第一卷中的工艺学史概论(53 行)、谷物磨和普通磨面机(107 行)、毛织品(88 行)、棉纺织品(22 行)、丝绸(58 行)、编织(24 行);第二卷中的钟表工艺(124 行)、造纸(56 行)、天文学和物理学等一般科学仪器(37 行)、武器制造(50 行)、铸币(23 行);第三卷中的灯和光(41 行)、烟草(27 行)、印刷工艺(22 行)、

---

1 J. H. M. Poppe, *Geschichte der Mathematik seit der ältesten bis auf die neueste Zeit*, Tübingen: C. F. Osiander, 1828.

2 J. H. M. Poppe, *Geschichte der Technologie seit der Wiederherstellung der Wissenschaften bis an das Ende des achtzehnten Jahrhunderts*, 3 Bände, Göttingen: Olms Verlag, 1807 - 1811.

制盐和制糖（35 行）、制革（25 行）、酿酒（19 行）、染色工艺（31 行）以及其他内容。其中对于"磨""毛织品""丝绸""钟表""造纸""武器制造"等内容摘录得更为详细。

安德鲁·尤尔：《技术辞典》（*Technisches Wörterbuch oder Handbuch der Gewerbskunde*）[1]。占该笔记本的 7⅔ 页。该辞典是由卡尔·卡玛什（Karl Karmarsch）和弗里德里希·黑林（Friedrich Heeren）根据尤尔的《工艺学、制造业和矿业辞典》（*Dictionary of Arts, Manufactures and Mines*, 1839）的英文原版编译的，并改名为《技术辞典或手工艺学手册》。马克思摘录了该辞典的第一卷中 A—G 字头的部分词条，主要包括"棉纺织业（Baumwollspinerei）""精纺机（Feinspinnmaschinen）""漂白（Bleichen）""蒸汽（Dampf）""蒸汽机（Dampfmaschine）""铁路（Eisenbahnen）""亚麻（Flachs）""煤气灯（Gaslicht）"等词条内容。其中对于"蒸汽机""蒸汽""铁路"条目的摘录最为详尽，约占这一摘录内容的四分之三。从内容上来看，马克思的摘录更侧重在工艺史方面。正如张钟朴所言，"此时马克思对安德鲁·尤尔《技术辞典》的重视程度仅次于波佩的《工艺学史》"[2]。

约翰·贝克曼：《发明史论文集》（*Beiträge zur Geschichte der Erfindungen*）[3]。占该笔记本的 ¼ 页。马克思只摘录了第一卷中

1　Andrew Ure, *Technisches Wörterbuch oder Handbuch der Gewerbskunde in alphabetischer Ordnung*, von Karl Karmarsch und Dr. Friedrich Heeren, 3 Bände, Praq: G. Haase, 1843 – 1844.

2　张钟朴：《马克思在〈伦敦笔记〉中对科学技术、机器生产和工艺学的研究》，《马克思主义研究资料（第 4 卷）：经济学笔记研究 Ⅱ》，中央编译出版社 2014 年版，第 202 页。

3　Johann Beckmann, *Beiträge zur Geschichte der Erfindungen*, 5 Bände, Leipzig und Göttingen: Verlag Paul Gotthelf Kummer, 1780 – 1805.

的"烧酒(Brantwein[应为Branntwein])"[1]"郁金香(Tulpe)""价格表(Preißkuranten)""汇兑行情表(Wechselkurszettel)",以及第二卷中的"1347年在威尼斯出现的最古老的可靠的烟囱证书"[2]。或许由于波佩的《工艺学史》与贝克曼的《发明史论文集》中存在大量相似的历史素材,而马克思已经阅读和摘录了波佩的著作,因此对贝克曼的摘录非常简略。不过,1860年代,马克思又重新阅读和补充摘录了贝克曼的这本著作。

在《伦敦笔记》笔记本XV中,马克思在整个摘录过程中都处于失语状态,几乎都是大段的摘录或概述,没有评论。这表明,尽管马克思在《布鲁塞尔笔记》中对拜比吉、尤尔所展现的分工、机器和机器大生产等工艺学内容已有所了解,但是,当他初次面对波佩、尤尔和贝克曼所提供的系统化和理论化的工艺学和工艺学史内容时,马克思所面对的是一种全新的知识内容和话语体系,因此一时还无法立即找到学术话语权。这种状态与马克思在《巴黎笔记》时期第一次进行政治经济学研究的境遇是非常相似的。尽管如此,这些工艺学材料为马克思在1860年代的《资本论》及其手稿中的理论建构提供了丰富而坚实的理论和事实基础。

二、对《伦敦笔记》笔记本 XV 的文本解读

根据上述的文献内容可知,波佩的《工艺学史》一书构成了此时马克思的第二次工艺学研究的主要研究对象。尽管马克思在整

1　关于"烧酒"的摘录,具体来说是贝克曼所引用的米歇尔·施里克(Michael Schrick)对15世纪的烧酒酿造工艺的介绍。参见 H. P. Müller(Hrsg.), *Karl Marx: Die technologisch-historischen Exzerpte*, *Historisch-kritische Ausgabe*, Berlin: Ullstein, 1981, S. 166。

2　Ibid.

个摘录过程中几乎处于失语状态,但从他的摘录对象中亦可窥见此时马克思的关注焦点和问题意识。由于前面我们已经详细介绍了波佩的工艺学思想,因此,这里主要考察的是马克思对波佩的关注角度及其在此后马克思思想发展中的理论效应,因此,波佩思想的具体内容将不再赘述。

第一,手工业的历史发展与社会制度的历史变迁。通过波佩,马克思认识到,一定的手工业生产方式与一定的社会关系或社会制度紧密相联。从早期狩猎时期的男女分工到奴隶制社会中的奴隶从事手工业,手工业的社会地位迅速衰落。直到 11 世纪下半叶,随着城市和城堡中的市民(Bürger)被允许从事手工业、商业和科学活动,手工业开始成为自由民的特权[1]。与此同时,行会(Zunft),同业公会(Gilden)以及行会制度确立起来。但是由于市民阶层的特权紧紧掌握在封建统治阶级的手中,同时手工业的发展促使崛起的特权市民阶级试图谋求相应的政治权利,因此特权市民阶级与封建贵族阶级的利益矛盾逐渐加深,于是,城市手工业行会的兴衰发展史同时就是一部特权市民阶级与封建贵族阶级的阶级斗争史。这里,波佩所描述的以德国历史为背景的特权市民社会不同于斯密所描述的现代同权市民社会,这也是马克思此前不曾深入了解的历史过程。更重要的是,手工业行会的发展虽然受到封建政治因素的约束,但随着手工业中发明和发现的进步,手工业自身获得强大的发展动力。比如,14—15 世纪许多发明和发现的出现,纺织业、金银和金属制造业在工艺上取得巨大改进,德国的纽伦堡在 15 世纪末达到鼎盛时期。[2] 这为 16 世纪的手工

1　H. P. Müller (Hrsg.), *Karl Marx：Die technologisch-historische Exzerpte, Historisch-kritische Ausgabe*, Berlin：Ullstein, 1981, S. 47 - 48.

2　Ibid., S. 48 - 49.

业、发明创造的繁荣和 17—18 世纪的工场手工业和工厂的出现奠定了物质技术基础。

这里，波佩的历史叙事方式与马克思在《形态》中的分工—所有制的历史叙事方式有着颇多相似之处。但不同的是，波佩是从工艺学史的角度叙述手工业生产方式的历史发展与一定的社会制度的内在关系，而马克思在《形态》中还主要是从分工—交换层面展开历史叙事。可以说，波佩对于手工业生产与社会制度的历史叙事为验证马克思的历史唯物主义原理提供了更为宽广的历史视域和史实材料，或者说，波佩的工艺学史构成了历史唯物主义深化的重要注脚。

第二，工场手工业和工厂的基本特征。通过波佩，马克思首先认识到 17—18 世纪在英国和法国建立的真正的工厂（Fabriken）和手工业工场（Manufacture）的共同特征在于"许多工匠（Handwerken）聚集在一起为完成同一目的（Zweck）而工作"[1]，即协作或大规模生产。这是马克思在《哲学的贫困》中刚刚确立的重要认识，并在这里再次获得确证。而两者的区别在于：工场手工业（Manufacture）是以人手直接进行生产或因人手不足而使用机器进行生产，工厂（Fabirk）是借助火（Feuer）和锤（Hammer）来进行商品生产。[2] 这里，马克思也摘录了波佩对贝克曼的评价："贝克曼（Beckmann）于 1772 年第一次将关于手工业、手工业工场（Manufacturen）和工厂的知识称为工艺学（Technologie）"[3]。这表明，波佩和贝克曼在工场手工业和工厂的界定上都还局限在传

---

1 H. P. Müller (Hrsg.), *Karl Marx*: *Die technologisch-historischen Exzerpte*, *Historisch-kritische Ausgabe*, Berlin: Ullstein, 1981, S. 50.

2 Ibid.

3 Ibid.

统的错误观念中。这对于已经通过拜比吉和尤尔而准确看到了英国的自动机器工厂的马克思来说自然是显而易见的。

第三,工场手工业和工厂的历史形成和基本类型。首先,马克思通过波佩认识到,工场手工业和工厂的形成与手工业的内在历史关联:(1)工场手工业和工厂所具有的大规模生产特点在手工业时期就已开始萌发,譬如,在13、14世纪的纺织业中就开始出现大规模生产。(2)工场手工业和工厂的产生源自于手工业生产方式本身的内在矛盾,即手工业行会的等级森严的体系和封闭保守的制度严重阻碍了手工业本身的发展。因此,波佩指出:"几乎在纽伦堡的所有商品中都充满一种别致的情趣和一种烦冗的精美。"[1](3)在工场手工业阶段,力学、物理学、化学等科学摆脱了手工业时期的经验知识性质,在工业生产的基础上获得了独立的发展,同时又与工业生产建立起密切的联系。(4)在手工业向工场手工业的过渡阶段,商人转变为工业资本家、商业资本转变为工业资本发挥了重要作用。在手工业时期,商人只是扮演着运输者和促进者的角色,即马克思后来所说的"包买商"。后来,商人开始转变为雇佣工人进行生产的工场雇主。马克思在《形态》中已经看到这一点,在这里再次得以确认。可以说,波佩提供的诸多历史事实对于此前只是从分工、交换和劳动集聚层面来认识工场手工业的马克思来说完全是一种全新的历史和理论视域。

实际上,更令马克思感到惊讶的是工场手工业的不同类型和形成方式。譬如,马克思详细摘录了波佩关于马车工场手工业和钟表工场手工业的描述,这成为马克思后来所说的"混成的工场手

---

1 H. P. Müller (Hrsg.), *Karl Marx*: *Die technologisch-historischen Exzerpte*, *Historisch-kritische Ausgabe*, Berlin: Ullstein, 1981, S. 50.

　　　　　　　　　　重读马克思:工艺学语境中的哲学话语

工业"的典型实例。而波佩对于各国造纸业、制针工场手工业的描述成为马克思后来所说的"有机的工场手工业"的典型例证。在《哲学的贫困》中，马克思对于工场手工业的形成只是达到了"许多劳动的聚集构成工场手工业的前提"这一认识层面，甚至否认了两种工场手工业的可能性。而波佩所提供的历史材料想必会对马克思产生强烈触动。马克思在《1861—1863 年经济学手稿》和《资本论》中充分利用了这些材料，并在比较德国和荷兰的造纸业之后说道："在纸张的生产上，我们可以详细而有益地研究以不同生产资料为基础的不同生产方式之间的区别，以及社会生产关系同这些生产方式之间的联系。"[1] 显然，如果没有波佩提供的关于工场手工业的详细资料，马克思是无法在资本主义生产方式问题上向前推进的。

第四，马克思以极大兴趣摘录了波佩关于磨和钟表的工艺史和理论史的阐述，这两种古老机器的工艺特征与历史发展使马克思对机器的思考不再仅仅局限于工场手工业和大工业时期的机器或机器体系，而是极大扩展了马克思思考机器问题的历史视域，从而为他更深入地理解机器的本质特征和机器大工业的物质技术基础提供了重要的工艺学史材料。具体来说，（1）磨在操作方法和动力来源方面的历史发展，为马克思重新思考以动力源泉来区分机器和工具的观点提供了新的历史材料。（2）自磨特别是水磨产生以来的磨的组成结构，为马克思重新认识和思考机器大工业中机器体系的工艺结构和发展节点，准确把握工业革命的历史进程提供了重要材料。（3）同磨的工艺史紧密相联的科学技术理论史的发展，为马克思认识物质生产与科学技术的相互作用和历史关

---

1 《马克思恩格斯全集》第 44 卷，人民出版社 2001 年版，第 437 页。

系提供了宝贵的历史依据。（4）钟表的工艺发展史和理论发展史，为马克思理解钟表的工业应用、大工业的自动机器的历史起源、基本特征及其相应的理论发展提供了重要资源。

第五，马克思详细摘录了各类纺织业的工艺方法和生产资料的历史，这为他理解工业革命的技术条件和历史分期提供了重要材料。具体来说，（1）关于欧洲各国毛纺织工场手工业的各种工序及其使用的工具和机器的发明史的摘录，促使马克思后来在《资本论》中认识到"在最先采用机器体系的部门中，工场手工业本身大体上为机器体系对生产过程的划分和组织提供了一个自然基础"[1]。（2）关于棉纺织业的工艺史的摘录，使马克思认识到将纤维捻成纱线是工艺史上的一个重大事件，从手摇纺车到精纺机的发展体现了纺纱机的与人手相关的工作机的演变，从手动摇杆到蒸汽机的演变则展现了纺纱机在动力来源上的发展，这为马克思正确认识机器和工具的真正差别、准确判断工业革命的历史分期提供了重要事实依据。

为了深入认识棉纺织业的工艺史，马克思还专门摘录了尤尔的《技术辞典》中关于"棉纺""蒸汽机"等词条。对于前者，马克思比较详尽地摘录了棉纺业从粗纺到精纺的各种工序及其工具、机器的发展。这为马克思深入了解现代纺纱工序和机器提供了丰富的材料。对于后者，马克思详细摘录了蒸汽机的发明史及其工业应用过程，这为他深入理解第二次工业革命的起点和机器大工业的动力来源提供了重要资源。

最后，马克思摘录了有关工人和机器的斗争的历史资料。在拜比吉和尤尔那里，马克思已了解到机器与工人的斗争事实。并

1　《马克思恩格斯全集》第 44 卷，人民出版社 2001 年版，第 436 页。

　重读马克思：工艺学语境中的哲学话语

且,受尤尔的影响,马克思将这一现象看作机器产生的原因之一。而这里,波佩和贝克曼向马克思提供了更详细而确定的事实材料。马克思注意到纺织机器引起工人反抗和破坏机器的描述,如 1775 年阿克莱的梳毛机,1758 年埃弗雷特的水力剪毛机都引发了较大规模的工人抗议和破坏行动。实际上,贝克曼的《发明史论文集》中也提到了工人和机器的斗争事实。马克思后来又关注了这一内容,并在《资本论》中阐述工人与机器的斗争时利用了这些材料。显然,工人与机器的斗争一方面反映了资本家和雇佣工人之间的阶级斗争日益激烈;另一方面,这种表面的阶级斗争在更深层面反映了当时的生产关系阻碍了先进生产力的发展,突显出当时的生产力与生产关系的尖锐矛盾。

综上所述,波佩、尤尔和贝克曼的工艺学史著作向马克思展现了他此前从未深刻遭遇的作为人类社会历史发展之基础的直接生产过程中所发生的生产方式的变革,以及由此产生的社会生产关系的变迁。这一深层的历史生成过程不仅佐证了马克思创立的历史唯物主义世界观的科学性,而且为马克思进一步全面而深刻地理解资本主义生产方式的历史起源和内在机制提供了最为重要的理论支撑。

三、1856 年的工艺学摘录片段

在 1856 年写下的笔记本 B79[1] 中,马克思再次摘录了安德鲁·尤尔的《技术辞典》中关于金的物理性质的内容和波佩的《工

---

[1] 在 IISG 官网上公布的马克思恩格斯原始遗稿数字化版本的编号为 B75,笔记本编号为 Heft LXXIX,注明写作时间为 1854—1856 年。该笔记本的原始编号为 B79。参见 IISG, *Marx-Engels-Papers*, B75。

艺学史》中关于镀金、镀银和铸币(Münzen)的工艺史内容。

具体来说,在该笔记本的第 25 页,马克思首先摘录了杜罗·德·拉·马尔(Dureau de la Malle)的《罗马政治经济学》(*Economie politique des Romains*)[1]。随后,马克思摘录了尤尔《技术辞典》第 43 页上关于金的物理性质的描述,即"金的物理性质:优良的延展性;可锻造为 282000 分之一寸的厚度。不溶于除王水(Königswasser,即硝酸和盐酸的混合物)之外的任何酸。始终保持金属性质,不会被氧化或硫化"[2]。接着,马克思摘录了波佩的《工艺学史》中的上述相应内容,即"镀金(Vergolden)和镀银(Versilbern):古埃及人、希伯来人、罗马人和希腊人。(波佩:《工艺学史》,第 29 页)比〈金〉制品、铁制品和黄铜制品更古老的金银制品(Gold und Silberdrath)。(同上,第 30 页)铸币。第一个未铸造的度量金属块。在希腊人之前的腓尼基人(Phönizier)、吕底亚人(Lyder)、亚述人(Assyrer)和埃及人的铸币工艺等。(同上,第 30、31 页)锤敲稀释,然后使用碾压机,锤敲冲压,然后使用冲压机(Prägewerk)、裁剪机(Ausschneidemaschine)等。在 17 世纪的俄国还铸造过带沟槽的银条,将其拆分为更小的银块来取代通常的铸币,并命名为卢布(Rubel)。(同上,第 30 页)"[3]。

从上述内容来看,马克思是在研究货币或铸币问题的过程中再次关注到尤尔和波佩,目的在于从铸币材质的物理特性、铸币的发展史和铸造工艺流程角度深入把握这一问题。值得注意的是,如果对照马克思在笔记本 XV 中的摘录内容就会发现,马克思在

1　Dureau De La Malle, *Économie politique des Romains*, Paris: L. Hachette, 1840.

2　H. P. Müller (Hrsg.), *Karl Marx: Die technologisch-historischen Exzerpte, Historisch-kritische Ausgabe*, Berlin: Ullstein, 1981, S. 169.

3　Ibid.

这里的摘录并不是对此前摘录的转抄，而是新的摘录内容。这表明，此时马克思在摘录和研究相关问题的过程中重新利用了尤尔和波佩的著作。实际上，马克思的这种工作方法在随后的研究中经常出现。

<h1 style="text-align:center">第四节
马克思第二次工艺学研究的重要参照</h1>

在 1850 年代的研究中，除了《伦敦笔记》笔记本 XV 中直接对波佩、贝克曼和尤尔的工艺学著作的研究和摘录，马克思还参观了当时在伦敦举办的第一届世界工业博览会，并利用了关于这届博览会的实录著作《各国的工业》。同时，马克思在《伦敦笔记》的政治经济学研究中也关注了李嘉图、费尔登、加斯克尔等人关于机器、工场手工业和工业革命发展史的工艺学内容。这些理论和实践活动同样构成了这一时期马克思工艺学研究的重要组成部分，并为马克思深入把握资本主义生产方式的历史形成与本质特征提供了重要的理论支撑。

一、1851 年伦敦世界工业博览会与《各国的工业》

1851 年 5 月 1 日至 10 月 15 日，英国在伦敦的海德公园举办了世界工业博览会，这也是人类历史上第一届国际工业博览会。这届博览会是在英国技艺协会的推动下，由阿尔伯特亲王倡议举办的，旨在促进技术进步及其工业应用。博览会设在由约瑟夫·帕克斯顿爵士设计的用铸铁和玻璃材料建造的规模宏大的陈列馆中,因而该馆又被誉为"水晶宫",吸引了来自世界各地的600多万观众。当时的英国号称"世界工厂",在经济和技术上取得了令世人瞩目的成就。欧洲大陆和美国的产业革命也在如火如荼地进行之中。因此可以说,这届博览会展示了当时资本主义世界中社会生产力发展的最高水平,也是马克思在《共产党宣言》中对资产阶级社会的历史作用所做的科学判断的生动展现。

这届博览会的展品共分为四大部分,分别陈列在四个展厅、三十个展橱之中。具体来说:

第一部分是原料和未加工产品,以展示人类工业所使用的自然产品,包括采掘业和采石业产品、化学和制药工艺及其产品、食用品、动植物产品等。

第二部分是农业、工业、工程技术方面应用的机器和发明,以展示人类智慧对自然产品的作用,包括各种交通运输工具和机器、工业加工机器和工具、土木工程和军事工程设备、农业和园艺机器与用具以及各种科学仪器和其他生产生活器具。

第三部分是工业产品,以展示人类工业劳动作用于自然产品的结果,主要包括棉、毛、丝、绒、麻等纤维及其纺织品、皮革制品、纸张、金属器具、贵金属等奢侈品、玻璃、陶瓷、室内装饰和家具、建筑材料等。

第四部分是艺术品,以展示人类的趣味和技艺,包括造型艺术、雕刻、雕塑、镶嵌、搪瓷等。

这届博览会在当时可谓一场空前盛会,自然吸引了当时侨居伦敦的马克思和恩格斯的极大关注。他们在往来通信和公开发表的著述中多次对这一事件做出评论。譬如,马克思恩格斯早在1850年11月发表在《新莱茵报》第5—6期上的《时评。1850年5—10月》中就肯定了这届工业博览会的重大历史意义:"这个博览会令人信服地证明了集中起来的力量的意义,现代大工业以这种集中的力量到处破坏民族的藩篱,逐渐消除生产、社会关系、各个民族的民族性方面的地方性特点。"[1]而当博览会接近尾声的时候,马克思在1851年10月13日写给恩格斯的信中说:"英国人承认,美国人在工业博览会上得了奖,并且在各方面战胜了他们。(1)古塔波胶。有新的原料和新的品种。(2)武器。有左轮手枪。(3)机器。有收割机、播种机和缝纫机。(4)第一次广泛采用银版照相术。(5)船舶方面。快艇。最后为了表明美国人也能够供给奢侈品,他们陈列了加利福尼亚金矿的一大块金子和用纯金制成的一套餐具。"[2]或许,这些标志着资本主义工业革命成就的先进发明和发现极大激发了马克思深入了解机器大工业的工艺学基础及其历史发展的强烈兴趣,从而促使他着手进行第二次工艺学研究,摘录了波佩、贝克曼和尤尔等人的工艺学著作,同时也专门关注了这届博览会的汇编资料。

在这届博览会圆满落幕之后,由博览会的审查员等相关人员[3]根据博览会展品目录和审查报告编撰了两部著作,即1852年

1　《马克思恩格斯全集》第10卷,人民出版社1998年版,第585页。

2　《马克思恩格斯全集》第48卷,人民出版社2007年版,第413页。

3　关于《各国的工业》的作者,目前尚无可靠信息。吉田文和认为,当时剑桥大学的教授罗伯特·韦利斯可能参与或指导了该书的编写,因为他当时担任这届博览会的审查员,并著有《关于1851年大博览会结果的讲义》。马克思曾在1863年1月旁听过他的技术课程。参见[日]吉田文和:《〈各国的工业〉和〈资本论〉(摘译)——马克思"机器理论"形成史研究(二)》,《马克思主义研究资料(第10卷):〈资本论〉基本理论问题研究》,中央编译出版社2014年版,第318页。雷金娜·罗特则在文中指出,蒸汽锤的发明者内史密斯可能参与了该书的编撰。参见 Regina Roth,"Marx on technical change in the critical edition," *The European Journal of the History of Economic Thought*, Vol. 17, No. 5, 2010, pp. 1223–1251。

出版的《1851年大博览会展品所代表的各国工业及工业原料》[1]和1855年出版的《各国的工业，第二卷：工艺、机器和工业的现状概述》[2]，总称为《各国的工业》[3]。这部著作由"基督教知识促进协会(Society for Promoting Christian Knowledge)"[4]发行，由其指定的"一般学术和教育委员会"出版。

编者在《各国的工业》第一卷的《序言》中阐述了该书的宗旨和目的。由于过去人们长期忽视了机械师和工匠劳动的重要性，随着工业的发展，哲学（科学）和工业的联系越来越紧密，哲学或科学知识使传统手工业经验得以系统化和专业化，科学知识的工业应用促进了工业的发展。同时，工业的需求和发展也直接促进了哲学或科学的发展。因此，该书旨在以大博览会为契机，全面系统地总结世界各国工业的先进发明创造、工艺方法及其科学知识，以推动科学实践和工业生产的结合，促进英国的技术教育和职业教育，尤其是为普及工人阶级的技术教育提供参考书[5]。可见，如果说19世纪初尤尔的技术课程和《工厂哲学》还是一种出于个人志趣

1　*The Industry of Nations, as Exemplified in the Great Exhibition of 1851: The Materials of Industry*, London: Society for Promoting Christian Knowledge, 1852.

2　*The Industry of Nations, Part II. A Survey of the Existing State of Arts, Machines, and Manufactures*, London: Society for Promoting Christian Knowledge, 1855.

3　《各国的工业》这一书名源自这届博览会的正式名称"1851年各国工业作品大博览会"。

4　"基督教知识促进会"旨在推进英国教会在美国的建立与传播，但是它的活动主要是在英格兰和威尔士建立慈善学校、传播圣经和宗教小册子，其中也包括自然科学和工业方面的著述。参见[日]吉田文和:《〈各国的工业〉和〈资本论〉（摘译）——马克思"机器理论"形成史研究（二）》,《马克思主义研究资料（第10卷）:〈资本论〉基本理论问题研究》，中央编译出版社2014年版，第318页。

5　*The Industry of Nations, as Exemplified in the Great Exhibition of 1851: The Materials of Industry*, London: Society for Promoting Christian Knowledge, 1852, pp. 1-4.

和努力的结果,那么,大博览会和《各国的工业》则代表了英国政府和社会团体从国家意志和社会公益层面对工业技术教育的重视和推广。

《各国的工业》第一卷的前八章主要概述了这届工业博览会的历史缘起、水晶宫的设计与建造过程及其使用的各种新型土木工程机械、水晶宫的布局、维多利亚女王莅临开幕大典的隆重盛况。第九章对各国参展的工业产品进行了全面介绍。第十章概述了这届博览会的总体过程和获奖情况。各种奖励的总数达 5 084 项,其中英国获得 2 039 项,特别是在机器、金属制品、陶瓷器皿方面,英国的获奖数超过了其他国家获奖数量的总和。第十一至十三章分别介绍了以第一展橱中的煤炭为代表的工业矿物原料、以第二展橱中的化学和制药工艺及其产品为代表的工业化学原料和以第四展橱中的木材和纤维原料为代表的工业动植物原料的基本内容。从马克思的后期研究来看,他没有利用《各国的工业》第一卷的内容,而是在《1861—1863 年经济学手稿》和《资本论》中多次引用了《各国的工业》第二卷的内容。

《各国的工业》第二卷共有九章,马克思在后来的研究中特别关注了第二章《机械力的来源》(Sources of Mechanical Power),这一章介绍了各种产生机械动力的原动机(Prime Movers)。该书对原动机的规定是:"对工厂主来说,原动机是首要的。它构成了工厂主的巨大劳动力(Great Operative),如果没有它的强有力的帮助,所有人手的劳动只能产生微不足道的效果。除非原动机能够注入充沛而持续的动力,否则工厂中的笨重机器就会完全变成一个无用的机构,因此,原动机是必要的。相较于赋予机器总体以生命和活力的原动机来说,机器的其他部分在重要性上只是次要的。属于原动机的机器包括蒸汽机、风车(wind-mills)、水轮、电磁发动机(electro-magnetic engines)等。其中一些机器产生推动它自身运动的力量,譬如,蒸汽机、电磁发动机等。另一些机器则只是从水或空气的自然运动中获得机械力量的装置,譬如水车、风车等。第二类原动机依赖于力的供应,因为它本身就是不稳定且经常断断续续的,如果力量不足,人也不能使其增加。然而,蒸汽机及其同类机器就完全受人的控制,能够提供任何大小的力量,能够在任何时间开动,并能立即停止。"[1]关于蒸汽机,该书详细介绍了蒸汽机的各个局部机构及其工作原理以及蒸汽机在工业生产、交通运输和矿山开采等领域的广泛应用。比如,博耳顿-瓦特公司的700马力船用蒸汽机、蒸汽机在汽船和铁路的应用促进了交通工具的现代化,适应了大工业的需求。此外,该书还介绍了其他几种原动机,如约·埃里克森的空气机,即马克思在《资本论》中所说的卡路里机,其原理是通过加热使气体膨胀而产生动力。虽然由于笨重和不够经济实用而没有真正投入工业生产,但它的原理被后来的燃气涡轮机所利用。又如,电磁发动机即电动机的发明改进过程,以及风车、水车、水动涡轮机等。这些最先进的机器发明及其工业应用向马克思展现了资本主义机器大工业的最新实践成果,马克思在《1861—1863年经济学手稿》和《资本论》中充分利用了这些资料。

第三、四、五章中描述了各种加工机器,如纺织机、造纸机、信封加工机器、机械制造机器等,这些机器都是自动化的机器体系,要比尤尔描述的1830年的自动机器体系更加先进和完备,代表了当时科学技术发展的最新成果和工业化程度的最高水平,从而为

---

1 *The Industry of Nations*, *Part II. A Survey of the Existing State of Arts, Machines, and Manufactures*, London: Society for Promoting Christian Knowledge, 1855, pp. 61 - 62.

马克思深入认识不同的自动机器体系及其本质特征提供了最典型的例证。其中,第三章主要介绍了各种纺织机器和自动停车装置等,这些纺织机器在同一工厂中的集合和协作为马克思提炼"同种机器的协作"这种现代工厂形式,认识"有组织的机器体系"和"自动的机器体系"提供了丰富资料。第四章详细阐述了造纸机和信封制造机。英国的现代造纸厂和造纸机是有组织的自动机器体系的典型,其特点就是在一个原动机推动下,机器体系通过一系列各不相同又相互补充的工具机来代替以前互不相连的各种手工操作。因而,同棉纺织机器一样,造纸机也是"从以分工为基础的工场手工业中产生"的自动机器体系的典型。造纸机的生产过程也集中体现了自动机器体系的生产连续性、自动化、运转迅速和同时协作的特点。而信封制造机则是马克思后来说的那种"一台复杂的机器被用来完成互不相连的各种操作"的机器,同时也是"同种机器简单协作"的工厂的典型之一。此外,关于机器制造业中用机器来生产机器的详细介绍,为马克思理解机器体系发展中打破手工业和工场手工业的技术局限而为大工业的发展提供一种与其自身的生产方式相适宜的物质技术基础方面提供了至关重要的资料。该书还介绍了各种金属加工机器,其中最引人注目的便是詹姆斯·内史密斯发明的蒸汽锤,它是根据自动操作的原理建造而成,因此既能把一大块花岗岩变成粉末,又能打碎胡桃核而不损伤桃仁。赖德的专利锻造机,使用小蒸汽锤锻造纱锭,每分钟可锤击700次。亨利·莫兹利用滑动原理发明的转动刀架,这种装置代替了人手来掌握刀具,并支配刀具的运动,从而使操作更精确迅速。编者高度赞扬了这项发明:"毫不夸张地说,它对机器的改良和更广泛应用所产生的影响不低于瓦特对蒸汽机的改良所产生的影响。由于使用这种刀架,各种机器很快就完善和便宜了,并且推动新的发明和改良。"[1] 此外,本章还详细阐述了车床、钻床、牛头刨床、插床等机械加工机器。马克思在《资本论》及其手稿中多次利用了上述资料。

马克思还关注了第六章中的水泵、鼓风机等内容;第七章中涉及天文、光、电、热、磁、气象等领域的所谓"哲学仪器";第八章中的玻璃和陶瓷及其制造工艺;第九章中的金属加工业,其中在作为五金加工业中心的伯明翰,工厂中生产的各种各样的锤子和制鞋工具,为马克思理解工场手工业中劳动工具的专门化和分化提供了重要资料。此外,令马克思颇感兴趣的是关于钢笔尖工厂的描述,它同信封制造机器一样为马克思理解自动机器体系提供了典型例证。

可能是由于马克思自己收藏了这本著作,所以他没有在笔记本上做摘录,而是在后来的《资本论》及其手稿中直接加以利用[2]。总之,伦敦世界工业博览会及其汇编资料《各国的工业》向马克思集中展现了资本主义机器大工业的最先进的机器体系和自动工厂,为马克思全面深入地把握资本主义生产方式的巨大变革、认识社会生产力的最高发展水平、预见新社会诞生的物质基础提供了最直接和最丰富的现实材料。

二、《伦敦笔记》中关于机器和工业革命的其他摘录

在《伦敦笔记》中,马克思在摘录波佩、贝克曼和尤尔的工艺史

---

1   The Industry of Nations, Part II. A Survey of the Existing State of Arts, Machines, and Manufactures, London: Society for Promoting Christian Knowledge, 1855, p. 239.

2   张钟朴:《马克思在〈伦敦笔记〉中对科学技术、机器生产和工艺学的研究》,《马克思主义研究资料(第4卷):经济学笔记研究Ⅱ》,中央编译出版社2014年版,第203页。

著作之前,还从其他资产阶级经济学家和社会主义思想家那里研究和摘录了有关机器的社会效应、工厂制度的形成和工业革命进程等内容,这主要涉及李嘉图、约翰·费尔登、加斯克尔等人的著作。

首先,在《伦敦笔记》第 VIII 笔记本中,马克思再次集中关注了李嘉图的《政治经济学及赋税原理》,其中就包括李嘉图在该书1821 年第三版中补充的第三十一章《论机器》。马克思在摘录时将其概括为"机器(Maschinerie)对工资(Arbeitslohn)的影响"[1]。马克思对李嘉图的"论机器"章的摘录内容主要包括以下几个方面:(1) 李嘉图过去所持有的机器有益论和补偿理论,即机器的采用虽然会暂时导致一部分工人失业,但资本家向其他行业的投资又会增加对工人的需求,从而维持工资的总体水平不变。加之机器促进商品价格降低,从而使工人能买到更多商品。[2] (2) 李嘉图认识到,"机器对人类劳动的代替,对于工人阶级的利益总是非常有害的"[3]。因为社会总收入和社会纯收入并不必然是正相关的,地主和资本家的收入增加同劳动阶级的工资减少会同时发生,也就是说,当机器增加一国纯收入时,同时会导致人口过剩和工人阶级状况恶化。这里,李嘉图的可贵之处在于看到了机器的使用对工人阶级的损害及其现象表征,即社会财富分配的不平等。这已超越了他过去所持有的补偿理论的幻象。但同时需要看到,李嘉图还主要停留于对现象的描述,尚未深入剖析其中的内在原因。(3) 李嘉图进一步指出,劳动阶级认为机器的使用通常会损害他们利益的观点并不是一种偏见和错误,"而恰恰是符合政治经济学

---

1 *Marx-Engels-Gesamtausgabe*, Bd. IV/8, Berlin: Dietz, 1986, S. 393.

2 Ibid.

3 Ibid., S. 394.

的正确原则的"[1]。这里,李嘉图承认了劳动阶级的利益诉求的正当合理性,并更加意味深刻地揭示了政治经济学的理论原则本身同工人阶级利益的对抗性,即政治经济学所宣扬的正确原则恰恰是损害工人阶级利益的,这一点是李嘉图将政治经济学作为一门科学推向它在自身范围内所能达到的最高点的重要标志。但另一方面,李嘉图又存在把工人阶级利益受损的原因只归结于机器的嫌疑,这实际上遮蔽了工人阶级贫困的真正原因,而将矛盾的根源引向机器,而没有真正意识到机器与机器的资本主义应用之间的本质差异。因此,这在实质上又是一种资产阶级意识形态幻象。其实,不仅资产阶级经济学家,就连工人阶级本身在破坏机器时也陷入了这种意识形态之中。

其次,在《伦敦笔记》笔记本 XI 中,马克思摘录了约翰·费尔登(John Fielden)的《工厂制度的诅咒》(*The Curse of the Factory System*)一书中对工厂制度的历史分析和强烈控诉。这主要包括以下几个方面:(1)以机器为基础的英国工厂制度的形成。费尔登指出,阿克莱发明的机器将工业从广大农村的家庭手工业中解放出来,即从"英国的村舍和农舍中解放出来",将工人、新机器集中在远离城镇市区、临水而建的大工厂中,使孩子灵巧的双手成为最佳的劳动需求对象,于是大批来自不同教区的贫民习艺所中的7—14 岁的学徒就成为新的劳动力。由此可见,机器构成了英国工厂制度的物质技术基础,它不仅以独特的生产优越性改变了工业的生产方式本身,而且以自身的发展状况(比如早期的机器动力源于自然力)改变了工业的空间分布和劳动力的需求比例等。这些都为工厂制度的确立奠定了重要的物质基础。(2)工厂制度下

1　*Marx-Engels-Gesamtausgabe*, Bd. IV/8, Berlin: Dietz, 1986, S. 394.

的监工制度及其后果。监工的主要任务就是监督工人特别是童工的劳动状态，由于监工的工资同工人的工作量直接相关，因此，监工的任务就转变为以各种残暴手段迫使童工最大限度地工作，这导致童工们长期处于过度劳动的状态，"他们疲倦地挣扎在死亡的边缘，他们遭受着最精致细腻的残酷手段的鞭挞、束缚和虐待。他们通常骨瘦如柴却被强迫劳动，甚至在有些情况下，他们被迫自杀"[1]。于是，"这些远离大众视线的德比郡、诺丁汉郡和兰开夏郡的美丽浪漫的河谷变成了充满拷问和谋杀的阴郁荒凉之地"[2]。当尤尔在《工厂哲学》中将工厂中的虐童事件归罪于成年工人或监工而为工厂主开脱时，费尔登则在这里揭露了事情的真相。(3) 夜班制度。资本家为了追求利润最大化，充分占有工人的劳动时间，实行夜班制度。由于白班工人和夜班工人轮流在同一床铺上睡觉，因而"在兰开夏郡，床铺从未变凉是一种常见现象"[3]。(4) 工厂制度严重威胁着工人的身心健康。由于高强度的劳动节奏、恶劣的工作环境和充满卫生隐患的生活条件，导致工厂工人经常遭受接触性传染病、霍乱等疾病的侵袭，或者经常陷入极度倦怠的状态，因而常常以酒精和鸦片来获得放松，这些都严重妨害了工人的身心健康。(5) 工厂法通常沦为一纸空文，无法适应机器改良推动的生产方式变革。工人阶级中恶性疾病的暴发促使英国政府从1796年就成立专门的健康委员会，制定相应的工厂学徒法规，但在实际的工业生产中，这些工厂法常常变为一纸空文。一方面是因为机器的改进促进了生产方式的变革，已颁布的学徒法案不再适用于新的生产方式，这促使工厂法不断修订；另一方面是许多

1　*Marx-Engels-Gesamtausgabe*, Bd. IV/9, Berlin: Dietz, 1991, S. 44.

2　Ibid.

3　Ibid.

作坊和工厂为了规避工厂法案,只让童工从事长期劳动,但不赋予学徒的名号,这导致一部分童工陷入更糟糕的境况,甚至在1815年新工厂法颁布以后,童工被当作工厂主的财产而被相互买卖。

最后,在《伦敦笔记》笔记本 XI 和 XII 中,马克思摘录了彼得·加斯克尔(Peter Gaskell)的《手工业工人与机器:由于机器代替人的劳动而造成的工业人口的道德和身体状况》[1]一书。马克思主要摘录了该书的第一章"家庭手工业"、第二章"工厂制度"、第六章"儿童劳动和妇女劳动"、第七至九章"工业人口的身体状况"、第十二章"实物工资制和村舍制(Cottage system)"、第十三章"机器对人类劳动的影响"等内容。具体来说,(1)以机器发展为基础的工厂制度的形成。加斯克尔以英国纺织业为例,较详细地梳理了机器的发明应用所带来的工业人口的结构变迁和从家庭手工业向机器大工业的历史发展过程。具体来说,在纺织业的早期阶段即家庭手工业阶段,由于纺织劳动只是由农村家庭的女工完成,因此,纺和织是结合在一起的。到了18世纪中叶,人口的增长极大增加了对布料的需求,而传统的单线纺车和家庭手工业无法满足市场需求,这首先引发了纺纱机的发明改进(譬如,骡机、珍妮机取代了旧式纺车——这只是工具机的改良)。由于纺纱机变得越来越庞大、复杂和昂贵,单个家庭无法承担新机器的费用,于是纺和织开始分离,并分别固定为独立的分支和阶层。纺纱机的改良首

---

1 Peter Gaskell, *Artisans and Machinery: The Moral and Physical Condition of the Manufacturing Population Considered with Reference to Mechanical Substitutes for Human Labour*, London: John W. Parker, 1836. 加斯克尔于1833年出版的《英国的制造业人口》是该书的第一版。参见 Peter Gaskell, *The Manufacturing Population of England: Its Moral, Social, and Physical Conditions, and the Changes Which Have Arisen from the Use of Steam Machinery; with an Examination of Infant Labour*, London: Baldwin and Cradock, 1833。

先引发了纺工阶层的变化,除了既有的纺工阶层,另一阶层即自耕农也会成为纺工,这是因为资本家通过改良土地和耕作方法挤占了自耕农的既有市场份额,从而迫使自耕农变卖部分设备或以房屋为抵押来购买纺纱机,因而在最初阶段,家庭手工纺纱业获得迅速发展。但随着资本家投入大量资本建立纺纱工厂和改良机器发明(机器更加昂贵),家庭手工业遭到严重打击,而自耕农首当其冲。于是,在1790—1810年间土地所有权发生急剧广泛的变化,大批自耕农变卖机器和土地成为单纯的工厂工人。与此同时,织布业也紧随纺纱业的变化发生重要变革。由于纱线供应充足、价格低廉,这使得织工的利润大大增加,一部分家庭手工织工放弃农耕而专门从事织布,利用手摇织机的织工阶级就分化为两个阶层:一是传统的拥有土地的织工,一是纯粹的织工。后者由于失去土地而依赖于市场,因而要遭受不能自给自足的痛苦和贫困。这也促使织工阶级的联合逐渐形成。然而,手摇织机和家庭手工业无法及时将市场上大量的纱线织成布料,造成纱线的出口或大量积压,从而无法满足市场对布料的需求。于是,资本家纷纷建立工厂、引入机器,从而产生对织工的巨大需求。大量织工涌入工厂成为纯粹的雇佣工人,但他们的工资更低。这也促使土地所有权进一步发生变化。第一批纺织厂的工厂主依赖于手工劳动,同时也忍受着人手的懒惰难治及由此造成的损失。随着蒸汽机的出现和应用,工厂主利用蒸汽织机将成年男工拒之门外,只雇佣童工和女工,这也导致织工从一开始就敌视机器,引发手工织工的暴动和破坏机器行为,但这些行动也无法改变工厂制度对成年男工的排斥和整个织工阶段的愈加严重的奴役状态。[1] (2)工厂制度严重威

1　*Marx-Engels-Gesamtausgabe*, Bd. IV/9, Berlin: Dietz, 1991, S. 105 – 108.

胁着工人的健康状况。在纺织业中,童工和女工的身体状况变得严重畸形、普遍虚弱,饱受慢性疾病的折磨,导致精神情绪的抑郁和身体循环的破坏而最终导致寿命的缩短。[1] (3) 作为工厂制度之畸形产物的实物工资制(truck system)和村舍制(cottage system)。前者就是以实物商品或购买券的形式作为工人的报酬,这是早期资本家剥削工人的一种形式,后来因遭到强烈反对而被废除。后者是对实物工资制的一种补充。工厂主选择在离城镇几公里远的地方建厂,同时在工厂周围修建大量村舍,大部分租给工厂工人,小部分出租开办旅馆、商店或酒店等等。而工人的房费直接从其工资中扣除,这样的制度不仅使工厂主赚取大笔利润,而且增强了对工人的聚集和直接控制。加斯克尔将其形象地加以描述,认为工厂制度下的工人与工厂主的关系比封建时代的家臣隶属和依附关系更加绝对,因为工人就像机器一样构成工厂主的财产组成部分。因此,工人的联合受到居于绝对统治地位的工厂主的严密监视和压制。[2] (4) 机器的广泛社会影响。加斯克尔用大量数据表明,机器的巨大生产力对纺织业和农业劳动也产生了重要影响:一方面,纺织机器的发明应用将大量人类劳动驱赶出去,迫使他们在更恶劣的手工作坊中继续维持生计。对此,加斯克尔这样总结道:"首先,机器摧毁了家庭纺纱业(domestic spinning),其次,机器打开了一个巨大的纱线出口业。最后,机器惩罚本国织工为全世界织布,却使这些织工在衣衫褴褛和贫困潦倒中每天劳作 14 个小时。罗伯特的铁人(Iron Man)摧毁了工厂纺工(Factory Spinner)。"[3] 另一方面,蒸汽机的巨大生产力和广泛适用

1　*Marx-Engels-Gesamtausgabe*, Bd. IV/9, Berlin: Dietz, 1991, S. 109 - 114.

2　Ibid., S. 114 - 115.

3　Ibid., S. 116.

性不仅促进了农业工具的机器化生产,而且改变了传统的耕作方法,进而引发土地所有权的变革,因此,农民试图用来捍卫自己土地和房屋的围栏都被蒸汽机摧毁了。[1]

综上所述,马克思在处于古典政治经济学逻辑顶峰的李嘉图这里再次确认了机器对工人的消极影响。而借助费尔登、加斯克尔对工业革命和工厂制度的批判性历史考察,马克思更深入细致地了解了以机器为基础的工厂制度的历史形成及其对工人阶级的残酷迫害、深重罪恶和广泛影响(这是拜比吉和尤尔站在为资产阶级和工厂制度辩护的立场上所刻意回避和有意掩盖的历史真相),从而为马克思更加坚定深刻地揭露资本主义生产方式的剥削实质、探寻资本主义社会必然灭亡的内在规律提供了有力的历史材料。

总之,通过以《伦敦笔记》为核心的第二次工艺学研究,马克思对于人类历史的物质生产生活方式及其物质技术基础,特别是资本主义生产方式的历史起源及其最先进的生产力水平和最罪恶的工厂制度形成了全面而深入的历史性认知,为他进一步深入资本主义生产过程中揭示资本主义生产方式的本质规律和内在矛盾提供了坚实的理论和实践基础。马克思在随后的《政治经济学批判大纲》中就初步利用了前两次工艺学研究的重要成果。

第五节
深入资本主义生产内部的历史性探索与初步质性批判

我们知道,《政治经济学批判大纲》(以下简称《大纲》)在马克

1　*Marx-Engels-Gesamtausgabe*，Bd. IV/9，Berlin：Dietz，1991，S. 115.

思思想发展过程中占有独特的理论地位,它标志着马克思在狭义历史唯物主义视域下通过对资本主义生产关系的颠倒性和虚假性的深刻剖析和拜物教批判,建构起揭示资本主义生产关系本质的历史现象学,这构成了这一文本的显性批判逻辑。同时值得注意的是,马克思基于前两次工艺学研究的丰硕成果,同样在历史唯物主义视域下开始对工艺学的理论地位做出科学判断,在讨论货币转化为资本的历史过程时初步探讨了资本主义生产方式的历史形成,并基于机器大工业视角对机器大生产中劳动对资本的实际从属关系做出初步质性批判。这一隐性批判逻辑构成了马克思真正探索资本主义生产方式的历史起源与剥削实质的重要开端。

一、工艺学的独特地位:"政治经济学不是工艺学"

在写于 1857 年 8 月底的《〈政治经济学批判〉导言》这一手稿中,马克思首次详尽科学地阐述了政治经济学批判的对象和方法。在此过程中,他通过批判地界定资产阶级政治经济学的研究对象和方法论缺陷,初步指认了工艺学的独特地位。

具体来说,马克思在阐述"生产(一般)"时指出:"摆在面前的对象,首先是物质生产。"[1]这里,马克思开宗明义地点明了物质生产在社会历史存在中的基础性地位。随后,他进一步指出:"说到生产,总是指在一定社会发展阶段上的生产——社会个人的生产"[2],或者"一切生产都是个人在一定社会形式中并借这种社会形式而进行的对自然的占有"[3]。这是马克思从历史唯物主义视

1 《马克思恩格斯全集》第 30 卷,人民出版社 1995 年版,第 22 页。
2 同上书,第 26 页。
3 同上书,第 28 页。

域对生产或生产一般的科学规定。同时,马克思指认自己研究的本题就是特殊的"现代资产阶级生产"。而要准确把握这种特殊的生产,就必须首先掌握生产一般,它作为"一个抽象",是生产在一切时代所具有的"共同标志"或"共同规定",而且只要这种抽象"真正把共同点提出来","它就是一个合理的抽象"[1]。但请注意,从不同的方法论出发所得出的抽象是完全不同的,它可能在一定范围内是合理的抽象,却并不一定在根本上是科学的抽象,而政治经济学对生产一般的理解恰恰如此。马克思强调:"对生产一般适用的种种规定所以要抽出来,也正是为了不致因为有了统一(主体是人,客体是自然,这总是一样的,这里已出现了统一)而忘记**本质的差别**。那些证明现存社会关系永存与和谐的现代经济学家的全部智慧,就在于忘记这种差别。"[2]这里马克思强调的是,我们不能像资产阶级经济学家那样只是从人与自然的主客体统一层面来抽象地理解生产,他们恰恰忽视了生产在历史发展中的**本质差别**。这又如何理解呢?马克思以政治经济学对资本的理解为例做了说明,即在政治经济学中,资本被理解为"生产工具""积累的劳动""过去的、客体化了的劳动"。请注意,以"生产工具""积累的劳动"等概念来定义资本已经是一种抽象,而且是一种合理的抽象。譬如,按照这种理解,原始人手中的石头或弓箭都是资本,而从最粗陋的石头到发达的自动机器体系就表现为生产工具或积累的劳动即资本的**具体差异**,也就是说,政治经济学是从资本或生产的物质形式来理解资本或生产一般的,这样一来,资本就成为"一种一般的、永存的自然关系"[3],而这"恰好抛开了正是使'生产工具'、'积

---

1 《马克思恩格斯全集》第 30 卷,人民出版社 1995 年版,第 26 页。

2 同上。

3 同上。

累的劳动'成为资本的那个特殊"[1]。而这个特殊正是马克思所强调的"本质的差别"即一定的具体的历史的生产关系或社会形式，因此，马克思对生产一般的科学规定蕴含着生产的两个层面：生产的物质形式和社会形式。而政治经济学在生产问题上的根本缺陷就在于只停留在生产的一般物质形式（人与自然的关系层面），而忽视了生产的特殊社会形式（人与人的关系层面）。譬如，马克思以约翰·斯图亚特·穆勒的《政治经济学原理及其对社会哲学的某些应用》第一卷第一篇第一章《生产》为例指出，现代经济学的时髦做法是在开头的总论部分阐述"一切生产的**一般条件**"，即"一切生产的基本要素"和"或多或少促进生产的条件"[2]。正是由于政治经济学只是从一般物质形式角度阐述生产，因此，生产就"被描写成局限在与历史无关的永恒自然规律之内的事情，于是资产阶级关系就被乘机当作社会一般的颠扑不破的自然规律偷偷地塞了进来"[3]。而这正是资产阶级经济学的意识形态的根基所在，同时也是政治经济学在生产问题上的根本缺陷。

简言之，政治经济学对生产问题的阐述只是停留在物质形式的生产一般层面，而尚未深入阐明特殊的具体的生产过程本身及其特定的生产关系。而这一点恰恰是在工艺学特别是工艺学史中详细阐述的——正因为政治经济学对于直接物质生产过程的历史缺乏深入研究，因此才只是停留在作为物质形式的生产要素层面讨论生产问题。实际上，以波佩、贝克曼、拜比吉、尤尔为代表的工艺学和工艺学史并不只是停留于从物质形式层面对操作工序、工具、机器的工艺分析，而是在长时段的历史视域中展现了人类物质

1　《马克思恩格斯全集》第 30 卷，人民出版社 1995 年版，第 26—27 页。
2　同上书，第 27 页。
3　同上书，第 28 页。

　　　　　　　　重读马克思：工艺学语境中的哲学话语

生产方式的变革及其相应的社会关系变迁,这实际构成了工艺学在社会唯物主义哲学层面的深刻内容。因此,马克思指出:"生产总是一个个特殊的生产部门——如农业、畜牧业、制造业等,或者生产是总体。可是,政治经济学不是工艺学。生产的一般规定在一定社会阶段上对特殊生产形式的关系,留待别处(后面)再说。"[1]过去,许多学者将"政治经济学不是工艺学"解读为马克思不重视工艺学。窃以为,这一看法是值得商榷的。因为这种解读是以马克思肯定政治经济学的观点为前提假设的,而从上下文的言说语境来看,马克思是在批判政治经济学对生产一般的肤浅理解的意义上做出上述判断的,因此,马克思实际上是在指认政治经济学在生产问题上的局限性,批评它没有说明"生产的一般规定在一定社会阶段上对特殊生产形式的关系",而这恰好就是对资本主义生产方式的剖析,也正是工艺学特别是工艺学史所揭示的重要内容。而马克思的那句"留待别处(后面)再说"正是预告了他随后的重要研究对象之一就是对资本主义生产方式的历史性剖析和本质性批判。马克思在《大纲》的"资本章"第二篇"资本的流通过程"中,利用在《伦敦笔记》时期的第二次工艺学研究成果初步梳理了资本主义生产方式的历史起源,并对资本主义机器大工业生产的生产关系特质做了初次批判。

二、经济学和工艺学语境中的抽象劳动

在传统的理论视域中,我们通常是从价值规定的层面来把握马克思主义的抽象劳动概念,即价值是凝结在商品中的无差别的

1　《马克思恩格斯全集》第 30 卷,人民出版社 1995 年版,第 27 页。

人类劳动。如果这种作为价值尺度的抽象劳动是马克思在劳动价值理论语境中对抽象劳动的规范性界定,那么,马克思在建构资本主义批判理论的过程中则深刻阐发了抽象劳动的批判性维度。在《大纲》的"资本章"第一篇"资本的生产过程"中,马克思深刻分析了资本主义生产关系中的劳动作为抽象劳动所蕴含的双重维度,即交换领域中具有使用价值功能(蕴含着创造价值的潜能)的抽象劳动和生产领域中丧失了一切技能和感性能力的抽象劳动。

首先,马克思在分析资本与劳动的交换关系时指认了同资本(以货币形式表现出来)相对立的、仅作为使用价值(即创造价值的源泉)发挥作用的抽象劳动。这一维度的抽象劳动的经济学基础就是生产资料所有权同劳动相分离,具体包括两个层面:一是从否定的角度来看,劳动作为资本的对象,作为"非对象化劳动"是"同一切劳动资料和劳动对象相分离的,同劳动的全部客体性相分离的劳动",是被彻底剥夺和抽象掉现实性要素的活劳动,因而是"作为**绝对的贫穷**的劳动","这种贫穷不是指缺少对象的财富,而是指完全被排除在对象的财富之外"[1]。二是从肯定的角度来看,劳动作为主体是"作为活动存在","作为价值的活的源泉存在"[2],因而劳动表现为"财富的一般可能性"[3]。这种看似自相矛盾的命题恰恰反映了资本和劳动之间互为前提的现实关系。因此,作为同资本相对立的使用价值,劳动"不是这种或那种劳动",不是某种特殊的劳动,"而是劳动本身,抽象劳动"[4]。它的抽象性就在于从劳动的现实地位和实际功能来看,它仅作为使用价值而存在,是"绝对

1　《马克思恩格斯全集》第 30 卷,人民出版社 1995 年版,第 253 页。
2　同上。
3　同上书,第 254 页。
4　同上。

的贫穷"和"财富的一般可能性"。这意味着,劳动同自身的特殊规定性毫不相干,但同时又包含着任何一种规定性,因为当劳动与一定的资本的特殊实体发生关系时,必然是作为一定的特殊劳动而与之相适应的。因此,如同资本本身是其实体的一切特殊性的总和与抽象一样,作为抽象劳动的劳动本身也是包含着一切劳动特殊性的总体和抽象。而这种抽象劳动是伴随资本主义生产关系的确立而产生的,因此它是相对于手工业行会制度中、局限于特殊规定性的资本和劳动而言的。

其次,抽象劳动的另一维度是作为特定的物质生产方式和工业生产力发展结果的纯粹抽象活动。这种生理学意义的抽象劳动[1]有着深刻的工艺学基础,而它的工艺学基础就在于"随着劳动越来越丧失一切技艺的性质,也就发展得越来越纯粹,越来越符合概念;劳动的特殊技巧越来越成为某种抽象的、无差别的东西,而劳动越来越成为纯粹抽象的活动,纯粹机械的,因而是无差别的、同劳动的特殊形式漠不相干的活动;单纯形式的活动,或者同样可以说单纯物质的活动,同形式无关的一般意义的活动"[2]。显然,这种抽象活动不是作为价值规定和价值尺度的抽象劳动,也不是在劳资交换关系中对资本而言仅作为使用价值的抽象劳动,而是在生产过程中表征着劳动的现实存在状况的抽象劳动。简言之,**这种抽象劳动就是以(自动)机器体系为主导的机器大生产过程中劳动的简单化和均质化,这是机器体系的发展对劳动分工和特殊技能的贬低和排斥的结果。其实,尤尔站在机器大工业的立场上对机器体系的运行规律和机器体系废除劳动分工现象的深刻分**

---

1 参见鲍金:《马克思的"抽象劳动"概念及其意蕴探析》,《天津社会科学》2013年第6期;任洲鸿:《再论马克思的抽象劳动概念》,《当代经济研究》2012年第5期。
2 《马克思恩格斯全集》第30卷,人民出版社1995年版,第255页。

析,恰恰展示了资本主义生产过程中的抽象劳动。更进一步说,这种抽象劳动是资本主义生产关系下劳动的单一使用价值功能意义上的抽象劳动,即作为使用价值的抽象劳动在生产方式和生产过程层面的具体展开,从而达到了更纯粹、更抽象又更真实的层面。正是在这一意义上,马克思指出:"生产关系的即范畴的——这里指资本和劳动的——特殊规定性,只有随着特殊的物质生产方式的发展和在工业生产力的特殊发展阶段上,才成为真实的。"[1] 就是说,基于资本主义生产关系所确立的第一种抽象劳动仍然属于范畴的层面,它在现实的资本主义工场手工业中尚未充分实现出来,只是到了机器大工业的生产过程中,作为资本主义生产关系之内在规定的抽象劳动才基于工业生产力和生产方式的根本变革而真实地实现出来。就前者而言,劳动主要是在预设性功能(仅作为使用价值)上成为抽象的;就后者而言,劳动在实际内容和性质上都变成抽象的了。在这个意义上,卢卡奇在《历史与阶级意识》一书中的物化批判理论虽然在重新激活马克思异化批判理论时存在逻辑错位的缺陷[2],但在一定程度上也较准确地把捉到了资本主义机器大生产中存在的抽象劳动现象;不过,仅仅基于人本主义逻辑对生产领域的抽象劳动进行物化批判是远远不够的,必须深入资本主义生产方式的历史生成中才能深刻揭示抽象劳动的内在机制和历史轨迹。而这正是马克思在努力探索的问题。

---

1 《马克思恩格斯全集》第 30 卷,人民出版社 1995 年版,第 255 页。
2 张一兵:《市场交换中的关系物化与工具理性的伪物性化——评青年卢卡奇〈历史与阶级意识〉》,《哲学研究》2000 年第 8 期。

三、关于资本主义生产方式的本质特征及其 历史生成的初步分析

在《大纲》的"资本章"第二篇"资本的流通过程"中,马克思在探究资产阶级所有权的实质、货币转化为资本的历史过程、资本成为集体力量的内在机制等问题时,初步分析了资本主义生产方式的本质特征及其历史形成过程,为接下来的研究奠定了重要基础。

首先,马克思在探究资产阶级所有权的实质及其原因时初次揭示了资本主义生产方式的本质特征,即在资本的生产过程中劳动对资本的绝对从属关系。马克思看到,在资本的流通过程中,资本与雇佣劳动之间的交换关系是在前资本主义的旧生产方式及所有制(如公有制、家长制、封建制等)的解体中逐渐酝酿和确立的,因此,劳资交换关系的独特性质首先在于资本与劳动的所有权关系。

在马克思看来,资产阶级的所有权关系包含两条基本规律:第一条规律是劳动者"对自己劳动的产品拥有所有权的规律"[1],即"劳动和所有权的同一性",这是资产阶级在颠覆旧的生产方式和所有制时所极力宣扬的标志性口号;第二条规律则表现为把资本和雇佣劳动"双方在价值增殖过程中的行为表述为占有的过程",即"劳动表现为被否定的所有权,或者说,所有权表现为对他人劳动的异己性的否定"[2],简言之,劳动者的产品不归自己所有,而是表现为资本的产品,因此,劳动的所有权就表现为资本对劳动及其

---

1 《马克思恩格斯全集》第 30 卷,人民出版社 1995 年版,第 463 页脚注 1。
2 同上书,第 463 页。

产品的占有权。这是当时包括马克思在内的社会主义和共产主义思想家所努力揭露的资产阶级所有权的实质。实际上，马克思在《1844 年手稿》中的异化劳动批判理论就是以人本主义方法论对资产阶级所有权的批判，其逻辑起点就是劳动的产品不为劳动所有而被资本占有。然而，仅仅指认这一点只是描述了一种结果和现象，并未阐明资本得以占有劳动本身及其产品的内在机制。当时的社会主义者和共产主义者几乎都止步于此，因而转向对各种新社会制度的乌托邦构想与实践。同样地，刚开始经济学研究的马克思由于还不了解资本主义生产方式的历史形成和本质特征，因此，只能以人本主义逻辑的伦理悬设来展开外在的价值批判。在这里，马克思重新回到这一问题，此时他已经认识到，现象层面的所有权的否定性颠倒正是根源于资本主义生产过程内部，即作为资本主义生产方式之本质特征的劳动对资本的实际从属关系。而这首先就表现为在资本支配下的劳动的结合，即"在资本的生产过程中……劳动是一个总体，是各种劳动的结合体，其中的各个组成部分彼此毫不相干"[1]，也就是说，"工人们是**被结合**在一起的，而不是他们彼此互相结合。这种劳动就其结合体来说，服务于他人的意志和他人的智力，并受这种意志和智力的支配——它的精神的统一处于自身之外；同样，这种劳动就其物质的统一来说，则从属于机器的，固定资本的物的统一。这种固定资本像一个有灵性的怪物把科学思想客体化了，它实际上是实行联合者，它决不是作为工具同单个工人发生关系，相反，工人却作为有灵性的单个点，作为活的孤立的附属品附属于它"[2]。因此，"结合劳动从两个

1　《马克思恩格斯全集》第 30 卷，人民出版社 1995 年版，第 463 页。
2　同上书，第 463—464 页。

　　　　　　　　重读马克思：工艺学语境中的哲学话语

方面来看都是自在的结合，这种结合既不表现为共同劳动的个人相互发生的关系，也不表现为这些个人支配其特殊的或孤立的职能，或支配劳动工具"[1]。因此，这种结合劳动对工人来说就是"异己的、被强制的生命活动"，这种结合劳动"既表现为他人的客体性（他人的财产），也表现为他人的主体性（资本的主体性）"，于是"资本是社会劳动的存在，是劳动既作为主体又作为客体的结合，但这一存在是同劳动的现实要素相对立的独立存在"[2]。这里，马克思在资本主义机器大生产过程的基础之上准确把捉了资本主义生产方式的本质特征，即劳动对资本的实际从属及其产生的结合劳动或共同劳动，这在思想史上具有重要意义。因为在斯密那里，他只是从工场手工业分工的专业化和固定化角度来分析劳动生产力的提高，还没有看到作为分工之前提的协作即结合劳动对于资本主义生产方式的重要意义，更不可能看到资本与劳动的本质关系。随后，无论是李斯特所突出强调的劳动的联合，还是拜比吉所发展的分工比例倍数关系，都只是从工艺学的角度对斯密的分工逻辑的推进，或者说，从资本家的立场出发来描述资本与劳动的交换关系，却有意无意地遮蔽了交换之后的生产过程中劳资关系的统治与剥削实质。受他们影响，马克思在《形态》中只是在社会分工所造成的"分工异化"的层面论及分工对于劳动的异己性支配作用。而到了《哲学的贫困》中，马克思一方面认识到工场手工业的历史前提在于劳动的聚集，初步把捉到资本对劳动的支配性作用，从而初步触及了资本主义生产方式的特殊本质；另一方面则在尤尔的影响下轻易相信机器大工业的自动工厂能够废除工场手工业分工

1　《马克思恩格斯全集》第 30 卷，人民出版社 1995 年版，第 464 页。
2　同上。

中资本对劳动的支配,使劳动获得自由发展。而在这里,马克思清醒地认识到在机器大工业的生产内部,劳动对资本的实际从属更为严重且隐蔽。这构成了马克思在《大纲》中揭示资本主义生产方式之本质特征的第一步。

其次,马克思在探究货币转化为资本即商业资本转化为工业资本的历史过程时,初次论及资本主义生产方式的历史形成过程。马克思指出,货币转化为资本的第一步是"商人让许多以前以农村副业的形式从事纺织的织工和纺工为他劳动,把他们的副业变成他们的本业。这样,商人就掌握了他们,并把他们变成受他支配的雇佣工人"[1]。在这一阶段,商人只是逐渐将从事农村副业的纺织工人限制在一种劳动中,"只是通过购买他们的产品来购买他们的劳动"[2],这样就将他们的生产只限于生产交换价值,并且只有通过生产这种交换价值才能维持生计,于是,农村副业劳动便沦为商人的支配对象。第二步是商人将分散的家庭手工业工人联合在一个作坊中,这里,商人直接购买的是他们的劳动,这样就剥夺了他们对产品的所有权,"很快又剥夺对劳动工具的所有权"[3],这就是工场手工业的最初形成方式之一。

接着,马克思简述了资本和资本生产方式的两种"原始的历史形式",其共同特点是"与旧的生产方式并存,但逐渐地到处破坏旧的生产方式"[4]。具体来说,一种就是上述提到的工场手工业,即"本来意义上的手工工场(还不是工厂)"[5],其特点包括:(1) 工场手工业的基础是国内外市场。(2) 工场手工业最初侵入的是农村

1　《马克思恩格斯全集》第 30 卷,人民出版社 1995 年版,第 505 页。

2　同上书,第 506 页。

3　同上。

4　同上。

5　同上。

副业,如家庭纺织业,因而最初建立于没有行会的农村,农村副业为工场手工业提供了广阔基础。(3)在城市工商业中,工场手工业是以工厂方式经营的,如玻璃厂、金属加工厂、锯木厂、造纸厂,其特点是"一开始就都要求劳动力更加集中、更多地利用自然力、大量生产以及劳动资料等等的集中"[1]。显然,此时马克思开始意识到工场手工业形成的两种不同形式,但还未准确清晰地提炼出来。另一种就是以租地农场主的出现和农业人口转向自由短工为首要前提的大工业。马克思指出:"大工业的首要前提,是把农村整个地纳入不是使用价值而是交换价值的生产。玻璃厂、造纸厂、炼铁厂等,是不能以行会的方式经营的。它们要求大规模的生产、广泛市场的销路、操在企业家手中的货币财富。"[2]于是,随着"农奴制依附关系的解体,以及工场手工业的产生","一切劳动部门转变为资本经营的部门"[3]。在此基础上,马克思深刻地指出,货币转化为资本是以"劳动的客体条件与劳动者相分离"为历史前提的,同时,"资本生产方式"一旦确立,就会"使全部生产服从自己",并推动劳动和劳动资料的分离普遍化和深入化。[4] 这里,马克思以历史为线索概述了工场手工业与大工业的历史前提、发展过程和主要特征,在一定程度上把握到了资本主义生产方式的形成过程,但是必须看到的是,马克思的关注点主要集中于资本支配下的劳动和劳动资料的集中、大规模生产和广阔市场等方面,并以此来理解工场手工业和大工业。这一方面为马克思集中把握资本对劳动的支配和统治提供了重要的现实历史基础;另一方面,马克思只

1　《马克思恩格斯全集》第 30 卷,人民出版社 1995 年版,第 507 页。

2　同上。

3　同上。

4　同上。

是从市场与大规模生产的角度来把握工场手工业与大工业的外部历史条件和一般共同特征,在很大程度上是同《形态》中的分析视域相似的,因而尚未深入生产过程内部剖析两者的本质区别。

最后,马克思在剖析资本成为集体力量的内在机制时,集中探究了"与资本相适应的生产方式"的基本特征及其形成过程。马克思在摘录了约翰·威德的《中等阶级和工人阶级的历史》(1835年伦敦第3版)中关于"资本是集体力量"的论述之后,再次深入剖析了这一历史现象背后所蕴含的资本主义生产关系实质。马克思指出:"工人的联合——作为劳动生产率的基本条件的协作和分工——和一切劳动生产力一样……表现为资本的生产力。因此,劳动的集体力量,它作为社会劳动的性质,是资本的集体力量。科学也是这样。分工,当它表现为职业的划分和与之相应的交换时,也是这样。一切社会生产能力都是资本的生产力,因此,资本本身表现为一切社会生产能力的主体。"[1]这里,马克思直接指认了以协作、分工、科学等形式表现出来的一切社会生产力都是资本的生产力。因为这种社会劳动形式都是由资本所造成的,即"工人的联合,像它在工厂里所表现的那样,也不是由工人而是由资本造成的。他们的联合不是他们的存在,而是资本的存在。对单个工人来说,这种联合是偶然的。工人把自己同其他工人的联合,同其他工人的协作,当作异己的东西,当作资本发生作用的方式"[2]。资本的作用就是产生两个方面的积聚:一方面是"客体形式的积聚",即生产生活资料或者"作为财富的一般形式的货币"在一个人手中的积聚;另一方面是"主体形式的积聚",即"在资本指挥下劳动力

---

1 《马克思恩格斯全集》第30卷,人民出版社1995年版,第587页。
2 同上。

的积累和劳动力积聚在一点上"[1]，从而创造出"生产资本或与资本相适应的生产方式"[2]。

马克思强调，与资本相适应的生产方式[3]"只能有两种形式：工场手工业**或**大工业。在前一种情况下，占统治地位的是分工；在后一种情况下，占统治地位的是劳动力的结合（具有相同的劳动方式）和科学力量的应用，在这里，劳动的结合和所谓劳动的共同精神都转移到机器等等上面去了。在第一种情况下，工人（积累的工人）数量同资本的数量相比应该很大；在第二种情况下，固定资本同大量共同劳动的工人人数相比应该很大"[4]。这里，马克思首次明确指认了资本主义生产方式的两种形式是工场手工业**或**大工业，并初步指认了两种资本生产形式的差异，从根本上来说是正确的。然而，马克思紧接着话锋一转指出："在这第二种情况下，积聚许多工人，把他们当作同样多的机器轮子配置在机器中间，就已经是前提条件……因此，用不着专门考察第二种情况，只要考察第一种情况就行了。"[5]这里，马克思在前一句中将大工业中积聚起来的工人看作是配置在机器中间的零件，这是非常准确的，从中可以看到尤尔笔下的机器体系和自动工厂的影子。但是，马克思随后得出的结论乍看起来是令人困惑的。在我看来，联系上述分析可以看到，此时马克思通过对货币转化为资本即商业资本转化为工

1　《马克思恩格斯全集》第 30 卷，人民出版社 1995 年版，第 587 页。

2　同上书，第 588 页。

3　在《大纲》中，马克思还没有真正确立"资本主义生产方式"概念，而是使用了"资本生产方式（Productionsweise des Capitals，8 次）"、"与资本相适应的生产方式（der dem Capital entsprechenden Productionsweise，5 次）"或"以资本为基础的生产方式（der auf das Capital gegründeten Productionsweise，10 次）"概念。这表明，此时马克思对资本主义生产方式的思考还具有思想实验性和过渡性。

4　《马克思恩格斯全集》第 30 卷，人民出版社 1995 年版，第 588 页。

5　同上。

业资本的历史分析认识到,资本生产方式的本质特征就在于资本将劳动积聚起来并完全置于资本的控制之下,因此资本支配下的劳动联合和积聚就成为两种资本生产形式(工场手工业或大工业)的共同特征。换句话说,此时马克思关注的是工场手工业和大工业所共同具有的劳动的联合或协作所体现出来的资本生产方式的实质特征。这正是马克思在阐述中表达为"工场手工业**或**大工业"而不是"工场手工业**和**大工业"的原因。在我看来,马克思在这里的工艺学支援背景是"波佩+尤尔",但主导性的理论支援是"波佩+拜比吉",因为波佩在《工艺学史》中明确将劳动的聚集看作工场手工业和工厂的共同特征,而拜比吉也是从分工角度来理解大工业。换句话说,此时马克思可能尚未辨识出波佩和拜比吉的理论缺陷。

正是基于以上考虑,马克思随后转向对工场手工业之协作所蕴含的资本主义特性的分析。马克思指出:"工场手工业所特有的发展是分工。但分工事先要求把许多工人集合(预先集合)在统一的指挥之下……因此,这里也应把作为较为后来的因素的分工撇开不谈。某些工业部门,如矿山劳动,一开始就以协作为前提"[1],在资本出现之前,协作就已经以强制劳动的形式存在了,如修路工程等。而在资本生产方式中,"资本并不是创造出工人的积累和积聚,而只是继承了这些"[2]。马克思已清楚认识到,在资本生产方式的形成过程中,资本并不是一开始就确立起完全建立在自身之上的生产方式,而是在继承旧生产方式的基础上逐渐瓦解旧的生产方式,并逐渐建构起适合资本自身的生产方式。

1　《马克思恩格斯全集》第 30 卷,人民出版社 1995 年版,第 588 页。
2　同上。

　　　　　　　　　　重读马克思:工艺学语境中的哲学话语

紧接着,马克思利用和剖析了**加斯克尔**关于英国工厂制度历史形成的材料。最初是一个资本家同独立分散的手工织工和纺工进行集体交换和集中交换,他们的劳动产品,但不是劳动本身在资本家手中积聚起来。也就是说,资本使劳动在交换中联合或集中起来。在这种情况下,"工人们作为共同劳动只是自在地存在着……工人通过资本而实现的联合只是形式上的"[1],相应地,劳动只是在形式上从属于资本,因为"这里生产方式本身还不是由资本所决定,而是由资本所遇到的"[2]。

　　随着进一步发展,一个资本消除了许多工人的独立分散性,"在它的指挥下把工人集合在一个地点,一个手工工场内",这样一来,资本便摆脱了"它所遇到的那种生产方式",而创造出"一种与自己相适应的生产方式作为自己的基础"[3]。"资本使工人在生产中联合起来,这种联合一开始只在于:有共同的地点,监工的监督,统一的规章制度,较严格的纪律,连续性和已经确立起来的在生产本身中对资本的依赖性"[4],最后一点所指涉的正是劳动对资本的实际从属。因此,在工场手工业中,资本"不仅表现为工人的集体力量,他们的社会力量,而且表现为把工人连结起来,因而把这种力量创造出来的统一体"[5]。

　　资本生产方式的本质一开始就不在于产品的质量,不在于使用价值,而是追求交换价值和剩余价值。根据这一原则,资本的发展趋势是"使特殊技能成为多余的,并使手工劳动,使一般直接体力劳动,不管是熟练劳动还是筋肉紧张的劳动,都成为多余的;更

1　《马克思恩格斯全集》第 30 卷,人民出版社 1995 年版,第 589 页。

2　同上书,第 588 页。

3　同上书,第 589 页。

4　同上。

5　同上书,第 590 页。

确切些说,是把技能投入死的自然力"[1]。显然,尤尔关于机器排斥分工和劳动技能的描述恰恰反映了资本追求剩余价值的内在原则和发展趋势,同样也揭示了在资本主义生产方式逻辑下机器大工业产生的内在必然性。正是从这一点出发,马克思意识到,如果"工场手工业的产生就是资本生产方式的产生",那么这就表明:"真正由资本本身所造成的劳动生产力还不存在"[2]。这一点是深刻的。马克思指出,这是因为"工场手工业中的必要劳动仍然占去整个可以支配的劳动时间的大部分,这样,每一个工人完成的剩余劳动仍然比较少"[3]。不过,同样作为资本生产方式,与大工业相比,工场手工业具有较高的利润率和较快的资本积累速度,这是因为工场手工业可以"同时使用许多工人",且"许多工人的剩余时间在对资本的关系上集合起来"[4]。因此,"在工场手工业中,占优势的是绝对剩余时间,而不是相对剩余时间"[5]。显然,这与马克思在前面指出的"工场手工业中工人数量大于资本数量"的认识也是一致的。这表明,马克思此时虽体认到,作为资本生产方式的工场手工业或大工业的本质特征表现为在资本支配下许多工人的联合和协作以及由此产生的资本的集体力量或社会力量,但是,马克思的着眼点**只在于工人的数量、许多工人的力量之和以及许多工人的剩余劳动之和**,还未认识到许多工人的协作会产生超额生产力。因此,马克思对资本生产方式(特别是以工场手工业为代表的资本生产方式)的理解主要体现出以下几个方面的特点:(1)从劳资关系角度来看,资本生产方式的本质就在于从劳动对资本的形式从

1　《马克思恩格斯全集》第 30 卷,人民出版社 1995 年版,第 590 页。

2　同上。

3　同上。

4　同上书,第 591 页。

5　同上。

属转向劳动对资本的实际从属,具体表现为资本通过扬弃劳动的独立分散性而将许多劳动集合在一个场所,使资本表现为一种量化的社会力量与集体力量,马克思尚未认识到这一社会力量所蕴含的剩余性力量。(2)从剩余价值生产的形式来看,以工场手工业为代表的资本生产方式主要以绝对剩余价值生产为主,具体表现为许多同时并存的劳动的剩余时间之和,马克思尚未认识到由协作产生的超额力量所生产的相对剩余价值。因此,此时马克思对资本生产方式的本质认识还是不够深入全面的。

最后,马克思引述了拜比吉的一句话,即"知识和经验的这种不断进步,是我们的伟大的力量"[1]。显然,这是马克思在《布鲁塞尔笔记》笔记本5中对拜比吉的《论机器和工厂的节约》最后一章的摘录内容。拜比吉站在资产阶级的立场上,从一般层面来强调科学知识对于社会生产和历史发展的重要意义。而马克思接续上面提到的"科学同样属于资本的力量"这一逻辑,揭示道:"这种进步,这种社会的进步属于资本,并为资本所利用。"[2]在此前的所有制中,作为大多数的奴隶只是作为"纯粹的劳动工具"而存在,根本无法得到知识和智力的发展,知识和科学只是由少数上层社会阶级掌握。"只有资本才掌握历史的进步来为财富服务"[3],即只有在资本生产方式确立以后,知识和科学才能被资本用来生产财富。于是,马克思便转向对生产资料或固定资本的深入分析,马克思正确指出,将资本同技术意义上的生产工具混为一谈,"单纯从资本的物质方面来理解资本,把资本看成生产工具,完全抛开使生产工

---

1 《马克思恩格斯全集》第30卷,人民出版社1995年版,第592页。

2 同上。

3 同上书,第593页。

具变成资本的经济形式"[1]是经济学家所犯的严重错误,比如罗西和托伦。后者就把使用石头打猎的野蛮人看作是资本家。在这里,马克思已准确地认识到资本的物质存在形式和社会存在形式。但马克思没有继续深入分析资本生产方式的机器大工业,而是转而讨论工资和固定资本在资本构成中的比例关系问题。不过,这一重要认识已经为马克思后面讨论"固定资本和社会生产力的发展"问题提供了重要的方法论支撑。

四、作为固定资本的机器体系:一般智力与劳动 对资本的实际从属

在资本主义机器大工业阶段,机器体系在生产过程中的重要地位越来越突显,这使得许多资产阶级经济学家试图以此来颠覆斯密等古典政治经济学家所确立的劳动价值论,而重新确立一种"资本价值论",其中最典型的便是罗德戴尔。他在《论公共财富的性质和起源》(1808 年巴黎版)一书中强调:"我们会看到,人为了帮助自己追求自己的目的而拿起的第一根棍子或第一块石头,在完成人的一部分劳动时,正好执行了现代商业民族所使用的资本的职能","资本利润的取得,总是或者因为资本代替了人必须用自己的手去完成的劳动;或者因为资本完成了人的个人力量不能胜任和人自己不能完成的劳动"[2]。这里罗德戴尔对资本的理解具有两个特点:(1) 他是从固定资本的物质形式层面来理解资本,即资本是辅助人类实现自身目的的物或工具,比如棍子或石头,这与

---

1 《马克思恩格斯全集》第 30 卷,人民出版社 1995 年版,第 594 页。
2 《马克思恩格斯全集》第 31 卷,人民出版社 1998 年版,第 86 页。

托伦斯将野蛮人投出的石头看作资本是一致的。（2）他认为，资本的职能就在于通过借助生产资料来排斥、代替劳动和获取利润，因此，资本成为"一种与劳动无关的、利润的独特源泉，因而也是财富的独特源泉"[1]。这显然是站在工业资产阶级的立场上对劳动价值论的挑战和对资本主义生产方式的辩护，而且，他只是基于对资本主义机器大生产的最肤浅现象来加以辩护的。不过，罗德戴尔的错误倒引出了一系列重要问题：（1）作为固定资本的机器体系是如何发展成为资本代替劳动的手段的？（2）作为固定资本的机器体系在价值形成和剩余价值生产中究竟扮演着怎样的角色？（3）机器体系是否始终是排斥劳动的？作为固定资本的机器体系的社会历史意义是什么？对此，马克思转向对机器大工业的资本主义生产关系实质、内在矛盾以及出离路径的批判性分析和驳斥。

在《大纲》的"固定资本和社会生产力的发展（Fixes Kapital und Entwicklung der Produktivkräfte der Gesellschaft）"，即西方左翼学者所谓的"机器论片断"中，马克思开篇便援引了《布鲁塞尔笔记》中拜比吉和尤尔关于机器和自动工厂的定义。具体来说，马克思先用德文概括了拜比吉对机器的分类："机器分为（1）生产动力的机器；（2）单纯传送动力和完成工作的机器。"[2] 紧接着，马克思以法文援引了尤尔关于自动工厂的描述："工厂的标志是各种工人即成年工人和未成年工人的协作，这些工人熟练地勤勉地看管着由一个中心动力不断推动的、进行生产的机器体系……这个术语的准确的意思使人想到一个由无数机械的和有自我意识的器官（organes mécaniques et intellectuels）组成的庞大的自动机，这些

1　《马克思恩格斯全集》第31卷，人民出版社1998年版，第87页。

2　《马克思恩格斯全集》第31卷，人民出版社1998年版，第88页。*Marx-Engels-Gesamtausgabe*，Bd. II/1，Berlin：Akademie，2006，S. 569.

器官为了生产同一个物品而协调地不间断地活动,并且它们都受一个自行发动的动力的支配。"[1]可以说,拜比吉的机器分类定义清晰展现了机器体系的基本结构,而这在尤尔的《工厂哲学》中有着更加清晰的分析。尤尔对以自动机器体系为基础的工厂的定义则更加准确地把捉到了机器大工业的最典型特征,并正确描绘了机器体系支配工人的现象,从而为马克思深刻剖析机器大工业的资本主义生产关系特性(即劳动对资本的实际从属)提供了关键的理论支持和思想灵感。后来,马克思在《资本论》的"自动工厂"一节中再次引用了尤尔的这段描述,并做了更为深入的分析。马克思从以下几个方面深刻分析了机器大工业的资本主义实质。

第一,历史唯物主义视域下固定资本的双重维度及其必然发展趋势。

针对罗德戴尔仅从资本的物质形式来理解资本并将其提升为唯一的利润来源的做法,马克思从历史唯物主义视域出发,揭示出固定资本的双重维度及其必然趋势。在马克思看来,固定资本蕴含着双重维度:一是固定资本的物质存在形式,即生产资料或劳动资料,它在生产过程中扮演着使用价值的角色,即"只是作为手段被使用,并且它本身只是作为使原料变为产品的作用物而存在"[2]。在生产过程中,劳动资料和劳动材料在使用价值上都是转移价值,而劳动则是创造价值。二是固定资本的社会存在形式,即作为促进资本实现价值增殖的生产资料,而固定资本的社会形式在根本上又是由资本主义生产关系所决定的。只有当资本同劳动过程的三个基本要素(劳动资料、活劳动和劳动材料)发生交换之

1　《马克思恩格斯全集》第 31 卷,人民出版社 1995 年版,第 88 页。Marx-Engels-
　　Gesamtausgabe, Bd. Ⅱ/1, Berlin: Akademie, 2006, S. 569 - 570.
2　同上。

后,只有当资本将这些要素纳入到资本价值增殖过程中的时候,这些基本要素在使用价值上的差别才表现为"资本本身的质的差别,表现为决定资本的总运动(周转)的东西"[1]。因此,从固定资本的物质存在形式来看,机器体系只是机器体系;而从它的社会存在形式来看,机器体系则成为固定资本,这正是历史唯物主义视域下固定资本所蕴含的哲学意义。[2]

进一步说,一旦劳动资料成为由资本主义生产关系所决定的固定资本,那么,作为固定资本的劳动资料发展为自动机器体系便成为资本主义生产发展的必然趋势。马克思指出:"加入资本的生产过程以后,劳动资料经历了各种不同的形态变化,它的最后的形态是机器(Maschine),或者更确切些说,是自动的机器体系(automatisches System der Maschinerie)(即机器体系[System der Maschinerie];自动的机器体系[das automatische]不过是最完善、最适当的机器体系形式,只有它才使机器成为体系),它是由自动机(Automat),由一种自行运转的动力推动的。这种自动机是由许多机械器官和智能器官(mechanischen und intellectuellen Organen)组成的,因此,工人自己只是被当作自动的机器体系的有意识的肢体。"[3]显然,这是马克思对尤尔笔下的自动机器体系的直接借鉴,但他并没有仅仅停留在这一表象层面,而是深刻认识到:"在机器中,尤其是在作为自动体系的机器装置中,劳动资料就其使用价值来说,也就是就其物质存在来说,转化为一种与固定资本和资本一般相适合的存在,而劳动资料作为直接的劳动资料加

1　《马克思恩格斯全集》第31卷,人民出版社1998年版,第90页。
2　参见唐正东:《"一般智力"的历史作用:马克思的解读视角及其当代意义》,《马克思主义与现实》2012年第4期。
3　《马克思恩格斯全集》第31卷,人民出版社1998年版,第90页。*Marx-Engels-Gesamtausgabe*, Bd. II/1, Berlin:Akademie, 2006, S. 571.

入资本生产过程时所具有的那种形式消失了,变成了由资本本身规定的并与资本相适应的形式。"[1]如前所述,马克思认为,工场手工业的生产方式特点表明,"真正由资本本身所造成的劳动生产力"还没有确立起来,直到机器大工业中这种由资本所规定的生产方式和生产力才真正确立起来。那么,如何理解这一点呢?这里,马克思是通过比较分析活劳动—工具和劳动—机器体系的根本差异来展开的,这实际上就涉及了在机器大生产中劳动对资本的实际从属问题。

第二,机器大工业中劳动对资本的实际从属关系及其资本主义实质。

其实,罗德戴尔指认资本代替劳动成为价值的源泉也并不完全是子虚乌有,因为资本主义机器大生产的现实状况的确在现象层面确证了这一点。这一方面表现在劳动对资本的实际从属地位,另一方面表现为单个劳动力创造价值的能力趋于消失。对此,马克思不仅借助尤尔做了异常精彩的批判性描述,而且深刻揭露了机器大生产中两种假象的资本主义实质,并将历史现象学的批判之剑挥入资本主义生产过程之中。

首先,马克思从比较性视域出发阐述了劳动对资本的实际从属现象。具体来说,在劳动过程中,工人对工具居于绝对的主导地位,"工人把工具当作器官,通过自己的技能和活动赋予它以灵魂,因此,掌握工具的能力取决于工人的技艺"[2],因此劳动是统治整个生产过程的统一体。而在机器大生产中,机器体系"代替工人而具有技能和力量,它本身就是能工巧匠,它通过在自身中发生作用

---

1 《马克思恩格斯全集》第 31 卷,人民出版社 1998 年版,第 90 页。

2 同上书,第 91 页。

的力学规律而具有自己的灵魂"[1]，而"劳动现在仅仅表现为有意识的机件，它以单个的有生命的工人的形式分布在机械体系的许多点上，被包括在机器体系本身的总过程中，劳动自身仅仅是这个体系里的一个环节，这个体系的统一不是存在于活的工人中，而是存在于活的（能动的）机器体系中，这种机器体系同工人的单个的无足轻重的动作相比，在工人面前表现为一个强大的机体"[2]。因此，"只限于一种单纯的抽象活动的工人活动，从一切方面来说都是由机器的运转来决定和调节的，而不是相反"[3]——这正是马克思在前面所指认的机器大生产中的抽象劳动。工人只不过是以"生产过程的监督者和调节者的身分同生产过程本身发生关系，不再是生产过程的主要作用者，而是站在生产过程的旁边"[4]。资本利用机器对劳动的贬低和排斥的最终目的就是对活劳动的创造价值能力的无偿占有，并在这一前提下最大限度地提高劳动生产力、降低必要劳动时间，以促进剩余价值生产。马克思指出："活劳动被对象化劳动所占有，——创造价值的力量或活动被自为存在的价值所占有，——这种包含在资本概念中的占有，在以机器为基础的生产中，也从生产的物质要素和生产的物质运动上被确立为生产过程本身的性质。"[5]也就是说，资本以机器体系的形式占有活劳动，活劳动"只是作为资本价值增殖过程的一个环节而被包括进来"[6]。因此，当罗德戴尔所说的资本的职能就在于排斥劳动，似乎资本不需要劳动就能创造价值时，他看到的只是表象，实际上，

1　《马克思恩格斯全集》第 31 卷，人民出版社 1998 年版，第 91 页。

2　同上。

3　同上。

4　同上书，第 100 页。

5　同上书，第 91 页。

6　同上书，第 92 页。

这一现象的本质在于资本将劳动力的使用价值占为己有，即"在作为机器体系存在的固定资本中，资本作为把创造价值的活动占为己有的价值这样一种关系，同时表现为资本的使用价值与劳动能力的使用价值的关系"[1]，进而占有劳动力创造的剩余价值。

其次，马克思分析了固定资本表现为价值的独特来源的实质。从现象层面来看，固定资本之所以表现为拒斥劳动的独特价值源泉，原因在于同机器体系所蕴含的对象化劳动的价值相比，"单个劳动能力创造价值的力量作为无限小的量而趋于消失"[2]。而且，"由于机器体系所造成的规模巨大的生产，产品同生产者的直接需要的任何联系也都消失了，从而同直接使用价值的任何联系也都消失了"[3]。这里蕴含着两个层面的含义：一是机器体系所生产的大量产品不是为了满足生产者的直接需要，因而也不是为了直接的使用价值；二是机器体系本身作为产品，它的使用价值不是为了用来满足生产者的直接需要，而只是作为价值的承担者来实现资本所追求的剩余价值。因此，"在机器体系中，对象化劳动本身不仅直接以产品的形式或者以当作劳动资料来使用的产品的形式出现，而且以生产力本身的形式出现"[4]。也就是说，机器体系作为价值的承担者在生产过程中**表现**为生产剩余价值的力量，这也就是罗德戴尔从现象层面所看到的资本（固定资本）成为利润的独特来源的原因——顺便需要指出的是，罗德戴尔尚未科学区分价值、利润和财富等概念，往往将它们混淆起来使用。但实际上，作为固定资本的机器体系之所以表现为创造剩余价值的生产力，不是因

---

1 《马克思恩格斯全集》第 31 卷，人民出版社 1998 年版，第 92 页。

2 同上。

3 同上。

4 同上。

420   重读马克思：工艺学语境中的哲学话语

为资本代替劳动成为价值的独特来源,而是因为固定资本是通过提高劳动生产力而最大限度地否定和降低必要劳动、获得更多的剩余劳动而实现的。正是在这个意义上,"劳动资料发展为机器体系,对资本来说并不是偶然的,而是使传统的继承下来的劳动资料适合于资本要求的历史性变革"[1]。因此,"机器体系表现为固定资本的最适当的形式,而固定资本——就资本对自身的关系来看——则表现为资本一般的最适当的形式"[2]。

综上所述,马克思从资本主义生产关系的本质层面揭示出劳动对资本的实际从属和劳动创造价值能力式微现象的真相。而从马克思的分析中,我们可以清楚地看到,劳动资料如何发展为机器体系,机器体系又何以独立于劳动构成了劳动从属于资本的关键。而对于这一问题的回答便涉及科学知识的资本主义应用问题,亦即在大工业文明中首次凸显出来的一般智力问题。

第三,资本主义生产的内在矛盾:一般智力、社会生产力与自由时间。

如上所述,劳动资料发展为机器体系而成为固定资本的最适当形式,这一过程的关键因素就在于"知识和技能的积累,社会智力的一般生产力的积累"[3],是"科学在工艺上的应用"的结果。因为自然界创造不出任何机器,机车、铁路、电报等机器发明都是"人的产业劳动的产物,是转化为人的意志驾驭自然界的器官或者说在自然界实现人的意志的器官的自然物质。它们是人的手创造出来的人脑的器官;是对象化的知识力量"[4]。因此,"固定资本的发

1　《马克思恩格斯全集》第31卷,人民出版社1998年版,第92页。

2　同上书,第93页。

3　同上书,第92页。

4　同上书,第102页。

展表明，一般社会知识(das allgemeine gesellschaftliche Wissen)，已经在多么大的程度上变成了直接的生产力(unmittelbaren Productivkraft)，从而社会生活过程的条件本身在多么大的程度上受到一般智力(general intellect)的控制并按照这种智力得到改造。它表明，社会生产力(die gesellschaftlichen Productivkräfte)已经在多么大的程度上，不仅以知识的形式，而且作为社会实践的直接器官，作为实际生活过程的直接器官被生产出来"[1]。请注意，这是马克思在所有文本中唯一一次使用"一般智力"概念，而且是以英文表述的。而对于这一概念的理论来源，许多学者给出了不同答案。譬如，维尔诺(Paolo Virno)认为，它是对卢梭的"一般意志(volonté générale)"和亚里士多德的"主动努斯(Nous Poietikos)"的唯物主义改造。[2] 韦塞隆(Carlo Vercelloine)认为，这一概念可能受到了霍吉斯金的影响。[3] 这些解释都有一定道理，但似乎并未切中问题的要害。结合此时马克思的论述语境可以推断，拜比吉和尤尔的工艺学资源构成了马克思的"一般智力"概念的原初语境之一。[4]

也就是说，通过借鉴拜比吉和尤尔的思想，马克思深切认识到，作为一般社会知识或一般智力之结果的机器发明充分彰显了人类驾驭自然和改造自然的能力，代表了人类社会生产力的巨大进步，因而成为衡量社会生产力的指示器。正是在这一过程中，正

1　《马克思恩格斯全集》第 31 卷，人民出版社 1998 年版，第 102 页。

2　Paolo Virno, "General Intellect," *Historical Materialism*：*Research in Critical Marxist Theory*, Vol. 15, No. 3, 2007, p. 4.

3　Carlo Vercellone, "From Formal Subsumption to General Intellect：Elements for a Marxist Reading of the Thesis of Cognitive Capitalism," *Historical Materialism*, 2007, Vol. 15, No. 1, pp. 13 - 36.

4　孙乐强：《马克思"机器论片断"语境中的一般智力问题》，《华东师范大学学报(哲学社会科学版)》2018 年第 4 期。

如自然表现为强大的外在客观力量一样,这种能够驾驭自然力量的知识力量同样表现为一种客观的外在力量,表现为不以个人的意志为转移的社会生产力。值得注意的是,这里伴随"一般智力"概念一同出现的"社会生产力"概念同样值得思考。在笔者看来,它实际构成了此时马克思理解机器大工业语境下一般智力所主导的生产力的核心概念,因而具有特定的社会历史内涵。因为历史地看,在自然经济和手工业生产方式中,个体劳动的劳动能力(体力、技巧和经验知识)在劳动过程中扮演着主导地位。即使到了斯密所处的工场手工业时期,虽然以分工为基础的协作已经产生了一定的社会生产力,但个体的劳动能力依然是这种社会生产力的基础,因此斯密强调的是劳动生产力。而到了机器大工业阶段,科学和发明成为一门完全独立的职业,与直接的劳动者分离开来,并通过科学在工业中的应用而转变为控制和改造直接生产过程和社会生活过程的社会生产力。这是社会生产力在资本主义机器大工业阶段的发展形式和最高水平。而从马克思的思想发展角度来看,他在《形态》中从共同活动方式角度来理解生产力,虽然已经具有社会生产力的维度,但在思想来源的原初语境上还寓于斯密的分工逻辑。而在这里,马克思对生产力的认识已经发生一种重要转变,真正确立了以一般智力和机器体系为基础的"社会生产力"概念。这种社会生产力的巨大作用就在于,财富的创造更多地取决于"科学的一般水平和技术进步,或者说取决于这种科学在生产上的应用",而"较少地取决于劳动时间和已耗费的劳动量"[1]。因此,作为科学的对象化力量的固定资本就成为衡量社会生产力的标准。在马克思看来,这一结果蕴含着两个方面的重要维度:

---

1 《马克思恩格斯全集》第 31 卷,人民出版社 1998 年版,第 100 页。

第一，从固定资本的社会形式来看，一般智力及其对象化的机器体系在根本上是资本关系的产物。虽然机器体系本身表现为科学知识和客观规律的结果，表现为"直接从科学中得出的对力学规律和化学规律的分解和应用"[1]，但是从根本来看，只有当一切科学用来服务资本时，机器体系才会产生。"社会智力的一般生产力的积累"[2]被资本吸收，于是被赋予了资本的属性。因此，"从机器体系随着社会知识的积累、整个生产力的积累而发展来说，代表一般社会劳动的不是劳动，而是资本"[3]。这也就意味着，资本统治下的一般智力是与个体劳动相对立的，当资本逻辑赋予生产以科学的性质的时候，资本也就借助科学将活劳动贬低为从属要素，从而将科学变成资本压迫劳动的工具。这正是尤尔所大声宣扬的"资本招募科学来镇压劳动的反抗"。但是，尤尔所看到的只是外在的现象。资本利用一般智力提高社会生产力的根本目的不在于消灭实体性的劳动，而是最大限度地缩短必要劳动时间，以攫取更多的剩余劳动时间即剩余价值。因此，马克思批判道："现今财富的基础是盗窃他人的劳动时间。"[4]

第二，从固定资本的客观效应来看，以一般智力为核心的社会生产力创造的自由时间，使人的自由全面发展成为可能。资本为追求剩余价值增殖而不断发展和利用一般智力和机器体系的过程中，也无意识地将人的必要劳动时间不断缩减，于是，资本便"采用一切技艺和科学的手段，增加群众的剩余劳动时间"，从而"为整个社会和社会的每个成员创造大量可以自由支配的时间（即为个人

---

1 《马克思恩格斯全集》第 31 卷，人民出版社 1998 年版，第 99 页。

2 同上书，第 92 页。

3 同上书，第 93 页。

4 同上书，第 101 页。

发展充分的生产力,因而也为社会发展充分的生产力创造广阔余地)"[1]。也就是说,"资本就违背自己的意志,成了为社会可以自由支配的时间创造条件的工具,使整个社会的劳动时间缩减到不断下降的最低限度,从而为全体[社会成员]本身的发展腾出时间"[2]。因此,资本促进劳动时间的节约便是促进自由时间的增长,"即增加使个人得到充分发展的时间,而个人的充分发展又作为最大的生产力反作用于劳动生产力"[3]。而要实现这一点,就要重新认识个人的自由发展的方式,或者个人利用自由时间的方式。在马克思看来,自由活动不应该是傅立叶所说的游戏,而是个人作为自由能动主体所从事的生产活动,而"对于正在成长的人来说,这个直接生产过程同时就是训练,而对于头脑里具有积累起来的社会知识的成年人来说,这个过程就是[知识的]运用,实验科学,有物质创造力的和对象化中的科学"[4]。也就是说,真正的自由活动和自由发展并不是脱离生产的,而是在直接生产过程中实现的。正是基于一般智力创造出个人发展的自由时间这一维度,以维尔诺、奈格里、哈特为代表的意大利自治主义马克思主义赋予了一般智力以实现主体解放之基石的重要地位,并将"机器论片断"看作其理论旗帜的"圣经"。然而,他们基于一般智力和非物质劳动所确立的主体逻辑严重忽视了马克思对于资本主义生产的内在矛盾的初步分析。

马克思指出,虽然资本客观上利用一般智力为人的解放和自由发展创造了条件,但是,资本的必然趋势与主导逻辑始终就在于

1　《马克思恩格斯全集》第 31 卷,人民出版社 1998 年版,第 103 页。

2　同上。

3　同上书,第 107—108 页。

4　同上书,第 108 页。

将创造出来的自由时间变为剩余劳动＝剩余价值，因此，在资本逻辑下，一般智力的现实结果就是使"个人的全部时间都成为劳动时间"[1]。因此，虽然历史地看，资本的确推动了机器体系和一般智力的发展，但"决不能从机器体系是固定资本的使用价值的最适合的形式这一点得出结论说：从属于资本的社会关系，对于机器体系的应用来说，是最适合的和最好的社会生产关系"[2]。也就是说，必须严格区分一般智力（机器体系）本身与它们的资本主义应用。因为资本逻辑本身就蕴含着深刻的矛盾，即"资本本身是处于过程中的矛盾，因为它竭力把劳动时间缩减到最低限度，另一方面又使劳动时间成为财富的唯一尺度和源泉"[3]。因此，一方面，资本必须不断利用科学、自然、社会交往与结合中的全部力量来缩短必要劳动时间，另一方面又要以劳动时间来衡量创造出来的巨大社会生产力，从而将社会生产力禁锢在资本保存既有价值所需范围内，其结果就表现为生产过剩和经济危机使资本攫取的剩余价值无法实现，进而成为阻碍社会生产力发展的客观桎梏。由此，马克思指认，作为资本自我增殖手段的生产力和社会关系将成为炸毁资本的生产基础的物质条件。因为随着资本逻辑之内在矛盾的发展，生产力的发展将不再受到资本占有工人的剩余劳动的禁锢，工人阶级将占有属于自己的剩余时间即自由时间。到那时，一方面，"社会的个人的需要将成为必要劳动时间的尺度"[4]；另一方面，社会生产力的快速发展在促进共同富裕的同时将不断增加所有人的自由时间，到那时，财富的尺度将不再是劳动时间，而是自由时间，

1　《马克思恩格斯全集》第 31 卷，人民出版社 1998 年版，第 104 页。

2　同上书，第 94 页。

3　同上书，第 101 页。

4　同上书，第 104 页。

由此,每个人的发达的生产力将成为真正的财富。这就是马克思基于资本主义生产的内在逻辑而对未来社会即自由王国中每个人的自由发展的畅想。这也是马克思的历史唯物主义和政治经济学批判的根本指向。因此,相比于马克思在《哲学的贫困》中力图通过所谓"自动工厂分工"来消除职业痴呆以实现人的全面发展的思路,这里马克思从大工业的机器生产及其内在矛盾的客观机制来探寻劳动解放路径的思路要更为深刻。

综上所述,在《大纲》中马克思初步确立了工艺学的独特地位,并初步利用前两次工艺学研究的成果,分析了以工场手工业为代表的资本主义生产形式的历史形成和重要特征,特别是借助拜比吉和尤尔关于机器和机器体系的工艺学规定,站在机器大工业的视角,从资本主义生产关系的本质层面揭示了机器大生产中劳动对资本的实际从属关系,同时准确看到了作为固定资本的机器体系所突显出来的一般智力对于社会生产力发展的重要作用,及其对人的全面发展创造自由时间的可能性维度。在此基础上,马克思深刻指认了资本主义生产所潜存的生产力与社会关系的内在矛盾及其炸毁资本主义生产基础的重要意义。总之,马克思从狭义历史唯物主义视域出发,利用工艺学的理论资源,从本质层面揭示出资本主义生产过程中隐含的资本主义生产关系实质。然而,在总体上看,《大纲》作为马克思试图全面揭示资本主义生产总体的内在机制的第一部手稿,它的主要任务在于揭示货币、资本的运行机制,因而对于资本主义直接生产过程和生产方式的探究并不是他的理论焦点,他只是片断式地论及这些内容。这就导致马克思对于资本主义生产方式的真实历史发展和内在矛盾变化还缺乏深入的研究,而由此造成的理论不足主要体现在以下几个方面:(1)马克思是在探究资本的流通过程而不是资本的生产过程时论及资本主义生产方式的历史形成和本质特征,所以在总体叙事逻辑上就存在一种错位。(2)马克思只是从协作或大规模生产的角度来理解工场手工业和大工业,并基于协作的人数特征而将工场手工业看作是以绝对剩余价值生产为主的资本主义生产形式,这就遮蔽了工场手工业分工的独特性质及其蕴含的相对剩余价值生产这一重要维度。这表明,此时马克思对工场手工业的理解还不够全面,在一定程度上只是《哲学的贫困》中关于工场手工业的认识的延续。(3)受拜比吉和尤尔的影响,马克思站在机器大工业的立场上,将机器大生产看作唯一与相对剩余价值生产相对应的资本主义生产方式,并基于一般智力和机器体系在创造剩余时间即自由时间上的巨大历史作用而比较乐观地分析了资本主义生产必然崩溃的内在矛盾,展望了人类解放和自由发展的未来前景。从现实的历史进程来看,这或许是 1857 年资本主义世界的经济危机给马克思带来的一种理论错觉。实际上,此时马克思只是预言式地勾勒了资本主义生产崩溃的可能性,还没有给出详细论证。可以说,此时马克思还无法完成这一理论任务。因为要想全面系统地揭示出资本主义生产的内在规律和根本矛盾,马克思就必须深入资本主义生产的历史过程之中,细致剖析资本主义生产方式的历史起源、发展过程、本质特征和内在矛盾规律。而这正是马克思在《1861—1863 年经济学手稿》时期进行的第三次工艺学研究与理论建构的主要任务。

　　　　　　　　　　　　　重读马克思:工艺学语境中的哲学话语

第五章　马克思的第三次工艺学研究与历史唯物主义的全面深化

1860 年代，马克思在继续探究资本主义生产方式的历史起源和本质特性的过程中，不仅重新整理了前两次的"工艺学笔记"，而且再次做了新的工艺学摘录与研究，并在《1861—1863 年经济学手稿》中充分利用了全部工艺学资料，这构成了马克思的第三次工艺学研究。具体而言，马克思不仅重新阅读和摘录了拜比吉、尤尔、贝克曼等人的著作，而且旁听了剑桥大学工艺学教授罗伯特·韦利斯的技术实验课，充分利用了 1851 年伦敦世界工业博览会的汇编资料《各国的工业》（第二卷）中的工艺学资料。因此，无论是在研究范围还是在思想深度上，马克思的第三次工艺学研究都是对前两次工艺学研究的精细咀嚼和拓展深化。在此基础上，马克思在《1861—1863 年经济学手稿》和《资本论》中全面阐述了资本主义生产方式的历史过程、本质特征和内在矛盾，科学揭示了资本主义生产的绝对界限和必然灭亡的客观规律，在科学评价资产阶级工艺学的科学价值与哲学意蕴的同时又彻底超越了资产阶级工艺学的理论缺陷和意识形态迷障，从而实现了历史唯物主义和政治经济学批判的全面深化。

第一节

马克思的第三次工艺学研究概览（1860—1863）

众所周知，在写完《大纲》之后，马克思立即开始着手撰写《政治经济学批判。第一分册》（以下简称《第一分册》），并于 1858 年 11 月至 1859 年 1 月完成《第一分册》的写作。[1] 随后，马克思紧接着开始着手第二分册的准备工作。按照此前的计划，马克思准备在第二分册中专门论述"资本一般"问题。在准备过程中，马克思又重新阅读和研究了四五十年代的大量摘录笔记，并按照一定思路编成《引文笔记》，共 92 页，涵盖 90 多种著作，其中就涉及分工、机器等问题。同时，马克思还收集整理了大量新资料，写在《大纲》手稿第 VII 笔记本的后四分之三部分上，通常被称为《第七笔记本的摘录》[2]，其中就包括对拜比吉的《论机器和工厂的节约》1832 年英文原版的重新摘录。1861 年 6 至 7 月，马克思相继整理出《引文笔记本索引》《我自己的笔记本的提要》《资本章计划草稿》，后者包括"资本的生产过程""资本的流通过程""资本和利润"三个部分。其中在"资本的生产过程"这一篇，马克思第一次勾勒了资本主义生产发展的三个历史阶段，即协作、分工和机器——这实际成为后来写作《1861—1863 年经济学手稿》第一部分的依据。总之，这些研究工作都构成了《1861—1863 年经济学手稿》的前期准备资料。

1　《马克思恩格斯全集》第 31 卷，人民出版社 1998 年版，第 407 页。

2　张钟朴：《〈资本论〉第二部手稿（〈1861—1863 年经济学手稿〉）——〈资本论〉创作史研究之三》，《马克思主义与现实》2014 年第 1 期。

1861 年 8 月，马克思开始写作《1861—1863 年经济学手稿》，而实际写作过程可分为三个阶段。1861 年 8 月至 1862 年春为第一阶段，写下第 1—5 笔记本、第 16 笔记本和第 17 笔记本的前 7 页。前 5 个笔记本是按照《资本章计划草稿》的第一篇"资本的生产过程"框架来写的，笔记本 I 是货币转化为资本，笔记本 II 是绝对剩余价值，笔记本 III 是相对剩余价值，其中"相对剩余价值"部分便是对资本主义生产方式的三种形式协作、分工和机器的具体展开——这一部分大量利用了斯密、拜比吉、尤尔等人的分工理论。值得注意的是，写到"机器"一节时马克思突然停了下来。马克思在致恩格斯的信中说，关于机器问题的一些细节尚未弄清楚，需要重新找材料加以研究。于是，马克思暂且搁置了"机器"一节的写作，转向对"资本和利润"的写作。第二阶段是从 1862 年春至 1863 年 1 月，包括第 6—15、17 和 18 笔记本，主要涉及《剩余价值理论》和《资本论》第 3 卷的一些内容。第三阶段大概是 1863 年 1 月至 7 月，包括第 19—23 笔记本。在第 19 笔记本中，马克思接着第 5 笔记本中"机器"部分继续写。正是在这一阶段，为了彻底弄清楚机器和资本主义机器大工业的本质，马克思又集中研究了工艺学，主要包括三个方面：一是重新阅读整理了《伦敦笔记》中涉及波佩等人的"工艺学笔记"；二是重新阅读了尤尔的《工厂哲学》[1]等著作，直接利用了 1851 年伦敦世界工业博览会的汇编资料《各国的工业》第 2 卷，以及在《补充笔记本 C》中补充摘录了约翰·贝克曼的《发明史论文集》；三是旁听罗伯特·韦利斯的技术课，深受他的机构理论的影响。总之，马克思的第三次工艺学研究是同

---

[1] 根据 MEGA[2] 编者考证，马克思为了重新阅读尤尔的《工厂哲学》，专门从科伦取回了这本书。参见 *Marx-Engels-Gesamtausgabe*，Bd. IV/32，Berlin：Akademie，1999，S. 650. Nr. 1343。

《1861—1863年经济学手稿》的准备工作和写作过程紧密联系在一起的,并呈现出复杂多样的理论支援背景。下面,我们着重介绍一下马克思为写作《1861—1863年经济学手稿》而做的新的摘录笔记和理论研究,而对于马克思在《1861—1863年经济学手稿》中直接利用的材料则在下一节具体解读该文本时再做分析。

一、《引文笔记》与对拜比吉著作的重新阅读

1860年代初,马克思开始重新思考机器问题。于是,他将之前的摘录笔记按不同主题重新整理到一个笔记本上,并命名为《引文笔记》(*Citatenheft*)。他在涉及机器问题的摘录中写了两个标题,第一个是"劳动生产率"[1],第二个是"M)机器"[2]。首先,马克思将1851年笔记本中关于拜比吉的四段引文与摘自亚当·斯密的引文集中起来,并按照自己的理解将它们看作分工和机器的本质。[3] 其次,马克思将有关机器之社会效应的引文集中在一起,其中大部分文献表明机器会减少劳动需求,并通过加班或换班制度来实际增加劳动时间。随后,马克思再次关注了彼得·加斯克尔对于机器影响社会经济的描述,并撰写了一篇关于兴建纺纱工厂

1　Rainer Winkelmann, *Exzerpte über Arbeitsteilung, Maschinerie und Industrie. Historisch-kritische Ausgabe*, Frankfurt/M: Ullstein, 1982, S. 95seqq., S. CXXVII-CXXVIII.

2　Hans-Peter Müller, *Karl Marx über Maschinerie, Kapital und industrielle Revolution, Exzerpte und Manuskriptentwürfe 1851–1861*, Opladen: Westdeutscher, 1992, S. 329seqq.

3　Rainer Winkelmann, *Exzerpte über Arbeitsteilung, Maschinerie und Industrie. Historisch-kritische Ausgabe*, Frankfurt/M: Ullstein, 1982, S. CXXXVII-CXXXVIII. Regina Roth, "Marx on Technical Change in the Critical Edition," *The European Journal of the History of Economic Thought*, Vol. 17, No. 5, 2010, p. 1237.

促进织造业发展的文章,并由此证明机器构成资本主义生产的重要因素。恰如汉斯-彼得·米勒所言,马克思在其他文本中既没有坚持这一点,也没有否认这一点,但马克思的想法在之后的手稿中有所改变,没有再利用上述文章。[1]

几乎在同一时期,马克思重新阅读和摘录了查理·拜比吉的《论机器和工厂的节约》(1832)英文第一版,而在 1845 年的《布鲁塞尔笔记》中马克思摘录的是该书的 1833 年巴黎版。根据荷兰阿姆斯特丹国际社会史研究所的馆藏和考证显示,1858 年 2 月 28 日至 1862 年间,马克思在一个笔记本中重新整理了以前读过的著作,并对一些书做了重新摘录,其中就包括拜比吉的这本书。这个笔记本就是马克思写作《大纲》的第Ⅶ笔记本,它的扉页上写有"笔记本Ⅶ(政治经济学批判)。伦敦,2 月末,3 月"的字样,共 253 页。马克思在该笔记本的前 63 页上写下了《大纲》的最后一部分。[2]雷金娜·罗特认为:"这些摘录看起来像是在整理完'引文笔记'的相关内容之后写下的。"[3] 马克思在该笔记本的第 184 页至 185 页[4](占四分之一页)上摘录了拜比吉的著作。具体内容如下:

马克思选择性地摘录了该书的第一、六、七、二十、二十六和二

1 参见[德]雷金娜·罗特:《马克思论技术变革——基于〈马克思恩格斯全集〉历史考证版的考察》,张福公译,《郑州轻工业学院学报(社会科学版)》2018 年第 1 期。另参见 Hans-Peter Müller, *Karl Marx über Maschinerie*, *Kapital und industrielle Revolution. Exzerpte und Manuskriptentwürfe 1851－1861*, Opladen: Westdeutscher, 1992, S. 308 seqq., S. 331 seqq.

2 参见 IISG, *Marx-Engels-Papers*, A 49。

3 [德]雷金娜·罗特:《马克思论技术变革——基于〈马克思恩格斯全集〉历史考证版的考察》,张福公译,《郑州轻工业学院学报(社会科学版)》2018 年第 1 期。

4 在 IISG 官网公布的马克思恩格斯原始手稿目录中显示为第 182－183 页。参见 IISG, *Marx-Engels-Papers*, B 91 A: 182－183。而在温克尔曼(Winkelmann)编辑的马克思摘录笔记中表明是"B 91 A: 185"。参见 Rainer Winkelmann, *Exzerpte über Arbeitsteilung*, *Maschinerie und Industrie. Historisch-kritische Ausgabe*, Frankfurt/M: Ullstein, 1982, S. 101seqq., S. CXXVIII-IX。

十七章的部分内容。值得注意的是,马克思在 1845 年的《布鲁塞尔笔记》中摘录到第一章中关于机器的三个组成部分的划分就结束了[1],而在这里,马克思恰恰是接着这一内容继续往下摘录的。因此,在一定程度上是对此前摘录的继续。具体来说,在对第一章的摘录中,马克思主要关注的是机器的机构划分及其动力机制。马克思通过拜比吉认识到:(1) 用于传递动力的机械机构(传动机),比如杆、滑轮、楔子等等,已被证明不会产生力量,但能够聚合力量。任何力在施动的同时都会因摩擦和其他偶然因素而减少,而任何情况下要想获得稳定的工作效率,就必须有额外的动力。因此,机器的发明和改进就显得尤为重要。(2) 产生动力的机器仍主要依赖两种力量源泉:风力和水力。在借助机器利用自然力的过程中,我们只是利用了自然本身的运动状态,改变力(force)的方向以使其服务于我们的目的,但没有使自然力本身发生增减变化。以风磨为例,我们改变了力的方向,但没有创造力量(power),譬如船帆。机器的动力不仅来自物理效应,而且来自化学反应。比如,蒸汽力是通过燃料燃烧将水转化为水蒸气而产生的。(3) 拜比吉强调,虽然机器在根本上不能创造动力,但机器的重要作用在于:一方面,可以将这种力量转换而应用于不同的场合和对象,即增加动力的应用方法;另一方面,可以随着机器的改善和发明不断接近原能力,减少能力的耗散。这些知识都是马克思之前尚未思考的,因此对于马克思更准确地认识机器的动力机制以及人与自然的关系起到了重要作用。接着,马克思简略摘录了第六章的标题"自然操作中的时间节省",并特别提到漂白工场(Bleicherei)中通过使用氯气、石灰等缩短自然操作时间的实例。

1　*Marx-Engels-Gesamtausgabe*, Bd. IV/3, Berlin: Akademie, 1998, S. 341.

在对第七章"人力不及的操作力和不可触摸的操作"的摘录中，马克思关注到拜比吉笔下古埃及画家商博朗（Champollion）描绘的一幅画：一大群人协作推动一块巨石，一个人站在石头上通过击掌来指挥奴隶同时用力，以达到发挥合力的目的。这幅画生动展现了古埃及大规模奴隶劳动的协作场景。然后，马克思跳到第二十章"工厂中每个过程的单独费用"，对爪哇岛上棉布纺织业中各道工序的费用及其相应产品的价格做了摘录。随后，马克思对第二十六章"机器应用的适当条件"做了摘录，具体来说，当需要大量生产同一种产品时，或者说，当人们对某种商品产生巨大需求时，发明一种用来制造这种商品的机器或工具的时机就到了，否则就会浪费时间和资本。同时，马克思也关注到动力织机的数量从1820年至1830年间呈不断增加趋势，虽然在总数上远小于手工织机，但前者的生产效率是后者的三倍。最后，马克思摘录了第二十七章"机器的耐久性"中工人租赁机器的事例。在很多行业，机器是用来出租的，工人支付租金而获得机器的使用权。这也促进了机器的更新换代，很多旧机器迅速贬值或被淘汰，同时也改变着劳动的性质和方式。比如，在伯明翰，印戳、印压模具、印刷各种不同的产品是可以出租的：它们通常由拥有小资本的人所制造，出租给工人。动力也在同一个地方出租。在庞大的建筑物中建造起蒸汽机，建筑物同时包含着许多房间，在其中，每个人可以根据自己的需要而租借任何马力的动力。这些材料提供了机器大工业反哺家庭手工业的典型实例——马克思在《资本论》第十三章讨论机器大工业对现代家庭工业和工场手工业的影响时就利用了所谓"小屋工厂"的例证。

总之，此时马克思对拜比吉的摘录是对1845年的摘录笔记所忽略掉的一些重要问题的有益补充，为马克思在《1861—1863年经济学手稿》中深入思考人类借助机器对自然力的利用、协作方式的普遍性历史应用、机器的应用条件以及机器大工业对家庭手工业的影响提供了重要的材料支撑。

二、罗伯特·韦利斯的技术课与机构理论

1863 年 1 月 28 日，马克思在致恩格斯的信中提到："我在力学方面的情况同在语言方面的情况一样。我懂得数学定理，但是需要有直接经验才能理解的最简单的实际技术问题，我理解起来却十分困难。"[1]为了解决这一困难，马克思说："我把我关于工艺学的笔记（摘录）全部重读了一遍，并且去听韦利斯教授为工人开设的实习（纯粹是实验）课（在杰明街地质学院里，赫胥黎在那里也讲过课）。"[2]这是马克思在书信中唯一一次明确提到他与韦利斯的关系，在此后的著述中再没有提及他。那么，韦利斯的技术课程及其相关理论对马克思产生过怎样的影响呢？对此，日本学者吉田文和已经做过初步努力。[3]而在这里，我们或许可以通过回顾韦利斯的生平思想来间接建构他们之间的学术关系。

罗伯特·韦利斯（Robert Willis，1800—1875）是 19 世纪英国剑桥大学的工艺学教授、发明家、机械工程学家、应用机械学教育家，同时还是一位杰出的音乐家、制图家、中世纪建筑学家。1821年，韦利斯进入剑桥大学凯乌斯学院，1826 年获文学学士学位，同年获得第九届数学学士考试优等生。1829 年获文学硕士学位。

---

1 《马克思恩格斯文集》第 10 卷，人民出版社 2009 年版，第 199 页。

2 同上。

3 参见［日］吉田文和：《罗伯特·韦利斯的机构理论和马克思——马克思"机器理论"形成史研究（三）》，《马克思主义研究资料（第 10 卷）：〈资本论〉基本理论问题研究》，中央编译出版社 2014 年版，第 342—354 页。

1830 年当选英国学士院会员。1837 年成为剑桥大学自然科学和实验科学杰克逊讲席教授。1841 年出版《机构原理》(*Principles of Mechanism*),该书以他的讲义为蓝本,将单纯机构加以系统化,并引入了"运动学(kinematics)"术语。

在技术教育方面,他继承和发展了威·法里士的课堂演示机器模型的教学法——这可能就是马克思所说的"实习(纯粹是实验)课",并于 1851 年发表了《机构原理及其有关学科讲师和实验员应用的器材体系》(*System of Apparatus for the use of Lecturers and Experimenters in Mechanical Philosophy*)。显然,韦利斯的技术课程沿袭了安德鲁·尤尔的教学理念,并在理论和实践上加以大大推进,因而广受欢迎。由于他在机械工程方面的独特造诣,在 1851 年伦敦世界工业博览会期间,韦利斯被委任为第六展橱"用于加工的机器和工具"的审查员,并撰写了报告书。1852 年,他在英国技术协会专门开课讲解这届博览会中诸多展品的重要成就。同时,为了借此机会推进地质调查工作的开展,政府矿业学院和伦敦杰明街实用地质学博物馆相继成立,韦利斯于 1853—1868 年在政府矿业学院讲授应用机械学。这两个机构都为工人开设课程,1858 年的听众高达 440—600 名。

在机械工程学方面,韦利斯的重要理论贡献就是系统阐述了机构理论。他在《机构原理》中对"机构"概念的定义、分类和原理做了明确规定。关于"机构"概念的定义,韦利斯指出:"本书中的'机构'一词只能被理解为调节运动关系的机械组合,因而可以完全脱离力学的考察","机构可被规定为连接两个或两个以上的物体的部件的组合,其中的一个物体的运动对另一个物体的运动具有强制作用,而这种作用又是由决定于这个组合的性质的连接规律产生出来的"[1]。因此,我们可以将韦利斯的"机构"概念的内涵归结为:机构是连接两个或两个以上的物体并调节它们的运动关系(速度和方向)的机械组合。因此,从运动学(非力学)角度对机构的研究就是对机构的运动转换规律的认识。

韦利斯将机构的基本组合分为两类:一类是约束和调节运动关系(速度和运动)的机构,一类是用于传导动力的机构,也就是传动机构,并制定了《简单机构基本组合一览表》。在此基础上,韦利斯也指出,机器可分为动力机、传动机和工作机(或工具机)三个组成部分。这与拜比吉和尤尔的机器定义是一致的。而韦利斯对于机器的定义同样带有将工具和机器相混淆的嫌疑,比如,他认为"要把机器当作产生两个物体运动关系的工具来对待"[2]。尽管如此,韦利斯的机构理论的重要贡献在于从机械运动学的角度更加细致科学地剖析了机器的基本构造、发生机制和功能效果。在一定程度上,韦利斯的机构理论延续了贝克曼和波佩的一般工艺学的基本原则,但在根本上是对拜比吉和尤尔的机器理论的科学化和系统化。这也使马克思对于机器体系的工艺学原理有了更深入系统的理解。正如 A. 保利尼(A. Paulinyi)所说,经过这些研究,马克思对机器工艺学的本质获得了卓越的洞见。[3] 这集中体现在马克思在《资本论》中对发达的机器的三部分机构的定义和分析

---

1 参见[日]吉田文和:《罗伯特·韦利斯的机构理论和马克思——马克思"机器理论"形成史研究(三)》,《马克思主义研究资料(第 10 卷):〈资本论〉基本理论问题研究》,中央编译出版社 2014 年版,第 346 页。

2 转引自[日]吉田文和:《罗伯特·韦利斯的机构理论和马克思——马克思"机器理论"形成史研究(三)》,《马克思主义研究资料(第 10 卷):〈资本论〉基本理论问题研究》,中央编译出版社 2014 年版,第 347 页。

3 A. Paulinyi, „Karl Marx und die Technik seiner Zeit. Mannheim," *LTA-Forschung. Reihe des Landesmuseums für Technik und Arbeit in Mannheim*, 26, 1998, S. 23seqq.

中，比如，马克思指出："工具机是这样一种机构，它在取得适当的运动后，用自己的工具来完成过去工人用类似的工具所完成的那些操作"[1]，"作为工业革命起点的机器，是用这样一个机构代替只使用一个工具的工人，这个机构用许多同样的或同种的工具一起作业，由一个单一的动力来推动，而不管这个动力具有什么形式"[2]。这里，马克思借用韦利斯的机构概念更精准地把捉到了作为工业革命起点的工具机在于以一个机构代替人手，而不只是笼统地看到机器取代人。再如，马克思指出："传动机构由飞轮、转轴、齿轮、蜗轮、杆、绳索、皮带、联结装置以及各种各样的附件组成。它调节运动，在必要时改变运动的形式（例如把垂直运动变为圆形运动），把运动分配并传送到工具机上。"[3]这里，马克思对传动机构的描述在很大程度上遵循了韦利斯的机构定义：（1）马克思所列举的诸多机构元件正对应于韦利斯所规定的"两个或两个以上的物体"以及实现"运动的传导方法"的各种传动构件；（2）马克思所指认的传动机构的作用在于调节和改变运动的形式，正对应于韦利斯所规定的机构旨在调节相连接的物体之间的运动关系（速度和方向）。另外，当马克思说"工艺学也揭示了为数不多的重大的基本运动形式"[4]时，在一定程度上可能也受到韦利斯所说的机构的基本运动形式的影响。

当然，由于韦利斯的机器定义并不十分准确，因此，马克思在机器定义上并没有采用韦利斯的观点。同时请注意，韦利斯的机构理论是完全从机械工程学的角度进行分析的，因而完全排除了

1　《马克思恩格斯全集》第 44 卷，人民出版社 2001 年版，第 430 页。
2　同上书，第 432 页。
3　同上书，第 429 页。
4　同上书，第 559 页。

人和社会关系的因素,或者说,完全脱离了社会历史发展的维度,而仅局限于狭隘的机械工程学的视域,从而具有隐性的机械唯物主义倾向。在我看来,从尤尔的工厂哲学到韦利斯的机构理论,展现了作为一门近代科学的工艺学从古典工艺学向庸俗工艺学的重要转变。

可以想见,韦利斯的技术课及其机构理论或许重新燃起了马克思对工艺过程、工具和机器的兴趣。于是,在 1863 年春,马克思重新阅读和摘录了约翰·贝克曼的《发明史论文集》,而这次要比 1851 年的摘录更为详细深入。[1]

三、《补充笔记本 C》中马克思对贝克曼的重新摘录

如前所述,马克思在 1851 年的《伦敦笔记》中就曾摘录过约翰·贝克曼的《发明史论文集》一书,不过,由于马克思先详细摘录了波佩的《工艺学史》等著作,因此,彼时他对贝克曼的摘录非常粗略,从而造成这样一种印象:相对于古典政治经济学以及波佩、尤尔、拜比吉等人对马克思的影响,似乎贝克曼对马克思的影响被边缘化了。[2] 但现在看来,事实并非如此。

根据汉斯-彼得·米勒的文献研究,1863 年春,在研究工业革命和资本主义生产方式的历史起源问题时,马克思不仅充分利用了 1851 年所做的工艺学—历史摘录笔记,而且重新写了八个摘录

1　[德]雷金娜·罗特:《马克思论技术变革——基于〈马克思恩格斯全集〉历史考证版的考察》,张福公译,《郑州轻工业学院学报(社会科学版)》2018 年第 1 期。

2　Hans-Peter Müller, „Unbekannte Exzerpte von Karl Marx über Johann Beckmann,“ bei Guenter Bayer, Juergen Beckmann (Hrsg.), *Johann Beckmann*(1739 -1811): *Beitraege zu Leben*, *Werk und Wirkung des Begruenders der Allgemeinen Technologie*, Berlin: Waxmann, 1999, S. 228.

笔记,并将其统称为《补充笔记本》(Beihefte),编号为 A—H。[1] 其中在《补充笔记本 C》中就有对贝克曼的《发明史论文集》的重新摘录。相比于 1851 年马克思只是粗略地摘录了该著作的第一、二卷中的部分内容,此时马克思对它的全部五卷都有所摘录。

在详述马克思对贝克曼的摘录内容之前,我们先看一下《补充笔记本 C》[2] 的基本文献信息。《补充笔记本 C》是一个用细绳缝制的笔记本,蓝色的封面带有大理石条纹,尺寸为 18 厘米×22.5 厘米。笔记本的纸张为白色、无横格,带有间距为 3 厘米的水印横线。在封面的外侧粘有一张标签,上面有陌生人笔迹写下的内容提要(Inhaltsangabe)。笔记本中有 41 页写有手写页码,其中封皮的内面上有马克思亲手写下的《补充笔记本 C》。在其下方是用铅笔写下的"Bellers"和"Dawson"[3],然后是两条参考书目:查理·史密斯(Charles Smith)的《关于谷物贸易和谷物法的三篇论文》(*Three Tracts on the Corn Trade and Corn Laws*, 2nd edition, 1766)和达德利·诺思(Dudley North)[4] 的《贸易论》(*Discourses*

---

1 在马克思的《补充笔记本 A—H》中,除了《补充笔记本 C》之外,其余 7 个笔记本目前收藏在荷兰阿姆斯特丹国际社会史研究所。它们的收藏编号分别为:《补充笔记本 A》(B 105)、《补充笔记本 B》(B102)、《补充笔记本 D》(B 93)、《补充笔记本 E》(B 100)、《补充笔记本 F》(B 101)、《补充笔记本 G》(B 103)、《补充笔记本 H》(B 104)。

2 IISG 的官网上对《补充笔记本 C》的介绍如下:the London notebook "Beiheft C" with notes by Marx on publications of Johann Beckmann, Pierre S. Dupont de Nemours, George Ensor, François Quesnay, J. L. Sismondi, Adam Smith, Josiah Tucker and others c. 1863。参见 https://search. socialhistory. org/Record/ ARCH02300,但它的原始手稿究竟藏于何处不得而知。

3 汉斯-彼得·米勒指出,在《1861—1863 年经济学手稿》的笔记本 XXI 的第一封面上写有同样的提示。参见 *Marx-Engels-Gesamtausgabe*, Bd. II/3. 6, Berlin: Dietz, 1982, S. 2420。

4 [英]达德利·诺思(Dudley North,1641—1691):17 世纪英国资产阶级"很有名的理论经济学家之一",古典政治经济学早期代表人物之一。他曾在土耳其的君士坦丁堡经商,回国后任职于海关与财政部。其代表作为《贸易论》(1691)。参见《马克思恩格斯全集》第 25 卷,人民出版社 1974 年版,第 691 页。

upon Trade, *monopoly directed to the Course of Interest etc.*，1691)。随后是目录索引，马克思在该笔记本中摘录了约翰·贝克曼、皮-塞·杜·德·内穆尔(Pierre S. Dupont de Nemours)、乔治·恩索尔(George Ensor)、弗朗索瓦·魁奈(François Quesnay)、J. L. 西斯蒙第、亚当·斯密,乔塞亚·塔克尔(Josiah Tucker)及其他思想家的著作。其中关于贝克曼的摘录是写在第4—5页上，其中第4页(约占¼页)[1]上摘录了该著作第一卷的部分内容,在第5页上摘录了该书的第二至五卷的部分内容。在笔记本的后半部分,写有很多后来用铅笔添加的下划线和旁注,但在关于贝克曼的摘录笔记中没有这些标记。

然后,我们再来看一下马克思摘录贝克曼的《发明史论文集》的文本内容。在对第一卷的摘录中,他主要关注的是织带机(Bandmühle)的发明史及其社会效应,即手工业工人对早期机器发明的反对和破坏。虽然马克思在波佩的《工艺学史》中已经对这一主题有所了解,但这里的摘录可看作一个有益的补充。具体来说,根据贝克曼的考证,17世纪上半叶,荷兰的莱顿(Leyden)和波兰的但泽(Danzig)都分别出现了织带机。在荷兰的莱顿,这种机器引起大众的强烈反对,于是当局禁止使用这种机器。在波兰的但泽,这种机器一次能制造4—6根织带(Gewerbe)。但是,由于政府当局担心这种发明会导致大量工人失业,因此一开始就将其扼杀在摇篮之中,将其砸毁或淹没。涤带机(Schnurmühle)或机

---

1 Hans-Peter Müller, „Unbekannte Exzerpte von Karl Marx über Johann Beckmann," bei Guenter Bayer, Juergen Beckmann (Hrsg.), *Johann Beckmann(1739 -1811)*：*Beitraege zu Leben*，*Werk und Wirkung des Begruenders der Allgemeinen Technologie*，Berlin：Waxmann，1999，S. 232.

442   重读马克思:工艺学语境中的哲学话语

座(Mühlenstuhl)的早期发明史也遭遇了同样的命运。[1] 马克思后来在《资本论》第一卷第十三章的"工人与机器之间的斗争"一节中利用了上述材料。

在对该书第二卷的摘录中,马克思主要关注的是经济磨(mouture economique)和锯木机(Schneidemühle)的发明史及其提高生产力的社会效应。马克思首先摘录了西塞罗时代的古希腊诗人安谛巴特洛斯(Antipatros)的一段关于谷物磨的颂歌:"磨房姑娘啊! 珍惜你们推磨的手,安静地睡吧,不用管雄鸡向你们报晓! 女神(Ceres)已派水妖(Najaden)替你们效劳。她们轻盈地跳到轮上。轮轴转动了,石磨旋转着。让我们像祖先一样地生活,不必再劳碌,让我们享受女神赐给的恩惠吧!"[2]这段文字展现了水磨在动力方面由人力向水力的演变,表明了机器发明利用自然力对人的解放意义。马克思在《资本论》第一卷第十三章《机器和大工业》中引用和评价了这一诗歌所反映的古今思想的巨大差异,即"西塞罗时代的希腊诗人安谛巴特洛斯,曾歌颂碾谷的水磨这种一切生产机器的最初形式的发明,把它看作是女奴隶的解放者和黄金时代的复兴者!"[3]而在庸俗经济学家麦克库洛赫和巴师夏看来,"这些古代人对政治经济学和基督教一窍不通"[4]。

随后,马克思跳到贝克曼关于经济磨的详细描述——而这一部分是马克思此前摘录波佩的《工艺学史》时没有涉及的内容。具

1　Hans-Peter Müller, „Unbekannte Exzerpte von Karl Marx über Johann Beckmann,"
　　bei Guenter Bayer, Juergen Beckmann (Hrsg.), *Johann Beckmann(1739 - 1811)*:
　　*Beitraege zu Leben, Werk und Wirkung des Begruenders der Allgemeinen
　　Technologie*, Berlin: Waxmann, 1999, S. 233 - 234.

2　Ibid., S. 234.

3　《马克思恩格斯全集》第 44 卷,人民出版社 2001 年版,第 470 页。

4　同上。

体的历史情形是:由于面粉的价格不断增长,一些磨坊主为了赚取更多利润就想方设法改进磨的工艺方法,以便从已磨过的麦麸中再次研磨出面粉。这样一来,它就有效提高了谷物磨面的精细程度,使更多的面粉同麸皮分离开来。经济磨的社会效应是显著的,譬如,面粉的产量从投入谷物量的35%提高到80%,生产率提高了近230%。1760年代,经济磨在法国得到普遍推广,为不断增长的人口提供了生活资料保障。由此可见,技术进步所推动的社会生产力发展构成了人口增长的重要因素之一。

随后,马克思摘录了木材业中从锯到锯木机的发明史——其中许多内容是对1851年的"工艺学笔记"的重要补充。这里,贝克曼第一次详细阐述了锯木机的发展序列以及随着这种机器的改进所带来的生产力提高。同磨和钟表的工艺史一样,锯木机的发明史提供了透视前工业革命时期技术变革提高劳动生产力的典型实例。具体来说,贝克曼指出,古希腊的木匠所使用的锯同18世纪所使用的锯具有相同的形状和装置。在4世纪,德国出现了水力锯木机。15世纪,锯木机在许多国家已经普遍存在。16世纪,有人发明了带有多种刀片(锯齿)的锯木机,利用这种机器,每一大块木料一次能被分割成更多木板。与此同时,出现了由水力推动的打孔机(Bohrmülen)。这些机器发明推动了木材加工和出口贸易等行业的迅速发展。同时,马克思也特别关注了机器发明与大众利益的对立冲突问题。具体来说,锯木机的发明在不同国家也遭遇了与康士坦丁的装订机、罗马帝国的织带机以及斯特拉斯堡的起重机同样的命运,因为人们担心这些机器发明会妨害大多数人的工作和报酬。比如,1633年,一个荷兰人在伦敦发明了一台风力锯木机,不久后就被销毁。又如,1700年,英国人约翰·霍顿(John Houghton)提出重新引进技术的请求再次遭到最激烈的抵制。**这些事实并不只是简单展现了所谓暴民与机器的斗争,而是首先反映了在近代市民社会的历史转型中以市场利益为目的的交换价值逻辑(资本逻辑)与传统手工业—自然经济以生存维系为目的的使用价值逻辑的尖锐冲突。更进一步说,这一现象深刻反映了先进的生产力变革对于传统的占统治地位的生产方式和生产关系及其相应的传统观念的挑战。**马克思在《资本论》中论述工人与机器的斗争时利用了这些资料。

接下来,马克思对第三、四、五卷的摘录便显得粗略了。在对第三卷的摘录中,马克思首先关注了水力驱动的 Dratmühlen,这种机器最早出现于德国的纽伦堡。随后,马克思摘录了德国的许多重要发明创制,比如罗马帝制、火药、印刷业、宗教改革以及在文学、神学、医学、化学等领域的贡献。在对第四卷的摘录中,马克思关注了播种机(Sämaschine)和各种播种方法,但只做了简单概述和页码范围标注,未做详细摘录。在对第五卷的摘录中,马克思关注了捣矿机(Pochwerke)和夯实机的发明史和工作原理,但未做详细摘录。尽管马克思对后三章的摘录比较简略,但对照贝克曼的原著内容可以发现,马克思所关注的 Dratmühlen、播种机、捣矿机等都是应用于直接生产过程的发明,而没有关注贝克曼所描述的铺路、照明、消防设施、药房、检疫等比较宽泛的发明。

如前所述,马克思的八个《补充笔记本》是他在写作《1861—1863 年经济学手稿》过程中所做的补充性研究,在该手稿的第 XXIII 笔记本第 1417 页上,马克思对《补充笔记本 C》做了主题性整理,涉及贝克曼的相关内容如下:"通过机器减少劳动。工人对此进行的斗争。约·贝克曼。补充笔记本 C 第 4—5 页。织带机。由于改良磨面方法而赢得的小麦。(同上,第 5 页)在英格兰为反对锯木机而进行的斗争。(同上,第 5 页)德国的发明。(同上,第 5 页)"[1]从中可以看出,除了磨的改良所发挥的积极作用,马克思关注的主要是早期的机器发明及其引发的工人斗争。

综上所述,马克思在第三次工艺学研究中是伴随写作过程中遭遇的具体问题而展开的。马克思通过不同的途径和方式重新研究了此前研读过的拜比吉、贝克曼、尤尔等人的著作,同时也从韦利斯等人那里吸收了最新的工艺学研究成果,这些共同构成了马克思撰写《1861—1863 年经济学手稿》和《资本论》、深化历史唯物主义和政治经济学批判的重要理论资源之一。

第二节
马克思第三次工艺学研究在
《1861—1863 年经济学手稿》中的理论效应

在《1861—1863 年经济学手稿》(以下简称《1861—1863 年手稿》)中,马克思充分利用了前两次工艺学摘录笔记和最新的研究成果,初步建构起科学的资本主义生产方式理论,揭示了资本主义生产方式的历史之谜;首次探索了资本、科学和劳动的历史辩证关系,破除了资产阶级工艺学所臆造的资本对科学和劳动的绝对等级关系;首次科学揭示出资本主义生产的一般利润率下降趋势,指认了资本主义生产的绝对界限,从而在根本上推动政治经济学批判和资本主义批判实现质的飞跃。

---

1 《马克思恩格斯全集》第 37 卷,人民出版社 2019 年版,第 500 页。

一、关于资本主义协作与分工的初步科学认识

1. 绝对剩余价值与相对剩余价值:历史视域中的自由时间与资本主义生产方式特质

如前所述,马克思在《资本论计划草稿》中对资本主义生产方式的探讨做了一个重大调整,即把原本在"资本的流通过程"中讨论的协作(分工)和机器问题调整到"资本的生产过程"中关于"相对剩余价值"问题的讨论,这构成了马克思在《1861—1863年手稿》中研究资本主义生产方式的基本框架。由于这一文本的手稿性质,我们将主要沿着马克思的论述思路来剖析他在相关问题上的理论推进。

由于资本主义生产方式是与资本的价值增殖过程即绝对剩余价值生产和相对剩余价值生产紧密联系在一起的,因此我们首先需要说明此时马克思在剩余价值理论方面的推进。众所周知,马克思在《大纲》中已经初步论及绝对剩余价值和相对剩余价值问题,但在那里,马克思并没有给出明确的定义。而到了《1861—1863年手稿》中,马克思第一次系统研究和阐述了绝对剩余价值与相对剩余价值的内涵和意义。马克思强调,绝对剩余价值是在一定的劳动生产力下,"对象化在产品中的劳动时间(或者说,包含在产品中的劳动量)多于在生产过程中预付的原有资本所包含的劳动时间",即"工人提供的劳动量超过他在自己工资中作为他的劳动能力的价值得到的对象化劳动量而形成的余额"[1],对应于工人提供的超过必要劳动时间的剩余劳动时间。绝对剩余价值的特

---

1 《马克思恩格斯全集》第32卷,人民出版社1998年版,第192页。

点包括以下两点：一是绝对剩余价值量既取决于单个工人的剩余劳动时数，又取决于同时工作的时间量或雇佣劳动人数。二是绝对剩余价值在私有制社会中是绝对的、普遍存在的，即"它存在于以阶级对立——一方是生产条件的占有者，另一方是劳动的占有者——为基础的一切生产方式中"[1]，譬如，马克思指出，英国的现代工厂所代表的发达资本主义生产方式与"多瑙河沿岸两公国的徭役劳动"所代表的农奴制生产方式的共同特点就在于"占有他人的剩余劳动是发财致富的直接源泉"[2]。三是绝对剩余价值生产不仅是资本生产方式的基本形式，而且是同劳动对资本的形式从属的资本主义特殊阶段相适应的形式。或者说，绝对剩余价值生产既是资本生产方式的一般形式，又是同其他更高级的资本生产方式并存的特殊形式，正如协作既是分工、机器工厂的一般形式，又是不同于它们的特殊形式，即"尽管剩余价值的这种形式（剩余价值的绝对形式——引者注）仍然是被资本改变了的那种生产方式的基本形式，但这种形式也是资本的生产方式所固有的，而只要资本只是形式上使劳动过程从属于自己，从而实际上，以人的手工劳动作为生产的主要因素的那种较早的生产方式只是被置于资本的控制之下，那么，剩余价值的这种形式就是资本生产方式的唯一形式"[3]。四是作为资本生产方式之基本形式的绝对剩余价值体现了剩余劳动的实质，即劳动阶级的剩余劳动或过度劳动构成了不劳动阶级的自由时间与全面发展的基础："剩余劳动时间不仅创造他们物质存在的基础，而且同时创造他们的自由时间，创造他们

1　《马克思恩格斯全集》第 32 卷，人民出版社 1998 年版，第 202 页。
2　同上书，第 203 页。
3　同上书，第 211 页。

的发展的范围"[1]。而从历史的视域来看,"整个人类的发展,就其超出人的自然存在所直接需要的发展来说,无非是对这种自由时间的运用,并且整个人类发展的前提就是把这种自由时间作为必要的基础"[2]。在更深层次上,在到目前为止的阶级社会中,人类发展都是以"一方的自由时间和自由发展建立在另一方的谋生劳动和发展受限的基础上"这种对抗形式进行的,即"迄今为止的一切文明和社会发展都是以这种对抗为基础的"[3]。绝对剩余价值生产作为所有社会形式共同具有的形式,社会发展已超出纯粹的自然关系,表现为"对抗性的发展"[4]。总之,如果说,在《大纲》中马克思是通过机器大工业中以一般智力为标志的生产力发展创造自由时间而体认到相对剩余价值生产的自由时间维度,并指认机器大生产为工人占有自由时间实现全面发展的可能性。那么,在这里,马克思则进一步指出,绝对剩余价值生产作为资本主义生产方式的一般形式,已蕴含了自由时间的维度。而且,由于在迄今为止的社会形态中,绝对剩余价值生产是社会生产的一般形式,因此它所创造的自由时间实际构成了社会历史发展的基础,从而在根本上揭示出人类社会得以发展的秘密。同样地,马克思在《大纲》的"机器论片断"中从未来社会形式的角度提出以自由时间作为财富的标准,即"财富的尺度决不再是劳动时间,而是可以自由支配的时间"[5]。而在这里,马克思同样延续了这一思路,强调"财富就是可供支配的时间"[6]。尽管结论看起来是一致的,但这里马克思

1　《马克思恩格斯全集》第 32 卷,人民出版社 1998 年版,第 215—216 页。

2　同上书,第 215 页。

3　同上书,第 214 页。

4　同上书,第 215 页。

5　《马克思恩格斯全集》第 31 卷,人民出版社 1998 年版,第 104 页。

6　《马克思恩格斯全集》第 32 卷,人民出版社 1998 年版,第 216 页。

第五章　马克思的第三次工艺学研究与历史唯物主义的全面深化　　　　449

的言说语境已经发生根本变化:在《大纲》中马克思是基于大工业的巨大生产力创造出大量自由时间为工人全面占有剩余劳动和自由时间提供可能的意义上强调自由时间是财富的标准,标志着一种理想性的能有维度。由此,马克思指出:"以劳动时间作为财富的尺度,这表明财富本身是建立在贫困的基础上的,而可以自由支配的时间只是在同剩余劳动时间的对立中并且是由于这种对立而存在的,或者说,个人的全部时间都成为劳动时间,从而使个人降到仅仅是工人的地位,使他从属于劳动。"[1] 这里,马克思所说的"剩余劳动时间"是从资本占有工人的剩余劳动时间而言的,因此,自由时间是与剩余劳动时间相对立的,这也代表了理想与现实之间的对立。但在《1861—1863年手稿》中,马克思从绝对剩余价值生产所代表的一般人类社会发展的意义上认识到以劳动者的剩余劳动为基础的自由时间构成人类历史发展的根本基础。或者说,一部分人的剩余劳动是社会历史发展的基础,因此,剩余时间和自由时间在人类总体发展的维度上是对立统一的,这正是人类历史发展的内在规律。而古典政治经济学将(社会)必要劳动时间看作财富或价值的标准恰恰是一种意识形态假象,它掩盖了财富在本质上是对必要劳动时间之外的剩余时间或自由时间的占有。因此,这里马克思是从人类历史发展的内在规律层面上揭示出财富的真正秘密。

相对剩余价值是指在一定的绝对剩余价值即正常工作日情况下通过缩短必要劳动时间、延长剩余时间而获得的剩余价值。马克思指出,只有当"总工作日达到了正常的限度",即绝对剩余价值的延长达到自然界限时,"资本创造剩余价值即剩余劳动时间的趋

---

1 《马克思恩格斯全集》第31卷,人民出版社1998年版,第104页。

450　　　　　　　　　　　　　　　　　　重读马克思:工艺学语境中的哲学话语

势,才以它特有的和典型的形式表现出来"[1]。也就是说,相对剩余价值生产代表了资本主义生产方式特有的典型形式。而要缩短必要劳动时间,"只有通过提高劳动生产率才有可能,或者也就是说,只有通过劳动生产力的更高的发展才有可能"[2],亦即相对剩余价值生产是建立在劳动生产力的发展之上的。所以,劳动生产力是影响相对剩余价值生产的决定性因素。而相对剩余价值的性质和规律就在于"生产力提高的结果是工作日中一个越来越大的部分为资本所占有"[3],这就突显了相对剩余价值生产的特殊资本主义关系性质。具体来说,绝对剩余价值由于取决于工人人数和工作日数,因此表现为"一定量上的存在",即表现为量的积累,因而是建立在"一定的自然基础"[4]之上。而相对剩余价值则取决于劳动生产力,而且后者不是某种自然之物,而是一种历史产物,更准确地说,是作为"资本主义的(一般说是社会的)生产的产物的劳动生产力",亦即在资本主义基础上的与资本相适应的社会生产力,它标志着生产方式的质性飞跃,因而集中体现了资本主义生产方式的特性,而资本主义生产方式的主要形式包括协作、分工与机器或科学的应用。

2. 资本主义生产方式视域下的协作与分工

我们首先来看协作。马克思指出,从工艺学的角度来看,协作的基本内容就是许多工人聚集在同一空间进行协同行动(同时进行的同一操作),其中劳动者的集聚和人数是协作的基础,"行动的

1　《马克思恩格斯全集》第 32 卷,人民出版社 1998 年版,第 264 页。

2　同上书,第 266 页。

3　同上书,第 284 页。

4　同上书,第 288 页。

同时性"[1]是协作的核心特征。

而从社会劳动形式的角度来看,协作是以提高社会劳动生产力为目的的一切社会劳动的基本形式。这一定义包含两个层面的重要内容:一是协作这一生产方式的本质特性在于提高社会劳动生产力,而不只是马克思从《哲学的贫困》到《大纲》中所着眼的"许多劳动者的聚集"。这表明,马克思在对协作这一资本主义生产方式的特殊质性规定上发生了重大转变;二是作为一种一般社会劳动形式,协作普遍存在于一切社会历史阶段和社会形态中,从古代的狩猎、战争、修建宏伟建筑到近代殖民地的集体耕作再到作为资本主义生产方式的分工、机器工厂都广泛存在着协作现象。因此,作为资本主义生产方式的协作是对过去已存在的协作生产方式的继承与发展。

而在资本主义生产方式的发展序列中,协作是其专业化的高级形式(如分工、自动工厂等)的基础和前提,同时,协作本身又是与它的较发展形式并存的特殊形式,因而它是"最原始的、最简单的和最抽象的协作形式"[2],故又被称为"简单协作"。前者表现为协作在分工和自动工厂中的不同表现形式与功能。譬如,在分工中,许多人的协同行动就表现为倍数比例原则——这正是拜比吉原理,而在自动工厂中,协作就表现为许多工人的同时劳动的同一性和许多机器的同一性。[3] 后者就表现为协作作为资本主义生产方式所具有的不同于其他高级形式的独特性质,实际上也是与相对剩余价值生产相适应的资本主义生产方式的一般性质。如前所述,马克思在《大纲》中已指认了协作在同时劳动的人数方面对绝

1　《马克思恩格斯全集》第 32 卷,人民出版社 1998 年版,第 298 页。
2　同上书,第 289 页。
3　同上书,第 290 页。

对剩余价值生产的决定性作用,这也就是协作与绝对剩余价值、劳动对资本的形式从属相适应的维度。而这里,马克思进一步指出,当资本用货币购买的劳动进入劳动过程时,劳动便从属于资本。协作中劳动对资本的从属具有两种形式:一种表现为劳动对资本的形式从属,即单个工人不再是独立的商品生产者,而是在资本家或代表资本和资本家的监工的指挥和监督下从事劳动;另一种表现为劳动对资本的实际从属,即资本对许多单个劳动的聚集本身就改变了单个劳动的既有生产方式,创造出一种基于资本关系的特殊资本主义生产方式,或者说"资本主义的生产方式就成为特殊的生产方式"[1]。具体来说就是在资本支配下的许多劳动者的协作和联合促进了社会劳动生产力的提高,或者产生出超过单个工人的生产力之和的合力,这种社会生产力所产生的结果是单个人无法实现的。而生产力的提高缩短了必要劳动时间、相对延长剩余劳动时间,从而促进相对剩余价值增殖。不过,在这种从属关系中,协作产生的社会生产力"表现为资本的生产力,而不是表现为劳动的生产力"[2],"劳动的具体的社会性质表现为资本的性质和属性"[3],因而,工人的协作不是自愿的结合,而是受到资本的隐性强制,因而这种关系对工人来说就表现为"一种异己的权力","工人的相互联系和统一不寓于工人中,而寓于资本中"[4]。同时,由于资本只支付单个人的工资,而没有为这种协作及其社会生产力支付工资,因此,"协作所产生的社会生产力是无偿的"[5]。这正是资本主义生产方式的特殊秘密和真实面目。由于协作包含着劳动

1　《马克思恩格斯全集》第 32 卷,人民出版社 1998 年版,第 296—297 页。

2　同上书,第 295 页。

3　同上。

4　同上书,第 296 页。

5　同上书,第 295 页。

对资本的双重从属关系,因此,协作作为资本主义生产方式的一般形式,它的核心意义就在于它代表了"劳动的社会性质向资本的社会性质的最初转换,社会劳动的生产力向资本的生产力的最初转换",以及"劳动对资本的形式从属向生产方式本身的实际改变的最初转化"[1]。

紧接着,马克思探讨了作为协作的发展形式的分工。他指出:"分工是一种特殊的、有专业划分的、进一步发展的协作形式,是提高劳动生产力,在较短的劳动时间内完成同样的工作,从而缩短再生产劳动能力所必需的劳动时间和延长剩余劳动时间的有力手段。"[2]也就是说,分工是对协作的进一步发展,两者的差异在于:"简单协作是完成同一工作的许多工人的协同动作"[3],而分工则是"生产同一种商品的各个不同部分的许多工人在一个资本的指挥下的协作",其中"商品的每一个特殊部分要求一种特殊的劳动"[4],因此,这种商品本身"体现着这些特殊劳动的总体"[5]。显然,马克思在这里所说的分工是作为特定的资本主义生产方式的工场手工业分工。

而要真正把握分工的实质,就必须首先解决一直困扰马克思的一个重要问题,即社会分工和工场内部分工的本质差异和内在联系,而这一问题几乎构成了马克思在"(b)分工"一节中论述的主题之一。马克思明确指出,社会分工是社会劳动分成不同的相互独立的劳动部门,是贯穿人类社会历史的一般分工形式。而工场内部分工则标志着在同一场所中"某种特殊商品的生产领域内

---

1 《马克思恩格斯全集》第 32 卷,人民出版社 1998 年版,第 298 页。

2 同上书,第 301 页。

3 同上。

4 同上。

5 同上。

的各种操作的分化"[1]，所有操作分给各类特殊的工人，他们协作生产出完整的产品。后者是"政治经济学的一切范畴的范畴"[2]，它是"作为特殊生产方式的工场手工业"的基础，代表着特定的资本主义生产方式。而两种分工的关系在于：一是工场内部分工以社会分工为前提，即"社会分工已达到了相当高的发展水平，各个生产领域已互相分离，而且这些生产领域内部又分成许多独立的小部分"[3]。二是工场内部分工又会促进社会分工的进一步发展。由此，马克思批评斯密完全混淆了两种分工。可以说，这是继马克思在《哲学的贫困》中初次区分两种分工以来，第一次科学完整地对两种分工的关系做出准确规定。

接着，马克思转向对工场内部分工的具体分析。作为特殊的资本主义生产方式的工场手工业分工的前提在于：一是社会分工已发展到较高的水平，二是在某一特殊的部门中，许多工人在资本的支配下联合在一个工场里，亦即"资本主义协作"[4]。这种资本主义协作的基本特征表现为许多工人和劳动资料在同一个资本支配下聚集到一个工场中生产同一种产品。但从工场手工业的历史起源来看，它又具有双重特点：一方面，相对于农村副业的分散独立的生产方式，工场工人的生产丧失了独立性，工人的结合从属于资本的强制，因而"工人的劳动成了强迫劳动"，"工人屈服于资本的纪律，处于完全改变了的生活条件之中"[5]。也就是说，资本对劳动的支配已经对劳动方式本身有所改变，因而蕴含了劳动对资本的实际从属因素。另一方面，以资本主义协作为基础的手工工

1　《马克思恩格斯全集》第 32 卷，人民出版社 1998 年版，第 304 页。

2　同上。

3　同上书，第 306 页。

4　同上书，第 307 页。

5　同上。

场只表现劳动者和劳动资料在同一工场内的聚集,还没有发达的分工,因此,"劳动几乎总是带有农村家庭副业的性质,因此,工人还没有绝对从属于某种完全片面的和简单的操作。这种操作还不是他的唯一的劳动",这意味着"资本尚未支配生产本身",还处于"从农村副业到资本主义生产方式本身的过渡"[1]阶段。因此,在这种生产方式下,"剩余价值不仅取决于它的比率,而且它的绝对量,它的大小也取决于同一资本在同一时间内所剥削的工人人数"[2]。也就是说,在以资本主义协作为前提的手工工场中绝对剩余价值生产仍发挥着相当大的作用。这实际上构成了早期工场手工业的起源方式之一。而分工就是在这种手工工场的自然基础上发展起来的。

那么,以分工为基础的工场手工业是在何种意义上成为特定的资本主义生产方式的呢? 或者说,工场手工业分工是在何种意义上突显出劳动对资本的实际从属的呢? 马克思通过重新梳理斯密及其思想先驱的分工理论以及借助尤尔、拜比吉的分工理论,认识到答案就在于资本主义条件下分工本身的生产方式特点:一是相对于宗法式的行会手工业中一个工人依次完成一种产品的各种操作工序而言,分工将这些操作工序分离开来,并将单一的操作分配给单个工人,从而使工人的劳动能力从属于某种单一操作,使工人的全部能力归结为简单的质和单纯的抽象劳动。二是基于不同操作的分离和独立而在同一工场中实现许多从事单一操作的结合与协作,这种结合和协作不再是同一种操作的并行协作,而是为了生产同一产品的各个不同操作之间的结合,因而这种结合表现为

---

1 《马克思恩格斯全集》第 32 卷,人民出版社 1998 年版,第 308 页。
2 同上书,第 307 页。

重读马克思:工艺学语境中的哲学话语

各个工人之间的片面劳动的结合。在这种结合中,工人从属于由资本建构的分工的客观机制,具体来说就是尤尔所揭示的基于分工所建构的"一定的技术等级"[1]和拜比吉所指认的由分工本身所决定的倍数比例原则[2]。因此,"在分工的条件下,资本主义生产方式已经从本质上控制并改变了劳动"[3],即劳动对资本的实际从属。三是由于在工场手工业分工中,工人只是工场总机构的一个简单零件,因此工人不再是某一商品的生产者,工人只有处于工场的总机构中才能生产某种产品,也就是说,工人作为"工场的活的组成部分"与"资本的附属物"[4],"他的技能只能在一个工场里,只是作为一个代表资本的存在而与工人相对立的机构的环节才能发挥作用"[5]。因此,工人的劳动能力必须作为商品出卖给资本,这不只是因为他缺乏劳动资料,更是因为资本"掌握着主体劳动的社会条件,工人的劳动只有在这些条件下还能是劳动"[6]。因此,分工这种社会劳动形式所带来的劳动生产力提高就不再是劳动的生产力,而是资本的生产力。更进一步说,正是在以分工为基础的工场手工业这一资本主义生产方式的基础上,工人的劳动(力)才彻底变为商品,或者说,劳动本身成为工人必须出卖的唯一商品。正是在这个意义上,商品本身才成为支配生产的最一般范畴,成为分析资产阶级生产的起点。[7]因此,如果商品成为资本主义生产的起点和最一般范畴是以劳动力成为商品为标志的,那么,这一起点

1　《马克思恩格斯全集》第 32 卷,人民出版社 1998 年版,第 328 页。

2　同上书,第 329 页。

3　同上书,第 318 页。

4　同上书,第 319 页。

5　同上。

6　同上。

7　同上书,第 332 页。

恰恰是建立在以分工为基础的资本主义工场手工业之上的。正是在这个意义上，才能真正把握马克思所说的"分工是政治经济学的一切范畴的范畴"的深刻内涵。总之，基于上述分析，马克思准确指出，斯密所说的分工不是一切社会形态所"固有的一般范畴"，而是"一种与资本的特定历史发展阶段相适应的完全特定的历史性的生产方式"[1]。

二、机器的资本主义应用：前提与后果

在《1861—1863年手稿》第V笔记本的第190页上，马克思写下"（c）机器。自然力和科学的应用（蒸汽、电、机械的和化学的因素）"。从标题就会发现，此时马克思主要是试图从机器大工业的视角来分析机器及其资本主义应用。这里，拜比吉和尤尔有关分工、机器和工厂制度的论述成为马克思的直接理论资源。此时马克思的理论分析主要包括三个方面：机器的资本主义应用的基本原则、资本主义生产使用机器的前提条件即机器在价值形成中的真实作用、机器的资本主义应用导致工作日延长的诸多原因。

首先，马克思阐述了机器之资本主义应用的基本原则和目的。针对约·斯·穆勒关于机器发明是否减轻人之辛劳的模糊措辞，马克思指出，机器的资本主义应用"决不是为了减轻或缩短工人每天的辛劳"[2]，而是为了尽可能多地榨取工人的相对剩余价值和绝对剩余价值。为实现这一目的，机器的资本主义应用在生产方式上必须实现对已有的资本主义生产方式即简单协作和以分工为基

1　《马克思恩格斯全集》第32卷，人民出版社1998年版，第342页。
2　同上书，第363页。

础的工场手工业的继承与超越。这主要表现在：一是简单协作在机器的资本主义应用中成为重要的前提与要素。马克思指出，相比于简单协作在以分工为基础的工场手工业中只表现为简单的倍数原则，机器的资本主义应用必须以简单协作为前提，因而简单协作对机器来说"是一个更重要得多的因素"[1]，因为机器的资本主义应用追求的是生产的大规模、同一性和去技能化（简单劳动）。二是借助尤尔关于机械制造从手工工场向机械工厂演变的描述，马克思认识到机器的制造最初是以分工为基础的工场手工业为基础的，在进一步发展的机械工厂中机器的制造才建立于自身基础上，而在机械工厂中，一方面是分工重新出现，另一方面机械工厂又废除了以分工为基础的工场手工业的最重要原则——这一认识更加切近机器产生的真实历史过程，从而在继承拜比吉和尤尔的相关观点的基础上完成了对他们的重要超越。基于资本主义生产方式的变革，马克思正确认识到机器的资本主义应用的基本原则便是以简单劳动代替熟练劳动，从而将工人的必要劳动时间降到最低平均限度。[2]

其次，马克思首次科学阐明了资本主义生产使用机器的前提条件，亦即机器的资本主义应用对于价值形成的真实作用。马克思在《大纲》中主要是从机器的资本主义应用通过提高劳动生产力以缩短必要劳动时间这一原则性层面来阐述资本主义生产使用机器的原因，尚未具体阐明机器在价值形成过程中的真实作用。此时马克思认识到，机器同简单协作、分工在提高劳动生产力和促进相对剩余价值生产有着更为复杂的过程。具体来说，简单协作和

1　《马克思恩格斯全集》第 32 卷，人民出版社 1998 年版，第 365 页。
2　同上书，第 366 页。

分工所产生的生产力是在"资本统治下所具有的一定形式的社会劳动的无偿自然力"[1]，因而资本家是不费分文的。而机器在提高生产力方面却有着不同层面的机制：一是机器的应用由于协作而促使社会劳动产生无偿的生产力，这同简单协作和分工的机制是一致的；二是机器将自然力转化为社会生产力，其中发挥作用的自然力和科学定律是不费资本家分文的；三是机器本身作为商品是蕴含价值的，"它是制造出来的生产力"[2]，这一点完全不同于协作和分工。因此，正确剖析机器对价值形成的真实作用就成为科学把握资本应用机器的前提的关键问题。马克思认为，资本主义生产采用机器的根本前提便是"机器本身包含的劳动时间少于它所代替的劳动能力所包含的劳动时间"[3]，即在商品价值中加入的机器的价值必须小于它所代替的劳动的价值。而要实现这一点，机器的资本主义应用就必须满足以下两个条件：第一，机器的大规模生产。由于机器的总价值再现于借助机器所生产出来的商品总量之中，因此，"商品总量越大，在单个商品中再现出来的机器价值部分就越小"[4]，因而，只有在大规模生产的条件下，机器的资本主义应用才成为可能。这取决于在一定时间内使用机器生产的商品数量超过不使用机器所生产的商品数量的程度，即机器取代劳动的程度。第二，同劳动工具一样，机器全部地进入劳动过程，而部分地（即机器磨损部分的价值）进入价值增殖过程，由于商品的大规模生产，因此再现在单个商品中的机器价值部分小于包含在同一商品中的劳动和原材料的价值部分。在此基础上，马克思批判了

---

1 《马克思恩格斯全集》第 32 卷，人民出版社 1998 年版，第 366 页。

2 同上。

3 同上书，第 368 页。

4 同上。

　　　　　　　　　　　　　　重读马克思：工艺学语境中的哲学话语

李嘉图认为机器所包含的全部劳动即价值都进入商品价值的错误观点。[1]

最后,马克思深入剖析了机器的资本主义应用所导致的种种后果及其内在原因。

第一,机器的资本主义应用造成工作日的延长,以追求绝对剩余价值。在《大纲》的"机器论片断"中,马克思还只是从资本主义生产关系之一般层面提到机器导致工作日延长,但未详细分析造成这一后果的原因。而这里马克思首先深刻指出,虽然机器的资本主义应用的结果是以机器代替劳动,以简单劳动代替熟练劳动,但是"资本通过使用机器而产生的剩余价值,即剩余劳动,——无论是绝对剩余劳动,还是相对剩余劳动,并非来源于机器所代替的劳动能力,而是来源于机器使用的劳动能力"[2]。因此,资本必须通过各种方式来缩短必要劳动,增加剩余劳动。在此基础上,马克思借助尤尔、拜比吉等人的理论资源,深入剖析了机器的资本主义应用使工作日延长的内在原因。由于机器的资本主义应用促使生产方式发生变革,因此,新旧生产方式下工人的工作日延长有着不同特点,故可分为两种情况:一是机器的资本主义应用导致旧生产方式下工作日的相对延长和绝对延长。具体来说,在新机器被普遍使用之前,使用新机器的生产部门由于减少了生产同一商品的社会必要劳动时间,因而相对延长了在旧生产方式下工人的劳动时间。后者为了抵御机器大生产的侵袭而维系生存,就会绝对延长了手工业工人的总工作日。二是机器的资本主义应用造成新的生产方式下的工作日的绝对延长,其原因主要包括:(1)机器促进

---

1 《马克思恩格斯全集》第 32 卷,人民出版社 1998 年版,第 372 页。
2 同上书,第 373 页。

劳动形式发生改变,即"工人的全部肌肉力以及技能都转移到机器上了"[1],这一方面使体力劳动减轻,促使劳动时间延长成为可能;另一方面,熟练工人因失去技能而被机器和简单劳动所取代,丧失了先前在生产中的支配地位和反抗能力。(2)机器以童工和女工代替男工,而童工和女工天性顺从,适应了延长工作日的要求,从而形成了延长工作日的习惯和夜工制度。[2](3)机器无需休息,特别是蒸汽机的连续性、灵活性和普适性适应了资本主义生产对剩余劳动的贪欲。[3](4)尽量减少作为固定资本的机器的无形损耗。马克思受拜比吉的机器无形损耗观点的影响,指出资本家为了获取剩余价值,必然会通过延长绝对剩余时间来尽快补偿投在机器上的资本即固定资本,同时减少或避免机器的不断改良所造成的无形损耗。[4](5)由于利润率被绝对剩余价值量与总资本的比率所决定,因此,随着总资本增加,利润率就下降。为了延缓这一趋势,就会延长工作日,以求尽量延长绝对剩余劳动。(6)延长劳动时间能够节约用于建筑物和机器的追加开支。马克思通过拜比吉、西尼耳等人看到,机器作为固定资本只有在占有劳动的情况下才能榨取工人的剩余劳动,一旦固定资本与劳动分离,资本就变成无用之物。为了避免损失,资本家会通过追加一部分流动资本来保证机器连续生产。[5](7)一方面,机器的资本主义应用提高单个工人的剩余价值率,另一方面,由于机器代替劳动而减少同时雇佣的工人人数,这种矛盾的剥削机制有可能减少最终的剩余价值量,为避免这一结果,资本必然增加绝对劳动时间,从而使工作日绝对

---

1 《马克思恩格斯全集》第 32 卷,人民出版社 1998 年版,第 376 页。

2 同上。

3 同上书,第 377 页。

4 同上书,第 377—378 页。

5 同上书,第 380 页。

延长。马克思深刻指出,这一原因是"资本家及其辩护士所完全没有认识到的"[1],这显然是对尤尔等人的批判。

第二,机器的资本主义应用会提高劳动强度,以追求相对剩余价值。当延长工作日和追求绝对剩余价值遭遇自然限制时,特别是 10 小时工作日法案实施之后,资本家便通过改良机器提高生产力来"浓缩劳动时间"即提高劳动强度,从而增加一定时间内的商品量和缩短劳动能力再生产所需的必要劳动时间,攫取相对剩余价值。而这一过程正是基于机器的工艺学原则而实现的,即它是"通过提高机器的运转速度和增加单个工人必须看管的工作机的台数而实现的"[2],而这就有赖于机器(特别是发动机)的结构改进来提高速度和驱动更多机器。请注意,此时马克思大量利用了1850 年代的《工厂视察员报告》中的现实材料。

第三,机器体系取代简单协作。正如机器体系改变了分工和协作一样,机器体系也基于自身在工作和动力方面的优越性在许多场合下废除或改变了简单协作,譬如,以播种机或收割机代替大量工人的简单协作,葡萄压榨机代替大量人力,等等。[3]

第四,机器的发明与应用是劳资对立与斗争的结果。借助尤尔、加斯克尔等人关于劳资对立促使机器发明的论述,马克思再次强调机器的产生和应用是以阶级斗争为基底的社会关系的结果。马克思指出,工人阶级为了维护自身利益所做的各种反抗促使资本家采用机器,通过利用机器替代劳动、减少工人数量或简化劳动技能,使机器成为缩短必要劳动时间的手段,同时"机器成了资本的形式,成了资本驾驭劳动的权力,成了资本镇压劳动追求独立的

1　《马克思恩格斯全集》第 37 卷,人民出版社 2019 年版,第 21 页。
2　《马克思恩格斯全集》第 32 卷,人民出版社 1998 年版,第 386 页。
3　同上书,第 387 页。

一切要求的手段"[1]。资本利用机器和科学获得了统治劳动的绝对霸权地位。

第五,使用机器能提供充足的商品原料,从而促进劳动生产的连续性。譬如,马克思通过加斯克尔看到纺纱机通过提高棉纱产量而促进织布的连续性。[2] 同时,机器的使用提高了原材料的利用率,并为其他生产部门提供更多原料。

综上所述,马克思对于协作、分工和机器大生产的分析都重在回答这种三种生产形式何以是资本主义生产方式,即从资本主义生产关系或剩余价值生产的本质层面来揭示它们的资本主义特性,而结果就是工人完全处于资本主义生产方式的绝对统治之下。这在本质上与《大纲》的分析思路是一致的。但是,要想打破资本主义生产方式的绝对统治,真正理解资本主义机器大工业的内在规律和矛盾发展,就必须全面把握资本主义生产方式的历史起源、发展过程和矛盾变化。这也正是马克思在此搁笔而在机器问题上重新阅读资料的原因。为此,他再次阅读了前两次工艺学研究的摘录笔记,特别是充分利用了波佩、贝克曼、拜比吉、尤尔的工艺学资料以及《各国的工业》的历史材料。

三、工艺学史视域下机器大工业的历史起源

从第 XIX 笔记本的第 1159 页开始,马克思接续第 V 笔记本中关于机器问题的研究做了更为精细的梳理,写下"分工和机械工厂。工具和机器"一节。在这一部分中,马克思重新利用了在《伦

1　《马克思恩格斯全集》第 32 卷,人民出版社 1998 年版,第 387 页。
2　同上书,第 390 页。

敦笔记》中对波佩、尤尔等人的工艺学史著作的摘录材料,比如波佩对磨和钟表发展史以及各种手工工场的叙述、尤尔对蒸汽机发明史的描述以及《各国的工业》中关于自动机器体系和自动工厂的叙述,这些都为马克思深入理解资本主义生产方式的历史发展提供了丰富资源,从而使马克思在理解机器大工业的历史起源问题上获得许多重要推进,主要包括:机器的定义以及机器和工具的区分、机器的起源发展、手工工场和机械工厂的产生形式以及机器发展与科学的关系等。这些重要认识基本上都达到了科学认识的水平,并为马克思接下来分析自动工厂的特点、批判工厂制度和揭示资本、科学与劳动的资本主义关系奠定了坚实基础。而这些内容在《资本论》中得到了系统全面的阐述。

1. 工艺学视域下的机器与工具

我们知道,马克思在《哲学的贫困》中就受拜比吉的影响确立了分工—工具—机器的思路。于是,准确区分机器和工具便成为建立科学的机器理论的关键所在。不过,马克思最初只是直接接受了拜比吉的定义,并未形成自己独立的观点。随着对机器史研究的深入和对多种思想资源的吸收,马克思真正建构起自己的机器理论。

首先,马克思再次利用拜比吉的机器定义,并做了三点推进。

(1)通过借鉴达尔文关于生物器官的分化和专门化同劳动工具相类似的观点,即"在谈到[动植物的]较低级器官时,我指的是发挥各种特殊职能的区别不大的器官;因为在同一个器官需要从事不同的工作时,这个器官容易变异的原因也许在于:自然选择对于每一形态上的细小差异的保存或抑制,不如在同一个器官专用于一个特殊目的时那样小心。比如,用来切各种东西的刀,大体上可保持同样的形状;但专供一种用途的工具,如作另一种用途,就必须具有另一种形式"[1],马克思从工艺学角度准确认识到分工带来的劳动工具演化的独特性,即分工导致同类工具的分化、专门化和简化,而"劳动资料的这种分化、专门化和简化,是与分工本身一起自然产生的,并不要求预先认识力学的规律等等"[2]。这表明,工具的发展演化是分工的自然产物,而无需科学知识的应用,这构成工具同机器的本质区别之一。以分工为基础的工具的分化、专门化和简化表明分工—工具的原则在于功能与形式、目的与结构的适应性,即义肢性工具的上手性,这是对拜比吉所勾勒的分工—操作分化—工具分化的科学论证。在此基础上,马克思准确指出由工场手工业分工所引起的工具的分化、专门化和简化构成"机器发展的工艺的物质的**前提之一**"[3],因而肯定了拜比吉从分工—工具角度对机器的定义"在一定意义上"是正确的。这一评价是非常准确的,一方面是肯定了拜比吉的机器定义的合理性,另一方面则深刻指出分工导致的工具演化只是构成机器发展的众多前提之一,因此,拜比吉的思路又具有狭隘片面性。

(2)超越从繁简程度和动力类型角度区分工具和机器的工艺学视角,提出区分工具和机器的科学标准,即以工具机代替人手为标志的生产方式变革。马克思指出,在英国政治经济学家和力学家那里,一种观点是从繁简程度来区分工具和机器,即"工具是简单的机器,机器是复杂的工具",因而两者没有本质区别;另一种观点是从动力类型来区分工具和机器,即"工具的动力是人,机器的动力是畜力、机械力等等"。实际上,拜比吉的机器观兼具这两种错误倾向,但马克思并没有明确指认拜比吉,而是发掘了拜比吉的

---

1 《马克思恩格斯全集》第 37 卷,人民出版社 2019 年版,第 30 页。
2 同上书,第 33 页。
3 同上。

机器定义的肯定性方面。具体来说,对于前者,马克思强调拜比吉所说的不是简单机械(如杠杆、斜面等)的简单组合,而是在以分工为基础的工场手工业中生产同一种商品时不同工人所使用的工具的结合。在我看来,拜比吉的机器定义在本质上是遵循了"机器是复杂的工具"的思路,因而是无意识地触及了机器形成的物质技术基础之一,马克思则准确捕捉到这一科学因素。对于后者,马克思认为拜比吉强调机器是由一个发动机所推动一整套工具,而这种发动机与动力形式无关。显然,这已脱离了拜比吉的原意,而融入了马克思自己的深刻洞见。因此,可以说,此时马克思实际上抬高了拜比吉的水平。无论如何,马克思在否定以上两种错误观点的基础上,提出了自己的科学区分标准,即"首先应当指出,这里所说的不是[工具与机器之间]在工艺上的确切区分,而是在所使用的劳动资料上发生的一种改变生产方式,因而也改变生产关系的革命;因此,在当前的场合,所说的正是在所使用的劳动资料上发生的那种为资本主义生产方式所特有的革命"[1]。这里,马克思不再局限于工艺学思路,而将理论视域提升到生产方式和生产关系变革的社会历史层面,从而为揭示工具和机器的根本区别开辟出科学视域:无论是从工具到机器的工艺发展,还是机器对人手的替代在根本上都反映的是资本主义生产方式的特有革命——特别是后者,在此之前,"机器代替人手"一直是马克思批判资本主义机器大生产的直接现实依据,而在这里,马克思则从客观科学的角度将其确立为资本主义生产方式变革的起点,这是一种巨大的思想转变。由此,马克思指出,机器的本质首先在于以工作机代替人手,而工具则直接依赖于人手,至于动力形式则无关紧要,比如最初是纺纱

---

[1] 《马克思恩格斯全集》第37卷,人民出版社2019年版,第34—35页。

机器中与原料直接接触的工作机代替人手的操作。一旦机器代替人手而成为生产过程的主体，那么机器的发展就开始由机器本身决定，当机器生产商品达到一定规模，就需要利用机器来制造机器，于是代替人力的蒸汽机就出现了。在此基础上，马克思准确把握了标志着资本主义生产方式变革的工业革命起点问题，即工作机是第一次工业革命的起点，即"工业革命首先涉及的是机器上进行工作的那一部分"[1]，其表现就在于许多劳动工具在由一个动力推动的机器体系中的大规模协作所带来的生产方式变革；而蒸汽机则是第二次工业革命的标志，即当人手被工具机所替代而只作为动力发挥作用后，所要完成的工作原理便开始由机器来决定。于是，作为动力机的蒸汽机便成为第二次工业革命的转折点。而这也相应地涉及机器的起源和不同发展阶段问题，下面我们将专门论述。总之，在这里马克思首次从资本主义生产方式层面对机器和工具的区分标准做了科学规定，从而在本质上越出了从分工—工具理解机器的工艺学视域。不过，从生产方式变革角度所做的规定还只是停留在科学抽象的层面上，还必须上升到具体的工艺学层面，因而必须深入机器发展史的研究中。当然前者已为后者指明了方向。

最后，马克思在重新研究了《各国的工业》中各种先进机器体系之后，再次剖析了机器和工具的关系。马克思首先指出在总体机器中工作机不同于原动机和传动机构，因为它代表着"人用以工作的工具重新出现在机器上……现在，工具已经不是由人来操纵，而是由人所创造的机械来操纵"[2]。这无疑是在生产方式变革的

1　《马克思恩格斯全集》第 37 卷，人民出版社 2019 年版，第 37 页。
2　同上书，第 73 页。

意义上基于工艺学知识而对刚刚确立的"机器代替人手"命题所作的进一步规定。在此基础上,马克思从两个方面论述了机器和工具的关系:一是机器一开始就表现为许多工具或机构的组合,并由同一动力推动,因而机器具有系统性、组合性和整体性,亦即机器体系。而工具只能由单个人使用,具有单一性、独立性和专门性。机器(体系)的组合包括四种形式:(1)一台机器同时带动许多工具,例如,一台机械织机同时带动许多梭子,一台纺纱机同时带动几百个纱锭,这种组合同样出现于粗梳机、织袜机等[1]。(2)在连续性的生产过程中各个阶段的不同机器依次连接,并由同一动力推动,即"组合的第二种形式在于,在一个接着一个的生产过程上依次对原料进行加工的各种机器是互相连接的,而且是由同一动力推动的"[2]。(3)在同一工厂中,许多工作机同预制机器相连接,并由同一动力推动。(4)机器体系的三个组成机构即工作机、原动机和传动机构也可看作一种组合形式。在上述机器体系的组合形式中,简单协作和分工原则以新的形式得以重新出现,其中,简单协作原理被应用于机器和看管机器的工人,即许多机器及其看管工人的简单协作,并成为发达机器生产的最重要特征和影响资本的剩余价值量和利润率的重要因素[3]。二是机器作为工具的组合在本质上并不是许多工具在一个机器内部的联合,而是这些工具同机器的动力、规模和效果共同构成一个相适应的统一体。比如,用于不同目的的各种蒸汽锤需要相应的动力和规模。当"机器的工具在规模上不同于工人的工具"时,"从一开始就需要机械动

1　《马克思恩格斯全集》第 37 卷,人民出版社 2019 年版,第 73 页。
2　同上。
3　同上书,第 74 页。

力"[1]。这一界定可以看作是对拜比吉的"机器是诸多简单工具的结合"这一观点所带有的一般性与模糊性的扬弃和深化。

总之，工具本身一旦由机械来推动，一旦由工人的工具变成机械的工具，工具便被机器所代替了。可见，此时马克思对机器的认识变得更加丰富深邃。马克思已真正把握到"机器代替人手"的工艺学内涵，同时又超越了工艺学的视域，即机器取代人手而操纵工具，因而机器表现为工具在工作机上的组合，也正是这种规模效应带来了生产方式的变革。马克思一针见血地总结道："说机器是复杂的工具，工具是简单的机器，这没有说明任何问题……这类说法没有包含任何一点能说明这里发生的社会变革的因素……总之，这类说法是产生在机器体系还不发达，还不能根据工作机应当作用的规模而任意使用某一种原动力的时期。"[2]到此为止，马克思才真正超越了整个分工思路的缺陷，为确立科学的机器定义奠定基础。这也为马克思正确认识机器和机器工厂的起源和发展问题奠定基础。

2. 机器及机器工厂的起源和发展阶段

从工具和机器的区分标准来看，它已蕴含了对机器的历史性认识。由此，马克思转向对机器和机器工厂的起源与发展问题的研究，而这一研究同样经历了一个复杂的探索过程。

在从生产方式变革角度确立机器和工具的一般区分标准之后，马克思首先指出机器的两种起源形式：一是从手工业工具中产生的机器，一是从以分工为基础的工场手工业中产生的机器。具体来说，前者是指从古老的劳动工具中产生的机器，且与工场手工

1　《马克思恩格斯全集》第 37 卷，人民出版社 2019 年版，第 74 页。
2　同上书，第 76 页。

业分工没有任何关系,如纺纱机和织布机;后者是指"以分工为基础的最完善的工场手工业中发展起来的"[1]机器,即利用机器制造机器本身——尽管这里马克思没有引用尤尔的描述,但从前面马克思的引用来看这里应是以尤尔笔下的机械制造厂为原型的。这里对机器的两种起源的认识基本奠定了马克思在该问题上的基调,这也促使他产生一个突破性认识:"机器决不是到处都从工场手工业中产生的,也就是说,决不是到处都从把生产一定的商品的劳动分解成由不同的个人分担的各种手工劳动这一点产生的。对机器来说,这仅仅是两个出发点之一。"[2]这显然是对斯密等人仅从工场手工业和分工角度理解机器起源的根本否定,也是对马克思此前受尤尔影响只把工场手工业作为机器诞生地的突破。紧接着,马克思结合工具和机器的区分标准指认了机器发展的两个阶段,这也对应于工业革命发展的两个阶段,总结起来就是以工作机代替人手为标志的第一次工业革命和以蒸汽机为标志的第二次工业革命。这一观点的重要性在于,正如马克思所言,在尤尔、拜比吉的时代,许多人都以动力作为区分机器和工具的标准,因而自然就会直接把蒸汽机作为工业革命的唯一起点,从而忽略了机器产生的悠久历史和第一次工业革命的历史转折点。马克思深刻指出:"如果不正视这种情况,而仅仅着眼于动力,那就会恰恰忽视在历史上曾经是转折点的东西。"[3]接下来,马克思摘录了波佩关于磨与钟表的发展史和尤尔关于蒸汽机发明史等内容,这些历史材料不仅充分证明马克思的上述结论的科学性,而且为马克思提供了其他重要的信息,比如早期机器与科学知识的紧密关系以及科

1　《马克思恩格斯全集》第 37 卷,人民出版社 2019 年版,第 35 页。

2　同上。

3　同上书,第 37 页。

学的经验技能性质等,这为后来马克思从历史角度深入剖析资本、科学与劳动的关系提供了重要材料,对此我们将在下文中加以专门论述。

如果说波佩和尤尔的工艺学史为马克思提供了理解机器在手工业和工场手工业阶段之发展状况的重要资源,那么《各国的工业》则为马克思深入了解当时先进的机器体系和机器工厂提供了宝贵材料,并使马克思在机器起源、机器工厂和工场手工业的形成类型等问题上有了更丰富而准确的认识。

首先,通过对《各国的工业》中关于纺织机器、钢笔尖生产、信封制作和现代自动化造纸厂的摘录研究,马克思再次指认了机器的两种起源:一是从手工业中产生的机器,它用以完成以前手工工人进行的全部操作,如纺织机。二是从以分工为基础的工场手工业中产生的机器,它又可分为两种:一种是"用来完成互相分离的各种操作"[1]的机器,如信封制造机[2]、钢笔尖制造机[3];另一种则是机器体系,它"完成一系列过程,用以代替从前互相分离的各项操作"[4],如抄纸机[5]。而钢笔尖制造机、抄纸机都体现了机器生产的连续性、自动化、高速度和同时作业。[6] 这里的第一点与之前的认识相同,而第二点则是对此前观点的修正和推进——后来马克思在《资本论》中将其概括为机器工厂的两种形态,即以同种机器的协作为基础的机器工厂和以机器体系为基础的机器工厂。总之,马克思再次深刻认识到,最初的机器是在工场手工业和手工业的

---

1 《马克思恩格斯全集》第 37 卷,人民出版社 2019 年版,第 75 页。

2 同上书,第 68 页。

3 同上书,第 61—62 页。

4 同上书,第 76 页。

5 同上书,第 65—68 页。

6 同上书,第 65—66 页。

重读马克思:工艺学语境中的哲学话语

工艺条件下产生的,无论是第一批工作机还是第一批蒸汽机都是如此,但只有在发明和支配蒸汽动力之后才使得利用机器制造机器成为可能,机器生产才真正建立起与自身相适应的物质技术基础[1]。同时,随着工业生产力和科技水平的整体发展,特殊生产部门有可能从一开始就是在机器基础上建立的,如交通运输、电报等。因而,从手工业和工场手工业生产向机器大工业生产的过渡是一个连续性和非连续性的过程。[2]

其次,马克思借助《各国的工业》和英国议会报告提供的实证材料,在研究联合工厂的形成时第一次全面揭示了工场手工业的两种起源方式。马克思认为,工场手工业是按两种方式从手工业中产生的:

一是简单协作的方式,即"许多从事同类工作的手工业者连同他们的劳动工具集中在同一个场所"[3],例如旧呢绒工场手工业,其特点是:(1)几乎没有分工或只是在辅助工作中存在很少分工;(2)通过使用共同的劳动条件和实行"工厂主的最高监督"而实现节约的目的;(3)在这种工场手工业中,虽然工人对资本的从属关系低于机械工厂(mechanischen Atelier)中"机器(原动机)的运动和速度支配人的劳动"[4]——这里马克思引用了尤尔《工厂哲学》

1　《马克思恩格斯全集》第 37 卷,人民出版社 2019 年版,第 72 页。
2　同上书,第 69 页。
3　同上书,第 97 页。
4　同上书,第 98 页。

（1836年巴黎版）第二卷[1]中关于机器支配劳动的描述，但同手工业生产相比，工人自身仍然只是附属于别人的工作机。

二是由许多分散的独立手工业联合为一个工场或工厂（Fabrik）[2]。其特点是：分散孤立的手工业联合在一起，并在自发形成的工场手工业基础上进一步以分工形式加以发展。这样一来，原本作为特殊劳动之产品的特殊商品就只是成为某一商品的组成部分。而后来的联合工厂也有着相似的形成模式，即以机器生产为基础的制造半成品的工厂同将这些半成品用作原料的工厂联合起来。这是马克思自《哲学的贫困》初次涉及工场手工业的起源问题以来对该问题的最终解答，后来的《资本论》清楚表述了这一观点。

基于上述从手工业到工场手工业再到机器大工业的发展过程，马克思初步概述了社会经济形态的发展特点，即不同社会经济形态的形成就如同"各种不同的地质层系相继更迭"[3]，社会经济形态发展的各个时期不是突然出现和相互断裂的，而是前一社会经济形态孕育着后一社会经济形态的萌芽，但这些未来的要素只是个别性的存在，并从属于现实的社会经济形态。譬如，在手工业的个别场域就蕴含着工场手工业的萌芽（如机器的使用），而工场

1　值得注意的是，在1845年的《布鲁塞尔笔记》笔记本5中，马克思没有摘录这段内容。这表明，19世纪60年代，马克思在研究从工场手工业到机器大工业的历史发展问题时重新阅读和利用了尤尔的《工厂哲学》一书。对照两个版本，这段引文都在原书的第83—84页，因此，仅从引文和页码上还无法确定此处摘引的是哪个版本。但是在1845年，马克思自己收藏和利用的是尤尔的《工厂哲学》（1836年巴黎版），而非该书的1836年布鲁塞尔版。因此，窃以为此处利用的应该是《工厂哲学》的1836年巴黎版。MEGA² 编者指出，19世纪60年代马克思重新取回了该书。参见 *Marx-Engels-Gesamtausgabe*，Bd. IV/32，Berlin：Akademie Verlag，1999，S. 650. Nr. 1343。

2　《马克思恩格斯全集》第37卷，人民出版社2019年版，第98页。

3　同上书，第99页。

手工业也孕育了机器大工业的物质条件,但这些条件并不占绝对支配地位,而只是同手工业或工场手工业的生产相适应。当机器生产占据统治地位的时候,生产资料本身便开始建立在机器生产的基础之上。[1] 由此,马克思简单概述了生产形式的"普遍规律":(1)"后一个[生产]形式的物质可能性——不论是工艺技术条件,还是与其相适应的企业经济结构——都是在前一个形式的范围内创造出来的。"[2](2)当基于一定生产方式建立起的生产关系所带来的需求超过这种生产方式的供应能力时,就会引起生产方式的变革。譬如,在工场手工业基础上建立的殖民体系和世界市场所产生的需求远远超过了工场手工业和手工业的生产能力,从而促进了机器劳动的出现。与此同时,"一旦生产力发生了革命——这一革命表现在工艺技术方面——,生产关系也就会发生革命"[3],即以工艺革命为基础的生产力变革促发了生产关系的变革。

总之,通过对机器发展史的细致研究,马克思更加充分地把握了从工场手工业到机器大工业的生产方式的变革,并对大工业背景下的机器体系和自动工厂的历史形成有了深入全面的把握,这为他真正把握和批判尤尔关于机器体系和工厂制度的精神实质奠定了基础。正如马克思在研究机器工厂时所感叹的:"在纺纱业中,机械工厂必须立即向工厂制度发展。"[4]马克思在完成了对机器发展史的梳理之后,也自然而然地将批判的矛头转向了以机器体系为基础的工厂制度,从而第一次对尤尔思想进行了客观深刻的评价。

1　《马克思恩格斯全集》第 37 卷,人民出版社 2019 年版,第 100 页。

2　同上书,第 99 页。

3　同上书,第 100 页。

4　同上书,第 101 页。

四、对自动工厂和工厂制度的深入剖析与批判

1. 对自动工厂的深入剖析和对尤尔的首次肯定

通过充分利用波佩、尤尔和《各国的工业》(第二卷)中有关机器史和工业生产方式发展史的工艺学内容,在机器大工业与手工业、工场手工业的内在关系问题上,马克思在一般层面上确立了两个重要认识:一是手工业和工场手工业孕育了机器大工业得以建立的一般生产原则(简单协作和分工)和物质工艺基础(机器);二是机器大工业虽然源自于手工业和工场手工业,但机器大工业的生产方式在根本上具有自身的独特性质,这种独特性质既体现在它彻底否定了工场手工业中以劳动为主体的简单协作和专业化—等级化的分工,又体现在简单协作和分工以新的形式出现在机器工厂中,而且,在机器工厂中简单协作比分工发挥着更为重要的作用。[1] 因此,在协作和分工问题上,机器大工业就表现为对工场手工业的扬弃,而这正是在现实的物质生产方式发展史中真实发生的辩证法。在这个意义上,马克思真正否定和超越了尤尔的分工—机器对立论。更为重要的是,尤尔的分工—机器对立论会造成这样一种错觉,即以机器为基础的自动工厂只是通过否定以分工为基础的工场手工业而形成的,因而就蕴含着一种生产方式线性发展观。但实际上,机器工厂或机器大生产具有复杂的历史渊源和形成过程,并展现出不同的生产方式特征。于是,马克思转向对机器大工业中的自动工厂和工厂制度的深入剖析和批判。

首先,根据刚刚确立的手工工场或机械工厂的起源方式,马克

1　《马克思恩格斯全集》第 37 卷,人民出版社 2019 年版,第 148—149 页。

思将自动工厂分为两种形式：一是以机器体系为基础的机械工厂，即尤尔所说的自动工厂，一是以独立机器（而非机器体系）为基础的机械工厂（以下简称"非机器体系工厂"），它又可分为从独立的手工业企业发展而来的机械工厂和从以分工为基础的工场手工业发展而来的机械工厂。其中，机器体系工厂即自动工厂是"适应机器体系的完善的生产方式"[1]，是最纯粹最典型的机器生产方式[2]。在自动工厂中，"机器的应用表现为相互连接的机器体系的应用，表现为形成各种阶段的各种机械过程的总体，并且所有机器都以借助自然力用机械方法推动的原动机作为共同的发动机"[3]，因此，自动工厂蕴含了机器大生产所特有的分工原则。而非机器体系工厂作为并不完善的自动工厂而包含着一切机械工厂所共有的原则，因此我们先从后者说起。

在非机器体系工厂中，从独立手工业企业发展而来的机械工厂的特点在于：机器代替手工机床，简单机器劳动（看管机器）代替复杂的手工劳动，因此这里表现为许多同种机器的协作和作为机器助手的简单劳动的协作，几乎没有分工。[4] 而在以分工为基础的工场手工业发展来的机械工厂中，分工的专业化和等级化被机器所扬弃，但同时出现了以机械工厂的总体结构为基础的新型分工，主要表现为：(1) 基于原动机和工作机的差异而形成的辅助工人和骨干工人的分工。前者包括服侍原动机的锅炉工、机械师、工程师或运送废料的辅助工（以童工为主），后者是指看管工作机作业的工人，这不是本来意义上的专业化的分工，只是简单协作，并

---

1 《马克思恩格斯全集》第 37 卷，人民出版社 2019 年版，第 147 页。

2 同上书，第 146 页。

3 同上。

4 同上书，第 150 页。

且是以大量机器的协作为前提,以充分占有工人的全部时间和节约利用共同的发动机和传动机为目的。(2)监工和工人大军之间的分工。这种分工也与专业化的分工无关,而是以协作为基础的隶属关系的集中体现,实际上这种分工在手工业生产和奴隶劳动中已经存在,而在这里则发展为机械工厂的一般特点,即监工代表资本家行使监督指挥劳动、维持生产纪律的职能,监工隶属于资本家而与工人大军相对立。马克思称这种劳动为"对劳动进行剥削的劳动"[1]。总之,从非机器体系工厂的新原则中,我们可以看到:(1)新型的分工和协作都是以机器和工厂本身为基础的,工人完全处于从属地位。(2)新型的分工与协作原则是在适应机器生产特点的前提下获得发展的,其中(同种)机器的协作占据主导地位,并决定了工人的协作,否定了专业化的旧式分工。这构成了所有机械工厂的一般特点。

在机器体系工厂中,除上述一般特点外,还包含特殊的分工原则:(1)以局部的专用机器为基础的分工。在工场手工业中,分工的主体是在技能等级序列中的工人,拥有片面发展的技能的局部工人构成手工工场的总机体,特殊的劳动工具从属于专业化的人手技能。而在自动工厂中,分工的物质基础是由各种专门机器组成的机器体系,或者说,工厂的总体构架是由在总生产过程的次序中完成特定的个别过程的各种机器构成,而特定的工人小组被分配给特定的局部机器,他们作为"仆人"从事看管机器的简单劳动。因此,机械工厂的特点就是"工人职能的普遍划一"[2],看管机器的工人只需很少时间培训就能从一种机器转到看管另一台机器——

1　《马克思恩格斯全集》第 37 卷,人民出版社 2019 年版,第 152 页。
2　同上书,第 153 页。

这正是尤尔对自动工厂的描述。因此,在自动工厂中,机器在消灭了旧式分工的专业化和等级化的同时又建立起新的专业化,即从属于专业化局部机器的"被动性的专业化"[1]:工人要完全适应和服从于机器本身的作业和运动速度,机器体系的改良一次次消灭专业化的技能,从而将单调的非专业化劳动变成工人的唯一专业劳动,即"某种无内容的专业"[2]。这导致"工人对自己劳动的最后的自我满足消失了",使工人对自己所从事的劳动变得十分淡漠。(2)作为局部器官(眼和手)而存在的工人。在工场手工业中,劳动的主体是工人,工具是劳动者的仆人,工人作为劳动主体而连续不断地工作;而在自动工厂中,工人是机器的仆人,生产的连续性表现为工人对机器工作的"注视"和受机器制约的工人的"动作",因此,工人并不是作为整体而存在,而是作为服务于机器运转的特殊器官而存在,工人变成机器操纵的木偶。(3)作为机器附件而存在的工人。在工场手工业中,工人是总体机构中有生命的构件,工人的技艺赋予这个总机构以灵魂;而在自动工厂中,机器和机器体系构成了总机构的骨架和支柱,并存在于人之外,而工人则只是"没有意识的、动作单调的机器体系的有生命的附件,有意识的附属物"[3]。最后,马克思用一段话精彩地概述了自动工厂的特征:"实行(简单)协作和把协作工人当作一个巨大的总自动机的活动附件和仆人而分配到这个自动机的各个部分上,工人像从属于自己的命运一样从属于机器,从属于机器的动作和作业,各种劳动的划一和被动性,缺少专业化或至多不过是单纯按性别和年龄的差别发展专业,——这一切,就是机械工厂的特征。纪律和隶属关系

1　《马克思恩格斯全集》第 37 卷,人民出版社 2019 年版,第 154 页。
2　同上书,第 156 页。
3　同上书,第 155 页。

在这里不仅是由协作产生的,而且也是由工人对总机器体系的从属而产生的。"[1]

这里,马克思从比较视域出发对自动工厂的生产方式特点的概述正是对尤尔笔下自动工厂的充分展开。不过,尤尔是从肯定和辩护的立场出发的,而马克思则句句带着批判的锋芒。在此基础上,马克思对尤尔第一次做出客观而精彩的评价:"尤尔,工厂制度的这个无耻辩护士,甚至在英国也声名狼藉,但是他毕竟是有贡献的,因为他第一个正确地理解了工厂制度的精神,并且准确地表述了自动工厂同以分工为基础的工场手工业之间的差别和对立……消灭技能的等级,摧毁'分工'背后建立起来的专业,从而造成被动的从属,以及与此有关的绝对纪律,隶属关系,对钟表的指针和工厂法的服从……尤尔都十分正确地指出来了。"[2]在这里,马克思终于打破了自《评李斯特》以来对尤尔的单纯摘录和引用的状态,而重新获得了对尤尔的批判话语权。尽管此时马克思依然保持着在初遇尤尔时所持有的批判立场,但此时的言说语境和理论水平已与当时的人本主义逻辑不可同日而语。此时马克思无论是在机器史知识还是在方法论上都超越了尤尔,因而才能做出如此客观而严谨的评判。客观之处在于,马克思首次正面肯定了尤尔的理论贡献,即对工厂制度的精神和自动工厂不同于工场手工业的正确理解和描述。而严谨之处在于,此时马克思已经摆脱了由于自身理论不足而导致的对尤尔的误读和偏信状态,真正在理论层面认识到尤尔一味强调机器—分工对立论的严重缺陷及其显露出来的资本家精神。正是基于对尤尔的科学认识,马克思开启

1　《马克思恩格斯全集》第 37 卷,人民出版社 2019 年版,第 155 页。
2　同上书,第 155—156 页。

了对工厂制度的第一次较为全面深入的分析和批判。

2. 对工厂制度的初次批判和对尤尔的彻底反驳

我们知道,早在马克思接触经济学研究之前,恩格斯就在《英国工人阶级状况》中对英国的工厂制度进行了尖锐的批判,其中包含的丰富材料成为马克思此时批判工厂制度及其辩护者尤尔的最好资源之一。因此,马克思首先在大量摘录了恩格斯等人提供的关于工厂制度的批判观点和事实材料的基础上,对工厂制度的资本主义实质进行了深刻揭露。然后,马克思对尤尔关于工厂制度的辩护进行了一一驳斥。

总体来说,恩格斯是从人性角度出发批判工厂制度对工人的种种弊害的,这主要表现为:工人完全从属于机器,强制的过度劳动,恶劣的工作环境,残酷的工厂纪律(罚款或克扣工资),雇佣童工,限制工人身体和智力的发展等。据此,马克思将工厂制度归结为"彻底消泯个性的劳动,维护兵营制度、军事纪律,维护机器对工人的奴役、人受钟声的指挥、工人受工头的监视,维护精神和体力活动的任何发展都被彻底毁灭"[1]。

在此基础上,马克思进一步揭露了工厂制度的资本主义剥削实质:(1)在工厂制度下,工人被化约为"人格化的劳动时间"。因为在工厂主和官方报告的通用叫法中,成年工与童工在年龄上的差别被归结为"全日工"和"半日工"。因此,马克思强调,这里"资本主义生产的特点以纯粹的形式表现出来"[2],这也正是资产阶级经济学的劳动价值论的真实秘密。(2)在工厂制度下,资本对劳动在身体和智力上的全面剥削集中体现于雇佣童工和女工上:一

---

1 《马克思恩格斯全集》第 37 卷,人民出版社 2019 年版,第 157 页。
2 同上书,第 158 页。

方面,雇佣童工和女工就使支付给工人的工资分摊到工人家庭的所有成员身上,从而相对增加了受剥削的工人数量,降低劳动力的价值;另一方面,雇佣童工意味着工人出卖自己的孩子,从而根本改变了资本家与雇佣工人的直接契约关系,这使得工人从童年时期就要在身体和精神上遭受破坏。尽管1833年的工厂法限定了童工的年龄和劳动时间,但这只不过是从国家层面使雇佣童工合法化,也就是以立法形式使工人在身心尚未成熟时就从属于机器。[1] 而这正显露了资本与劳动和人的发展之间的内在矛盾,即劳动时间不仅对于剩余价值来说是决定性的东西,而且对于人的发展来说也是至关重要的东西,因为"时间实际上是人的积极存在,它不仅是人的生命的尺度,而且是人的发展的空间"[2]。因此,资本对剩余价值的贪婪就是"对工人精神生活和肉体生活的侵占"[3],而这正暴露了资本主义剥削的实质。我们可以将这一点看作马克思对《大纲》中的自由时间理论在批判维度上的深化。最后,马克思评价道,恩格斯和尤尔的两本书是关于工厂制度的著作中最好的,但前者是作为工厂制度的"自由批评家"来讲话的,而后者则是"作为这个制度的仆人,作为被这个制度俘虏的仆人来讲话的"[4]。这里,马克思准确切中了尤尔思想的本质立场,而这也激发了马克思对尤尔对于工厂制度的辩护的批判。

此时马克思已深刻把握了工厂制度的资本主义本质,因而除了指认尤尔在词句上的自相矛盾之外,更加注重揭露尤尔的观点与现实本质的严重冲突。这主要表现在三个层面:一是揭示尤尔

1　《马克思恩格斯全集》第37卷,人民出版社2019年版,第161页。

2　同上。

3　同上。

4　同上书,第162页。

对机器体系和工厂制度的直接描述中所内含的资本主义本质,比如针对尤尔强调机器使工人的劳动简化、从而把机器和工人的关系描述为仁慈君主和臣民的观点,马克思批判说,机器体系实质上是专制君主,它将工人关进温和的监狱中劳动,使工人时刻受到它的纪律和规则的支配[1],使工人从有才能的人变成简单的下手,"难道对此他们应该表示感谢"[2]吗?二是批判尤尔通过比较方式来论证工厂制度优势的虚假性。一方面,针对尤尔强调自动工厂消灭了分工的专业化、等级性及其有害影响的观点,马克思从尤尔的论述中挖掘出了他关于自动工厂分工的描述,即"对于当代厂主来说……如果把他们固定在一点上,这些品质在少年时期就能很快培养起来"[3]。也就是说,尤尔也承认自动体系和分工一样把人从少年时期就固定在一点上。而当尤尔说分工教条被工业家抛弃了的时候,这段文字的法译本则是"按不同熟练程度进行分工这种烦琐教条,最终被我们的文明的工业家利用了"[4],马克思直呼这是"绝妙的双关语"。另一方面,针对尤尔用手工业、农业工人的悲惨状况来赞美工厂制度的做法,马克思以讽刺的口吻说道:"尤尔的功绩在于,他为了吹嘘工厂劳动而指出和强调还留在工厂大门之外的工人处境更加困难,——处于这种状况的工人本身就是工厂制度的结果。尤尔强调手工织工的极端贫困,好像这种贫困不是机器织造业和正好要利用这种贫困的资本家所造成的结果。"[5]马克思在另一处同样指认:"这些劳动部门只是工厂制度的外部分

---

1 《马克思恩格斯全集》第 37 卷,人民出版社 2019 年版,第 166 页。
2 同上书,第 169 页。
3 同上。
4 同上书,第 170—171 页。
5 同上书,第 216 页。

支机构,是它的直接产物和后果!"[1]机器体系使大量工人成为"游离出来的人身材料",从而被迫在更为严酷的劳动环境下遭受"赤裸裸的剥削";三是揭露尤尔的错误观点对工厂制度之现实状况的掩盖。比如,尤尔强调机器的优越性在于能够使工人完成更多的工作而"时间、劳动和产品质量却照样不变"[2]。马克思对"时间、劳动"两处标注后又加上了两个醒目的问号,尖锐指出尤尔的论述掩盖了机器的使用导致劳动时间的绝对延长和劳动强度的增加。而如果尤尔的说法合乎常理的话,那只是在增多了的产品的价值不变意义上而言的,当然,这绝不是尤尔本人的觉悟。总之,此时马克思在工厂制度问题上已彻底摆脱了尤尔的片面之词,同时对于尤尔的批判也不再像青年恩格斯和自己的早期一样仅从人性角度的片面否定,而是用已确立的剩余价值理论对尤尔的观点进行了客观深刻的批判性剖析,而这正是他的资本主义批判理论深化成熟的表现之一。

综上所述,如果马克思在《哲学的贫困》中由于轻信尤尔而对自动工厂分工形成了虚假认识,那么,马克思此时在研究机器史的基础之后已把握了真正的自动工厂的协作和分工原则。在此基础上,马克思深刻剖析了工厂制度的资本主义本质,并首次肯定了尤尔在工厂制度问题上的理论贡献,同时也对尤尔关于工厂制度的辩护进行了更加客观深入的批判。当然,由于此时文本的手稿性质,马克思的论述是穿插在各种摘录引文之中的,还未形成系统性的理论表述,而这一工作是在《资本论》中完成的。

---

[1] 《马克思恩格斯全集》第37卷,人民出版社2019年版,第164页。
[2] 同上书,第172页。

五、资本、科学和劳动的历史辩证关系

在《大纲》中，马克思已在尤尔的影响下从历史唯物主义的视角关注到了资本、科学和劳动的资本主义关系问题。不过，在那里马克思主要是立足于机器大工业的生产现象来揭示资本与科学的结合及其与劳动的对立关系的。尽管这一理论视域要比从交换、分配领域批判资本主义生产关系深刻一点，但就这一理论视域本身来说，它还存在两点不足：一方面，它只是从一般层面上描述了资本主义生产领域的资本对劳动的剥削关系，而未具体分析资本招募科学剥削劳动的内在机制；另一方面，它只是从孤立的机器大工业角度来阐述这种关系，尽管马克思从理论上正确区分了机器和机器的资本主义应用，但还没有为这种理论本身提供坚实的历史基础，这当然与他对资本主义生产方式发展史（特别是机器史）的研究有关。而在《1861—1863 年手稿》中，随着在以下两个问题的推进，马克思在资本、科学和劳动的关系问题上也获得新的认识。

1. 对资本与科学的资本主义关系的再认识

在《大纲》中，马克思只是简单提及资本与科学的相互作用关系，而未详细进行论述。在这里，马克思从剩余价值理论出发深刻分析了资本与科学相结合的内在必然性。他指出"资本的趋势在于把绝对剩余价值和相对剩余价值结合起来"[1]，即把最大限度缩短必要劳动时间（减少必要工人人数）与最大限度延长工作日（增加雇佣工人人数）结合起来。这种看似矛盾的"包括在资本主义生

---

1 《马克思恩格斯全集》第 37 卷，人民出版社 2019 年版，第 188 页。

产概念中的东西"却在机器大生产中"表现为工艺上的事实"[1]，也就是说，机器大生产为资本主义实现最大限度的剩余价值剥削提供了工艺上的物质基础，而机器大生产的核心就在于资本利用机器将自然力纳入资本主义生产过程中。

在资本主义生产方式出现以前的农业生产中，人类劳动只是自然过程的助手。而人类生产方式上的重大变革就在于借助机器的大规模协作第一次使自然力从属于直接的生产过程，"使自然力变成社会劳动的因素"[2]。而自然力之所以成为资本的占有对象，是因为自然力本身没有价值，它只进入劳动过程，而不进入价值形成过程，因此它只提高劳动生产力，而不增加产品的价值，反而降低商品的价值，进而降低劳动力的价值，而这正适应了资本的价值增殖要求。由于机器是科学在生产中应用的结果，因此"自然因素的应用……是同科学作为生产过程的独立因素的发展相一致的"[3]。也就是说，科学也成为资本创造财富的手段，即"只有资本主义生产方式才第一次使自然科学为直接的生产过程服务，同时，生产的发展反过来又为从理论上征服自然提供了手段"[4]。就科学的工业应用适应于资本主义生产来说，机器大工业唤起了对科学应用的迫切要求，因为只有机器大工业"才产生了只有用科学方法才能解决的实际问题"或者说科学方法"才达到使科学的应用成为可能和必要的那样一种规模"[5]。而资本主义生产对科学发展的促进作用集中体现在自然科学本身的发展必须建立在资本主义生产的基础之上，因为"资本主义生产第一次在相当大的程度上为

---

1 《马克思恩格斯全集》第 37 卷，人民出版社 2019 年版，第 200 页。
2 同上书，第 202 页。
3 同上。
4 同上。
5 同上书，第 203 页。

自然科学的发展提供了进行研究、观察、实验的物质手段"[1]。于是,资本主义生产将科学发明催生为一种特殊职业,这意味着科学不仅成为服务于资本的仆人,而且科学本身的发展也被资本所掌控和同化了,即科学一旦被资本纳入到资本主义生产关系中,科学本身的发展也打上了资本主义的烙印,因为"科学本身也成为那些发展科学的人的致富手段","搞科学的人为了探索科学的实际应用而相互竞争"[2]。因此,"随着资本主义生产的扩展,科学因素第一次被有意识地和逐级提升地加以发展、应用并确立起来"[3],也就是说,资本关系座架下的科学因素渗入到人们的日常生活的方方面面——这里,马克思已经预言了后来福柯和当代西方激进左派思想家所说的生命政治学的核心要义。

到此为止,马克思已经从资本主义生产方式的角度揭示了资本吸纳科学的内在机制。不过,科学本身的资本主义化是否意味着科学的中立性消失了呢?在《大纲》中,马克思从资本主义生产关系的层面对科学与科学的资本主义应用的区分是否失效了呢?答案是否定的,相反,此时马克思从历时性和共时性两个维度更深入地分析了这一问题。一方面,马克思借助波佩关于磨和钟表等古老发明的发展史认识到,科学或者作为科学之应用的发明并不是从一开始完全从属于资本,或者说,资本并不是从一开始就实现了对科学的充分占有和利用。相反,科学或发明的发展是人类物质生产发展的结果,只是到了近代才逐渐成为资产阶级社会的工艺基础和智力前提。譬如,在磨的工艺史上,水磨的出现和改进促使各种理论的发展,包括与齿轮相关的摩擦学说、外摆线形式,与

---

1 《马克思恩格斯全集》第 37 卷,人民出版社 2019 年版,第 205 页。
2 同上。
3 同上。

动力相关的水的运动学说、流体力学、水槽理论、水轮理论等科学的发展以及水准仪、水压计等仪器的发明,这些理论和发明又反过来极大推进了水磨的发展,并为工场手工业和大工业早期的各种水力机器(如水力纺纱机等)提供了工艺基础。又如,钟表是"手工艺生产和标志资产阶级社会黎明时期的学术知识"[1]的产物,它的工艺机理促进了自动机、自动运动原理和匀速运动理论的发展,为自动机器体系的发展提供了理论准备和工艺基础。再如,火药、指南针、印刷术是"预告资产阶级社会到来的三大发明"[2]。它们最初都是在手工业生产中形成的经验知识,并不从属于资本,只是随着社会经济关系和生产关系的变化才逐渐成为资本牟利的手段。另一方面,马克思看到18世纪的德法等国在数学、力学、化学等科学技术领域几乎达到了同英国一样的水平,但只有英国实现了对科学技术的生产应用。对此,马克思深刻地指出,这是因为只有在英国,"经济关系才发展到使资本有可能利用科学进步的程度"[3]。这充分说明,科学技术的应用本身是由特定的生产方式和经济关系所决定的。综上所述,机器大工业所表现出来的科学的资本主义应用既有其历史的必然性,又有其历史的阶段性和特殊性,从而真正打破了尤尔关于资本招募科学的永恒性的神话。当然,这一重要发现也启示我们有必要重新认识资本、科学和劳动之间的真实关系,而这正是马克思此时所揭示的又一重要结论。

2. 资本、科学和劳动的历史辩证关系

如果在《大纲》中,马克思只是从机器大工业的视角静态剖析

1　《马克思恩格斯全集》第37卷,人民出版社2019年版,第50页。
2　同上。
3　同上书,第232页。

了资本借助机器(科学)对劳动的吸纳—对抗关系,这在很大程度上是与尤尔对资本、科学和劳动的固定隶属关系的设定相一致的。那么,在这里马克思则突破了尤尔在这一问题上的抽象性,揭示了资本、科学和劳动的历史辩证关系。而这一理论推进又是与尤尔的重要提示和马克思自己的工艺学史研究紧密相联的。

在批判尤尔的过程中,马克思注意到他提供的一个重要事实,即机器大工业以前的工人对应用力学和物理学深有了解,而在自动工厂中科学却成为资本压迫劳动的武器,而且工厂主对机器知识一无所知,因而依赖于作为"工厂制度的灵魂"的经理阶层[1]。在1845年的《布鲁塞尔笔记》中,马克思并没有关注到这一点。这表明,此时马克思重新阅读和利用了尤尔的《工厂哲学》一书,并从中发现了新的理论激活点。而这一事实表明资本、科学和劳动的关系并不是固定不变的,这在马克思对波佩的工艺史的摘录内容和汤普逊的相关论述中有着更为直接的证据。

我们知道,马克思在研究磨的发展史过程中就认识到从水磨到蒸汽磨的历史"经历了极其缓慢的发展过程,这里的进步只是由于世世代代的经验的大量积累"[2]。这意味着,在这种生产方式下,"范围有限的知识和经验是同劳动本身直接联系在一起的"[3],以经验知识形式而存在的科学还没有发展成为同劳动相分离的异化力量,因而手和脑并未分离。当然这不只是马克思一个人的发现,那些对机器史有所了解的经济学家都对这一事实有所阐述,比如威廉·汤普逊在《财富分配原理的研究》一书中就准确地指出"在社会发展的较早阶段,劳动和科学是互相伴随着的,因为两者

1　《马克思恩格斯全集》第 37 卷,人民出版社 2019 年版,第 173 页。

2　同上书,第 41 页。

3　同上书,第 203 页。

都很简单"[1]，后来科学或知识就不再是劳动增加自身生产力的手段，而是成为一种同劳动相分离并同它相对立的工具。但像其他经济学家或工艺学家一样，汤普逊无法说明这种变化的内在原因。而马克思则给出了答案："科学成为与劳动相对立的、服务于资本的独立力量，一般说来属于生产条件成为与劳动相对立的独立力量这一范畴。正是科学的这种分离和独立（最初只是对资本有利），同时成为发展科学和知识的潜力的条件。"[2]也就是说，科学与劳动的分离在本质上是由劳动资料与劳动者的分离引起的，而这恰恰是资本主义生产关系得以确立的历史前提，因此，在资本主义生产的主观目的上，科学的独立只服务和有利于资本——但在客观上，科学的发展违背了资本主义的主观意愿而推动了整个社会生产力和人类文明的进步。因此，科学与劳动的分离本身是由资本主义生产关系决定的，资本、科学和劳动的历史性关系是与资本主义发展程度相一致的。同时，由于科学是人类智力发展的结晶，因而科学与劳动的分离过程也就是资本对智力的吸纳过程，亦即资本阻碍智力的普遍发展的过程。

具体来说，在资本主义生产方式以前，劳动者与劳动资料是相统一的，经验知识表现为劳动者生存与发展的内在因素，或者说，经验知识的存在和发展依赖于劳动者本身的实践活动，而现代意义上的资本还未产生。随着资本主义生产方式的形成，当劳动资料被劳动者之外的他者（资本家）占有，当劳动本身也开始从属于劳动资料的所有者，资本、科学与劳动的关系就开始发生变化，即资本对科学的吸纳、科学与劳动的分离。当然，这种变化经历了一

---

1 《马克思恩格斯全集》第 37 卷，人民出版社 2019 年版，第 231 页。
2 同上。

　　　　　　　　　　重读马克思：工艺学语境中的哲学话语

个复杂的过程。具体来说,在机器大工业之前,由于资本主义生产还依赖于劳动,因此,以经验技能形式存在的科学仍然与劳动保持着紧密联系。同时,劳动本身的局限性以及劳动对资本的反抗,也使得科学对劳动的依赖本身对资本的自身发展造成一种阻碍。不过,由于资本主义生产关系本身决定了劳动的能力已转变成资本的能力,因而科学就表现为与劳动相异化的东西,正如由劳动的协作和分工所产生的生产力与劳动本身相异化一样。而分工的资本主义性质也导致工人的智力只能获得片面的发展。而资本对剩余价值的无限追求就促使资本要打破劳动的限制,获得与资本相适应的生产力形式,于是机器就获得了快速发展。与此相应,科学也摆脱了经验知识的形式而成为理论化的科学,发明成为服务于资本主义生产的特殊职业。科学的这种相对独立性表明,它作为纯粹的理论科学而与劳动彻底分离,而它的资本主义应用又使它对劳动来说"表现为异己的、敌对的和统治的权力"[1]。因此,科学的发展和应用不仅淘汰了分工条件下工人的技能,而且剥夺了工人的自由时间(通过延长工作日而将自由时间变成剩余劳动时间)。于是,科学的资本主义应用就在更大的深度和广度上"压制任何智力的发展"[2]。

总之,透过马克思对资本主义发展过程中资本、科学和劳动的历史辩证关系的分析,我们可以清楚地看到,在机器大生产中所表现出来的资本吸纳科学压迫劳动的现象并不是本来如此的,而是资本主义生产关系逐步发展的结果。这充分证明了科学的资本主义应用所内含的社会历史特殊性,这既是对马克思此前将科学和

---

1 《马克思恩格斯全集》第 37 卷,人民出版社 2019 年版,第 204 页。
2 同上。

科学的资本主义应用界划开来的深化,也是对尤尔的抽象观点的根本超越。由此,马克思转向对尤尔的批判,他指出:"在官方人士中,尤尔实际上最正确地表达了工厂制度的精神,即整个现代工业的精神,因此,在这里我们想把他的自相矛盾的说法作一简单的对比。"[1]可见,马克思仍是从尤尔自身观点的自相矛盾性及其与现实状况的矛盾性角度来加以批判的。由于这里主要是对相关内容的摘录和罗列,且缺乏系统性,故不再赘述。在《资本论》中,马克思对尤尔的自相矛盾之处做了深入批判。

六、资本主义生产方式的根本矛盾:社会生产力发展 与利润率趋于下降规律的初步表述

马克思在第 V 笔记本中断了关于相对剩余价值生产的机器大生产问题的写作之后,转向第三章"资本和利润"问题的研究。在这一章的第 7 节中,马克思首次集中分析了"在资本主义生产进程中利润率下降的一般规律"问题,初步揭示了资本主义生产的内在规律和根本矛盾。

在这里,马克思已对"利润率""一般利润率""平均利润率"分别做出规定。具体来说,利润率是剩余价值与预付资本总额的比率。而从资本家阶级的总资本来看,平均利润率是总剩余价值与总资本的比率。一般利润率则是剩余价值总额与资本家阶级使用的资本总额之比。[2] 可见,从定义上来看,平均利润率与一般利润率可看作同一概念,而在实际的论述中,马克思常常将三个概念等

---

1 《马克思恩格斯全集》第 37 卷,人民出版社 2019 年版,第 206 页。
2 《马克思恩格斯全集》第 32 卷,人民出版社 1998 年版,第 450 页。

同使用。紧接着,马克思开宗明义地给出了自己的结论:"利润率在资本主义生产进程中有下降的趋势","这个规律是政治经济学的最重要的规律"[1]。

马克思指出,在政治经济学思想史上,亚当·斯密正确指认了在资本主义生产中以地租下降为显著标志的总剩余价值率下降的规律,而且"这一规律已经得到整个现代农学的证实"[2]。而李嘉图则进一步注意到利润率下降的情况,并清醒认识到利润率的下降并不绝对地增加利润量,而是可能出现"尽管资本在增长,利润量本身却能够下降"[3]的情况。利润率下降的趋势使整个李嘉图学派和马尔萨斯学派感到忧虑,因为利润或剩余价值是资本主义生产的根本目的,利息率下降的趋势会使资本主义生产"失去自身的刺激,失去活生生的灵魂"[4]。在马克思看来,这种忧虑"恰恰证明李嘉图对资本主义生产的条件有着深刻的理解。李嘉图被谴责为对'人'漠不关心,在考察资本主义生产时只看到生产力的发展,而不管这种发展以怎样的牺牲为代价……这恰恰是李嘉图最有意义之处"[5]。然而,李嘉图只是预感到了这一事实,但没有真正揭示它的秘密。因此,深刻揭示资本主义生产中一般利润率下降规律的内在原因正是马克思的伟大贡献之一。

马克思首先指出:"一般利润率决不会因为预付资本总价值的提高或降低而提高或降低",[6]因为剩余价值和预付资本价值的货币表现是一致的。因此,一般利润率的下降只可能由两个因素造

1　《马克思恩格斯全集》第 32 卷,人民出版社 1998 年版,第 450 页。

2　同上书,第 451 页。

3　同上书,第 460 页。

4　同上书,第 451 页。

5　同上书,第 462 页。

6　同上书,第 452 页。

第五章　马克思的第三次工艺学研究与历史唯物主义的全面深化　　　　493

成：一是剩余价值的绝对量减少，一是预付资本中可变资本与不变资本的比率下降。[1]

就剩余价值的绝对量而言，由于资本主义生产的根本目的就是追求剩余价值增殖，因此，剩余价值的绝对量必然不会下降，而是会随着资本关系所推动的劳动生产力的提高而增长。这也就是作为特有的资本主义生产方式的简单协作、工场手工业分工和机器大生产所带来的相对剩余价值生产即剩余价值率的提高。不过，这只是剩余价值生产的一般规律。如果从整个资本主义生产的各个部门出发，就会发现，由于生产力的发展在各个生产部门中是极不平衡的，不仅程度上不平衡，而且方向还可能相反，因此，各个生产部门中的剩余价值也相应地不平衡，这导致平均剩余价值必定大大低于按照个别先进的生产部门中生产力的发展所能期望的水平，结果就是虽然剩余价值率提高了，但是它并不是按照可变资本同总资本相比减少的同一比例提高。[2] 或者说，"每个部门生产力的提高决不是按照生产力提高的比例创造剩余价值，而只是按照一个小得多的比例即这个部门的产品构成工人总消费相应部分的比例创造剩余价值"[3]。总之，剩余价值的增加具有这样的规律：第一，剩余价值决不是随着各个生产部门的生产力的提高而成比例地增加；第二，剩余价值的增加总是小于一切工业部门中资本生产力的提高。因此，"资本积累不是按照某个部门中生产力提高的比例增加，也不是按照所有部门中生产力提高的比例增加，而只是按照其产品直接或间接进入工人总消费的所有工业部门中生产

1　《马克思恩格斯全集》第 32 卷，人民出版社 1998 年版，第 453 页。
2　同上书，第 485—486 页。
3　同上书，第 490 页。

力提高的平均比例增加"[1]。

就预付资本中可变资本和不变资本的比例即马克思后来所说的资本的有机构成而言,它与利润率的基本规律表现为不变资本与可变资本之比越大,或者,预付资本总额与其可变资本之比越大,利润率就越小。[2] 而资本主义生产的发展规律就在于预付资本的可变部分同不变部分相比不断下降,这是因为在资本推动的劳动生产力和相对剩余价值的发展中,协作、分工和机器应用等生产方式促使不变资本量不断增加,同时导致必要劳动减少、剩余劳动增加,从而使用于支付劳动的可变资本减少。[3] 因此,"一般利润率下降的趋势等于资本生产力的发展"[4]。而资本生产力发展的特殊标志就在于固定资本的发展,这种生产力的发展表现在两个方面:一是剩余劳动的增加和必要劳动的减少,即剩余价值率的提高;二是用于与活劳动相交换的可变资本同预付总资本之比的减少。这两种趋势是"同一规律所表现的不同形式和现象"[5],并对剩余价值量的变化,因而对利润率下降规律产生重要影响。具体来说,剩余价值量取决于单个工人每日的剩余价值率和同时雇佣的工人人数或工作日数,而生产力的发展对剩余价值率和雇佣人数的影响却恰好是对立的。一方面,借助大规模生产中简单协作、分工和机器生产的倍数原则以及共同使用固定资本而产生的节约和固定资本的进一步发展——这里马克思明确指明拜比吉原则的重要参照意义,生产力获得极大发展,[6]同时,资本对活劳动

1　《马克思恩格斯全集》第 32 卷,人民出版社 1998 年版,第 491 页。
2　同上书,第 453 页。
3　同上书,第 454 页。
4　同上书,第 455 页。
5　同上书,第 456 页。
6　同上。

的剥削程度不断加强,从而促使剩余价值率提高。另一方面,建立在协作、分工和机器生产的资本主义生产方式之上的生产力发展是以减少必要劳动、增加剩余劳动为目的的,因此,可变资本必然会减少,进而导致工人人数必然减少:"这意味着……[工人]数量的减少不可能通过剩余价值率即剥削单个工人工作日的[那个比率]的相应提高不断地得到补偿。"[1] 更何况,剩余价值率只是在一定限度内会随不变资本的相对增长而增长,但在总体情况下,剩余价值额则随剩余价值率的提高而相对下降,[2] 因此,剩余价值必然减少,而最终结果是"占统治地位的必定是利润下降的趋势"[3]。而剩余价值量的减少又必然会引起机器生产的进一步发展,亦即大量资本在少数资本家手中迅速积累,当积累到一定程度,利润率会发生新的下降。也就是说,利润受到资本主义生产的发展规律本身的危害。利润率下降规律"以纯经济的方式,从资本主义生产本身出发,表明了资本主义生产的界限,表明了它的相对性,即它不是绝对的生产方式,而只是历史的并与一定的物质生产条件的有限发展时代相适应的生产方式"[4]。这里,资本主义生产与生产力发展的内在矛盾表现为两个方面:

第一,"资本主义生产的界限就是工人的剩余时间",也就是说,资本主义生产的根本目的是攫取工人的剩余时间,因而它对社会所赢得的绝对剩余时间或自由时间毫无兴趣。为此,资本主义生产一方面通过资本原始积累和大规模生产等方式使雇佣工人的数量绝对增加,另一方面又通过生产力的发展而促使劳动力过剩,

---

1　《马克思恩格斯全集》第 32 卷,人民出版社 1998 年版,第 475 页。
2　同上书,第 457 页。
3　同上。
4　同上书,第 462 页。

减少工人的绝对量,从而导致大多数人丧失价值。这就"暴露了资产阶级生产的界限,也暴露了资产阶级生产决不是发展生产力的绝对形式,恰恰相反,在一定的时刻,它就同这种发展发生冲突"[1]。资本主义生产方式同生产力发展的冲突首先表现为资本过剩的危机,即大量分散的小资本为了恢复正常利润率而进行疯狂的冒险投资——但实际上并"不能通过资本的数量来抵销利润率下降"[2],在当时的政治经济学(斯密等)和工艺学(尤尔、拜比吉等)中存在一种普遍的谬误,即认为利润会随着资本量的增加而增加,显然这只是一种肤浅的表象认识——因而造成资本过剩而引发危机。[3] 而这种危机终将会引发革命。

第二,生产力的发展集中表现为资本的积累,这种积累一方面表现为社会资本的积聚或重新分配,即资本越来越成为由资本家所掌握的社会力量,因而,在其创造者即劳动面前表现为异己的独立的社会力量,"这个力量作为物并且通过这种物作为个别资本家的权力而同社会相对立"[4]。另一方面,资本代表的社会力量促进社会生产力的发展,并表现为"资本的历史任务和历史权利",因此,"资本无意之中为一个更高的生产方式创造物质条件"[5]。同时,"越来越多的个人失去了生产条件,处于同生产条件的对立之中"[6]。于是,"资本转化成的普遍社会力量同单个资本家对于这些社会生产条件的私人权力之间的矛盾就越来越触目惊心,并预示着这种关系的消灭,因为它同时包含着把物质生产条件改造成

1　《马克思恩格斯全集》第 32 卷,人民出版社 1998 年版,第 499 页。

2　同上书,第 460 页。

3　同上书,第 451 页。

4　同上书,第 501 页。

5　同上书,第 462 页。

6　同上书,第 501 页。

为普遍的,从而是公共的、社会的生产条件。这种矛盾的发展是由生产力随着资本主义生产的发展决定的,也是由生产力实现这种发展的方式决定的"[1]。

总之,马克思基于资本主义生产方式下相对剩余价值生产与绝对剩余价值生产的基本原则,对资本主义条件下利润率下降规律的内在规律做了初步剖析,并探讨了资本主义生产同生产力发展的内在矛盾与历史意义。从中可以看到,拜比吉、尤尔等人关于倍数比例原则、固定资本的社会生产力地位起到了重要作用。同时也必须承认,此时马克思的分析还具有明显的手稿性质,论证过程显得杂乱而缺乏系统性,许多关键点并没有详细展开。而这些在《资本论》中得到更加清晰明确的阐述。

综上所述,马克思在《1861—1863年手稿》中从资本主义生产方式视角出发,借助对工艺学史的深入研究,在机器与机器工厂的社会历史内涵与历史形成、自动工厂的新特征与原则、工厂制度的资本主义实质,资本、科学和劳动的资本主义关系以及资本主义生产必然遭遇的利润率下降的趋势等方面都取得了重要的突破性进展。在这一庞大的思想实验和理论探索过程中,马克思初步建构起科学的资本主义批判理论,并在客观评价资产阶级工艺学的科学因素的基础上,从历史唯物主义视域出发深刻指认了资产阶级工艺学的理论缺陷,从而真正超越了工艺学视域。总之,此时马克思已经基本实现了对工艺学的科学吸收和深刻批判。不过,因为这一文本的手稿性质,我们还是能够明显感到马克思思想实验的过渡性,因此无论在表述形式还是在实质内容上都还不够准确。因此,马克思是在《资本论》中最终完成对工艺学的全面利用和科

---

1. 《马克思恩格斯全集》第32卷,人民出版社1998年版,第501页。

学批判的。

第三节
《资本论》与工艺学语境中的哲学话语

在《资本论》第一卷中,马克思在充分利用前期的工艺学和经济学研究的理论成果的基础上,以辩证而缜密的逻辑完整阐述了其科学的资本主义生产方式理论,以凝练而深刻的语言揭示出工艺学语境中的哲学话语,最终实现了历史唯物主义与工艺学的完美结合。马克思基于工艺学理论资源对资本主义生产过程的深刻剖析构成了其政治经济学批判的重要组成部分,推动其历史唯物主义和资本主义批判理论达到新的高峰。马克思深刻指出:"工艺学揭示出人对自然的能动关系,人的生活的直接生产过程,从而人的社会生活关系和由此产生的精神观念的直接生产过程。"[1]这句话正是马克思对工艺学所蕴含的历史唯物主义哲学意蕴的深刻透视。工艺学作为一门完全现代的科学,正是机器大工业的产物,因为大工业撕碎了掩盖在社会生产过程上的一层厚重帷幕,"把每一个生产过程本身分解成各个构成要素",把"社会生产过程的五光十色的、似无联系的和已经固定化的形态,分解成为自然科学的自觉按计划的和为取得预期有用效果而系统分类的应用"[2]。因此,工艺学作为人类工业实践的理论产物,它在基始性的直接物质生产过程层面展现了人与自然的能动关系、人的物质生活的生产过

1　《马克思恩格斯全集》第44卷,人民出版社2001年版,第429页注释89。
2　同上书,第559页。

程、人在生产过程中建构起来的社会关系以及由此产生的思想观念。而这正是历史唯物主义视域下资本主义生产方式的历史生成与辩证发展中所蕴含的本质内容。对此,马克思借助从抽象上升到具体的叙述方法科学阐述了工艺学语境中资本主义生产方式的哲学内涵。

一、工艺学与劳动过程:人与自然的能动关系

我们知道,资本主义生产过程是劳动过程和价值增殖过程的统一。其中,劳动过程是所有人类社会形式所共同具有的,而价值增殖过程则是资本主义生产方式所特有的。因此,按照从抽象上升到具体的叙述方法,马克思首先从一般抽象层面科学阐述了工艺学视域下劳动过程所蕴含的人与自然的能动关系。

马克思在《1861—1863 年手稿》中论及劳动过程时明确指出:"正如对商品的使用价值本身的考察属于商品学一样,对实际的劳动过程的考察属于工艺学。"[1]也就是说,考察劳动过程属于工艺学的任务。而考察劳动过程就"首先要撇开每一种特定的社会的形式"[2],因为"根据小麦的味道,我们尝不出它是谁种的,同样,根据劳动过程,我们看不出它是在什么条件下进行的:是在奴隶监工的残酷的鞭子下,还是在资本家的严酷的目光下"[3]。也就是说,劳动过程是不以社会形式的发展变化为转移的,因为它是马克思在《形态》中就已经指认的人类历史性存在的基始性物质生产活动。

1　《马克思恩格斯全集》第 32 卷,人民出版社 1998 年版,第 60—61 页。
2　《马克思恩格斯全集》第 44 卷,人民出版社 2001 年版,第 207 页。
3　同上书,第 215 页。

从人与自然的关系来看,劳动过程"首先是人和自然之间的过程,是人以自身的活动来中介、调整和控制人和自然之间的物质变换的过程"[1]。而人类劳动与动物活动的本质区别首先在于动物活动是一种无意识的本能活动,而人的劳动则是一种观念先行、意志引导的有目的的活动,即"蜜蜂建筑蜂房的本领使人间的许多建筑师感到惭愧。但是,最蹩脚的建筑师从一开始就比最灵巧的蜜蜂高明的地方,是他在用蜂蜡建筑蜂房以前,已经在自己的头脑中把它建成了"[2]。更准确些说,劳动过程"是制造使用价值的有目的的活动,是为了人类的需要而对自然物的占有,是人和自然之间的物质变换的一般条件,是人类生活的永恒的自然条件"[3]。因此,劳动过程体现了人与自然的能动关系。

从劳动过程的要素来看,考察劳动过程就是对劳动过程的各个要素及其生产功能的分析。而劳动过程的三种要素包括有目的的活动、劳动对象和劳动资料——过去受苏联教科书体系的影响,我们通常从实体性的三要素角度来理解生产力概念,这显然是对劳动过程要素与生产力概念的理论错认,完全脱离了马克思的原初语境。

首先,劳动对象包括"天然存在的劳动对象"和经劳动滤过的劳动对象即原料,而原料又分为主要材料与辅助材料。

其次,劳动资料是劳动者的上手性之物。它"是劳动者置于自己和劳动对象之间、用来把自己的活动传导到劳动对象上去的物或物的综合体"[4],因而它是"劳动者直接掌握的东西"[5]。从劳动

---

1 《马克思恩格斯全集》第 44 卷,人民出版社 2001 年版,第 207—208 页。
2 同上书,第 208 页。
3 同上书,第 215 页。
4 同上书,第 209 页。
5 同上。

资料的发展过程来看,劳动资料首先表现为人的身体器官——它作为人的有机器官是人与自然之间的最直接的打交道过程中唯一使用的劳动资料。与此同时,自然物作为人的体外器官"延长了他的自然的肢体"[1]。为了满足人的更多需求,劳动资料获得进一步发展,即脱离了纯粹的自然属性,表现为人的劳动塑形之物,于是,使用和创造劳动资料就成为"人类劳动过程独有的特征",对此,马克思借用富兰克林的定义而强调人是会"制造工具的动物(a toolmaking animal)"[2]。正是在这个意义上,马克思指出:"从事物的本性可以得出,人的劳动能力的发展特别表现在劳动资料或者说生产工具的发展上",而这一发展证实人借助劳动资料"在多大的程度上提高了他的直接劳动对自然物的作用"[3]。因此,劳动资料对于人类社会历史发展便具有独特的重要意义,即"动物遗骸的结构对于认识已经绝种的动物的机体有重要的意义,劳动资料的遗骸对于判断已经消亡的经济的社会形态也有同样重要的意义。各种经济时代的区别,不在于生产什么,而在于怎样生产,用什么劳动资料生产"[4]。也就是说,劳动资料成为考察人类历史上不同经济社会形态或经济时代的核心依据。如果说"人体解剖是猴体解剖的钥匙",那么,对于各个不同经济社会形态进行解剖的重要对象之一就是劳动资料,因为"劳动资料不仅是人类劳动力发展的测量器,而且是劳动借以进行的社会关系的指示器"[5]。而且,"在劳动资料本身中,机械性的劳动资料(其总和可称为生产的骨骼系统和肌肉系统)远比只是充当劳动对象的容器的劳动资料

---

1 《马克思恩格斯全集》第44卷,人民出版社2001年版,第209页。

2 同上书,第210页。

3 《马克思恩格斯全集》第32卷,人民出版社1998年版,第62页。

4 《马克思恩格斯全集》第44卷,人民出版社2001年版,第210页。

5 同上。

重读马克思:工艺学语境中的哲学话语

（如管、桶、篮、罐等，其总和一般可称为生产的脉管系统）更能显示一个社会生产时代的具有决定意义的特征"[1]。实际上，马克思在《形态》中从广义历史唯物主义层面确立的"一定的物质生产方式决定一定的生活方式和存在方式"的观点就已经奠定了一种历史观基础，即"人们生产自己的生活资料，同时也间接地生产着自己的物质生活本身"，而一定的生活资料的生产方式就是现实个人的"一定的活动方式，是他们表现自己生活的一定方式、他们的一定的生活方式"，"因此，他们是什么样的，这同他们的生产是一致的——既和他们生产什么（Was sie produzieren），又和他们怎样生产（Wie sie produzieren）一致。因而，个人是什么样的，这取决于他们进行生产的物质条件"[2]。而劳动资料必然构成这里的"物质条件"的主要内容。正是在这个意义上，马克思在第二版中添加了注释 5a："尽管直到现在，历史学对物质生产的发展，即对整个社会生活从而整个现实历史的基础，了解得很少，但是，人们至少在自然科学研究的基础上，而不是在所谓历史研究的基础上，按照制造工具和武器的材料，把史前时期划分为石器时代、青铜时代和铁器时代。"[3]这里，以劳动资料的材质来划分史前时期的不同经济的社会形态就是典型例证。

最后，有目的的活动或劳动本身就是活劳动，活劳动借助劳动资料赋予劳动对象以新的形式、使劳动对象合乎目的地转变为产品。在这个意义上，马克思在《大纲》中就将活劳动比作"造形的活火"，并一直沿用至《资本论》中。而这一比喻背后所隐含的哲学内

---

1 《马克思恩格斯全集》第 44 卷，人民出版社 2001 年版，第 210 页。
2 ［日］广松涉编注：《文献学语境中的〈德意志意识形态〉》，彭曦译，南京大学出版社 2005 年版，第 25 页。
3 《马克思恩格斯全集》第 44 卷，人民出版社 2001 年版，第 211 页注释 5a。

涵就体现在黑格尔的"理性的狡计"之中。马克思引用了《逻辑学》中的相关经典论述:"理性的狡猾总是在于它的起中介作用的活动,这种活动让对象按照它们本身的性质互相影响,互相作用,它自己并不直接参与这个过程,而只是实现自己的目的。"[1]也就是说,在劳动过程中,活劳动扮演着狡猾的理性的角色,使各种劳动要素相互作用,最终实现合目的的结果。因此,劳动过程就是生产使用价值的合目的的活动。而从使用价值的角度来看,劳动资料与劳动对象都是人类劳动的产物,都是由过去劳动创造的使用价值。但是,劳动资料和劳动对象的使用价值必须经过活劳动才能保存和实现出来。比如,机器不被使用就变得无用,还会受到自然力的破坏(生锈腐蚀),同样,棉纱不被加工就会变成废棉。具体来说,活劳动使劳动资料和劳动对象的使用价值从纯粹的可能性变为现实性,"它们被劳动的火焰笼罩着,被劳动当作自己的躯体加以同化,被赋予活力以在劳动过程中执行与它们的概念和使命相适合的职能"[2]。这就是作为造形之火的活劳动的使用价值在劳动过程中所具有的独特作用和地位。这实际上构成了价值形成过程和价值增殖过程的物质基础。

如前所述,单纯的劳动过程是撇开一切具体的历史属性和特殊的社会关系而进行的主观考察。而从客观的历史进程来看,劳动过程始终是与特定社会形式和生产关系相结合的。而在资本主义生产关系下,资本主义生产过程就表现出诸多独特性质。首先,活劳动与生产资料(劳动资料与劳动对象)原本就是相互分离的,两者只是经资本家在商品市场上的购买行为才结合起来。因此,

---

1　《马克思恩格斯全集》第 44 卷,人民出版社 2001 年版,第 209 页注释 2。
2　同上书,第 214 页。

在资本主义生产方式下的劳动过程就表现为劳动从属于资本,具体又表现为两个特殊维度:一是"工人在资本家的监督下劳动,他的劳动属于资本家"[1]。在这种劳资从属关系中,对资本而言,劳动仅作为劳动力而存在。二是劳动力和生产资料的使用价值都属于资本家,所以,劳动过程表现为资本家把活劳动投入各种要素中,即"资本家购买的各种物之间的过程,是归他所有的各种物之间的过程"[2]。因此,作为劳动过程之结果的产品就归资本家所有,而不是归作为直接生产者的工人所有。而在这里,劳动过程中活劳动所体现出来的理性狡计转移到了资本身上,即在资本主义生产过程中,**资本成为真正的狡猾的理性**,资本逻辑统治和支配着包括活劳动在内的一切生产要素。但是,这并不意味着产品是资本家或资本的创造物,不能因为资本将生产资料和劳动力结合起来而生产出产品就将资本视为生产的本质因素——后者恰恰是把一般的劳动过程同特殊的资本主义生产过程相混同,这实际上是资产阶级经济学家和工艺学家为资本辩护时常犯的错误。[3]

从资本主义生产关系的本质来看,在资本逻辑统摄下的劳动过程在本质上便是价值增殖过程。在资本主义商品生产过程中,资本家"不仅要生产使用价值,而且要生产商品,不仅要生产使用价值,而且要生产价值,不仅要生产价值,而且要生产剩余价值"[4]。因此,商品的生产过程必然表现为劳动过程与价值形成过程的统一。而劳动过程中各个要素在价值形成过程中发挥着不同的作用。劳动资料和劳动对象在劳动过程中只是将自身所具有的

---

1 《马克思恩格斯全集》第 44 卷,人民出版社 2001 年版,第 216 页。

2 同上书,第 216—217 页。

3 《马克思恩格斯全集》第 32 卷,人民出版社 1998 年版,第 71 页。

4 《马克思恩格斯全集》第 44 卷,人民出版社 2001 年版,第 217—218 页。

价值转移到产品上,构成商品价值的一部分。而劳动力则除了生产出自身的再生产所必要的生活资料所具有的价值之外,还会产生剩余价值。因此,"劳动力的价值和劳动力在劳动过程中的价值增殖,是两个不同的量。资本家购买劳动力时,正是看中了这个价值差额"[1]。为了阐明劳动力在资本主义商品生产过程中的独特作用,马克思做了几个重要区分:

一是劳动过程和价值形成过程的差异。劳动过程是从质的使用价值方面加以考察,即"劳动过程的实质在于生产使用价值的有用劳动。在这里,运动只是从质的方面来考察,从它的特殊的方式和方法,从目的和内容方面来考察"[2],也就是从工艺学的层面来考察。在价值形成过程中,同一劳动过程只表现出量的维度,即"劳动力被有用地消耗的时间长度",表现为一定量的对象化劳动。这个一定量的对象化劳动是以社会必要劳动时间为尺度的,而社会必要劳动时间又是以劳动过程的工艺学内容为基础的,具体表现在:(1)劳动力是在正常的生产条件下发挥作用,这既包括正常社会生产力水平即社会上通用的劳动资料,也包括正常质量的劳动对象;(2)劳动力具备该生产领域的平均熟练程度、技巧、速度和劳动强度;(3)对劳动资料和原料的充分合理利用,避免不合理的浪费。

二是价值形成过程和价值增殖过程的区分。在这里,马克思第一次明确区分了价值形成过程和价值增殖过程。马克思指出,当"资本所支付的劳动力价值恰好为新的等价物所补偿"[3]时,就只是纯粹的价值形成过程。而当"价值形成过程超过这一点而持

1　《马克思恩格斯全集》第 44 卷,人民出版社 2001 年版,第 225 页。
2　同上书,第 227—228 页。
3　同上书,第 227 页。

续下去"[1]时,便是价值增殖过程。因此,"价值增殖过程不外是超过一定点而延长了的价值形成过程"[2]。而创造价值增殖部分正是劳动力之使用价值的独特功能,即"具有决定意义的,是这个商品独特的使用价值,即它是价值的源泉,并且是大于它自身的价值的源泉。这就是资本家希望劳动力提供的独特的服务"[3]。

三是劳动力的有用性与劳动力的使用价值、具体劳动与抽象劳动的区分。劳动力的有用性是指劳动过程中对合目的的使用价值的创造,表现为活劳动所具有的赋形功能或造形之火,因而对应于劳动力的质性内容,即具体劳动。而劳动力的使用价值则是指价值形成过程特别是价值增殖过程中对超过劳动力价值的剩余价值的创造,表现为基于社会必要劳动时间的一定量的对象化劳动,因而对应于劳动力的量性形式,即抽象劳动。后者是不可见的抽象形式,它的可能性与现实性都建立在可见的物质生产的工艺过程基础之上。基于以上三个方面的重要区分,特别是对价值形成过程和价值增殖过程的区分,马克思准确指认出只有价值增殖过程才是资本主义生产过程的特殊性,即"作为劳动过程和价值形成过程的统一,生产过程是商品生产过程;作为劳动过程和价值增殖过程的统一,生产过程是资本主义生产过程,是商品生产的资本主义形式"[4]。

二、工艺学与资本主义生产方式: 资本主义生产过程的矛盾运动

资本主义生产方式是与相对剩余价值生产相对应的生产方

1　《马克思恩格斯全集》第 44 卷,人民出版社 2001 年版,第 227 页。

2　同上。

3　同上书,第 226 页。

4　同上书,第 229—230 页。

式,或者说是生产相对剩余价值的生产方式,用马克思的话说就是"相对剩余价值的各种特殊的生产方法"[1]。如前所述,马克思在《1861—1863年手稿》中已经初步建立了科学的资本主义生产方式理论。而在《资本论》中,马克思更加全面系统地阐明了资本主义生产方式所特有的三种形式的资本主义特质、历史生成过程与内在矛盾规律,从而科学阐释了资本主义生产过程的矛盾运动。

1. 作为资本主义生产方式之基本形式的协作

在马克思看来,协作是"许多人在同一生产过程中,或在不同的但互相联系的生产过程中,有计划地一起协同劳动"[2]。协作是资本主义生产的基本方式,我们需要从两种历史视角来理解马克思对协作的这一规定。

首先,从资本主义生产方式的形成角度来看,协作(即同一个资本家雇佣和指挥人数较多的雇佣工人在同一时间和空间内较大规模地生产同一种商品)构成了资本主义生产的起点,因而构成了资本主义生产的特有形式。这又可以从历史跨度不同的视域来理解资本主义协作的特殊性。从长时段的历史过程来看,从人类文明早期的氏族公社到中世纪和现代殖民地都存在大规模协作这种生产方式,但是,资本主义协作同前资本主义协作的诸形式在所有制和生产关系上有着根本差异,早期氏族公社中的协作是以生产条件公有制和个人对公社的依附关系为基础的,而古代、中世纪与现代殖民地(偶尔)使用的大规模协作则是建立在"直接的统治关系和奴役关系"[3]的基础之上的。这些协作同以生产资料与劳动

---

1 《马克思恩格斯全集》第44卷,人民出版社2001年版,第373页。
2 同上书,第378页。
3 同上书,第388页。

者的分离以及由此导致的"自由"雇佣工人为基础的资本主义协作有着本质差异,因此,资本主义协作具有特殊的历史地位和历史性质。而从短时段的历史过程来看,资本主义协作形式是通过与小农经济和独立手工业生产相对立而形成的,这是伴随劳动过程同资本本身相结合而自然生成的,因此它代表了劳动过程从属于资本所经历的第一个转化阶段,具体表现为两个方面:一方面,"资本主义生产方式表现为孤立劳动转化为社会劳动的历史必然性"[1]。另一方面,资本主义协作所具有的社会劳动形式体现在资本借助提高劳动生产力来剥削相对剩余价值。因此,相对于小农经济和独立手工业生产而言,"资本主义协作不是表现为协作的一个特殊的历史形式,而协作本身倒是表现为资本主义生产过程所固有的并表示其特征的历史形式"[2]。正是在这个意义上,资本主义协作标志着"促使封建生产肌体瓦解的那些情况和运动的历史结果"[3]。所以,从前资本主义生产方式转向资本主义生产方式的角度来看,资本主义协作代表了以小农经济和独立手工业为基础的封建生产方式向资本主义生产方式的格式塔转化。

其次,从资本主义生产方式的发展角度来看,协作的历史地位表现为两个层面:第一,协作的初级形式或简单形态蕴含着其更发展形式(更复杂形式)的萌芽,是同其更发展形式并存的特殊形式。这意味着,作为大规模生产意义上的简单协作"并不构成资本主义生产方式的一个特殊发展时代的固定的具有特征的形式"[4],或者说,"这种协作并不是资本主义生产的任何特殊时代的特点"[5]。

1　《马克思恩格斯全集》第 43 卷,人民出版社 2016 年版,第 349 页。
2　《马克思恩格斯全集》第 44 卷,人民出版社 2001 年版,第 388 页。
3　《马克思恩格斯全集》第 43 卷,人民出版社 2016 年版,第 349 页。
4　《马克思恩格斯全集》第 44 卷,人民出版社 2001 年版,第 389 页。
5　《马克思恩格斯全集》第 43 卷,人民出版社 2016 年版,第 349 页。

这一历史定位是同它作为资本主义生产方式的起点或从封建生产方式向资本主义生产方式的过渡相一致的。也就是说,协作还不具有像以分工为基础的工场手工业和以机器大生产为基础的大工业那样的独立的历史时代特征。它主要存在于早期工场手工业及其相适应的以大规模生产为基础的大农业中,或者存在于分工或机器尚未占据统治地位的生产部门。第二,协作构成了其更发展形式(更复杂形式)的要素之一。这意味着,作为资本主义生产方式的历史起点和基本形式,资本主义协作本身便蕴含着资本主义生产方式的一般特性,这主要表现在两个方面:一方面,资本通过协作即许多工人在同一空间中的协同劳动产生出一种社会生产力,这种力量远远大于单个劳动者的力量的机械相加之和,这种社会生产力不仅提高了个人生产力,而且它本身就是一种"集体力"。这种特殊的超额生产力是通过协作带来的以空间集聚来压缩劳动时间而实现的,即"和同样数量的单干的个人工作日的总和比较起来,结合工作日可以生产更多的使用价值,因而可以减少生产一定效用所必要的劳动时间"[1]。然而,在资本主义协作中,许多工人的协作是以资本与劳动的交易为前提的,因此,雇佣工人只是"作为一个工作有机体的肢体,他们本身只不过是资本的一种特殊存在方式",因此,"工人作为社会工人所发挥的生产力,是资本的生产力",而且"好像是资本天然具有的生产力,是资本内在的生产力",更重要的是,"劳动的社会生产力不费资本分文"[2]。另一方面,资本主义协作是以资本对劳动的指挥和支配为历史前提和必要条件的,虽然一切直接的社会劳动或共同劳动按其性质都需要

---

[1] 《马克思恩格斯全集》第 44 卷,人民出版社 2001 年版,第 382 页。
[2] 同上书,第 387 页。

　　　　　　　　　　　　重读马克思:工艺学语境中的哲学话语

指挥,但是必须将一般社会劳动的管理职能同资本主义协作下社会劳动的管理职能严格界划开来。具体来说,在资本主义条件下的协作劳动中,管理、监督和调节的职能已成为资本的特殊职能,它的特殊性质不仅是由社会劳动过程的一般属性所决定的,而且是由资本价值增殖过程中"剥削者和他所剥削的原料之间不可避免的对抗"所决定的。这种对抗首先表现为雇佣工人的协作即他们的职能上的联系和作为生产总体的统一不是工人自主自愿的结果,而是资本同时使用他们的结果,这种集合和联结存在于资本中,而且存在于他们之外,表现为资本在生产过程中的绝对权威和权力意志。其次,资本主义管理的特有形式表现为资本对劳动的专制,即资本将指挥和监督劳动大军的职能交给"特种的雇佣工人"即经理和监工,让他们以资本的名义指挥劳动过程,从而建立起资本主义生产过程中的等级权力序列,而资本家就处于这座权力金字塔的顶端,于是"工业上的最高权力成了资本的属性"[1]。因此,在资本主义协作中,无论是从社会生产力服从于资本的价值增殖方面,还是从资本指挥和统治劳动的权力关系方面,资本与劳动的对立和矛盾关系已经充分展现在劳动过程中,奠定了资本主义生产方式的矛盾运动的基调。

2. 关于分工与工场手工业的全面科学分析

在《资本论》中,马克思系统阐述了以分工为基础的工场手工业的历史起源、存在形式、基本特征及其向机器大工业过渡的准备因素和矛盾动力。

首先,工场手工业的历史起源和社会历史定位。马克思对工场手工业的历史地位做出明确规定,即"以分工为基础的协作,在

---

1 《马克思恩格斯全集》第 44 卷,人民出版社 2001 年版,第 386 页。

工场手工业上取得了自己的典型形态。这种协作,作为资本主义生产过程的具有特征的形式,在真正的工场手工业时期占居统治地位。这个时期大约从 16 世纪中叶到 18 世纪最后 30 多年"[1]。这一规定从历史和逻辑上准确指认了协作和工场手工业分工的内在联系和辩证关系,这集中体现在工场手工业的历史起源过程中。从历史发展的角度来看,资本主义协作主要出现在工场手工业初期,但此时的工场手工业还不是以分工为基础的真正工场手工业,简单协作还有待进一步发展为分工。因此,简单协作构成了工场手工业及其分工的历史起点和发展前提。工场手工业的二重起源表现为:一种是"以不同种的独立手工业的结合为出发点"[2],即"不同种的独立手工业的工人在同一个资本家的指挥下联合在一个工场里"[3]。他们通过相互独立和相互补充的局部操作而共同生产出同一种产品。这种联合首先表现为简单协作,随着进一步发展,局部工人丧失了全面掌握全部操作的能力而被固定在特殊操作和专门职能上。譬如,马车工场手工业、织物工场手工业等。另一种是"以同种手工业者的协作为出发点"[4],即许多从事同种工作的手工业者在同一资本指挥下联合在同一工场中协同劳动。最初,每个手工业者都顺序地完成全部操作来制造整个商品。很快,各个操作便被分成孤立的、空间上并列的局部操作,并分别分配给单个工人,工人总体协同完成全部操作制造整个商品,这个商品就不再是由独立手工业者完成的个人产品,而是由手工业者联合体共同完成的社会产品。这类典型的工场手工业有造纸工场、

1　《马克思恩格斯全集》第 44 卷,人民出版社 2001 年版,第 390 页。

2　同上书,第 392 页。

3　同上书,第 390 页。

4　同上书,第 392 页。

铸字工场和制针工场。这些正是波佩的《工艺学史》所提供的历史材料。总之,从独立手工业向工场手工业的生产方式转变就表现为协作通过否定手工业的外在独立和分散而产生联合和聚集,而分工则通过否定简单协作而进一步将手工业的内部序列固定为独立和孤立的局部操作,即"工场手工业在工场内部把社会上现存的各种手工业的自然形成的分立再生产出来,并系统地把它发展到极端,从而在实际上生产出局部工人的技艺"[1],从而建立起一个资本统治下的"以人为器官的生产机构"[2]。这正是资本主义生产方式的形成过程中在直接生产领域中真实存在的否定之否定的辩证运动。

工场手工业的两种起源方式决定了工场内部分工的诸多特征:一是工场内部分工在操作工序和工艺基础上都保留着手工业的性质,这既表现在工场内部的生产过程被分解为各个特殊阶段同手工业的各个局部操作相一致,又表现在工场内部各个操作仍取决于每个工人的技巧、力量和熟练程度。因此,"这种狭隘的技术基础使生产过程得不到真正科学的分解"[3]。二是为了提高熟练度和劳动效率,每个工人只能局限于一种简单操作,因此,他的整个劳动力或身体便变成了终身承担单一职能的片面器官。也就是说,"工场手工业把局部劳动转化为一个人的终生职业"[4],而这在某种程度上是以新的形式将手工业的世袭职业性质和种姓等级制保留和发展了。三是作为协作的一种特殊形式,分工的很多优势都产生于协作的基本性质,而非分工本身。比如,许多工人的协

---

1 《马克思恩格斯全集》第 44 卷,人民出版社 2001 年版,第 394 页。
2 同上书,第 392 页。
3 同上书,第 393 页。
4 同上书,第 394 页。

同劳动所带来的生产力的提高便是来自协作的一般性质。当然，分工本身又具有单纯的简单协作所不具有的特殊优越性，或者说，因为分工而将协作的一般优势更进一步发挥出来，譬如，工场中许多工人在空间上的同时协作和社会劳动是基于手工业活动分解为局部操作和同一工人固定在同一局部工作而实现的，即这是基于分工而创造出来的协作。而这些特点既蕴含了工场手工业分工的资本主义特性，同时也酝酿了工场手工业分工和资本主义生产之间的矛盾要素。

其次，工场手工业的基本形式及其基本生产机制。马克思认为，工场手工业存在两种基本形式，即混成的工场手工业和有机的工场手工业，而后者作为工场手工业的完成形式，集中体现了以分工为基础的工场手工业的基本特征：(1) 生产的专业化和同时性。分工首先意味着对一系列连续的操作的分离，并使每一种操作固定为每一工人的专门操作和职能，这样便使手工业中不同操作过程在时间上的顺序性转换为手工工场中各个不同操作的空间并存性、同时性生产，从而节约时间，提高劳动生产力。这一结果既来自协作的一般优越性，又来自在分工基础上所创造出的协作条件[1]。(2) 生产的连续性、划一性、规则性和秩序性。资本主义生产方式的前提是在既定的劳动时间内获得更多的劳动成果，因此，在工场手工业分工中，各个局部工人相互补充与直接依赖，从而促使每个人的操作所必需的时间不断缩短，于是就促成了不同于独立手工业和简单协作的生产的连续性、划一性、规则性和秩序性，提高了劳动强度，而这也构成了以分工为基础的生产过程本身的技术规律。但是，受工场手工业的技术条件和劳动主体等诸多方

1　《马克思恩格斯全集》第 44 卷，人民出版社 2001 年版，第 399—400 页。

面的限制,这种技术规律还无法达到完善的地步,它还不能"在自己的基础上达到真正的技术上的统一"[1],而这构成了工场手工业的内在局限之一。(3)工场内部分工的比例原则。马克思在《1861—1863年手稿》中就在拜比吉影响下指认了这一点。这里,马克思进一步结合《各国的工业》提供的活字铸造业例子做了更准确的表述。马克思指出,由于不同操作所花费的时间不同,因而局部操作的产品的数量也就不同,为了保证最佳的生产效率,就需要不同的操作之间使用不同比例的工人,这样就形成了从事同类操作的工人小组。其中,从事不同操作的工人小组首先是以分工为基础,而同类小组内部和各类小组之间又形成简单协作的关系。因此,工场手工业分工不仅产生总体工人的异质器官的简单化和多样化,而且为从事每种专门职能的工人小组的相对人数创立了数学上固定的比例,即"工场手工业的分工在发展社会劳动过程的质的组成的同时,也发展了它的量的规则和比例性"[2]。分工的倍数比例原则也成为工场手工业或工厂得以大规模生产的原因之一,这不仅包括工人人数的成倍增加,而且包括与人数增长相适应的生产资料与原料的增加,这致使生活资料与生产资料不断转化为资本,而这正是以分工为基础的"工场手工业的技术性质产生的一个规律"[3]。(4)分工的等级制度。马克思受尤尔的启示而认识到,由于不同局部工人的操作在技艺、教育程度上存在高低之分,因而就形成了一种"劳动力的等级制度"和相应的工资等级制度。因而形成了熟练工人和非熟练工人之分,这在一定程度上为机器大工业提供了人身材料。请注意,此时马克思肯定了尤尔的贡献。

1　《马克思恩格斯全集》第44卷,人民出版社2001年版,第403页。
2　同上书,第401页。
3　同上书,第416页。

马克思说:"尤尔博士在颂扬大工业时,比那些不像他那样有论战兴趣的前辈经济学家,甚至比他的同时代人,如拜比吉(他作为数学家和力学家虽然比尤尔高明,但他实际上只是从工场手工业的观点去理解大工业的),更加敏锐地感觉到工场手工业的特点。"[1]在我看来,马克思的这一评价具有双重的内涵:一方面,他借助对尤尔的肯定而深刻指出了拜比吉的理论痼疾,即尽管拜比吉运用数学和力学知识很好地阐明了分工的比例倍数原理,但这也从根本上决定了拜比吉的切入角度只是工场手工业,而不是机器大工业,即拜比吉只是从工场手工业或分工的观点来理解机器大工业。另一方面,马克思对尤尔的肯定评价是为了表明尤尔更准确地触及了工场手工业分工的本质特征,因为这种分工的等级性原则为马克思批判工场手工业的资本主义性质提供了重要的启示,即真正的工场手工业不仅使工人服从资本的指挥和纪律,而且还在工人中间造成了等级的划分。[2] 更重要的是,这种分工的等级要素中既可以找到"工业病理学"的现实材料,也可以找到推动工场手工业走向机器大工业的内在矛盾因素。当然,这是尤尔所没有看到的,但他的卓越眼光已为马克思提供了重要的线索。

再次,工场手工业分工的资本主义性质。这主要表现为以下几个方面:(1) 许多工人受到同一资本的统治和指挥构成了简单协作与工场内部分工的自然起点,这决定了劳动只是资本的一种存在方式,即"分工在工场手工业工人的身上打上了他们是资本的财产的烙印"[3],因此,以分工为基础的协作所迸发的社会生产力成为资本所占有的生产力,也就是说,"工场手工业分工作为社会

1　《马克思恩格斯全集》第 44 卷,人民出版社 2001 年版,第 405 页。
2　同上书,第 417 页。
3　同上书,第 418 页。

生产过程的特殊的资本主义形式"只是通过牺牲工人而生产相对剩余价值、完成资本（即社会材料、"国民财富"等）自行增殖的手段[1]。这显然是对斯密的"分工促进国民财富的增进"的资本主义性质的深刻揭露和尖锐讽刺。（2）相较于简单协作，工场手工业分工彻底变革了个人的劳动方式，"从根本上侵袭了个人的劳动力"。这集中体现在分工的固定化和专业化使工人在身体和智力上变为畸形物，使工人只充当总机构的局部自动工具。（3）工人的片面发展集中体现在生产过程中劳动与智力的分离，即"物质生产过程的智力作为他人的财产和统治工人的力量同工人相对立"[2]，这种分离发端于简单协作，发展于工场手工业，最终在大工业中完成，即科学作为一种独立的生产能力为资本服务。

最后，工场手工业向机器大工业过渡的准备条件与内在矛盾。在《1861—1863年手稿》中，马克思还无暇详细剖析从工场手工业到机器大工业的准备条件与必然性趋势问题。在这里，马克思强调，工场手工业内部所蕴含的大工业要素主要包括：（1）工场手工业中生成的科学要素与工具分化。在《1861—1863年手稿》中讨论资本、科学与劳动的关系问题中，我们已涉及科学因素在工场手工业中的形成发展问题。我们知道，在工场手工业阶段的科学主要是以经验知识或技艺的形式而存在的，且是以分工为基础的。马克思认为，分工所形成的局部工人专注于专门的操作职能、终生职业，这有助于从经验中获得提高劳动效率的技艺，同时手工工场中几代工人共同生活的形式也有助于技艺诀窍的继承和积累。这一点正是对斯密的分工—专注—机器论的深化。另一方面，分工

1　《马克思恩格斯全集》第44卷，人民出版社2001年版，第422页。
2　同上书，第418页。

促成了劳动工具的分化和专门化，这构成工场手工业的特征，其结果就是使特殊的劳动工具适合于局部工人的专门的特殊职能，促使"劳动工具简化、改进和多样化"[1]，从而孕育了机器的物质技术条件之一。马克思受拜比吉的"机器是工具的结合"观点的影响，强调"机器就是由许多简单工具结合而成的"[2]。请注意，马克思同时批评斯密混淆了工具的分化和机器的发明，因为斯密认为机器是由工场手工业的工人基于分工而促进了机器的改良和发明，马克思则认为，虽然工场手工业中的分工在很大程度上影响着工具的分化，但机器的发明主体并非工场手工业工人，而是学者、手工业者甚至农民。[3]（2）机器在手工业和工场手工业时期的积累、应用和发展。资本追求剩余价值的内驱力"间或发展了机器的使用"，如造纸工场手工业、冶金业等。借助波佩的《工艺学史》，马克思再次指认，这些机器的发明得益于手工业时期流传下来的基本形式和发明要素，比如，"罗马帝国以水磨的形式把一切机器的原始形式流传下来"，在这个意义上，"从面粉磨的历史可以探究出机器的全部发展史。直到现在英文还把工厂叫作 mill［磨房］。在19世纪最初几十年德国的工艺学文献中还可以看到，Mühle［磨］一词不仅指一切用自然力推动的机器，甚至也指一切使用机器装置的手工工场"[4]。同样，尽管正如斯密所指出的，机器在工场手工业时期仅起着次要作用，但机器在17世纪的间或应用为数学、力学等现代科学的创立和发展提供了"实际的支点和刺激"[5]。也就是说，作为机器大工业之准备要素的物质条件在工场手工业阶

1 　《马克思恩格斯全集》第 44 卷，人民出版社 2001 年版，第 396 页。
2 　同上书，第 396 页。
3 　同上书，第 404 页注释 44。
4 　同上书，第 403 页注释 43。
5 　同上书，第 404 页。

段就获得了一定程度的应用和发展,并促进了作为机器大工业之重要基础的科学因素的发展和转变。(3)简单劳动成为专门职能。受尤尔的影响,马克思认识到工场手工业分工的等级制度产生了熟练工人和非熟练工人的分化,由于局部工人与特殊职能是相对应的关系,因此就出现了简单劳动"硬化为专门职能"的现象。而非熟练工人的优势在于不需要学习费用和过长学习时间。因此,如果说科学因素和劳动工具的分化为机器大工业提供了一定的物质条件,那么分工的劳动等级制度则为机器大工业提供了一定的劳动力条件。

工场手工业本身的优越性同时也是它的内在局限性,并成为制约其自身发展的阻力。具体来说,(1)从工场手工业的物质技术基础来看,工场手工业在根本上是建立在手工业生产之上的,所以,它对局部工人技能和习惯的依赖就决定了它在技术基础上的狭隘性。(2)从工场手工业的生产流程来看,在有机工场手工业中,最终的产品只有经过一道道工序流程才能完成,其中的每一操作阶段都是孤立的,虽然分工相比于作坊式生产已克服了同一工人在各种操作间的转换,但仍然无法避免众多操纵工序所带来的生产费用增加,所以,"从大工业的角度来看,这种情形表现为一种具有特征的、破费的、工场手工业原则所固有的局限性"[1]。(3)工场手工业缺乏劳动纪律与生产秩序。我们知道,尤尔抱怨工人缺乏纪律而赞扬阿克莱建立起工厂法典,马克思认识到,虽然分工在某种程度上促进了生产的规则性与连续性以及一定的技术纪律,然而,因为工场手工业没有"可靠地控制生产过程的一般的化学条

---

1 《马克思恩格斯全集》第44卷,人民出版社2001年版,第399页。

件和物理条件"[1]，因此资本不得不经常同工人的反抗行为作斗争。与之相适应的是，尽管分工造成了熟练工人和非熟练工人的等级划分，但熟练工人仍具有压倒性优势，这不仅使七年学徒制直到工场手工业末期还完全有效，而且造成男工的反抗越演越烈。总之，工场手工业在它作为资本主义生产方式的统治形式的时期也时刻遭遇到来自内部的多重障碍，这使它"既不能掌握全部社会生产，也不能根本改造它。工场手工业作为经济上的艺术品，耸立在城市手工业和农村家庭工业的广大基础之上"[2]。于是，"工场手工业本身的狭隘的技术基础发展到一定程度，就和它自身创造出来的生产需要发生矛盾"[3]。因此，工场手工业的技术局限性同资本主义生产的内在需要发生激烈矛盾，资本还无法全面占有工人的所有可支配时间，反而经常遭受活劳动的限制。由此，马克思对工场手工业的历史地位做出了科学认识："工场手工业作为经济上的艺术品，耸立在城市手工业和农村家庭工业的广大基础之上"[4]。正是工场手工业的生产方式和资本逻辑的内在矛盾，驱使着资本必然抛弃工场手工业分工的限制，而逐渐建立起与资本主义生产相适应的物质技术基础和生产方式，这就促使了资本主义机器大工业的诞生。

3. 机器大工业的历史形成与工艺学的哲学内涵

从资本主义生产方式的角度，马克思深刻指出："生产方式的变革，在工场手工业中以劳动力为起点，在大工业中以劳动资料为

1　《马克思恩格斯全集》第 44 卷，人民出版社 2001 年版，第 400 页注释 38。
2　同上书，第 426 页。
3　同上。
4　同上。

起点。"[1] 所以，机器大工业的历史形成问题首先涉及的是机器的定义和机器的历史发展问题。正是在探讨这一问题时，马克思集中阐述了作为大工业时代产物的工艺学的历史唯物主义哲学内涵。

（1）机器的定义及其历史发展

首先是关于机器的定义以及机器和工具的关系问题。这里，马克思强调，工具和机器的区分只能从一般性特征层面来谈，"不能划出抽象的严格的界限"[2]。而马克思所批判的抽象界划标准针对的正是以拜比吉、舒尔茨等人以繁简程度和动力种类作为区别机器和工具的标准的观点——尽管舒尔茨在工具和机器的工艺学知识上沿袭了传统的错误观点，但马克思在这里仍然肯定他的《生产运动》是"一部在某些方面值得称赞的著作"[3]。

在这里，马克思延续《1861—1863 年手稿》中确立的生产方式变革思路，把对机器的理解同工业革命所标志的生产方式变革的历史进程紧密结合起来。正如马克思所指出的，蒸汽机作为工业革命的标志是很容易被人们所理解和接受的，而工作机代替人手则通常被人们所忽视，因为对这一定义本身的准确理解和恰当表述是非常困难的。实际上，像斯密、蒲鲁东等经济学家都注意到了机器代替人手（劳动），但他们都没有抓住问题的关键。虽然拜比吉抓住了关键要素之一即工具，也没有真正揭示问题的本质。当然，马克思在他们的影响下也经历了很长的探索过程，比如马克思只在《1861—1863 年手稿》中就有三次不同的表述，足可见这一问题的困难。不过在这里，马克思最终给出了机器的科学定义："作

1　《马克思恩格斯全集》第 44 卷，人民出版社 2001 年版，第 427 页。

2　同上书，第 428 页。

3　同上书，第 428 页注释 88。

为工业革命起点的机器,是用这样的一个机构代替只使用一个工具的工人,这个机构用许多同样的或同种的工具一起作业,由一个单一的动力来推动,而不管这个动力具有什么形式。"[1]这一定义仍然参照了拜比吉的机器定义,但在历史和内容上达到了完全科学的层面。从中我们可以得知:首先,马克思已经超越了纯粹的工艺学视域,而从生产方式变革即工业革命的起点角度来定义机器;其次,机器和工具的区别不在于动力形式,更不在于繁简程度;最后,机器是由单一动力推动的同时使用许多同类工具的机构。对比《1861—1863 年手稿》中的相应观点可知,前两点是对此前观点的延续,而最后一点则是对《手稿》中第三次表述的升华。在那里,马克思指出机器一开始就是许多工具的组合(并细分了三种组合形式)或者一旦工人的工具变成机器的工具,机器就诞生了。显然,彼时的认识已经非常接近这里的科学定义,尤其是后者,但仍有失准确。而在这里,马克思不仅指出了机器代替人手操纵工具的维度,即"在真正的工具从人那里转移到机构上以后,机器就代替了单纯的工具"[2],而且强调机器上的工具的规模性,即"人能够同时使用的工具的数量,受到人天生的生产工具的数量,即他自己身体的器官数量的限制",比如珍妮机一开始就能用 12—18 个纱锭。也就是说,"同一工作机同时使用的工具的数量,一开始就摆脱了一个工人的手工业工具所受到的器官的限制"[3]。这种规模效应造成生产力提高与生产方式变革。

随着工作机的规模不断扩大以及作业工具的数量不断增加,就越来越需要更大的发动机,而人力、水力等由于自身的局限而被

1　《马克思恩格斯全集》第 44 卷,人民出版社 2001 年版,第 432 页。
2　同上书,第 430 页。
3　同上书,第 430—431 页。

　　　　　　　　　　　重读马克思:工艺学语境中的哲学话语

淘汰,但在工场手工业时期的种种改进,为完善的动力机的发明提供了重要工艺和科学因素,比如传动机构的改善促进了摩擦理论的研究和发展,对动力均匀的需求促进了飞轮的理论和应用。总之,"大工业最初的科学要素和技术要素就是这样在工场手工业时期发展起来的"[1]。直到由瓦特的双向蒸汽机满足了工艺上的普遍应用,资本主义机器大生产才获得同自身相适应的动力形式。因此,从大工业的机器发展史来看,"只是在工具由人的有机体的工具转化为一个机械装置即工具机的工具以后,发动机才取得了一种独立的、完全摆脱人力限制的形式"[2]。发动机的出现使一台发动机同时推动许多工作机成为可能,并且发动机、工具机和传动机会随着彼此的发展而变得越来越庞大。可见,机器体系的发展史便是不断划分并逐步取代人的身体职能的过程。当机器体系的发展摆脱人的身体的限制而建立在自己基础上之后,它的发展便由机器本身的工艺规律所决定了。

根据《各国的工业》中提供的各种机器及其工业应用,马克思将一台发动机推动许多工作机的机器大生产又分为两种形式:一种是许多同种机器(工作机)的协作,一种是机器体系。就前者而言,一台工作机完成各种不同的操作而生产出一个完整的产品。历史地看,工场手工业中按顺序进行的各种不同操作现在转化为一台由不同工具构成的工作机来完成。譬如,信封手工工场中各种操作所使用的各种工具现在集合在一台信封制造机中便一下子完成所有操作。于是,在这类工厂中就出现了由一台发动机推动的许多同种工作机在空间上的集结和共同协作。这里,马克思再

1　《马克思恩格斯全集》第 44 卷,人民出版社 2001 年版,第 433 页。
2　同上书,第 434 页。

次批判了蒲鲁东的"机器是劳动的集合"观点。马克思指出，"有人认为，现代机器起初掌握的是工场手工业分工所简化了的那些操作"，即机器的起点是分工所简化的劳动，"这种看法是根本错误的"[1]。因为在工场手工业分工中，劳动过程虽然被固定化和专业化，但各种操作仍然是相互联系和相互补充的，即"劳动过程本身丝毫没有分开"，同时，劳动过程仍然具有手工业的性质，即无法脱离人手而独立操作。因此，机器不可能是各种孤立的劳动的结合。相反，"机器的起点不是劳动，而是劳动资料"。根据前面马克思对机器的定义来看，机器的起点不是劳动，而是机器代替劳动（人手操作），准确地说，机器的起点是工具机代替人手来操纵工具进行工作。这就从根本上揭露了蒲鲁东的机器观点的非历史性和抽象性。就后者而言，机器体系表现为由一个发动机推动的一系列不同的相互补充的工具机的结合，亦即表现为各种局部工作机在分工基础上的协作。在这里，工场手工业分工与机器体系生产的关系表现为两个方面：一方面，"工场手工业本身大体上为机器体系对生产过程的划分和组织提供了一个自然基础"[2]，这表明两者具有内在的历史关联性；另一方面，工场手工业分工和机器体系生产有着本质的区别：工场手工业分工是一种主观分工，即分工是以工人的技能为基础，局部工人及其工具和特殊的局部操作是相互适应的。而机器生产是一种客观分工，"整个过程是客观地按其本身的性质分解为各个组成阶段，每个局部过程如何完成和各个局部过程如何结合的问题，由力学、化学等等在技术上的应用来解决"[3]，即机器生产过程的划分是按客观的技术原则而实现的——

1　《马克思恩格斯全集》第 44 卷，人民出版社 2001 年版，第 435 页注释 100。
2　同上书，第 436 页。
3　同上书，第 437 页。

这一点正是马克思在尤尔的启发下发展而来的。基于这种客观技术性的分工原则,在工场手工业中表现为各个工人小组的比例倍数原则,在机器工厂中就表现为各局部机器的数目、规模和速度的比例原则。总之,"如果说,在工场手工业中,各特殊过程的分离是一个由分工本身得出的原则,那么相反地,在发达的工厂中,起支配作用的是各特殊过程的连续性"[1]。

最后,机器体系的先进形态便是由一个自动发动机所推动的自动机器体系。譬如,现代造纸工厂是生产的连续性和应用自动原理的典范。马克思用生动的语言描绘了自动机器体系生产的场景:"通过传动机由一个中央自动机推动的工作机的有组织的体系,是机器生产的最发达的形态。在这里,代替单个机器的是一个庞大的机械怪物,它的躯体充满了整座整座的厂房,它的魔力先是由它的庞大肢体庄重而有节奏的运动掩盖着,然后在它的无数真正工作器官的疯狂的旋转中迸发出来。"[2]这里,将自动机器体系比作一个具有强大魔力的庞大机械怪物的比喻很可能也受到尤尔的启示。

从单个工具机到发达的自动机器体系是从以生产资料为基础的生产方式而看到的,更重要的问题是这些机器都是在工场手工业基础上产生的。也就是说,工场手工业为机器大工业提供了直接的物质技术基础,即"工场手工业生产了机器,而大工业借助于机器,在它首先占领的那些生产领域排除了手工业生产和工场手工业生产"[3]。但是,当机器本身依旧需要个体工人的力量与技能,即依赖于手工业者或工场工人的技能与经验时,当机器在规

---

1 《马克思恩格斯全集》第 44 卷,人民出版社 2001 年版,第 437 页。
2 同上书,第 438 页。
3 同上书,第 439 页。

模、结构、功能等方面的发展越来越需要基于客观的技术规律而处处碰到人身的限制时，特别是当随着某些大工业生产部门的生产方式变革所带来的生产规模的扩大、世界市场的发展等促使工场手工业时期遗留下来的交通运输手段成为大工业的进一步发展不可忍受的桎梏时，就表明"机器生产是在与它不相适应的物质基础上自然兴起的"[1]，"大工业发展到一定阶段，也在技术上同自己的手工业和工场手工业的基础发生冲突"[2]。当大工业发展到一定程度，它必然要推翻从历史上继承下来的旧的生产方式的物质技术基础，将自己的生产方式建立在合适的新基础之上，即必须利用机器来制造机器，这首先是用机器制造工具机，然后是用庞大机器制造原动机——而这又是建立先进的发动机（如蒸汽机）和工具机（如莫兹利发明的滑动刀架）基础之上的，只有这时，大工业才建立起同自身相适应的物质技术基础。

以上便是机器体系的一般发展史，从工场手工业发展到机器大工业的内在矛盾角度来看，机器体系的发展正是机器大工业不断打破工场手工业的狭隘技术基础、建立起与自身生产方式相适应的新基础即用机器来生产机器的内在要求和结果。总之，"劳动资料取得机器这种物质存在方式，要求以自然力来代替人力，以自觉应用自然科学来代替从经验中得出的成规。在工场手工业中，社会劳动过程的组织纯粹是主观的，是局部工人的结合；在机器体系中，大工业具有完全客观的生产有机体，这个有机体作为现成的物质生产条件出现在工人面前"[3]。在简单协作与分工中，社会化的工人排挤单个工人还是偶然的现象，而在机器生产中，机器"只

1　《马克思恩格斯全集》第44卷，人民出版社2001年版，第439页。
2　同上书，第440页。
3　同上书，第443页。

有通过直接社会化的或共同的劳动才发挥作用",也就是说,机器的应用本身就排斥单个的工人,而以社会化的劳动为前提。在机器生产中,劳动过程的协作性质是"由劳动资料本身的性质所决定的技术上的必要了"[1]。

(2)历史唯物主义视域下工艺学的哲学意蕴

在梳理机器的历史发展,特别是在指明工作机代替人手操作是 18 世纪工业革命的起点时,马克思在注释(89)中阐述了他那段著名的关于工艺学的经典论述:"在他以前,最早大概在意大利,就已经有人使用机器纺纱了,虽然当时机器还很不完善。如果有一部考证性的工艺史(kritische Geschichte der Technologie),就会证明,18 世纪的任何发明,很少是属于某一个人的。可是直到现在还没有这样的著作。达尔文注意到自然工艺史(Geschichte der natürlichen Technologie),即注意到在动植物的生活中作为生产工具的动植物器官是怎样形成的。社会人的生产器官的形成史(Bildungsgeschichte der produktiven Organe des Gesellschafts-menschen),即每一个特殊社会组织的物质基础的形成史,难道不值得同样关注吗? 而且,这样一部历史不是更容易写出来吗? 因为,如维科所说的那样,人类史同自然史的区别在于,人类史是我们自己创造的,而自然史不是我们自己创造的。工艺学揭示出人对自然的能动关系(das aktive Verhalten des Menschen zur Natur),人的生活的直接生产过程(den unmittelbaren Produktionsproceß seines Lebens),从而人的社会生活关系(seiner gesellschaftlichen Lebensverhältnisse)和由此产生的精神观念(geistigen Vorstellungen)的直接生产过程。甚至所有抽象掉这个物质基础

1　《马克思恩格斯全集》第 44 卷,人民出版社 2001 年版,第 443 页。

的宗教史,都是非批判的。事实上,通过分析找出宗教幻象的世俗核心,比反过来从当时的现实生活关系中引出它的天国形式要容易得多。后面这种方法是惟一的唯物主义的方法,因而也是惟一科学的方法(die einzig materialistische und daher wissenschaftliche Methode)。那种排除历史过程的、抽象的自然科学的唯物主义的缺点,每当它的代表越出自己的专业范围时,就在他们的抽象的和意识形态的观念中显露出来。"[1]事实上,这一段话在具有独立价值的《资本论》法文版中略有不同,通过比较性的研究可以有助于我们理解马克思的真实思想,其中的核心语句为:"工艺学揭示出人对自然的活动方式(le mode d'action de l'homme vis-à-vis de la nature),人的物质生活的生产过程(le procès de production de sa vie matérielle),从而揭示出社会关系以及由此产生的思想或精神观念的起源(l'origine des rapports sociaux et des idées ou conceptions intellectuelles qui en découlent)。如果抽掉这个物质基础,那么宗教史本身也就失去了标准。事实上,通过分析找出宗教幻象的世俗内容和核心,比反过来说明现实生活条件如何逐步获得天国形式要容易得多。后面这种方法是唯一的唯物主义的方法,因而也是唯一科学的方法。那种排除历史发展的、抽象的自然科学的唯物主义的缺点,每当它的代表越出自己的专业范围时,就在他们的抽象的和唯心主义的观念中立刻显露出来。"[2]显然,这是马克思运用历史唯物主义方法论对工艺学的深层哲学内涵的高度概括,是对工艺学中不自觉地蕴含的科学因素的凝练提升。从

1　《马克思恩格斯全集》第 44 卷,人民出版社 2001 年版,第 428—429 页注释 89。 *Marx-Engels-Gesamtausgabe*, Bd. II/10, Berlin: Dietz, 1991, S. 334.

2　《马克思恩格斯全集》第 43 卷,人民出版社 2016 年版,第 388 页注释 95。*Marx-Engels-Gesamtausgabe*, Bd. II/7, Berlin: Dietz, 1989, S. 318.

中我们可以得出以下结论：

第一，马克思所认可的工艺史著作应是一种"考证性的工艺史"著作。这是马克思在提及"约翰·淮亚特发明纺纱机"这一资产阶级工艺史著作中的常识性观点时引发上述论述的。他认为，科学地阐明机器发明史的著作至今还尚未出现，因为真正的工艺史著作应该是考证性的工艺史——值得一提的是，在《马克思恩格斯全集》中文第一版第 23 卷中此处译为"批判的工艺史"[1]，实际上，德文原文"kritische"既有"考证的"意思，也有"批判的"意思。从这里的语境来看，两种译法都能表达马克思反对传统资产阶级工艺学的意图，不过，译作"考证性的"是从实证性角度来加以界定，而"批判的"则是从否定性角度来加以界定。在我看来，其实两种译法恰好构成了一语双关的效果，它的核心内容应是证明 18 世纪的任何发明很少是属于某一个人的。它所批判的正是资产阶级工艺学的一种流行观点，即发明是某个天才式的个人所创造的。在我看来，马克思所反对的不仅在于这种历史叙事方式，而且在于它所凸显出来的物质生产领域的个人英雄史观，这在很大程度上是与资产阶级唯心史观所倡导的个人主义或英雄史观相一致的，或者说，这是政治-历史语境中的个人英雄史观在人类社会历史生活的直接物质生产领域或人类社会历史的物质技术基础层面的深层渗透和集中体现。这种生产语境中的个人主义英雄史观在贝克曼、波佩、尤尔等人的工艺学著作中比比皆是，因此，资产阶级工艺学著作在很大程度上便是记录一系列重要发明及其发明者的历史编纂学，它所提供的只是关于某一发明者的历史功绩，却没有历史地真实地反映出这一发明得以实现的历史积累过程和深厚的社会

1　《马克思恩格斯全集》第 23 卷，人民出版社 1972 年版，第 409 页注释 89。

关系背景。这一点在尤尔那里表现得尤为明显，因为他多次颂扬阿克莱发明的自动走锭精纺机和由此建立的工厂制度和工厂纪律是史无前例的伟大成就，这比拿破仑建立庞大的帝国更能彰显巨大的气魄和勇气。也就是说，阿克莱在生产领域比拿破仑在政治领域所取得的历史成就还要伟大。但是，在马克思看来，阿克莱能够发明自动走锭精纺机固然源自于他的过人之处，但是从历史特别是人类物质生产史的角度来看，这一成就决不是阿克莱一人的功劳，而是继承人类历史发展所提供的工艺条件、科学发展、社会经济条件等各种因素共同作用的结果。因为一个显而易见的事实是，阿克莱只是在 18 世纪，而不是 17 世纪创造了这一发明，这就是时势造英雄。而时势正是历史发展的结果，而不是凭空出现的例外状况。譬如，马克思指出："沃康松、阿克莱、瓦特等人的发明之所以能够实现，只是因为这些发明家找到了相当数量的、在工场手工业时期就已准备好了的熟练的机械工人。"[1] 因此，一部考证的工艺史著作就是从历史发展的真实发展状况出发阐明人类物质生产过程中的生产资料和生产方式的总体状况。在这个意义上，马克思的《资本论》对于资本主义生产方式的科学阐述正是一部考证性的工艺史著作。从这个意义上说，《资本论》不但是一部经济学著作，一部哲学著作，而且是一部工艺学著作或者工艺哲学著作。因此，马克思也是一位工艺学或工艺哲学家。法国技术哲学家让-伊夫·戈菲（Jean-Yves Goffi）在《技术哲学》中便称马克思为工艺学家，并强调"有两篇文字尤其明显代表了马克思主义工艺学的观念：即《哲学的贫困》和《资本论》中的第四篇第十四章和第

1　《马克思恩格斯全集》第 44 卷，人民出版社 2001 年版，第 439 页。

十五章。"[1] 但他同样正确地意识到:"马克思从来不是因为有构思一部工艺学著作的兴趣而构思一部工艺学的。他的分析是从政治经济学出发的,而政治经济学本身依赖于人类学。"[2]

第二,工艺史是"社会人的生产器官的形成史,即每一个特殊社会组织的物质基础的形成史"[3]。也就是说,一定的人类生产器官即生产资料构成了一定的社会组织的物质基础。维科说,人类史是我们自己创造的。而马克思则进一步指出,人类史的创造首先且只能是人类借助自己遭遇和发明的生产器官而进行的。马克思在《形态》中就曾说,如果人类不从事生产,不到一星期就会灭亡。而在这里可以进一步说,如果人类不借助生产资料进行生产,那么,人类就只能停留在原始生活状态下而得不到发展,甚至无法存续。在这个意义上,在人类社会历史的进程中,作为工艺产物的生产资料构成了人类历史性生存与发展的物质基础的基础。张一兵教授曾深刻指认了历史唯物主义的逻辑层级,即先在的自然、基始性的实践、第一层级的物质生产。[4] 而在第一层级的物质生产中还可以看到**支点性的工艺**,因为工艺是撬动人类历史发展运动的杠杆。

第三,工艺学蕴含着历史唯物主义的基本要素。首先,工艺学揭示出人对自然的能动关系和活动方式,这是经济学无法全面真实展现的历史内容。工艺学展现了人与自然的历史性能动关系中人的物质生活的直接生产过程,即如果经济学揭示的是人类生产了什么(Was)即产品(商品)及其交换、分配和消费过程,那么,工

1　[法]让-伊夫·戈菲:《技术哲学》,董茂永译,商务印书馆2000年版,第86页。

2　同上书,第89页。

3　《马克思恩格斯全集》第44卷,人民出版社2001年版,第429页注释89。

4　张一兵:《先在的自然、基始的实践与第一级的物质生产》,《哲学动态》1994年第3期。

艺学则揭示的是人类怎样生产（Wie）和用什么劳动资料生产，即人类物质生产的生产方式和与之相应的生活方式。这恰恰构成了人类各个不同经济社会形态的根本标准，也构成人类历史发展进程的根本尺度。这也是人类创造人类史的坚实基础和重要内容。其次，工艺学揭示出人的社会生活关系以及由此确立的精神观念的起源与直接生产过程，也就是揭示出生产力与生产关系、经济基础与上层建筑的历史生成性关系。社会关系及其产生的精神观念是从物质生产过程中产生的。过去，我们对于物质生产的理解主要停留在经济学的层面，即作为同交换、消费、分配相并列的生产，同时又是不被认真对待的领域。而工艺学则真正揭示了物质生产的直接过程和内在规律，从而揭示了社会关系和精神观念的基始性起源和直接生成过程。如果深入直接物质生产过程中就会发现，社会关系和精神观念并不只是在交换、消费、分配等经济活动中建构起来的，在归根结底的意义上，直接的物质生产过程中已经建构起一定社会形态中人们的根深蒂固的深层生产关系、社会关系和精神观念，比如，资本主义生产关系的最根本、最基础的构架是在资本主义生产过程和生产方式中建构起来的，渗透进人类日常生活意识的时间观念、纪律观念、服从观念不仅是来自学校教育和文化观念的显性熏陶，而且来源于机器大生产中的工厂制度和工厂纪律。进一步说，从资本主义机器大工业的产生来看，最早的学校教育正是为了培养儿童的基本文化素质和纪律观念，以服务于工厂生产的内在需求。同样地，英国工业革命时期在工人阶级中流行的卫斯理教也是顺应大工业生产的时代产物。因此，在这个意义上，工艺学构成了历史唯物主义的核心理论资源。也是在这个意义上，马克思说抽象掉物质基础的宗教史是非批判的宗教史，这一物质基础就是人类的物质生产生活，更准确地说是工艺学所揭示的宗教作为精神观念的起源和直接生产过程。如果抛开人与自然的能动关系、人在征服自然和改造自然过程中创造的生产资料和生产方式的发展及其显现出来的人的能力的发展,就无法理解宗教从原始的拜物教、多神教到一神教以及近代的宗教改革的全部历史。马克思准确地指出,仅仅简单地指认宗教来源于世俗核心并不稀奇,真正的理论创造和方法论创新在于全面科学地揭示宗教的天国形式是如何从现实的物质生活关系中一步步产生和发展的,即"从当时的现实生活关系中引出它的天国形式"[1],也就是从现实历史发展的实际进程中重新构境宗教的真实历史发展,这才是唯一科学的唯物主义的方法,即历史唯物主义方法。因此,那些抛开历史进程的抽象的唯物主义,一旦离开自己固有的狭隘领域,就会立刻暴露出自身的唯心主义和意识形态本质。

三、工艺学与机器大生产的社会效应:
资本逻辑的全面布展

如上所述,机器大工业的起点在于劳动资料的革命,而这一革命并不像资产阶级工艺学家所宣扬的那样是源自于某一个人的发明,而是在根本上在资本主义生产关系即资本逻辑的支配下产生和发展的。马克思深刻指出,一切劳动资料在劳动过程和价值形成过程中都是全部地进入劳动过程而部分地进入价值增殖过程,因此,资本使用机器的界限就在于机器的价值要少于机器所代替的劳动力的价值,即"对资本说来,只有在机器的价值和它所代替

1　《马克思恩格斯全集》第 44 卷,人民出版社 2001 年版,第 429 页注释 89。

的劳动力的价值之间存在差额的情况下,机器才会被使用"[1]。因此,当劳动力市场上出现劳动过剩时,资本宁愿浪费大量人力,也不会使用机器,而这正是在当时机器大生产最发达的英国经常发生的事情。正是基于机器的资本主义应用的这一特点,机器大生产不仅对工厂工人造成直接的深重影响,而且对农业、工场手工业和家庭工业等其他生产部门及其劳动者也造成间接而深远的影响,进而对在此基础上的家庭关系、法律关系、文化教育和人的能力发展产生深刻而根本的影响。在这个意义上,资本主义生产关系实现了在社会生产领域的全面布展。

1. 机器大生产对工厂工人的深重影响

关于机器生产对工厂工人的直接影响,马克思在《1861—1863年手稿》中已有所论述,在这里,他更清晰地表述了这一点。当尤尔等人叫嚷着机器生产对工人有利时,马克思用事实揭露了其言论的欺骗性和歪曲性。这主要表现在:(1)资本对妇女劳动和儿童劳动的强制占有和残酷剥削。由于机器代替劳动导致妇女和儿童也成为资本的人身剥削材料,这不仅扩大了资本的剥削范围,即把工人家庭的全部成员都置于资本的直接统治之下,而且提高了剥削程度。这既体现在资本对妇女人身材料的吸纳剥夺了妇女从事哺育活动、家务劳动的自由时间而增加家庭开支和严重威胁后代的成长,又体现在工人父母对子女的出卖彻底改变了自由契约的法律精神和人为造成的未成年人的智力荒废和精神摧残。这一切都明显暴露了资本主义生产的精神。(2)延长工人的工作日。针对拜比吉、尤尔等人只是从经济学层面强调机器延长工作日的合理性,马克思深入分析了这种现象背后的资本主义生产本质。

1　《马克思恩格斯全集》第 44 卷,人民出版社 2001 年版,第 451 页。

除了继承《1861—1863 年手稿》中机器的客观技术条件、妇女儿童生性顺从等观点，马克思还从剩余价值理论角度进行了分析：一是由尤尔、拜比吉分别指出的机器的有形损耗（使用磨损和闲置生锈）和无形损耗（机器更新换代）促使资本家必须通过延长工作日来尽可能缩短机器的再生产周期，减少因损耗造成的风险。二是由于不变资本和可变资本呈反比例关系，因此机器和工人人数在资本量既定的情况下也成反比例关系，这种内在矛盾就推动着资本通过延长工作日来弥补雇佣工人的相对减少。总之，机器的资本主义应用创造了无限延长工作日的新的强大动机，使劳动方式和社会劳动体的性质发生根本变革，以致瓦解了工人对资本的抵抗。三是资本家在最初使用机器的垄断时期，由于机器提高劳动生产率而将个别价值降低到社会价值以下而获得较高的利润率，高额利润刺激资本家延长工作日来获得更多利润。于是，"机器消灭了工作日的一切道德界限和自然界限"[1]，并造成经济学和人类历史发展中的一个巨大讽刺和深刻悖论，因为当古希腊思想家亚里士多德畅想自动织机能够解放学徒与奴隶的时候，当古希腊诗人安谛巴特洛斯把水磨赞美为女奴的解放者和黄金时代的复兴者时，现代大工业的现实却表明机器作为节约时间的最有力手段已变为把工人家庭的一切生活时间当作服务于资本价值增殖的有力手段。（3）工人的劳动强度不断提高。劳动强度问题一直是包括尤尔在内等资产阶级思想家所不愿直面的问题，他们要么从提高工人工资角度（计件工资制）强调对工人的有利性，要么认为劳动强度不变。在这里，马克思则深刻指出，随着工人的反抗迫使政府用法律规定了正常工作日而使剩余价值的生产不再能够通过延长

1　《马克思恩格斯全集》第 44 卷，人民出版社 2001 年版，第 469 页。

工作日来获得增加以后,资本就开始通过增加劳动强度(即劳动时间的密度)来获取相对剩余价值。在现代工厂中,工人完全服从于机器的连续划一的运动所建构的铁的纪律,工厂主通过提高机器的速度和扩大工人的劳动范围而最大限度地增加劳动强度。于是,机器的每一次改进都成为资本加紧吮吸劳动力的手段,以致劳动强度达到损害工人健康、破坏劳动力本身的地步。[1] 总之,机器体系成为资本不断侵占包括妇女和儿童在内的人身材料、无限度地延长工作日而侵吞工人的生活时间、压榨单位时间内更多劳动力的系统的剥削手段。而这些都是尤尔所不愿正视的现实。

机器大生产对于工厂工人的间接影响主要体现在工厂工人在机器生产的发展中不断被排斥和吸收,同时周期性地成为生产过剩和经济危机的牺牲品。虽然机器生产在采用新机器的初期会实际地排斥和代替大量工人,造成工人数量的相对和绝对减少,但是随着工厂数量的增多和规模的扩大,更多的"过剩人口"会被重新吸纳进工厂,因此,工人人数的相对减少和绝对增加是并行不悖的。不过,工厂工人数量的增加在根本上是以预付总资本的增加为前提的,由于正如前面所提到的可变资本和不变资本的反比性矛盾,可变资本的增加从而工人人数的增加经常被技术进步所打断,从而再次遭受被排斥和替代,而随着工厂规模的扩大,工人又再次被更多地吸收,同时这种基于机器和技术变革的工人大军的波动伴随着工人的性别、年龄和数量程度的变化。[2]

如果技术进步所带来的工人生活的动荡性和不稳定性还具有一定的时间间距和个别部门的特殊性,那么,由于机器大生产的疯

1　《马克思恩格斯全集》第 44 卷,人民出版社 2001 年版,第 471—480 页。
2　同上书,第 523 页。

狂和无序性造成的周期性经济危机则对工人造成更为普遍而深重的灾难。具体来说，随着资本主义机器生产建立起与自身相适应的技术基础，即用机器来生产机器，一切制造业和交通运输业就迎来革命性的发展，用马克思的话说就是大工业在生产方式上获得一种"巨大的跳跃式的扩展能力"[1]，这促使大工业同世界市场建立了紧密的依赖关系。而且，大工业像得了"热病似的生产"造成严重的生产过剩，从而引发严重的危机和瘫痪状态。马克思以英国棉纺织业的危机为例表明，从 1770 年到 1863 年，这一工业部门的危机周期越来越频繁、越来越严重。总之，大工业生产的周期性危机迫使工人遭受到更频繁、更残酷的波动性和不稳定性，并成为工厂主竞争性生产实验的牺牲品[2]。**如果说在帕斯卡尔所处的时代，人还可以做一根会思考的芦苇，那么到了大工业时代，占世界人口大多数的工人阶级只不过是由技术革新推动的机器大生产和周期性经济危机的浪潮中漂泊不定的无思想的浮萍。**

2. 机器大生产对现代手工业、家庭工业和工场手工业的影响

在机器大工业时代，机器大生产对那些首先成为机器竞争对象的旧手工业、工场手工业和家庭工业造成了巨大的冲击，对这些传统工业部门中的工人造成了灾难性的影响。对此，马克思准确地指出："在大工业的背景下，工场手工业、手工业和家庭劳动的传统形态经历着彻底的变革：工场手工业不断地转变为工厂；手工业不断地转变为工场手工业；最后，手工业和家庭劳动领域在相对说来短得惊人的时间内变成了苦难窟，骇人听闻的最疯狂的资本主

1　《马克思恩格斯全集》第 44 卷，人民出版社 2001 年版，第 522 页。

2　同上书，第 526 页。

义剥削在那里为所欲为。"[1] 而这些后果,即使是资产阶级经济学家和工艺学家(如尤尔)也承认的。

第一,大工业促使现代手工业在生产方式上发生变革。大工业不仅消灭了以手工业为基础的协作,如收割机取代收割者的协作,而且促使一些手工业开始利用大工业的动力即蒸汽机来谋求发展,其中最为典型的就是考文垂的丝织业中出现过"**小屋工厂**",即在"由几排小屋围成的方形场地中间,建起一座安装蒸汽机的所谓机器房,蒸汽机通过枢轴向各个小屋中的织机"[2] 提供动力,小屋中的工人自己拥有或租借织机,并为使用蒸汽力缴纳租金。这个方形手工工厂的布局会让人想起福柯所说的圆形监狱,不同的是,在圆形监狱中是通过人的监视权威来达到规训和统治的目的;而**在这种方形工厂中,则是通过无人身的机器和无形的资本关系建立起更隐秘和更严酷的权力统治关系**。因为这些手工业在同真正的工厂竞争一段时间后便最终破产,它们从使用机器开始就注定要向工厂生产过渡。

第二,机器大生产的原则彻底变革了现代工场手工业的生产方式和劳动构成。我们知道,机器生产的原则就是按照自然科学的客观规律把生产过程分解为不同工序,这一原则也对工场手工业造成渗入性的重要影响。一方面,机器不断被引入到工场手工业的某些局部过程,这促使"从旧的分工中产生的工场手工业组织的坚固结晶就发生溶解,并给不断变化腾出位置"[3]。另一方面,工厂制度所造成的"过剩人口"促使总体工人或结合工人的构成发生根本变革,即同工场手工业时期以熟练工人为主体的分工等级

---

1   《马克思恩格斯全集》第 44 卷,人民出版社 2001 年版,第 564 页。
2   同上书,第 530 页。
3   同上书,第 531 页。

序列相反,在现代工场手工业中,"分工的计划总是把基点放在使用妇女劳动、各种年龄的儿童劳动和非熟练工人劳动上"[1]。因为现代工场手工业必须在与大工业竞争中谋求生存,因此,现代工场手工业对廉价劳动力和未成熟劳动力的剥削比机器工厂中更为严重,这不仅体现在由于技术基础的落后而在生产资料和劳动条件方面的资本主义节约迫使工人在更加恶劣的劳动环境下过度劳动,而且体现在工人直接暴露在有害物质的生产资料中,这严重威胁着工人的生命健康。

第三,在大工业时代的现代家庭工业已与旧式家庭工业、独立城市手工业和独立小农经济毫无共同之处,只是作为"工厂、手工工场或商店的外部分支机构"而存在,构成资本利用许多无形之线所控制的"另一支居住在大城市和散居在农村的家庭工人大军"[2]。这支后备军是由从大工业和大农业中"游离"出来的大量廉价人身材料组成的,他们为工厂和工场手工业提供了广阔基础,随时准备着适应市场需求的每一变动。实际上,现代家庭工业是在大工业和工场手工业的夹缝中生存,而它之所以能够同大工业和工场手工业并存,是由于资本对工人的剥削比现代工场手工业中还要严重,这集中表现在对劳动力的最无情浪费(最大限度地降低工资和最大限度地延长劳动时间)和对正常劳动条件的无限节约,并且暴露出这样的事实规律,即"社会劳动生产力和结合的劳动过程的技术基础越不发达,这种节约就越暴露出它的对抗性的和杀人的一面"[3]。同时,由于家庭劳动过于分散和工人之间最激烈的竞争,使得这些"过剩人口"在最后避难所中无力反抗资本的

---

1 《马克思恩格斯全集》第 44 卷,人民出版社 2001 年版,第 531 页。
2 同上。
3 同上书,第 532 页。

骇人听闻的剥削。

最后,当现代工场手工业和家庭劳动单靠滥用妇女和未成年劳动力、剥夺一切正常生产生活条件、过度劳动来维持资本主义剥削时,终究会遇到不可逾越的自然界限。于是,工场手工业和家庭工业便开始采用机器,从而促使生产方式的变革。也就是说,工场手工业和家庭工业向机器生产和大工业转化和过渡成为一种必然趋势。随着工厂法对一切工业部门强制规定工作日等措施,促使资本家为适应工作日的限制而"扫除技术上的障碍"[1],从而加速了这一趋势的进程。

3. 机器大生产对农业的重要影响

在大工业时代,农业构成工业生产的重要支持部门,同时,机器大生产也促使农业在人口、劳动性质、生产方式、生产力发展等方面发生重要变革。这主要表现在以下几个方面:

第一,机器的采用改变了农业人口的数量和劳动性质。机器在农业生产中的使用所造成的首要结果就是农村人口的绝对减少和"过剩人口"的绝对增加。大工业促使农业劳动性质发生巨大变化,过去的农民即"旧社会的堡垒"被雇佣工人所取代。

第二,农业中"最墨守成规和最不合理的经营被科学在工艺上的自觉应用"[2]所代替,资本主义生产方式把农业、家庭手工业和工场手工业的原始纽带撕裂,并为农业和工业在对立发展中形成

---

1 《马克思恩格斯全集》第 44 卷,人民出版社 2001 年版,第 549 页。现代工艺学所实现的技术进步为工厂法的实施和旧生产方式的变革提供了坚实的物质基础,正因如此,马克思说:"米拉波的格言'不可能'!永远别对我说这种蠢话!',特别适用于现代工艺学。"也就是说,现代工艺学使一切技术进步以及由此带来的生产方式、社会关系和上层建筑的变革都成为可能。

2 同上书,第 578 页。

更高的联合创造了新的物质前提。[1]

第三,资本主义生产推动了农村人口向城市的迁移和集聚,不断集聚的城市人口成为社会历史发展的动力,同时又"破坏着人和土地之间的物质变换,也就是使人以衣食形式消费掉的土地的组成部分不能回归土地,从而破坏土地持久肥力的永恒的自然条件"[2],进而破坏了"城市工人的身体健康和农村工人的精神生活"[3]。因此,资本主义大工业促使过去大量的农村人口脱离了土地,破坏了人与土地、人与自然的新陈代谢,这不仅对土地和自然本身造成消极影响,而且损害了工人阶级的物质生活与精神生活。不过,资本主义生产对人和自然的新陈代谢的传统方式的破坏,同时也是对这种自发状态的物质交换的消解,并系统建立起一种同人的充分发展相适合的物质变换。

第四,现代农业对农业工人造成严重的迫害和剥削,即农业"生产过程的资本主义转化同时表现为生产者的殉难史,劳动资料同时表现为奴役工人的手段、剥削工人的手段和使工人贫穷的手段,劳动过程的社会结合同时表现为对工人个人的活力、自由和独立的有组织的压制"[4],而农业工人的分散特性则消解了自身的反抗斗争力量。

第五,现代农业中"劳动生产力的提高和劳动量的增大是以劳动力本身的破坏和衰退为代价的"[5],即"资本主义农业的任何进步,都不仅是掠夺劳动者的技巧的进步,而且是掠夺土地的技巧的进步,在一定时期内提高土地肥力的任何进步,同时也是破坏土地

1　《马克思恩格斯全集》第 44 卷,人民出版社 2001 年版,第 579 页。

2　同上。

3　同上。

4　同上。

5　同上。

肥力持久源泉的进步……越是以大工业作为自己发展的基础,这个破坏过程就越迅速。因此,资本主义生产发展了社会生产过程的技术和结合,只是由于它同时破坏了一切财富的源泉——土地和工人"[1]。

4. 机器大工业对家庭关系的深刻影响

大工业的发展不仅改变了工厂工人的家庭关系,而且对现代工场手工业和家庭工业也造成了更加触目惊心的剥削现象,工厂法的适用范围也不断扩大,直至触及现代家庭工业。

第一,机器大工业和工厂法深刻改变了工厂工人的家庭关系。因为机器取代劳动造成妇女与儿童都变成资本剥削的人身材料。这一方面使资本的剥削范围扩大,即把工人家庭的全部成员都置于资本的直接统治之下;另一方面提高了剥削程度:这既体现在资本对妇女人身材料的吸纳剥夺了妇女从事哺育活动、家务劳动的自由时间而增加家庭开支和严重威胁后代的成长,又体现在工人父母对子女的出卖彻底改变了自由契约的法律精神和人为造成的未成年人的智力荒废和精神摧残。这种家庭关系的变革直接反映了资本主义剥削的精神。

第二,如果工厂法在工厂与工场手工业中是对资本剥削的干涉,那么,它对家庭劳动的任何规定则是对父权或亲权的干涉,即"大工业在瓦解旧家庭制度的经济基础以及与之相适应的家庭劳动的同时,也瓦解了旧的家庭关系本身"[2]。马克思摘录了英国议会中童工调查委员会的报告:"所有的证词都表明:男女儿童在自己的父母面前比在任何别人面前都更需要保护……父母对自己的

1　《马克思恩格斯全集》第 44 卷,人民出版社 2001 年版,第 579—580 页。
2　同上书,第 562 页。

年幼顺从的儿童滥用权力,任意虐待,而不受任何约束或监督……"[1]对此,马克思深刻指出:"不是亲权的滥用造成了资本对未成熟劳动力的直接或间接的剥削,相反,正是资本主义的剥削方式通过消灭与亲权相适应的经济基础,造成了亲权的滥用。"[2]透过残酷的现实,马克思辩证地看到,目前资本主义生产对工人的家庭关系的破坏性影响也同时为新的更高级的家庭关系奠定了经济基础,即"不论旧家庭制度在资本主义制度内部的解体表现得多么可怕和可厌,但是由于大工业使妇女、男女少年和儿童在家庭范围之外,在社会地组织起来的生活过程中起着决定性的作用,它也就为家庭和两性关系的更高级的形式创造了新的经济基础"[3]。也就是说,虽然这种"自发的、野蛮的、资本主义的形式"即"工人为生产过程而存在,不是生产过程为工人而存在"的这种形式是对"由各种年龄的男女个人组成的结合劳动人员"造成奴役与毁灭的根源,"但在适当的条件下,必然会反过来转变成人道的发展的源泉"[4]。马克思基于历史唯物主义方法论对于现代大工业时代的家庭关系的认识,为我们今天思考当代资本主义社会生活中的家庭关系、女性地位、儿童教育等问题以及反思西方左派学界中的女性主义马克思主义思潮提供了重要的方法论指导和理论借鉴。

5. 机器大工业与工厂法的资本主义实质

为了缓解机器大工业所引发的越来越严重的阶级矛盾,英国议会多次颁布工厂法。对此,马克思深刻指出:"工厂立法是社会

1　《马克思恩格斯全集》第 44 卷,人民出版社 2001 年版,第 563 页。
2　同上。
3　同上。
4　同上。

对其生产过程自发形态的第一次有意识、有计划的反作用。"[1] 也就是说,工厂法在本质上是大工业发展的必然产物。表面来看,工厂法的确起到了制约资本主义剥削的作用,反映了资产阶级的人道主义精神,但实质上,工厂法的诞生和实施中隐含着深层的资本主义特质。

英国工厂法除了引人关注的正常工作日法案,还涉及卫生条款和教育条款等,从中便可以窥见资本主义生产关系的赤裸本质。工厂法最初只是在个别使用机器的生产部门中实行的特殊法,后来逐渐发展为适用于整个社会生产的普遍法律,这种必然性"是从大工业的历史发展进程中产生的"[2]。

以卫生条款为例,它主要是针对工厂和工场的肮脏环境、狭小空间和危险机器等对工人的健康生命安全所带来的种种威胁而制定的清洁和防护措施要求,而对于这些可能给资本家带来的少量额外资本的条款,竟遭到了工厂主们疯狂的反对和斗争。对此,马克思尖锐讽刺道:"这里再一次光辉地证实了自由贸易论者的信条:在一个存在着对抗利益的社会里,人人追逐私利,就会促进公共福利。"[3] 显然,资本家的反应已表明,事实恰恰相反。因为"为了迫使资本主义生产方式建立最起码的清洁卫生设施,必须由国家颁布强制性的法律"[4],"资本主义生产方式按其本质来说,只要

---

1 以庸俗资产阶级经济学家纳·威·西尼耳在 1830 年对工厂法的痛骂和 1860 年代承认对工厂儿童实行强制教育的有利结果这种观念转变为例,马克思深刻指出,这"可以清楚地说明,大工业发展到一定水平是如何通过物质生产方式和社会生产关系的变革而使人的头脑发生变革的"。参见《马克思恩格斯全集》第 44 卷,人民出版社 2001 年版,第 556 页注释 300。同样地,工厂法的产生决不是来自资产阶级统治阶级的良心发现,而是大工业的生产方式所引发的社会关系变革(如工人阶级的斗争)的结果。

2 《马克思恩格斯全集》第 44 卷,人民出版社 2001 年版,第 564 页。

3 同上书,第 553 页。

4 同上书,第 554 页。

超过一定的限度就拒绝任何合理的改良"[1]。因此,当工厂法的某些条款(如保证每个工人有 500 立方英尺的空间)妨害资本的价值增殖时就必然碰壁和妥协,成为一纸空文。实际上,关于工厂法的实际效果,在总体上就是一纸空文,地方市政当局因工厂法的细节贫乏而未真正执行,议会指派的工厂视察员往往因人手不够而无法全面监察,而且工厂法的扩充条例充满了"大量可耻的例外规定和对资本家的卑怯妥协"[2]。因此,工厂法在整体上只是为了预防资本主义剥削过火,因而在真正实施中显得"很不彻底、很不自愿、很少诚意"[3]。

总之,虽然工厂法作为"工人阶级的身体和精神的保护手段"[4]发挥了一定的积极作用,但是在工厂法的普遍化过程中则深刻暴露了这种法律意识形态背后的资本主义实质,即工厂法的普遍化是以工厂的机器生产方式向工场手工业和家庭工业的渗透和改造为前提的。因此,"这种普遍化使小规模的分散的劳动过程向大的社会规模的结合的劳动过程的转化也普遍化和加速起来。它破坏一切还部分地掩盖着资本统治的陈旧的过渡的形式,而代之以直接的、无掩饰的资本统治。这样,它也就使反对这种统治的直接斗争普遍化。它迫使单个的工场实行划一性、规则性、秩序和节约,同时,它又通过对工作日的限制和规定所造成的对技术的巨大刺激而加重整个资本主义生产的无政府状态和灾难,提高劳动强度并扩大机器与工人的竞争。它在消灭小生产和家庭劳动的领域的同时,也消灭了'过剩人口'的最后避难所,从而消灭了整个社会

---

1 《马克思恩格斯全集》第 44 卷,人民出版社 2001 年版,第 554 页。

2 同上书,第 568 页。

3 同上。

4 同上书,第 576 页。

机制的迄今为止的安全阀。它在使生产过程的物质条件和社会结合成熟的同时,也使生产过程的资本主义形式的矛盾和对抗成熟起来,因此也同时使新社会的形成要素和旧社会的变革要素成熟起来"[1]。

6. 机器大工业对教育和人的发展的客观影响

机器大工业带来的生产方式变革深刻影响着现代教育和人的发展。一方面,大工业彻底摧毁了传统手工业与工场手工业分工中的技艺等级制度和经验秘诀形式,促进现代科学的发展,产生了强烈的初等教育和职业技术教育的现实需求,从而为人的发展奠定了坚实的现实基础;另一方面,资本逻辑统治下的大工业和受其侵袭的手工业、工场手工业中又出现了更为残酷的旧式生产方式和剥削形式,从而严重压制和剥夺了无产阶级大众的智力发展和受教育权利。马克思认为,随着大工业所推动的社会生产力的发展将会为大众的教育和人的发展提供更有利的基础和条件。

第一,机器大工业在技术上消灭传统工场手工业分工的同时又以更可怕的形式再生产出旧的分工,严重剥夺了工人的生活,压抑了工人的发展。这在真正的工厂中就表现为工人沦为局部机器的有自我意识的零件,而在受大工业侵袭的现代手工业和工场手工业中,由于间或大量雇佣女工、童工与非熟练劳动或者使用机器而建立新的分工,更重要的是,工人被降低为单纯的动力,即"原来是蒸汽机代替工人,而现在却是工人要代替蒸汽机"[2]。这种逆历史潮流的现象恰恰反映了资本逻辑为攫取剩余价值而不择手段的本质。因此,"工场手工业分工和大工业性质之间的矛盾强烈地表

1　《马克思恩格斯全集》第 44 卷,人民出版社 2001 年版,第 576—577 页。
2　同上书,第 557 页注释 301。

现出来"[1]，比如，在现代工厂和手工工场中大多数儿童从幼年时期就被绑缚在最简单的操作上，遭受多年剥削之后未获得足以谋生的一技之长就被抛弃。以英国的印刷业为例，在旧的工场手工业和手工业制度下，学徒工还能从简单操作过渡到复杂操作，最终成为一名熟练工人，具备基本的读写能力。而在使用印刷机的现代工厂或工场中，少年只是从事简单而超长时间的搬运纸张的工作，等到 17 岁时便被解雇，成为社会上"罪犯的补充队"。也就是说，在机器和大工业影响下的现代工场手工业分工将工人的片面发展或对工人的智力发展的剥夺推向顶点。由此可见，大工业不仅掠夺了工人的劳动资料和生活资料，而且使工人的局部职能及其本身成为过剩之物，这导致"工人阶级的不断牺牲、劳动力的无限度的浪费和社会无政府状态造成的灾难"[2]随处可见。

第二，大工业带来的生产方式变革催生了以工艺学为代表的现代科学的诞生，造成的社会分工的多样性、劳动的全面流动性为教育的发展和人的全面发展提出了内在要求和现实基础。马克思准确指出，在建立在手工业与工场手工业的广泛基础之上的社会生产阶段，每个特殊生产部门都会以合适的技术形态固定下来，相应的经验、技艺和工具也固定下来，而且"各种特殊的手艺直到 18 世纪还称为 mysteries[秘诀]，只有经验丰富的内行才能洞悉其中的奥妙。这层帷幕在人们面前掩盖他们自己的社会生产过程，使各种自然形成的分门别类的生产部门彼此成为哑谜，甚至对每个部门的内行成为哑谜"[3]。随着工业革命推动的生产方式变革，大工业打破了传统的生产方式及其掩盖着的帷幕，催生了工艺学这

1　《马克思恩格斯全集》第 44 卷，人民出版社 2001 年版，第 557 页。
2　同上书，第 560 页。
3　同上书，第 559 页。

门现代科学，即"大工业的原则是，首先不管人的手怎样，把每一个生产过程本身分解成各个构成要素，从而创立了工艺学这门完全现代的科学。社会生产过程的五光十色的、似无联系的和已经固定化的形态，分解成为自然科学的自觉按计划的和为取得预期有用效果而系统分类的应用。工艺学也揭示了为数不多的重大的基本运动形式，尽管所使用的工具多种多样，人体的一切生产活动必然在这些形式中进行，正像机器虽然异常复杂，力学仍会看出它们不过是简单机械力的不断重复一样。现代工业从来不把某一生产过程的现存形式看成和当作最后的形式。因此，现代工业的技术基础是革命的，而所有以往的生产方式的技术基础本质上是保守的"[1]。这里，马克思深刻揭示了现代工业生产实践的技术基础的革命性，而这正是对《提纲》中的"实践的批判性和革命性"的现实支援背景的公开声明，或者说，此时马克思真正认识到现代工业实践的革命性在根本上是来自它的技术基础的革命性，而这正是工艺学所揭示出来的。这也成为我们深刻理解历史唯物主义辩证法的最好注脚，马克思在《资本论》第一卷第二版跋中指出："辩证法在对现存事物的肯定的理解中同时包含对现存事物的否定的理解，即对现存事物的必然灭亡的理解；辩证法对每一种既成的形式都是从不断的运动中，因而也是从它的暂时性方面去理解；辩证法不崇拜任何东西，按其本质来说，它是批判的和革命的。"[2] 同样，马克思在与恩格斯合著的《共产党宣言》中进一步表达了大工业在生产方式上的革命性，即"资产阶级除非对生产工具，从而对生产关系，从而对全部社会关系不断地进行革命，否则就不能生存下

1 《马克思恩格斯全集》第 44 卷，人民出版社 2001 年版，第 559—560 页。
2 同上书，第 22 页。

去。反之,原封不动地保持旧的生产方式,却是过去的一切工业阶级生存的首要条件。生产的不断变革,一切社会状况不停的动荡,永远的不安定和变动,这就是资产阶级时代不同于过去一切时代的地方。一切固定的僵化的关系以及与之相适应的素被尊崇的观念和见解都被消除了,一切新形成的关系等不到固定下来就陈旧了。一切等级的和固定的东西都烟消云散了,一切神圣的东西都被亵渎了。人们终于不得不用冷静的眼光来看他们的生活地位、他们的相互关系"[1]。彼时,马克思主要关注的是生产变革所推动的一切固定的社会关系和思想观念的消除,人们用冷静的眼光来重新审视自己的社会生活地位和社会关系。而现在,马克思进一步深入直接生产过程领域,认识到现代社会生活的风云变幻在根本上源自于大工业生产过程中技术基础的变革及由此带来的生产方式的变革。同样地,人们在用冷静而理性的眼光审视社会生活关系之前,首先是对现代大工业的生产过程的冷静审视,即以自然科学技术为基础的工艺学的诞生。显然,马克思对机器大工业的认识更为深刻。

与此同时,"现代工业通过机器、化学过程和其他方法,使工人的职能和劳动过程的社会结合不断地随着生产的技术基础发生变革。这样,它也同样不断地使社会内部的分工发生革命,不断地把大量资本和大批工人从一个生产部门投到另一个生产部门。因此,大工业的本性决定了劳动的变换、职能的更动和工人的全面流动性"[2]。

在此基础上,大工业创造了发展职业教育和人的综合能力的

<hr>

[1] 《马克思恩格斯文集》第1卷,人民出版社2009年版,第34—35页。
[2] 《马克思恩格斯全集》第44卷,人民出版社2001年版,第560页。

需求和条件,这对于大工业本身和人类社会历史发展来说都是"生死攸关的问题"。具体来说,一方面,大工业"承认劳动的变换,从而承认工人尽可能多方面的发展是社会生产的普遍规律,并且使各种关系适应于这个规律的正常实现"[1]。另一方面,大工业要求"用适应于不断变动的劳动需求而可以随意支配的人,来代替那些适应于资本的不断变动的剥削需要而处于后备状态的、可供支配的、大量的贫穷工人人口;用那种把不同社会职能当作互相交替的活动方式的全面发展的个人,来代替只是承担一种社会局部职能的局部个人"[2]。于是,各种职业技术学校应运而生。在马克思看来,"综合技术学校和农业学校是这种变革过程在大工业基础上自然发展起来的一个要素;职业学校是另一个要素,在这种学校里,工人的子女受到一些有关工艺学和各种生产工具的实际操作的教育"[3]。与此相应的是工厂法对工人子女即童工受初等教育的规定,即"把初等教育宣布为劳动的强制性条件"[4]。马克思认为,这一法规的意义在于"第一次证明了智育和体育同体力劳动相结合的可能性,从而也证明了体力劳动同智育和体育相结合的可能性"[5]。马克思还根据欧文的著作肯定道:"从工厂制度中萌发出了未来教育的幼芽,未来教育对所有已满一定年龄的儿童来说,就是生产劳动同智育和体育相结合,它不仅是提高社会生产的一种方法,而且是造就全面发展的人的惟一方法。"[6]

由此,马克思对大工业基础上的双重教育形式做了肯定性评

---

1 《马克思恩格斯全集》第 44 卷,人民出版社 2001 年版,第 561 页。
2 同上。
3 同上。
4 同上书,第 555 页。
5 同上书,第 555—556 页。
6 同上书,第 556—557 页。

价,并畅想了无产阶级专政制度下的工艺教育的意义,即"如果说工厂立法作为从资本那里争取来的最初的微小让步,只是把初等教育同工厂劳动结合起来,那么毫无疑问,无产阶级在不可避免地夺取政权之后,将使理论的和实践的工艺教育在工人学校中占据应有的位置"[1]。马克思相信,机器大工业的矛盾发展将为消灭旧分工开辟现实而唯一的历史道路,即"同样毫无疑问,生产的资本主义形式和与之相适应的工人的经济关系,是同这种变革酵母及其目的——消灭旧分工——直接矛盾的。但是,一种历史生产形式的矛盾的发展,是这种形式瓦解和新形式形成的惟一的历史道路"[2]。众所周知,马克思与恩格斯自《形态》开始便提出基于大工业的发展来消灭分工而促进人的全面发展的洞见,不过,彼时马克思尚未深刻把握资本主义生产方式之矛盾运动的内在机制,因而只是从资本主义生产的一般变化意义上指认了这种现实可能性。而在这里,马克思深刻认识到虽然资本主义生产方式变革在根本目的上是为了攫取剩余价值,而无意于促进劳动力的全面发展,但在资本主义生产方式的矛盾运动(即机器大工业的革命性技术基础和生产方式打破了旧的固定的专业化的生产方式,在社会分工领域促使劳动力的全面流动性和职业变动性,另一方面大工业在直接生产过程中又再生产出旧的分工)中却萌生出促进劳动力得以全面发展的现代教育形式与现实物质基础。所以,马克思站在资本主义大工业的生产方式和积极因素的基础上更加详细地指认了人的全面发展的现实历史道路。而这同样是对《大纲》的"机器论片断"中对于一般智力和自由时间理论的进一步推进和发展。

---

1 《马克思恩格斯全集》第 44 卷,人民出版社 2001 年版,第 561—562 页。
2 同上书,第 562 页。

四、工艺学与资产阶级意识形态：
工厂制度与纪律观念的权力建构

　　在大工业的直接生产过程中，资产阶级意识形态的统治集中体现在自动工厂生产中机器体系对工人的统治以及由此建立起来的工厂制度对工人的纪律观念的权力建构上。对此，马克思在"工厂"一节中借助尤尔关于自动工厂和工厂制度的描述做了深刻详细的分析。

　　马克思认为，尤尔笔下的两种自动工厂形态展示了不同的特质，它们分别是：(1) 各种工人协作看管着"由一个中心动力（原动机）不断推动的、进行生产的机器体系"；(2) "一个由无数机械的和有自我意识的器官组成的庞大的自动机"[1]为生产同一产品而协调地不间断地活动着，并都从属于一个自动的发动机。前面我们已提到，这两种表述在尤尔那里是同时出现的，并且尤尔更倾向于后一种看法。而正是后者激起马克思的强烈批判。马克思指出，在前一种说法中，结合的总体工人表现为积极行动的主体，而自动机则为客体。而在后一种说法中，自动机变成主体，而工人则只是附属于它的有意识的器官。前者适用于机器体系的一切可能的大规模应用，而后者则表明了机器体系的资本主义应用所突显出来的现代工厂制度的特征。马克思从中看到，虽然机器从技术上抛弃了旧式分工，但分工作为一种习惯和社会劳动形式，又在工厂中被资本作为剥削劳动力的手段而以更加系统和令人厌恶的形式恢复和巩固了。于是，马克思对工厂制度进行了细致剖析和深

1　《马克思恩格斯全集》第 44 卷，人民出版社 2001 年版，第 482 页。

　　　　　　　　　　　　重读马克思：工艺学语境中的哲学话语

刻批判。

第一，自动工厂分工中机器体系对工人的吸纳。在工场手工业中，分工是以雇佣工人为基础的固定化的专门操作，从而使工人矮化为只具有片面能力的局部工人。而在自动工厂中，分工就是以机器体系的机械原则为基础而将工人分配到局部机器上，从而使工人退化为终身服侍局部机器的局部零件。这意味着，工人由手工工场时代的劳动过程和劳动工具的主体转为大工业时代的机器附属物，即"在工场手工业中，工人是一个活机构的肢体。在工厂中，死机构独立于工人而存在，工人被当作活的附属物并入死机构"[1]。而这正是机器大生产对工人的身体进行绝对统治的物质技术基础。

第二，机器生产过程中一般智力对体力劳动的分离与对立。机器对活劳动的贬低与吸纳在本质上决不是为了减轻劳动，而是为了使工人的劳动毫无内容，这不仅体现在对活劳动的肌肉力的禁锢，而且表现在以机器为载体的一般智力与体力劳动的分离与对立，即"生产过程的智力同体力劳动相分离，智力转化为资本支配劳动的权力，是在以机器为基础的大工业中完成的"[2]。机器体系对劳动的统治只是资本驾驭劳动的一个方面，更深一层的统治表现为机器体系所蕴含的一般智力对劳动的权力统治关系，即"科学、巨大的自然力、社会的群众性劳动都体现在机器体系中，并同机器体系一道构成'主人'的权力"[3]。所以，相较于机器体系对劳动的肉体统治，一般智力与劳动的分离则意味着对劳动的智力的剥夺，是对劳动的更为深层的剥削与统治。

1　《马克思恩格斯全集》第 44 卷，人民出版社 2001 年版，第 486 页。

2　同上书，第 487 页。

3　同上。

第三，兵营式的工厂纪律对劳动的纪律观念的塑造。当尤尔抱怨工人的不服从、赞扬阿克莱建立工厂法典的伟大功绩时，不经意间说出了工厂制度的完善形态和根本目的。这就是由"工人在技术上服从劳动资料的划一运动以及由各种年龄的男女个体组成的劳动体"[1]所形成的兵营式的纪律观念。这种纪律不仅使监督劳动充分发展，从而产生出工人阶级内部的分化和对立，而且使资本在工厂法典中通过私人立法的形式确立了对工人的专制和剥削。因为这种私人立法是以资本家的利益为标准的，因而对劳动过程的调节是通过监工手中的罚金薄来实现的。而罚金簿的最大意识形态功能就是对工人的时间纪律观念的塑造。对此，马克思引用了恩格斯的《英国工人阶级状况》中对于工厂制度的批判，即"资产阶级用来束缚无产阶级的奴隶制，无论在哪里也不像在工厂制度上暴露得这样明显。在这里，一切自由在法律上和事实上都不见了。工人必须在清晨5点半钟到工厂……专制的钟声把他从睡梦中唤走，把他从早餐和午餐中唤走"[2]。也就是说，工人的全部生活不仅受工作日时间的统治，受到工作时间中机器体系的运动速率所建构的内在时间和抽象社会必要劳动时间的隐性规训，而且要忍受工厂的钟表和监工的任性惩罚所建构的主观时间的显性统治。于是，古代奴隶监工手中的鞭子变成工厂监工的罚金薄，由对身体的暴力监督变成对生存的根本威胁，这种变迁中暴露出来的无以复加的任意性和私欲性正是随着资本主义工厂制度的建立和发展而实现的。正是在这个意义上，马克思尖锐地指出，在法权领域资产阶级所倡扬的代议民主制和公平正义的虚假性在资本

1　《马克思恩格斯全集》第 44 卷，人民出版社 2001 年版，第 488 页。
2　同上书，第 489 页注释 190。

主义的机器大生产中彻底暴露出来，这无疑是一幅"资本主义的讽刺画"[1]。

第四，现代工厂是温和的监狱。当尤尔用工厂之外的更加恶劣的劳动环境来美化工厂生产的物质条件时，他只是尽可能把自己扮演成机器大工业时代的犬儒主义者。因为且不说工厂之外的恶劣状况正是机器工厂造成的恶果，即使是这种更坏的状况也并不能掩盖工厂内部的恶劣状况。马克思指出，机器工厂的资本主义性质促使它不断追求生产资料的节约，但这种节约同时变成了对工人劳动条件的掠夺，即对空间、空气、阳光以及保护工人的人身安全和健康状况的设备系统的掠夺，比如机器生产中工人的伤亡事故屡屡频发。因此，马克思借用傅立叶的说法而将工厂称为"温和的监狱"。

在这里，马克思对工厂制度及其建构的资产阶级意识形态的基本批判观点无疑都是对《1861—1863 年手稿》中相关内容的全面深刻发挥，而且我们从字里行间可以充分感受到此时马克思的潜在批判对象正是以尤尔为代表的资产阶级辩护士。其中，尤尔关于自动工厂的机器体系生产、资本吸纳科学压迫劳动、工厂纪律和工厂生产条件的描述和赞扬，正是激发马克思批判工厂制度的理论质点。在揭示了工厂制度的资本主义本质之后，马克思转向对机器与工人的斗争的分析，在这里，马克思明确指出工人必须把机器和机器的资本主义应用区分开来，因而不应直接反对机器，而是要反对机器的资本主义应用。然后，马克思集中对尤尔在机器与工人的利害关系上的自相矛盾的观点展开了批判，从而揭示出尤尔同样混淆了机器和机器的资本主义应用、而试图以此来为机

1　《马克思恩格斯全集》第 44 卷，人民出版社 2001 年版，第 488 页。

器的资本主义应用进行辩护的实质。在这里，马克思已从根本上超越和批判了以尤尔为代表的资产阶级辩护士。

五、工艺学与资本主义的绝对界限：社会生产力发展与
　　利润率趋于下降规律的成熟表达

在《1861—1863 年手稿》中，马克思在中断了"机器"一节的写作后就对资本主义生产的利润率趋于下降的一般规律进行了初步探讨。而在《资本论》第三卷中，马克思对于社会生产力的发展与一般利润率趋于下降的规律进行了全面科学的阐述，从而深刻揭示出资本主义生产方式的绝对界限和根本矛盾。

自《大纲》以来，"社会生产力"成为马克思理解资本主义生产方式所生成的生产力的核心概念。如果马克思在《形态》中所确立的作为"共同活动方式"的生产力概念是基于广义历史唯物主义视域所作出的哲学抽象规定，那么，在《资本论》及其手稿中所确立的"社会生产力"概念就是基于狭义历史唯物主义所作出的具体的历史性规定。也就是说，马克思是基于现代工艺学所展现的机器大工业语境来把握资本主义生产方式所生成的社会生产力的。同样地，工艺学视域中的生产过程要素构成了不变资本和可变资本的物质存在形式。因为马克思根据劳动过程中的各个不同要素对于价值形成所起到的不同作用，也就是资本不同部分对于资本价值增殖所执行的不同职能，将转变为劳动力并在生产过程中创造出剩余价值的那部分资本称为可变资本，将转变为生产资料（原料、辅助材料和劳动资料）而在生产过程中价值量不变的那部分资本

称作不变资本。[1] 由此,基于工艺学语境确立的社会生产力概念就构成了理解资本有机构成、论证资本主义生产方式之内在矛盾和必然灭亡的核心逻辑构件。

马克思将不变资本和可变资本的比例称作资本的有机构成。从资本的有机构成来看,社会生产力的提高便意味着不变资本对可变资本的比率相对提高,亦即不变资本对总资本的比例相对提高。因此,社会生产力的提高"和社会资本的平均有机构成的不断提高是一回事。这也只是劳动的社会生产力不断发展的另一种表现,而这种发展正好表现在:由于更多地使用机器和一般固定资本,同数工人在同一时间内可以把更多的原料和辅助材料转化为产品,也就是说,可以用较少的劳动把它们转化为产品"[2]。

马克思指出,随着资本主义生产力的迅速发展,不变资本相比于可变资本不断增加,于是,"在剩余价值率不变或资本对劳动的剥削程度不变的情况下,一般利润率会逐渐下降"[3]。或者说,可变资本相比于不变资本不断减少,从而总资本的有机构成不断提高,其直接结果便是"在劳动剥削程度不变甚至提高的情况下,剩余价值率会表现为一个不断下降的一般利润率"[4]。尽管存在诸如劳动剥削程度提高、相对过剩人口增加等多种因素会延缓和抵消这种下降趋势,但它们终究无法改变资本主义生产的一般利润率下降的必然趋势,由于它是"劳动的社会生产力日益发展在资本主义生产方式下所特有的表现⋯⋯是根据资本主义生产方式的本质证明了一种不言而喻的必然性"[5],因此,这是资本主义生产方

1　《马克思恩格斯全集》第 44 卷,人民出版社 2001 年版,第 243 页。

2　《马克思恩格斯全集》第 46 卷,人民出版社 2003 年版,第 236 页。

3　同上。

4　同上书,第 237 页。

5　同上。

式的必然规律。

由资本逻辑所统治的资本主义生产的根本目的在于获取利润，因此，利润率就是资本主义生产的内在动力，是牵动资本家敏感神经的厉刺。如果生产不能获得利润，那么，资本家就不会从事这种生产。正如如果机器不能带来利润，资本家就不会采用机器。"届时，资本主义生产的火焰就会熄灭，生产就会进入停滞状态。因此，利润率是资本主义生产的风向标，它决定了资本家生产的方向。"[1]

一般利润率趋于下降恰恰证明资本主义生产隐含着不可克服的绝对界限。马克思说："就总资本的增殖率，即利润率，是资本主义生产的刺激（因为资本的增殖是资本主义生产的惟一目的）来说，利润率的下降会延缓新的独立资本的形成，从而表现为对资本主义生产过程发展的威胁；利润率的下降在促进人口过剩的同时，还促进生产过剩、投机、危机和资本过剩。所以，像李嘉图那样把资本主义生产方式看作绝对生产方式的经济学家，在这里也感觉到，这种生产方式为它自己造成了一种限制，因此，他们不是把这种限制归咎于生产，而是把它归咎于自然（在地租学说中就是这样）。但是在他们对利润率的下降所感到的恐惧中，重要的是这样一种感觉：资本主义生产方式在生产力的发展中遇到一种同财富生产本身无关的限制；而这种特有的限制证明了资本主义生产方式的局限性和它的仅仅历史的、过渡的性质；证明了它不是财富生产的绝对的生产方式，反而在一定阶段上同财富的进一步发展发生冲突。"[2]因此，资本主义生产的根本限制并不来自别处，而就来

1　孙乐强：《马克思再生产理论及其哲学效应研究》，江苏人民出版社 2015 年版，第 317 页。
2　《马克思恩格斯全集》第 46 卷，人民出版社 2003 年版，第 270 页。

　　　　　　　　　　重读马克思：工艺学语境中的哲学话语

自资本本身。而这种限制首先就在于资本关系构成社会生产力发展的强力制约。资本逻辑在根本上决定着资本"只能在一定的限制以内运动,这些限制不断与资本为它自身的目的而必须使用的并旨在无限制地增加生产,为生产而生产,无条件地发展劳动社会生产力的生产方法相矛盾。手段——社会生产力的无条件的发展——不断地和现有资本的增殖这个有限的目的发生冲突。因此,如果说资本主义生产方式是发展物质生产力并且创造同这种生产力相适应的世界市场的历史手段,那么,这种生产方式同时也是它的这个历史任务和同它相适应的社会生产关系之间的经常的矛盾"[1]。当超过一定限度后,社会生产力的发展就会限制资本逻辑的实现,就表现为利润率不断下降,于是,资本主义生产的内驱力就会受挫。届时,资本关系就会转而限制生产力的发展,即"资本关系就变成对劳动生产力发展的一种限制。一旦达到这一点,资本即雇佣劳动同社会财富和生产力的发展就会发生像行会制度、农奴制、奴隶制同这种发展所发生的同样的关系,就必然会作为桎梏被摆脱掉"[2]。人类社会历史上所存在的最后一种奴隶制即劳资雇佣制度就会随着资本主义生产方式的崩溃而瓦解,而这一结果是通过基于利润率之上的资本主义生产和再生产遭遇根本性的危机而现实的,即"通过尖锐的矛盾、危机、痉挛,表现社会的生产发展同它的现存的生产关系之间日益增长的不相适应。用暴力消灭资本——不是通过资本的外部关系,而是被当作资本自我保存的条件——,这是忠告资本退位并让位于更高级的社会生产状态的最令人信服的形式"[3]。

1　《马克思恩格斯全集》第 46 卷,人民出版社 2003 年版,第 278—279 页。
2　《马克思恩格斯全集》第 31 卷,人民出版社 1998 年版,第 149 页。
3　同上。

总之，资本主义生产的一般利润率趋于下降的规律表明，资本主义生产的"矛盾在于：资本主义生产方式包含着绝对发展生产力的趋势，而不管价值及其中包含的剩余价值如何，也不管资本主义生产借以进行的社会关系如何；而另一方面，它的目的是保存现有资本价值和最大限度地增殖资本价值（也就是使这个价值越来越迅速地增加）。它的独特性质是把现有的资本价值用作最大可能地增殖这个价值的手段。它用来达到这个目的的方法包含着：降低利润率，使现有资本贬值，靠牺牲已经生产出来的生产力来发展劳动生产力"[1]。也就是说，资本主义生产中资本逻辑和生产逻辑构成了资本主义生产永远无法克服的内在矛盾，但这一矛盾发展的必然趋势是：随着社会生产力的发展，资本主义生产和再生产必然会遭遇无法克服的边界和危机，最终将导致以革命暴力推翻资本主义制度的运动。正是在这个意义上，马克思在根本上实现了历史唯物主义视域下关于资本主义生产之客观规律的科学揭示、追求无产阶级革命的伟大胜利和全人类的自由解放的科学结合，为科学社会主义的理论和实践奠定了坚实的理论基础。

1　《马克思恩格斯全集》第 46 卷，人民出版社 2003 年版，第 278 页。

参考文献

主要外文参考文献

1. *Marx-Engels-Gesamtausgabe*，Bd. I/2，Berlin：Dietz，1982.

2. *Marx-Engels-Gesamtausgabe*，Bd. II/1，Berlin：Akademie，2006.

3. *Marx-Engels-Gesamtausgabe*，Bd. II/3.6，Berlin：Dietz，1982.

4. *Marx-Engels-Gesamtausgabe*，Bd. II/7，Berlin：Dietz，1989.

5. *Marx-Engels-Gesamtausgabe*，Bd. II/10，Berlin：Dietz，1991.

6. *Marx-Engels-Gesamtausgabe*，Bd. IV/2，Berlin：Dietz，1981.

7. *Marx-Engels-Gesamtausgabe*，Bd. IV/3，Berlin：Akademie，1998.

8. *Marx-Engels-Gesamtausgabe*，Bd. IV/4，Berlin：Dietz，1988.

9. *Marx-Engels-Gesamtausgabe*, Bd. IV/5, Berlin: Walter de Gruyter, 2015.

10. *Marx-Engels-Gesamtausgabe*, Bd. IV/7, Berlin: Dietz, 1983.

11. *Marx-Engels-Gesamtausgabe*, Bd. IV/8, Berlin: Dietz, 1986.

12. *Marx-Engels-Gesamtausgabe*, Bd. IV/9, Berlin: Dietz, 1991.

13. *Marx-Engels-Gesamtausgabe*, Bd. IV/32, Berlin: Akademie, 1999.

14. Hans-Peter Müller (Hrsg.), *Karl Marx: Die technologisch-historischen Exzerpte*, *Historisch-kritische Ausgabe*, Berlin: Ullstein, 1981.

15. Hans-Peter Müller (Hrsg.), *Karl Marx über Maschinerie*, *Kapital und industrielle Revolution: Exzerpte und Manuskriptentwurfe 1851 – 1861*, Wiesbaden: Springer, 1992.

16. Rainer Winkelmann (Hrsg.), *Karl Marx: Exzerpte über Arbeitteilung*, *Maschinerie und Industrie*, *Historisch-kritische Ausgabe*, Berlin: Ullstein, 1982.

17. Theo Pirker, Hans-Peter Müller, Rainer Winkelmann (Hrsg.), *Technik und industrielle Revolution: vom Ende eines sozialwissenschaftlichen Paradigmas*, Opladen: Westdeutscher, 1987.

18. Johann Beckmann, *Physikalisch-ökonomische Bibliothek worinn von den neuesten Büchern*, *welche die Naturgeschichte*,

Naturlehre und die Land und Stadtwirthschaft betreffen,
Dritter Band, Göttingen: Verlag der Wittwe Vandenhoec, 1772.

19. Johann Beckmann, *Anleitung zur Technologie*, *oder zur Kentniß der Handwerke*, *Fabriken und Manufacturen*, *vornehmlich derer*, *die mit der Landwirthschaft*, *Polizey und Cameralwissenschaft in nächster Verbindung stehn*, Göttingen: Verlag der Wittwe Vandenhoeck, 1777.

20. Johann Beckmann, *Beiträge zur Geschichte der Erfindungen*. 5 Bände, Leipzig und Göttingen: Verlag Paul Gotthelf Kummer, 1780 – 1805.

21. Johann Beckmann, *Entwurf einer allgemeinen Technologie*. *In: Vorrath kleiner Anmerkungen über mancherley gelehrte Gegenstaende*, Dritters Stueck, Göttingen: Bei Johann Friedrich Röwer, 1806.

22. John Beckmann, *A History of Inventions and Discoveries*, Vols. 1 – 4, Third Edition, London, 1817.

23. J. H. M. Poppe, *Geschichte der Technologie seit der Wiederherstellung der Wissenschaften bis an das Ende des achtzehnten Jahrhunderts*, 3 Bände, Göttingen: Olms Verlag, 1807 – 1811.

24. J. H. M. Poppe, *Technologisches Lexicon*, 1 Band, Stuttgart: J. G. Cotta, 1816.

25. J. H. M. Poppe, *Lehrbuch der Allgemeinen Technologie oder Anleitung zur Kenntniss aller Arbeiten*, *Werkzeuge und Maschinen in den verschiedenen Handwerken*, *Künsten*, *Manufakturen und Fabriken*: *zum Selbstunterricht besonders*

für diejenigen, welche jene Gewerbe verbessern wollen, und zum Gebrauch in technologischen Lehranstalten, Frankfurt: am Main, 1809.

26. J. H. M. Poppe, *Die Mechanik des achtzehnten Jahrhunderts und der ersten Jahre des neunzehnten*, Pyrmont: Helwing, 1807.

27. J. H. M. Poppe, *Die Physik vorzüglich in Anwendung auf Künste, Manufakturen und andere nützliche Gewerbe, Als Lehrbuch für Realschulen, Handwerksschulen, und polytechnische Lehranstalten überhaupt, aber auch zum Selbstunterricht*, Tübingen: Ludwig Friedrich Fues, 1830.

28. J. H. M. Poppe, *Geschichte der Mathematik seit der ältesten bis auf die neueste Zeit*, Tübingen: C. F. Osiander, 1828.

29. Wilhelm Schulz, „Die Veränderungen im Organismus der Arbeit und ihr Einfluß auf die sozialen Zustände," in: *Deutsche Vierteljahresschrift*, 2. Heft, Stuttgart und Tübingen: J. G. Cotta, 1840.

30. Wilhelm Schulz, *Die Bewegung der Production. Eine geschichtlich-statistische Abhandlung zur Grundlegung einer neuen Wissenschaft des Staats und der Gesellschaft*, Zürich und Winterthur: Literarisches Comptoir, 1843.

31. Wilhelm Schulz, *Die Bewegung der Production. Eine geschichtlich-statistische Abhandlung zur Grundlegung einer neuen Wissenschaft des Staats und der Gesellschaft*, mit einer Einleitung von Gerhard Kade, Wilhelm Schulz und die

Herausbildung der politischen Ökonomie bei Marx, D. Auvermann, 1974.

32. Friedrich List, *Das nationale System der politischen Oekonomie*, Stuttgart und Tübingen: J. G. Cotta, 1841.

33. Friedrich List, *The National System of Political Economy*, translated by Sampson S. Lloyd, Longmans, Green, And Co. 39 Paternoster Row, London, New York, Bombay, and Calcutta, 1909.

34. William Petty, *The Economic Writings of Sir William Petty*, *Together with the Observations upon Bills of Mortality*, more probably by Captain John Graunt, ed. Charles Henry Hull, Vol. 1, Cambridge: Cambridge University Press, 1899.

35. Charles Babbage, *On the Economy of Machinery and Manufactures*, London: Charles Knight, 1833.

36. Andrew Ure, *The Philosophy of Manufactures*, *or*, *an Exposition of the Scientific*, *Moral*, *and Commercial Economy of the Factory System of Great Britain*, London: Charles Knight, 1835.

37. Andrew Ure, *Philosophie des Manufactures*, *ou*, *Economie Industrielle de la Fabrication du Coton*, *de la Laine*, *du Lin et de la Soie*: *avec la Description des Diverses Machines Employees dans les Ateliers Anglais*, Tome premier, Paris: L. Mathias (Augustin), 1836.

38. Andrew Ure, *Technisches wörterbuch oder Handbuch der Gewerbskunde in alphabetischer Ordnung*, von Karl Karmarsch und Dr. Friedrich Heeren, 3 Bände, Praq: G.

Haase, 1843 – 1844.

39. Auguste de Gasparin, *Considérations sur les machines*, Lyon: Imprimerie de J. M. Barret, 1834.

40. Guenter Bayer, Juergen Beckmann (Hrsg.), *Johann Beckmann (1739 – 1811): Beitraege zu Leben, Werk und Wirkung des Begruenders der Allgemeinen Technologie*, Berlin: Waxmann, 1999.

41. *The Industry of Nations, as Exemplified in the Great Exhibition of 1851: The Materials of Industry*, London: Society for Promoting Christian Knowledge, 1852.

42. *The Industry of Nations, Part II. A Survey of the Existing State of Arts, Machines, and Manufactures*, London: Society for Promoting Christian Knowledge, 1855.

43. Thomas Rowe Edmonds, *Practical Moral and Political Economy; or, the Government, Religion, and Institutions, Most Conductive to Individual Happiness and to National Power*, London: E. Wilson, 1828.

44. Peter Gaskell, *Artisans and Machinery: The Moral and Physical Condition of the Manufacturing Population Considered with Reference to Mechanical Substitutes for Human Labour*, London: John W. Parker, 1836.

45. Peter Gaskell, *The Manufacturing Population of England: Its Moral, Social, and Physical Conditions, and the Changes Which Have Arisen from the Use of Steam Machinery; with an Examination of Infant Labour*, London: Baldwin and Cradock, 1833.

46. Robert Willis, *Principles of Mechanism*, Second Edition, London: Longmans, Green, and Co. , 1870.

47. Walter Grab, *Ein Mann der Marx Ideen gab : Wilhelm Schulz , Weggefhrte Georg Büchners , Demokrat der Paulskirche : Eine politische Biographie*, Düsseldorf: Droste Verlag, 1979.

48. M. A. Thorsten Witting, *Karl Marx und Andrew Ure : Die menschlichen Kosten der Fabrikarbeit auf die Arbeiterschaft zur Zeit der Industriellen Revolution—Ist Ure der Pindar der automatischen Fabrik?* Munich: Grin Verlag GmbH, 2007.

49. Kostas Axelos, *Marx penseur de la technique : De l'alienation de l'homme a la conquete du monde* , Paris: Editions de Minuit, 1961. Trans. R. Bruzina as *Alienation, Praxis, and Technē in the Thought of Karl Marx* , Austin: University of Texas Press, 1976.

50. G. J. Christian, *Vues sur le système général des opérations industrielles , ou Plan de technonomie* , Paris: Madame Huzard, 1819.

51. H. Püttmann (Hrsg.). *Rheinische Jahrbücher zur gesellschaftlichen Reform* , Bd. 1, Darmstadt, 1845.

52. Gernot Böhme, *Invasive Technification : Critical Essays in the Philosophy of Technology* , London: Bloomsbury Academic, 2012.

53. Amy E. Wendling, *Karl Marx on Technology and Alienation* , London: Palgrave Macmillan, 2009.

54. *The Encyclopædia Britannica : A Dictionary of Arts , Sciences, Literature and General Information*, Vol. 3,

Cambridge, England, and New York: University Press, 1911.

55. Hans-Peter Müller, Rainer Winkelmann, „Marxismus, Arbeiterbewegung und technologische Geschichtsauffassung,“ in: Rolf Ebbinghausen, Friedrich Tiemann (Hg.), *Das Ende der Arbeitbewegung in Deutschland? : Ein Diskussionsband zum sechzigsten Geburtstag von Theo Pirker*, Wiesbaden: VS Verlag für Sozialwissenschaften, 1984.

56. Hans-Peter Müller, „Unbekannte Exzerpte von Karl Marx über Johann Beckmann,“ bei Guenter Bayer, Juergen Beckmann (Hrsg.), *Johann Beckmann (1739 – 1811) : Beitraege zu Leben, Werk und Wirkung des Begruenders der Allgemeinen Technologie*, Berlin: Waxmann, 1999.

57. Hans-Peter Müller, „Unbekannte Exzerpte von Karl Marx über Johann Beckmann,“ *Johann Beckmann-Journal*, 1994 (8).

58. Hans-Peter Müller, „Johann Beckmann und Karl Marx: Die Frage der Technologie,“ in: *Forum Ware* 12, Nr. 1 – 4, Special 2 "Johann Beckmann", 1984.

59. Hans-Peter Müller, "Notes on Critical and Uncritical Materialism within Marx's Analysis of Industry," in Sakari Hänninen and Leena Paldán (eds), *Rethinking Marx*, Berlin: Argument Verlag, 1984.

60. Rainer Winkelmann, "The Concept of Machine and the Thesis of an Epoch of Manufacture in Marx's *Capital*," in Sakari Hänninen and Leena Paldaán (eds), *Rethinking Marx*, Berlin: Argument-Verlag, 1984.

61. A. Paulinyi, „Karl Marx und die Technik seiner Zeit. Mannheim," In *LTA-Forschung*. *Reihe des Landesmuseums für Technik und Arbeit in Mannheim*, 1998 (26).

62. Paolo Virno, "General Intellect," *Historical Materialism*: *Research in Critical Marxist Theory*, 2007, 15 (3).

63. Jan Sebestik, "The Rise of the Technological Science," *History and Technology*, 1983, 1 (1).

64. Regina Roth, "Marx on Technical Change in the Critical Edition," *The European Journal of the History of Economic Thought*, 2010, 17 (5).

65. Steve Edwards, "Factory and Fantasy in Andrew Ure," *Journal of Design History*, 2001, 14 (1).

66. Andrew Zimmerman, "The Ideology of the Machine and the Spirit of the Factory: Remarx on Babbage and Ure," *Cultural Critique*, 1997 (37).

67. Robert Owen, *The Book of the New Moral World*, Part Second, London: The Home Colonization Society, 1842.

68. ［日］吉田文和：『マルクス機械論の形成』,札幌:北海道大学図書刊行会,1987 年。

主要中文参考文献

1.《马克思恩格斯全集》中文第 1 版第 2 卷,北京:人民出版社,1957 年。

2.《马克思恩格斯全集》中文第 1 版第 3 卷,北京:人民出版社,1956 年。

3.《马克思恩格斯全集》中文第 1 版第 7 卷,北京:人民出版社,1959年。

 4.《马克思恩格斯全集》中文第1版第19卷,北京:人民出版社,1963年。

 5.《马克思恩格斯全集》中文第1版第25卷,北京:人民出版社,1974年。

 6.《马克思恩格斯全集》中文第1版第42卷,北京:人民出版社,1979年。

 7.《马克思恩格斯全集》中文第1版第48卷,北京:人民出版社,1985年。

 8.《马克思恩格斯全集》中文第2版第3卷,北京:人民出版社,2002年。

 9.《马克思恩格斯全集》中文第2版第30卷,北京:人民出版社,1995年。

 10.《马克思恩格斯全集》中文第2版第31卷,北京:人民出版社,1998年。

 11.《马克思恩格斯全集》中文第2版第32卷,北京:人民出版社,1998年。

 12.《马克思恩格斯全集》中文第2版第42卷,北京:人民出版社,2017年。

 13.《马克思恩格斯全集》中文第2版第43卷,北京:人民出版社,2016年。

 14.《马克思恩格斯全集》中文第2版第44卷,北京:人民出版社,2001年。

 15.《马克思恩格斯全集》中文第2版第46卷,北京:人民出版社,2003年。

 16.《马克思恩格斯全集》中文第2版第47卷,北京:人民出版社,2004年。

17.《马克思恩格斯全集》中文第2版第48卷,北京:人民出版社,2007年。

18.《马克思恩格斯选集》中文第2版第1卷,北京:人民出版社,1995年。

19.《马克思恩格斯文集》第1—10卷,北京:人民出版社,2009年。

20.〔日〕望月清司:《马克思历史理论的研究》,韩立新译,北京:北京师范大学出版社,2009年。

21.《马克思恩格斯〈资本论〉书信集》,北京:人民出版社,1976年。

22. 苑洁编:《马克思主义研究资料(第10卷):〈资本论〉基本理论问题研究》,北京:中央编译出版社,2014年。

23. 武锡申编:《马克思主义研究资料(第3卷):经济学笔记研究Ⅰ》,北京:中央编译出版社,2013年。

24. 周艳辉编:《马克思主义研究资料(第4卷):经济学笔记研究Ⅱ》,北京:中央编译出版社,2014年。

25. 刘英编:《马克思主义研究资料(第6卷):1861—1863年经济学手稿研究》,北京:中央编译出版社,2014年。

26.〔德〕马克思:《巴黎笔记(节译)》,王辅民译,《〈资本论〉研究资料和动态》第六集,南京:江苏人民出版社,1985年。

27.〔英〕威廉・配第:《配第经济著作选集》,陈冬野、马清槐、周锦如译,北京:商务印书馆,1981年。

28.〔英〕伯纳德・曼德维尔:《蜜蜂的寓言:私人的恶德,公众的利益》,肖聿译,北京:中国社会科学出版社,2002年。

29.〔英〕亚当・弗格森:《文明社会史论》,林本椿、王绍祥译,沈阳:辽宁教育出版社,1999年。

30.〔英〕亚当·斯密:《国民财富的性质和原因的研究》,郭大力、王亚南译,北京:商务印书馆,2008年。

31.〔英〕坎南编:《亚当·斯密关于法律、警察、岁入及军备的演讲》,陈福生、陈振骅译,北京:商务印书馆,1982年。

32.〔英〕大卫·李嘉图:《政治经济学及赋税原理》,郭大力、王亚南译,北京:北京联合出版公司,2013年。

33.〔英〕大卫·李嘉图:《李嘉图著作和通信集》第一卷,彼罗·斯拉法主编,郭大力、王亚南译,北京:商务印书馆,1981年。

34.〔英〕大卫·李嘉图:《李嘉图著作和通信集》第五卷,彼罗·斯拉法主编,蔡受百译,北京:商务印书馆,1983年。

35.〔德〕李斯特:《政治经济学的国民体系》,陈万译,北京:商务印书馆,2012年。

36.〔德〕李斯特:《政治经济学的国民体系》,邱伟立译,北京:华夏出版社,2009年。

37.〔德〕李斯特:《政治经济学的自然体系》,杨春学译,北京:商务印书馆,1997年。

38.〔英〕威廉·汤普逊:《最能促进人类幸福的财富分配原理的研究》,何慕李译,北京:商务印书馆,2010年。

39.〔英〕约翰·勃雷:《对劳动的迫害及其救治方案》,袁贤能译,北京:商务印书馆,2012年。

40.〔法〕蒲鲁东:《贫困的哲学》,余叔通、王雪华译,北京:商务印书馆,2010年。

41.〔英〕E. P. 汤普森:《英国工人阶级的形成》,钱乘旦等译,南京:译林出版社,2001年。

42.〔法〕保尔·芒图:《十八世纪产业革命》,杨人楩等译,北京:商务印书馆,1983年。

43. ［英］F. A. 哈耶克:《个人主义与经济秩序》,贾湛等译,北京:北京经济学院出版社,1991年。

44. ［法］让-伊夫·戈菲:《技术哲学》,董茂永译,北京:商务印书馆,2000年。

45. ［德］莫泽斯·赫斯:《赫斯精粹》,邓习议编译,南京:南京大学出版社,2010年。

46. ［日］广松涉编注:《文献学语境中的〈德意志意识形态〉》,彭曦译,南京:南京大学出版社,2005年。

47. 孙伯鍨:《探索者道路的探索》,南京:南京大学出版社,2002年。

48. 孙伯鍨:《卢卡奇与马克思》南京:南京大学出版社,1999年。

49. 张一兵:《马克思历史辩证法的主体向度》,南京:南京大学出版社,2002年。

50. 张一兵:《回到马克思:经济学语境中的哲学话语》,南京:江苏人民出版社,2013年。

51. 张一兵:《文本的深度耕犁:后马克思思潮哲学文本解读》第1卷,北京:中国人民大学出版社,2004年。

52. 张一兵:《文本的深度耕犁:后马克思思潮哲学文本解读》第2卷,北京:中国人民大学出版社,2008年。

53. 张一兵、周嘉昕:《马克思恩格斯资本主义科学批判构架的历史生成》,南京:江苏人民出版社,2009年。

54. 唐正东:《从斯密到马克思:经济哲学方法的历史性诠释》,南京:江苏人民出版社,2009年。

55. 唐正东、孙乐强:《经济哲学视域中的当代资本主义批判理论》,南京:江苏人民出版社,2009 年。

56. 唐正东:《资本的附魅及其哲学结构》,南京:江苏人民出版社,2013 年。

57. 孙乐强:《马克思再生产理论及其哲学效应研究》,南京:江苏人民出版社,2016 年。

58. 聂锦芳:《清理与超越:重读马克思文本的意旨、基础与方法》,北京:北京大学出版社,2005 年。

59. 韩立新主编:《新版〈德意志意识形态〉研究》,北京:中国人民大学出版社,2008 年。

60. 姜海波:《青年马克思的生产力概念》,北京:人民出版社,2014 年。

61. 牟焕森:《马克思技术哲学思想的国际反响》,沈阳:东北大学出版社,2003 年。

62. 陈昌曙:《技术哲学引论》,北京:科学出版社,1999 年。

63. 乔瑞金:《马克思技术哲学纲要》,北京:人民出版社,2002 年。

64. 王伯鲁:《马克思技术思想纲要》,北京:科学出版社,2009 年。

65. 王冶东:《技术的人性本质探究:马克思生存论的视角、思路与问题》,上海:上海人民出版社,2012 年。

66.《关于〈伦敦笔记〉第 Ⅰ～Ⅵ 本的内容——〈马克思恩格斯全集〉历史考证版第 4 部分第 7 卷前言》,《马列主义研究资料》1984 年第 5 辑。

67.《关于马克思〈伦敦笔记〉第 Ⅺ～ⅩⅣ 笔记本——〈马克思恩格斯全集〉历史考证版第 4 部分第 9 卷前言》,《马克思恩格斯研究》1994 年第 18 辑。

68. 〔德〕布鲁门博格、〔日〕川锅正敏：《马克思手稿和读书笔记目录》，李光谟等译，《马克思主义研究参考资料》1981 年第 30 期。

69. 〔苏〕A. A. 库津：《马克思与技术问题》，《科学史译丛》1980 年第 1 期。

70. 〔苏〕A. A. 库津：《马克思与技术问题（续一）》，《科学史译丛》1980 年第 2 期。

71. 〔苏〕A. A. 库津：《马克思与技术问题（续完）》，《科学史译丛》1981 年第 1 期。

72. 〔苏〕C. M. 格里哥里扬：《马克思〈1861—1863 年经济学手稿〉中关于技术进步问题的论述》，《马列著作编译资料》1981 年第 15 辑。

73. 〔苏〕G. E. 伊孔尼科娃：《论社会工艺学的概念》，马积华译，《现代外国哲学社会科学文摘》1985 年第 4 期。

74. 张一兵：《马克思的〈布鲁塞尔笔记〉与〈曼彻斯特笔记〉》，《求实》1999 年第 1 期。

75. 张一兵：《市场交换中的关系物化与工具理性的伪物性化——评青年卢卡奇〈历史与阶级意识〉》，《哲学研究》2000 年第 8 期。

76. 张一兵：《劳动塑形、关系构式、生产创序与结构筑模》，《哲学研究》2009 年第 11 期。

77. 张一兵：《从交往异化到雇佣劳动批判——赫斯哲学补论》，《河北学刊》2012 年第 3 期。

78. 张一兵：《先在的自然、基始的实践与第一级的物质生产》，《哲学动态》1994 年第 3 期。

79. 张一兵：《舒尔茨：物质生产力的量与质性结构——舒尔

茨〈生产的运动〉解读》,《学术界》2018 年第 11 期。

80. 张一兵:《重拾社会唯物主义和历史唯物主义的边界——舒尔茨〈生产运动〉解读》,《求是学刊》2019 年第 1 期。

81. 张一兵:《舒尔茨与马克思历史唯物主义的来源》,《广西大学学报(哲学社会科学版)》2019 年第 2 期。

82. 唐正东:《马克思生产关系概念的内涵演变及其哲学意义》,《哲学研究》2011 年第 6 期。

83. 刘则渊:《技术范畴:人对自然的能动关系——兼论广义工艺学》,《科学学研究》1983 年第 2 期。

84. 金海民:《乔治·贝克曼——工艺学与商品学的奠基人》,《国外社会科学》1985 年第 9 期。

85. 刘焱:《马克思在〈资本论〉及其手稿中对自然科学和技术科学的研究》,《〈资本论〉与当代经济》1991 年。

86. 张钟朴:《马克思在〈伦敦笔记〉中对科学技术、机器生产和工艺学的研究》,《马克思恩格斯研究》1994 年第 17 期。

87. 张钟朴:《〈资本论〉第二部手稿(〈1861—1863 年经济学手稿〉)——〈资本论〉创作史研究之三》,《马克思主义与现实》2014 年第 1 期。

88. 史彦虎:《论马克思研究工艺学的认识论意义》,《山西高等学校社会科学学报》2002 年第 5 期。

89. 杨晓敏:《更正 E. P. 汤普森的一个见解》,《河北师范大学学报》2010 年第 6 期。

90. 宫敬才:《"两大发现"还是"七大发现"(上)——马克思使社会主义由空想变为科学的思想史考察》,《学术月刊》2011 年第 10 期。

91. 宫敬才:《对马克思工艺学思想的误解应予以纠正》,《马克思主义与现实》2013年第5期。

92. 孙乐强:《马克思机器大生产理论的形成过程及其哲学效应》,《哲学研究》2014年第3期。

93. 孙乐强:《在学术性与意识形态之间——MEGA对我国马克思主义哲学研究的影响及其价值评估》,《江海学刊》2012年第3期。

94. 孙乐强:《马克思"机器论片断"语境中的"一般智力"问题》,《华东师范大学学报(哲学社会科学版)》2018年第4期。

95. 徐丹:《马克思对尤尔的思想超越及其理论意义》,《南京社会科学》2015年第6期。

96. 杨乔喻:《生产力概念:从斯密到马克思的思想谱系》,《哲学动态》2013年第8期。

97. 杨乔喻:《探寻马克思生产力概念生成的原初语境》,《哲学研究》2013年第5期。

98. 郑如、姚顺良:《"泛分工论"与唯物史观的最初表述——析望月清司"〈德意志意识形态〉中的两种分工、两种史论"说》,《南京社会科学》2014年第4期。

99. 赵家祥:《马克思〈资本论〉及其手稿中的生产力概念》,《党政干部学刊》2012年第6期。

100. 赵家祥:《生产方式概念含义的演变》,《北京大学学报(哲学社会科学版)》2007年第5期。

101. 姜海波:《唯物史观的前页:关于生产力的提纲》,《江海学刊》2010年第4期。

102. 周嘉昕:《历史唯物主义视域中的生产和生产方式概念》,《教学与研究》2009年第11期。

103. 陈中奇:《对尤尔的批判给马克思带来了什么?——尤

尔〈工厂哲学〉对马克思经济哲学思想发展的意义》,《马克思主义理论学科研究》2016 年第 3 期。

104. 刘方喜:《技术、经济与社会奇点:人工智能革命与马克思工艺学批判重构》,《马克思主义与现实》2018 年第 6 期。

105. 刘方喜:《工艺学批判重构:物联网生产方式革命与马克思归来》,《东南学术》2018 年第 5 期。

106. 张盾、袁立国:《论马克思与古典政治经济学的理论渊源》,《哲学研究》2014 年第 3 期。

107. 李静、刘绍春:《德国经济民族主义:作为集体伦理的国家精神——一个历史分析视角》,《湖北社会科学》2009 年第 12 期。

108. 鲁克俭:《新出版的 MEGA²/IV/5 概况及其学术价值》,《北京行政学院学报》2017 年第 3 期。

109. 鲍金:《马克思的"抽象劳动"概念及其意蕴探析》,《天津社会科学》2013 年第 6 期。

110. 任洲鸿:《再论马克思的抽象劳动概念》,《当代经济研究》2012 年第 5 期。

111. 张钟朴:《〈资本论〉第二部手稿(〈1861—1863 年经济学手稿〉)——〈资本论〉创作史研究之三》,《马克思主义与现实》2014 年第 1 期。

112. 张义修:《舒尔茨对马克思政治经济学批判的隐秘影响——〈生产运动〉与〈1857—1858 年手稿〉理论关系解读》,《广西大学学报(哲学社会科学版)》2019 年第 2 期。

113. 李乾坤:《德国国势学传统与舒尔茨的方法论来源》,《广西大学学报(哲学社会科学版)》2019 年第 2 期。

114. 刘冰菁:《法国国势学、社会唯物主义与历史唯物主义》,《广西大学学报(哲学社会科学版)》2019 年第 2 期。

115. 孔伟宇:《舒尔茨"精神生产"的历史阶段论》,《广西大学学报(哲学社会科学版)》2019年第2期。

116. 张福公:《青年马克思的生产力概念及其哲学意义再探》,《哲学动态》2016年第5期。

117. 张福公:《国外学界关于马克思工艺学思想研究的历史与现状——基于文献史、思想史的考》,《教学与研究》2018年第2期。

118. 张福公:《论尤尔的工厂哲学思想及其对马克思思想发展的影响》,《东吴学术》2017年第3期。

119. 张福公:《马克思分工理论的形成过程及其哲学效应》,《江西社会科学》2019年第2期。

120. 张福公:《论舒尔茨的物质生产理论与马克思的哲学革命——基于经济学和工艺学思想史的考察》,《求是学刊》2019年第1期。

121. 张福公:《马克思的工艺学研究以及对其世界观形成的影响——基于对〈布鲁塞尔笔记〉的文本解读》,《哲学研究》2018年第7期。

122. ［德］雷金娜·罗特:《马克思论技术变革——基于〈马克思恩格斯全集〉历史考证版的考察》,张福公译,《郑州轻工业学院学报(社会科学版)》2018年第1期。

123. 徐丹:《尤尔的〈工厂哲学〉对马克思哲学发展的影响》,博士学位论文,南京大学,2015年。

124. 张福公:《"一个被遗忘的幽灵"——论尤尔对马克思资本主义批判理论发展过程的影响》,硕士学位论文,南京大学,2015年。

125. 丁冬雪:《论拜比吉对马克思分工和机器大生产理论的影响》,硕士学位论文,南京大学,2017年。

后　记

　　本书是在我的博士论文的基础上重新修改而成的,也是我在告别学徒生涯之际认真完成的一篇习作。回首在南哲的六年求学生涯,我的内心充满了感激之情。因为在这里,我遇到了许许多多可亲可敬的良师益友。正是在他们的谆谆教导和慷慨相助下,我才得以不断成长,顺利完成学业。

　　之所以把马克思的"工艺学笔记"作为博士论文的选题,还要首先感谢我的硕士导师唐正东教授。2012年秋,我正式成为一名"南哲人",并有幸成为唐正东教授的学生。唐老师博学多识、治学严谨,最让我们受益的是他经常在课堂上毫无保留地同我们分享他的最新研究心得和问题意识,并鼓励我们好好消化后认真研究一番。犹记得,当时唐老师在课堂上经常提到安德鲁·尤尔及其《工厂哲学》对马克思理解资本主义机器大工业产生的重要影响,并鼓励我们可以将其作为毕业论文的选题。当时,安德鲁·尤尔和他的《工厂哲学》对我来说还是一个完全陌生的名字。想必时至今日,这个名字对于许多研究马克思主义哲学的学者来说依然陌生。更棘手的是,《工厂哲学》不但没有中文版,而且英文原版也难以寻觅。后来,我终于在国家数字图书馆中找到了这本书。于是,尤尔与马克思的思想关系便顺理成章地成为我的硕士论文的选

　　　　　　　　　　　　　重读马克思:工艺学语境中的哲学话语

题。在唐正东老师和孙乐强老师的悉心指导下,我最终以《一个被遗忘的"幽灵"——论尤尔对马克思资本主义批判理论发展过程的影响》为题完成了硕士论文。在此,特别感谢唐正东老师和孙乐强老师给予我的帮助与鼓励。正是在写作硕士论文的过程中,我逐渐意识到尤尔只是马克思理解资本主义机器大工业的代表性理论资源之一,在他的背后还有一个庞大而独立的工艺学思想史谱系。而马克思恰好在不同时期研究和摘录了这些工艺学著作,留下了丰厚的"工艺学笔记"。于是,我便萌生出梳理工艺学思想史谱系、发掘马克思"工艺学笔记"的想法。

2015 年秋,在唐老师推荐下,我有幸成为张异宾教授的学生。在临近博士论文选题之际,我把自己想要研究马克思"工艺学笔记"的想法告诉了张老师。张老师非常鼓励我做这个选题,并在研究思路和关键问题上给了我许多高屋建瓴的指导。在与张老师的交流中,我才知道,重新发掘马克思的"工艺学笔记"与历史唯物主义客体向度之间的内在关联一直是张老师的一个夙愿。只是限于文献资料的不足,这一工作计划始终未能如愿。这实际上也是我首先需要解决的难题。在此,我要特别感谢我的师兄李乾坤博士、师弟李亚熙博士、我的大学同窗訾阳博士以及来自土耳其的康加恩(Kaan Kangal)教授在搜集文献资料方面给予我的莫大帮助。如果没有他们的慷慨相助,我的研究工作将寸步难行。总体来说,本书的写作在很大程度上得益于张老师的《回到马克思》一书,从篇章结构、逻辑思路到研究方法、核心观点都令我深受启发,受益匪浅。

此外,我衷心感谢刘怀玉老师、胡大平老师、张亮老师、蓝江老师、周嘉昕老师、杨乔喻老师、张传平老师、尚庆飞老师、姜迎春老师、王浩斌老师给予我的启发与帮助。衷心感谢在南哲结识的诸位师友的关怀与帮助。感谢所有帮助和支持过我的师长和朋友。感谢南京大学出版社各位编辑老师的辛勤付出。最后，特别感谢我的父母和爱人始终无微不至的关心与支持！

张福公

2019 年 8 月 3 日写于山东金乡